Die Mongolen

Walther Heissig
Claudius C. Müller

Herausgeber

DIE
MONGOLEN

Pinguin-Verlag, Innsbruck
Umschau-Verlag, Frankfurt/Main

Vorderseite: Chalchafrau in Tracht (siehe Kat.-Nr. 85)
Rückseite: Fohlenaussonderung im Sommer (siehe Kat.-Nr. 2)

© 1989 by Pinguin-Verlag, Innsbruck, und Umschau-Verlag, Frankfurt/Main
Alle Rechte vorbehalten
Lasersatz: Josef Maringer, Maishofen
Reproduktionen: Ifolith, Fotolitho, Innsbruck
Druck und Bindung: F. Sochor GmbH., Zell am See
Printed in Austria
ISBN 3-7016-2297-3

Inhalt

Land der Mongolen

Walther Heissig, Bonn, und Claudius C. Müller, Berlin

Die Mongolei, das Land der Mongolen, war einst der Boden urzeitlicher, allmählich austrocknender Seen. Bereits in der Steinzeit lebten in diesen von Bergen umschlossenen Hochsteppen kleine Gruppen von Jägern und Rentierzüchtern. Das trockene und kalte Klima dieser Gebiete erzwang eine nomadische Lebensweise mit Jagd und Viehzucht als wirtschaftlicher Grundlage. Lange blieben die Steppen und Berggebiete der Mongolei ein politisches Vakuum, das allmählich von festgefügten Reichen und Kulturen seßhafter Nachbarn verschiedener Sprache, Kultur und Religion umschlossen wurde. Im frühen 12. Jh. unserer Zeitrechnung waren türkisch-mongolische Splittergruppen und Großfamilien die Bewohner dieses Gebietes, die sich mehr sprachlich denn kulturell voneinander unterschieden. Die in diesen Regionen notwendige Lebensform nomadisierender Viehzüchter hatte sowohl ihre wie auch die Kultur ihrer Vorgänger geprägt und diesen eine Reihe gemeinsamer, im Nomadismus universell auftretender stereotypischer Züge gegeben. Die einzelnen Gruppen der Bewohner dieses Hochlandes mochten wechseln, ein Teil ihrer Lebensformen wurde stets von den Nachfolgern übernommen und bewahrt. Seit der Zeit der Tang-Dynastie im 7. Jh. waren Stämme dieses Gebietes, von den zeitgenössischen Chinesen als »Barbaren« bezeichnet, in besonders engem Kontakt mit China gewesen, hatten Züge der chinesischen Kultur übernommen, aber manches aus ihren Sitten und Gebräuchen war auch in die der Chinesen eingeflossen.

Im frühen 11. Jh. begannen sich viele der nomadischen Großfamilien zu kleinen selbständigen Nationen zusammenzuschließen und gelegentlich gemeinsame politische und militärische Aktionen durchzuführen. Sie vertrieben die bis dahin im mongolischen Hochland dominanten Kirgisen nach dem Norden und tungusisch beeinflußte Gruppen nach Nordchina. Wie schon einmal vorher zur Xiongnuzeit bestimmte der Pferdereichtum das politische und militärische Potential. Im 12. Jh. einigte dann Činggis Khan mongolische und türkische Stämme. Es entstanden Staat und Volk der Mongolen, dessen kriegerische und politische Handlungen bis in das 14. Jh. nicht nur auf Asien, sondern auch auf Europa einwirkten. Das historische Gewicht der Mongolen dieser Zeit ist hinlänglich bekannt und oftmals behandelt. Fast schlagartig hatten sie im 14. Jh. ihre politische Rolle ausgespielt, und damit nahm in Europa das Wissen über die Mongolen und ihr Land ab, bis hin zur fast vollkommenen Unkenntnis. Das politisch gefärbte Mongoleibild des Mittelalters verkümmerte allmählich zum

Orchon-Fluß.

Steppenlandschaft.

Flußniederung mit reichlichem Graswuchs.

Bunte Berge am Terelž-Fluß, östlich von Ulanbator.

Zerrbild. Zwischen den großen Mächten China und Rußland wurden die Mongolen von Handelnden zu Behandelten, der Westen vergaß sie.

Sie erschienen erst zu Beginn unseres Jahrhunderts erneut als unabhängige politische Macht. Nach zahlreichen Kämpfen gegen Truppen der Ming- und Qing-Kaiser — letztere tungusische Mandschu, die das mongolische Erbe aufgenommen und die letzte »Barbaren«-Dynastie in China errichtet hatten — waren sie seit dem 18. Jh. in strenger Botmäßigkeit gehalten worden. Mit der Abdankung der Mandschu 1912 war auch die Loyalitätsbindung, die die mongolischen Fürsten persönlich dem chinesischen Herrscherhaus verpflichtet hatte, gegenstandslos geworden. Geistlichen und weltlichen Führern gelang es zwar rasch, einen neuen Staat zu bilden, nicht jedoch das seit Jahrhunderten nur mehr als glorreiche Erinnerung dahindämmernde großmongolische Reich wiederzubeleben. Die politischen Interessen der Chinesen und Russen bestimmten die tatsächliche Grenzziehung.

So wurden die eigentlichen traditionellen Kernlande (die ehemalige »Äußere Mongolei« der Chinesen — da von Peking aus als »entfernter« gesehen) mit sowjetischer Hilfe 1924 zur Mongolischen Volksrepublik. Sie war somit das erste Land, das nach der Sowjetunion die sozialistische Revolution vollzog. Die VR Mongolei umfaßt 1 565 000 km² und zählt etwa zwei Millionen Einwohner.

Die von Peking aus gesehen nähere »Innere Mongolei« blieb dagegen auch nach 1912 Teil Chinas. Schon 1947, zwei Jahre vor der Proklamierung der VR China, wurde das Autonome Gebiet Innere Mongolei als erste autonome Region gegründet. Sie umfaßt heute 1 183 000 km² mit einem mongolischen Bevölkerungsanteil von 3,3 Millionen (= 13,5 % der gesamten Region). Flächenmäßig ist jedoch der Anteil der nomadisierenden Mongolen gegenüber den seßhaften Chinesen sehr viel größer. Der Prozeß der Umwandlung der traditionellen Weidegebiete der Viehzüchter an den Nordgrenzen Chinas in Ackerland ist seit über zwei Jahrtausenden im Gange und auch heute noch nicht abgeschlossen. Neue Anbaumethoden, gegen Kälte resistentere Züchtungen und ähnliches verschieben die Ackerbaugrenze weiter nach Norden. Es waren nicht nur die kolonisierenden Chinesen, die die fruchtbaren Steppenböden landwirtschaftlich nutzten, sondern unter ihrem Einfluß auch mongolische Gruppen, die zum Teil bereits seit Jahrhunderten die seßhafte bäuerliche Lebensweise übernommen haben.

Auch auf sowjetischem Territorium leben Mongolen (etwa 400 000 Burjaten und Kalmücken), so daß sich ihre Hauptsiedlungsgebiete heute auf drei verschiedene, alle sozialistische, Staaten verteilen. Es scheint, als hätten die Mongolen als traditionelle Viehzüchter im Sozialismus relativ geringe Veränderungen in ihrer althergebrachten Lebensform hinnehmen müssen (abgesehen von Übergangsschwierigkeiten und Modernisierungszwängen). Bis heute stellen die Herden den Mittelpunkt ihres wirtschaftlichen Lebens sowie ihrer Feste und Bräuche dar. Bis heute aber auch sind unvorhersehbare Naturkatastrophen (vor allem die strengen Winter) die größte

Gefahr, wenngleich sie nicht mehr wie früher zum auslösenden Moment für räuberische Überfälle auf seßhafte Nachbarn werden.

Jahrhundertelang war — wie gesagt — in Europa wenig oder gar nichts über die Mongolen bekannt. Die frühen, durchaus kenntnisreichen und verständnisvollen Reiseberichte des Mittelalters waren mit dem Ende der Mongolengefahr in Vergessenheit geraten oder wurden als Aufschneiderei abgetan. So konnte man nichts davon wissen, daß das Land, begünstigt durch seine geographische Lage, eine wichtige Schlüsselposition an den eurasiatischen Handelswegen einnahm und damit teilhatte an den großen Kulturströmen des Kontinents. Durch seine unmittelbare Nachbarschaft zu China und den Kulturen Hoch- und Zentralasiens war seine Bevölkerung all diesen Einflüssen ausgesetzt und verarbeitete sie synkretistisch zu einer eigentümlichen Steppenkultur. Die Kunst dieses Volkes, seine große dichterische Begabung, seine epischen Werke und seine Lyrik, aber auch die enormen politisch-organisatorischen Leistungen der Vergangenheit sowie die ungebrochene Tradition ihrer nomadisch geprägten Lebensweise wurden erst in diesem Jahrhundert wieder bekannt und gewürdigt.

An diese Entwicklung schließen sich Ausstellung und Katalog an, zur Mehrung der Kenntnis der Mongolen und ihres Landes sollen sie beitragen.

Abgeerntetes Feld mit Schwarzhalskranichen im Orchontal, westlich von Ulanbator.

Die Dinosaurier-Eier der Wüste Gobi

Heinrich Karl Erben, Bonn

Im Herbst 1923 entdeckte die Asiatic Expedition des American Museum of Natural History unter der Leitung von Roy Chapman Andrews in der Wüste Gobi mehrere Nester mit versteinerten Dinosaurier-Eiern. Dies wurde in den internationalen Fachkreisen als eine kleine Sensation empfunden, denn man meinte, die fossilen Eier dieser ausgestorbenen Riesenechsen damit erstmals angetroffen zu haben. Heute wissen wir, daß das nicht ganz zutreffend war, denn schon 1896 waren in Südfrankreich Dinosaurier-Eier gefunden worden — nur hatte man sie über lange Zeiten hinweg, bis 1928, irrtümlich für versteinerte Vogeleier gehalten.

Wie dem auch sei, die mongolischen Vorkommen erregten allgemeines Aufsehen, und so fand trotz der sehr schwierigen Geländebedingungen seit den zwanziger Jahren bis heute eine ganze Reihe von weiteren Expeditionen statt. Einige wurden von amerikanischer Seite veranstaltet, andere waren Unternehmungen der Sowjetischen Akademie der Wissenschaften, wieder andere stellten sowjetisch-mongolische und polnisch-mongolische Operationen dar. In allen Fällen wurden außer Dinosaurierskeletten auch zahlreiche vollständige Eigelege, einzelne Eier und, in örtlichen Massenvorkommen, Eischalenfragmente gefunden.

Der häufigste Typ dieser Eier ist walzenförmig elliptisch, bis zu 20 cm (selten 30 cm) lang und außen noch von der ursprünglichen Kalkschale umgeben. Deren Erhaltung ist teils so gut, daß elektronenmikroskopisch noch die primäre Schalenstruktur nachweisbar ist und oft sogar noch die Aminosäuren der organischen Schalenbestandteile festgestellt werden können. Auch erwies es sich als möglich, im Kalziumkarbonat der kristallinen Schalenbestandteile die ursprünglichen Mengenrelationen der Isotope $^{16}O/^{18}O$ und $^{12}C/^{13}C$ zu messen, aus

welchen sich Hinweise auf die mittlere Jahrestemperatur ableiten lassen, bei der die Tiere lebten.

Die Außenfläche der Schale dieses Typs ist teils glatt, teils trägt sie feine subparallele, gelegentlich sich auch verzweigende Längsleistchen neben kleinen tuberkelartigen Erhebungen.

Das Innere der Eier ist in der Regel mit Sediment gefüllt. Nach anfänglichen Fehlmeldungen sind in jüngster Zeit in einem Fall tatsächlich im Inneren eines der Eier die versteinerten Knochenreste eines Embryos entdeckt worden. Das ist bemerkenswert, weil in so frühen Wachstumsstadien das Skelett größtenteils ja noch knorpelig und mithin noch nicht versteinerungsfähig ist.

Was die Eigelege betrifft, so ist nun erwiesen, daß das Muttertier in ausgescharrten Gruben deponierte, die nach der Eiablage wieder mit Sediment abgedeckt wurden. In den Fällen ungestörter Erhaltung zeigt sich, daß die Eier dieses Typs in etwa drei bis vier übereinanderliegenden Umläufen einer räumlichen Kreisspirale angeordnet sind, und zwar bei radialer Ausrichtung ihrer Längsachsen. Das ist eine nicht nur bei Vögeln, sondern auch allgemein bei Reptilien recht ungewöhnliche Form des Eigeleges.

Von welcher der in der Gobi bisher nachgewiesenen Dinosauriergattungen die Gelege stammen, konnte noch nicht mit letzter Sicherheit entschieden werden. Dies wäre nur dann möglich, wenn die entsprechenden Eier noch in der Leibeshöhle eines der ja identifizierbaren fossilen Skelette gefunden worden wären — und solche glücklichen Ausnahmsfunde stehen bisher leider noch aus. Auch der oben erwähnte Embryonenrest erlaubt bedauerlicherweise keine Zuordnung zu einer bestimmten Gattung, da er allzu unvollständig erhalten ist.

So ist man also auf reine Vermutungen angewiesen. Aufgrund der Größenrelationen und ähnlicher Häufigkeiten von Eiern und Skeletten ging man von Anfang an von der Annahme aus, diese Eier stammten von der Dinosauriergattung *Protoceratops*. Hier handelte es sich um einen verhältnismäßig kleinen, bis zu zwei Meter Länge erreichenden Vierfüßer, einen Pflanzenfresser, dessen Kieferränder zu einer Art von Papageienschnabel umgebildet waren und dessen Nackenpartie durch einen auffallenden Knochenkragen geschützt wurde. Allerdings kam in den letzten Jahren eine neue Deutung auf, die nicht etwa den *Protoceratops* für den Erzeuger hält, sondern einen der Hadrosauriden, also einen aus der Gruppe der »Entenschnabelsaurier«.

Wesentlich seltener als der oben besprochene Typ sind in der Gobi mehr oder weniger kugelförmige Dinosaurier-Eier mit abweichender Schalenstruktur. Sie dürften wohl von großen, plumpen, durch ihren schlangenförmig langen Hals und kleinen Kopf auffallenden Tieren stammen, die als Sauropoden bezeichnet werden.

Die Gesteinsschichten, in welchen die Eigelege vorkommen, sind Teile der sogenannten Djadochta-Formation, einer Hun-

Mutmaßliche Erzeuger der Eigelege unter den kreidezeitlichen Dinosauriern der Mongolei (nicht maßstabgerechte Rekonstruktion): Protoceratops (rechts unten), ein Hadrosauride (links unten) und ein Sauropode (oben).

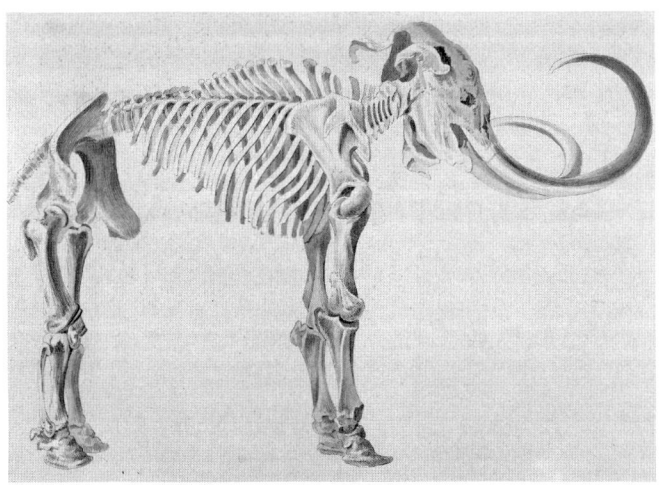

Zum Teil freigelegtes Gelege von Dinosaurier-Eiern (Bajan Zag, Wüste Gobi).

derte von Metern dicken Schichtenfolge. Sie enthält neben häufigen Dinosaurierskeletten auch schon die noch außerordentlich seltenen Reste von überaus primitiven Säugetieren. In ihrer stratigraphischen Position wird sie in die obere Kreide eingestuft (Coniac-Stufe oder Santon-Stufe). Ihr Bildungsalter dürfte mithin ungefähr hundert Millionen Jahre betragen.

Es handelt sich vornehmlich um feinkörnige Sand- und Siltsteine, aber auch um schluffige Sedimentbildungen. Sie alle stellen zweifelsfrei festländische Ablagerungen dar, deren weit vorherrschende Farben Braun und Rot sind. In der Gobi haben diese flach lagernden Schichten eine überaus weite Verbreitung, und so wurden Dinosaurier-Eigelege tatsächlich an verschiedenen Stellen entdeckt. Am häufigsten scheinen sie aber an jener klassischen Fundlokalität aufzutreten, die früher unter dem Namen Šabarag Usu geführt worden war und die heute Bajan Zag genannt wird. Ihre roten Felsenklippen befinden sich etwa 150 Kilometer nordwestlich von Dalan Zadgad. Gleichaltrige und auch in ihrer Gesteinsausbildung äquivalente — aber anders benannte — Rotschichten kommen, wie neuere Forschungen ergeben haben, mit weiter Verbreitung auch im Osten und Süden der Volksrepublik China vor. Auch sie haben Dinosaurier-Eier und ganze Gelege geliefert, die mit den mon-

golischen weitgehend übereinstimmen. Örtlich kann es sich sogar so verhalten, daß sie an Reichtum der Vorkommen und an Qualität des Erhaltungszustandes diese ersteren übertreffen. Wohl die wichtigsten dieser Vorkommen sind bisher u. a. aus

Aquarell eines Skelettfundes aus der Bildermappe J. Rehmanns (1805/1806).

12

den Provinzen Shandong, Anhui, Jiangxi, Hunan und Guang-dong gemeldet worden. Offenbar handelt es sich im ostasiatischen Raum um eine ganze Kette von jeweils isolierten, durch Hochgebiete umgrenzten kreidezeitlichen Becken, die mit ihren festländischen Rotsedimenten und Dinosaurier-Eiern in einer Region nördlich von Guangzhou (Becken von Nanxiong) enden und die im Norden in der Wüste Gobi beginnen.

Literatur:
Chao Tse-Kuei, Chiang Yuan-Kai: Microscopic studies on the Dinosaurian egg-shells from Laiyang, Shantung Prov. In: Scientia Sinica, 17 (1), S. 73—90, 5 Taf., Beijing 1974.
Erben, H. K.: Ultrastrukturen und Mineralisation rezenter und fossiler Eischalen bei Vögeln und Reptilien. In: Biomin. Res. Repts., 1, 1—66, 20 Taf., Stuttgart 1970.
Erben, H. K., Hoefs, J. und Wedepohl, K. H.: Paleobiological and isotopic studies of eggshells from a declining dinosaurspecies. In: Paleobiology, 5 (4), S. 380—414, 14 Abb., Cambridge, Mass. 1979.

Gradzinski, R., Kazmiercak, J. und Lefeld, J.: Results of the Polish-Mongolian Paleontological Expedition. Geographical and geological data. In: Paleont. Polonica, 16, S. 69—92, Warszawa 1968.
Kielan-Jaworowska, Z.: Hunting for Dinosaurs, (Übers. a. d. Polnischen). Massachusetts Techn. Inst. Press, Cambridge, Mass. 1969.
Koljesnikow, T. M. und Sochava, A. V.: Paleobiochimitsheskoje issledowannje skorlupy jajc mjelowich dinozawrov Gobi. In: Paleont. Zhurn., 1972 (2), S. 101—112, 5 Abb., Moskva 1972.
Sochava, A. V.: Mikrostruktura skorlupy jajts dinozawrov iz verkhnego mjela severnoj Gobi. In: Dokl. Akad. Nauk SSSR. 192 (5), S. 1137—1140, 3 Abb., Moskva 1970.
Sochava, A. V.: Skelet embriona v jajtse dinozwra. In: Paleont. Zhurn. 1972 (4), S. 88—92, 2 Abb., Moskva 1972.
Straelen, V. van: The microstructure of the dinosauria eggshells from the Cretaceous beds of Mongolia. In: Amer. Mus. Novitates, 173. New York, May 1925.
Voss-Foucart, M. F.: Paleoprotéines des coquilles fossiles d'oeufs des dinosauriens du Crétacé supérieur de Provence. Comp. Biochem. Physiol., 24, S. 31—45, 1968.
Young, Chung-Chien: (Fossil eggs from Nanhsiung, Kwantung, and Kanchou, Kiangsi; chines. m. engl. Zusammenfassung). In: Vertebrata Palasiatica. 9 (2), S. 141—189, 19 Taf., Beijing 1965.

Tafelberg in der nördlichen Mongolei.

Archäologische Funde, Bestattungsplätze und Skulpturen

Eleonora Novgorodova, Moskau

Aufenthaltsplätze und Werkstätten der Menschen des Paläolithikums sind in der Mongolei überall in sämtlichen Aimags (Verwaltungsbezirke) des Landes gefunden worden. Die ältesten von ihnen gehören dem Altpaläolithikum an. Jedoch sind Knochenreste und Bestattungen der ältesten Menschen auf diesem Territorium bislang nicht gefunden worden. Dafür wurde im Chovd-Aimag eine Höhle entdeckt, deren Wände während des Jungpaläolithikums ausgemalt wurden. Unter den Zeichnungen in der Chojt-Cencherijn-aguj-Höhle wollen wir die Darstellungen eines Straußes, eines frühen Elefanten, einer Ziege, eines Widders, einer Antilope und eines Kamels erwähnen sowie eine große Zahl symbolischer Zeichen: Pfeile, Dreiecke, Hörner, vulvaartige Figuren. Die in der Höhle entdeckten Darstellungen von Symbolen, die die Tiere begleiten, spiegeln die Bildung des abstrakten Denkens wider. Doch für die Entstehung von symbolischen Figuren war die Existenz einer Mythologie notwendig. Man kann sagen, daß in der Mongolei, wie auch in anderen Gebieten, die Mythenbildung

als eine Weltsicht der Sippengesellschaft zur Epoche des Paläolithikums gehört.

Ähnliche symbolische Zeichnungen wurden auch während des Mesolithikums in Felsen eingraviert, die in der Ostmongolei im Chentej-Aimag auf der Kultstätte Aršan-chad entdeckt worden sind. Da der Felsen mit den Zeichnungen von der Schicht eines neolithischen Lagerplatzes überdeckt ist, kann man sich mit Gewißheit zum Alter der dort dargestellten Kreise, Hufe, Dreiecke und übrigen Zeichen äußern: Sie sind natürlich älter als das Neolithikum und stammen wahrscheinlich aus dem Mesolithikum.

Unter den neolithischen Denkmälern, die ebenfalls in der Mongolei weit verbreitet sind, ist der Lagerplatz am interessantesten, der im Dornod-Aimag in der Gegend von Tamsagbulag erschlossen worden ist. In der Siedlung gab es etwa zwanzig bis dreißig Wohnstätten, deren Ausmaß vierzig Quadratmeter erreichte. Diese viereckigen Wohnbauten des halb unter der Erde liegenden Typs mit Dächern, die an den vier

Unausgegrabene Plattengräber mit Steinsetzungen.

Seiten zum Boden herabfielen, besaßen einen Eingang durch eine Öffnung im Dach. Die Funde von Hacken, Stößeln und Körnerreiben sprechen dafür, daß die Bewohner sich mit Feldbau abgaben. Das Wesen des neolithischen Feldbaus in der Ostmongolei ist prinzipiell verschieden von Formen der Ackerbauwirtschaft Chinas und Südostasiens: In China war seit der Yangshao-Zeit die Hauptanbaukultur der Reis, und deswegen trifft man dort Getreidereiben und Kuranten nur äußerst selten an. Die älteste Kulturpflanze der Mongolei war die Hirse.

Die Erschließung neolithischer Siedlungen im Osten des Landes spricht dafür, daß es bereits zur damaligen Zeit in der Mongolei eine seßhafte Bevölkerung gab. Außer Steinwerkzeugen (Meißeln, Durchstechern, Schabeisen) wurden in großem Umfang auch solche aus Knochen verwendet: Messer, eingelegte Dolche, Pfeilspitzen. Aus Knochen, Hauern und Muscheln machte man Schmuckstücke und Amulette.

Vom Vorhandensein des Ahnenkultes und des Glaubens an ein jenseitiges Leben sowie von der symbolischen Bedeutung der roten Farbe zeugen die Bestattungen in Tamsagbulag, die nach einem bestimmten Ritual vollzogen wurden. Man begrub den Toten mit fest zusammengebundenen Füßen in sitzender Stellung und bestreute ihn mit einer Unmenge von Ocker. Die Kleidung des Verstorbenen wurde an den Schultern und Schenkeln mit Perlmuttkügelchen verziert. In den Grabstätten wurden auch Anhänger aus Maralhirschzähnen mit Öffnungen zum Aufhängen gefunden. Bestattungen von Stierschädeln oder -hörnern in speziellen Gruben, die extra für dieses Ritual gegraben wurden, zeugen vom Totemismus und von einem Stierkult, der vielleicht mit dem beginnenden Ackerbau in Verbindung stand.

Paläoanthropologische Erhebungen zeigen, daß die Bevölkerung der Ostmongolei während des Neolithikums einen Teil der großen mongoliden Rasse bildete.

Im Unterschied zu den erschlossenen stationären Wohnbauten der Ostmongolei sind in den westlichen und zentralen Aimags des Landes lediglich zeitweilige Lagerplätze von Jägern und Fischern gefunden worden. Die Jungsteinzeit der Südgobigebiete wird durch zahlreiche Dünenlagerplätze vertreten wie Šabarak-usu (oder Bajndzak), Tögrigijn-širet u. a.

Besonders groß ist der Unterschied zwischen den Denkmälern der Ost- und Westmongolei während der folgenden Epoche — dem Äneolithikum. Im Osten des Landes ist die Bestattungsstätte Norovlijn-uul charakteristisch für das Äneolithikum. Eine Begräbnisstätte wurde im Dornod-Aimag erschlossen ebenso wie Denkmäler der Tamsagbulag-Kultur. Die Ausgrabungen haben gezeigt, daß der Bestattete in gekrümmter Stellung hingesetzt wurde mit in den Knien stark gebeugten Beinen. Unter einer dicken Ockerschicht wurden ungefähr 3 000 Glasperlen aus einer weißen Glaspaste (die meisten von ihnen um den Schädel herum), Ziergegenstände und Anhänger aus den Zähnen des Maralhirsches, zehn Anhänger aus Moschustierhauern, sieben flache Platten, die aus einer großen Muschel als Schmuckstücke herausgemeißelt wurden, und zwei runde Scheiben mit einer Öffnung in der Mitte gefunden. Aus Muscheln sind auch zwei Figürchen von Wildebern (oder Bären?) mit großem Kopf, Ohren und Bauch sowie kurzen Füßen gearbeitet worden.

Das interessanteste Schmuckstück aus der Begräbnisstätte in Norovlijn-uul ist ein Steinamulett, das die Form eines Stößels von 22,5 cm Länge und ca. 4 cm Breite hat. Der kleinkörnige Stein, aus dem das Amulett hergestellt ist, ist sorgfältig geschliffen, und auf der Frontseite ist das Gesicht eines Menschen ausgemeißelt. Mit zwei stark gemeißelten Linien sind die Brauen gezeichnet, und fast rhombische Vertiefungen zeigen die Augenhöhlen. Ein breiter, gewölbter Wulst um sie herum unterstreicht die schweren Augenlider. Die Nase ist schmal, lang und gerade, nach unten kaum breiter werdend und nur wenig aus dem flachen Stein hervortretend. Bei der Herstellung des Amuletts wurden graphische wie auch plastische Kunstmittel verwendet. Ungeachtet des großen Schematismus ist das Porträt hinlänglich künstlerisch und ausdrucksvoll. Wahrscheinlich diente als Modell weder ein Europider noch ein Mongolider, sondern ein Mensch vom paläoasiatischen Typus. Die anthropologische Analyse des Schädels aus der Begräbnisstätte von Norovlijn-uul und das bildhauerische Porträt auf dem Amulett sprechen für eine eigenständige Gruppe von Stämmen der Ostmongolei und unterstreichen ihre Eigenart und Zugehörigkeit zu den Paläoasiaten.

Während ebendieser äneolithischen Epoche lebten in der Westmongolei Stämme vom europiden Typus. Ihre Begräbnisstätten wurden im Bajanchongor-Aimag in der Gegend von Šatar Čuluu und im Archangaj-Aimag in Altan-Sandal erschlossen. Unter einem niedrigen Steinkurgan entdeckten die Archäologen eine Grabgrube, in welcher ein Bestatteter in gekrümmter Stellung lag. Ihrem Inventar nach gehört die Begräbnisstätte zu den Kulturen, die den äneolithischen in Südsibirien ähneln, und ihren anthropologischen Merkmalen nach zeugen die Schädel von einer stark ausgeprägten Europidität der Bevölkerung der Westmongolei. Schon zu Beginn der Bronzezeit im 3. Jt. v. Chr. war die Bevölkerung des Landes in zwei große Gruppen geteilt: in eine europide und eine paläomongolide. Das bestätigt auch die Analyse sämtlicher archäologischer Funde.

Die Bronzezeit (2. Jt. v. Chr.) war die Periode der sogenannten Karasukkultur, eine Blütezeit der Bronzeverarbeitung, als sich in weiten Gebieten Zentralasiens Messer und Dolche verbreiteten, die im »Tierstil« ausgeführt wurden und mit Tierköpfen, meist von Huftieren, verziert waren. Dieser Stil war für die nordwestliche Mongolei, Nordwestchina, Tuwinien, das Altaigebiet, Kasachstan und Südsibirien charakteristisch. In der Mongolei ist der frühe Tierstil sowohl auf Bronzegegenständen wie auch unter Felszeichnungen vertreten.

Das auffälligste Sujet der Karasukzeit ist die Darstellung von Streitwagen. Zum gegenwärtigen Zeitpunkt sind in der Mongolei mehr als fünfzig Darstellungen von Streitwagen in den Bergen des mongolischen Altai, des Gobi-Altai und des Changajgebirges bekannt. Wenn ich kurz alle uns bekannten Angaben zu den Streitwagen der Mongolei zusammenfasse, ergibt sich folgende Darstellung: die Wagenkästen der mongolischen Fahrzeuge sind ihrer Form nach unterschiedlich: es gibt rechteckige, quadratische, runde, abgerundete und ovale. Das Wagengestell ist (nach den Angaben der Felszeichnungen und chinesischer Ausgrabungen zu urteilen) aus Holzlatten, Stangen, Haut und Fellen hergestellt. Die Wagenachse läuft meist durch den zentralen Teil des Wagenkastens, aber zuweilen ist der Wagenkasten nach vorn verschoben (wie z. B. bei den Streitwagen aus Cagaan-gol). Die mongolischen Kampfwagen haben stets zwei Räder, die Zahl der Radspeichen variiert von vier bis acht. Die Wagendeichsel wird immer gerade gezeigt mit einem Balken, der lotrecht angeordnet ist. Manchmal sind an den Wagen Pferde gespannt, und zwar zwei, hin und wieder auch drei oder vier. Es wird immer nur ein Mann gezeigt, der mit weit gespreizten Beinen im Wagenkasten des Gefährts steht. Er ist Krieger, nicht Lenker des Wagens: Häufig wird er mit einem Bogen und einer Kampfaxt bewaffnet dargestellt. Mehrfach sind Kampf- oder Jagdszenen mit Streitwagen in den Bergen der Mongolei zu erkennen.

Streitwagendarstellung auf einem Petroglyphen.

Hirschsteinstele.

Auch sind mythologische Stoffe mit Streitwagen unter den Petroglyphen bekannt. Am interessantesten ist ein Streitwagen, vor den Pferde mit Hirschgeweihen gespannt sind. Die Darstellung von Streitwagen zusammen mit Hirschen »vom skythischen Typ« (weit ausladendes Geweih, Vogelmäuler mit Schnäbeln, unter den Leib geschlagene Läufe) gestattet es uns anzunehmen, daß die Streitwagen in der Mongolei zur gleichen Zeit auftraten wie die Hirsche des »Tierstils«. Davon überzeugt einen auch die im Darvi-Sum gefundene Darstellung eines Streitwagens auf einem Hirschstein.

Was die Hirschsteine — das prächtigste und interessanteste Denkmal der alten Mongolei — angeht, so glaubten die Forscher lange Jahre (bis zum gegenwärtigen Zeitpunkt), daß diese Monumente, die in der Epoche der frühen Eisenzeit gemeißelt wurden, auch auf das 7., höchstens 8. Jh. v. Chr. zu datieren seien.

Neue archäologische Ausgrabungen in China erlauben es jedoch, auf Fragen nach der Chronologie, und zuweilen auch der Semantik, neue Antworten zu geben. Zunächst: was ist ein Hirschstein? Es handelt sich hierbei um einen Steinobelisken von drei bis vier Meter Höhe, der zur östlichen Seite neben dem Opfertisch steht und sein »Gesicht« nach Osten gewandt hat. Auf der Frontseite der Stele wird ein Gesicht gezeigt (sehr häufig) oder drei symbolische schräge Linien und ein Halsschmuck; seitlich sind Ohrringe und Teile der Bewaffnung, die am Gürtel hängen, dargestellt. Die Oberfläche des Denkmals ist mit Figuren von Hirschen, Pferden und katzenartigen Raubtieren bedeckt. Die frühesten Hirschsteine sind vollständig mit Hirschfiguren überzogen, die in stilisierter Form mit ausla-

dendem Geweih und Vogelschnäbeln gemeißelt wurden (Mitte des 2. Jt.s v. Chr.—10./9. Jh. v. Chr.). Die Hirschsteine vom zweiten Typ (9.—8. Jh. v. Chr.) zeichnen sich durch eingemeißelte Figuren stehender Tiere aus: Elche, Hirsche und Pferde; die stilisierten Hirsche mit Vogelschnäbeln verschwinden. Die Hirschsteine des letzten, dritten Typs zeigen keine Tiere: an den vier Seiten ist nur der Bogen im Köcher dargestellt, und am Gürtel hängen Messer und Dolch. Gerade diese Hirschsteine haben die größte Ähnlichkeit mit skythischen Steinstelen des Vorlandes am nördlichen Schwarzen Meer.

Ursprünglich glaubte man, daß die Hirschsteine in einem bestimmten Zeitstadium aufgetreten seien und daß sie zu mehreren Kulturen Zentralasiens gehörten. Aber dies ist nicht der Fall. Hirschsteine findet man z. B. als Baumaterial in Tafelgräbern der Zentralmongolei am Ende der Bronze- und Anfang der Eisenzeit. In diesen Fällen handelt es sich deutlich um eine Wiederverwendung, wobei sie auf den Kopf gestellt wurden. Demnach sind die Hirschsteine erstens älter als die Tafelgräber und gehören zweitens einer anderen Kultur an.

Was die Datierung der Hirschsteine angeht, so beruht sie auf Analogien zu den Arten von Ausrüstungsgegenständen, die auf den Stelen eingemeißelt sind. Dolche, Messer, Äxte und Streitäxte der Hirschsteine werden nach den Funden in chinesischen Gräbern und Siedlungen auf die Zeit der späten Shang und frühen Zhou datiert, was dem 14. bis 9. Jh. v. Chr. entspricht. Besonders interessant ist ein Vergleich der Dolche, die auf den Hirschsteinen gemeißelt sind, mit dem Fund eines

Holzkammergrab aus dem Gräberfeld bei Ulangom, das aus Bestattungen aus dem 5.—3. Jh. v. Chr. besteht.

Dolches mit einem Widderkopf in China (Chaodaogou im Kreis Qinlong in der Provinz Hebei) und auch mit Dolchen, deren oberes Ende Pferde- und Vogelköpfe bilden (aus dem Grab Baifu bei Peking). Baifu wurde auf 1120 ± 90 v. Chr. datiert. So erlauben die Karasuk-Waffenformen und die Analogien in China eine Datierung der Hirschsteine in der Mongolei auf die Karasuk-Zeit, das heißt ab Mitte des 2. Jt.s v. Chr.

Die einzigen, und dabei zahlreichsten Denkmäler, mit denen die Hirschsteine in Verbindung stehen, sind die Kereksuren (Steinkurgane). Offensichtlich darf man auch die Kereksuren nicht auf die Skythenzeit datieren, sondern auf die Karasuk-Epoche. Die Kereksuren waren ebenso wie die Hirschsteine zeitgleich mit den Streitwagen und wurden uns von der europiden Bevölkerung der Westmongolei hinterlassen.

Die nachfolgende Epoche — der Beginn der Eisenzeit — ist in der Mongolei durch zwei große ethnokulturelle Gebiete vertreten. Im Ostteil des Landes lebten mongolide Stämme, die Tafelgräber mit Ockerzeichnungen von »Umzäunungen«, kleinen Menschen und fliegenden Vögeln hinterlassen haben. Im Westen der Mongolei lebten weiterhin europide Stämme, die die Tradition des Tierstils bei den Verzierungen von Waffen und Amuletten bewahrt hatten. Ein charakteristisches Denkmal jener Epoche wurde in der Umgebung der Stadt Ulangom (im Övs-Aimag) ausgegraben. Das einzigartige Gräberfeld von Ulangom erwies sich als gut erhalten und nicht geplündert, und es bot reiches archäologisches wie paläoanthropologisches Material. Im Endergebnis erhielten wir das einzige Grä-

berfeld in Zentralasien, das vollständig ausgegraben und publiziert wurde (Novgorodova u. a. 1982). Das Gräberfeld gehört dem 5.—3. Jh. v. Chr. an, wovon die umfangreichen Funde verschiedener Waffenarten zeugen: Messer, Dolche, Pfeilspitzen, Streitäxte, Schnallen, Schmuckstücke sowie keramische, hölzerne und bronzene Gefäße.

Die Toten wurden in Holzgerüsten beigesetzt, mit Steinkissen unter den Köpfen; in einem Holzgestell lagen acht, neun oder zehn Personen. Die Erforschung des paläoanthropologischen Materials ließ den Schluß zu, daß die Bestattungen in den Gestellen von Ulangom Familiengruften gewesen sind, in denen man vorzugsweise Männer beerdigte. Sie starben jung während Kriegen, wovon die Spuren von Kampfverletzungen an den Schädeln zeugen.

Bereits im 2. Jh. v. Chr. wurden auf demselben Gräberfeld von Ulangom Angehörige von Xiongnu-Stämmen begraben, und eine andere Bevölkerung, die sich von der europiden der vorausgegangenen Epoche unterschied, breitete sich aus. Es ist deutlich, daß sich die europide Bevölkerung zum Altai und nach Tuwinien hin bewegte, wo Holzwerke und Gräber von Kriegern mit Ausstattungen gefunden wurden, die analog zum Gräberfeld von Ulangom sind. Die Xiongnu kamen von Osten und Südosten, brachten eine neue Kultur und neue Traditionen mit sich. Das deutlichste Denkmal der Xiongnu in der Mongolei bleibt bis zum gegenwärtigen Zeitpunkt das Gräberfeld in Noin-uul, das von P. K. Kozlov vor mehr als fünfzig Jahren ausgegraben wurde.

Die Ausgrabungen der Kurgane von Nojn-uul waren von außerordentlichen Schwierigkeiten begleitet: Man machte an verschiedenen Stellen große Feuer und taute so den gefrorenen Boden auf. In einer Tiefe von sechs Metern hatte man mit Wasser zu kämpfen, und erst in einer Tiefe von neun Metern entdeckte man die Grabausstattungen. Im Endergebnis wurde das Bestattungsritual der Xiongnu rekonstruiert, ihre architektonische Ausstattung, Einzelheiten der Kleidung, Schuhe, und Zeichnungen auf Teppichen und Stoffen. In alle Grabkammern führt von Süden her eine Rampe, auf der die Begräbnisprozession mit dem Sarg hinunterstieg. Den Holzsarg mit dem Toten trug man in einen hölzernen Raum, aus dem man weiter in die folgende hölzerne Kammer ging. Wände und Decke der Innenkammer waren mit Seidenstoffen überzogen. Auf den Boden unter dem Sarg war ein Filzteppich gebettet, dessen Aufnäharbeiten Sujets von Tierkämpfen im »Tierstil« darstellten. Es wurden schön erhaltene chinesische (hanzeitliche) Seidenstoffe, baktrische Importwaren und auch Filzarbeiten, die von den örtlichen meisterhaften Handwerkern angefertigt wurden, gefunden. Wenn auch die archäologischen Denkmäler der Xiongnu ziemlich detailliert erforscht sind, so läßt sich dies nicht für alle Bereiche unserer Kenntnisse der Xiongnu behaupten: Bis heute bleiben Fragen nach ihrer anthropologischen Zugehörigkeit ungelöst, und es herrscht auch keine einheitliche Meinung zur Frage der Xiongnu-Sprache.

Vor allem sind bis heute nicht die Denkmäler, die gleichzeitig mit den Xiongnu vorkommen, von der eigentlichen Xiongnu-Kultur abgeteilt worden, denn in der Zeit vom 2. Jh. v. Chr. bis zum 2. Jh. n. Chr. gab es auf dem Gebiet der Mongolei nicht wenige ethnische Gruppen. Es dürfte jedoch am wahrscheinlichsten sein, daß sich die Traditionen der Tafelgräberkultur der Ostmongolei auf die Xiongnu vererbt haben. Indem sie sich nach Nordwesten bewegten, mischten sich die Xiongnu (teilweise) mit der europiden Bevölkerung und drängten ihre Vorläufer zum Teil nach Westen ab.

Die Kultur und die Grabkomplexe der alten Türken der Mongolei sind ungleichmäßig erforscht. So sind nur einige der Gedenkstätten zu Ehren von Kaghanen und Feldherren ausgegraben worden, und zwar die zu Ehren von Tonjükuk (bei Nalajchi) und Kül-tegin (Chošoj-Caidam am Fluß Kökšin-Orchon). Der Komplex der Gedenkstätte zu Ehren von Kültegin (auf einem Gelände von 67,25 x 29,25 m) wird von einem Viereck gebildet, das von einer Lehmwand von mehr als einem Meter Breite umgeben ist, und das sich von Osten nach Westen erstreckt, mit dem Tor an der Ostseite. Im Hofzentrum ist ein Palastbau plaziert — ein quadratisches Gebäude, das klar geplant ist (10,25 x 10,25 m). Der Palast wurde auf eine eigens aufgeschüttete Anhöhe gesetzt.

Die Gebäudefassade war nach Osten gerichtet. Innerhalb des Gebäudes standen einst vier Säulen im Zentrum, auf die sich der Oberteil des Daches stützte. Die Säulen, offenbar aus Holz, blieben nicht erhalten. Auf den äußeren zwölf Säulen ruhte der untere Teil des Daches. Unter den Funden der Expedition von L. Jisl sind vielleicht die interessantesten die Por-

Vermutlich Teile eines Sarkophages.

trätskulpturen, die in diesem kleinen Tempel entdeckt wurden: die Darstellung Kül-tegins mit einem hohen Kopfschmuck in Gestalt einer Krone mit einem Vogel, der die Flügel im Flug ausgebreitet hat. Die Darstellung des Vogels und die Figur des Vogels überhaupt ist charakteristisch für das alttürkische Epos und die Kunst der frühen Türken. Neben dem Porträt des Feldherrn wurde noch eine weitere Darstellung gefunden — offenbar die seiner Frau.

Die Ausgrabungen zeigten, daß sowohl die Tempel wie auch die umliegenden Teile der Anlage Stätten zum Gedenken der Toten bildeten und daß sie mit dem Ahnenkult in Beziehung standen. Und je bedeutender die Rolle des Verstorbenen bei Lebzeiten war, desto prächtiger war der umliegende Teil oder die ihm zu Ehren errichtete Anlage.

Unter den Denkmälern aus alttürkischer Zeit, die im gesamten Zentrum, Westen und Nordwesten der Mongolei vertreten sind, sind die steinernen Standbilder von Ahnen von nicht geringem Interesse. Ihr Verbreitungsgebiet deckt sich fast ganz mit dem Gebiet, wo die Hirschsteine entdeckt wurden. Die alttürkischen »Steinbabas« richten ihr Gesicht nach Osten.

In der Regel werden die Gesichter mit Schnurrbärten und Ohrringen gezeigt. Der Mantelrock ist gewöhnlich von rechts nach links übereinandergeschlagen und wird von einem Gürtel umfaßt, an dem ein Dolch und ein Täschchen hängen.

Steinernes Ahnenstandbild *(Baba)* aus alttürkischer Zeit in der weiten Steppe. Man vermutet, daß im Zuge der Auseinandersetzungen zwischen Buddhisten und Schamanen die Buddhisten die Köpfe abschlugen.

Gepanzerte Reiter, Felszeichnungen aus alttürkischer Zeit in Char-chad.

Außer Skulpturen, Palästen und Gedenkstätten sind auch Zeichnungen aus alttürkischer Zeit erhalten geblieben, die in weiten Gebieten Zentralasiens (in der Mongolei, in Kirgisien, Kasachstan, Tuwinien, im Altaigebiet und in Südsibirien) in Felsen gemeißelt wurden. Als interessanteste hiervon kann man die Darstellung eines Zuges gepanzerter Reiter auf dem Felsen Char-chad (Chovd-Aimag) ansehen. Es ist ein Zug von Reitern, die mit angelegtem Panzer und mit Lanzen und Schellen bewaffnet sind. Die Panzer der Krieger sind mit horizontalen Linien wiedergegeben, die Rüstungen der Pferde mit großen quadratischen Flächen. Es werden zwei Arten von Rüstungen gezeigt: ein Panzer bestand aus einem Rücken- und Brustteil mit Schulterriemen und Seitenschließen; ein anderer Panzer entsprach ganz dem Schnitt des türkischen Mantelrocks und war hinten geschlitzt.

Die Darstellungen der schwerbewaffneten Krieger bestätigen die Mitteilungen in den Quellen von großen Veränderungen in der türkischen Armee. Gerade die Überlegenheit ihrer Pferde, die durch Rüstungen geschützt waren, machte die türkische Armee zu einem ernsten Gegner für die Infanterie des Tangreiches und sogar für die iranischen Reiter. Die Neuerungen, die zu alttürkischer Zeit bei der Armee eingeführt wurden, bereiteten in gewissem Maß auch die siegreichen Feldzüge der Armee Činggis Khans vor.

Literatur:
Novgorodova, E. A.: Mir petroglifov Mongolii. Moskva 1984.
Novgorodova, E. A. u. a.: Ulangom, ein skythenzeitliches Gräberfeld in der Mongolei (= Asiatische Forschungen 76). Wiesbaden 1982.
Nowgorodowa, E. A.: Alte Kunst der Mongolei. Leipzig 1980.

Felszeichnungen und Piktogramme
der alten Mongolei

Eleonora Novgorodova, Moskau

Die Mongolei kann man zu Recht ein Land der Felszeichnungen nennen. Die Zeichnungen sind praktisch überall dort anzutreffen, wo es in den Bergen gute, glatte Steinoberflächen gibt. Hierbei sind die interessantesten Sujets in Bergschluchten und an solchen Stellen, wo sie neugierigen Augen verborgen sind. Man darf sagen, daß sämtliche Anhäufungen von Felszeichnungen im Altertum Opferstätten darstellten, offensichtlich zum Vollzug bestimmter Rituale, das heißt es waren Heiligtümer unter freiem Himmel. Je höher der Kultplatz gelegen war, desto näher zur höchsten Gottheit (analog zum Tengri-Gott bei den Türken und Mongolen) wurden auf ihm die Rituale vollführt. Von vornherein möchten wir bemerken, daß uns die Sichtweise jener Gelehrten nicht überzeugend erscheint, die annehmen, daß die Zeichnungen auf den Felsen der Mongolei in Verbindung mit den Produktivkräften dieser oder jener Stämme eingraviert worden seien. Wenn auch die Felszeichnungen natürlich das Leben der Jäger und Viehzüchter Zentralasiens widerspiegeln, so schließen wir uns doch ganz und gar der Meinung V. N. Toporovs an, der schrieb:

»Natürlich gibt es das Leben, das mit ›niederen‹ Sorgen und der Unbill des Alltags angefüllt ist, doch es gehört nicht zum System der höheren Werte und ist irrelevant. Wesentlich, wirklich ist nur das, was einen Teil des Kosmos bildet, aus ihm ableitbar ist und an ihm teilhat.«

So kann man z. B. unter den Zeichnungen, die am Ufer des Flusses Čuluut (Nördliche Mongolei) eingraviert sind, besonders die Darstellung des Weltalls aussondern. In dieser Komposition kommt ein besonderer Ort den Stieren zu, die oberhalb der Sonne in den Fels gemeißelt sind, und einer der Stiere zudem mit einem Mondhorn. Dies ist nicht verwunderlich, wenn man sich daran erinnert, welch bedeutenden Platz die Stiere in den kosmischen Vorstellungen der frühen Menschheit einnahmen. So wird im oberen Bildabschnitt offensichtlich die Himmelssphäre gezeigt, die durch drei Symbole wiedergegeben ist: Sonne, Mond und (himmlische) Stiere. Die Erde stellten die frühen Künstler durch die folgenden Symbole dar (die den Mittelteil der Komposition »Weltall« bilden): verschiedene Huftiere — von Widdern, Ziegenböcken bis hin zu Yaks.

Die bronzezeitliche Felszeichnung eines Kamels aus Čuluut ist mit Zeichnungen der Xiongnu-Zeit überlagert.

Schließlich wird die unterirdische Welt durch Schlangen und, was besonders interessant ist, weibliche anthropomorphe Darstellungen ausgedrückt.

Was bezeichne ich nun als weibliche anthropomorphe Darstellungen? Dies sind Zeichnungen, die in der äneolithischen Epoche (Stein-/Kupferzeit), 3. Jt. v. Chr., geschaffen wurden und die, meiner Meinung nach, symbolisch eine gebärende Frau darstellen. Im Unterschied zu naturalistischen Gebärenden werden diese in Form einer geometrischen Figur gezeigt: stets mit einer breiten rechteckigen Basis, die die weit auseinanderstehenden und in den Knien gebeugten Beine imitieren; der Rumpf wird durch eine lange Linie mit den Punkten der Brüste an den Seiten wiedergegeben. Die zum Himmel erhobenen Arme sind am Ellenbogen gebeugt und werden stets mit drei Fingern gezeigt. Dies gestattet es, die Hände mit dreikralligen Vogelfüßen zu vergleichen.

Petroglyphe einer Vogelfrau.

Der Kult des Menschenvogels und der Vogelfrau war über verschiedene Kontinente der Erde weit verbreitet, ebenso wie auch Vorstellungen von der Verbindung der Lebenden mit den Ahnen mittels Vögel weite Verbreitung erfuhren. Es kann sein, daß die Zeichnungen von Čuluut des Äneolithikums Ahnen, Mütter der Sippe und auch Seelen von Ahnen darstellen, die von Vögeln fortgetragen oder bewahrt werden.

Vorstellungen von der Seelenwanderung Verstorbener in Vögel oder Tiere und von der Abstammung der Menschen vom Tier, wie es sie in der Vergangenheit gab, erklären viele Elemente mongolischer Petroglyphen. Der Glaube an einen tierischen Ahn setzt nicht nur die Möglichkeit, sondern auch die Gesetzmäßigkeit voraus, daß eine Frau mit einem Tier leben und von ihm Nachwuchs erhalten kann. Die Vorstellung vom Verband der Ahnenmutter mit einem Totemahn und der Glaube an eine übernatürliche Geburt sind vielen archaischen Völkern eigen. In der Mongolei spiegelt sich diese Tatsache auf einer Zeichnung gebärender Frauen wider, von denen eine mit großem Hirschgeweih gezeigt wird. Durch die Art der Darstellung des Geweihs wird klar, daß es das wichtigste Detail der ganzen Komposition bildet. Daß hier kein Hirsch, sondern eine Hirschkuhmutter (Frau mit einem Hirschgeweih auf dem Kopf) gezeigt wird, wird aus dem Gesamtkontext der Zeichnung deutlich: die Figur der Frau mit dem Geweih ist absolut analog allen übrigen Figuren von Gebärenden, bis hin zu solchen Details wie den Brustpunkten. Es scheint, daß bei dieser Darstellung eine universale Idee zweier Stammeselternahnen wiedergegeben wird — der Ahnmutter und des Hirschvaters. Der Hirsch ist eine der Zentralfiguren in der Mythologie der Völker Zentralasiens und Nordsibiriens. Und die Hirschmutterahnin ist in mongolischen Sagen bis hin in mittelalterliche Zeit unter dem Namen *Alun-goa* erhalten geblieben; sie wird in der *Geheimen Geschichte* und in der Genealogie Činggis

Khans als Stammutter der Bordjigid erwähnt. So erkennen wir nun, daß die Figur der Hirschkuhmutter mit ihren Wurzeln bis in die Steinzeit zurückreicht und daß sie lange vor der Epoche erschien, als die Verehrung des Hirschahnen in großem Stil sich in Monumentalskulpturen verkörperte — den berühmten Hirschsteinen der Westmongolei und Tuwiniens.

Noch eine weitere interessante Darstellung trifft man ebendort an den Ufern des Flusses Čuluut. Ich denke hierbei an zwei originelle, mehrstufige »Pyramiden«, von denen jede aus drei weiblichen Figuren zusammengesetzt ist, die so übereinander arrangiert sind, daß die Füße der oberen zur gleichen Zeit die Hände der zweiten sind und die Füße der zweiten gleichzeitig die Hände der dritten. Die oberste wird mit einem breitrandigen Hut gezeigt, und unterhalb der Muskeln ihrer weit auseinandergestellten Beine sind mit zwei Punkten die Brüste dargestellt. Die Füße der letzten Figur stehen weit auseinander und sind im Knie gebeugt, und zwischen ihnen wird symbolisch das zukünftige Kind gezeigt. Wir haben hier die Abbildung einer dreifach wiederholten Mutter vor uns. Die Vorstellung von der Aufeinanderfolge der Generationen wird hier erstaunlich einfach wiedergegeben, ohne ein einziges überflüssiges Detail: Urgroßmutter, Großmutter und Mutter, die in sich den Beginn eines neuen Lebens — die Tochter — trägt. Es erscheint unmöglich, diese Idee noch lakonischer zu übermitteln, als mit einer Figur, die die Endlosigkeit des Menschengeschlechts und die Einheit all seiner Generationen zeigt. Das Felsbild oder Piktogramm übermittelt den Kern der alten Mythe von der Mutter als dem Quell des Lebens und der Verkörperung der wiedererstehenden und sterbenden Natur. Die Figur mehrstufiger Art zeigt durch die Zeit hindurch existierende Generationen von Frauen, die im Zeitverlauf miteinan-

»Pyramide« weiblicher Figuren. Steinzeichnung aus Čuluut.

der verbunden sind: dies ist ein Baum des Lebens eigener Art, wo die Zählung der Generationen in der Linie der Mütter (matrilinear) geführt wird. Ebendiese Idee fand auch in den menschengestaltigen Darstellungen der dreifingerigen Ahnen ihre Verkörperung.

Interessant ist, daß man unter den chinesischen graphischen Systemen der Bronzezeit Bildzeichen antrifft, die den mongolischen Petroglyphen des beschriebenen Typs nahestehen: z. B. wird das Piktogramm *mu* »Mutter« in Gestalt des grundlegenden weiblichen Zeichens, dessen charakteristischer Zug die Darstellung der Brüste als zwei Punkte ist, wiedergegeben. Von besonderem Interesse ist das Bildzeichen *shou* »Langlebigkeit«, wo bei der frühesten graphischen Form in einem Fall zwei, in einem anderen drei Generationen von Frauen ausgedrückt sind, deren Hände zum Himmel erhoben und deren Beine weit gespreizt und in den Knien gebeugt sind.

Noch ein weiteres Symbol treffen wir unter den Zeichnungen

des Äneolithikums in Gestalt eines tanzenden Mannes an. Er wird neben einer gebärenden Frau abgebildet, immer en face mit hervorgehobenem Phallus und einem Musikinstrument in der Hand. In seiner anderen Hand wird ein gewundener Stierschwanz mit Haarquasten am Ende gezeigt. Dies ist am ehesten ein dargestellter ritueller Tanz, und diese Zeichnung ist gut vergleichbar mit dem altchinesischen Piktogramm, das den magischen Tanz bezeichnet. Im chinesischen Bildzeichen *wu* (Ritualtänzer) wird die Figur eines Mannes mit einer oder zwei sich windenden »Schlangen« in den Händen gezeigt. Bei den Petroglyphen der Mongolei ebenso wie in China wird der Tänzer meist mit dreifingerigen Händen gezeigt. Hierbei ist zu berücksichtigen, daß die tanzenden Männer meist zusammen mit gebärenden Frauen aufscheinen, was von einer offensichtlichen Beziehung zu Fruchtbarkeits- und Ahnenkulten und ihren Ritualen zeugt.

Der chinesische Gelehrte Dai Yinxin, der die Aufschriften auf bronzenen Opfergefäßen vom Typ *ding* aus dem Dorf Xingwangcun (nahe Chang'an in der Provinz Shaanxi) publiziert hat, teilt mit, daß deren Sinn vorerst noch unklar sei. Nachdem wir eine große Serie von Zeichnungen und Piktogrammen aus der Mongolei erhalten haben, möchten wir vorschlagen, die chinesischen Bildzeichen in Analogie zu den mongolischen zu entschlüsseln. So stellt bei allen chinesischen Bildzeichen, die auf den Gefäßen im Guß aufgebracht sind, der Hauptteil eine menschengestaltige weibliche Figur mit zum Himmel erhobenen Armen dar; am ehesten wird hier die Figur der Stammutter und Ahnmutter vieler Generationen ausgedrückt. Hierbei ist zu bemerken, daß im alten China diese Aufschriften stets von demselben Zeichen begleitet sind, das dem Bildzeichen für den Phallus gleicht. Auch dies, wie der Hauptteil des Bildzeichens, verbindet die Aufschrift mit dem Fruchtbarkeitskult.

Wie wir sehen, erlauben die Analyse der mongolischen Petroglyphen und ihr Vergleich mit den neuen schriftlichen Quellen aus China die Annahme, daß die Aufschriften auf der Mehrzahl der bronzenen Opfergefäße der Zhou-Zeit in China

Reiter mit Bogen, Steinzeichnung der alttürkischen Periode *(Čagaan gol).*

ebenso wie die Felsbilder in der Mongolei ein Bittgebet um Fruchtbarkeit ausdrücken.

Außer den aufgezählten Motiven finden sich bei den Petroglyphen Zentralasiens auch häufig Darstellungen von Masken. Auch dies ist nicht verwunderlich, da die Masken ein unverzichtbarer Bestandteil ritueller Tänze sind. In der Mongolei sind Hirsch-, Widder- und Bärenmasken bekannt.

So steht der größte Teil der Zeichnungen an den Kultstätten der Mongolei mit rituellen Mysterien in Beziehung und ist ihnen gewidmet. Diese haben mit dem Kult der Ahnen, der Stammmutter und auch mit dem der Totemahnen zu tun. Sicher werden weitere Forschungen zu genaueren Entschlüsselungen der mongolischen Petroglyphen und Piktogramme führen, als es mit diesen ersten Annahmen möglich ist.

Aus dem Russischen von Jörg Bäcker

Literatur:
Toporov, V. N.: K proischoždeniju nekotorych poėtičeskich simvolov ėpochi paleolita. In: Rannie formy iskusstva. Moskau 1972.
Dai Yingxin: Bronzegefäße vom Typ *ding* der Westlichen Zhou, die unlängst im Dorf Xingwangcun nahe Chang'an in der Provinz Shaanxi gefunden wurden (in Chin.). In: Kaogu, 1983.
Novgorodova, E. A.: Mir petroglifov Mongolii. Moskau 1984.

Land der Barbaren

Joachim Hildebrand, München

Das Gebiet zwischen Gansu und Korea, zu dem auch die Grasländer gehören, die wir heute als Mongolei bezeichnen, waren für das chinesische Kernland von ganz besonderer Bedeutung. Ökonomisch hatten diese recht unwirtlichen Steppen und Wüsten den Ackerbau betreibenden Chinesen kaum etwas zu bieten, sieht man einmal von den für das Heer wichtigen Pferden ab, die die als Nomaden oder Halbnomaden lebenden Völker Gansus und der Mongolei züchteten.

Ganz anders sah es mit der strategischen Stellung dieser Grenzregionen aus. Sie waren für die Chinesen in dieser Hinsicht von essentieller Wichtigkeit. Die militärische Kontrolle wurde von den Kaisern immer wieder angestrebt, da sie zur Sicherung Zentralchinas und der Handelswege in den Westen unerläßlich war. Gerade der zweite, der wirtschaftliche Aspekt wurde natürlich auch von den wechselnden Herren in Nordostasien erkannt, und so wetteiferten Chinesen und Xiongnu, Chinesen und Xianbei oder eben auch Chinesen und Mongolen um die Dominanz über die sogenannten Seidenstraßen.

Die Seide war als Haupthandelsware durchaus ein Grund für gewaltige kriegerische Auseinandersetzungen, denn in Zentralasien und im Iran, aber auch im Römischen Reich war der kostbare Stoff bei der Oberschicht begehrt. Die Begehrlichkeit vieler Stammesfürsten und der Herrscher von Kleinstaaten in den Oasen der großen Wüsten, ein Monopol über den Zwischenhandel mit Seide zu gewinnen, ist also sehr wohl vorstellbar. Abgesehen von der bereits in der Han-Zeit sehr verfeinerten Kultur der Chinesen war es wohl hauptsächlich dieser wirtschaftliche Aspekt, der zu dem Streben, auch den Norden Chinas zu kontrollieren, führte.

Die Chinesen versuchten ihren Einfluß in diesen Gebieten in Zeiten der Stärke durch ein Gewebe von Intrigen aufrechtzuerhalten. Man spielte die rivalisierenden Stämme oder Stammesführer innerhalb einer Gruppe gegeneinander aus, zwang manche Gruppen, sich an der Nordgrenze anzusiedeln, um in ihnen ein Bollwerk gegen mächtigere nomadische Gegner zu haben, und scheute im Notfall auch nicht vor offenem Terror zurück. Im übrigen sollte die Struktur durch Garnisonsstädte und die Verteilung von Ländereien unter den Soldaten gefestigt werden.

Auf der anderen Seite waren auch die militärisch sehr mobilen und den schwerfälligen chinesischen Truppen taktisch überlegenen Reiterkrieger der Randgruppen ziemlich erfinderisch in der Wahl der Mittel zur Erlangung wirtschaftlicher Vorteile. Um die chinesische Regierung zu Konzessionen zu zwingen, machten sie kurze Einfälle in die nördlichen Randprovinzen und richteten große Zerstörungen an, was zu verheerenden Folgen für die jahreszeitlich abhängigen Ackerbauern hatte. Durch diese Taktik erreichten sie häufig gewisse Handelsvorteile, die man durch Verträge abzusichern suchte.

Eine andere Methode machte sich das Tributsystem des Kaiserhofes zunutze: wenn Gesandte einer ausländischen Macht ihre Unterwerfung unter die Macht des Kaisers zeigten, indem sie Tribut an den Hof brachten, war der Kaiser es seinem Prestige schuldig, mit möglichst wertvolleren Gegengaben die Geste zu beantworten. Meist zogen die Emissäre reich mit Seidenballen beladen wieder in die Heimat. Dieses Prestigedenken wurde von manchen Stämmen ausgenutzt, sie delegierten so oft wie möglich Gesandte an den Kaiserhof, um an die bedeutende Handelsware Seide zu gelangen.

Bereits in den ersten Dynastiegeschichten können wir Texte über die Bedrohung des Zentralgebietes durch nomadische Stämme der nördlichen Steppen und Wüsten lesen. Der große Historiker Sima Qian (ca. 145—ca. 90. v. Chr.) nahm ins *Shiji* (»Aufzeichnungen des Historiographen«) ein Kapitel über die Xiongnu auf, die immer wieder die erschreckende Macht-

Khitan-Tracht nach einem Relief in der Grabkammer von Luanfeng.

losigkeit der Chinesen gegenüber der leichten Reiterei der Nomaden bewiesen. Erst zu Simas Zeiten war es dem General He Qubing gelungen, den Xiongnu eine vernichtende Niederlage zu bereiten und damit vorläufig den Streit um die Vorherrschaft in Nordasien zu entscheiden. Die Xiongnu, deren ethnische Zugehörigkeit auch heute noch weitgehend ungeklärt ist, waren aber keineswegs die ersten, die den Bewohnern der chinesischen Kernlande zwischen Huanghe und Yangzi Schwierigkeiten bereiteten. Hinweise auf den Streit um die nördlichen Randgebiete lassen sich selbst aus den frühesten schriftlichen Äußerungen, den Orakelinschriften *(Jiaguwen)* der Shang (17.—11. Jh. v. Chr.) entnehmen.

Aber wir sind nicht nur auf diese Zeugnisse angewiesen. Im Ordosbogen, dem Grenzgebiet zwischen der heutigen Autonomen Region Innere Mongolei und Gansu, wurden von chinesischen Archäologen zahlreiche Gräber mit Kleinbronzen gefunden, deren Dekor aus oft stark stilisierten Tier- und Tierkampfmotiven besteht, sowie ferner charakteristische Waffen, deren Griffe in Tierköpfen, schellenartigen Gebilden oder Ringen enden. Einflüsse gerade dieser Waffenformen auf die Waffenproduktion der Shang in China lassen sich durch Funde von Nachahmungen im Zentralgebiet belegen.

Auch die Xiongnu benähten noch ihre Kleider mit bronzenen Schmuckplaketten ähnlichen Stils. Man kann anhand dieser typischen Bronzeformen weitreichende kulturelle Zusammenhänge feststellen, die enge Verbindungen zwischen Nordwestasien, Sibirien und der Mongolei verdeutlichen.

Abgesehen von einer kurzen Epoche in der ersten Hälfte des 2. Jh.s v. Chr. unter dem bedeutenden Führer *(Shanyu)* Maodun waren auch die mächtigen Xiongnu niemals unumstrittene Herren im Norden Chinas. Im Streit um die Nachfolge Maoduns kam es zu einer Spaltung der Hauptstreitmacht. Der südliche Teil des Xiongnu-Reiches wurde chinesischer Vorherrschaft unterstellt, während der nördliche noch einige Zeit eine Bedrohung für die Chinesen darstellte. Nach der Abschwächung des Einflusses der Xiongnu wurde eine Stammesföderation immer mächtiger, die für die folgenden Jahrhunderte die dominierende Rolle in Nordostasien spielte: Xianbei und Wuhuan dehnten mit ihren zahlreichen Untergruppierungen ihren Machtbereich von Liaoning und Ningxia an der Grenze zu Korea nach Westen aus. Diese Gruppen waren zur Hochzeit der Xiongnu-Großmacht stark unter deren kulturellen Einfluß. Je schwächer diese aber wurde, desto eigenständiger entwickelte sich die Gesellschaft der Xianbei und Wuhuan. Man kann sagen, daß sie in der Folgezeit eine Mittlerposition zwischen Ost und West einnahmen, daß sie, sogar so weit kann man gehen, bis zum Ende des 6. Jh.s einen Wandel auch der gesamten chinesischen Kultur herbeiführten. Beweise hierfür wurden ebenfalls von der neueren Archäologie beigebracht. Manche der Stämme standen unter starkem chinesischem Einfluß. In einem Grab mit Wandmalereien bei Horingor in der Autonomen Region Innere Mongolei kann man eine Gruppe von Menschen auf dem Bild einer Garnison erkennen, die sich in ehrerbietiger Haltung dem Herrn der Stadt nähern und bei denen es sich offenbar nicht um Chinesen handelt. Wahrscheinlich sollten hier Wuhuan dargestellt werden.

Die Ausdehnung der Macht nach Westen, besonders unter den Tuoba (in westlichen Quellen als Taugast bezeichnet), brachte

Fremdländische Gesandte am chinesischen Hof in Erwartung der Audienz. Der mittlere mit seiner »Flügelkappe« ist als Koreaner zu identifizieren; beim Rechten mit Pelzmütze und Fellhosen handelt es sich vermutlich um einen Gesandten vom Hof des Reiches Pohai (Nordost-China). Wandmalerei aus dem Grab des chinesischen Kronprinzen Zhanghuai, 706 n. Chr. in Qianxian, Shaanxi. Aus: Tang Li Xian mu. Peking 1974.

es mit sich, daß auch die Handelsbeziehungen mit den Oasenstädten Zentralasiens und mit dem Iran intensiviert wurden. Der ständige Austausch brachte eine Kultur hervor, die chinesische, koreanische und iranische Elemente zu einem neuen Komplex verband und auch den Süden Chinas nicht ganz unbeeinflußt ließ. Die Funde aus Gräbern zunächst nur des Nordens, später des gesamten ehemaligen Reichsgebietes, zeigen besonders im Dekor und in den Keramikformen deutliche Anlehnungen an iranische Metallarbeiten. Auch die Zahl der ausländisch anmutenden Figuren unter der Grabplastik nimmt in dieser Zeit rasch zu.

Als die Tuoba zur Bedeutungslosigkeit herabgesunken waren und China unter den Sui und den Tang geeint war, blieb dennoch die Offenheit für westliche kulturelle Einflüsse ungemindert. Das läßt sich sowohl auf religiösem (Ausbreitung des Buddhismus und des Manichäismus), als auch auf künstlerischem Gebiet unschwer feststellen.

Die Politik der Tang-Zeit war von der steigenden Macht der östlichen Türkvölker, der Tujue und später der Uighuren geprägt, die zu manchen Zeiten, in denen es im Tang-Reich nicht zum besten stand, die Bedingungen diktieren konnten, zu denen sie zur Wahrung des Friedens bereit waren. Die Uighuren wurden sogar von den Chinesen zur Unterstützung gegen einen Rebellen ins Zentralgebiet geholt, der einen Bürgerkrieg ausgelöst hatte. Nach Unterdrückung der Revolte sah man sich kaum noch in der Lage, die marodierend durch China ziehenden Türken wieder unter Kontrolle zu bringen. Die Uighuren agierten, nachdem sie aus China wieder verdrängt waren, von

Mit dem Scherengitter einer Jurte beladenes Kamel, China, Tang-Dynastie, 618—906 n. Chr. Weißlicher Ton mit rahmfarbener Glasur, Höhe 22 cm (Museum Rietberg, Zürich).

ihrem Hauptstützpunkt Kocho beim heutigen Turfan in Xinjiang aus. Die Spuren der hochentwickelten Stadtkultur Kochos wurden von französischen und deutschen Archäologen Anfang dieses Jahrhunderts dem Wüstensand entrissen.

Eine dauerhafte Herrschaft in Nordasien und Nordchina zu etablieren gelang den Tujue und Uighuren nicht. Den Khitan und Nüzhen (J̌ürčen) war es im 10.—12. Jh. wieder vergönnt, weite Teile Nordchinas unter ihre Kontrolle zu bringen und Dynastien nach chinesischem Vorbild zu errichten. Dabei

Gruppe von Khitan, vermutlich Gesandte. Nachzeichnung nach einer Wandmalerei in einem Khitan-Grab, 11. Jh. n. Chr. Aus Xiang Chunsong: Liaodai bihua xuan, Shanghai 1984, Abb. 25.

wurden allerdings die alten Stammesstrukturen niemals ganz ausgeschaltet. Die Mongolen machten sich die Erfahrungen ihrer Vorgänger zunutze, engagierten auch manchen bedeutenden Staatsmann aus den Reihen der Khitan- und J̌ürčen-Oberschicht, um ihr eigenes Staatswesen in China einzurichten. Zu erwähnen ist hier besonders der bedeutende Politiker Yelü Chucai aus der Khitan-Liao-Herrscherfamilie.

Die Geschichte Nordasiens in den ersten Jahrhunderten n. Chr. macht deutlich, daß für China die ständigen Rivalitäten mit nomadisierenden Stämmen der Steppen eine ungeheure Belastung waren, daß man aber auch die Bedeutung für den kulturellen Austausch zwischen Ost und West nicht unterschätzen darf.

Literatur:

Bauer, W., Hg.: China und die Fremden, 3000 Jahre Auseinandersetzung in Krieg und Frieden. München 1980.

Eberhard, W.: Lokalkulturen im alten China. Teil I: Die Lokalkulturen des Nordens und Westens. Leiden 1942.

Eberhard, W.: Das Toba-Reich Nordchinas. Eine soziologische Untersuchung. Leiden 1949.

Ecsedy, H.: Trade and War Relations Between the Turks and China in the Second Half of the 6th Century. In: Acta Orientalia Hungarica, 21, 1968, S. 131—180.

Lattimore, O.: Innerasian Frontiers of China. New York 1940.

Schafer, E. H.: The Golden Peaches of Samarkand. A Study of T'ang Exotics. Berkeley 1963.

Vajda, L.: Zur Frage der Völkerwanderungen. In: Paideuma 19/20, 1973/74, S. 5—53.

Wittfogel, K. A. und Fêng Chia-shêng: History of Chinese Society: Liao (907—1125). Transactions of the American Philosophical Society, N. S., Vol. 36, Philadelphia 1949.

Yü, Y.: Trade and Expansion in Han China. A Study in the Structure in Sino-Barbarian Economic Relations. Berkeley 1967.

Gog und Magog

Anna-Dorothee v. den Brincken, Köln

»Und wenn tausend Jahre vollendet sind, wird der Satanas aus seinem Gefängnis los hervorgehen, zu verführen die Heiden an den vier Enden der Erde, Gog und Magog, sie zu sammeln zum Streit, und ihre Zahl ist wie der Sand am Meer«. Die Apokalypse (20,7.8) präsentiert der christlichen Welt Gog und Magog als Vertreter der Heidenvölker, die aus allen Himmelsrichtungen in ungeheurer Zahl hereinbrechen werden, um als Abgesandte des Teufels das Ende einzuleiten.

Der Topos stammt aus dem 38. Kapitel des Propheten Ezechiel, der von Gott aufgerufen ist zu künden wider Gog im Lande Magog, den obersten Fürsten in Mosoch und Thubal, der von den Enden gegen Mitternacht mit viel Volk zu Pferde über das Volk Israel kommen wird zur letzten Zeit, auf daß die Heiden Gott erkennen, wie er an Gog vor ihren Augen geheiligt werde (V.2.15.16). Schon Jeremia (1,14) hatte das Übel verkündet, welches von Norden hereinbrechen sollte; Gog und Magog sind bei ihm nicht erwähnt. Magog aber ist in der Völkertafel der Genesis (10,2) der Name eines Japhet-Sohnes nach Gomer und vor Madai, Javan, Thubal, Mosoch und Thiras.

Gog und Magog sind im Alten Testament recht greifbar beschrieben: sie brechen von Norden herein. Dies ist bei Jeremia sicher von Jerusalem aus gesehen, bei Ezechiel von Jerusalem oder Babylon. Japhetiten sind in mittelalterlicher Sicht Völker des Nordens und Westens. Norden, Zaphon, ist eine dunkle Gegend, zumeist unheilbringend gedeutet.

Eine außerbiblische Wurzel des abendländischen Verständnisses von Gog — biweilen in der Forschung mit Gyges identifiziert — und Magog — auch übersetzt als der Ort, an dem Gog wirkt — ist im Umkreis der Literatur von Alexander dem Großen, wie sie sich im 3. Jh. n. Chr. um den sogenannten Pseudo-Kallisthenes verdichtet, zu beobachten. Alexander soll im Rahmen der Sicherung seiner Weltherrschaft zehn verlorene Stämme Israels hinter einem Wall bei der Kaspischen Pforte oder im Kaukasus eingeschlossen haben, von wo sie als apokalyptische Boten hervorbrechen werden. Der Islam übernimmt von hier die Version, daß Zul-Karnein, der Zweigehörnte, das ist Alexander, Gog und Magog hinter einem Wall eingesperrt habe bis auf das Ende der Zeiten (Koran 18,91—99).

Bereits der jüdische Historiker Josephos (Antiq. I,6,1) bezog Magog auf die Skythen, berichtete auch von der Skythenabwehr durch Alexander (Bella Jud. VII,7,4). Der Kirchenvater Hieronymus sorgte mit seinem Kommentar zur Ezechiel-Prophetie, daß die Identifizierung von Gog und Magog mit den Skythen im Raum Kaspisches Meer und Kaukasus weite Verbreitung fand, während sein Zeitgenosse Ambrosius von Mailand in Gog bereits die Goten zu erkennen glaubte (De fide ad Grat. Aug. II,16). Ihm folgte Isidor, andere Autoren des Frühmittelalters dachten an Hunnen, Alanen, Chazaren und Magyaren, insbesondere aber auch an die Araber, so Pseudo-Methodios (c.8.11), und an Türken, so Aethicus Ister (c.32). Letzterer prägte damit Vorstellungen über die Steppenvölker

aus dem Nordosten, aus dem Inneren Asiens. Solin endlich hatte die Skythen zwecks Erweises ihrer Monsterhaftigkeit mit den Menschenfressern gleichgesetzt (Coll. c.15.50).

Das Hochmittelalter hält sich an diese Topoi, beispielsweise Petrus Comestor als Historiker des Bibelstoffes ebenso wie der Autor des legendären Briefes des Priesterkönigs Johannes. Die Weltchronisten folgen, nachdem Gottfried von Viterbo zu Ende des 12. Jh.s in seinem Pantheon elf eingeschlossene Nationen zählte und die Alexanderlegende endgültig mit Gog und Magog aus der Apokalypse verband. Vincenz von Beauvais in der Mitte des 13. Jh.s liefert das Sammelbecken all dieser Traditionen just zu der Zeit, als sich die Invasion der Mongolen über diese Vorstellungswelt ergießt.

Im Umkreis um Kaiser Friedrich II. bricht in voller Zuspitzung die Frage nach der Herkunft der bislang unbekannten Mongolen auf. Welche waren ihre Vorfahren in der Antike, wo hatten sie ihren Platz in der biblischen Völkertafel, und wo war der Ort zu suchen, an dem sie sich bislang verborgen

Ausschnitt aus der »Cottoniania«, Weltkarte zum Priscian-Text, 11. Jh. Das älteste kartographische Zeugnis für Gog und Magog, hier noch westlich vom Kaspischen Meer (→). Originalgröße 21 x 17 cm. The British Library, London, Sign.: B. L. Cotton. Tib. B. V. fol. 58v.

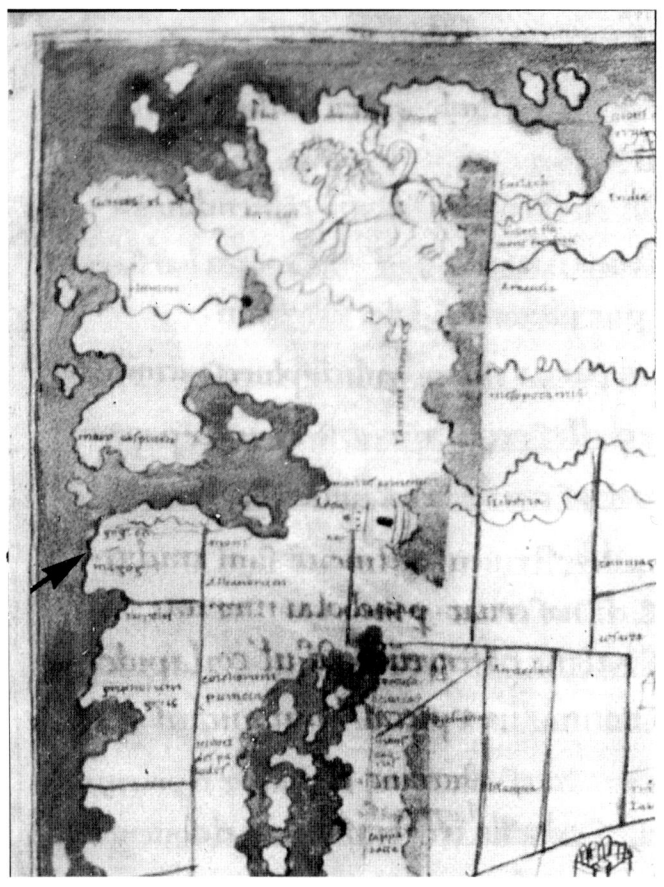

gehalten hatten? In der kaiserlichen Enzyklika an die Fürsten Europas von 1241 heißt es, sie seien jüngst von den Enden der Welt aus einer Südregion hervorgebrochen, die sich verbrannt von dörrender Sonne verberge, dann unter gewaltsamer Gebietseroberung gen Norden vorgestoßen, hätten sich in langem Verweilen wie die Heuschrecken vermehrt, ein Volk barbarischer Abkunft und Lebensweise, von unbekannter Heimat und Ursprung, genannt Tataren, nicht ohne Gottes vorsorgendem Entschluß zur Züchtigung und Besserung seines Volkes, damit diese nicht zum Nachteil der gesamten Christenheit bis zur Endzeit verschoben würde. Hier finden sich viele Anklänge an Ezechiel, die Verherrlichung Gottes durch die Ungläubigen wird vorgezogen, gewissermaßen zur Entspannung des Weltgerichtes. Matthaeus Parisiensis, der diesen Kaiserbrief in seiner Chronik mitteilt, erläutert daran, daß Friedrich niemals mit dem Antichrist im Bunde sein könne, denn er vermöge die Mongolen nicht einmal auf der Erde zu lokalisieren, zweifle, ob sie von Süden oder Osten kämen, denn in keinem der sieben bekannten Klimata seien diese vermeintlichen Nordleute nachweisbar.

Hier ist das kartographische Weltbild des Mittelalters angesprochen. Auch jene Zeit weiß recht wohl um die Kugelgestalt der Erde. Die Zonenkarte, die oben und unten an den Polen je eine kalte, in der Mitte am Äquator eine heiße Zone vermerkt, dazwischen aber jeweils einen bewohnbaren Landstrich annimmt, identifiziert bei flächiger Darstellung dieser fünf Segmente eines Kreises gewöhnlich nur eine Zone als tatsächlich bewohnt und der bekannten Welt entsprechend. Hervorgegangen ist dieser nach dem Schulautor Macrobius (Anfang 5. Jh.) benannte Kartentyp aus der hellenistischen Karte des Krates von Mallos, bei dem die Kugel durch zwei Ozeanringe, einen Polar- und einen Äquatorialozean, in vier Kontinente zerlegt ist. Bereits in der Antike gliederte man den bewohnten Erdteil in sieben Klimagürtel auf, teilte diese zudem auch gern nach dem Typus der T-Karte ein, auf der ein dem Kreis bzw. der bewohnten Fläche einbeschriebenes T die geostet verstandene Ökumene in eine obere Hälfte, Asien, und in zwei untere Viertel, Europa und Afrika, spaltete. Wenn man das unbekannte Volk südlicher Herkunft wähnt, denkt man an den jenseits vom Äquator angenommenen unzugänglichen Monstrenkontinent, den viele Weltkarten verzeichnen; in Wahrheit weiß man aber sehr wohl, daß die Mongolen von Nordosten kamen, just aus der Richtung, aus der Jerusalem bzw. Babylon den Vorstoß Gogs und Magogs befürchteten.

Die christliche Weltdarstellung des Mittelalters weist als hervorstechendes Merkmal die Begrenzung auf, zeitlich wie räumlich. In einem linearen, endlichen Zeitraum spielt sich Geschichte auf einer gleichfalls begrenzten Fläche ab: auf ihr ist alles Irdische zu orten, ihr Rahmen ist unverrückbar vorgegeben. Innerhalb desselben sind auch Gog und Magog unterzubringen, und viele Ökumenekarten kommen dieser Anforderung nach. Zwar findet man sie noch nicht auf den die Apokalypse illustrierenden Karten des Beatus von Liébana, jedoch vermutlich bereits um 400 auf der nur aus dem England des 12. Jh.s erhaltenen Orientkarte des Hieronymus (BL Add. 10049 fol. 64): im Nordostzipfel, das ist bei Ostung oben links, liest man »Gog gentes« direkt unter dem Eintrag der Sommersonnenwende, nördlich von Indien und östlich von Hunnen und Skythen. Auch sonst kommen die Erwähnungen von Gog und Magog vorzugsweise aus England. Die Cottoniana, die älteste der insularen Ökumenekarten (BL Cott. Tib. B. V. fol. 58v), dem Anfang des 11. Jh.s zugerechnet — in ihnen wird der Norden sorgsamer bearbeitet als in Karten mediterraner Provenienz —, lokalisiert Gog und Magog hinter einem Bergzug westlich vom Kaspischen Meer, östlich von Legenden wie »Turchi«, einem »mons« sowie dem Albanergebiet (des Kaukasus) und unmittelbar am nördlichen Weltenozean. Heinrich von Mainz teilt im 12. Jh. als erster eine quadratische Halbinsel als das Land von Gog und Magog ab. Bei ihm liegt es allerdings östlich vom Kaspischen Meer und ist zu den Meeresseiten hin durch Gebirge, gen Süden aber durch eine künstliche Architektur, den Alexanderwall, abgesperrt (C. C. C. 66 p.2). Die Psalterkarte von London aus der zweiten Hälfte des 13. Jh.s mißt nur 8 cm Durchmesser (BL Add. 28681 fol. 9). Nahezu zeitgleich mit den Großformaten aus Ebstorf und Hereford nennt sie aus Platzmangel weder Gog noch Magog, sondern zeigt nur einen Gebirgsbogen im Nordosten ohne Legende, der einen größeren Landstrich aussondert und der durch die Architektur einer Pforte begehbar ist. Er ist durch einen unbenannten Ozeanbusen mit einer Insel und einer Halbinsel aufgeteilt, östlich finden sich Legenden wie »Licia« (Scitia?), »Octogora, Saphiri, Ciropolis, Carini« (Carrae?), westlich »Hircania«. Die Abtrennung wirkt naturgegeben.

Detaillierter erweist sich da die Ebstorfer Weltkarte; mit Maßen von 356 x 358 cm ist sie im Vergleich zur Psalterkarte mehr als fünfhundertmal so groß an Fläche. Auch hier findet sich die von einem Gebirgszug abgeteilte Nordostregion, die einen natürlichen Durchgang mit der Legende »Porte Caspie« aufweist; innerhalb derselben ist eine quadratische Einzäunung eingetragen, in welcher beim Mahle befindliche Menschenfresser durch Legende als die von Alexander eingeschlossenen Völker Gog und Magog, das Gefolge des Antichrist, vorgestellt werden. Die Datierung der Karte durch die Forschung schwankt zwischen 1214 und 1373, in jedem Falle ist das Werk von dem Engländer Gervasius von Tilbury beeinflußt. Die Hereford-Karte läßt sich sicherer datieren, da ihr Schöpfer Richard of Haldingham namentlich bekannt und urkundlich zwischen 1276 und 1305 nachweisbar ist. Die Halbinsel der eingeschlossenen Nationen ist hier fünfeckig. Vier Seiten zum Meer zeigen wiederum Berge, nach Süden ist eine Mauer auszumachen. Auf der Halbinsel erläutert eine Inschrift, daß dort die Schrecknisse schlimmer sind, als man sich vorzustellen vermag, unerträgliche Kälte, schneidender Wind von den Bergen, von den Bewohnern »biza« genannt, kulturlose Menschen, die sich von Menschenfleisch und -blut ernähren, Kains verfluchte Nachkommen, von Gott durch den großen Alexander eingesperrt, als durch ein Erdbeben Gebirge über Gebirge um sie herum niederfielen im Angesicht des Fürsten, und wo die Berge fehlten, umschloß er sie mit einem unüberwindlichen Wall. Südlich von der Mauer liest man, daß die hier Eingeschlossenen dieselben seien wie die von Solin bezeugten Menschenfresser, die zur Zeit des Antichrist hervorbrechen und die Welt mit Verderben überziehen würden. Von Mongolen ist in den beiden vorgeführten Zeugnisreihen über Gog und Magog noch nicht die Rede. Die Kartographie ist extrem konservativ: sie hat Lehrbuchcharakter, nicht Forschungsberichtsform. Sie aktualisiert überhaupt nicht. Noch im 14. Jh. vermelden z. B. die Karte von Ste. Geneviève und der Katalanische Atlas im 15. Jh. die Genfer Sallust-Karte und die Borgia-Karte Gog und Magog im Nordosten, zum Teil durchaus neben den Mongolen. Die Gleichsetzung findet vielmehr in den literarischen Texten statt. Quilichinus von Spoleto gilt mit seinem vor 1236 entstandenen Alexander-Epos als der erste, der die Völker Gog und Magog für Mongolen erklärt, während der ungarische Predigermönch Julian um 1237 die Mongolen für Ismaeliten hält, aber auch an eine Abkunft von den Midianitern denkt. Bei Matthaeus Parisiensis zitierte Ungarn vertreten bereits die Meinung des Quilichinus. Der um 1238 wirkende Verfasser der Marbacher Annalen erwähnt den Jubel der Juden über die 1222 nach Persien einbrechenden Mongolen und vermutet als Grund, daß deren Herrscher König David genannt werde.

Ricold von Monte Croce, florentinischer Predigerbruder gegen Ausgang des 13. Jh.s in der Endphase der Kreuzzüge, weiß in seinem Itinerarium aus dem Orient (c. 10 f.) zu berichten, daß sich die Mongolen — in lateinischen Quellen zumeist als »Tartaren« nach ihrem Teilstamm Tataren bezeichnet, jedoch in einer Schreibform, die volksetymologisch von Tartaros abgeleitet ist — als das Volk Gottes verstehen, in Wahrheit Nachkommen der Völker Gog und Magog seien. Beweis für die Richtigkeit dieser Meinung ist ihm, daß sie Alexander hassen, ferner, daß sie eine dem »Chaldäischen« (das ist das Syrische) ähnliche Schrift schreiben: Ricold war dieser Sprache mächtig. Im übrigen aber seien die Mongolen von allen Völkern verschieden. Ihr Name »Mongoli« sei aus »Magogoli« verballhornt. Ricold greift bekannte Gerüchte über die Herkunft auf, setzt aber seine außergewöhnlichen philologischen Kenntnisse zur Beweisführung ein. Er kennt den korrekten Namen der Mongolen, und er kennt ihre Schrift: »Chaldäisch« hielt man wohl auch für die Sprache und Schrift Abrahams. In der beliebten deduktiven Denkweise der Zeit versteht es Ricold, hier einen stichhaltigen Beweis zu entwickeln für die Abstammung der Mongolen von den Völkern Gog und Magog und den eingeschlossenen Nationen.

Literatur:
Grundlegend zum Thema ist:
Anderson, A. R.: Alexander's Gate, Gog and Magog, and the Inclosed Nations. Cambridge/Mass. 1932.
Texte sind im übrigen nach den Ausgaben Migne: Patrologia Latina, und den Monumenta Germaniae Historica herangezogen.
Hinzu kommen:
Lauha, A.: Zaphon. Der Norden und die Nordvölker im Alten Testament (Annales Academiae Scientiarum Fennicae B XLIX,2). Helsinki 1943.
Dörrie, H.: Drei Texte zur Geschichte der Ungarn und Mongolen: Die Missionsreisen des Fr. Julianus O. P. ins Uralgebiet (1234/35) und nach Rußland (1237) und der Bericht des Erzbischofs Peter über die Tartaren. In: SBB Ak. Wiss. Göttingen, phil.-hist. Kl. 1956, Nr. 6, S. 123—202.
Die benutzten Karten sind nachgewiesen bei:
Destombes, M.: Mappemondes A. D. 1200—1500 (Monumenta Cartographica Vestustioris Aevi 1). Amsterdam 1964.
Für die Quellen der Karten immer noch grundlegend:
Miller, K.: Mappae Mundi 1—5. Stuttgart 1895—1896.
v. den Brinken, A.-D.: Die Klimatenkarte in der Chronik des Johann von Wallingford — ein Werk des Matthaeus Parisiensis? In: Westfalen 51, 1973 (= Fs. Jos. Prinz), S. 47—56.

»Barbaren bis in die Zehenspitzen« — Die frühen Mongolen in chinesischer Sicht

Claudius C. Müller, Berlin

In den Augen seßhafter, Ackerbau treibender Völker stellen sich nomadisierende Nachbargruppen durch mehr als drei Jahrtausende und in weit entfernten Gegenden mit eigentümlicher Einheitlichkeit dar: kriegerisch und brutal, an Entbehrungen gewöhnt, vorzügliche Reiter, ihren Herden hierhin und dorthin folgend, ohne feste Wohnplätze, ohne Kenntnis des Ackerbaus und ähnliches. Der Bogen spannt sich vom antiken Mittelmeerraum über Mesopotamien bis in den Fernen Osten: Man vergleiche die Berichte der Arkader über ihre Randvölker (16. Jh. v. Chr.), Herodots über die Skythen (7.—5 Jh. v. Chr.), Ammianus Marcellinus' über die Hunnen (4. Jh. n. Chr.), Lobós über den Einfall der Galla in Äthiopien (16. Jh.), Sima Qians über die Xiongnu (1. Jh. v. Chr.), sowie verschiedener chinesischer Autoren über die Tuoba (5. Jh. n. Chr.) und die Mongolen (11.—16. Jh.). Diese zum Teil bis in den Wortlaut hinein gleichen Nachrichten geistern auch heute noch als Beleg für das Schlagwort vom »Hirtenkriegertum« durch die pseudowissenschaftliche Diskussion, obgleich die Tatsachen längst bewiesen haben, daß die angebliche kausale Verknüpfung von Viehzüchtern und Kriegertum eine Fiktion ist (Vajda 1964, S. 783).

Sind also diese konstant wiederkehrenden, stereotypen Wendungen lediglich Ausdruck von Abscheu und Angst — manchmal gepaart mit kaum verhohlener Bewunderung —, kurz Klischees der Distanzierung der Ackerbauern von Viehzüchtern oder doch seriöse, auf unmittelbarer Beobachtung basierende Schilderungen einer andersartigen Lebensweise? Und wie sind imaginäre und reale Gesichtspunkte, die sich offenbar immer wieder vermengen, auseinanderzuhalten? Hier mögen die Kenntnis archäologischer Funde, historische Analysen und ethnographische Vergleiche helfen, die es erlauben, solche Gemeinplätze (topoi) zu differenzieren und ihren Aussagewert zu bestimmen.

Es gibt zahlreiche chinesische historische Quellen, die über die Eroberung Chinas durch die Mongolen, die Herrschaft der Yuan-Dynastie und über die späteren kriegerischen Auseinandersetzungen während der Ming- und Qing-Zeit berichten, doch sind auch einige frühe, rein monographische Kompendien in vorzüglichen Editionen aufbereitet (siehe Literaturanhang). Sie stehen der Terminologie nach in Traditionen, die bis ins 2. Jt. v. Chr. reichen, als auf den Orakelknochen der Shang-Zeit (17.—11. Jh.) nach der Erfolgsaussicht von Strafexpeditionen gegen fremde, vermutlich viehzüchtende Gruppen gefragt wurde. Im 1. Jt. v. Chr. trennten sich unter der Herrschaft der Zhou-Könige (11. Jh.—256 v. Chr.), mit der Reichseinigung durch Qin Shihuang (221 v. Chr.) und den Kaisern der Han-Dynastie (2. Jh. v.—2. Jh. n. Chr.) Siedlungsräume und Lebensweise, wie sie grosso modo bis heute bestehen: Innen, im Reich der Mitte, die Ackerbau treibenden Han-Chinesen, die sich als Träger der Kultur verstehen, und draußen — je nach Entfernung und Kenntnis — anders lebende, tier- oder dämonenhafte Wesen.

Die prägende und historisch maßgebende Form fand dieser Gegensatz zwischen Han-Chinesen und (nördlichen) Barbaren durch Sima Qian in der »Biographie der Xiongnu« seines Shiji (Aufzeichnungen des Geschichtsschreibers). Seitdem evoziert der Hinweis auf die (Nord-) Barbaren bei den Han-Chinesen zweierlei: Nicht-Chinesen, das heißt Nicht-Menschen, also Tierhaftigkeit mit entsprechender Lebensart zum einen und zum anderen — gleichsam hypnotisiert von der traumatisierenden Bedrohung durch die Xiongnu im 3.—1. Jh. v. Chr. — existenzielle Gefahr. (Wobei die Angst, durch die seßhafte Lebensweise besonders verwundbar zu sein, keineswegs gemildert wurde durch die historische Erfahrung, daß die

Koreaner (rechts oben), die mongolischen Urjanchaj (rechts unten), Tataren (links oben) und Türken (links unten). Ausschnitt (etwa 65 x 50 cm) aus einem sechsteiligen Stellschirmpaar mit Darstellung der beiden Hemisphären und der um 1600 bekannten Völkerschaften. Farben, Gold und Goldfolie auf Papier. Japan, Anfang 17. Jh., Sammlung Idemitsu, Tokio.

Verschiedene Völker, die zur Zeit des Aufstiegs der Mongolen im 12./13. Jh. nördlich der Großen Mauer lebten und als »den Dadan (= Mongolen) ähnlich« oder deren Nachbarn beschrieben werden. Die chinesischen Texte wiederholen zumeist die Standardformel, daß sie »keine befestigten Stadtanlagen kennen« (also nomadisieren) — ausgenommen die seßhaften Khitan und Wulian Menggu —, und geben die Entfernung zu Pferde nach Tianyingfu (nahe der Ming-Hauptstadt Nanjing) an. Aus der chinesischen Enzyklopädie *Sancai tuhui*, 1607, Renwu 13. Kapitel; Ausgabe o. O., o. J. (etwa 1800).

Hei Qidan (= Khitan).

Wulian Menggu.

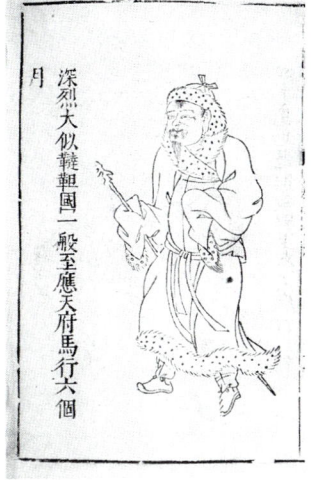

Reich der Daluo.

Shenlieda.

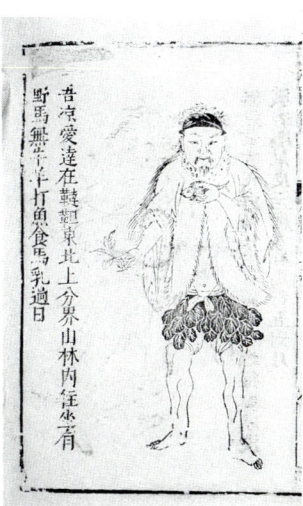

Bailihuan.

Wuliang'aida.

Tataren (rechts) und Urjanchaj (links). Ausschnitt aus einer japanischen Weltkarte, datiert 1671. Dieser Typ von Völkertafeln der gesamten Welt geht auf einen Entwurf des Chinamissionars Matteo Ricci von 1602 zurück und fand in China und Japan vor allem als Stellschirmdekor große Verbreitung. Der vorliegende, sehr seltene handkolorierte Druck umfaßt eine Weltkarte mit 40 »Völkern«, darunter neben Chinesen und Japanern die barbarischen Bewohner Süd-Ost-Asiens und Europas, aber auch Riesen, Zwerge und Menschenfresser. (Vergleiche E. Kraft: Japanische Handschriften und traditionelle Drucke in München. Wiesbaden 1985, Nr. 17). Größe der Ausschnitte jeweils ca. 6 x 3,5 cm. Bayerische Staatsbibliothek München, Sign.: Cod. jap. 4.

nomadischen Eindringlinge früher oder später unterliegen bzw. wieder verschwinden.)

So ungeklärt die *Ethnonymie* der Mongolen und vieler ihrer Untergruppen ist, so ist doch klar, daß die erkennbaren Benennungskriterien in bester chinesischer »Barbarentradition« stehen: *Beilu* — »Nordsklaven«, *Yi* — die Barbaren überhaupt, *Menggu* als lautliche Gleichsetzung mit mong. *mangyus* (menschenfressender Dämon) oder chin. *manglu* (Dämon); dazu Spezifizierungen nach Farben — vermutlich Eigenbezeichnungen — als *Hei* und *Bai Dadan* (Schwarze und Weiße Dadan) sowie nach dem Grad der kulturellen Vereinnahmung als *Sheng* (Wilde, Rohe) und *Shu Dadan* (»Gegarte«, Zivilisierte Dadan).

Die Möglichkeit bestand durchaus, daß Barbaren »gegart«, das heißt »zivilisiert« wurden, also in der chinesischen Lebensweise aufgingen. Dies war das Los aller in den nördlichen Grenzgebieten lebenden Stämme, die unter den Einfluß der sich nach Norden ausbreitenden chinesischen Ackerbauern gerieten, aber auch aller Barbaren, die vorübergehend Teile des chinesischen Reiches eroberten (bis auf die Mongolen, die nach Ende ihrer Herrschaft 1368 als einzige nicht sinisierte Eroberer wieder in die Steppe zurückkehrten).

Der Weg war auch in der anderen Richtung gangbar: chinesische Handwerker und Militärs traten in den Dienst der Xiongnu und Mongolen, Überläufer und Spione »ließen sich tätowieren und trugen Barbarengewänder« und Han-Prinzessinnen wurden immer wieder (sicher mit Gefolge) aus politischen Gründen an Barbarenfürsten verschachert. Ihre

In den Beziehungen zwischen den Chinesen und ihren nördlichen Nachbarn spielen seit vorchristlicher Zeit Textilien in zweifacher Hinsicht eine bedeutende Rolle: Zum einen dient die immer wiederkehrende Behauptung, daß die Barbaren, anders als die Chinesen, ihre Kleider links schließen, als eine Art Leitmotiv für die unvereinbaren Gegensätze zwischen chinesischer Kultur und barbarischer Primitivität. Auf dieses Argument greift auch Sima Qian (um 100 v. Chr.) zurück, wenn er in breiter Ausführlichkeit die »revolutionäre« Entscheidung König Wulings von Zhao (einem Pufferstaat im Norden) kommentiert, der um 300 v. Chr. anordnete, daß sein Volk — um reiten zu können — mit den Pferden auch die »barbarische« Hosentracht zu übernehmen habe. Hundert Jahre später beweist die durchwegs hosentragende Tonarmee aus dem Grab Kaiser Qin Shihuangs, daß sich zumindest in der militärischen Praxis und entgegen den weiter bestehenden ideologischen Behauptungen die »Barbarenkleidung« durchgesetzt hatte. Zum anderen gehörten vom 3. Jh. v. Chr. bis zur Tang-Zeit Seidenstoffe und Brokate zu den wichtigsten Handelsgütern, über die die Chinesen von den Xiongnu bis zu den Uighuren die für sie so nötigen Reitpferde eintauschten. (Da China aus klimatischen und agrikulturellen Gründen kein Pferdezuchtland ist, mußte unablässig für Nachschub aus den nördlichen Steppen gesorgt werden.) Es war offen ausgesprochenes, politisches Kalkül, so für »überflüssige Luxusgüter« zugleich wertvolle Ressourcen des Feindes zu erwerben. Jia Yi, ein Staatstheoretiker um 200 v. Chr., beschrieb die chinesischen Seiden als einen (von mehreren) »Ködern«, durch die man die Xiongnu von innen her aushöhlen könne: Wenn sie sich an diese Stoffe gewöhnt haben, dann merken sie erst im Ernstfall, wie unbrauchbar diese beim Reiten durch Gestrüpp und Dornen sind. Jedenfalls bezeugen die reichen Grabbeigaben die enorme Wertschätzung der Steppenvölker für chinesische Stoffe und bestätigen Berichte, wonach auf einen Schlag Zehntausende von Stoffballen an die Barbaren verhandelt wurden (was wiederum zu Engpässen in der chinesischen Produktion führte).

In der etwa 100 km nördlich von Ulanbator gelegenen Nekropole Noin Uula wurden über 200 Xiongnu-Gräber entdeckt, deren reiche Stoffbeigaben zweifellos chinesischen Ursprungs sind. Dabei handelt es sich keineswegs um minderwertige Exportware, wenngleich die Dekore vermutlich die Vorlieben der Xiongnu widerspiegeln. Die eingewebten chinesischen Zeichen (Abb. S. 34, S. 35) sind zwar wegen webbedingter Verzerrungen oder der bewußten Neuschöpfung von »magisch« wirksamen Kunstzeichen nicht immer lesbar, doch drückt sich in ihnen zumeist der Wunsch nach Glück und langem Leben aus (vielleicht sogar nach Unsterblichkeit im taoistisch-mystischen Sinne). Vermutlich wurden manche Stoffe gezielt als Grabbeigaben erworben.

Auch die figuralen Elemente bestätigen dies, wobei die Häufung von »Flug«-Motiven die taoistische Tendenz verstärken: Geflügelte Bogenschützen auf einem Hirsch reitend (dessen Geweih durch das Zeichen *xin,* erneuern, gebildet wird!) und weitere geflügelte Vierfüßer (Abb. S. 34), gegenständige Hähne und (abstrakte) Enten (Abb. S. 33) sowie mehr oder weniger deutliche Vogelmotive mit Schwanzfedern, die in Drachen- oder Schlangenkörpern auslaufen (Abb. S. 34). Das verbreitete Motiv der mehrzinkigen »Gabel« (Abb. S. 34) ist nach V. Sylvan überzeugend als Flügel zu deuten und illustriert ebenfalls den Gedanken der Lösung von der irdischen Sphäre wie auch Wolkengirlanden und Bergkuppen in Form des »Unsterblichkeitspilzes oder -krautes« *lingzhi* (Abb. S. 35).

Filzteppich aus Noin Uula, Kurgan 6, mit Spiralmuster.

Ähnliche figurale Motive und geometrische Formen — Rauten, Rhomben, S-Muster (Abb. S. 33) — sind zahlreich in anderen Gräbern der Han-Zeit (Mawangdui, Niya, Lop-nor) gefunden worden. Dagegen haben die Steppenvölker die Absteppungen und Stickereien (vgl. Katalog Nr. 18) wohl erst nachträglich und zum Teil nach chinesischen Vorbildern angebracht (Nr. 18 im Vergleich zum Stoff Nr. 19); zumindest für die Wuhuan betonen die chinesischen Quellen, daß »sie sich auf das Sticken mit Seide auf Leder verstanden«. Sicherlich fanden ikonographische Einflüsse in beiden Richtungen statt, wobei mit komplexen Entwicklungen (Stagnationen, Isolierungen, Wiederbelebungen) zu rechnen ist. So könnte das Yin-Yang-Symbol, das auf die Han-Zeit zurückgeht (vgl. Finsterbusch), eine zum Teil eigenständige Parallelentwicklung bei den nördlichen Nachbarvölkern erfahren haben und die beliebten S-förmigen Fischstickereien (Rudenko, S. 159 ff.) mit dem Doppelfischsymbol der Mongolen (Katalog Nr. 142) verbinden.

Im Gegensatz zu den starren Klischees in den chinesischen Fremdbildern zeigen die realen Kontakte sehr viel stärker ineinandergreifende Verzahnungen und Synthesen.

Literatur:

Chavannes, Ed.: Les Mémoires historiques de Se-ma Ts'ien, Bd. 5. Paris 1967. S. 68—84.

Finsterbusch, K.: Han-zeitliche Symbole. In: Studia Sino-Mongolica (= FS Herbert Franke). Hrsg. W. Bauer. Wiesbaden 1979. S. 231 bis 244.

Rudenko, S. I.: Die Kultur der Hsiung-nu und die Hügelgräber von Noin Ula. Bonn 1969.

Sylvan, V.: Investigation of Silk from Edsen-gol and Lop-nor. Stockholm 1949.

Xia, N.: Jade and Silk of Han China, Kansas 1983.

Wehklagen brachten ein eigenes Literatur- und Malereigenre hervor, das den Barbarentopoi eine emotionale Seite hinzufügt (Rorex und Fong 1974).

Dem gegenüber stehen die immer wieder aufgestellten apodiktischen Behauptungen der Chinesen, wie sie etwa General Zhao 1207 in einem Brief an den Oberbefehlshaber der Khitan äußert: »Seit es Himmel und Erde gibt, ist die Trennung zwischen China und den Yi- und Di-Barbaren so wie der Abstand zwischen Mütze und Schuh, Kopf und Fuß, den man nicht überbrücken kann.« (Franke 1987, S. 243). Im offenkundigen Widerspruch steht hier die historische Alltagserfahrung, daß Barbaren Chinesen werden können und umgekehrt, dem vorgegebenen klassifikatorischen System gegenüber, das diese Möglichkeit kompromißlos verneint. Realistische Beobachtung und spekulatives Weltbild bestehen trotz gegensätzlicher Aussagen nebeneinander und müssen sich keinesfalls ausschließen.

Ein Überblick über die häufigsten Topoi, mit denen die chinesischen Quellen die Mongolen des 11. bis 16. Jh.s beschreiben, bestätigt diese Feststellung, läßt aber immer wieder erkennen, daß sich die Autoren dieser zwei Ebenen durchaus bewußt waren. So berichtet das *Qidan guozhi* über die frühen Mongolen: »(Sie haben) keinen Herrscher und keine Oberen; sie betreiben keinen Ackerbau, die Jagd ist ihre Hauptbeschäftigung, sie haben keinen ständigen Wohnsitz, sondern wandern alle vier Jahreszeiten dem Wasser und dem Gras folgend, ihre Nahrung besteht nur aus Fleisch und Stutenmilch. Sie führen mit den Khitan keine Kriege und tauschen mit ihnen ihre Rinder, Schafe, Kamele, Pferde und Erzeugnisse aus Leder und Wolle aus.« (Ratchnevsky 1983, S. 7). Die einleitende Behauptung von den quasi anarchischen Zuständen bei den Mongolen widerspricht jeder historischen Erfahrung und ist dem klassischen Topos der *Herrschaftslosigkeit* zuzurechnen, mit dem die Chinesen immer wieder Barbaren belegten, die andere Herrschaftsformen als sie selbst hatten. Auch die pauschale

Seidenstoff, Fragment aus Noin Uula. China, Han-Zeit. Das Stück hat identischen Dekor mit der Randborte des bekannten applizierten Filzteppichs aus dem Kurgan Nr. 6, der in der Eremitage in Leningrad aufbewahrt wird (siehe Rudenko S. 146 und Tafeln 39, 41). Zu den geometrischen Dekorelementen vergleiche Xia, N.: Jade and Silk of Han China, Kansas 1983, S. 70 und *pass*. State Central Museum, Ulanbator.

33

Fragment einer Seidenstoffbahn (Ausschnitt) aus Noin Uula. China, Han-Zeit. Vergleiche Katalog Nr. 19. Die Bahn umfaßt insgesamt elf vertikale Vogelmotivstreifen. Um 90° gegen den Uhrzeigersinn gedreht ist ein stehender Vogel mit nach rechts gewendetem Kopf und stilisierten (ausgebreiteten?) Flügeln beziehungsweise Schwanz erkennbar. Das »Gabel«-Motiv paßt sich ergänzend ein. Insgesamt sind sechs chinesische Zeichen eingewebt (im Ausschnitt nur *cheng jun*), die von rechts zu lesen sind: *cun cheng jun shi yu yi*, »Das Edle bewahren und vollenden — immer (seine) Intention darauf richten!« (?). State Central Museum, Ulanbator.

Umzeichnung eines polychrom gestickten Vogels auf chinesische Seide aus Noin Uula. Vergleiche Katalog Nr. 18. Das Motiv ähnelt — spiegelbildlich umgeklappt dem Vogel der Abb. oben. Es steht nach rechts mit rückwärts gewendetem Kopf auf einem stilisierten Bein. Der T-förmige Federschmuck auf der Brust ist auch in der Abb. oben erkennbar; Flügel, Schwanzfedern und »Gabel«-Fortsatz sind nach links gerichtet. Solche Stickereien sind eine zusätzliche und aufwendige Arbeit, deren Ergebnis im Vergleich zu den eingewebten Motiven gröber ist, zum Teil auch mißverstanden sein kann. Da Applikationsarbeiten der Xiongnu außerordentlich häufig bei den Noin-Uula-Textilien anzutreffen sind, ist in diesem Fall vermutlich importierte Han-Seide nachträglich bestickt worden.

Zuordnung der *Jagd als Hauptbeschäftigung* der Mongolen ist keine realistische Einschätzung ihrer Lebensweise (vgl. die konträre Aussage durch die Liste der wichtigen Tauschgüter!). Vielmehr wollte der Autor damit erneut den Eindruck verstärken, daß die Mongolen keinen Ackerbau betreiben, *nicht seßhaft* sind und keine festen Wohnplätze kennen, sondern mit ihren Herden überall dorthin ziehen, wo gerade reichlich Wasser und Gras vorhanden sind.

Mit den gleichen stereotypen Wendungen wurden bereits die Xiongnu (und viele andere) beschrieben, von denen wir durch Ausgrabungen wissen, daß sie sowohl Hirse angebaut haben, als auch permanente befestigte Siedlungen kannten. Ähnliches gilt (nach den frühen Berichten) auch für die Mongolen, die Getreide in ihren Besitz brachten, seien es Korn und Reis durch Raub (um ihre zahlreichen versklavten Chinesen zu ernähren!) oder im Tausch gegen das von ihnen produzierte Salz, sei es, daß sie selbst schwarze Hirse anbauten, mit der sie ihren täglichen Frühstücksbrei zubereiteten. Ende des 16. Jh.s schreibt der chinesische Grenzgouverneur Xiao Daheng, der jahrzehntelange Erfahrung mit den Süd-Mongolen hatte: »Alle Welt behauptet, daß die Barbaren nur Fleisch essen und keine vegetarische Nahrung, und weiterhin, daß sie ihre Speisen nicht kochen. Das mag vielleicht für die uralten Zeiten gegolten haben, doch wenn man sie heute beobachtet, so sieht man, daß sich ihre Anbaumethoden und die Art ihrer Getreide kaum von jenen der Grenzlandchinesen unterscheiden.« (Serruys 1945, S. 141).

Den chinesischen Bauern, die in festen Siedlungen lebten und ihren Horizont buchstäblich überblicken konnten, mußten die nomadisierenden Mongolen, die scheinbar ihren Herden folgten und wo es gerade paßte ihre mobilen Behausungen aufschlugen, wie Entwurzelte vorkommen. In den Worten eines Jesuiten des 18. Jh.s, der chinesische Beschreibungen früherer Zeiten aufgreift: »Alle Mongols haben einerley Lebensart. *Sie irren mit ihren Herden bald hier bald dort herum,* und schlagen ihre Hütten da auf . . .« (du Halde, Beschreibung von China, Rostock 1749, Bd. IV, S. 40, Hervorhebungen C. M.). Im Widerspruch zu diesem Klischee erfordert die im großen Stil betriebene Viehzucht der Mongolen lang vorgeplantes und präzise überlegtes Wandern mit den Herden von einer Weide zur anderen mit jeweils ausreichenden Wasserstellen. Alles natürlich in Absprache mit den Nachbargruppen, wobei eine gewisse Dichte des Viehs wegen der Gefahr der Überweidung nicht überschritten werden durfte. Dies war den Chinesen des 13. Jh.s bestens bekannt, wohl da sie aus politischen Gründen genau wissen wollten, welche Gruppe in welchem Territorium herrschte. Diese Fähigkeiten des Organisierens und großräumigen Planens bildeten die wesentliche Voraussetzung für die Errichtung des Mongolischen Weltreichs. So ist der jähe Rückzug Batus und seiner Truppen 1242 aus Pannonien, der

Seidenstoff, Fragment aus Noin Uula. China, Han-Zeit. Vergleiche Katalog Nr. 16. Eingewebter Streifendekor von nach rechts reitendem geflügelten Bogenschützen auf ebenfalls geflügeltem Cerviden. Im linken Drittel *lingzhi*-förmige Bergkuppe mit nach links und rechts galoppierenden, gleichfalls geflügelten Vierfüßern zwischen Wolkengirlanden. Sechs chinesische Zeichen (von rechts): *xin shen ling guang cheng shou*, möglicherweise zu lesen als: »In der Erneuerung der gottheitlichen Kraft erweitert sich ihre Wirkung: Man vollendet die Unsterblichkeit.« State Central Museum, Ulanbator.

dem Abendland als göttliches Wunder erschien und den Plano Carpini auf den Tod Ögödeis und seine ungeklärte Nachfolge zurückführen wollte, vermutlich eher als Einsicht Batus zu erklären, daß logistisch die ungarischen Weiden die mongolische Armee auf längere Zeit nicht ernähren konnten (Sinor 1972, S. 181 f.).

Ein weit verbreiteter Gemeinplatz bei den Chinesen und im Abendland ist die den Mongolen angeblich angeborene und durch Erziehung geförderte *Gewalttätigkeit und Kriegslüsternheit*: Entsprechend dem kargen Essen, dem rauhen Klima und ihrem Naturell lassen sie ihren Gefühlen freien Lauf (der über soviel Unzivilisiertheit indignierte Chinese merkt an, daß dies lediglich der »äußere Schein von Kraft« sei!). Gleich nach der Geburt werden sie mit Schafwolle abgerieben, in Schaffell gewickelt, in einen Bretterkasten gelegt und begleiten so ihre Mutter zu Pferd; als kleine Kinder schon üben sie sich im Reiten und in der Jagd auf Steppenmurmeltiere, sie essen mit den Fingern, mit Vorliebe rohes oder halbgares Fleisch (ein Topos der Steppenvölker par excellence, vgl. das »weichgerittene Fleisch« der europäischen Hunnen, Vajda 1964, S. 768 f.) und schlafen im Schnee. Und so nimmt es auch nicht wunder, daß ein so kluger Beobachter wie Xiao Daheng ausrief: ». . . stu-

Mongolen bei der Jagd zu Pferd. Ausschnitt aus einem sechsteiligen Stellschirm, 150 x 360,4 cm (gesamt). Farben, Gold und Goldfolie auf Papier. Japan, Anfang 17. Jh., Sammlung Idemitsu, Tokio. Die Reiter zeigen die für die Mongolen charakteristische Fähigkeit, sich im Ritt in den Steigbügeln stehend nach hinten zu drehen.

Satteldecke mit Metallbeschlägen, die das Yin-Yang-Symbol jeweils umgeben von einem Lotosblattkranz bzw. stilisierten, blattförmigen Kleinodien (Zentralplatte) zeigen (siehe Katalog Nr. 142). Das traditionelle chinesische Yin-Yang-Emblem ist auch in der mongolischen Ikonographie, besonders in der Form von zwei stilisierten Fischen oder Seehunden (siehe Katalog Nr. 32 und Nr. 106) sehr verbreitet. Die Abwandlung des Motivs in Seehunde ist vermutlich auf die Existenz dieser Tiere im Baikalsee, der im traditionell burjatischen Gebiet liegt, zurückzuführen. P. S. Pallas beschreibt die Winterjagd auf diese Tiere als eine dort übliche Sache (Reisen durch die verschiedenen Provinzen des russischen Reiches, Bd. 3, St. Petersburg 1776, S. 101 f.): Winters sonnen sie sich an Öffnungen im Eis, die durch warme Quellen gebildet werden. Die Jäger nähern sich »mit kleinen Schlitten, vor welchen ein schneeweißes Segel ausgespannt ist, dem Seehunde, der das Segel für eine Eisscholle ansieht« und töten ihn mit Kugeln.
In diesem Beispiel wird also ein ikonographisches Wandermotiv in einem anderen kulturellen Kontext neu interpretiert und verändert.

dieren wir sie, studieren wir ihre Sitten, ihre Armee, ihre Kriegsmethoden, die Vorteile ihrer Taktik, . . . dann werden wir sie gewiß besiegen!« und daß etwa ein Drittel des Umfangs der frühen Berichte über die Mongolen eingehende Erörterungen des Militärwesens darstellen, der Bewaffnung, Taktik, Gefechte, Stadtbelagerungen, Behandlung von Unterlegenen, Verhalten bei Niederlagen usw. So zutreffend jedoch die Schilderung der Abhärtung unter extremen äußeren Bedingungen sein mag, so unzulässig wäre es, daraus auf den *Militarismus* der Steppenvölker allgemein zu schließen.

An die Vorstellung von kriegerischen Mongolen schließt sich eng das Bild des untrennbar mit seinem Pferd verbundenen Steppennomaden. Die hochentwickelte mongolische Hippologie (Zucht, Training und Militäreinsatz von Pferden) schlug sich in detaillierten Berichten der chinesischen Beobachter nieder, die zur Nachahmung aufforderten. Natürlich fehlte auch in diesem Zusammenhang nicht der Hinweis auf die militärische Bedrohung, der etwa im offiziellen *Yuanshi* (Geschichte der Yuan-Dynastie) auf die prägnante Formel gebracht wurde: »Der Ursprung der Yuan lag in den nördlichen Gebieten. Von Natur aus sind sie gute Reiter und Pfeilschützen und nahmen daher die Welt in Besitz auf Grund des *Vorteils von Bogen und Pferd.*«
Neuere Untersuchungen relativieren jedoch diesen »Vorteil« (zum folgenden Franke 1987, S. 10 f. mit Literatur): Pfeil- und Bogenwaffen der Mongolen waren technisch nicht besonders gut, ihre Pferde kleiner und schwächer als etwa die mit Heu und Körnern gefütterten Pferde der Chinesen. Die mongolische Überlegenheit beruhte auf der Unabhängigkeit vom Futternachschub (daher die Bedeutung der vorausplanenden Erkundung des Geländes), der — bis zu neun — Ersatzpferde, die die Reitersoldaten im Feld mit sich führten, und der daraus resultierenden »Fähigkeit zu weit ausholenden Manövern« (Franke). Hauptfaktoren der militärischen Erfolge waren die organisierte kollektive Anstrengung und die charismatischen Anführer. Hinweise, die sich beiläufig immer wieder bei den

chinesischen Autoren finden entgegen dem oben erwähnten, vereinfachenden Diktum des *Yuanshi*.

In den chinesischen Berichten spiegelt sich getreu jenes Bild des Pferdes wider, wie es sich — geprägt von leidenschaftlicher »Vernarrtheit« — in den Augen der Mongolen darstellt. Es wäre jedoch irreführend, aus dieser Einstellung auf den realen wirtschaftlichen Stellenwert der Pferdezucht zu schließen, die wohl immer schon von geringerer Bedeutung war als die Schafzucht, wie bereits Feststellungen der chinesischen Beobachter klarmachen. Zwischen »intentionalen« und »funktionalen« Daten (vgl. Vajda 1964, S. 770 f.) tritt eine deutliche Diskrepanz zutage, die sich auch in den treffenden Beobachtungen Xiao Dahengs erkennen läßt: »Die Besitztümer der Barbaren (= Mongolen) bestehen lediglich aus Rindern, Schafen, Hunden und Kamelen, aber sie halten daran stärker fest als die Leute des Südens an ihren Feldern und Ernten. Am höchsten von allen Tieren schätzen sie die Pferde. (Wenn sie ein besonders wertvolles Pferd erworben haben,) besuchen sie es am Morgen und streicheln es am Abend; sie schneiden ihm die Hufe, tätscheln es und behandeln es wie ein Kleinod.« (Serruys 1945, S. 149).

Der klassische chinesische Barbarentopos geht auf das 5. Jh. v. Chr. zurück und wird im *Lunyu* (Gespräche des Konfuzius) zitiert: »Wenn wir (den Kulturheros) Guan Zhong nicht gehabt hätten, würden wir (wie die Barbaren) *die Kleider links schließen und das Haar lose tragen.*« Diese Formel wurde unzählige Male zitiert und schließlich so inhaltsleer, daß es bei der Beschreibung der Mongolen des 16. Jh.s im direkten Nachsatz heißt: »Aber wenn man sie genau betrachtet, so schneiden sie doch ihre Haare (oder stecken sie hoch) und schließen ihre Kleider nach rechts.«! Die gleichsam blinde und unkontrollierte Einordnung der Mongolen auf Grund von verschiedener Haartracht und Bekleidungsvorschrift entsprach dem traditionellen Schema, wie ein Barbar zu sein hatte. Dieses »falsche« Bild konnte nicht nur »richtig«-gestellt werden, sondern durchaus auch durch reale Beobachtung mit ethnographisch wichtigen neuen Inhalten gefüllt werden: In diesem Fall durch die akribische Beschreibung der auffallenden, von vornehmen Mongolinnen getragenen *Gugu*-Frisur, einer hohen »fußförmigen« Haartracht, die auf einer Art Holzgestell mit bunten Stoffen oder Eisvogelfedern aufgebaut war (vgl. Seite 69).

Im allgemeinen können wir auch hinter Pauschalurteilen über die Sozialordnung der Barbaren vermuten, daß es sich nicht um akkurate Beobachtungen sondern um Topoi handelte, die einfach die Andersartigkeit der Institutionen und Bräuche unterstreichen. So entsprach die erwähnte *Herrschaftslosigkeit* bei den Mongolen genausowenig der Realität wie die Behauptung, daß *Männer und Frauen unterschiedslos miteinander feiern* und trinken« (andere chinesische Autoren notierten hingegen — vermutlich aus Gründen des diplomatischen Protokolls — peinlich genau, in welcher Ordnung gesessen und in welcher Reihenfolge getrunken werden darf) oder die durch nichts belegte Feststellung, daß »die Mongolen ihre *Alten nicht ehren*«.

Die Assoziationsketten sind selten so klar nachvollziehbar wie bei den *Tiervergleichen,* die zum Standardrepertoire der Barbarentopoi gehören. Wann immer Barbaren mit Tieren im Kontext gleichgestellt werden, ist darin eine abwertende Inten-

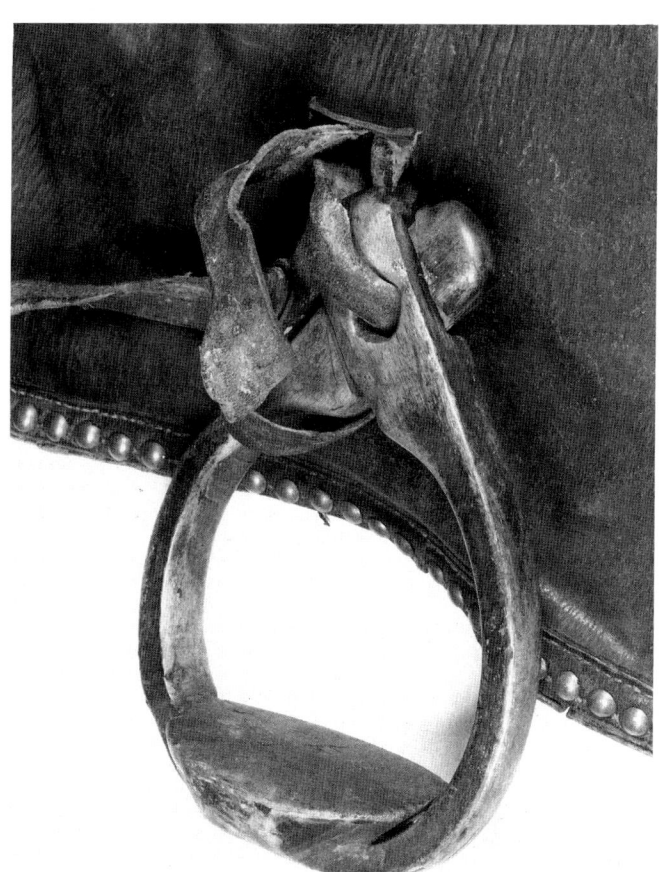

Burjatischer Steigbügel, 19. Jh., aus einem Stück Holz geschnitzt, H: 20 cm. Museum für Völkerkunde Berlin, Inv.-Nr. I. A. 2009. Bei den ersten Kontakten mit den Mongolen waren den Chinesen alle Details ihrer Pferdezucht und Reittechnik genaueste Beobachtung wert: »Auch die Steigbügel schnitzen sie aus Holz . . . (Diese) sind rund, so daß die Füße in der Mitte und nicht auf der Seite stehen. Der Boden ist breit, so daß die Stiefel leicht hineinpassen . . . Die Breite (der Steigriemen) übersteigt nicht einen Zoll, die Länge erreicht noch nicht vier Knoten. Daher kann man zu Pferde (im Bügel) stehen und den Körper ungehindert herumdrehen . . . Beim schnellen Reiten stehen sie immer auf den Zehenspitzen (in den Bügeln) ohne zu sitzen.« *Hei Da shilüe* (1237), übersetzt von P. Olbricht, Wiesbaden 1980, S. 165, S. 171, S. 175.

tion zu vermuten, wenngleich hin und wieder eine von taoistischer Zivilisationsabkehr motivierte Sehnsucht nach Ursprünglichkeit anklingen mag: »Wenn die Mongolen zufrieden sind, reiben sie sich die Hälse aneinander wie die Pferde, im Zorn schlagen sie gegeneinander aus.« Dieses Zitat greift einen berühmten Gedanken des Philosophen Zhuangzi (4. Jh. v. Chr.) auf, wonach die Freude der Tiere in ihrer ursprünglichen Natürlichkeit liege. Dem gegenüber seien Zügel, Zaum und Joch, die das Tier »zähmen«, lediglich Perversionen, und so verhalte es sich auch mit der »Zivilisierung« der Menschen. Doch im allgemeinen handelten sie sich durch ihre wirtschaftlich bedingte »tiernahe« Lebensweise den unverblümten Vorwurf der »Tierhaftigkeit« ein. Sie sind »schmutzig und stinken«, »fressen wie die Tiere rohes Fleisch«, und »bei großer Kälte schlafen sie mit Hunden und Schafen, die ihre Töpfe auslecken. — Zurecht nennt man sie Hunde und Schafe!« Kurz: Sie sind einfach Tiere und wie diese »mit der Peitsche« zu behandeln, um sie zu »zähmen«. Mit »Domestizieren« und

»Garen der Barbaren« schrieben die chinesischen Autoren Klartext im Vergleich zum üblichen euphemistischen »Zivilisieren« und »In Han-Chinesen Verwandeln«.

Bei all den genannten Einschränkungen und Relativierungen des ethnographischen Quellenwertes der chinesischen Texte sollte jedoch nicht übersehen werden, daß sie eine ungeheure Fülle an höchst wertvollen Beobachtungen und wichtigen Erstbelegen enthalten. So etwa über das Schulterblattorakel, magische Vorkehrungen gegen Gewitter und Donnerschläge, Türschwellentabus, die bis heute verbreitete Namensänderung, um Unheil abzuwehren, die strengen Begrüßungsvorschriften, Eß- und Trinkrituale, die Tatsache, daß Steigbügel aus einem Stück Holz geschnitzt sind, bis hin zur scheinbar trivialen Feststellung, daß die Mongolen beim schnellen Reiten immer auf den Zehenspitzen (in den Bügeln) stehen ohne zu sitzen (wodurch sie nämlich schnell und in alle Richtungen schießen können).

Zwar gibt es in den chinesischen Berichten auffallende Lücken (etwa den Schamanismus oder das magische Heilen) und die Tendenz zur pauschalvereinheitlichten Darstellung, die dem heterogenen Charakter der Mongolen und ihrer verschiedenen Lebensweisen weniger gerecht wird. Doch erweisen sie sich auch — wohl wegen der sehr viel längeren historischen Erfahrung der Chinesen mit ihren nördlichen Nachbarn — als unvoreingenommener als etwa die europäischen Reiseberichte. Darüber hinaus sind zwei der drei zitierten Hauptquellen um Jahrzehnte älter als die *Geheime Geschichte der Mongolen* oder die Berichte der europäischen und islamischen Autoren. Sie bestätigen und ergänzen diese und stehen ihnen an Quellenwert in nichts nach. Ein Indiz für die Qualität der Beobachtungen aus erster Hand sind eingestreute Bemerkungen der chinesischen Autoren wie: »Darüber habe ich persönlich mit dem Fürsten gesprochen« und »Das habe ich mir genau angeschaut« oder gar exemplarische Erlebnisse. So wird von einem Polospiel erzählt, an dem der chinesische Gesandte nicht teilzunehmen wagte, weil er weder schriftlich noch mündlich dazu aufgefordert worden war. Worauf der mongolische Fürst zu ihm sagte: »Du bist in unser Land gekommen, also gehörst Du mit zur Familie. Jedesmal wenn Festveranstaltungen, Ballspiele, Treibjagden oder Feldjagden veranstaltet werden, mußt Du ohne weiteres kommen zum Mitspielen. Wozu soll ich noch einen Boten schicken und Dich auffordern?«. Darauf lachte er laut und belegte ihn mit einer Trinkstrafe von sechs Bechern.

Es scheint, als wären den Chinesen diese unkonventionelle Gastfreundschaft und maßlose Trinkfreudigkeit unheimlich, Zeichen einer ganz anderen Lebensweise. In ihren Augen konnten die Mongolen den Makel dieser Lebensweise — in den Worten Owen Lattimores »the wickedness of being nomads« — bis fast in unsere Tage nie ganz abstreifen.

Literatur:
A. Quellen:
Olbricht, P. u. a.: Meng-Ta pei-lu und Hei-Ta shih-lüeh. Chinesische Gesandtenberichte über die frühen Mongolen, 1221 und 1237. Wiesbaden 1980. (Übersetzung des Meng-Da beilu [Ausführliche Aufzeichnungen über die Mongolischen Dadan] von Zhao Hong, 1221 sowie des Hei-Da shilüe [Kurzer Bericht über die Schwarzen Dadan] von Peng Daya und Xu Ting, 1237).
Serruys, H.: Pei-lou fong-sou. Les coutumes des esclaves septentrionaux de Siao Ta-heng. In: Monumenta Serica Bd. 10, 1945 S. 117—164. (Übersetzung des Beilu fengsu von Xiao Daheng, 1594).

Außer in diesen vorzüglichen Editionen finden sich weitere Angaben über chinesische Literatur in:
Trauzettel, R.: Die chinesischen Quellen. In: M. Weiers, Hg.: Die Mongolen, Beiträge zu ihrer Geschichte und Kultur. Darmstadt 1986. S. 11—13.
B. Sekundärwerke:
Bauer, W., Hg.: China und die Fremden. 3.000 Jahre Auseinandersetzung in Krieg und Frieden. München 1980.
Franke, H.: Studien und Texte zur Kriegsgeschichte der südlichen Sungzeit. Wiesbaden 1987.
Geley, J.-P.: L'Ethnonyme mongol à l'époque pré-činggisqanide (XIIe s.). Étude d'ethnologie politique du nomadisme. In: Études Mongoles, Bd. 10, 1979, S. 59—89.
Lattimore, O.: On the Wickedness of Being Nomads. In: Studies in Frontier History. London 1962, (1935) S. 415—426.
Ratchnevsky, P.: Činggis-Khan. Sein Leben und Wirken. Wiesbaden 1983.
Rorex, R. A. und W. Fong: Eighteen Songs of a Nomad Flute. The Story of Lady Wen-chi. New York 1974.
Sinor, D.: Horse and Pasture in Inner Asian History. In: Oriens Extremus, Bd. 19, 1972, S. 171—184.
Vajda, L.: Traditionelle Konzeption und Realität in der Ethnologie. In: E. Haberland u. a., Hg.: Festschrift für Ad. E. Jensen. München 1964, S. 759—790.

Wer waren die Protomongolen?

András Róna-Tas, Budapest

Wer waren die Vorfahren, die Urväter der Mongolen? Von wo sind sie gekommen? Ist das größte Nomadenreich der Weltgeschichte aus dem Nichts entstanden?

Wir wissen, daß Sprache, Volk, Ethnie, Herrschaftsgebiet und Benennung nicht zwangsweise identisch sind. Die mongolische Sprache, oder besser gesagt, die mongolischen Sprachen bilden selbst eine Sprachfamilie. Es ist noch nicht wissenschaftlich bewiesen, daß die mongolische Sprache genetisch zu den sogenannten altaischen Sprachen gehört, also mit ihnen eine größere Sprachfamilie bildet. Sicher ist dennoch, daß die mongolische Sprache uralte und sehr enge Beziehungen zu den Türksprachen und den mandschu-tungusischen Sprachen gehabt hat, Beziehungen, die in die ersten beiden vorchristlichen Jahrtausende zurückgehen. Weitere frühe Kontakte können auch mit dem Koreanischen angenommen werden. Die grundlegende Schwierigkeit, die sogenannte »altaische Hypothese« zu beweisen, also die genetische Zusammengehörigkeit der mongolischen, türkischen, mandschu-tungusischen und eventuell der koreanischen und japanischen Sprachen zu verifizieren, liegt eben daran, daß es bisher nicht gelungen ist, die ältesten Kontakte von noch früheren genetischen Zusammenhängen zu unterscheiden. Unter Protomongolisch verstehen wir dann die älteste, rekonstruierbare Sprachform der Geschichte der mongolischen Sprache. Aus dieser protomongolischen Sprache entwickelten sich die altmongolischen Sprachen. Was wissen wir über die altmongolischen Sprachen und Völker, also über die, die vor der Zeit Činggis Khans in Asien gelebt hatten?

Es scheint sicher zu sein, daß die große Konföderation der Xianbi mindestens zum Teil mongolisch war. Sichere Angaben über sie finden wir in den chinesischen Quellen, wo sie seit dem 3. Jh. v. Chr. häufig erwähnt sind.

Diese Xianbi erschienen, nachdem die Xiongnu (oder »asiatischen Hunnen«) einen vernichtenden Sieg über ihre östlichen Nachbarn, die Donghu, errungen hatten. Nach mehrjährigen Kriegen eroberten die Xianbi-Tuyuhun-Stämme um das Ende des 3. Jh.s n. Chr. den Norden von China. Unter diesen Stämmen waren die Tuyuhun, die Tuoba, die Qidan und die Shiwei die wichtigsten. Heute wissen wir, daß sie alle mongolische Sprachen gesprochen haben. Die Tuyuhun-Stämme wanderten nach Süden und gründeten dort einen Staat an der Grenze zu Tibet. In den alttibetischen Quellen werden sie A-ža genannt. Die Tuoba, oder wie ihr Name in den frühen türkischen Inschriften zu lesen ist, die Tabgatsch, eroberten Nordchina, gründeten dort die Barbarendynastie der Wei (386—538), die später durch die Westlichen Wei (538—556) und die Östlichen Wei (529—549) abgelöst wurde. Die Qidan heißen in den türkischen Quellen des 8. Jh.s Khitan, später Kitaj, und eroberten um 900 Nordchina. Ihre Dynastie, die Liao, herrschte 907—1125. So ist es verständlich, daß der alttürkische Name von China Tabgatsch war und die Russen China bis heute Kitaj nennen. Man verwendete zwei Benennungen für China, die ursprünglich mongolische Stämme bezeichneten. Für die weitere Geschichte der mongolischsprachigen Stämme waren die Shiwei die wichtigsten. Unter ihnen verzeichnen die chinesischen Quellen den Stamm Mongwu oder Mongol.

Unsere Kenntnisse über die altmongolischen Sprachen sind sehr dürftig und rudimentär. Die chinesischen Quellen geben meistens Namen und Titel an, die kaum geeignet sind, etwas über die gesprochene Sprache zu erfahren. Schwierig und mehrdeutig kann auch die zeitgenössische chinesische Umschrift sein. Im folgenden geben wir einige altmongolische Wörter an, die wir aufgrund der Arbeiten von Ligeti rekonstruiert haben. Zum Vergleich wird die schriftmongolische Form angeführt:

»Staub, Erde«: Xianbi: *taγušin, toγučin*; Khitan: *tawus*; Schriftmong. *toγorsun*.

»dreißig«: Xianbi, Tuyuhun: *γučin*; Schriftmong. *γučin*.

»Dolmetscher«: Tabgatsch: *kelmürčin*; Schriftmong. *kelemürči*.

»Torwächter«: Tabgatsch: *qabaqči*; Schriftmong. *qaγalγači*.

»Sekretär«: Tabgatsch: *bitekči*; Schriftmong. *bičigeci*.

»Wolke«: Tabgatsch: *üglen*; Schriftmong. *egülen*.

»Wolf«: Tabgatsch: *čino*; Schriftmong. *čino, čina, činua*.

»hundert«: Khitan *jau*; Schriftmong. *jayun*.

»fünf«: Khitan *taw*; Schriftmong. *tabun*.

Khitan-Karren, Steinabreibung aus dem An-shan-Grab der Liao-Dynastie.

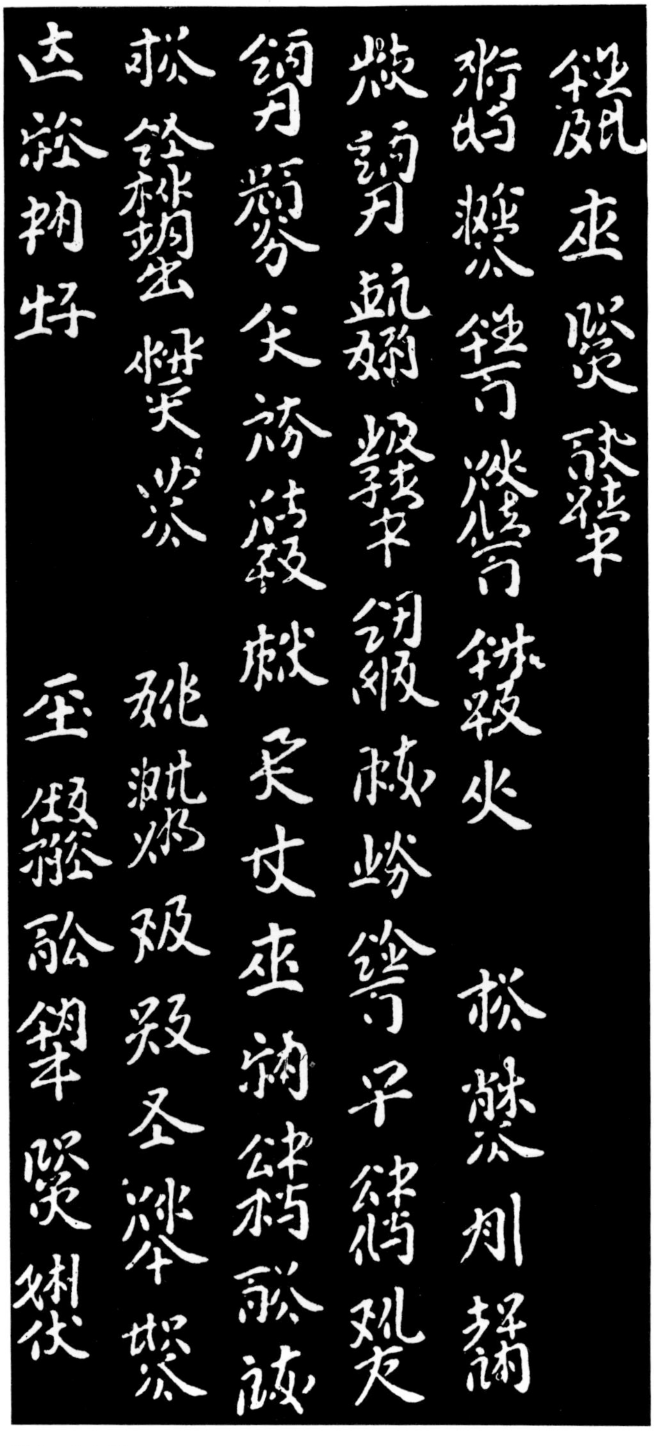

Khitan-Schrift.

aber selbständig weiter, um sie für Sprachen, deren Struktur sich völlig von der chinesischen unterscheidet, geeignet zu machen. Von der Triade der Khitan-, J̌ürčen- und Tangut-Schriften ist die letztere jetzt schon praktisch entziffert. Obwohl wir die Khitan-Schrift noch nicht lesen können, verfügen wir über zwei Hilfsmittel, dank derer wir über den Inhalt der Texte informiert sind. Erstens sind Texte auch in chinesischer Umschrift oder genauer mit chinesischen Ausspracheangaben versehen. Zweitens gibt es Texte, die entweder aus dem Chinesischen übersetzt sind oder umgekehrt Khitan-Texte, deren Titel oder Inhalt in chinesischer Übersetzung vorhanden ist. Somit wissen wir, daß die Khitan der Liao-Dynastie eine hochentwickelte mongolischsprachige Literatur gehabt haben, meistens Übersetzungen aus dem Chinesischen, aber auch Originaltexte der Staatsverwaltung, Inschriften usw.

Das älteste bekannte mongolische Literaturzeugnis stammt aus dem Jahr 546 n. Chr. Leider gelangte nur die chinesische Übersetzung dieses Xianbi-Liedes auf uns, aber wie wir sehen werden, besteht kein Zweifel darüber, daß es ursprünglich mongolisch klang. Ich gebe eine etwas freie, deutsche Übersetzung des chinesischen Textes:

> In der Tölös-Steppe
> Über den beschatteten Bergen
> Bedeckt der Himmel wie eine Jurte
> Die Steppe von vier Seiten.
> Der Himmel ist grün, grün wie Gras,
> Grenzenlos ist die Wildnis,
> Der Wind weht, das Gras beugt sich,
> Ich sehe Rinder und Schafe.

Das in der dritten Zeile vorkommende chinesische Wort (qionglu) ist seit den frühesten Zeiten die übliche chinesische Benennung der turko-mongolischen Jurte. Das Altmongolische wie auch das Türkische und andere Sprachen haben ursprünglich nur ein Wort für »blau« und »grün« gehabt. Der chinesische Ausdruck, der in Zeile 5 für »grün« steht, ist die Farbe der Vegetation. Gleichzeitig wissen wir, daß das türkische Wort kök »blau, grün«, und das ihm verwandte mongolische köke nicht nur die Benennungen für Farbe waren, sondern auch selbständig für die Benennung des Himmels verwendet wurden. Obwohl wir das altmongolische Original nicht kennen, berührt uns ein Hauch der uralten mongolischen Dichtung.

In den chinesischen Quellen sind ausführlich die Khitan-Begräbnissitten beschrieben. In einer dieser Beschreibungen lesen wir, daß drei Jahre nach einer Beisetzung ein kleines Fest gehalten wurde. Während dieser Feierlichkeit sang man ein Zauberlied, das nur in chinesischer Übersetzung erhalten geblieben ist. Das Original war aber auch hier ohne Zweifel mongolisch.

> Im Sommer weiße Milch,
> Im Winter schwarzes Fleisch.
> Treib vor unsren Jagdpfeil
> Wildschwein, Hirsch, reiche Beute!

Die mongolischsprachigen Völker hatten schon vor Činggis Khan eine hohe und zugleich eigenartige Kultur. Es hat nur den Anschein, daß die mongolische Weltmacht im 12.—13. Jh. aus dem Nichts hervorgesprungen ist.

»Sonne« Khitan: *nayir;* Schriftmong. *naran.*
»Mond« Khitan: *sayir;* Schriftmong. *saran.*

Wir wissen aus Aufzeichnungen von Schriften altmongolischer Stämme. Es gibt aber leider nur eine Schrift, die erhalten geblieben ist, nämlich die der Khitan. Trotz der Anstrengungen vieler Gelehrter ist die Schrift der Khitan bis heute noch nicht entziffert. Schrifttypologisch gehört sie zu den Schriften der J̌ürčen und Tanguten. Diese drei Schriften haben als Muster die chinesische Schrift genommen, entwickelten sie

Die Städte der alten Mongolei

Eleonora Novgorodova, Moskau

Zum gegenwärtigen Zeitpunkt sind die Gelehrten auf Grund der Auswertung von schriftlichen Quellen und archäologischen Funden von der lange Zeit bestehenden Meinung abgekommen, daß es in der Mongolei, einem Nomadenland, keine Städte gegeben habe. Zur Erforschung der altmongolischen Städte wurde besonders viel von S. V. Kiselev getan, der Urheber der großen Ausgrabungen von Karakorum, der Zitadelle von Chirchir und der Rekognoszierung anderer Städte ist. Der mongolische Historiker Ch. Perlee hat sein ganzes Leben der Suche und Erforschung von Städten und Anlagen gewidmet, und er hat eine Kartothek zusammengestellt. Etwa dreihundert Festungen, Anlagen und Städte hat er auf dem Gebiet der mittelalterlichen Mongolei festgestellt.

Die ältesten befestigten Anlagen in der Mongolei gehören der Epoche der Xiongnu (Hsiung-nu) an. Chinesische Quellen nennen eine Reihe von Anlagen aus dieser Zeit: Longcheng, Longting, Zhaoxincheng, Fanfurencheng. Die mongolischen Archäologen benennen die Anlagen bei ihren Forschungen nach den Namen in der Nähe liegender Berge und Flüsse: Terelžinj dörvölžin (oder Chasar balgas), Burchijn dörvölžin,

Gua dov, Bars-chot II und andere. Bei den Anlagen wurden Keramikstücke, Siegel auf Gefäßen, Ziegel und Details von Baumaterial gefunden — all dies zeugt davon, daß diese Denkmäler der Xiongnu-Zeit angehören.

Eine der interessantesten Anlagen, die von Chüreet töv, zeichnet sich durch die komplizierteste Topographie aus. Sie liegt auf dem linken Ufer des Flusses Baruun-bajdarig (im Töv-Aimag). Die Anlage ist nach den vier Himmelsrichtungen hin ausgerichtet und hat die Form eines regelmäßigen Vierecks, das von einem Erdwall umgeben ist. Es gelang, die Tore zu drei Seiten zu finden: auf der Nord-, West- und Ostseite. Die Tore sind durch einen Durchbruch im Wall wiedergegeben. Die Enden des Festungswalls besitzen an den Ecken der Anlage und bei den Toren eine größere Breite und Höhe als in den übrigen Teilen des Walls. Innerhalb der Anlage sind künstliche Plattformen in viereckiger Form und von mehr als zwei Metern Höhe erkennbar. Auf jeder Plattform wurde Mauerwerk in rechteckiger Form aus Granitplatten aufgefunden. Dies ist das Palastfundament. Für den Fall einer Belagerung wurde ein Wasserspeicher von vierzig Metern Durchmesser

Ruine eines Stupa in Charbuchyn balgas, Dašinčilen Sum, Bulgan-Aimag, in dem an die 300 auf Birkenrinde geschriebene Texte aus dem frühen 17. Jh. aufgefunden wurden.

Mauerreste der Ruinen von Charbuchyn balgas im Bulgan-Aimag.

ausgehoben. Außerhalb der Stadtgrenzen wurden Plattformen aufgefunden, Relikte quadratischer Schanzen, die von Erdwällen eingefaßt sind. Zu allen Seiten der Schanze, außer an der Westseite, sind Tore sichtbar. Tore fehlen auf der Seite, die der Anlage zugewandt ist.

Die Anlagen der Xiongnu-Zeit sind meist von quadratischer Form und ihre Wände sind nach den Himmelsrichtungen ausgerichtet. Die Fläche der Anlagen reicht von 220 x 220 Metern bis 500 x 500 Metern. Sie sind von einem Erdwall umgeben. Manchmal ist die Anlage auch von zwei Wallreihen eingefaßt. Auch hat man Ecktürme festgestellt. In Anbetracht des Fehlens einer Kulturschicht haben die Gelehrten vermutet, daß dies Kriegslager oder zeitweilige Lager von Beamten gewesen sind. Möglich ist auch, daß diese Anlagen als Zufluchtsstätten für Nomaden in Kriegszeiten gebraucht wurden. Die Anlage der Xiongnu, die in Transbaikalien ausgegraben worden ist — »Ivolginskoe gorodišče« —, besitzt vier Wälle und zwei Tore.

Im Zeitabschnitt vom 3. bis zum Ende des 8. Jh.s sind in den Steppen der Mongolei nur wenige Städte und Anlagen erbaut worden (vielleicht sind sie auch nur schlecht bekannt). Einige Forscher nehmen an, daß während der Zeit der Xianbi, Ruanruan und Türken der Bau befestigter Anlagen stark anwuchs. Andere meinen, daß die unzureichende Erforschung des Landes zu dieser Annahme führt. Denn die Vorfahren der Khitan und Mongolen — die Xianbi, Tuoba und Ruanruan — waren in starken Staatswesen zusammengeschlossen. Folglich

brauchten sie Kriegslager und Festungen für den Fall eines feindlichen Angriffs.

Auf Grund von schriftlichen Quellen und Daten archäologischer Rekognoszierungen hält man es für zweckmäßig, in den Tälern des nördlichen und südlichen Tamir-Flusses nach den Überresten der Stadt der Rouran, Müme-choto, zu suchen. Die chinesischen Quellen berichten zum Beispiel auch von einem Palast der Xianbi am Fuße des Dan-Berges und von einem Gebäude der Rouran mit Namen Longting.

Uighurische Städte sind auf einem weiten Gebiet bekannt. In der zweiten Hälfte des 8. Jh.s wurde am Ufer des Orchon die Hauptstadt des uighurischen Khans Balyklyk (Chara-Balgasun) und auch Karakorum erbaut. An den Selenga-Fluß wurde die Stadt Baibalyk (Baibulag) gelegt. Im Umkreis dieser Städte kann man bis heute die Spuren bewässerter Felder erkennen; auf großen Flächen wurden Felder umgepflügt und Saaten gesetzt. Die Hauptstadt Balyklyk (Ordu-Balyk, das moderne Chara-Balgasun) konnte man nach der Zahl seiner Bewohner, dem Reichtum des Hofes und der Gewaltigkeit der riesigen Zitadelle mit den größten Zentren des frühmittelalterlichen Orients vergleichen.

Von den zwanziger Jahren des 10. Jh.s bis zum ersten Viertel des 12. Jh.s herrschten in der Mongolei die Khitan. Nach Angaben chinesischer Quellen sind von den Khitan die Städte Zhenzhou, Pibeihecheng, Dongcheng und andere erbaut worden. Nach Angaben Ch. Perlees sind in der Mongolei mehr als zehn Städte der Khitan erschlossen worden. Im Bassin des

Tola-Flusses sind Čin-tolgoj (Zhenzhou) und Dersen-cherem erforscht worden, und an den Ufern des Kerulen-Flusses wurden Stadtanlagen der Khitan entdeckt,und zwar Züün-cherem (Pibeihecheng), Bars-chot-I (Dongcheng) und Baruun-cherem. Die Stadtmauern waren in der Regel nach einem quadratischen Plan angelegt und nach den Himmelsrichtungen hin ausgerichtet. Züün-cherem war innerhalb der Stadt durch Wälle in Teile unterteilt: einen militärisch-verwaltungsmäßigen, einen der Handwerker und einen des Wohngebiets.

Ch. Perlee, der die Städte der Khitan erforscht hat, hat gezeigt, wie groß der Einfluß der Khitan-Kultur auf die Kultur der Chalcha-Bevölkerung und die der Dsungarei gewesen ist. Die mongolische Gesellschaft hat viel von diesem kulturellen Erbe, besonders aus der Zeit der Uighuren und Khitan, empfangen. Die Tradition der Errichtung befestigter Städte entwickelte sich auch während der Periode der Existenz des mongolischen Staates weiter.

S. V. Kiselevs Ausgrabungen in Karakorum haben uns Informationen zum Plan des Palastes des Ögedei geliefert, der auf einem viereckigen Hügel angelegt war. Bruchstücke von Ziegeln, Skulpturen und Keramik wurden gefunden. Die Wandbemalung des 13. Jh.s trägt religiösen, buddhistischen Charakter. Offenbar hatten bei der Ausschmückung der Palastwände Meister verschiedener Völker ihren Anteil, da man die Bilddarstellungen nach drei Typen unterteilen kann: einen tibetischen, uighurischen und chinesischen.

Verschiedene Waffenarten (vor allem Pfeilspitzen) sind reich vertreten; ebenso Einzelteile von Wagen, Wirtschaftsgerät und Spuren von Handwerksbetrieben. Alle aufgezählten Daten erlauben es, vom Vorhandensein befestigter Anlagen, Kriegslagern und Städten auf dem Territorium der Mongolei seit dem 2. Jh. v. Chr. zu sprechen. Von einer eigenständigen Architektur kann jedoch erst seit der Bildung des mongolischen Staates und der Bestätigung des Buddhismus als offizieller Religion ernstlich die Rede sein.

Aus dem Russischen von Jörg Bäcker

Tierstil in der Mongolei

Karl Jettmar, Heidelberg

Das schöne Buch von Eleonora Novgorodova über die *Alte Kunst der Mongolei* endet mit der Feststellung, daß in den Mustern, die heute noch zum Schmuck von Alltagsgerät dienen, das Erbe einer Nomadenkunst spürbar ist, deren Ursprünge Jahrtausende zurückreichen. Höhepunkt dieser Nomadenkunst sei aber der Tierstil gewesen. Seine Merkmale hätten nicht nur die Zeit der alttürkischen Khanate und das Mongolische Weltreich, sondern auch die folgenden Jahrhunderte überlebt.

Sicherlich bestehen für das Nomadentum in der Mongolei, die ja nicht nur das Gebiet der heutigen Volksrepublik umfaßt, ideale Umweltbedingungen. Allerdings handelt es sich nicht nur »um ein kühles Grasland«, wie man dem Titel eines bekannten Buches entnehmen könnte. Vor allem in den westlichen und zentralen Teilen gibt es hohe Gebirge und dichte Wälder. Aber es bildet einen Beweis für die Qualität der Weiden und Hochweiden, daß immer wieder große Staatswesen der Nomaden ihr Zentrum in diesen Raum verlegt haben, selbst dann, wenn sie zunächst in einem anderen Teil des Steppengürtels entstanden waren.

Was aber unterscheidet die Nomadenkunst von der der Seßhaften? Warum gilt der Tierstil heute als deren Höhepunkt? Welche Rolle kommt der Mongolei in der Entstehung und Ausbreitung dieses Stils zu?

Der besondere Charakter der Nomadenkunst ergibt sich zunächst aus einer Lebensweise, in der feste Häuser weitgehend durch Wohnwagen oder Zelte verschiedener Form bis hin zur hochentwickelten Jurte ersetzt werden müssen. Wie diese

Yak mit Schnurbandumrahmung. Gürtelschließe, auf der Rückseite zwei Ösen zum Anheften am Gürtel, 4,2 x 6,2 cm. Ordosbronze, vergoldet, zum Teil patiniert, China, um Christi Geburt. Dem Stil von Noin Uula nahestehend. Ein gleiches Stück ist abgebildet in V. J. Tolmacheff: Traces of Scythian and Siberian Civilization in Manchuria. In: Manchuria Monitor, Harbin 1929; ein sehr ähnliches Stück mit nach rechts gewendetem Tier befindet sich im Britischen Museum, London (vergleiche K. Jettmar: Die frühen Steppenvölker. Baden-Baden 1964, S. 160). Staatliches Museum für Völkerkunde, München, Inv.-Nr. 31-11-16.

transportablen Behausungen einst geschmückt waren, vorzugsweise mit Textilien, können wir in größerer Zeittiefe durch Grabinhalte belegen, die an der Grenze des ewig gefrorenen Bodens erhalten geblieben sind. Dazu kam die Tendenz, besonders Objekte zu dekorieren, die zur persönlichen, am Leib getragenen Ausrüstung gehörten, in erster Linie die Waffen, aber auch Schirrung und Sattelung des Pferdes wurden reich ausgestaltet. Das wissen wir wiederum aus Grabfunden, ergänzt durch vieles, das über den Kunsthandel gelaufen ist. Aber erst allmählich ist klar geworden, daß auch Nomaden ihr Leben und ihre Träume in riesigen Wandbildern festhalten konnten, nämlich dort, wo die Natur auf den Felswänden Flächen von monumentalen Dimensionen darbot. Die Petroglyphen der Mongolei sind heute bevorzugtes Thema sowjetischer und mongolischer Archäologen geworden. Durch Einbinden in ein Netz von Beziehungen, das einerseits bis nach China und andererseits bis in den Vorderen Orient reicht, läßt sich das leidige Problem der Datierung einigermaßen lösen.

Mobile Gruppen unterhalten in der Regel Kommunikations- und Austauschsysteme, die weiter gespannt und von größerer Dichte sind als jene der Seßhaften. Das gilt sowohl intern wie auch extern. Zeitweise haben sich Neuerungen aus der Welt der Seßhaften durch Vermittlung der Nomaden bis in weit entfernte Agrargebiete verbreitet. Das bedeutet dann, daß sich auch Symbolsysteme, die dem künstlerischen Schaffen zugrunde liegen, rasch in einem riesigen Raum durchsetzen können. Sprachliche Angleichungsvorgänge müssen daher nicht unbedingt Oberherrschaft oder Kolonisation bedeuten: es kann darin auch eine Vermittlung durch ein Handelsnetz zum Ausdruck kommen.

In jüngster Zeit hat man nun gelernt, solche Regelhaftigkeiten zur Beantwortung der Frage zu benutzen, seit wann es in den Steppen entweder Hirtennomaden oder zumindest wandernde Handwerker- und Händlergruppen gab. So kann man die Hinwendung zu bestimmten Motiven, unter denen maskenartige Bilder besonders markant sind, innerhalb des östlichen Steppenraumes als Indiz für das Auftreten von Nomaden oder auch Metallspezialisten deuten, die immer neue Erzlager erschlossen. Der sowjetische Forscher Kyzlasov hat die kühne Vermutung ausgesprochen, im Rahmen der gleichen Bewegung hätten sich spätestens zu Beginn des 3. Jt.s v. Chr. Rinderzüchter mit vierrädrigen Wagen in die Steppe vorgewagt. Bald danach seien die reichen Zinnvorkommen Ostkasachstans und Baikaliens erschlossen worden.

Ganz unbegründet ist eine solche Spekulation nicht. Das Vollnomadentum hat sich sicher nicht erst zu Beginn des 1. Jt.s v. Chr. durch Aufspaltung einer komplexen Bauernkultur in Ackerbauer und Viehzüchter entwickelt, wie man sich das eine Zeitlang vorstellte. Zumindest in den Waldsteppen Osteuropas zwischen dem mittleren Dnjepr und dem Donez gab es bereits seit dem 4. Jt. v. Chr. Pferdezucht mit so großen Herden, daß man auch die Kenntnis des Reitens voraussetzen muß, um derart viele Tiere zusammenzuhalten. Erst vor kurzem stieß man in Nordkasachstan auf eine Station aus dem 4. Jt., in der fast alle Knochenfunde von Hauspferden stammen.

In der Tiefe der asiatischen Steppen sehen wir aber erst seit der Mitte des 2. Jt.s v. Chr. ein vergleichbares Bild. Dort wurden im Rahmen mehrerer Kulturen Bronzen hoher Qualität hergestellt, besonders Messer, deren Knauf mit kleinen Plastiken, meist Tierköpfen in verlorener Form gegossen, geschmückt war. Man spricht von einer Karasuk-Tradition und vermutet, daß sie von Bronzegießern und Bergleuten getragen wurde, die im Dienst von Stämmen standen, die keineswegs dieselbe Sprache hatten. Bald danach müssen Kriegerverbände nach Osten vorgedrungen sein, die über fortschrittliche Formen der Pferdeschirrung verfügten. Sie kannten den zweirädrigen Wagen und verwendeten ihn als religiöses Symbol in der Darstellung. Selbst in China galt der Streitwagen als Zeichen höchster Macht.

Seltsamerweise sind Wagenfunde nur am Uralfluß und im fernen China gemacht worden. Dafür gibt es aber über den ganzen Steppenraum verstreut eine große Zahl von Felsbildern, die Streitwagen zeigen, selbst in Gebirgsgegenden, wo die Verwendung eines solchen Gefährts unmöglich gewesen wäre. Wieweit das mit einer Einwanderung aus dem Westen zusammenhängt, ist unklar. Jedenfalls war damals die westliche Mongolei von einer europiden Bevölkerung bewohnt, das geht aus den in den Gräbern gefundenen Schädeln eindeutig hervor. Nur in der Ostmongolei war und blieb die einheimische Bevölkerung mongolid.

Sicher anzunehmen ist die Beteiligung von Kriegerverbänden westlicher Herkunft an den Kämpfen, die zu Beginn des 1. Jt.s v. Chr. zur Ablösung der Shang-Dynastie durch die Zhou führten. Andererseits kann man im pontischen Raum und im Kaukasus Einflüsse aus dem Fernen Osten feststellen — Zeugnisse für eine gegenläufige Bewegung. Inzwischen lassen sich auch noch andere Zentren früher Reiternomaden feststellen, die in diese Ereignisse eingriffen, nämlich am Aralsee und in Ostkasachstan. Dort kann man mit Sicherheit iranische Sprachen voraussetzen. Der Aržan-Kurgan zeigt, daß sich in Tuwa ein Verband gebildet hatte, der seine Anführer mit einem komplizierten Ritual zur ewigen Ruhe bettete. Entlehnungen aus den Hochkulturen des Vorderen Orients sind offensichtlich. Die Vermittler könnten arische Stämme gewesen sein, die in Mittelasien zurückblieben, als die Hauptmasse nach Indien weiterzog.

In dieser unruhigen Zeit hatte sich die Ausrüstung der Krieger und die Schirrung ihrer Reitpferde weiter vervollkommnet. Zu den neuen Gemeinsamkeiten gehört aber auch die Angleichung der Gebrauchskunst. Die Vorbilder wurden aus dem Nahen Osten übernommen, wo sich ja ebenfalls iranische Stämme niederließen und es zu bedeutenden Staatenbildungen brachten. Vielleicht hat man gerade aus diesem Raum die Darstellungen von Wildtieren als zentrale Motive übernommen. Man muß bedenken, daß beim Übergang zu einer komplexen Wirtschaft und beim Aufbau staatlicher Macht die ungezähmten Tiere nicht an Bedeutung verloren, sie wurden jetzt der nicht alltäglichen, sakralen Sphäre zugeordnet, in deren grenzenloser Freiheit auch Götter und Könige zu Hause waren.

Widder von vorne, 4,5 x 5,5 cm. Ordosbronze, um Christi Geburt. (Vergleiche S. I. Rudenko: Die Kultur der Hsiung-nu und die Hügelgräber von Noin Uula. Bonn 1969, Fig. 57, a). Staatliches Museum für Völkerkunde, München.

Aber das blieben nicht die einzigen Anregungen. Sicher hat im Osten die Kunst der Karasuk-Bronzegießer weitergewirkt. Woher die Vorliebe für Voluten und gegenläufig gekoppelte Spiralen stammt, ist schwer zu sagen. Aber gerade dieses Element hat dem entstehenden Tierstil seine spannungsgeladene Eleganz verliehen.

In der ganzen Ausdehnung des Steppenraumes wurden die wichtigsten Schöpfungen des Tierstils von Stämmen geschaffen, die dem europiden Ethnienkreis angehörten und ostiranische Sprachen hatten. Nur in der östlichen Mongolei und in Transbaikalien bewahrten die mongoliden Träger ihre einheimische Kultur.

Offenbar ist aber ein Teil der iranischen Stämme an dieser sogenannten Plattengräberkultur vorbei noch weiter nach Osten vorgestoßen, über das Ordosgebiet bis in die heutige Mandschurei und fast bis zur Pazifikküste. Sie trafen dort auf Stämme, die bei relativ hoher Bevölkerungsdichte als seßhafte Viehzüchter, Bauern und Fischer gelebt hatten. Der Mangel an Bronze hemmte ihre militärische Effizienz. Die Zuwanderer brachten nicht nur die Kenntnis des Eisens mit, sondern auch die Organisationsformen und die überlegene Ausrüstung der Nomaden. Aus der Verbindung dieser Elemente könnten die ostasiatischen Hunnen entstanden sein. In den wenigen Resten, die man von der Sprache ihrer Oberschicht hat, glauben manche Forscher einen iranischen Dialekt zu erkennen. Sehr bald verlegten sie ihr Zentrum ins Ordosgebiet. Als es ihnen dann noch gelang, die Yuezhi im östlichen Gansu auszuschalten — die vielleicht aus einer ähnlichen Mischung, aber mit einem alteuropäischen Element entstanden waren —, konnten sie einen Staat bilden, der der Schrecken Chinas wurde, bevor er dem Vordringen neuer Barbarenhorden erlag. Der Tierstil der hunnischen Zeit ist inzwischen durch datierbare Grabfunde belegt. In der nördlichen Mongolei stieß man auf monumentale Bestattungen von Mitgliedern des Herrscherhauses (Noin Uula). So läßt sich mit Sicherheit feststellen, daß ein großer Teil der Streufunde, die unter der Bezeichnung »Ordosbronzen« in den Handel kamen, tatsächlich aus dieser Periode stammen.

S-förmig gebogenes Bronzestück mit zwei Tierköpfen (Wölfe mit Tierbein im Maul?), 4,7 x 7,3 cm. Ordosbronze, um Christi Geburt. Im Typus vergleichbare Objekte aus Noin Uula weisen auf Xiongnu-Traditionen (vergleiche S. I. Rudenko: Die Kultur der Hsiung-nu und die Hügelgräber von Noin Uula, Bonn 1969, Fig. 57, d, Tafel XLVI, 1 sowie das häufig auftretende Spiralmotiv). Staatliches Museum für Völkerkunde, München, Inv.-Nr. 54-15-16.

Die vorausgegangene, oft als »skythisch« oder »skythosakisch« bezeichnete Periode, die das 6.—4. Jh. v. Chr. umfaßt, ist repräsentativ durch die im Eis konservierten Bestattungen in den Hügelgräbern des Altai belegt, am besten bekannt sind die Kurgane von Pazyryk. Dort ist das Spektrum der verwendeten Motive so breit, daß sich die Vermutung aufdrängt, die Hersteller hätten Tierbilder nach ihrer ornamentalen Brauchbarkeit in freier Kombination verwendet. Die früher vorherrschende sakrale Bedeutung war allerdings nicht völlig vergessen.

Nach der hunnischen Reichsgründung treten solche Darstellungen sehr viel seltener auf, gewissermaßen nostalgisch. Vielleicht sollten sie die sagenhafte Vorzeit heraufbeschwören, in die sich die vornehmen Geschlechter zurückführten. Das gilt z. B. für den berühmten Filzteppich aus Noin Uula, der als Applikationen phantastische Tierkämpfe zeigt. Einen ähnlichen Sinn könnten feinste Gravierungen auf Bronzespiegeln gehabt haben, die man in Ulangom, einem Gräberfeld in der westlichen Mongolei, gefunden hat. Nur bei eingehender Betrachtung werden sie sichtbar.

Bronzeplatten mit Tierbildern, die ursprünglich als Gürtelschmuck oder als Schließen gedacht waren, haben nun weder Ösen noch Knöpfe für eine Befestigung. Sie könnten als Amulette gedient haben, auch als rituelle Tauschmittel. Man hat den Eindruck, eine aus der Vergangenheit herüberreichende Formenwelt sei nun neuerlich symbolisch aufgeladen worden, und man weiß heute, daß sich in Tibet eine solche Tradition bis in die jüngste Gegenwart erhalten hat. Material für solche Zwecke stand jetzt zur Genüge zur Verfügung. Gebrauchsgegenstände wurden aus Eisen hergestellt, Bronzewaffen wur-

den höchstens im Totenritual verwendet, die meisten wohl umgeschmolzen.

Wenn man sich späteren Perioden zuwendet, stellt man fest, daß allmählich Waffen und Gebrauchsgegenstände nach Prinzipien dekoriert werden, die sich kaum von denen unterscheiden, die für das Kunsthandwerk der Seßhaften bestimmend waren. Viele dieser Stücke mögen für nomadische Herren von fremden Handwerkern angefertigt worden sein. So trennt sich die Heraldik vom Kunsthandwerk. Abstrakte Zeichen, die man von den Eigentumsmarken (türk.-mong. Tamga) ableiten kann, ursprünglich Brandzeichen für das Vieh, dienen als Ausdruck der Identität. Die Vorläufer der Tamgas reichen weit zurück. Individuen, aber auch ganze Dynastien konnten sie brauchen. Sie finden sich auf Münzen wieder. Die von Nomaden beherrschten Stämme Sogdiens verwendeten sie als Stadtwappen. Einem immer breiter werdenden Repräsentationsbedürfnis diente eine monumentale Steinplastik. Inschriften, die zu solchen Statuen gehören, lassen den Toten selbst sprechen. In türkischen Runen kündet er von seinem Ruhm und mahnt kommende Generationen. Solche Denkmäler, oft als Baba-Statuen bezeichnet, finden sich im gesamten Steppenraum zwischen Osteuropa und der Mandschurei, ihre Erforschung hat auch in der Mongolei bemerkenswerte Fortschritte erbracht.

Durch die Verselbständigung des Kunstgewerbes und das massive Auftreten von Monumentalplastik haben zeichnerische Darstellungen eine größere Freiheit in der Wahl der Themen und Stilmittel erhalten. Prächtige Felsbilder, die Panzerreiter zeigen, machen uns klar, wo die Hauptinteressen lagen. Aber es gibt auch Darstellungen auf den Felsen sowie Kultbilder des immer stärker vordringenden Buddhismus. Oft werden sie durch Tierzeichnungen ergänzt, in denen man das Erbe jener fernen Vergangenheit zu erkennen glaubt, in der der Tierstil sich entfaltete.

So kann man abschließend sagen, daß der Tierstil nur eine Phase der Nomadenkunst darstellte, aber vielleicht war es jene originellste, jedenfalls jene, die die Phantasie des modernen Betrachters noch heute beschäftigt. Der Tierstil ist sicher nicht in der Mongolei entstanden, aber er hat hier Heimatrecht erworben und noch lange nachgewirkt, wenn man der Darstellung Novgorodovas folgt, bis zum heutigen Tag.

Literatur:
Bunker, E. C., C. B. Chatwin und A. R. Fartkas: »Animal Style« Art from East to West. New York 1970.
Grjaznov, M. P.: Der Großkurgan von Aržan in Tuva, Südsibirien (Übersetzung). Materialien zur Allgemeinen und Vergleichenden Archäologie, Bd. 23. München 1984.
Jettmar, K.: Die frühen Steppenvölker — der eurasiatische Tierstil, Entstehung und sozialer Hintergrund. Kunst der Welt. Baden-Baden 1964.
Novgorodova, E.: Alte Kunst der Mongolei (Übersetzung). Leipzig 1980.
Rudenko, S. I.: Die Kultur der Hsiung-nu und die Hügelgräber von Noin Uula (Übersetzung). Antiquitas, Reihe 3, Bd. 7. Bonn 1969.
Rudenko, S. I.: Frozen Tombs of Siberia, The Pazyryk Burials of Iron Age Horsemen (Übersetzung). Berkeley und Los Angeles 1970.

Das zentralasiatische Kultursyndrom

Käthe Uray-Köhalmi, Budapest

Vom 9.—8. vorchristlichen Jahrhundert an ziehen Nomaden in den Steppen Zentralasiens mit ihren Tieren umher, Nomaden im klassischen Sinn, wie sie bei Herodot beschrieben wurden. Sie stellen die einzige und einzigartige Lebens- und Kulturform dar, die es vor dem technischen Zeitalter möglich machte, in den halbariden Zonen Eurasiens nicht nur vor sich hin zu vegetieren, sondern als kulturtragende und geschichtsformende Kraft aufzutreten. Die Andersartigkeit, die »Barbarei« der aus der Steppe ausschwärmenden Reitervölker frappierte, entsetzte die seßhafte Bevölkerung der anrainenden Länder in Ost und West.

In den letzten Jahrzehnten ließen archäologische Ausgrabungen, historische Untersuchungen und ethnologische Forschun-

Periodisierung der militärischen Ausrüstung der Steppennomaden. Aus K. Uray-Köhalmi, La périodisation de l'histoire des armements des nomades des steppes. In: Études Mongoles 5, 1974, S. 154.

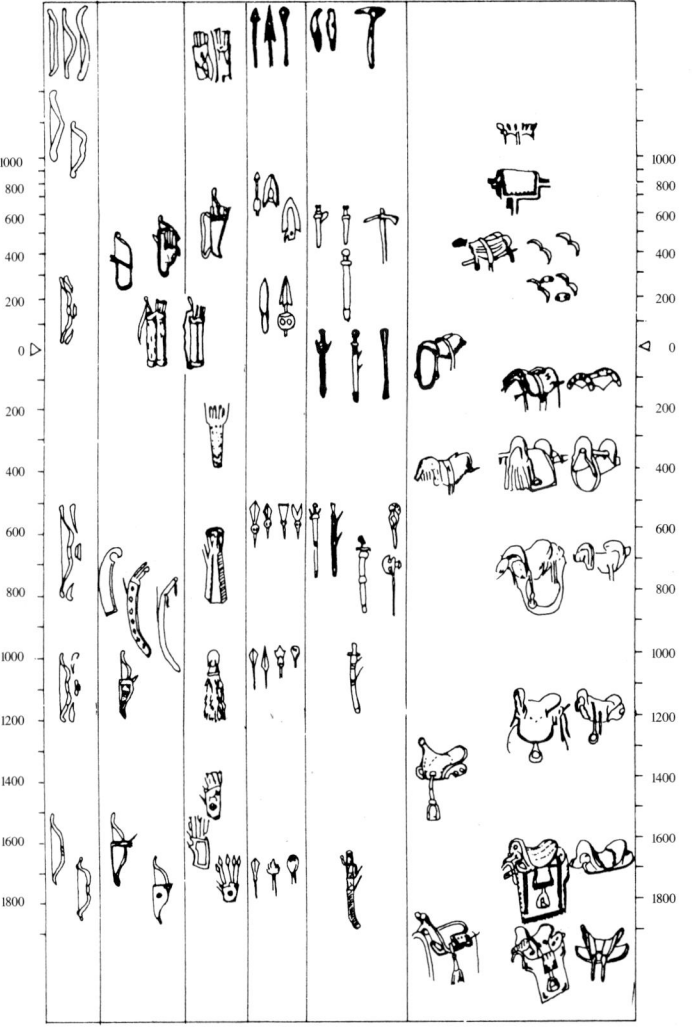

gen unser Wissen über die Anfänge der Hirtenkulturen und ihren historischen Wandel zu stichhaltigen Erkenntnissen wachsen. Die alten, romantischen Vorstellungen, nach denen es die Hirtenvölker waren, die ihre gezüchteten Herdentiere auch domestiziert hatten bzw. das Züchtungsprinzip auf andere Tierarten übertrugen, wurden von den archäologischen Funden nicht bestätigt. Das Aufkommen der Hirtenkulturen in den Steppenregionen Eurasiens erfolgte zu einem Zeitpunkt, wo alle Herdentiere, wohl an verschiedenen Orten des Kontinents, schon domestiziert worden waren und in vollbäuerlichen Kulturen am Rand der Steppe schon seit geraumer Zeit neben dem Ackerbau gezüchtet wurden.

Um das 8.—7. vorchristliche Jahrhundert waren die Voraussetzungen zur Eroberung der Steppe als Lebensraum gegeben. In den nahe an den bäuerlichen Siedlungen gelegenen Steppenstreifen waren auf den Sommerweiden Schaf-, Pferde- und Rinderherden von beträchtlicher Zahl angewachsen, und die weiten Räume der Steppen waren bei Kriegs- und Handelszügen von den schnellen, pferdegezogenen Streitwagen, später den Reitern durchquert worden. Die Kenntnis des Reitens und die Nutzung mobiler Behausungen verbreiteten sich und förderten die Bildung einer differenzierten, sich intensiv mit dem Vieh beschäftigenden Bevölkerungsschicht. All dies bedurfte nur mehr eines Anstoßes — den Jettmar in politischen Unruhen erblickt —, um im fernen Inneren der Steppen ein andersartiges Leben und neue Zentren auszubauen. Vorwiegend iranische Völkerschaften waren die ersten Herren der Steppen, die ersten Reiternomaden. Sie brachten aus den vorderasiatischen Zentren der Kultur ein reiches Erbe mit: ihren domestizierten Tierbestand, bestehend aus Pferden, Schafen, Ziegen und Rindern, die Technologie des Getreideanbaues samt einigen Getreidesorten und die Metallurgie. Sie brachten den Wagen mit und das Speichenrad, ein primitives Pferdegeschirr, dann ihre Waffen: das Kurzschwert, die Lanze und den Reflexbogen. Sie brachten aber auch eine große Vorliebe für Pomp, Schmuck, schöne Textilien und Teppiche mit und schließlich eine neue Welt des Glaubens und ihren Totenkult. Die Steppe formte ihre Eroberer um: sie mußten sich anpassen an die großen Entfernungen, an die wenigen Wasserstellen und Flüsse, an die harten, äußerst kontinentalen klimatischen Verhältnisse. Im Tausch erhielten sie die weiten Weideflächen, auf denen ihr Vieh sich ungehindert vermehren konnte, die für Fremde unzugänglichen Lagerplätze im Inneren der Steppen, von wo aus sie aber auf ihren schnellen Rossen alles erreichen konnten: die wohlhabenden Kulturlandschaften im Westen und im Osten, die an Wild und Erzen reichen Berge und Wälder im Norden.

Die ersten Hirtenvölker kamen — wie dies an den archäologischen Funden aus dem Altai und Nordkasachstan zu verfolgen ist — bald in Berührung mit den ansässigen Völkerschaften der nördlichen, bewaldeten Regionen und zogen diese auch in den Bannkreis der Steppenviehzucht. Im folgenden kam der Nachschub der Steppenvölker in der Regel vom Norden, aus den Taigaregionen Sibiriens. Die Waldvölker bereicherten mit ihrer eigenen Kultur die frühen Steppenvölker. Dies ist besonders auffällig im Jägerbrauchtum, dem Pelzgebrauch und in der häufigen Verwendung von Bein und Geweih. Die Urform der Steppenkultur entfaltete sich auf dieser breiter gewordenen Basis, und sich ständig weiterentwickelnd bewahrte sie ihre wesentlichen Grundzüge bis in die heutigen Tage. Welche sind nun diese Elemente?

Das erste und wichtigste ist die Herdentierzucht. Das Wort »Reichtum, Schatz« wird in mehreren der von Steppennomaden gebrauchten Sprachen mit den Wörtern für »Tierbestand«, »Rind« usw. ausgedrückt. Auf den Steppen Innerasiens werden fünferlei Herdentiere gezüchtet: Schaf und Ziege, Pferd, Rind und das zweihöckrige Kamel. Die Herden werden sorgfältig geschützt, Tiere werden nur ausnahmsweise geschlachtet und der Fleischbedarf im allgemeinen durch die Jagd gedeckt.

Das Pferd, das liebste Tier der Steppennomaden, schon von Anfang an einer edleren und einer anspruchsloseren Rasse angehörend, wurde, den anderen Tieren ähnlich, das ganze Jahr unter freiem Himmel und in kleinen Herden unter der Leitung eines Hengstes gehalten. Es diente in erster Linie als Reit- und Packtier. Die Stuten wurden gemolken, denn die gegorene Pferdemilch (Kumiss) ist das Lieblingsgetränk in der Steppe.

Das Schaf bedeutete in allen Gebieten der Steppe die wirtschaftliche Grundlage. Das Fettschwanz- oder Fettsteißschaf wurde in sehr großen Herden gehalten. Zu Lebzeiten spendete es Milch und Wolle, das Rohmaterial des Filzes, womit die Jurten bedeckt wurden, und nach dem Schlachten sein Fell, sein Fleisch und seine Sehnen. Letztere verwendete man zum Nähen, die Knochen aber zum Wahrsagen und zum Spiel.

Die kleinwüchsigen Rinder wurden in den nördlichen, weniger trockenen Regionen gezüchtet. Sie dienten nicht nur als Milch- und Fleischlieferant, sondern auch als Zugtier.

Das Kamel ist das für die trockenen Zonen typische Tier mit sehr vielseitiger Nutzung: es gab Wolle und Milch, und wurde als Zug- sowie Lasttier verwendet. Die Asien durchquerenden Handelskarawanen wären ohne Kamel undenkbar.

Für den minimalen Lebensunterhalt der kleinsten wirtschaftlichen Einheit, das war in der Regel eine Großfamilie, waren ungefähr 100 Schafe, 20 bis 30 Pferde, ebensoviel Rinder und einige Kamele nötig. Die Anzahl der Herden einer wirtschaftlichen Einheit konnten nicht unbegrenzt vergrößert werden. Nach Umfang und Qualität der Weiden wechselte die Höchstzahl. Bei Erreichen eines Limits mußte die Wirtschaft aufgegliedert werden, entweder nach Tierarten, das geschah mit dem Weidevieh der Khane, oder so, daß einzelne Familienteile gesondert wirtschafteten: so hatte zum Beispiel, wenn das Familienoberhaupt mehrere Frauen besaß, jede eine Wirtschaftseinheit für sich.

Nach Zustand und Lage der Weiden wurde der Siedlungsort vier- bis sechzehnmal im Jahr gewechselt. Für Winterweiden suchte man geschützte Flußtäler oder Südhänge auf. Auch die in der Gobi liegenden Halbwüsten waren beliebte Winterweiden, da das Gras dort schnell trocknete und dadurch nichts an Nahrkraft verlor. Im Sommer suchten die Nomaden entweder hochgelegene Bergtäler auf oder die im Norden liegenden Weiden. Im Herbst siedelte man in der Nähe der Äcker. Die Weidenutzung war von der Sippe streng geregelt.

Schon die frühen Steppenvölker betrieben Milchwirtschaft. Dies blieb durch Jahrtausende unverändert. Die Milch und ihre Produkte, darunter die gegorene Pferdemilch, galten als heilige »weiße Speisen«, die von den blutigen Fleischspeisen gesondert behandelt werden mußten. Milch und Milchspeisen hatten ein besonderes Geschirr und durften nicht mit Fleisch zusammen genossen werden, ein Gebot, das die Mongolen gern — wie auch viele andere Vorschriften — Činggis Khan zuschreiben.

Zu den Grundphänomenen der Steppenkultur gehörten auch das Reiten und Fahren, das Wohnen, die Bekleidung und die Bewaffnung.

Zum Fortbewegen diente in erster Linie das Pferd, es gehörte zu den Voraussetzungen des Steppenlebens. Jeder Steppennomade hatte — ungeachtet seines Geschlechts — vom 5./6. Lebensjahr an sein Reitpferd. Ohne Pferd ist der Mensch in der unendlichen Steppe verloren. Zum Reiten gehörten auch Zaumzeug und Sattel, die sich bei den Steppennomaden im Laufe der Zeit außerordentlich entwickelten. Güter oder reitunfähige Personen beförderte man auf Karren mit mächtigen Speichenrädern, die ursprünglich von Rindern gezogen wurden. Oft hatten diese »schwarzen Karren« eine Bedeckung; sie dienten früher auch zum Wohnen.

Die jährlich mehrfach ihren Standort wechselnden Steppenhirten mußten über eine entsprechende Wohnmöglichkeit verfügen. Die Wohnung mußte entweder selbst mobil oder leicht mobilisierbar sein. Es scheint, daß die frühesten Nomaden der Steppe den größten Teil des Jahres in Wohnwagen hausten, wenigstens die Frauen und die Kleinkinder. Balkenreste in Kurganen, den großen Grabstätten, und zeitgenössische Felszeichnungen machen es wahrscheinlich, daß sie auch Balken-

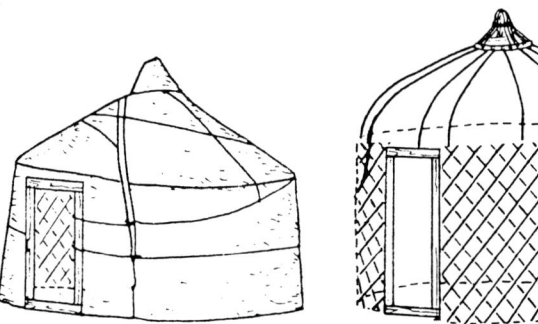

Entwicklungsstufen der Jurte.

hütten besaßen, wenngleich nur für die kalte Jahreszeit. Die für die Hirtennomaden des asiatischen Steppengürtels typische mobile Behausung ist die Jurte. Sie weicht wesentlich von allen anderen Zeltarten ab, besonders von dem »schwarzen Zelt«, das von Nordafrika bis Tibet bei den Nomaden verbreitet ist. Diese äußerst zweckmäßige Behausung ist in der Steppe schon früh belegt. Wahrscheinlich geht sie auf die konische Hütte, die Jaranga der sibirischen Waldvölker zurück, und stellt demnach ein besonders gelungenes Ergebnis des Zusammenwirkens der frühen Steppenvölker mit den Waldvölkern dar. Die »Filzhäuser« sind die den Erfordernissen am besten angepaßten Wohnstätten. Das Scherengitter aus dünnen Latten mit angebundenem Türrahmen gegen Osten oder Süden und das daran befestigte Kuppeldach mit der Rauchöffnung gaben ein stabiles, dabei elastisches und einen großen Innenraum bietendes Gestell für die etlichen Lagen Filz, die sowohl vor den eisigen Winden wie vor der Glut der Sonne einen sicheren Schutz boten. Mit Filzteppichen und Unterlagen wurde das Filzhaus auch innen wohnlich gestaltet — davon zeugt die Grabausstattung von Pazyrik. Im westlichen Teil des Steppengürtels wurde die Wolle auch zu farbenfrohen Teppichen verarbeitet, die ebenfalls dem Schmuck und der Bequemlichkeit dienten.

Von der Kleidung der Nomaden fiel den Nachbarvölkern am meisten die Hose auf. Sie war ein typisches Kleidungsstück der Reiter, das am Pferd ein bequemes und warmes Sitzen möglich machte. Der Schnitt der nomadischen Beinkleider ist äußerst einfach und hat sich bis heute kaum geändert. Sie werden sowohl von Männern wie Frauen getragen. Den Oberkörper bedeckt entweder eine hüftlange Jacke, oder ein knielan-

Filzteppich, kasakisch, variiertes Widderhornmotiv in Baumwollapplikation, zum Auslegen des Jurtenbodens (Detail), State Central Museum, Ulanbator.

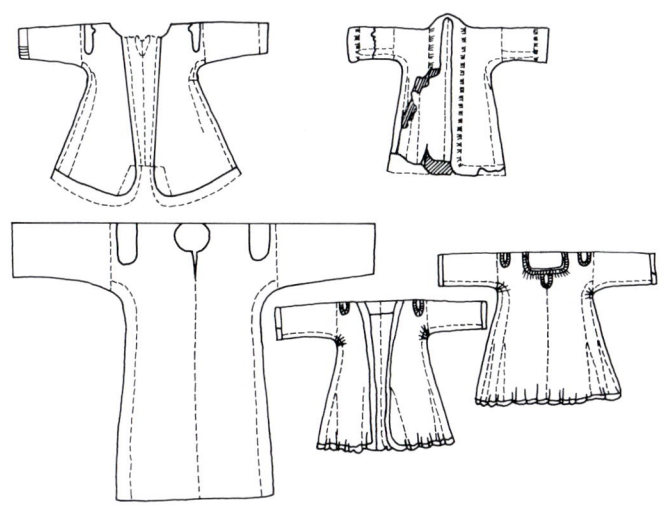

Die Entwicklung des kaftanartigen Kleides.

ger, sich rechts überschlagender Kaftan, ein typisches Stück der innerasiatischen Nomadenkultur. Oft war er mit Pelz gefüttert. Die weichen inneren Filz- und äußeren Lederstiefel mit charakteristischem Schnitt waren schon den Skythen bekannt. Die Urform der oben spitzen, den Nacken und die Ohren mit eigenen Klappen schützenden Kopfbedeckung ist auch bei den Skythen nachweisbar. Diese im eisigen Steppenwind höchst günstige, weit verbreitete Kopfbedeckung entwickelte sehr viele Formenvarianten, die zum Großteil mit Pelz gefüttert oder verbrämt waren. Gruppen oder Sippen unterschieden sich in ihren Kappenformen. Auch die als »Uschanka« bekannte russische Pelzmütze stammt von der Nomadenkappe ab.

Eine typische Entwicklung erfuhren auch die Waffen in der Steppe. Bei den Hirtennomaden waren alle volljährigen Sippenmitglieder wegen des häufigen Viehraubes ständig bewaffnet. Herden lockten als leicht zu beschaffender Reichtum, der mobil war, also weggetrieben werden konnte. Besonders

der Pferdediebstahl war in den Steppen Asiens von jeher verbreitet und wurde wörtlich als ein »Kavaliersdelikt« bezeichnet. Viehraub und Viehschutz galten gleichermaßen als in der Dichtung oft besungene Männerprobe. Bei Betreten einer Behausung legte man als Zeichen des guten Willens seine Waffen ab.

In den weiten Steppen gelangte die Fernwaffe, der Bogen mit den Pfeilen, zu besonderer Bedeutung. Mehrschichtige,

Alter Bogenköcher.

49

Mongolische Reiter (Aquarell aus dem frühen 19. Jh., Rehmann-Sammelmappe).

zusammengesetzte Bogen wurden schon in den altorientalischen Kulturen verwendet. Der kurze, sehr schlagkräftige Reflexbogen war eine Erfindung der Skythen. Seine weiterentwickelten Formen waren bei den Steppenvölkern bis zum vorigen Jahrhundert in Gebrauch. Bogen und Pfeile wurden bei Schießbereitschaft anfangs links an den Gürtel geschnallt, dazu diente der Gorytos (ein Derivat der am Rücken getragenen kombinierten Waffenbehälter der altorientalischen Kulturen). Später wurden Bogen- und Pfeilbehälter getrennt und links und rechts am Waffengürtel befestigt. Weiterentwickelte Formen der Pfeil- und Bogenköcher zeugen von der Findigkeit der Steppenkrieger, durch die sie den Waffeneinsatz stets leichter und schneller machten. Im Gebrauch des Bogens waren die Steppenkrieger unglaublich gewandt: das treffsichere Schießen in vollem Galopp nach vorne, nach beiden Seiten oder nach hinten gehörte zu den Grundübungen. Ein ursprünglich viehwirtschaftliches Gerät, das Lasso, wurde auch als Fernwaffe angewendet.

Die Nomadenkrieger vermieden den Nahkampf, ihre taktische Stärke lag im unerwartet schnellen Angriff und der vorgetäuschten Flucht, die sich wieder zum Angriff wenden konnte. Kam es doch zur Nahberührung mit dem Feind, so wurde zuerst von der Lanze Gebrauch gemacht, dann vom Krummsäbel. Der kurze, gebogene Säbel gehörte auch zu den von Reiterkriegern effektiv einsetzbaren Waffen und war vermutlich auch von den Steppennomaden entwickelt worden. Im Nah-

kampf benützten die Nomadenkrieger ab und zu auch die Peitsche.

Die Taktik der Steppenkriegsführung stützte sich auf die leichte Kavallerie, wenngleich zu Zeiten auch Panzerreiter eingesetzt wurden. Bei der leichten Steppenreiterei diente zum Schutz oft nur die mit einigen Beschlägen verstärkte, wattierte Jacke. Kettenhemden oder Plättchenpanzer bestanden aus Bein oder Metall, das Haupt wurde mit spitzen Spangenhelmen geschützt. Zum Üben der Kriegskunst dienten die großen gemeinwirtschaftlichen oder fürstlichen Jagdzüge im Herbst und Winter. Die Geschicklichkeit der einzelnen wurde auf den kultischen Mitsommerfesten geprüft. Das Steppentriathlon bestand aus Ringkampf, Bogenschießen und Pferderennen. Aus drei Durchgängen bestand auch der Zweikampf der Helden sowohl in der Wirklichkeit wie in den Epen und in den Bilddarstellungen: zuerst beschossen sie sich mit Pfeilen, dann kämpften sie zu Roß mit Lanze und Säbel und zuletzt rangen sie miteinander.

Die leichte, aber sehr effektiv gestaltete Kleidung, Rüstung und Bewaffnung waren den Reiternomaden nicht nur in den kleinen, untereinander ausgetragenen Scharmützeln nötig und nützlich, sondern auch bei ihrer Begegnung mit der Außenwelt. Die Steppen haben gewissermaßen die Eigenschaften eines Meeres, sie trennen und verbinden zugleich. Die sehr beweglichen, aktiven Reiternomaden, die Herren der Steppen, wurden zu Bindegliedern zwischen Ost und West. Sie waren entweder selbst Händler oder förderten mit Tragtieren und Waffenbegleitung den Austausch von Kulturgütern. Die Teilnahme am Handel war für sie von großer Wichtigkeit: zu Textilien, Seide, Samt, Baumwollgewebe und anderen Luxuswaren kamen sie nur durch Kauf oder Kampf bzw. durch mit Kampf erzwungenen Handel. Neben den Waren wurden auch Kultur und Religion mitbefördert. Die Teilnahme der Nomaden am Welthandel war eigentlich eine Erweiterung der organisierten Tauschtätigkeit, die sie von fremden Augen unbemerkt im Steppenbereich und den nördlich anrainenden Waldgebieten ausübten. Die Fleisch-, Wolle- und Milchprodukte erzeugenden Steppennomaden benötigten außer den im Außenhandel erworbenen Luxusgütern sowohl Getreide in größeren Mengen wie Metall für ihre Waffen, Harnische und ihr Pferdegeschirr. Schon von den Zeiten der Skythen an, den großen Getreidelieferanten des Altertums, wurde von den Steppenbewohnern zum Teil intensiver Getreideanbau betrieben. Von in witterungsbegünstigten Gegenden wohnenden Nomadensippen wurde mehr, von anderen weniger Getreide produziert. Der Überfluß wurde gesammelt und an befestigten Stellen, in kleinen Festungen an Straßen oder Flüssen gelagert. Mit diesem Getreide handelten sie auch nach außen, aber die wichtigsten Tauschpartner waren die in den Bergen und Wäldern wohnenden Nachbarvölker, die nicht nur von der Jagd lebten, sondern auch Bergbau und Metallgewinnung betrieben und auch noch geschickte Schmiede waren. Sie versorgten die Steppenkrieger und -händler freiwillig oder unter Zwang mit Bronze- und Eisengegenständen. Auch wertvolle Pelze wurden von den Waldvölkern eingehandelt und teils selbst verbraucht, teils weitergegeben. Der Handel zwischen Steppe und Wald erhielt seine Bestätigung durch archäologische Funde: bei den Machtzentren der Nomaden und an den inneren Handelswegen lagen kleine Magazinfestungen.

Zum gemeinsamen Kulturgut der Steppen gehörten nicht nur materielle, sondern auch geistige Güter. Über dem unendlichen, bis zum fernen Horizont sich dehnenden gelbbraunen Erdboden, der Erdmutter, wölbte sich der hohe, ewig blaue Himmel, beides vergöttlichte Erscheinungen. Die engere Umgebung, das Weideland und Jagdgebiet der Sippe wurde vom höchsten Berg der Gegend bewacht. Der Berg war nicht nur die Schutzgottheit der Sippe, sondern auch Wohnort der Ahnen. Als Opfergabe wurde das beste dargebracht, was der Nomade besaß: Pferde als Stangenopfer für die Schutzgötter und Ahnen. Die engste Umgebung, das Zuhause hütete die Gottheit im Herdfeuer. Ihr mußte ein Schaf geopfert werden.

Die Ahnen erschienen auch in der Gestalt von Wölfen, Hirschen oder Raubvögeln. Ihre Mythen wurden von Steppenvolk auf Steppenvolk übertragen. Der Hüter der Tradition und der Mythen war der Schamane, in seiner nordasiatischen Erscheinungsform ebenfalls ins althergebrachte Steppengut eingegliedert.

Die grundlegenden Elemente der nomadischen Tradition sind bis tief in die vorchristlichen Zeiten verfolgbar. Trotz dieses hohen Alters hat die Steppenkultur nicht stagniert, denn es gehört zu ihrem Wesen, daß sie nie zur Ruhe kommt. Neuankömmlinge schieben sich aus den Waldgebieten heraus auf die Steppe, verweilen dort eine Zeit, dann verschwinden sie wieder, alte Steppenbewohner werden hinausgedrängt und suchen sich Platz in den umliegenden Ländern. Der Stafettenstab der eigenartigen Steppenkultur wandert aber von Stamm zu Stamm, von Volk zu Volk, von den Skythen über Hunnen, Awaren und Türken bis zu den Mongolen.

Literatur:
Gabain, A. von: Einführung in die Zentralasienkunde. Darmstadt 1979.
Heissig, W.: Die Mongolen. Düsseldorf, Wien 1979.
Heissig, W.: Ethnische Gruppenbildung in Zentralasien im Lichte mündlicher und schriftlicher Überlieferungen. In: Rheinisch-Westfälische Akademie der Wissenschaften. Abhandlung 72, 1984, S. 29—53.
Jettmar, K.: Die frühen Steppenvölker, Baden-Baden 1980.
Khazanov, A. M.: Nomads and Outside World. Cambridge, London, New York 1983.
Vajda, L.: Untersuchungen zur Geschichte der Hirtenkulturen. Wiesbaden 1968.

Einigung unter Činggis

Michael Weiers, Bonn

In den riesigen Gebieten Inner- und Ostasiens, deren zentrale Territorien die Geographie heute Mongolei nennt, vermochten hirten- und reiternomadische Gemeinschaften über Jahrtausende hin immer wieder Reiche aufzubauen, die mitunter so groß wurden, daß sie an die Kulturländer der Seßhaften grenzten. Lediglich die Existenz solcher Großreiche, von denen nur wenige eine eigene Schriftkultur besaßen, wurde durch die schriftliche Überlieferung der jeweils angrenzenden seßhaften Kulturvölker der Nachwelt bekannt, während die kleineren Bünde in diesem Gebiet im Dunkel der Vergangenheit vergessen sind.

Zu diesen Großreichen zählen das der Xiongnu (3./2. Jh. v. Chr. am Orchon), der Xianbi (5./6. Jh. n. Chr. in der Mongolei), der Ruanruan (6. Jh. in der Mongolei), der Kök-Türken und Uighuren (6.—9. Jh. in der Mongolei und Westzentralasien), der Khitan (10.—12. Jh. in Nordchina).

Die Großreiche entstanden durch Eroberungen, die meistens von Pferde züchtenden Reiternomaden, die sich als Aristokratie verstanden, ausgingen, während Teile der Rinder züchtenden Hirtennomaden, eingebunden in ihren jährlichen Weidezyklus, in den jeweils eroberten Territorien, in denen sie oft

Činggis Khan (unbekannter Meister).

schon seit Generationen ihre angestammten Weidegründe wechselten, wohnen blieben, den Namen der jeweiligen Eroberer annahmen und sich mit deren reiternomadischen Gefolgsleuten vermischten. Dieser Vorgang, der sich über Jahrhunderte hin immer wieder vollzog, hatte zur Folge, daß ethnische und sprachliche Grenzen sich schließlich derart verwischten, daß sie als Kriterien zur gegenseitigen Abgrenzung nicht mehr taugten. Voneinander unterschieden sah man sich deshalb in erster Linie nur noch aufgrund von Ursprung, Reihenfolge und Verwandtschaft der Familien, Geschlechter und Sippen, also aufgrund genealogischer Kriterien. Daß man als genealogisch gegliederter Verband einer ebenfalls so gegliederten Führungsschicht unterstand, die gerade in dem Gebiet, in dem man die Weiden wechselte, hoheitliche Gewalt ausübte und die alles nach ihrem Namen benannte, kurz, daß man gerade zu einem so oder so genannten Staat gehörte, war zweitrangig und verpflichtete zu nichts. Wenn deshalb irgend eine Gruppe, und zwar auch innerhalb von Gemeinschaften, die eine gemeinsame Genealogie miteinander verband, glaubte, genügend Macht und Einfluß erlangt zu haben, versuchte sie rücksichtslos Führungsschicht zu werden, das heißt als höchstes Ziel einen eigenen Staat zu etablieren und die jeweils Herrschenden zu verdrängen. Da dieses Bestreben schon auf der Ebene der Familien begann und es viele gab, die ihres Glückes Schmied sein wollten, kämpfte praktisch jeder gegen jeden, außer eine starke Führungsmacht, die sich aber selbst im Rahmen eines Großreichs kaum mehr als drei Generationen zu behaupten vermochte, unterdrückte das allgemeine Gerangel um Macht und Einfluß.

In solche Verhältnisse wurde Temüjin, der spätere Činggis Khan, Mitte der sechziger Jahre des 12. Jh.s hineingeboren. Sein Volk — mehrheitlich nannte es sich noch Dada — war damals, nachdem sein Urgroßvater Khabul Khan es im frühen 12. Jh. noch zu einer gewissen Macht geführt hatte, politisch, sozial und ökonomisch dem Verfall nahe.

Einer aristokratischen Familie von Hirtennomaden entstammend, väterlicherseits wohl kirgisisch-türkischer Abkunft mit hohem Wuchs, rötlichem Haar, breiter Stirn, grünblauen Augen und als Mann dann mit starkem Bartwuchs, war Temüjin, zumal er schon früh seinen Vater verlor, in seiner Kindheit und Jugend all den Widrigkeiten einer auch für zentralasiatische Verhältnisse zerrütteten Umgebung ausgesetzt. Er wurde zum Räuber und Pferdedieb, ja zum Brudermörder, man jagte ihn, und er geriet in Gefangenschaft, floh, heiratete, suchte sich einen Schutzherrn und kam allmählich zu Einfluß in der Steppe.

Errettung aus Todesgefahr und Entscheidungen, die sowohl ihn persönlich als auch seine Politik betrafen, warfen ein günstiges Licht auf ihn, so daß sich ein Teil der Mongolen für ihn entschied und ihn um 1185 zu ihrem Khan wählte. Er organisierte seine Gefolgsleute und schritt weiter voran in die berühmte Entscheidungsschlacht bei Dalan Baljut gegen seinen Rivalen

Ǧamuqa, den früheren Schwurfreund, — und verlor. Diese Niederlage um 1186 bewirkte einen politischen Erdrutsch, den die meisten Quellen tunlichst verschweigen. Sie fahren gleich fort mit dem Feldzug gegen die Tatar 1196. Temüǧins Niederlage riß auch einige seiner Freunde mit, die ihren Gegnern das Feld räumen mußten. Die Hackordnung der Steppe duldete keine Verlierer.

Vieles spricht dafür, daß Temüǧin aus der Mongolei floh und für etwa zehn Jahre bei den Ǧürčen, die als Dynastie Jin 1115—1234 in Nordchina herrschten, Zuflucht suchte und fand, und von dort erst 1195 zurückkehrte, um als Hundertschaftsführer gegen die Tatar anzutreten, ein Unternehmen, das die Jin unterstützten.

Etwas von dem Glauben, »von Himmel und Erde in seiner Kraft gestärkt sowie vom Himmel gezeichnet und von der Erde gerufen« zu sein, mag Temüǧin in diesen Jahren verloren haben, denn von nun an versuchte er nur sich selber trauend und kompromißlos jedes Hindernis auf dem Weg zur Macht auszuschalten: noch vor dem Zug gegen die Tatar seinen Sippenverwandten Sača Beki, dann den Kereiten Buiruq Khan, danach die Tatar und sogar seinen früheren Schutzherrn, den Kereit-Herrscher Ong Khan, dessen Reich er ruhmlos untergehen ließ. Die ihm noch nicht ergebenen Mongolenstämme rief er auf, sich ihm zu unterwerfen. Willige Stämme wie die Onggirat und Oirat wurden geschont und dem Heer eingegliedert, widersetzliche mit Vernichtungskrieg überzogen, bis sie botmäßig waren. Schließlich fielen ihm im Jahr 1204 auch die Naiman zu, die letzte zentralasiatische Macht, die ihm hätte gefährlich werden können. Der Weg für die Reichsversammlung im Frühjahr 1206, auf der die neunzipflige weiße Standarte aufgepflanzt und er mit dem Titel Činggis Khan auf den Thron gehoben wurde, war frei.

Gerade als Allherrscher auch über nichtmongolische Ethnien Innerasiens war Činggis Khan, das wußte er wohl, mehr gefährdet als jemals zuvor. Diese Gefährdung ging, wie er am eigenen Leib immer wieder hatte erfahren müssen, vom Netzwerk der Stammes-, Sippen- und Familienbeziehungen aus, das das Sozialgefüge der Steppengesellschaft knüpfte. Dieses Gefüge galt es durch eine neue, einfache und übersichtliche Sozialordnung zu ersetzen. Das Herzstück dieser Ordnung war die Wehrverfassung, die vorsah, alle Untertanen mit Ausnahme der Sippe des Činggis Khan sowie einiger privilegierter Gruppen ohne Rücksicht auf die Stammeszugehörigkeit oder auf die Hierarchie der einzelnen Stämme in Zehn-, Hundert-, Tausend- und Zehntausendschaften einzuteilen. Führungsstellungen innerhalb der Wehrverfassung wurden hirtennomadischer Tradition entsprechend nach Verdienst und Leistung ver-

Mongolisches Jagdgefolge. Ausschnitt aus einem sechsteiligen Stellschirm, 150 x 360,4 cm (gesamt). Farben, Gold und Goldfolie auf Papier. Japan, Anfang 17. Jh., Sammlung Idemitsu, Tokio.

geben und nicht nach Stellung im Rahmen der alten Sozialordnung, wie es der reiternomadischen Tradition entsprach. Wie notwendig diese Neuordnung war, führte der vom Schamanen Kököčü, dem »Allerhimmlischsten«, angezettelte Umsturzversuch dem Mongolenherrscher bereits kurz nach seiner Thronbesteigung eindringlichst vor Augen.

Drei Jahre, bis 1209, ließ sich Činggis Khan für die Verwirklichung dieser Neuordnung Zeit. Mit ihr hatte er dann Mongolen und Nichtmongolen in einem Reich geeint, als dessen Herrscher er seine Pläne durchführen konnte, ohne mit den herkömmlichen Schwierigkeiten rechnen zu müssen. Allerdings zwang ihn diese Neuordnung auch geradezu, dafür zu sorgen, daß die neuen Strukturen sich nicht verfestigten, sondern durchlässig und in steter Bewegung blieben, da sonst die Gefahr bestand, daß sich erneut feste Gruppen bildeten, die womöglich nach dem Schema der alten Sozialordnung die Herrschaft gefährdeten. Dies war wohl in erster Linie der Beweggrund für den Beginn der Epoche der mongolischen Eroberungen, die über den Tod Činggis Khans hinaus andauerte, das Reich stetig erweiterte und seine Struktur durch immer neu eingegliederte Söldnerheere lebendig erhielt, bis beinahe an den äußersten Grenzen Eurasiens der alles in Fluß haltende Zustrom neuer Untertanen versiegte und damit das Mongolische Weltreich, das zum größten Imperium der Menschheitsgeschichte geworden war, zusammenbrechen ließ.

Pax Mongolica

Herbert Franke, München

Es läßt sich heute nicht mehr genau feststellen, von wem das Stichwort »Pax Mongolica« zuerst geprägt worden ist. Sicher ist aber, daß es als eine Parallele zur Pax Romana aufzufassen ist, also der Zeit, als das römische Weltreich einen großen Teil der antiken Welt beherrschte und damit die bis dahin häufigen Kriege zum Verschwinden brachte. Gleichzeitig breitete sich das Lateinische als Weltsprache aus und das römische Recht sorgte für einheitliche Rechtsverhältnisse. Von solcher Vereinheitlichung kann in Eurasien in der Zeit der mongolischen Vorherrschaft kaum die Rede sein, doch ist unbestritten, daß unter den Mongolen der transkontinentale Handel aufblühte und auch die europäischen Handelszentren, in erster Linie die Stadtrepubliken Italiens, sich in den Fernhandel einschalteten, welcher vom Mittelmeer bis nach China reichte. Das mongolische Weltreich war genau so ein übernationales Imperium, wie es das römische Kaiserreich gewesen war, aber seine politischen Strukturen lassen es eher als ein Imperium sui generis erscheinen.

Nach dem Tode Činggis Khans ging die Würde des Großkhans als Familien- und Staatschef nicht auf den jüngsten Sohn Tolui über, wie es mongolischem Brauch entsprochen hätte, sondern es wurde auf einer Fürstenversammlung (quriltai) im Jahre 1229 der dritte Sohn des Činggis Khan, Ögödei, zum Großkhan proklamiert. Sein mongolischer Titel war qa'an, eine Herrscherbezeichnung, die in Innerasien anscheinend zuerst von den Rouruan (Pseudo-Avaren) und später von den Türken verwendet wurde. Die riesigen mongolisch beherrschten Territorien in Zentral- und Ostasien wurden als eine Art Familieneigentum betrachtet und entsprechend aufgeteilt. So erhielten damals die Nachkommen von Joči, dem ältesten Sohne des Činggis Khan, Territorien in Westasien zur Verwaltung und Ausbeutung zugewiesen. Die Linien Ögödeis und Čaɣatais hatten ihre Teilreiche (ulus) in Ostturkestan und Transoxanien, während dem jüngsten Sohn Tolui die mongolischen Heimatlande einschließlich der bis dahin schon unterworfenen nordchinesischen Gebiete zuteil wurden. Die Residenz Ögödeis blieb jedoch auch nach der Teilung in der Mongolei, wo im Laufe der Jahre Karakorum zu einer Steppenstadt und zum Verwaltungszentrum für das Gesamtreich wurde. Zum Verständnis des Charakters der Teilung des Reichs muß jedoch betont werden, daß sie nicht nach territorialen Prinzipien, etwa im Sinne einer Festlegung von Grenzen zwischen den verschiedenen ulus vorgenommen wurde. Vielmehr war die Teilung nach der Herrschaft über Völker als einzigem Kriterium und ohne geographische Grenzen bestimmt worden, in etwa also in Analogie zu den Stammesstrukturen in der Steppe, die sich dort herausgebildet hatten. Dies alles barg natürlich die Möglichkeit von örtlichen Konflikten, die auch in der Folgezeit nicht ausblieben und gelegentlich den Zusammenhalt der Reichsteile ebenso gefährdeten wie die Oberherrschaft des Großkhans.

Unter Ögödei weitete sich der Herrschaftsbereich der Mongolen noch mehr aus. Seit etwa 1230 richteten sich Angriffe gegen die alten Feinde der Mongolen, nämlich den von den Jürčen beherrschten Staat Jin in Nordchina. 1234 wurden die letzten Reste der Jin beseitigt; damit waren auch große Teile Mittelchinas unter mongolische Herrschaft gelangt und das nationalchinesische Reich der Song zum unmittelbaren Nachbaren der Mongolen geworden. Kurz darauf wurde im Jahre 1235 auf einer Fürstenversammlung unter Ögödei eine Wiederaufnahme der Feldzüge in Westasien beschlossen. Der Oberbefehl lag bei Batu, einem Sohn des Joči. Der Vorstoß richtete sich zunächst gegen die russischen Fürstentümer, die nacheinander kapitulierten und ihre Unterwerfung erklären mußten. 1240 wurde Kiev genommen, von wo aus die mongolischen Truppen in raschem Vormarsch weiter nach Westen zogen. Über Galizien wurde das südliche Polen erreicht, Krakau genommen und schließlich in Schlesien das Ritterheer des schlesischen Herzogs Heinrich vernichtend geschlagen (1241). Zur gleichen Zeit waren mongolische Heere in Ungarn eingefallen. Die Hauptstadt Buda wurde erobert und ein ungarisches Heer am Fluß Sajó geschlagen. König Béla IV. floh nach Dalmatien und mußte, da mongolische Vortrupps die Adriaküste unsicher machten, auf der Insel Trogir westlich von Split Zuflucht suchen. Die Züge der Mongolen nach Polen, Schlesien und Ungarn blieben jedoch eine Episode und führten nicht zu einer dauerhafteren Beherrschung, da der Tod des Großkhans Ögödei im Dezember 1241 den Vorstößen ein Ende setzte, nicht so sehr aus militärischer als aus politischer Notwendigkeit, da die Frage der Nachfolge Ögödeis zu regeln und die Anwesenheit aller Prinzen hierzu erforderlich war. Die südrussischen Weidegebiete blieben jedoch in mongolischer Hand; das Zentrum dieses Teilreichs wurde Sarai an der unteren Wolga und damit die Hauptstadt des späteren »Reichs der Goldenen Horde«.

Die Nachfolge Ögödeis erwies sich als schwieriges Problem, und eine endgültige Proklamation eines Nachfolgers ließ bis 1246 auf sich warten. Güyük, Sohn der Töregene, die als eine Art Reichsverweserin ab 1242 geherrscht hatte, und des Ögödei, wurde Großkhan. Er starb jedoch schon kaum zwei Jahre später, und es kam zu erneuten Auseinandersetzungen zwischen den verschiedenen Linien der Činggiskhaniden. Auch nach Güyüks Tod übernahm eine Frau, seine Witwe Oɣul Qaimiš, die vorläufige Regentschaft. Erst 1250 konnte eine Einigung erzielt werden; Batu, dem Khan der Goldenen Horde gelang es, die Proklamation von Möngke, dem ältesten Sohn von Činggis Khans jüngstem Sohn Tolui durchzusetzen; sie erfolgte 1251. Dies bedeutete, daß nicht mehr die Linie Ögödeis, sondern die Linie Toluis an die Herrschaft gekommen war. Für den Erfolg Möngkes war sicher entscheidend, daß er ein alter Kampfgefährte Batus war und 1240 für diesen Kiev erobert hatte. Die periodischen Nachfolgestreitigkeiten zeigen eine entscheidende Schwäche der mongolischen Herrschaftsstrukturen auf, nämlich das Fehlen einer allgemein verbindlichen Regelung der Nachfolge. Vor allem fehlte es an der Institution eines Kronprinzen, der noch zu Lebzeiten des Herrschers ernannt wurde, wie etwa im chinesischen Kaiserstaat üblich. Dies bedeutet, daß sich jedesmal bei Tod eines Herrschers die Nachfolgefrage erneut stellte, da im Grunde ein jeder Nachfahre des Činggis Khan sich als Prätendent fühlen konnte. Das traditionelle Erbrecht des Jüngsten erwies sich als nicht ausreichende Garantie für eine klare Entscheidung über die Nachfolge beim Tode eines Großkhans. Auch nach dem Tode Möngkes kam es sofort zum Zwist. Es bildeten sich zwei Fraktionen, eine um den jüngsten Bruder Möngkes namens Ariγ Böge in Karakorum und eine um den älteren Bruder Qubilai, der schließlich den Sieg davon trug, aber mit den Truppen seines jüngeren Bruders jahrelang zu kämpfen hatte. Auch noch im 14. Jh. zeigte sich bei den Nachfahren Qubilais das gleiche; kaum eine Nachfolge war unumstritten.

All das hat den Zusammenhalt des Reichs als ganzem immer aufs neue gefährdet und schließlich den Zerfall des Gesamtreichs in politisch selbständige Einheiten herbeigeführt, zwischen denen die Beziehungen im besten Fall auf Courtoisiegesandtschaften reduziert waren. Für die Regierungszeit Möngkes (1251—1259) und den Beginn der Regierung Qubilais (reg. 1260—1294) kann man jedoch durchaus noch von einem einheitlichen Weltreich reden, auch nachdem die Mongolen noch weitere Eroberungen erfolgreich abgeschlossen hatten. Zugleich mit der Erhebung Möngkes waren nämlich neue Feldzüge eingeleitet worden. Hülegü, ein Bruder Möngkes und Qubilais, führte ganz im Sinne des mongolischen Anspruchs auf Weltherrschaft Expeditionen im Vorderen Orient durch, die mit der endgültigen Unterwerfung Samarkands und später ganz Persiens endeten. Auch gerieten zeitweilig syrische Städte wie Aleppo und Damaskus unter mongolische Herrschaft. Dem weiteren Vordringen der mongolischen Truppen wurde jedoch durch die vernichtende Niederlage ein Ende bereitet, welche die Mongolen durch die ägyptischen Mamelucken in Palästina beim »Goliathsquell« ('Ain Ǧalūt) im September 1260 erfuhren. Persien und das kurz zuvor eroberte Zweistromland mit der abbasidischen Hauptstadt Bagdad verblieben jedoch unter Hülegüs Herrschaft. In der Nachfolgefrage nach dem Tode Möngkes schlug sich Hülegü auf die Seite Qubilais und betonte seine Unterordnung unter den neuen Großkhan Qubilai dadurch, daß er den Titel Il-Khan »friedlicher Herrscher« annahm. Man bezeichnet deshalb den Staat von Hülegü und seinen Nachfolgern auch als das Reich der Il-Khane.

Insgesamt kann man das Jahr 1260 als den machtpolitischen Höhepunkt des mongolischen Weltreichs bezeichnen, und zwar durchaus noch im Sinne eines einheitlichen Machtgebildes. Die Herrschaft des Großkhans Qubilai wurde dabei jedoch weitgehend indirekt ausgeübt. Manche Fürstenhäuser, die sich freiwillig unterworfen hatten, behielten ihren Rang und ihre Stellung bei. Dies galt z. B. für das hochzivilisierte Fürstentum der Uighuren mit dem Mittelpunkt Qara-qojo in Ostturkestan. Sie regierten in ihrer Region weiter und führten nach wie vor den angestammten Titel Idiqut; außerdem waren sie über Generationen mit den Mongolenkaisern Chinas verschwägert. In ähnlicher Weise wurde die mongolische Herrschaft über Korea ausgeübt. Auch hier bestanden familiäre

Mongolischer Krieger zu Pferd in felsiger Landschaft. Malerei auf Papier.

Beziehungen zum Hause Qubilais. In derartigen Verbindungen zeigt sich klar der übernationale Charakter des mongolischen Weltreichs. Wer, sei es durch traditionelle Stellung oder persönliche Fähigkeiten, als Stütze der Herrschaft von Nutzen schien, wurde in Dienst genommen, erhielt hohe Titel und Einkommen. Auch die Kunstfertigkeiten anderer Völker machten sich die Mongolen schon früh zunutze. In Karakorum wirkten damals viele chinesische Handwerker; europäische Reisende berichten von einem russischen Goldschmied unter Güyük, während unter Möngke ein Pariser Mechaniker und Architekt namens Guillaume Boucher für den Mongolenhof arbeitete. Bergbauliche Arbeiten wurden durch Gefangene deutscher Herkunft, wohl aus Ungarn mitgebracht, verrichtet. In China gehörte es zur ständigen Praxis der Mongolen, nach der Eroberung einer Stadt Spezialisten aller Art, nicht nur Techniker, abzutransportieren und für ihre Zwecke einzusetzen. Zu derartigen Spezialisten rechneten auch die konfuzianischen Gelehrten, deren Erfahrung und Sozialprestige den neuen Herren zugute kommen sollte. Ein gleiches gilt auch für das Heerwesen. Nur ein relativ geringer Teil der mongolischen Heere waren echte Mongolen, denn auch die Verbündeten und Unterworfenen waren zur Heeresfolge verpflichtet. Die Namen der unter Qubilai und seinen Nachfolgern in China stationierten Garderegimenter lesen sich wie eine Völkerkarte des Reichs. Neben chinesischen Truppenteilen gab es Regimenter, die jeweils aus Russen, Alanen, Qipčaqtürken, Musli-

Die mongolische Invasionsflotte vor Japan (1281). Ausschnitt aus einer von zwei Querrollen, Farben auf Papier, 39,5 x 1985,6 cm (insgesamt), Kamakura-Zeit, 13. Jh. Kaiserliche Sammlung Tokio. Im Verlauf seiner Feldzüge gegen China plante Qubilai Khan immer wieder die Eroberung Japans. Seine ersten zwei Botschaften mit der Aufforderung zur Unterwerfung (1268, 1271) wurden vom japanischen Kaiserhof lediglich mit einer Empfangsbescheinigung beantwortet. Spätere Gesandte (1276, 1279) wurden geköpft. Nach dem ersten gescheiterten Versuch mit einer kleineren Flotte in Japan zu landen (1274) ließ Qubilai eine riesige Armada von 1 000 koreanischen und 3 000 chinesischen Schiffen ausrüsten mit 50 000 Mongolen, 20 000 Koreanern und 100 000 Chinesen an Bord. Die Invasionsarmee landete an der Korea am nächsten liegenden Küste der Insel Kyushu und traf auf den erbitterten Widerstand der Japaner (August 1281). Trotz überlegener Artillerie mußte sich die Flotte wegen eines heraufziehenden Taifuns zurückziehen, der sie schließlich zur Gänze vernichtete. Die Eroberung Japans mißlang, da die Mongolen eher eine Landmacht waren und die Koreaner und Chinesen nur widerwillig als Hilfstruppen dienten. Auf der anderen Seite waren die Japaner bestens auf die Invasion vorbereitet und konnten sich auf das damals erwachende Nationalgefühl ihrer Truppen stützen.

men aus Persien und dem Irak, Koreanern oder J̌ürčen zusammengesetzt waren.

Eine wichtige Rolle für den Zusammenhalt des Reichs spielte das Postwesen. Die Schaffung eines ganz Asien umspannenden Post- und Kurierdienstes war im wesentlichen schon unter Ögödei erfolgt. Allerdings kann man nicht sagen, daß diese von Marco Polo so bewunderte Reichspost eine mongolische Erfindung gewesen sei. Die Organisationsformen der Post

Krieger der mongolischen Invasionstruppen in Japan (1281). Ausschnitt aus einer von zwei Querrollen, Farben auf Papier, 40,2 x 2324,3 cm (insgesamt). Kaiserliche Sammlung Tokio.

übernahmen weitgehend Elemente des in China üblichen staatlichen Kurierwesens. Sicher ist allerdings, daß die Post unter den Mongolen sehr viel energischer ausgebaut und geographisch ausgedehnt worden ist, wie aus dem reichhaltigen überlieferten Quellenmaterial für das chinesische Teilreich hervorgeht, das sich durch die Funde mongolischer Dokumente in Zentralasien (Turfan) noch ergänzen läßt. Ein anderes für den Reichszusammenhalt nicht unerhebliches Element bildete die Verleihung von Apanagen in China an mongolische Große außerhalb Chinas. Im 13. Jh. haben manche Fürsten und Würdenträger im Ilkhanreich Einkünfte aus China bezogen, und zwar Abgaben, die von den ihnen sozusagen geschenkten Familien zu leisten waren. Die Finanzen der mongolischen Aristokratie wurden noch unter Qubilai überwiegend von zentralasiatischen Managern (ihre Bezeichnung *ortaq* ist türkischer Herkunft) verwaltet. Schließlich läßt sich zeigen, daß auch das Kanzleiwesen in allen Teilreichen zwar nicht einheitlich, aber doch von einheitlichen Grundsätzen bestimmt war. Herrscherurkunden liegen vor auf chinesisch, mongolisch, türkisch, persisch, tibetisch und in altrussischer Übersetzung. Sie zeigen sämtlich die gleiche Anordnung und Phraseologie und bezeugen den tiefgehenden Einfluß der Mongolenherrschaft auf die Kanzlei- und Verwaltungspraxis aller Reichsteile.

Schließlich muß ein Kennzeichen der Mongolenherrschaft erwähnt werden, welches noch in der zweiten Hälfte des 13. Jh.s in allen unterworfenen Gebieten anzutreffen war, nämlich die religiöse Toleranz, oder wenn man will, Indifferenz. Die angestammte Religion der Mongolen war eine Mischung von Schamanismus und Himmelsverehrung. Im Laufe der Eroberungen kamen sie in Berührung mit allen Hochreligionen Asiens, mit dem Buddhismus, dem Islam und dem Christentum, aber auch mit der chinesischen Staatsreligion und dem religiösen Taoismus Chinas. In der Steppenhauptstadt Karakorum wurden alle diese Religionen praktiziert, und auch nach der Konsolidierung der Mongolenherrschaft in den Teilreichen blieb zunächst die wohlwollende Toleranz der Herrscher die Regel, wenngleich auch der traditionelle Kult des Himmels weitergeführt wurde. Alle Urkunden mongolischer Fürsten begannen mit der Formel »durch die Kraft des ewigen Himmels« *(möngke tengri-yin küčün-dür)*. Dies verblaßte aber bald zu einer reinen Floskel, während die tatsächliche Religionsausübung innerhalb der mongolischen Herrenschicht und an den Höfen seit der Mitte des 13. Jh.s mehr und mehr von der Religion der Untertanen beeinflußt wurde. In Vorderasien nahmen schon vor 1300 die Il-Khane den Islam an, nachdem zu Beginn der Mongolenherrschaft in Persien noch Schamanismus, Buddhismus und Christentum geblüht hatten. Im Reich der Goldenen Horde herrschte ebenfalls bald der Islam, jedenfalls bei Hofe und unter den nomadisierenden Stämmen, während die orthodoxen Christen in den tributpflichtigen russischen Fürstentümern unbehelligt blieben. Um 1330 traten auch die Nachfolger Čaγatais in Turkestan zum Islam über. In China dagegen wurde der Hof buddhistisch-lamaistisch, nicht zuletzt dank des Wirkens tibetischer Lamas wie des Hofgeistlichen Qubilais, 'Phags-pa Lama (1235—1280). Aber auch hier wurden andere Religionen nicht verfolgt (die Proskription taoistischer Werke 1281 blieb eine Episode); Christen, nicht nur Nestorianer, sondern auch Katholiken, konnten ihre Religion ebenso ausüben wie die nicht wenigen Muslims und die jüdischen Gemeinden. Die Tolerierung der einzelnen Religionen war freilich an die Bedingung geknüpft, daß die Geistlichen ihre jeweiligen Götter zum Schutz des Herrscherhauses aufriefen. Diese Klausel erscheint in vielen der Steuerbefreiungserlasse, die den Vertretern der Religionen gewährt wurden. Umgekehrt wurden im Lauf der Zeit alle einzelnen Religionen von den Mongolen zur Legitimation ihrer Herrschaft benutzt. So wie in China die Mongolenkaiser in die Rolle eines Sohnes des Himmels (huangdi bzw. tianzi) hineinwuchsen und darüber hinaus als buddhistische Weltherrscher (cakravartin) sakralisiert wurden, so rückten sie in islamischer Umgebung zum Beherrscher der Gläubigen (amīr al-mumenīn) auf, übernahmen dabei allerdings auch das islamische Verbot des Götzendienstes, was z. B. den Buddhismus in Persien zum Erlöschen brachte. Es ist durchaus möglich, daß das religiöse Auseinanderleben der Reichsteile mehr als etwa nationale und sprachliche Verschiedenheiten zum schließlichen Zerfall des mongolischen Weltreichs in selbständige, kulturell völlig verschiedene Einheiten entscheidend beigetragen hat.

Literatur:

Wichtiger Überblick: Die Mongolen. Beiträge zu ihrer Geschichte und Kultur. Hg. M. Weiers unter Mitwirkung von V. Veit und W. Heissig. Darmstadt 1986.

History of the World-conqueror by ʿAlā-ad-Dīn ʿAtā-Malik Juvaini. Übers. J. A. Boyle. 2 vols. Cambridge, Mass. 1958.

The Successors of Genghis Khan. Translated from the Persian of Rashīd al-Dīn by J. A. Boyle. New York/London 1971.

Demiéville, P.: La situation religieuse en Chine au temps de Marco Polo. In: Oriente Poliano. Roma 1957, S. 193—236.

Franke, H.: From Tribal Chieftain to Universal Emperor and God: The Legitimation of the Yüan Dynasty. Bayerische Akademie der Wissenschaften, Phil.-hist. Klasse. Sitzungsberichte, Jg. 1978, 2.

Halperin, C. J.: Russia and the Golden Horde. The Mongol Impact on Medieval Russian History. Bloomington, Ind. 1985.

Olbricht, P.: Das Postwesen in China unter der Mongolenherrschaft im 13. und 14. Jahrhundert. Wiesbaden 1954.

Olschki, L.: Guillaume Boucher. A French Artist at the Court of the Khans. Baltimore, Md. 1946.

Saunders, J. J.: The History of the Mongol Conquests. London 1971.

Spuler, B.: Die Goldene Horde. Die Mongolen im Rußland 1223—1502. 2. Aufl. Wiesbaden 1965.

Spuler, B.: Die Mongolen in Iran. Politik, Verwaltung und Kultur der Ilchanzeit 1220—1350. 3. Aufl. Berlin 1968.

Spuler, B.: Geschichte der Mongolen. Nach östlichen und westlichen Zeugnissen des 13. und 14. Jahrhunderts, Zürich 1968.

Hülegü (1218—1265), Enkel von Činggis Khan, Eroberer Persiens und Gründer des Reiches der Il-Khane. Persische Miniatur, 16. Jh., Britisch Library, London, Inv.-Nr. 1920 9-170130.

Die Mongolen in China

Herbert Franke, München

Über keines der mongolischen Teilreiche im Mittelalter sind wir so gut informiert wie über die Mongolenherrschaft in China. Dies wird in erster Linie den überaus reichhaltigen Quellen in chinesischer Sprache verdankt, namentlich auch der Dynastiegeschichte *Yuanshi* mit ihren 210 Kapiteln. Demgegenüber treten die mongolischen Geschichtsquellen an Bedeutung zurück, da sie sämtlich spätere Kompilationen sind, die zudem über die historischen Ereignisse im mongolisch beherrschten China kaum etwas Zuverlässiges enthalten, so daß die Geschichtsforschung fast ausschließlich auf die chinesischen Quellen angewiesen ist. Wenn auch die Mongolenzeit in China eine Epoche der Fremdherrschaft gewesen ist, so erwies sich doch die Kontinuität mancher chinesischer Institutionen wie der Bürokratie mit ihren Massen an Dokumenten als so stark, daß die staatlichen und gesellschaftlichen Strukturen Chinas unter den Mongolen weiterleben konnten, jedoch modifiziert.

Die Eingliederung Chinas in das mongolische Weltreich vollzog sich in Etappen. Der erste Abschnitt wird durch die Eroberung Nordostchinas mit dem heutigen Peking als Mittelpunkt markiert (1214/15); 1234 erweiterten die Mongolen ihren Herrschaftsbereich auf ganz Nordchina durch die Zerschlagung des Ǧürčenstaates Jin. Nach einer Periode einer freilich durch lokale Kämpfe immer wieder unterbrochenen Koexistenz mit dem chinesischen Reich der Song konnten die Mongolen schließlich bis 1278 ihre Herrschaft auf das restliche China ausdehnen. Es war dies das erste Mal in der Geschichte, daß ganz China von Fremden erobert wurde; der Norden freilich hatte unter den Dynastien Jin und Liao bereits jahrhundertelang eine Fremdherrschaft erlebt und war durch die Invasionen der Ǧürčen und der Khitan bereits zu einem Vielvölkergebilde geworden.

Unter den Mongolen wurde nach der Eroberung des Songreichs in der Verwaltung weiterhin nach Nationen unterschieden. Es gab offiziell vier Bevölkerungsklassen mit abgestuften Rechten. Dies waren zunächst die Mongolen selbst, genauer, die mongolische Föderation. Sie genossen mannigfache Vorrechte. An zweiter Stelle standen die zentralasiatischen Verbündeten, die als *semuren*, »Leute besonderer Kategorie« bezeichnet wurden. Die dritte Klasse wurde gebildet durch die Einwohner Nordchinas *(Hanren)*, ein Ausdruck, der eigentlich die Chinesen bezeichnet, aber auch die Ǧürčen, Khitan und Bohai-Leute umfaßte. An letzter Stelle standen die *Manzi*, »Südbarbaren«, nämlich die Einwohner des früheren Songreichs. Alle politisch einflußreichen Posten im mongolischen Kaiserstaat waren in der Hand der Mongolen, wenngleich auch *Semuren* und *Hanren* in allen Zweigen der Bürokratie und des Militärs vertreten waren. Für die vormaligen Untertanen der Song, soweit sie der früher herrschenden Elite angehört hatten, bedeutete die Mongolenherrschaft das Ende ihrer politischen Macht, wenn auch natürlich ihr Sozialprestige gegenüber der chinesischen Bevölkerung erhalten blieb. Überhaupt kann gesagt werden, daß die ganz überwiegende Mehrheit der unterworfenen Chinesen unter den Mongolen nicht sehr viel anders gelebt hat als unter den früheren chinesischen Dynastien. Die Chinesen zu mongolisieren, das heißt ihnen die mongolischen Traditionen aufzuzwingen, lag weder in der Macht noch auch in der Absicht der neuen Herrenschicht. Wenn man versuchen sollte, die Mongolenherrschaft im China des 13. und 14. Jh.s zu charakterisieren, so könnte man sie als eine Art Kolonialismus bezeichnen, als auf militärischer Macht beruhende Herrschaft mit starken feudalen Zügen. Zu letzteren gehörte etwa, daß neben und über der in China herkömmlichen Verwaltungseinteilung nach Kreisen, Präfekturen und Provinzen unter der Oberaufsicht der hauptstädtischen Ministerien auch feudalistische Strukturen bestanden. Sie zeigten sich vor allem darin, daß die Angehörigen des Kaiserhauses nicht nur über ihnen zugewiesene Apanagen verfügten, sondern auch über militärische Kräfte. Kaiserliche Prinzen übten in bestimmten Gebieten des Reichs eigenständige Macht aus, hatten ihre eigenen Verwaltungsbehörden, und zwar quer über die territorialen Einteilungen des Reichs hinweg, namentlich in den Grenzgebieten. Man könnte diese Fürstenherrschaften geradezu als exterritorial bezeichnen, wenngleich sie der Theorie nach stets dem Großkhan unterstanden.

Für den Historiker ist es nicht einfach, die Rolle des mongolischen Herrschers über China genau zu beschreiben. Zwar sind sich auch die chinesischen Historiker darin einig, daß Qubilai Khan (reg. 1260—1294) zu den überragenden Herrschergestalten Chinas zu zählen ist, aber in vielfacher Hinsicht kann er doch nicht mit den Kaisern chinesischer Dynastien verglichen werden, so sehr auf ihn und seinen Hof auch chinesische Vorbilder gewirkt haben. 1271 nahm Qubilai auf Anraten chinesischer Berater den Titel eines Kaisers *(huangdi)* an sowie einen Dynastienamen, Yuan. Dieser Name (»Uranfang«) war von chinesischen Literaten ausgewählt und in einem hochverschlüsselten Edikt gelehrt begründet worden. Diese Namensgebung bedeutete ein Novum in der chinesischen Geschichte, denn alle Dynastienamen waren bis dahin entweder von chinesischen Regionen bzw. antiken Feudalstaaten abgeleitet worden oder wie bei den Fremddynastien Liao und Jin von Flußnamen in der Heimat der Eroberer. Die Annahme eines dynastischen Namens war aber mehr als ein bloßes Ornament: Es wurde damit der Anspruch auf die Herrschaft über ganz China auch nach chinesischem Staatsverständnis erhoben, ferner die zumindest formale Eingliederung der neuen Dynastie in die Abfolge der legitimen Herrscherhäuser Chinas *(zhengtong)*. Zwar wurde der Hofstaat des Großkhans damit äußerlich sinisiert, aber die Machtausübung selbst zeigte unter Qubilai noch viele Züge eines supranationalen Imperialismus. Ebenso wurden manche traditionellen mongolischen Riten und Bräuche weitergeführt. Unter Qubilai fand auch der Lamaismus am Hofe und in der mongolischen Herrenschicht Eingang, was sich besonders deutlich an den buddhistisch-

Yehlü Chucai (1189—1243), sinisiertes Mitglied der Herrscherfamilie der Khitan, der als Vorsteher der Zentralkanzlei und Berater Ögödeis (reg. 1229—1241) die Wirtschafts- und Verwaltungsordnung des aufstrebenden mongolischen Weltreiches grundlegend nach chinesischem Vorbild reformierte. Aus der chinesischen Enzyklopädie Sancai tuhui, 1607, Renwu 8 Kap., S. 3a, Ausgabe o. O., o. J. (etwa 1800).

war vertreten, vor allem seit die Franziskaner China als Missionsgebiet entdeckt hatten. Die Masse der chinesischen Bevölkerung jedoch stand den fremden Religionen gleichgültig bis ablehnend gegenüber und blieb der einheimischen Volksreligion, dem Taoismus und dem chinesischen Buddhismus treu. Mit anderen Worten, die Anhänger der nichtchinesischen Religionen waren fast durchwegs Ausländer. Ähnliches gilt auch für den transkontinentalen und Überseehandel. Kaufleute aus vielen Nationen Asiens trieben Handel mit China, und die Angehörigen fremder Religionsgemeinschaften waren vorwiegend im Fernhandel tätig, während die chinesischen Kaufleute sich anscheinend auf den Binnenhandel beschränkten. Es ist nicht bekannt, daß etwa damals chinesische Kaufleute nach Italien kamen, während die Anwesenheit von italienischen Kaufleuten in China seit der Entdeckung eines auf 1342 datierten lateinischen Grabsteines in Yangzhou als sicher gilt.

Es kann nicht die Aufgabe dieser historischen Skizze sein, alle die vielfachen Wandlungen nachzuzeichnen, die Staat und Gesellschaft in China unter den Mongolen durchmachten. Nur einige von ihnen sollen kurz erwähnt werden. Vor allem aber

Der mongolische Feldherr Bayan (1236—1294), der 1276 Hangzhou, die Hauptstadt der Südlichen Song, eroberte. Damit war der Weg endgültig frei für die Herrschaft Qubilai Khans über China. Aus der chinesischen Enzyklopädie Sancai tuhui, 1607, Renwu 8. Kapitel, S. 4a; Ausgabe o. O., o. J. (etwa 1800).

tibetischen Personennamen im Herrscherhaus ablesen läßt, nicht minder aber auch an den buddhistischen Weihen, die sich Qubilai und seine Familienmitglieder erteilen ließen. Die Vielfältigkeit der kulturellen Einflüsse am Kaiserhof erschwert es jedenfalls, die Herrschaft der Mongolen über China eindeutig zu definieren. Manche Regierungshandlungen Qubilais sind zu verstehen als Auswirkungen mongolischer Herrschertradition, andere wiederum zeigen ihn als chinesischen Kaiser, das heißt, als Spitze der Bürokratie, und gegenüber den Tibetern nahm Qubilai die Rolle eines buddhistischen Universalherrschers ein.

Eines jedenfalls ist sicher: die Mongolenherrschaft hatte China für das Ausland geöffnet. Unter ihr breitete sich ein Kosmopolitismus aus, der in der ganzen bisherigen Geschichte Chinas keine Parallele hatte. Das gilt zunächst für die Religionen. Tibetische und tangutische Lamas wirkten in China, die nestorianischen Christen hatten in den Städten ihre Gemeinden und in manchen Gegenden wie Yunnan und Gansu traf man auf viele Mohammedaner. Auch das katholische Christentum

sei die Frage wenigstens angedeutet, in welcher Weise die Mongolen selbst durch ihre lange Herrschaft über China beeinflußt worden sind. Von der buddhistischen Missionierung war bereits die Rede; sie ist sicher die Folge des Wirkens der tibetischen Kleriker im chinesischen Reich. Auffallend ist aber, wie wenig im Grunde die Mongolen als Volk den chinesischen Einflüssen ihrer Umgebung erlegen sind. Im yuanzeitlichen China sind viele Ausländer so sehr sinisiert worden, daß sie chinesisch schrieben und damit zu Literaten wurden, deren Werke durchaus im Rahmen der chinesischen Tradition stehen. Es gab Autoren und Dichter, die ihrer Nationalität nach Uighuren oder andere Türken waren, Perser, Tanguten oder gar Nepali, ganz zu schweigen von den J̌ürčen und Khitan, die ja schon lange in den chinesischen Kulturkreis einbezogen waren. Mongolen aber findet man unter den chinesisch schreibenden Autoren so gut wie gar nicht. Zwar haben die Mongolen manche Elemente der materiellen Kultur Chinas übernommen, so etwa das Teetrinken, und ebenso haben sicher auch nicht wenige Mongolen chinesisch zu sprechen gelernt, jedenfalls für den täglichen Gebrauch. Aber die Sprachenfrage blieb trotzdem bestehen. Die Verwaltung im Yuanreich war zweisprachig, chinesisch und mongolisch, und viele der uns erhaltenen Verordnungen und Erlasse sind nachweislich chinesische Interlinearversionen von mongolischen Originalen. Eine jede Behörde, sei es ein hauptstädtisches Ministerium oder eine Landkreisverwaltung, hatte ihre Dolmetscher und Übersetzer. Überhaupt war die Kenntnis mehrerer Sprachen unter den Mongolen eine nicht zu unterschätzende Voraussetzung für den Aufstieg in der Beamtenhierarchie.

Mongolisch wurde zunächst mit der von den Uighuren übernommenen Schrift geschrieben, der gleichen Schrift, die bis heute in der Autonomen Region Innere Mongolei benutzt wird. 1269 wurde ein weiteres Schriftsystem für das Mongolische eingeführt, und zwar die von dem Tibeter 'Phags-pa Lama auf der Basis des tibetischen Alphabets entworfene sogenannte Quadratschrift. Sie wurde die »nationale Schrift« (chinesisch *guoshu*) unter den Yuan und ist dadurch ausgezeichnet, daß sie phonetisch die mit Abstand genaueste schriftliche Notierung der mittelmongolischen Sprache war. Die Zahl der auf die heutige Zeit gekommenen Denkmäler in mongolischer Quadratschrift ist nicht sehr groß, da sie mit dem Ende der Mongolenherrschaft über China wieder außer Gebrauch kam und nur noch gelegentlich zu dekorativen Zwecken und auf Siegeln benutzt wurde. Leider ist auch von den nicht wenigen Übersetzungen chinesischer Werke in das Mongolische kaum etwas erhalten geblieben. Übersetzt wurden, wie wir aus chinesischen Quellen wissen, Schriften historischen Inhalts, staatsethische Traktate, medizinische Werke und Bücher über Strategie, ferner Handbücher über Verwaltung. Manches davon blieb Manuskript, anderes wurde gedruckt. Der Buchdruck selbst ist den Mongolen durch die Chinesen vermittelt worden, und zwar als Holzplattendruck. Aber auch Zeugnisse des mongolischen Buchdrucks der Yuanzeit sind überaus selten. Was an Fragmenten bis heute bekannt wurde, sind überwiegend buddhistische Texte im Mongolisch des frühen 14. Jh.s, deren drucktechnische Ausführung als meisterhaft bezeichnet werden muß. Auch die Quadratschrift wurde zum Druck benutzt, wie aus einigen durch Zufall erhaltenen Textbruchstücken zu entnehmen ist.

Der multinationale Charakter des Yuanreichs spiegelt sich auch im Rechtswesen wider. Wie schon unter früheren Eroberdynastien in China lebten grundsätzlich die verschiedenen Nationalitäten jeweils nach ihrem angestammten Recht. Für die Mongolen galt mongolisches Recht, für die Chinesen kodifiziertes chinesisches Recht. Nicht nur das materielle Recht war fragmentiert, auch das Verfahrensrecht. Es gab eine Vielzahl spezieller Gerichtshöfe und Rechtszüge für bestimmte Bevölkerungsgruppen, ja sogar für Berufsgruppen wie Ärzte oder Angehörige der Musikergilden, die Zusammensetzung der Gerichtshöfe war gemischt, das heißt neben den für die Aufsicht zuständigen Vertreter der Gruppe trat der zuständige Zivilmandarin. Man kann dies als Auswirkung eines Kollegialprinzips sehen, welches auch sonst für die mongolisch-chinesische Verwaltung unter den Yuan kennzeichnend war. Man kann sagen, daß die kollektive Willensbildung ein beherrschendes Prinzip in Politik und Administration bildete. Vielleicht kann man darin sogar ein Nachwirken der ursprünglichen Stammesverfassung der Mongolen sehen. Auf alle Fälle ist ein Kennzeichen der Mongolenherrschaft in China ein ausgesprochener Pluralismus auf vielen Gebieten, der nicht wenig zur Destabilisierung des Reichs im 14. Jh. beigetragen hat. Zwar beendete der Sieg der Ming 1368 das mongolische Kaisertum, doch blieben die Mongolen in ihren heimischen Steppen ein erstrangiger Machtfaktor. Sie sind durch den über anderthalb Jahrhunderte währenden Kontakt mit China und seinen Staatsstrukturen beeinflußt worden, haben jedoch ihre angestammten nationalen Wesenszüge im wesentlichen beibehalten.

Literatur:
Zur Yuanzeit siehe insbesondere: Trauzettel, R.: Die Yüan-Dynastie. In: Die Mongolen. Beiträge zu ihrer Geschichte und Kultur. Hg. M. Weiers unter Mitwirkung von V. Veit und W. Heissig. Darmstadt 1986, S. 217—282 sowie ausführliche Darstellung in: Franke, O.: Geschichte des chinesischen Reiches. Bd. 4 und 5, Berlin 1948 und 1952.
Wichtige Einzelstudien in den Sammelbänden:
China under Mongol Rule. Hg. J. D. Langlois, Jr. Princeton, NJ 1981.
Yüan Thought and Religion under the Mongols. Hg. Hok-lam Chan und Wm. Theodore de Bary. New York 1982.
Zu Einzelproblemen siehe u. a.:
Ch'en, P. Heng-chao: Chinese Legal Tradition under the Mongols. Princeton, NJ 1979.
Ch'en, Yüan: Western and Central Asians in China under the Mongols. Los Angeles 1966.
Franke, H.: Fremdherrschaft in China und ihr Einfluß auf die staatlichen Institutionen (10.—14. Jh.). In: Anzeiger der phil.-hist. Klasse der Österreichischen Akademie der Wissenschaften, 122. Jg., 1985, S. 47—67.
Fuchs, W.: Analecta zur mongolischen Übersetzungsliteratur der Yüan-Zeit. In: Monumenta Serica XI. 1 (1946), S. 34—64.
Hsiao, Ch'i-ch'ing: The Military Establishment of the Yuan Dynasty. Cambridge, Mass. und London 1978.
Ratchnevsky, P.: Un Code des Yuan, 4 Bde. Paris 1937—1985.

Die großen europäischen Reisenden: Plano Carpini, Rubruk und Marco Polo

René Kappler, Straßburg

1241: barbarische Horden stehen vor den Toren Wiens, in Neustadt. Sie haben den ganzen Osten Europas mit Feuer und Schwert überzogen. Der Druck dieses Volkes ist unwiderstehlich: er verkündet das Ende aller Zeiten, das Losbrechen des Antichristen, von Gog und Magog. Dieses Volk kommt direkt aus der Hölle: es sind die Tataren.

Ein halbes Jahrhundert später wird ein venezianischer Kaufmann ganz Europa verblüffen mit seiner »Beschreibung der Welt«. Vom Schwarzen Meer bis zum Chinesischen offenbaren diese »Wunder der Welt« einem noch skeptischen Westen die Reichtümer und den Glanz eines ganzen Kontinents. Über dieses ungeheure Gebiet, das Weltreich der Mongolen, herrschen die Tataren.

Der Venezianer, Ser Marco Polo, ist stolz. ». . . seit der Erschaffung unseres Urvaters Adam gab es keinen Christen, keinen Heiden, weder einen Tataren noch einen Inder . . . der soviel wußte und erforschte und der über eine solche Fülle von Merkwürdigkeiten Bescheid weiß . . .« (Guignard 1983, S. 7 f.).

Diese Vereinfachung ist allerdings irreführend. Marco Polo hat in Sachen Dauer und Weite der Reise mit Sicherheit einen Rekord gebrochen (den der »Sarazener« Ibn Batuta dreißig Jahre später noch »verbessern« wird!). Aber schon vor ihm haben sich andere in die Tiefe des »Reiches der Steppen« gewagt, sind auf der öden mongolischen Hochebene bis an sein Herz vorgestoßen und haben mit der Angst, mit dem Überdruß, mit dem Hunger, dem Durst, der Kälte, der durch die langen Ritte verursachten Erschöpfung kämpfen müssen. Sie wollen vor allem hinter das Geheimnis der so plötzlichen Macht dieses Volkes kommen und sind fasziniert durch die Entdeckung von so viel Eigenheit, von einer so grundsätzlich anderen Menschlichkeit. Entsprechend ihrer Neugier erweitert sich ihre Kenntnis der Welt. Die berühmtesten unter ihnen sind die Franziskaner Johann Plano Carpini (1245—1246) und Wilhelm von Rubruk (1253—1255).

Der Bericht von Wilhelm ist laut Friedrich Risch »ein Juwel der mittelalterlichen Reisebeschreibungen«, und Henry Yule, der große Herausgeber der Werke von Marco Polo, schreibt: »(His) narrative (. . .), in its rich detail, its vivid pictures, its acuteness of observation and strong good sense, seems to me to form a Book of Travels of much higher claims than any one series of Polo's chapters . . .«

Die meisten Reisenden waren Dominikaner oder Franziskaner. Seit ihrer Gründung sind diese Bettelorden von einem Elan getrieben worden, der sie bis an die äußeren östlichen Grenzen der Christenheit brachte. Einer von ihnen, der Dominikaner Julian von Ungarn, kam sogar bis ins Wolgabecken in Groß-Ungarn. Im Jahre 1238 schlug er Alarm: die Woge der Tataren rollte gen Westen. Seine Stimme wurde kaum vernommen.

Erst nach dem Geschehen entschloß sich der Okzident, mit den Mongolen in Kontakt zu treten. Im Jahre 1245, noch vor der Eröffnung des Konzils, stellte Innozenz IV. in Lyon vier Gesandtschaften auf und erteilte ihnen einen doppelten Auftrag: Sie sollten die Mongolen dazu bewegen, das Massaker einzustellen und sich zum Christentum zu bekennen. Diese Gesandtschaften erlitten unterschiedliche Schicksale. Es genügt hier anzuführen, daß der hartnäckige Plano Carpini es schaffte, seine eigene Gesandtschaft bis in die Mongolei zu führen, wo er Zeuge der Thronbesteigung des Großkhans Güyük wurde. Von da an bis zum Ende des Jahrhunderts blieben — mit Höhen und Tiefen — die Beziehungen und der diplomatische Austausch bestehen. Illusionen, Mißverständnisse, Bekehrungshoffnungen und Allianzträume gegen die Sarazener vermischten sich und lösten einander ab. Halten wir lediglich fest, daß der heilige Ludwig im Jahre 1249 André de Longjumeau in die Tatarei sandte und an eine baldige Bekehrung der Mongolen glaubte und daß er vier Jahre später mit der Rubruk anvertrauten Gesandtschaft zwar eher bescheidene, aber durchaus auch religiöse Ziele im Auge hatte.

Die Reisenden brechen mit dem Ziel auf, »alles zu untersuchen und mit großer Sorgfalt zu beobachten«. Also eigentlich mit einem Spionageauftrag, aber das Feld des Unbekannten ist so weit, so vielfältig, daß ihr Bericht ihre gesamte Fähigkeit in Anspruch nimmt und zum authentischen Werk von Forschungsreisenden und Vorreitern der Ethnologie wird.

Ihre Leistung ist um so beachtenswerter als die Welt, der sie begegnen, eigentlich eine »den Mythen entsprungene« ist. Sie ist überladen mit einer Mischung von Legenden, wo Alexander, die Heiligen Drei Könige, der Antichrist, Gog und Magog, der Priester Johannes und sein Sohn David alle möglichen Deutungen und Identifizierungen erlauben. Es gibt auch unter den »besten« unserer Reisenden einen Rest von Mythischem und Wunderbarem; es passiert ihnen, daß sie zweifelhaftem Erzählgut Glauben schenken oder sich durch »Informanten« in die Irre führen lassen. Selbst der sehr genaue Plano Carpini erliegt manchmal dieser Schwäche, der Wilhelm von Rubruk noch am wenigsten nachgab. Es sind genau formulierte Fragen, die sie zu beantworten haben. Beim Konzil von Lyon hatte sie der geheimnisumwitterte Erzbischof Peter (von Rußland?) zusammengestellt: »1. Welches war die Herkunft der Tataren? — 2. Woran glaubten sie? — 3. Welche religiösen Vorstellungen und Bräuche hatten sie? — 4. Wie lebten sie? — 5. Welches war ihre Stärke? — 6. Welches war ihre Zahl? — 7. Welche Absichten hegten sie? — 8. Wie hielten sie? — 9. Wie wurden die Gesandten behandelt?« (Bezzola 1974, S. 113). Fast jeder Reisende fand auf jede dieser Fragen eine oder mehrere — mehr oder minder detaillierte, mehr oder minder beruhigende — Antworten. Je nach Lage variieren der Blickwin-

Antonio Pisanello (etwa 1395—1450/55). Tatarischer Krieger. Ausschnitt aus dem Fresko San Giorgio e la Principessa (Chiesa di Sant' Anastasia, Verona).

kel, die Methodik und die Anordnung der Antworten. Was etwa den Empfang der Gesandten angeht, zwei entgegengesetzte Beispiele: Bajdu erwog, Ascelin und seine Gefährten, die ihm aus Ungeschick grundsätzlich mißfielen, zu häuten und mit Stroh auszustopfen; der Großkhan Möngke bekundete von Mann zu Mann eine aufrechte Freundschaft zu Rubruk. Die erste Begegnung ist beklemmend: ».. . am dritten Tage trafen wir auf die Tataren. Mir war, wie ich in ihre Mitte trat, richtig als setzte ich den Fuß in eine andere Welt.« Ein derartiger erster Eindruck findet sich bei allen. Über dreißig Jahre später ist für Ricold da Monte di Croce immer wieder der »Unterschied« das Schlüsselwort für diese *horribilis et monstruosa gens:* sie unterscheiden sich von all den anderen Völkern »in der Person, den Sitten, dem Ritus«. Ricold, der Jahre in Bagdad verlebte und den Islam studierte, um ihn kennenzulernen und zu bekämpfen, wußte, was zwei Zivilisationen, zwei Kulturen trennen kann. Aber er fand bei den Sarazenen nicht diesen grundsätzlichen Kontrast, den ihm die Mongolen vor Augen führen: ihre Ungeschliffenheit, ihr Haß des Städtischen, der festen Behausungen überhaupt, ihr Anspruch auf absolute Herrschaft, ihre religiösen Vorstellungen, ihre Riten (insbesondere ihre Bestattungsriten) und ihre Moralvorstellungen. In allem zeigt sich ihr Unterschied, ihr Abstand, ihre Entfernung, ihre Besonderheit.

Das Symbol dieses eigentümlichen Neuen, aber auch der Faszination, die es ausübt, liefert uns Wilhelm von Rubruk, als er zum ersten Mal *Kumiss,* die gegorene Stutenmilch, trinkt: »Ich brach in Schweiß aus, aus Schreck und wegen des Neuen *(propter horrorem et novitatem),* denn ich hatte noch nie davon getrunken. Aber dieses Getränk kam mir sehr schmackhaft vor, und das ist es auch wirklich«. Es ist dieser Geschmack der Entdeckung und der Erkenntnis, der den Reichtum seines Berichtes ausmacht.

Die Tataren sind zuallererst unvergleichliche Steppenreiter. Alles in ihrer Ausrüstung, ihrer Organisation, ihrer Taktik und noch mehr ihrer Strategie dient dazu, die Ritter des 13. Jh.s mit ihren schweren Rüstungen und ihren wohlgeordneten Schlachten aus der Fassung zu bringen. Daher interessieren sich auch unsere Reisenden für alles: die Ausrüstung ist leicht, fast lächerlich, der Bogen, die vielen und vorzüglichen Bögen, die Köcher, von Pfeilen überquellend, wenige Lanzen, keine Schilder, eine geschmeidige Rüstung, die nur aus zusammengesetzten Lederplättchen besteht, eine große Beweglichkeit, eine außerordentliche Ausdauer, kleine robuste Pferde, die immer wieder ausgewechselt werden; unter einer scheinbaren Unordnung eine strenge Disziplin und eine ausgeklügelte Organisation, die die unterschiedlichsten Manöver ermöglichen: eine solche Armee siegt im Befestigungskrieg genauso wie in der geordneten Feldschlacht. Die beste Analyse stammt von Plano Carpini. Dieser Gefährte des heiligen Franziskus, dieser geborene Botschafter und zukünftige Bischof zeigt großes militärisches Talent: er übersieht nichts und entwickelt Grundzüge einer Verteidigungsstrategie des Westens gegen den Eindringling.

In der Tat ist sein gesamter Bericht so konzipiert, daß er die militärische Macht der Tataren als eine Resultante darstellt: als eine Folge von Zivilisation, von Sitten, von Glaubensvorstellungen, von einer sozialen und politischen Organisation, deren diverse Aspekte er Schritt für Schritt untersucht. Sein Bericht und der von Simon de Saint-Quentin — dem Unglücksgefährten jenes ungeschickten Ascelin — werden das Material für die berühmte Enzyklopädie liefern, die Vincent de Beauvais gerade verfaßte: das *Speculum historiale.*

Am besten kann uns jedoch vom Schwarzen Meer bis nach Karakorum, durch die Steppen und entlang des Weges der großen Invasionen Wilhelm von Rubruk führen. Dieser stämmige Flame gelangte, ohne es beabsichtigt zu haben, von einem tatarischen Häuptling über den nächsten schließlich bis zu Möngke. Für fabelhafte Berichte hat er wenig übrig, dagegen hat er einen scharfen Sinn für das Geographische, aufmerksam registriert er Orte, Entfernungen, Wetterverhältnisse. Durch seine Beobachtungen füllt er endlich die auf Asienkarten bisher vorhandene Leere. Für Oscar Peschel ist sein Bericht »ein geographisches Meisterwerk des Mittelalters«. Da er nicht so stark unter dem Druck der Bedrohung steht, interessiert er sich viel unvoreingenommener für die Mongolen als Plano Carpini, wodurch er viel offener und empfänglicher für die ethnologischen Beobachtungen wird. Das sonderbare Leben dieser Nomaden fasziniert ihn. Er hat die Gabe zu sehen und durch das geschriebene Wort das Gesehene präzise wiederzugeben. Das äußere Aussehen der Mongolen, ihre Herden und Karren, die Jurte — ihre Bausubstanz, Struktur, Aufbau, Ausschmückung und Einrichtung —, die Arbeit und der Tagesablauf der Männer und Frauen, die Ausdauer und der Mut der letzteren und ihre Fähigkeit, bei Gelegenheit auch Amazonen und Kriegerinnen zu sein, alles erweckt seine Aufmerksamkeit.

Bei den großen Feierlichkeiten und im Verlauf des Alltags ist er Augenzeuge von einer Menge von religiösen oder magischen Riten und Praktiken gewesen: Besprengung und Verehrung von aus Filz gefertigten Idolen, die Riten der Reinigung durch das Feuer, die vielen zwingenden Tabus. Die Ungeschicklichkeit seines Gefährten hat ihn gelehrt, daß das Stolpern über die Schwelle eines kaiserlichen Zeltes ein todeswürdiges Vergehen darstellen konnte. Er hat auch seine Reisegefährten bei der Überquerung von Bergen beruhigen müssen, wo die bösen Geister ihre Opfer belauern. Am Hof hat er mit eigenen Augen gesehen, wie Möngke die Zukunft aus angesengten Schulterknochen las. Und in seiner eigenen Umgebung hat er erfahren, welche Praktiken und Riten Krankheit und Tod umgeben. Letztlich ist er für das Mittelalter »der beste Beobachter des mongolischen Schamanismus« (J.-P. Roux).

Die Sprache ist ein Hindernis, und sein Dolmetscher ist von entmutigendem Mittelmaß. Wilhelm konnte sich in diesen wenigen Monaten weder mit dem Türkischen noch mit dem Mongolischen vertraut machen. Aber er hat ein sicheres Ohr, und mehrere wesentliche Begriffe aufgezeichnet. Doch ist es im Dialog, in den Begegnungen und Audienzen, wo sich sein Sinn für menschliche Beziehungen offenbart: Gespräche mit einem Idole verehrenden (buddhistischen) Priester, Besuche bei den Ehefrauen des Großkhan, Audienzen bei Möngke selbst. Karakorum, das er wahrscheinlich als einziger unserer Reisenden zu sehen bekam, der Palast des Kaisers — bescheiden im Vergleich zur Abteikirche von Saint Denis — und das Lager des Prinzen in der Steppe bieten dem Gesandten des heiligen Ludwig ein Bild überraschender Vielfalt. Gesandte zu Hunderten aus allen Ländern Asiens bezeugen die mongolische Macht. Bezeugt wird sie auch durch die Gefangenen, die oft von weither gebrachten Sklaven: Russen, Ungarn, Deutsche und sogar eine lothringische Magd, die vom Sieger unsanft behandelt werden. Karakorum hat sein chinesisches und muslimisches Viertel sowie eine nestorianische Kirche, und eine der großen Entdeckungen Rubruks ist diese friedliche Koexistenz und die Toleranz der Mongolen. Die nestorianischen Christen spielen eine ziemlich wichtige Rolle, und mehrere Frauen der kaiserlichen Familie empfinden eine gewisse Sympathie für das Christentum. Das entscheidende Ereignis für Rubruk ist die von Möngke organisierte theologische Debatte zwischen Christen, Muslims und Buddhisten.

Als Fürsprecher der Christen triumphiert er stolz über seinen Gegner, den *Tuin* (den buddhistischen Priester), aber am nächsten Tag läßt ihn Möngke vorsprechen und mahnt ihn streng zur Toleranz. Dem fügt er ein für alle Konfessionen offenes monotheistisches Glaubensbekenntnis hinzu. Man darf allerdings nicht vergessen, daß aus mongolischer Sicht die himmlische Herrschaft Gottes (Tengri) eng mit der weltlichen Universalherrschaft des Khan verbunden ist. Hierin steckt das Wesen der Macht aus činggiskhanider Sicht. Danach wird Rubruk höflich hinauskomplimentiert. Bei seiner Rückkehr weiß er, daß sich der Traum, einen mongolischen Herrscher zum Christentum zu bekehren, nicht verwirklichen wird. Aber dieses Land hat ihn bezaubert, und er wünscht, als Missionar dorthin

zurückzukehren und den mittellosen Christen, denen er dort begegnet, zu helfen — doch auch dies blieb ein Traum. Sein Bericht gelangte zum heiligen Ludwig, Roger Bacon hat ihn zu seinem Vorteil genutzt und ganze Teile davon in sein *Opus maius* inkorporiert. Dann geriet er für mehrere Jahrhunderte in Vergessenheit.

Vor Marco Polo gibt es Nicolò und Matteo. Ihr Abenteuer grenzt an das Wundersame. Voller Ausdauer und Kühnheit »verwirklichen sie die erste direkte Verbindung Venedig—Peking—Venedig«. Mehr noch: sie brechen als Händler auf und kehren als Gesandte wieder. Der Großkhan Qubilai beauftragt sie mit einer diplomatischen Mission an den Papst. Und dieser schickt sie zurück nach China. Als sie erneut aufbrechen, sind es also Händler, Botschafter und Missionare, die der junge Marco begleitet, die — in Verbindung mit seiner natürlichen Neugier — seine Sicht der Dinge erweitern.

Der Buchstabe »P« aus dem Figurenalphabet des Meisters E. S., 1466/1467. Kupferstich, 15 x 11 cm, Staatliche Graphische Sammlung München, Inv.-Nr. 10 899. Die Figur setzt sich zusammen aus einem Juden (stehend), einem Tataren (mit charakteristischer, nach vorne gebogener Mütze und pelzbeschlagenem Köcher) sowie einem weiteren »Orientalen« (Chinesen?), die mit Hund und Raubvögeln (rechts ein Uhu?) im mörderischen Kampf miteinander verbunden sind. Dies illustriert in der Sicht des ausgehenden Mittelalters den Kampf des absolut Bösen *(pugna pessimi)*. Jurgis Baltrušaitis deutet die deutsche Legende des Buchstabens (»Pelz, Pfeil, Polynesien«) auch als Hinweis auf Kolumbus' irrige Meinung, China (Cathay) mit den vorgelagerten »vielen (westindischen) Inseln« (Polynesien) erreicht zu haben. J. Baltrušaitis: Le Moyen Age fantastique. Paris 1981, S. 174 f. Vgl. Meister E. S., Ausst.-Kat., München 1986, S. 89 ff.

Beschränken wir uns hier auf das, was in seinem Bericht unmittelbar die Mongolen betrifft.

Zunächst vermittelt er ein traditionelles Bild der Mongolen, eine Beschreibung der *wahren Tataren,* die sich mit denen seiner Vorgänger Plano Carpini oder Rubruk im wesentlichen deckt. Marco Polo räumt ein, »daß sich heute leider vieles geändert hat. Diejenigen, die in Catai wohnen, haben die Bräuche der Heiden angenommen und ihren eigenen Glauben aufgegeben. Die Tataren der Levante leben nach sarazenischer Sitte« (Giugnard, S. 103). Das Reich ist auf seinem Höhepunkt, aber seine Einheit ist bereits gefährdet. Zwanzig Jahre zuvor beherrschte Möngke von seiner Jurte in der Mongolei aus unumschränkt das ganze mongolische Imperium.

In den Augen von Marco Polo ist Qubilai »der mächtigste Mensch, den es je in der Welt gegeben hat«, aber seine Herrschaft erstreckt sich direkt nur noch auf China: er ist sowohl der letzte Großkhan als auch der erste Kaiser der Yuan-Dynastie. Der Schwerpunkt hat sich von Karakorum nach Peking — oder besser Cambuluc (Khanbaliq), die Stadt des Khans, — verlagert. Marco Polo ist geblendet von der Pracht des großen Palastes und der Hauptstadt. So viel Reichtum wird auch seiner Zuhörerschaft unglaublich vorkommen und ihm den Spottnamen Messer Milione einbringen. Vergessen wir dabei nicht, daß in diesem Palast ganz aus Gold, Silber und Marmor dasselbe Ritual und dieselbe Etikette wie in der Jurte der Vorfahren herrschen. Und in der Sommerhauptstadt Ciandu, Wunder über Wunder, Palast von Marmor, unermeßlicher Jagdpark, abbaubarer Pavillon aus vergoldetem Bambus, — findet man da nicht die Vorlieben des Nomaden wieder, das Zelt, die Jagd? Und feiert man nicht dort auch weiterhin das schon von Rubruk erwähnte Fest der weißen Stuten?

Die Mongolen in China bleiben jedenfalls Krieger. Cambuluc ist ein einziges Arsenal; sie sind aber auch Organisatoren und Verwalter. Polo hat durch die ihm anvertrauten Missionen die Wohltaten der *Pax mongolica* und den Wohlstand Chinas bezeugen können.

Ruhm und Macht . . ., aber auch eine große geistige Aufgeschlossenheit. Der mongolischen Toleranz fügt Qubilai die Neugier hinzu und einen ausgesprochenen Sinn für das »Kulturelle«. Er fühlt sich zur chinesischen Kultur hingezogen, empfindet aber auch ein großes Interesse für das Abendland: über die Gebrüder Polo bittet Qubilai den Papst, ihm »hundert christliche Gelehrte (zu) schicken, die die Sieben Freien Künste beherrschen« (Guignard, S. 13). Polo gegenüber eröffnet er: »Es gibt vier Propheten, die von allen verehrt werden. Die Christen sagen, daß ihr Gott Jesus Christus ist, die Sarazener Mahomet, die Juden Moses und die Götzendiener Sagamoni Burcan, der der erste Gott der Götzen war. Ich achte und verehre sie alle vier, denn einer von ihnen ist im Himmel größer und wahrer und ich bitte ihn, mir beizustehen.« Es ist eine diplomatische Antwort, die Marco Polo die Hoffnung läßt, der christliche Glaube könne in diesem Kampf siegen, denn der Khan schien diesen für besser und »wahrer« zu halten, aber die Magie und die Zauberkünste der »Götzendiener« verführen ihn, und wie man weiß, sollte dem Buddhismus der Vorrang gegeben werden.

Zwar wird durch Marco Polo endlich der asiatische Kontinent in seiner gesamten Ausdehnung bekannt, doch es bleibt das Königreich Cipangu (Japan) — nah vor den Küsten Chinas, aber den Expeditionen Qubilais unerreichbar —, von dem uns Marco Polo so viel Wunderbares erzählt. Die mongolische Eroberungswelle konnte es nicht erreichen. Zweihundert Jahre später ist es dieses Cipangu, das Kolumbus anzusteuern glaubt, als er die Segel gegen Westen setzt.

Aus dem Französischen von Dominique Dumas

Literatur:
Bezzola, G. A.: Die Mongolen in abendländischer Sicht (1220—1270). Bern-München 1974.
Plano Carpini, J. de: Geschichte der Mongolen und Reisebericht (1245—1247). Übersetzt und erläutert von F. Risch. Leipzig 1930.
Polo, M.: Il Milione. Die Wunder der Welt. Übersetzt von Elise Guignard. Zürich 1983.
Rübesamen, H. E.: Die Reisen des Venezianers Marco Polo. München 1963.
Roux, J.-P.: Les Explorateurs au Moyen Age. Paris 1985.
Rubruk, W. von: Reise zu den Mongolen (1253—1255). Übersetzt und erläutert von F. Risch. Leipzig 1934.

Das Bild der Mongolen nach den Geschichtswerken von Juveynī und Rašîd ad-Dîn

Claude Kappler, Straßburg

'Alâ' al-Dîn 'Ata Malik Juveynī, geboren im Jahre 1226, entstammte einer der großen Familien der nordostpersischen Provinz Khurâsân: sein Vater wurde zu einem der ersten hohen persischen Beamten *(Sâheb-e Divân)* unter den Mongolen zu einer Zeit, da der mongolische Einfall Khurâsân verwüstete, und war 1235—1236 Mitglied einer Gesandtschaft an den Großkhan Ögödei, von dem er persönlich in seiner Funktion bestätigt wurde. Auch der junge Juveynī wurde sehr früh zum Beamten und begleitete den mongolischen Statthalter von Khurâsân zweimal nach Karakorum — zuerst in den Jahren 1249 bis 1251 und kurz darauf 1251—1253. Wie Rubruk traf auch er den Großkhan Möngke. Während dieser zweiten Reise ins Herz der Mongolei wurde er beauftragt, die *Historie des Welteroberers (Târikh-e Jahân Goshây)* von den Eroberungszügen Činggis Khans bis zur Herrschaft Möngkes zu schreiben. Er war damals 27 und bereits auf der literarischen Ebene wie in der historischen Kenntnis ein meisterhafter Schriftsteller. Er arbeitete an diesem Werk bis etwa 1260, sollte es jedoch nie abschließen. Im Jahre 1259, ein Jahr nach der Plünderung Bagdads, die das Ende des abbasidischen Kalifats bedeutete, wurde er im Dienste der Mongolen zum Gouverneur eines gewaltigen Territoriums ernannt: des Irak-e 'Arab und Khuzistâns. Mehr als zwanzig Jahre übte er diese Funktion aus und starb 1283 — Opfer des Neides, den sein unermeßlicher Reichtum und seine grenzenlose Macht hervorriefen.

Sein Bruder Shams al-Din Muḥammâd, sowohl Großwesir als auch Sâheb-e Divân, erfuhr ein ebenso großartiges Geschick und 1284 ein noch tragischeres Ende, als er auf Befehl Arghuns hingerichtet wurde. Damit ist auch schon gesagt, in welches Spannungsfeld die Familie der Juveynī unter der Herrschaft der Il-Khane allein durch die Tatsache gestellt war, daß sie der ersten Generation der jungen persischen Elite angehörte, die sich den Eroberern anpassen mußte.

Das Zeugnis Juveynīs ist von höchster Wichtigkeit, denn mehrfach nahm er selbst an den von ihm geschilderten Geschehnissen teil, etwa der Zerstörung der ismaelischen Festungen. Über die Eroberung von Bagdad verliert er kein Wort, vermutlich weil er auf seiten des Angreifers stand und es sich als kurz danach nominierter Gouverneur von Bagdad schlecht erlauben konnte, als Verräter des »Herrschers der Gläubigen« dazustehen. Wenn er auch über die Ereignisse in Bagdad schweigt, so schildert er getreu die sonstigen Eroberungszüge der Mongolen, und quer durch seine *Historie* erfährt man von grauenhaften Blutbädern. So beschreibt er die Eroberung von Balkh durch Činggis Khan: »Er befahl, daß die Leute von Balkh, ob hoch oder niedrig, in großen oder kleinen Gruppen aus der Stadt in die Ebene getrieben wurden, um dem Brauch entsprechend in Mengen von hundert oder tausend eingeteilt durch das Schwert zu sterben, so daß auch nicht die

Spur von Leben blieb. Noch lange haben sich die wilden Tiere an ihrem Fleisch sattgefressen (. . .). Dann haben sie den Garten der Stadt in Brand gesetzt und sich mit größter Sorgfalt der Zerstörung der Mauern und Befestigungen, der Häuser und Paläste gewidmet (. . .). Und als Činggis Khan von Peshawar nach Balkh zurückkam und eine Anzahl von Flüchtlingen vorfand, die sich in allen möglichen Ecken versteckt hatten und nun wieder auftauchten, ordnete er an, daß sie getötet würden gemäß dem Vers (des Korans): ›Wir werden sie zweimal züchtigen.‹ Und wo noch eine Mauer stand, wurde sie von den Mongolen niedergerissen und ein zweites Mal jede Spur von Kultur im Land zerstört« (I, Kap. 21). Die »Berge von Gebeinen«, von denen die abendländischen Reisenden berichten, stellen keine Metapher dar. Es blieben nur die guten Handwerker am Leben, die zum größten Teil deportiert wurden. Die Stadt von Nishapur, ein Juwel der persischen Kultur von Khurâsân und Wiege der Juveynīs, wurde vollständig zerstört. Der Befehl lautete, daß man an diesem Ort pflügen können müsse und er selbst von Katzen und Hunden verlassen werde! Bis auf 400 nach Turkestan verschleppte Handwerker wurde die gesamte Bevölkerung niedergemetzelt, und man stapelte in verschiedenen Haufen die Köpfe von Männern, Frauen und Kindern; ein Beleg dafür, wie methodisch die Mongolen bei der Vernichtung aller Bevölkerungsgruppen auf freiem Feld vorgingen (I, Kap. 28.).

Deutlich tritt hier das militärische Vorgehen der Mongolen zutage. Obwohl Juveynī die Verwüstung seines Landes, den Tod seines Volkes und den Untergang seiner Kultur betrauert, lobt er die kriegerischen Tugenden der Mongolen und schildert dieses Reitervolk als »den strafenden Arm Gottes«, als das Volk, das die Prophezeiungen der Zerstörung vollstreckt, die man in manchen Weissagungen *(hadīths)* findet. In der Einleitung seines Werkes entwickelt er eine doppelsinnige Beweisführung, nach der er zeigt, daß die Sultane diese Zerstörung überhaupt möglich gemacht haben durch ihre aus Überfluß und Reichtum entstandenen Rivalitäten, Anmaßung und Arroganz. Juveynī liefert einen präzisen und bewundernden Bericht über die sozialen, fiskalen und administrativen Reformen, die durch Möngke eingeführt wurden und die gerechter waren als die früheren Praktiken der Sultane. Möngke scheint derjenige zu sein, der den Lauf der Dinge wieder ordnet und das Sinnbild des weisen, gerechten und großzügigen Herrschers verkörpert. Wie im Bericht Rubruks sticht auch in der *Historie* des Persers Juveynī die Persönlichkeit Möngkes in auffallender Weise hervor. Mit seiner Thronbesteigung beginnt auch eine Phase der friedlichen Entwicklung und des Wiederaufbaus, in der die assimilierten Perser eine wesentliche Rolle als hervorragende Verwalter spielen; Juveynī selbst setzte bei Hülegü den Wiederaufbau von Khabushân durch (III, Kap. 6).

Manche Städte werden nach ihrer Vernichtung neu aufgebaut, und zwar schöner noch als zuvor; mit Gärten, Moscheen und Bewässerungsanlagen werden sie zu den Kleinodien im Reich der Il-Khane, die Früchte der gegenseitigen Durchdringung persischer und mongolischer Kultur. Wenn für einen Perser die Stadt den Ort von Kunst und Kultur darstellt, so preist Juveynī die außergewöhnliche Schönheit mancher Prachtjurte, vor allem jener, die er bei der Thronbesteigung Möngkes in Karakorum sehen konnte, »ähnlich einer grünen Kuppel und Nachbildung des höchsten Gewölbes (des Himmels) . . . Niemand zuvor hatte je ein derartiges Zelt errichtet, in solch einer Form, solch einem Stil oder mit solch einer Geschicklichkeit einen Pavillon konzipiert« (III, Kap. 3).

Juveynī stellt die Mongolen außerordentlich widersprüchlich dar: sie sind zugleich schreckenerregend und bewunderungswürdig, Zerstörer, aber auch Erneuerer, ein Volk, dessen Adelstitel »mit dem Gras gewachsen (sind)« und sich nicht mit denen der traditionsreichen Perser vergleichen lassen, das aber apokalyptisch die ältesten Weissagungen der muslimischen Tradition verwirklicht; ein Volk schließlich, das den Islam bis an das äußerste Ende Asiens verbreitete.

Kaum eine Generation nach Juveynī wurde 1247 Rašīd ad-Dîn Faḍl Allâh Hamadâni geboren. Auch er fand ein tragisches Ende, ebenfalls Opfer der Mißgunst wurde er — mit seinem jungen Sohn — 1318 hingerichtet. Seine lange und fruchtbare Karriere verlief unter den Herrschaften von Abaqa-khan (1265 bis 1282), Arghun (1295—1304), Ghazan-khan (1295—1304) und Öljeitü (1304—1316), dauerte über ein halbes Jahrhundert und zeigt gewisse Ähnlichkeit mit der Juveynīs: er hat immensen Einfluß, eine Vielfalt von Talenten, kann vieles verwirklichen, verfügt über ein großes Vermögen und über die Gunst der mongolischen Prinzen. Er ist auch einer der wichtigsten Zeugen für die Mongolen. Seine *Universalhistorie (Jâme' al-Tawârikh)* ist eine *Sammlung der Geschichten,* die für die Mongolen und im Auftrag von Ghazan geschrieben wurde, der sehr wohl die Geschichte seines Volkes kannte und zugleich zu seinem Informanten wurde. Für sein 1310/1311 beendetes Werk verfügt er neben den direkten mündlichen Quellen (um nur den berühmtesten — Ghazan — zu nennen) nicht nur über die in den Archiven aufbewahrten, geschriebenen mongolischen Quellen, die er als erster einsehen und benutzen durfte, sondern auch über die Berichte von hochgestellten Landsleuten, die — wie Nasir ed-Dîn Ṭusi — wichtige Ereignisse miterlebt hatten und ihm somit vermutlich das Material für ganze

Abschnitte seines Werkes lieferten. Wenn die *Historie* von Juveynī ein Jugendwerk darstellt, so war sein Werk eines der Reife (der erste Band wurde Öljeitü 1306 überreicht). Es war zwar nicht wie das Juveynīs ein literarisches Meisterwerk, doch erwies es sich von größerer historischer Tragweite und durch seine Klarheit von höherem dokumentarischem Wert.

Von den in wahrhaft epischer Breite geschriebenen Geschichten kann man in diesen wenigen Seiten nur einen begrenzten Eindruck vermitteln. Die Ratschläge, die Möngke an Hülegü zur Eroberung Persiens erteilte, geben uns zum Beispiel wertvolle Informationen über diese Enkel Činggis Khans und die Methoden und Ziele ihrer Eroberungszüge: »Mache die Burgen und Festungen dem Erdboden gleich, sorge dafür, daß deine Untertanen vor ungerechten Forderungen und Abgaben geschützt sind. Kümmere dich um die Wiederbesiedelung der durch den Krieg verheerten Länder. Durch die Macht des höchsten Gottes geschützt, unterwirf die Länder der Feinde, so daß du im Sommer und im Winter über eine große Zahl an Lagerplätzen verfügst. Vergiß nicht, dich in jeder Lage mit Doquz-Khatun zu beraten und ihren Rat einzuholen«[1].

Doquz-Khatun war die Hauptfrau von Hülegü und zuvor diejenige von Tolui (dem Vater von Möngke, Hülegü, Arigh Böke und Qubilai) gewesen. Als Tolui starb, fiel sie Hülegü zu: »Sie genoß immer höchstes Ansehen und übte unumschränkte Gewalt aus.«[2] Sie war Nestorianerin und begünstigte besonders die Christen. »Es ging so weit, daß man im ganzen Reich täglich neue Kirchen errichtete.«[3] (Das »täglich« ist vielleicht übertrieben!) Man sieht, welch wichtige Rolle die Frauen bei den Mongolen spielen konnten. Der Ratschlag von Möngke »Mach dem Erdboden gleich . . .« ist auch begleitet von der Sorge um Gerechtigkeit und Wiederbevölkerung. Frappierend ist, daß noch immer der Nomade in Möngke dominiert: Seine erste Sorge gilt der ausreichenden Zahl von Lagerplätzen für

---

1 Quatremere: Histoire des Mongols . . ., op. cit., S. 143—145.
2 op. cit., S. 93.
3 op. cit., S. 95.

Seite 68: Eroberung einer Stadt durch mongolische Krieger. Illustration zur Weltchronik des Rašīd ad-Dîn, Farben auf Papier, 37,2 x 29 cm. Staatsbibliothek Berlin, Stiftung Preußischer Kulturbesitz, Sign.: Diez A Fol. 70, S. 7. Vermutlich handelt es sich um die durch den Tigris zweigeteilte Stadt Bagdad, die Möngke Khans Bruder Hülegü 1258 eingenommen hatte. Dargestellt sind lediglich die angreifenden mongolischen Soldaten mit einem Heerführer auf der Pontonbrücke, der ein Zepter trägt. Die beiden Wurfmaschinen zeigen, daß die Mongolen nicht nur Reiterkrieger waren, sondern rasch Kampfformen anderer Völker (hier wohl der Chinesen) übernommen hatten.

Seite 69: Thronendes mongolisches Herrscherpaar (vermutlich Illustration aus einer Rašīd ad-Dîn-Handschrift. Diez'sche Klebebände, Staatsbibliothek Berlin, Stiftung Preußischer Kulturbesitz).
Vier der abgebildeten Frauen tragen die in den westlichen Quellen als Boγtaq bezeichnete hohe Kopfbedeckung, die bis Anfang des 17. Jh.s für verheiratete vornehme Mongolinnen üblich war. Die meisten westlichen Reisenden haben den Boγtaq zum Teil ausführlich beschrieben. Die früheste Darstellung verdanken wir Zhao Hong, der 1221 in seinen »Ausführlichen Aufzeichnungen über die mongolischen Dadan« folgendes über die auf chinesisch Gugu bezeichnete Kopfbedeckung schreibt (vgl. Seite 37): »Die Frauen der Stammeshäuptlinge tragen alle die Gugu-Kopfbedeckung. Ihr (Gestell) wird aus Eisendraht geflochten; . . . Es ist etwa drei Fuß lang und rot- und blaugewirktem Brokat überzogen und mit Perlen und Gold geschmückt. Oben ist noch ein Stab, den man zum Schmuck mit rotem und blauem Stickgarn (umwickelt) hat.« (nach Olbricht, P. u. a.: Meng-Ta pei-lu und Hei-Ta shih-lüeh, Wiesbaden 1980, S. 79).

Seite 66: Porträt eines Mongolenkriegers. Gouache auf Papier, als Albumblatt montiert. 16,2 x 10,3 cm. Jahangir-Periode, um 1620. Privatsammlung. Die sich auf die Mongolen zurückführenden, türkischen Moghul hatten unter Babur (gest. 1530) den indischen Subkontinent erobert. An ihrem Hof bildete sich ein besonderer Malstil heraus, der von der persischen Hofmalerei beeinflußt war. Der dargestellte Krieger nimmt in Sitzhaltung und Gestus solche älteren persischen Prototypen auf. Neben den Gesichtszügen und der Barttracht weisen vor allem die Bewaffnung (Reflexbogen im dekorierten Lederköcher, gefiederte Pfeile) sowie der Filzhut mit aufgesteckter Feder auf seine mongolische Herkunft. Das kurzärmelige Kostüm (*jama*) ist auf der linken Seite geschlossen. Dies war seit Akbar für Hindus verbindlich, so daß die Vorlage dieses Porträts auf das ausgehende 15. Jh. zurückgehen muß. (Vgl. B. N. Goswamy und E. Fischer: Wunder einer Goldenen Zeit. Malerei am Hof der Moghul-Kaiser. Ausst.-Kat., Zürich 1987, S. 141).

Hülegü. So wurde Hülegü — eigentlich einer der blutigsten Schlächter — zu einem großen Städtebauer: »Er liebte es ungeheuerlich, bauen zu lassen«[4]. Er begeistert sich für die Alchimie und unterhält mit großem Aufwand eine Unzahl von Quacksalbern, die seine Spenden und Zuwendungen in Rauch aufgehen lassen. Bei Eroberungen kennt er keine Skrupel: Er verspricht den Einwohnern einer Stadt Gnade, wenn sie sich ergeben, und wenn sie (wie in Bagdad) im Vertrauen auf seine Versprechungen die Stadt verlassen, läßt er sie alle niedermetzeln. Daher sind auch die Mongolen sowohl im Abendland (Plano Carpini zum Beispiel) als auch im Vorderen Orient in den Verruf gekommen, sich weder an Abkommen noch an sonstige eingegangene Verbindlichkeiten zu halten. Diese Tücke von Hülegü wird auch von einem seiner Vettern, Berke, in Derbent gebrandmarkt, dessen Sympathien für den Islam offensichtlich sind: »Er hat all die Städte der Muslims geplündert, alle islamischen Königsfamilien vom Thron gestoßen; er hat keinen Unterschied gemacht zwischen Freund und Feind; er hat, ohne sich mit einem einzigen seiner Verwandten zu beraten, den Khalif sterben lassen. Wenn der ewige Gott mir hilft, werde ich ihm Rechenschaft abverlangen für das Blut so vieler Unschuldiger.«[5]

Möngke dagegen »ragte unter all den mongolischen Monarchen hervor durch Intellekt, Esprit, Vorsicht, Takt, Weisheit und Scharfsinn; er war so gebildet, daß er mehrere der Euklidischen Figuren erklären konnte und sogar ein Observatorium errichten ließ«[6]. Man darf allerdings bei dieser Lobrede nicht vergessen, daß Möngke auch kein Blut fließen lassen mußte und vor allem kein persisches. Aber in all den Berichten, in denen des Abendlandes (Rubruk) wie in denen der persischen Historiographen, wird er als eine großartige, gerechte und differenzierte Persönlichkeit dargestellt. Dies ist um so bemerkenswerter, als er nur sehr kurz regierte (1251—1259). Möngke, der letzte Groß-Khan, der noch in der Mongolei regierte und Nomade war, bereitete durch seine Qualitäten als Mensch und Monarch den Weg für Qubilai, der in den langen Jahren seiner Regierung (1260—1294) seinen Thron und seine Herrschaft nach China brachte.

Aus dem Französischen von Dominique Dumas

Literatur:
Zu Juveynī:
Persischer Text: die Edition von Mirza Muhammad Kazwini: The Ta'rikh-i-jahan-qushá of 'Ala 'u'd-din 'Atá-Malik-i-Juwayni, 3 Bde. (GMS, Old Series XVI/1,2,3) London, 1912, 16, 37.
Übersetzung: Boyle, J. A.: The History of the World Conqueror, 2 Bde., Manchester 1958.
Zu Rašîd ad-Dîn:
Persischer Text: Die neueste Ausgabe des Jame' al'Tawarikh erschien in der Sowjetunion (Bd. 1 und 2, Moskau 1965, 1980; Bd. 3, Baku 1967).
Persischer Text mit französischer Übersetzung von Quatremere: Histoire des Mongols de la Perse (Jámi' al-tavārīkh), écrite en persan par Rashid-Eldin, publiée, traduite en français, accompagnée de notes et d'un mémoire sur la vie et les ouvrages de l'auteur, t. I, Paris, 1836. Diesem Band sind die Zitate im Text entnommen.

4 op. cit., S. 401.
5 op. cit., S. 391.
6 op. cit., S. 325.

Alte Handschriften und Bilder

Günter Grönbold, München

Eine Folge der plötzlichen und gewaltsamen Begegnung Europas mit den Mongolen war ein (aus heutiger Sicht gesagt) lebhafter Versuch der Kontaktaufnahme von seiten des Westens. Mehr Botschafter, als man früher gedacht hätte, wurden im 13. Jh. nach Osten geschickt, aber es kamen auch Briefe der Khane zum Papst bzw. an den französischen Hof. Eine Frage, die sich in diesem Zusammenhang stellt, ist die: was von dem Wissen, das diese Botschafter erwarben, wurde an die Allgemeinheit weitergegeben, und wie geschah es?

Wie wir sehen werden, blieb es meist in den Codices eingeschlossen, in denen es niedergelegt wurde. Lediglich der Bericht Marco Polos verbreitete sich rasch und in erstaunlicher Überlieferungsbreite in Europa. Freilich darf hier die literarische Komponente nicht vergessen werden. Zudem haben Erlebnisberichte in Ich-Form die Menschheit immer schon fasziniert (man denke in unserer Zeit an Heinrich Harrers *Sieben Jahre in Tibet*).

Die vorhin erwähnten Briefe sind in den Archiven des Vatikans bzw. in Paris erhalten. Allerdings wurden sie erst in neuerer Zeit wieder aufgefunden und bekannt gemacht. Manche Nachrichten aber sind doch schon früh in die spätmittelalterlichen Weltchroniken (etwa des Matthaeis von Paris) eingedrungen und wurden so publik.

Während der Bericht des Simon de St. Quentin (er begleitete Anselm oder Ascelinus, Botschafter des Papstes Innozenz IV. im Jahre 1245, im selben Jahr also wie Lorenz von Portugal und Carpini) bis auf einen Auszug (bei Vincenz von Beauvais, *Speculum historiale*) verloren ist, blieb die *Historia Mongalorum* des Franziskaners Johann de Plano Carpini erhalten. Er selbst erzählt, daß er sie bereits auf dem Rückweg 1247 zu schreiben begann. Und da viele Leute in Polen, Böhmen und Deutschland daran interessiert waren, schrieben sie seinen Bericht ab, bevor er noch fertig war. In Lyon angekommen, überarbeitete er ihn dann nochmal. In zwei Handschriften findet sich dazu eine Niederschrift nach der mündlichen Erzählung seines Begleiters Benedict von Polen. Carpini hat seine Erlebnisse schon auf der Rückreise und dann auf seinen kirchlichen Posten in halb Europa auch mündlich verbreitet.

Von der längeren Version seines Berichts sind 13 Handschriften bekannt. Die wichtigste ist Eigentum des Corpus Christi College, Cambridge (no. 181). Sie stammt aus dem 13./14. Jh. Etwas später (frühes 14. Jh.) entstand die sogenannte »Petau«-Handschrift, jetzt in Leiden (Nr. 104 der Universitätsbibliothek). Von der kürzeren Fassung gibt es Handschriften in Paris (Bibliothèque Nationale, »Colbert«-Handschrift, Ms. lat. 2477; sie hat den Benedict-Text), London (British Library, »Lumley«-Handschrift, Ms. Royal 13 A.XIV), Oxford (Bodleian Library, Digby 11), Turin und Wien (Nationalbibliothek, Mss. 362. 512. Letztere hat den Benedict-Text). Richard Hakluyt druckte 1598 den »Lumley«-Codex ab (der erste Druck überhaupt ist 1537 erschienen). Keine der Handschriften ist illustriert.

Erst im Jahre 1957 tauchte in New Haven eine lateinische Handschrift von ca. 1440 auf, die ursprünglich wohl aus einem Manuskript des Speculum historiale stammte (heute in der Yale University Library; s. Skelton und Önnerfors). Sie enthielt die *Historia tartarorum,* einen Bericht über die Carpini-Reise, geschrieben von einem Franziskaner C. de Bridia. Dieser hatte ihn am 30. 7. 1247 abgeschlossen. Das merkwürdige nun ist, daß dieser Mönch sonst nicht bekannt ist, daß Carpini nur einmal kurz erwähnt wird und daß der Text wörtlich und inhaltlich durchaus von dem Carpinis abweicht. Er bietet neue Details über die Mongolen. Es wird vermutet, daß er auf die Erzählung Benedicts von Polen zurückgeht.

Auch König Ludwig IX. (der Heilige) von Frankreich schickte Gesandtschaften zu den Mongolen: 1249 Andreas von Longjumeau und 1253 Wilhelm von Rubruk. Letzterem verdanken wir einen der genauesten Berichte dieser Zeit. Im August 1255

»Livre des merveilles«. Die Miniatur zu Anfang der Handschrift zeigt den Abschied der Polos. Bibliothèque Nationale, Paris (ms. franc. 2810).

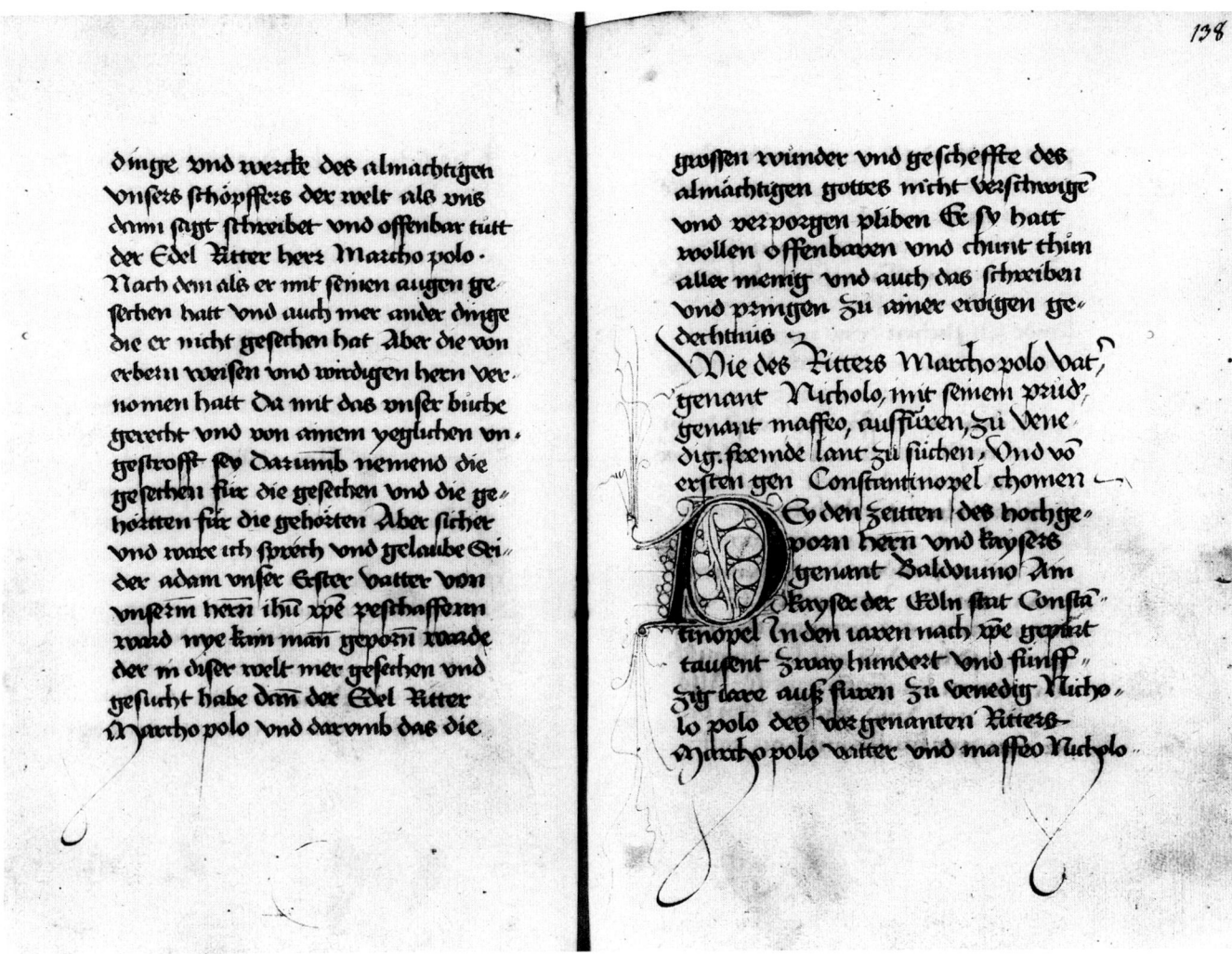

Deutsche Fassung (DI) des Marco-Polo-Berichtes in ostschwäbischer Mundart. Augsburg, 2. Hälfte des 15. Jh.s. Bayerische Staatsbibliothek, München (Clm 696, fol. 137ᵛ/138ʳ).

kam er von der Reise zurück und traf in Tripoli, Libanon ein. Sein Orden der Franziskaner schickte ihn nach Akkon. Dort schrieb er, noch voll der Eindrücke, alles nieder. Diesen Text gab er seinem Begleiter Gossel mit für den König von Frankreich. Später kam er selbst wieder nach Paris.

Fünf Abschriften seines *Itinerariums* sind heute bekannt. Eine Londoner (BL, Royal 14 C. XIII) des 14. Jh.s wurde von Hakluyt 1598 abgedruckt (erster Druck). In der Bibliothek des Corpus Christi College in Cambridge finden sich gleich drei Abschriften (nos. 66, 181 und 407). Sie stammen vom Anfang des 14., dem Ende des 13. und dem Anfang des 15. Jh.s. Die Handschrift Nr. 66 zeigt in einer Initiale des Buchstabens »E« (fol. 67) das Bild Rubruks und seines Begleiters. Sie war vorher im Besitz des St.-Edmund-Klosters. Die Handschrift Nr. 181 gibt den besten Text. Von ihr ist wahrscheinlich die Leidener Handschrift (Nr. 77) aus dem 14. Jh. abgeschrieben. Ein weiterer Text in Worcestershire scheint verschollen zu sein.

Rubruks Bericht wurde schon von Roger Bacon, der von 1257 an zehn Jahre in Paris lebte, benutzt. Es wurde vermutet, er sei dafür verantwortlich, daß die wichtigsten Handschriften nach England kamen und so einer weiteren Verbreitung auf dem Kontinent entzogen waren.

Während also die Überlieferung und damit die Bekanntheit zumindest des letzteren Berichts in seiner Zeit recht gering war, ist sie im Falle Marco Polos überreich. Allein ca. 140 Handschriften in verschiedenen Sprachen Europas sind bekannt. Und Drucke wurden schon früh angefertigt, ebenfalls in ganz Europa.

Das Original hatte Marco Polo 1298/1299 dem Rustichello (auch Rusticiano) da Pisa diktiert und dieser hatte es in Altfranzösisch (langue d'oïl) niedergeschrieben. Was mit der Niederschrift geschah, wissen wir leider nicht. Erhalten sind lediglich Übersetzungen und Abschriften von Abschriften. So war eine mühevolle textkritische Arbeit nötig, um dem Original wenigstens nahe zu kommen. Das führte zu der kritischen Ausgabe durch L. F. Benedetto (Florenz 1928). Seitdem ist auch einigermaßen zuverlässig bekannt, welche Textredaktionen und ihnen zugehörige Gruppen von Handschriften vorhanden sind.

Danach stehen der Urschrift am nächsten eine französische Handschrift (F) in Paris (BN, no. 1116, früher 7367) und ein Fragment in London. Der Pariser Codex ist auch am vollstän-

Seite 73: Aus der »Il Milione«-Handschrift (14. Jh.): Abreise von Maffeo und Nicolo Polo zum Großkhan.

Ci commence li liures du grant caam qui parole de la grant prouince
de perse et destartars et dynde et des grant merueille qui p le monde sont.

Pour sauoir la pure ue
rite des diuerses regi
ons du monde. si pre
nes cest liure si trou
ueres. les grandesimes
merueilles qui sont
escriptes en la grant hermenie et
de perse. et destartas ⁊ dynde. et
de maintes autres prouinces. Si
comme ntre liures nous contera
tout par ordre des que me sires
marc pol sauce et nobles citoiens
de uenice raconte pour ce que il
les uit. mais auques il y a choses

uil ne uit pas mais
il entendi domes
certains par uerite
et pource nretons
nous les choses uue
pour uues. et lente
due pour entendue. ace que ntre
liure soit urais et ueritables
sanz nule mençonge. et chascuns
qui ce liure orra ou lira le doit
croire. pource que toutes sont cho
ses ueritables. Car ie uous fais a
sauoir que puis que ntre sire dieu
fist adam le premier pere ne fu

73

digsten. Von einer ihr ähnlichen Handschrift (FG) sind 15 Abschriften vorhanden. Aus den Vorworten zu einer Pariser und einer Berner Handschrift wissen wir, daß ein Thiébault de Cepoy 1305 in Venedig war und von Marco Polo eine Abschrift des Berichts erbat und auch erhielt. Der Sohn Cepoys wieder ließ davon mehrere Kopien herstellen und verschenkte sie. Es ist nicht zu beweisen, aber möglich, daß Codex no. 1116 das von Polo geschenkte Exemplar ist (Schaller, S. 43 f.).

Eine Übersetzung in den toskanischen Dialekt (TA) wurde Anfang des 14. Jh.s gemacht. Erhalten sind nur fünf Handschriften, die auf sie zurückgehen. Die älteste von ihnen ist als »L'Ottimo«-, »Crusca«- oder »Il Milione«-Fassung bekannt. Ebenfalls zu Beginn des 14. Jh.s entstand die Übersetzung in venezianischen Dialekt (VA). Vorlage war wohl eine (jetzt verlorene) französische Handschrift. An venezianischen Handschriften sind sechs erhalten, teils Fragmente.

Von ihr aber stammt die lateinische Übersetzung ab, die Pipino da Bologna machte (1320 abgeschlossen). Von der wieder sind fünfzig Handschriften bekannt. Sie war Vorlage für weitere Bearbeitungen. Pipino soll den Text in Bücher eingeteilt haben. Ferner stammt von der venezianischen Redaktion eine zweite toskanische (TB) ab (erhalten sind fünf Handschriften, ein Fragment). Nach dieser entstand eine lateinische Übersetzung (LA) und die deutsche des 15. Jh.s. Aber auch von der lateinischen Fassung LA wurde eine deutsche Übersetzung gefunden, die in der Admonter Handschrift vorliegt.

Im Jahre 1559 druckte G. Ramusio einen Text, der zum Teil viel ausführlicher war als die anderen Ausgaben. Er betont (nur in der ersten Auflage), daß er eine sehr alte lateinische Handschrift zur Verfügung hatte. Eine solche war aber zunächst nicht zu finden (Schaller, S. 50), bis Benedetto auf eine fragmentarische Abschrift stieß: die sogenannte Zelada-Handschrift in Toledo (Benedetto hatte eine Abschrift davon in Mailand zur Verfügung. Die Toledaner Handschrift wurde nämlich erst 1933 wieder gefunden). Sie ist wesentlich reichhaltiger als die französische Version und dürfte eine bessere Vorlage gehabt haben: vielleicht eine von Polo überarbeitete Fassung. Von LA, dessen Text also von der Pipino-Übersetzung abweicht, sind vier vollständige Handschriften und ein Fragment erhalten.

In deutschen Bibliotheken finden sich zahlreiche Handschriften mit lateinischer und deutscher Übersetzung. Zwei lateinische in Wolfenbüttel hat schon Lessing untersucht und jeweils den Anfang publiziert. In der Bayerischen Staatsbibliothek, München, befindet sich neben mehreren anderen Polo-Codices ein deutschsprachiger (Clm 937), der 1582 für Herzog Wilhelm von Bayern hergestellt wurde.

Der erste Druck des Marco-Polo-Berichts erfolgte in deutscher Sprache, und zwar 1477 in Nürnberg und 1481 nochmal in Augsburg. Der Text ist eine wohl kurz vorher angefertigte bayerische Übersetzung (es gibt von ihr auch zwei Handschriften). Mit Ausbreitung des Buchdruckes erschienen Ausgaben bald in vielen Ländern und Sprachen: 1485 in Antwerpen (lateinisch, Pipino-Fassung), 1496 Venedig, 1502 Lissabon, 1503 Sevilla, 1556 Paris, 1579 London usw. (s. Cordier, Iwamura, Yule).

Der Text Marco Polos ist in den Handschriften vielfach mit anderen Beschreibungen Asiens zusammengefaßt, etwa dem Alexanderroman, den Reiseberichten Odorics von Pordenone und Carpinis und dem erfundenen Bericht Mandevilles. Das zeigt einerseits ein eingehendes Interesse an den »Wundern des Orients«, aber eben auch, wie wenig man Fiktion und Wirklichkeit auseinanderhalten konnte.

Wenige der Handschriften sind mit Miniaturen ausgeschmückt. Zu erwähnen ist hier die reich bebilderte Handschrift der Bodleiana, Oxford (Ms. Bodl. 264). Sie enthält 38 Miniaturen. Noch prächtiger ist das *Livre des merveilles* der Bibliothèque Nationale, Paris (ms. franç. 2810 [früher 8392]). In ihm befinden sich 84 Miniaturen (Yule, 2, S. 527 ff., Faksimile s. Omont), freilich nicht alle zu Marco Polo. Bebildert sind ferner die Pariser Handschrift Nr. 5631 (früher 10260) aus dem 14. Jh. sowie eine Londoner Handschrift.

Im allgemeinen illustrieren die Miniaturen den Text, aber sie geben natürlich nur wieder, wie sich die Künstler des 14. Jh.s die Vorgänge, Personen usw. vorstellten. Ja, zum Teil haben die Miniaturisten die Bilder gegen die ausdrückliche Beschreibung Marco Polos nach den gängigen Vorstellungen, die meist recht märchenhaft waren, gestaltet (Wittkower). Wilhelm von Rubruk hatte geklagt: »Wenn ich nur malen könnte!« Leider sind offenbar keinerlei Zeichnungen von den Botschaftern angefertigt worden.

Erwähnt sei noch, daß im Jubiläumsjahr 1954 in Venedig eine Ausstellung *I codici de Il Milione* stattfand.

Literatur:

Beazley, C. R.: The texts and versions of John de Plano Carpini and William de Rubruquis. London 1903.

Benedetto, L. F.: Marco Polo. Il Milione. Firenze 1928.

Cordier, H.: Bibliotheca Sinica. Vol. 3. Paris ²1906/07, Sp. 1955 ff.

Göckenjan, H. und J. R. Sweeney: Der Mongolensturm. Berichte von Augenzeugen und Zeitgenossen 1235—1250. Graz 1985.

Hoffmann, A.: Untersuchungen zu den altdeutschen Marco-Polo-Texten. Ohlau 1936.

Iwamura, S.: Manuscripts and printed editions of Marco Polo's travels. Tokyo 1949.

Omont, H.: Livre des merveilles. Paris 1907.

Önnerfors, A.: Hystoria tartarorum C. de Bridia monachi. Berlin 1967.

Risch, F.: Johann de Plano Carpini, Geschichte der Mongolen und Reisebericht 1245—1247, Leipzig 1930.

Risch, F.: Wilhelm von Rubruk, Reise zu den Mongolen 1253—1255. Leipzig 1934.

Schaller, M.: Marco Polo und die Texte seiner »Reisen«. Burghausen 1890 (Programm d. kgl. Studien-Anstalt Burghausen).

Skelton, R. A., Th. E. Marston und G. D. Painter: The Vinland map and the Tartar relation. New Haven, London 1965.

Streit, R.: Bibliotheca missionum. Bd. 4. Aachen 1928, S. 1 ff.

Tscharner, E. H.: Der mitteldeutsche Marco Polo nach der Admonter Handschrift. Berlin 1935.

Wittkower, R.: Marco Polo and the pictorial tradition of the Marvels of the East. In: Oriente Poliano. Roma 1957, S. 155—172.

Yule, H.: The book of Ser Marco Polo. 2 vols. New York ³1929. Dazu Cordier, H.: Ser Marco Polo. Notes and addenda. London 1920.

Die Berichte der Jesuiten über die Mongolen im 17. und 18. Jahrhundert

Hansgerd Göckenjan, Gießen

Der Sturz der mongolischen Yuan-Dynastie und der Herrschaftsantritt der Ming-Kaiser im Jahre 1368 löste in China fremdenfeindliche Reaktionen aus, die die christlichen Gemeinden des Reiches der Mitte den härtesten Verfolgungen aussetzten und die Beziehungen zur abendländischen Welt für mehr als zwei Jahrhunderte unterbrachen. Neue Nachrichten über die Mongolen gelangten erst wieder in der zweiten Hälfte des 17. Jh.s in den Westen. Sie stammten vor allem von Mitgliedern der Gesellschaft Jesu, die seit 1552 in China Fuß gefaßt und es dank der Gelehrsamkeit und Anpassungsfähigkeit von herausragenden Persönlichkeiten wie den Patres Matteo Ricci (1552—1610), Johann Adam Schall von Bell (1591—1666) und Ferdinand Verbiest (1623—1688) am chinesischen Kaiserhof zu hohem Ansehen gebracht hatten. Jesuiten gehörten zur vertrauten Umgebung der Mandschu-Kaiser Shunzhi (reg. 1644—1661) und Kangxi (reg. 1662—1722), sie beeindruckten durch ihre Kenntnisse der Naturwissenschaften, deren Errungenschaften sie den Chinesen weitergaben. Sie kümmerten sich im Auftrag des Hofes um den Aufbau eines Geschützwesens, konstruierten optische Geräte für die kaiserliche Sternwarte, reformierten den chinesischen Kalender und unternahmen die erste umfassende Landvermessung Chinas in den Jahren 1708—1716.

Bald erschienen sie den Kaisern so unentbehrlich, daß diese weder auf deren Dienste noch auf den täglichen Umgang mit ihnen glaubten verzichten zu können[1]. Jesuiten waren daher auch die ersten Europäer, die den Kaiser auf seinen alljährlichen Reisen in die ansonsten für Fremde hermetisch abgeriegelten Außenländer der Mandschus und Mongolen begleiteten. Von 1682 bis 1773 statteten sie diesen Ländern — zumeist im Gefolge der Herrscher — regelmäßige Besuche ab, von deren Verlauf sie der Nachwelt ausführliche und äußerst aufschlußreiche Berichte hinterließen, die in Europa bald weite Verbreitung fanden[2]. Hinzu kamen kartographische Arbeiten, deren Ergebnisse sich im *Atlas Général de la Chine* niederschlugen[3] und sprachwissenschaftliche Abhandlungen[4].

Besondere Beachtung verdienen die bildlichen Darstellungen der als Maler während dieser Reisen tätigen Jesuitenbrüder Jean-Denis Attiret[5] und Giuseppe Castiglione (1688—1766)[6]. Die Mandschu-Kaiser unternahmen ihre Reisen in die nördlichen Regionen alljährlich im Frühjahr, um ihre Sommerresidenzen aufzusuchen und zugleich den Gräbern ihrer Ahnen in der Mandschurei einen Besuch abzustatten. Nach P. Verbiest, der zum ersten Mal 1682 den Kaiser Kangxi begleitete, nahm der Herrscher seinen Aufenthalt in den mongolischen Steppen aber auch, »weil er die abendländischen Tartarn (= die Mongolen) im Gehorsam erhalten, und alle schädliche Anschläge verhindern wolte, die etwa gegen sein Reich ausgebrütet werden solten. Deswegen rückte er mit einer so grossen Armee und mit solchen Vorbereitungen zum Kriege in ihr Land ein . . . Allen diesen Prunk nahm er mit sich, um bey diesen barbarischen Leuten ein Aufsehen zu erwecken, und bey ihnen eine solche Ehrfurcht zu erregen, die sie einer Kayserlichen Majestät schuldig waren. Es hat auch gewiß das Chinesische Reich keine Feinde mehr zu fürchten, als diese abendländische Tartarn, als welche es auf einem Theil der Morgenseite, gegen Abend und Mitternacht einschliessen.«[7] P. Verbiest entwirft ein eindrucksvolles Bild von den umfangreichen Vorbereitungen, die für eine solche Reise getroffen wurden. Er schreibt: »Der Kayser hatte seinen ältesten Prinzen, der damals 10 Jahre alt war, bey sich. Die drey ersten Königinnen begleiteten ihn gleichfalls, und eine jede saß in einem verguldeten Wagen. Es waren viele Reguli (= Fürsten) und die ansehnlichsten Mandarinen aus allen Ständen im Gefolge des Kaysers, und dieses samt der ganzen Bedeckung bestand aus 70000 Menschen . . . Von Peking bis zu dieser äussersten Morgengegend erwählte man einen neuen Weg, auf welchem der Kayser desto bequemer zu Pferde, die Königinnen aber auf ihren Wagen fortkommen konten. Dieser Weg ist ongefähr zehen Fuß breit, und so gerade, als man es in einer solchen Gegend wünschen kan. Er erstreckt sich über 1100 Meilen. Auf beyden Seiten waren kleine Dämme aufgeworfen worden, die etwa einen Fuß hoch, und einander durchaus parallel waren. Dieser Weg war so rein, sonderlich bey schönem Wetter, als Scheuntennen sind, worauf das Getraide ausgedroschen wird; wie man denn auch

1 Zur Rolle der Jesuiten in China vgl. G. H. Dunne: Generation of Giants: the story of the Jesuits in China in the last decades of the Ming dynasty. Notre Dame (Indiana) 1963; E. T. Hibbert: Jesuit Adventure in China during the Reign of K'ang-hsi. New York, Dutton 1941; J. Glazik: Jesuitenmissionare in China. In: Gehet hin in alle Welt. München 1984, S. 208—215.

2 Vgl. Voyages de l'Empereur de la Chine dans la Tartarie aux quels on a joint une nouvelle découverte. I. Paris 1682, S. 1—40 und II. Paris 1683, S. 41—78 und vor allem P. J. B. Du Halde: Description géographique, historique, politique et physique de l'Empire de la Chine et de la Tartarie chinoise. IV. La Haye 1736. Das Werk wurde noch im gleichen Jahr ins Englische übersetzt. 1747 erschien eine deutsche und 1774—1777 eine russische Ausgabe.

3 Atlas Général de la Chine, de la Tartarie chinoise et du Thibet. Pour servir aux différentes déscriptions et histoires de cet Empire. Paris 1737.

Vgl. dazu J. v. Hecken: Les Missions chez les Mongols. Peiping 1949, S. 9—11 und J. v. Hecken: Dokumentatie betreffende de Missiegeschiedenis van Oost-Mongolie II. Leuven 1970, S. 30—33.

4 Vgl. J. v. Hecken: Les Missions, S. 11—13.

5 V. Veit: Jean-Denis Attiret: Ein Jesuitenmaler am Hofe Qianlongs. In: Europa und die Kaiser von China. Frankfurt a/M. 1985, S. 144—155.

6 D. B. de Malpierre: La Chine, moeurs, usages, coutumes, arts et métiers, etc. après les dessins originaux du P. Castiglione, J., Peintre chinois. Paris 1825—1839. I—II.

7 J. Bapt. Du Halde: Ausführliche Beschreibung des Chinesischen Reiches und der grossen Tartarey. Rostock 1747. IV. S. 127 f.

viele Leute fand die nichts anderes thaten, als daß sie diesen Weg ausbesserten . . . Man hatte so gar Berge niedergerissen, um die Strasse ungehindert fortzuführen. Man hatte neue Brücken über die Flüsse gebauet, und statt der Auszierung auf beyden Seiten Matten hingebreitet, die mit allerhand Figuren bemahlet waren, und eine Tapete vorstellten.«[8]

P. Verbiest selbst gehörte zur Suite des Schwiegervaters des Kaisers und war mit der Wahrnehmung wissenschaftlicher Aufgaben betraut worden, »damit ich in seiner Gegenwart die nöthigen Anmerkungen machen, die Disposition des Himmels, die Höhe des Polus, die Abweichung jedes Landes anzeigen, die Höhen der Berge und Entfernungen der Oerter vermittelst mathematischer Instrumente ausrechnen koente. Man hatte dabei die beste Gelegenheit, die Meteora und andere Naturbegebenheiten zu bemerken.«[9]

Obwohl die Sommerreisen unter dem Schutz des kaiserlichen Hofes stattfanden, waren sie doch oft beschwerlich und mitunter gefahrvoll. Nicht immer hielten sich die Kaiser, da sie unterwegs Treibjagden abhalten ließen, an die vorbereiteten Straßen.[10] Das unwegsame Gelände forderte ebenso seinen Preis wie Seuchen, Wassermangel und die harten klimatischen Bedingungen. Entsprechend häufig beschwerten sich die Berichterstatter über die Strapazen der Reisen. Noch 1711 klagte der Jesuitenbruder Thilisch (1667—1716), der gemeinsam mit Pater Dominique Parrenin (1665—1741) und dem Weltpriester E. H. Ripa nach Jehol (Riheer, heute Zhengde) gereist war, über die Mühsale, die ihnen unterwegs begegnet waren: »Pful und Pfutzen, Walder und Gebusch met groszer ungelegenheid müssen nachreiten, dasz kein Wunder wann die Europäer insgemein aus der Tartarey mit schweren Krankheiten heimkommen. Allein wir thun und leben alles gern, damit wir durch unsere so treue als mühsame Dienst den kaiserlichen Schutz der Sinischen Christenheit erwerben und erhalten welche dermalen in äussersten Gefahr ihres Untergangs ist.«[11]

Indessen unterzogen sich die Mitglieder der Gesellschaft Jesu den schwierigen Fahrten in die »Tartarey« nicht nur, um durch treue Dienste für den kaiserlichen Hof Schutzbestimmungen für die chinesischen Christen zu erwirken. Dahinter standen auch Bestrebungen der Ordensoberen, die Missionsarbeit weiter zu den Mongolen zu tragen und zugleich den Landweg nach Europa über die Mongolei und Sibirien zu erkunden. Die Hoffnung, künftig die Christianisierung der Mongolen in Angriff nehmen zu können, hatte bereits Pater Ferdinand Verbiest, 1676—1680 Vizeprovinzial der Jesuitenmission in Peking, geäußert. Noch ganz unter dem Eindruck des Empfangs, der ihm während seiner Reise in das Gebiet um Jehol zuteil geworden war, schrieb er im Jahre 1683: »Die günstige Aufnahme, die wir bei dieser Begegnung (mit mongolischen Fürsten) gefunden haben, gibt uns Anlaß zu der Hoffnung, daß unsere Religion bei diesen Fürsten leicht Eingang finden könnte.«[12]

Freilich sollten sich solche Erwartungen als verfrüht erweisen. Kaiser Kangxi selbst sah sich bereits 1689 veranlaßt, die Erwartungen der Missionare zu dämpfen. »Die Mongolen«, ließ er den Patres Gerbillon und Pereira erklären, »sehen euch nicht gern in diesem Land . . . die Mongolen würden euch hier nicht dulden.«[13] Der Kaiser gab zu erkennen, daß hinter der Abneigung der Mongolen gegen die Christianisierung die Lamas ständen.[14]

Hatten die Jesuiten zu Beginn ihrer Missionstätigkeit noch geglaubt, der Lamaismus sei dem Christentum ähnlich und ihm daher durchaus freundlich gesonnen[15], so sahen sie sich nunmehr genötigt, ihr Urteil zu revidieren. »Sie (die Mongolen) sind«, schrieb Pater Gerbillon in seinen *Observations historiques sur la Grande Tartarie,* »ihrer falschen Sekte (dem Lamaismus) treu ergeben und fast alle tragen Rosenkränze am Hals, mit deren Hilfe sie ihre Gebete sprechen. Wenn sie die wahre Religion angenommen hätten, dann wären sie, nach meiner Überzeugung, eifrige Christen. Solange sie jedoch ihren Lamas und ihrem Irrglauben verfallen sind, ist es wenig wahrscheinlich, daß man sie zum wahren Glauben bekehren kann . . . .«[16] »Erst wenn China christlich wäre«, schrieb 1709 Pater Noël (1651—1729) in seiner *Denkschrift über den Zustand der Missionen in China,* »würden wir den Glauben in die Tartarei bringen.«[17]

Kaum mehr Erfolg hatte die Gesellschaft Jesu mit ihren Bemühungen, sich einen Landweg nach Europa zu erschließen, um die durch Portugiesen und Holländer gefährdeten Seerouten zu vermeiden. Zwar gelang es ihnen zeitweilig, Verbindungen zu den russischen Zaren aufzunehmen und sich in die Grenzverhandlungen zwischen Rußland und China bis hin zum Vertrag von Nerčinsk (1689) vermittelnd einzuschalten, die Möglichkeit, den Landweg über Sibirien nach Europa zu benutzen, blieb ihnen jedoch von russischer Seite verwehrt.[18]

So wenig ertragreich die Bemühungen der Jesuiten auf dem Felde der Diplomatie und Mission letztlich waren, so wertvoll sind die ausführlichen Berichte, die sie über die nördlichen Randgebiete Chinas und deren Bewohner, insbesondere über die Mongolen beisteuerten. Kommt ihnen doch das Verdienst zu, im Westen die erste umfassende Darstellung der Mongolen seit Marco Polo gegeben zu haben. Die neuen Nachrichten fanden in Europa rasch weite Verbreitung. Schon 1737 widmete P. Jean Baptiste Du Halde, gleichfalls Jesuit und Verfasser einer enzyklopädischen Beschreibung des Chinesischen Reiches und seiner Außenländer, den Reiseschilderungen seiner Ordensbrüder breiten Raum. Die hier zusammengestell-

---

8 Ebda. S. 121—122.
9 Ebda. S. 121.
10 Ebda. S. 123.
11 Der Neue Welt-Bott mit allerhand Nachrichten der Missionariorum Societatis Jesu. Augsburg, Wien 1728—1761, Nr. 152.
12 Du Halde: Description IV, S. 101.

13 Du Halde: Description IV, S. 271—272.
14 Ebda. S. 271.
15 »Es ist wahrscheinlich, daß diese Männer, die er (ein mongolischer Fürst) Lamas nannte, fromme Christen gewesen, die aus Syrien und Armenien gekommen, und den Mongols sowohl als den Chinesen das Evangelium verkündiget . . .« Du Halde: Beschreibung IV, S. 57.
16 Du Halde: Description IV, S. 46.
17 Lettres édifiantes et curieuses. Tome IX., Ed. J. Vernarel. Lyon 1819, S. 372.
18 Vgl. dazu J. S. Sebes S. J.: Jesuit Attempts to Establish an Overland Route to China. In: The Canada-Mongolia Review V (1979), S. 51—67 und J. Sebes: The Jesuits and the Sino-Russian Treaty of Nerchinsk (1689). The Diary of Thomas Pereira, S. J. (Bibliotheca Instituti Historici S. I.) Rome 1961, S. 76—134.

ten Reiseberichte bieten gemeinsam mit einer Abhandlung, »Darin von dem Lande der Mongols oder Tartarn von Mongous gehandelt wird«, ein höchst aufschlußreiches und farbiges Bild der zeitgenössischen Mongolen.[19] Stets verraten die Ausführungen der Autoren das Bemühen um gründliche Kenntnis von Land und Leuten. Sie waren ja in kaiserlichem Auftrag als Geometer, Kartographen und Astronomen tätig, führten zahlreiche Instrumente mit sich und hatten unterwegs Streckenangaben und Kartenentwürfe anzufertigen.[20]

Häufig stößt daher der Leser auf Routenbeschreibungen wie die folgende von der zweiten Reise des P. Gerbillon: »Den 29 Juni (1683) konten wir mehr nicht als 20 Lys[21] endigen, indem wir einen Weg durch lauter beweglichen Sand nehmen musten, der für Pferde und Wagen höchst beschwerlich war. Endlich kamen wir in eine Ebene, darin der Sand ständig und mit einigen Kräutern für das Vieh bewachsen war. Der Himmel war an diesem Tag bald hell bald wölkigt, und die Luft mit plötzlichen Stürmen und Windstössen abwechselnd. Den 30 reisten wir 75 Lys weit, anfänglich gerade gegen Norden, hernach aber Nordnordwestwärts durch eine Ebene, die hin und wieder mit Hügeln bedecket war. Der Sand war hier veste, und zuweilen mit guter Erde untermenget. Inzwischen war alles so wüste und unfruchtbar, daß auch nicht ein gutes Kraut für das Vieh anzutreffen war. Wir erblickten nur einen Baum, und nach 40 Lys einige Brunnen, die wenig Wasser hielten und am Ufer mit etwas Gras bewachsen waren. Es reichte aber dasselbe für unser Gefolge nicht zu, wenn es auch gleich nicht so trübe gewesen wäre. Wir musten daher, wie in den vorigen Tagen, Brunnen graben, wenn der grosse Haufen Cameele und Pferde nicht verderben solten; indem einer von den Gesandten allein 400 Pferde und 120 Cameele bey sich führte.«[22]

Erste Begegnungen mit den Bewohnern des Landes verliefen freundlich. So berichtet P. Verbiest, er sei während seiner Reise 1683 mit Fürsten der südostmongolischen Qaračin zusammengetroffen, von denen etliche schon vorher die katholische Kirche in Peking aufgesucht hätten. Einer der Fürsten habe ihn mit den Worten begrüßt: »Ich habe schon viel von Ihnen sprechen hören. Wie geht es Ihnen?« Dieser Vorfall habe bei ihm die Hoffnung aufkeimen lassen, man könne auf die Dauer die Mongolen für den christlichen Glauben gewinnen.[23]

Offenbar waren die Missionare bestrebt, zunächst den mongolischen Adel mit Geschenken und Aufmerksamkeiten für sich einzunehmen.[23] Dazu gehörte auch, daß die Gesellschaft Jesu Ordensbrüder wie Jean-Denis Attiret und Giuseppe Castiglione in die Mongolei entsandte, um von den dortigen Chalcha-Fürsten Porträts anzufertigen. Während eines sechswöchigen Aufenthalts in Jehol im Jahre 1750 schuf Attiret allein zweiundzwanzig Porträts.[24] »Die Mongolen waren«, so Attiret über deren Reaktion, »wenig darin gewöhnt, sich abge-

bildet zu sehen. Als sie nach einigen Pinselstrichen eine Ähnlichkeit mit ihrem Aussehen bemerkten, lachten sie übereinander. Sobald das Bild fertiggestellt war, zeigten sie sich begeistert. Sie vermochten kaum zu begreifen, wie das möglich war und hörten nicht auf, die Palette und den Pinsel zu betrachten; keine Handlung des Malers entging ihrer Aufmerksamkeit.«[25] Neben den von Attiret gemalten Porträts verfügen wir aber auch über schriftliche Beschreibungen von Chalcha-Fürsten. So schildert Pater Gerbillon, der 1691 die Huldigung des Chalcha-Khans Tüsiyetü[26] vor Kaiser Kangxi miterlebte, das Auftreten des Mongolen wie folgt: »Dieser sogenannte Kaiser war ein junger Mann, der anscheinend etwas über zwanzig Jahre alt war. Für einen Chalcha, deren Aussehen im allgemeinen sehr häßlich ist, hatte er ein einigermaßen angenehmes Gesicht. Er war nach Art der Taiki gekleidet mit einer Jacke aus chinesischem Goldbrokat, die mit schwarzem Pelz gesäumt war; seine Stiefel bestanden aus Atlas, er trug eine Pelzmütze aus einem fast aschfarbenen Weißfuchs. Er sprach sehr wenig während dieses Besuchs und nahm fast nichts von den Speisen, die man ihm anbot.«[27]

Die mongolische Stammes- und Heeresordnung fand bei den Jesuitenmissionaren lebhafte Beachtung. Pater Gerbillon, der diesen Themen seine besondere Aufmerksamkeit zuwendet, unterscheidet drei Gruppen von Mongolen, die Ölöten (Oiraten), die er mit den Kalmücken gleichsetzt, die Chalcha und die eigentlichen Mongolen, »die um die grosse Mauer herum wohnen[28].« Die Wohnsitze der letzteren erstreckten sich nach seiner Beschreibung zwischen Liaodong im Osten und Ningxia im Westen, zwischen der Shamo-Wüste im Nordwesten und der Großen Mauer im Süden. Damit nahm Pater Gerbillon die noch heute gültige Einteilung in die drei wichtigsten Sprachgruppen der Westmongolen (Oiraten, Kalmücken), der Zentralmongolen (Chalcha u. a.) und der Südmongolen vor. Außer Betracht bleiben nur die Burjaten im Norden und isolierte Randgruppen, wie die Monguor, Bao'an, Daguren und andere.[29] Gerbillon betont die sprachliche Einheit der Mongolen, die zu seiner Zeit auch zwischen Ost- und Westmongolen noch bestanden haben muß: »Zwar haben sie (die Mongolen) nicht alle einerley Mundart; aber sie verstehen doch einander, und wer die eine Mundart verstehet, der verstehet alle andere.«[30]

Nach Gerbillons Darstellung gliederten sich die Mongolen in militärische Einheiten, die sogenannten Banner (mongolisch: qosiɣun), die seit 1691 auch offiziell als Verwaltungsbezirke in Erscheinung traten. Der Pater veranschlagt übereinstimmend mit anderen Quellen die Zahl der Banner bei den Südmongolen auf 49, bei den Chalcha auf sieben.[31]

19 Hier zitiert nach der deutschen Ausgabe Du Halde: Beschreibung IV, S. 21 ff.
20 Du Halde: Beschreibung IV, S. 121.
21 Ein li (chinesisches Längenmaß) entspricht einer Entfernung von 576,5 Meter.
22 Du Halde: Beschreibung IV, S. 143.
23 Zitiert nach J. v. Hecken: Dokumentatie II, S. 10.
24 J. v. Hecken: Dokumentatie, S. 63.

25 Lettres édifiantes et curieuses écrites des missions étrangères. Nouvelle édition. Mémoires de la Chine XXIII. Paris 1781, S. 330.
26 Gerbillon bezeichnet ihn als Tchetching chan.
27 Du Halde: Description IV, S. 250—251.
28 Du Halde: Beschreibung IV, S. 40.
29 Vgl. M. Weiers: Zur Herausbildung und Entwicklung mongolischer Sprachen. Ein Überblick. In: M. Weiers, Hg.: Die Mongolen. Beiträge zu ihrer Geschichte und Kultur. Darmstadt 1986, S. 29-69.
30 Du Halde: Beschreibung IV, S. 40.
31 Vgl. V. Veit: Die mongolischen Völkerschaften. In: M. Weiers, Hg.: Die Mongolen, S. 402, 406—407. In einem weiteren Bericht, der unter

Er zeichnet von den Chalcha-Mongolen ein Bild feudaler Zersplitterung: Danach herrschten über die etwa 600 000 Familien des Volkes sieben Bannerherren, von denen drei den Ehrentitel eines Khan für sich in Anspruch nahmen. Jedem Bannerherren unterstanden Hunderte von *tayiǰi,* das heißt »Thronfolger«, mongolische Adlige, die sich als Nachkommen Činggis Khans und seiner Brüder betrachteten und bei Gerbillon als »Taiki« in Erscheinung treten. Diese *tayiǰi* »erwiesen den Han (= Chinesen) keinen anderen Respect, als daß sie ihnen bey öffentlichen Zusammenkünften den obersten Platz liessen, sich selbst aber als Glieder eines alliierten Volks ansahen, die einander wechselsweise Beystand zu leisten schuldig wären[32].«

Übereinstimmend berichten alle Autoren des 17. Jh.s vom übermächtigen Einfluß, den der Buddhismus in seiner tibetischen Form als Lamaismus auf die mongolische Gesellschaft ausübte. Der Lamaismus hatte bei den Ostmongolen seit Mitte des 16. Jh.s endgültig Fuß gefaßt und auch politisch eine Vormachtstellung erlangt, als einer der Khane der Chalcha, der Tüsiyetü Khan Gömbo (gest. 1655) seinen Sohn zum geistlichen Oberhaupt der Mongolen, zum »heiligen, ehrwürdigen Herrn« (tibetisch: rJe-btsun dam-pa) ernannte. Über die Rolle des Lamaismus schreibt Pater Gerbillon: »Die Mongols sind überhaupt ganz gute Leute, und dabey in ihrer Religion überaus andächtig. Ihren Lamas, ob sie gleich unwissende und lasterhafte Leute sind, sind sie dergestalt zugethan, daß nicht die geringste Hofnung übrig bleibet, sie zum wahren Glauben zu bekehren.«[33]

Weit abschätziger noch fiel das Urteil aus, das ein anderer Jesuit, P. Thomas Pereira, über die Lamas fällte. Er berichtete von einer Reise, die er 1685 zusammen mit P. Grimaldi zu den Mongolen unternahm: »Da kamen auch einige Lamas, eine Art Bonzen, die behaupteten, sie stammten ursprünglich aus Tibet. Diese Bonzen erfreuen sich großer Wertschätzung, so daß sie die höchsten Ehrenämter erlangen; aber ihr Gott ist ihr Bauch. Sie verehren den Götzen Fo. Ihr Gesetz verbietet ihnen, Fleisch zu essen. Aber diese Männer, die zu den beleibtesten gehören, bekannten in aller Öffentlichkeit, daß sie selbst ungekochtes rohes Fleisch verschlangen; und als ich ihnen das vorwarf und sie fragte, wer die wirklichen Bonzen waren, antworteten sie, daß die wirklichen Bonzen Narren seien und daß sie sich über diese lustig machten. Im Sommer haben sie Arme, Schultern und Brust entblößt, aber im Herbst hüllen sie sich in die kostbarsten Pelze, außer in solche einer besonders hellen Farbe, die nur dem Kaiser vorbehalten sind.«[34]

Die Lamas scheinen bei den Mongolen die prochinesischen Gruppierungen eifrig unterstützt zu haben. Als 1688 die von den westmongolischen Oiraten bedrängten Chalcha-Fürsten Beratungen darüber abhielten, ob sie sich unter den Schutz Rußlands stellen sollten, aber in dieser Frage keine Einigung erzielen konnten, wandten sie sich um Rat an den J̌ebčundamba Khutukhtu. Der Lama erklärte den Fürsten, im Falle eines Anschlusses an das Zarenreich werde die »Gelbe Kirche« den Ungläubigen schutzlos preisgegeben und gab mit dieser Mahnung den Ausschlag für die Entscheidung der Fürsten, sich nicht der russischen, sondern der chinesischen Oberhoheit zu unterstellen.[35] Die engen Bindungen zwischen mongolischem Lamaismus und der Mandschu-Dynastie waren aber offensichtlich schon früher geknüpft worden. So vermerkt Gerbillon, bereits der Großvater des Kaisers Kangxi, Abahai (reg. 1626—1643), habe Verbindung zum Dalai Lama aufgenommen, der sich daraufhin der Oberhoheit der Mandschu-Herrscher unterstellt habe, »seit welcher Zeit alle abendländischen Tartarn Vasallen des Kaysers gewesen«[36].

Im Gegensatz zu den Lamas und Adligen lebte die große Masse der Mongolen in bescheidenen, ja ärmlichen Verhältnissen. Pater Gerbillon berichtet zum Beispiel von einer Gruppe, der er während seiner zweiten Reise 1689 begegnet war: »Sie sind sehr arm und führen ein so elendes Leben, wie man es sich kaum vorstellen kann.«[37]

Derselbe Autor schildert einen anderen Besuch wie folgt: »In einem Thal sahen wir eine grosse Anzahl Gezelten beysammen, die ein Tartarisches Dorf vorstellen solten. Ihre Wirtschaft sieht abscheulich aus. In dem einen Gezelt, darein ich eintrat, erblickte ich ein Stück Fleisch, das ärger war als Luder; und nicht weit davon zwey Weiber, die entsetzlich genennet werden konten. Sie wissen von keinem Gelde, sondern setzen ihre Pferde, Kühe und Schafe gegen andere Nothwendigkeiten um. Männer und Weiber sind gekleidet nach Art der Mantcheouischen Tartaren (der Mandschu), aber weit armseliger. Sie wissen nichts vom Ackerbau, daher essen sie auch weder Brod noch Reiß. Man sagte mir, daß sie nicht lange lebten, und daß unter ihnen wenig alte Leute gefunden würden.«[38]

Ausführlich gehen manche der Berichterstatter auf das Nomadenleben der Mongolen ein. P. Verbiest beschränkt sich noch auf das Wesentliche: Die Mongolen sind in ihrer Mehrzahl Hirten und wandern »von einem Ort zum anderen, wo sie nur Weide finden können[39].« Er beobachtet zutreffend, daß die Steppenhirten keine Stallhaltung kennen und daher im Gegensatz zu den Chinesen auf Schweine- und Geflügelzucht keinen Wert legen. Vielmehr begnügen sie sich mit der Haltung von Tieren, »die sie mit den von selbst wachsenden Kräutern unterhalten können[40].«

dem Titel »Mémoire géographique sur les terres occupées par les princes Mongous ranges sous quarante-neuf Ki ou Etendards« Aufnahme in das Werk Du Haldes fand und vermutlich gleichfalls Gerbillon zum Verfasser hat, werden die Banner der Mongolen namentlich und ihrer geographischen Anordnung entsprechend aufgezählt. Die Auflistung kann hier leider aus Platzmangel nicht wiederholt werden. Du Halde: Description IV, S. 71—75.

32 Du Halde: Beschreibung IV, S. 44; vgl. auch Du Halde: Description II, S. 251.
33 Du Halde: Beschreibung IV, S. 57.
34 J. d'Orléans: History of the two Tartar Conquerors of China including the two Journeys into Tartary of Father Ferdinand Verbiest in the suite of the emperor Kang-hsi from the French of Père Pierre Joseph d'Orléans of the Company of Jesus to which is added Father Pereira's Journey into Tartary in the suite of the same emperor from the Dutch of Nicholas Witsen translated and edited by Earl of Ellesmere with introduction by R. H.

Major. New York. N. Y. 1854, S. 143. Vgl. auch J. Sebes: The Jesuits, S. 188—189, 262—263; Du Halde: Beschreibung IV, S. 40, 45—46, 140.
35 J. Sebes: The Jesuits, S. 53.
36 Du Halde: Beschreibung IV, S. 140.
37 Du Halde: Description IV, S. 107.
38 Du Halde: Beschreibung IV, S. 136.
39 Du Halde: Beschreibung IV, S. 127.
40 Du Halde: Beschreibung IV, S. 127.

Die Nahrung der Mongolen ist ganz dem Hirtenleben angepaßt. Sie leben von Milch, Käse und Fleisch. P. Verbiest kennt
die gegorene Stutenmilch, Kumiss, »das unserem Brandtewein
nahekomt, das ihnen sehr gut schmeckt und darin sie sich flei-
ßig berauschen[41].« Im übrigen bilden für ihn die Steppenhirten eine Gesellschaft, die mühsam ihre Existenz fristet. Sind
sie doch »mit keinem anderen Gedanken vom Morgen bis zum
Abend beschäftigt, als was sie essen und trinken wollen, wie
ihr Vieh, damit sie sich ernähren[42].«

Noch eingehender befaßt sich P. Gerbillon mit der Nomaden-
wirtschaft.[43] Er stellt Nachfragen bei den Mongolen an, »wie
sie denn in einem so elenden Lande bestehen könten?«[44], und
er erfährt, daß sie sich im Sommer lediglich »von der Milch
ihres Viehes und mit Chinesischem Thee unterhielten«, während sie im Winter, wenn es an Milch mangelte, vorwiegend
vom Fleisch geschlachteter Tiere lebten.[45] Die kalte Jahreszeit, so Gerbillon weiter, verbrächten sie fast ausschließlich in
ihren Jurten, wo sie sich an Feuern von Viehdung wärmten.[46]
Gerbillons Bericht macht jedoch auch deutlich, daß die Mongolen wirtschaftlich nicht in jeder Hinsicht autark waren. So
benutzten sie ihr Vieh auch als Handelsware, um dafür von den
Chinesen Tee, Tabak und Textilien zu erwerben.[47]

Neben der Viehzucht bildete die Jagd den wichtigsten
Erwerbszweig im Leben der Steppennomaden. So vermerkt
bereits Rubruk um die Mitte des 13. Jh.s, daß die Mongolen
»sich einen großen Teil ihrer' Nahrung durch die Jagd
beschaffen[48].« In Notzeiten bot die Jagd häufig den einzigen
Ausweg, um dem Hungertode zu entgehen.[49] Die Mongolen
kannten zwei Formen der Jagd, die *ang* und *aba*. Während die
erstere von einzelnen oder kleinen Gruppen ausgeübt wurde,
handelte es sich bei der *aba* um die große Treibjagd, die den

Fürsten vorbehalten blieb und oft Tausende von Jägern und
Treibern in Anspruch nahm.[50]

Treibjagden dieses Ausmaßes waren bereits an den Höfen der
Liao- und Mongolenherrscher üblich gewesen[51] und erfreuten
sich noch bei den Mandschu-Kaisern größter Beliebtheit, die
ihre regelmäßigen Nordreisen nicht zuletzt auch als großange-
legte Jagdexpeditionen (*quiuxian*) unternahmen.[52] Die kaiserlichen Treibjagden mußten daher die Aufmerksamkeit der
Jesuiten in besonderem Maße auf sich ziehen.

Besonders ausführlich sind wir durch die Patres Verbiest und
Gerbillon über Treibjagden unterrichtet, die sie als Augenzeugen in den Jahren 1682 und 1691 miterlebten. Gerbillon
bemerkt ausdrücklich, daß die von ihm beobachtete Treibjagd
von Mongolen der dem Jagdterritorium benachbarten Gebiete
ausgerichtet wurde, »die an diese Art von Jagd gewöhnt waren
und die sich sehr gut darauf verstanden, das Wild einzukesseln
und es dorthin zu treiben, wohin man es ihnen zu jagen
befahl[53].« Insgesamt beteiligten sich an dem Unternehmen
2 000 Jäger, die nach Bannern geordnet waren.[54] Nach Verbiest nahmen an der Treibjagd von 1682 3 000 Menschen
teil[55], »die alle mit Pfeilen und Wurfspiessen versehen waren.
Diese musten sich zertheilen und einen grossen Raum um die
Berge herum einschliessen. Und das machte einen halben Cir-
cul aus, der wenigstens 3 000 Schritt im Diameter hielt. Und
damit alles ordentlich zugehen möchte, so hatte der Kayser hin
und wieder Capitains unter sich gestellet, ja sogar einige Grossen seines Hofes. Diese ausgebreitete Menge Menschen muste
nun von allen Seiten her zusammenrucken, und einen engen
Creis schliessen, der etwa 300 Schritte im Diameter hatte.
Mithin trieben sie alles Wild an einen Ort zusammen; indem
sie so enge geschlossen waren, daß kein Stück durch sie strei-
chen und entwischen konte[56].« Im Zentrum des Treibens aber
hatten der Kaiser, dessen Söhne und engste Umgebung Aufstellung genommen, um das Wild mit Pfeilschüssen zu
erlegen.[57]

Bis in die Einzelheiten gleicht diese Schilderung den älteren
Darstellungen von Autoren wie Al-Umari[58], Juveyni[59] und
Wilhelm Rubruk[60], aber auch von chinesischen Quellen[61], die
uns über die mongolischen Treibjagden des 13. und 14. Jh.s in

41 Ebda.
42 Ebda.
43 Vgl. auch die Ausführungen von P. François Noël in seinem Brief an den
   Ordensgeneral (1703). In: Lettres édifiantes et curieuses écrites des missions etrangéres XVIII, Paris 1781, S. 181—182.
44 Du Halde: Beschreibung IV, S. 145.
45 Ebda.
46 Ebda. Nicht viel anders beschreiben schon chinesische Annalisten des
   13. Jahrhunderts das Nomadendasein der Mongolen. So heißt es im
   Qidan guozhi: ». . . sie (die Mongolen) betreiben keinen Ackerbau, die
   Jagd ist ihre Hauptbeschäftigung, sie haben keinen ständigen Wohnsitz,
   sondern wandern alle vier Jahreszeiten dem Wasser und dem Gras folgend, ihre Nahrung besteht nur aus Fleisch und Stutenmilch«. Zitiert
   nach P. Ratchnevsky: Činggis-Khan. Sein Leben und Wirken. Wiesbaden 1983, S. 7. Pflanzliche Zusatznahrung verschaffte man sich durch
   das Sammeln wilder Früchte. Vgl. Lettres édifiantes XIX, Paris 1781, S.
   321.
47 Du Halde: Beschreibung IV, S. 144. Von diesem Handel ist bereits in der
   »Geheimen Geschichte« der Mongolen und in chinesischen Quellen des
   13. Jahrhunderts die Rede. Die Geheime Geschichte der Mongolen. Hg.:
   E. Haenisch, Leipzig 1948, § 85, S. 17; § 182, S. 71; § 249, S. 122.
   Vgl. dazu P. Poucha: Die Geheime Geschichte der Mongolen. Praha
   1956, S. 172—173. Siehe ferner Meng-Ta pei-lu und Hei-Ta shih-lüeh.
   Chinesische Gesandtenberichte über die frühen Mongolen 1221 und
   1237. P. Olbricht u. E. Pinks (Asiatische Forschungen, Bd. 56) Wiesbaden 1980, S. 151—154.
48 A. v. d. Wyngaert: Sinica Franciscana I. Quaracchi-Firenze 1929, S.
   180.
49 Vgl. dazu S. Jagchid und C. R. Bawden: Notes on Hunting of Some
   Nomadic Peoples of Central Asia. In: Die Jagd bei den altaischen Völkern. Vorträge der VIII. Permanent International Altaistic Conference
   vom 30. 8. bis 4. 9. 1965 in Schloß Auel. (Asiatische Forschungen, Bd.
   26) Wiesbaden 1968, S. 91—94.
50 Ebda. S. 90—91.
51 Vgl. K. A. Wittfogel und Fêng Chia-shêng: History of Chinese Society.
   Liao (907—1125), Philadelphia 1949, S. 118—120; E. Haenisch: Die
   Abteilung Jagd im 5-sprachigen Wörterspiegel. In: Asia Major X 1935,
   S. 59—93; S. Jagchid und C. R. Bawden: Notes on Hunting, S. 90.
52 Noch 1754 berichtet P. Amiot in einem Brief aus Peking über die Nordreisen der Mandschu-Kaiser: »Der Kaiser befahl ihnen (den Mongolen),
   sich nach Jehol zu begeben, einem Ort in der chinesischen Tartarei,
   wohin er jedes Jahr reist, um das Vergnügen der Jagd zu genießen«. Lettres édifiantes et curieuses. Mémoires de la Chine. XXIII. Paris 1781,
   S. 314; Du Halde: Beschreibung IV, S. 126—127; Du Halde: Description IV, S. 208—209, 217—218; 311—312; 333—339; 382—383; 419.
53 Du Halde: Description IV, S. 311.
54 Ebda.
55 Du Halde: Beschreibung IV, S. 123.
56 Du Halde: Beschreibung IV, S. 123.
57 Du Halde: Description IV, S. 311—312.
58 K. Lech, Hg.: Das mongolische Weltreich. Wiesbaden 1968, S. 98—99.
59 J. A. Boyle, Hg.: The History of the World-Conqueror by 'Ala-ad-Dīn
   'Ata-Malik. Manchester 1958. I, S. 27.
60 A. v. d. Wyngaert: Sinica Franciscana I, S. 180—181.
61 P. Olbricht und E. Pinks: Chinesische Gesandtenberichte, S. 117.

Kenntnis setzen. Die meisten Berichte heben den militärischen Charakter der Treibjagden hervor. So betont Juveynī, man habe die Jagden auch veranstaltet, um die Krieger im Bogenschießen zu üben und an das Ertragen von Strapazen zu gewöhnen.[62] Die Jagden der Mandschu-Kaiser bildeten hier keine Ausnahme. Die von Gerbillon erwähnten Strafbestimmungen für diejenigen Schützen und Treiber, die während der Jagd ihren Posten verlassen oder ohne Anordnung auf das Wild schießen, lassen die militärischen Zielsetzungen der Treibjagden deutlich hervortreten.[63]

Die Teilnahme an Jagd und Krieg, zu der die Mongolen seit Činggis Khan gleichermaßen verpflichtet waren, bot ihnen außerdem die Chance zu sozialem Aufstieg und die Gelegenheit zu persönlicher Bereicherung. Nach der Jagd wie nach dem Krieg wurden die Offiziere — je nach Leistung — befördert oder degradiert, während die Beute zur Verteilung an alle Soldaten gelangte.[64] Hatte bereits Činggis Khan treuen Gefolgsleuten als *darqad* das Recht verliehen, Kriegs- und Jagdbeute für die dem Herrscher erwiesenen Dienste in Anspruch zu nehmen[65], so bezeugt P. Gerbillon, daß Kaiser Kangxi nach den Treibjagden eine Verteilung der Beute an die Soldaten vorgenommen habe, denn, so Gerbillon, »die Tartaren . . . betrachten die Jagd als Abbild des Krieges und sind überzeugt, daß derjenige, der bei der Jagd nicht seine Stellung halten und seine Pflicht erfüllen kann, im Kriege ebenso versagen wird«.[66]

Eingehend schildert Gerbillon die Feierlichkeiten, die der kaiserliche Hof 1691 aus Anlaß der Unterwerfung der Chalcha-Mongolen anordnete.[67] Die Huldigung der Chalcha-Fürsten vor dem Kaiser beschreibt derselbe Autor wie folgt: »man befahl ihnen, sich dem Kaiser langsam zu nähern . . . und als sie in Reih und Glied aufgestellt waren, rief ein Offizier des Zeremonienamtes mit lauter Stimme auf tartarisch: ›kniet nieder!‹ Sie gehorchten sofort. Wieder rief er: ›schlagt mit dem Kopf auf die Erde!‹ Sie berührten sogleich den Boden mit der Stirn . . . Die Huldigung, die man dem Kaiser erweist, besteht aus drei Kniefällen und neun Kotaus.«[68] Zu den Veranstaltungen, die sich der Huldigungszeremonie anschlossen, gehörten Bogenschießen, Pferderennen und Ringen, traditionelle Sportarten der Mongolen also, die sich bis heute unter der Bezeich-nung *erijn gurwan naadam,* das heißt »drei Spiele der Männer«, großer Beliebtheit erfreuen und die Gerbillon eingehend schildert[69]. So schreibt er über die Ringkämpfe: »Als dieses Vergnügen (das Pferderennen) beendet war, begann man mit einem neuen: man veranstaltete Ringkämpfe der Chalcha gegen Mandschu, (andere) Mongolen und Chinesen; sie kleideten sich in Hemden, Unterhosen und Stiefel und die Chalcha wickelten ihre erbärmlichen Hosen über die Schenkel hoch, um nicht behindert zu werden. Im allgemeinen siegten die Chalcha, denn die besseren Ringer befinden sich auf ihrer Seite. Es gab drei oder vier, die sich besonders durch Stärke und Gewandtheit auszeichneten. Ich sah zwei oder drei, die ihre Gegner, ohne ihnen Zeit zum Widerstand zu lassen, in die Luft hoben und umwarfen. Sie zogen die Bewunderung und den Beifall aller Zuschauer auf sich.«

Unter den Jesuitenrelationen sind die Berichte der Patres Verbiest, Gerbillon und Pereira von herausragender Bedeutung. Bieten sich doch neben einer Vielzahl von zuverlässigen Beobachtungen zur Geographie und Ethnographie der nördlichen Außenländer Chinas wertvolle Angaben zu politisch so bedeutsamen und nachhaltigen Ereignissen wie dem russisch-chinesischen Vertrag von Nerčinsk (1689) und der Unterwerfung der Chalcha-Mongolen (1691). Diese Nachrichten gehören einer Zeit an, in der der Einfluß von Mitgliedern der Gesellschaft Jesu am Hofe der Mandschu-Kaiser seinen Höhepunkt erreicht hatte und den Jesuiten die Möglichkeit bot, unter kaiserlichem Schutz in die nördlichen Grenzregionen zu reisen.

Nach dem Tode des Kaisers Kangxi im Jahre 1722 sahen sich die Patres vorübergehend Verfolgungen ausgesetzt und am Zugang zu ihren neuen Missionsgebieten gehindert. Gleichwohl gelang es einzelnen Vätern auch in den folgenden Jahrzehnten auf oft abenteuerlichen Wegen bis zu den Mongolen vorzudringen und dort ihre allerdings nur von mäßigen Erfolgen begleitete Missionsarbeit wieder aufzunehmen. Erst die kirchliche Aufhebung der Gesellschaft Jesu im Jahr 1773 sollte diesem Wirken ein jähes Ende bereiten. Deren religiöses und kulturelles Erbe aber traten in der Mongolei andere Orden an, wie die nicht minder erfolgreichen Kongregationen der Lazaristen und der Scheuter Missionare.

62 J. A. Boyle: History of the World Conqueror. I, S. 27, vgl. auch K. Lech: Das mongolische Weltreich, S. 99 und G. Doerfer: Türkische und mongolische Elemente im Neupersischen. Wiesbaden 1963, I, S. 291—293.

63 Du Halde: Description IV, S. 335. Die Strafen für Jagdvergehen waren unter den Mandschus bereits vergleichsweise milde. P. Gerbillon weiß von hundert Stockhieben, die den Delinquenten verabreicht wurden. Ebda. Hingegen berichtet Al-Umarī von den Treibjagden Činggis Khans: »Einen Soldaten, bei dem ein Stück Wild durchbricht, pflegt man nach Maßgabe des vorliegenden Falles zu bestrafen, bisweilen sogar hinzurichten«. K. Lech: Das mongolische Weltreich, S. 99.

64 P. Poucha: Die Geheime Geschichte, S. 132.

65 Geheime Geschichte, Hg.: E. Haenisch, S. 103, § 219; vgl. dazu B. Vla-

dimirtsov: Le régime social des Mongols. Le féodalisme nomade. Paris 1948, S. 137.

66 Du Halde: Description IV, S. 338.

67 Zur Vorgeschichte dieser Huldigung vgl. Seite 77. Siehe auch V. Veit: Die mongolischen Völkerschaften vom 15. Jahrhundert bis 1691. In: M. Weiers, Hg.: Die Mongolen. Beiträge zu ihrer Geschichte und Kultur. Darmstadt 1986, S. 402—410.

68 Du Halde: Description IV, S. 323.

69 Vgl. dazu J. Schubert: Paralipomena Mongolica. Wissenschaftliche Notizen über Land, Leute und Lebensweise in der Mongolischen Volksrepublik. Berlin 1971, S. 177—179.

70 Du Halde: Description IV, S. 331.

Die Westmongolen und Galdan (1644—1697)

Veronika Veit, Bonn

»Im Hasenjahr (1207) schickte [Činggis Qaγan] Dschotschi mit den Heeren des rechten Flügels auf einen Kriegszug gegen die Waldvölker. Bucha ging als Führer des Weges. Chuducha beki von den Oirat kam als erster von den zehntausend Oirat zur Unterwerfung. Er kam und führte den Dschotschi und wies ihm den Weg zu seinen zehntausend Oirat, und bei Schichschit zwang man sie zur Ergebung.« — So heißt es in der *Geheimen Geschichte der Mongolen,* und dies ist wohl die älteste Nachricht, die wir aus den Quellen bezüglich der Westmongolen haben. Ansässig zu jener Zeit zwischen Yenissej und Angara und im wesentlichen von der Jagd lebend, gehörten sie ethnisch ebenfalls zu den Mongolen, unterschieden sich jedoch von den übrigen hinsichtlich ihres Dialekts. Ihre Beziehungen zu den činggisidischen (Ost-) Mongolen waren durch Gefolgschaftspflicht und Heiratsverbindungen bestimmt. Nach dem Zerfall des mongolischen Großreichs 1259 und dem Sturz der Yuan-Dynastie 1368 gewannen die Westmongolen jedoch zunehmend an Bedeutung. Von da an sollte die Rivalität zwischen jenen und den Ostmongolen den Verlauf der Geschichte der mongolischen Völkerschaften wesentlich mitbestimmen.

In Europa sind die Westmongolen bekannt geworden als Dsungaren, Ölöten oder Kalmücken. Diese Verschiedenheit der Namen hängt einmal mit den Stämmen zusammen, die zu den Westmongolen gehören, zum anderen auch mit den unterschiedlichen Überlieferungen, denen wir unsere Kenntnisse bezüglich der Westmongolen verdanken. Leider ist uns weder aus der *Geheimen Geschichte* noch aus anderen Quellen des 13. Jh.s überliefert, welche Stämme damals zu den Oirat zählten. Erst aus den mongolischen Chroniken des 17. Jh.s erfahren wir genaueres, und hier werden als einer der vier Stämme der Oirat die Ögeled (gesprochen Ölēd) genannt, unter welcher Bezeichnung sie dann auch Eingang in die chinesischen Quellen gefunden haben, und von dort durch die Arbeiten des Paters Jean Joseph Marie Amiot S. J. (1718—1793) in Europa bekannt wurden.

Die Bezeichnung Dsungaren geht auf den mongolischen Begriff *Ĵegün γar*, wörtlich »Linke Hand« mit der Bedeutung »Linker Flügel« zurück, ein Begriff, der zur Einteilung der mongolischen Völkerschaften gemeinhin verwendet wird.

Die Bezeichnung Kalmücken ist vom türkischen *Qalmaq* abzu-

Die Schlacht von Orzi-Ĵalatu. Kupferstich im Auftrag des Qianlong-Kaisers nach einer Vorlage von Giuseppe Castiglione, gestochen von J. P. Le Bas, Frankreich 1770, 58 x 94,5 cm. Museum für Völkerkunde, Berlin (I. D. 31 770).

leiten und erscheint im Russischen als *Kalmyk*. Die Etymologie ist nicht gesichert. Heute bezeichnet man mit Kalmücken jenen Teil der Westmongolen vom Stamm der Torguten, die 1771 bei der Rückwanderung in das alte Wohngebiet in Ili an der Wolga verblieben waren, und die nun in der Kalmückischen Sowjetrepublik leben.

Eine erste Wanderungsbewegung noch während der Yuan-Dynastie hatte die Oirat in die Altai-Region nördlich von Hami geführt. Hier änderte sich die wirtschaftliche Grundlage ihres Lebens: von vorwiegend Jägern und Fischern entwickelten sie sich zu pferdezüchtenden Hirtennomaden. Von hier aus auch nahm ihr erster Machtaufstieg seinen Anfang und erreichte mit Esen (gest. 1455) seinen ersten Höhepunkt: er nahm 1449 den Zhengtong-Kaiser der Ming gefangen, belagerte Peking und dehnte sein Reich von Hami im Westen bis zu den Jürčen-Gebieten im Osten aus.

Danach wendete sich das Blatt erneut zugunsten der činggisidischen Ostmongolen, die unter ihrem Großkhan Dayan (1464[?]—1543) zu Einigung und Stärke zurückfanden, und unter Altan Khan der Tümed (1507—1582) auch das Gebiet um die alte Hauptstadt Karakorum in siegreichen Feldzügen gegen die Oirat wiedererlangten.

Im folgenden waren es dann zwei weitere Faktoren, die den Verlauf der Geschichte der mongolischen Völkerschaften wesentlich mitbestimmen sollten: zum einen die Neu- bzw. Wiederbekehrung zum tibetischen Buddhismus, zum anderen der Aufstieg der Mandschus zur Großmacht, die sie zu Kaisern von China und zu Herren über Zentralasien machen sollte. Wann und wie die Bekehrung der Oirat zum Lamaismus erfolgte, ist nicht ganz sicher; es muß aber gegen Ende des 16./Beginn des 17. Jh.s gewesen sein. Die Wiederbekehrung der Ostmongolen erfolgte auf Anstoß des Altan Khan von den siebziger Jahren des 16. Jh.s an. Mit dem Buddhismus tibetischer Prägung kam eine Kraft ins Spiel, die das mongolische Geistesleben, die Entwicklung der Sprache und Gestaltung der Gesellschaft wesentlich beeinflußte. Gleichzeitig erlangte die lamaistische Kirche eine ebenso reale wirtschaftliche wie politische Machtstellung.

Im beginnenden 17. Jh. nun finden wir die Oirat in vier Stämme aufgeteilt und ansässig in folgenden Gebieten: 1. die Qošod in der Gegend des Köke naγur (Qinghai-See); 2. die Dsungaren (auch genannt die Ögeled des Nordens) zwischen Altai und Irtysch; 3. die Dörbed im Gebiet von Ulaangom und 4. die Torgut im Gebiet von Tarbagatai. Die Nachrichten hierüber stammen im wesentlichen aus Quellen der Qing-Zeit, in chinesischer, mongolischer und mandschurischer Sprache. Leider stimmen die Angaben nicht immer überein, sowohl was die Stämme selbst als auch was deren Wohngebiete anlangt, so daß es nicht immer ganz leicht ist, ein klares Bild zu erhalten. Jeder der vier Stämme der Oirat unterstand einem erblichen Anführer. Im Verlauf des 17. Jh.s nun kam es zu erheblichen Machtverschiebungen und zum Aufstieg zweier dieser Anfüh-

Der Kaiser begibt sich persönlich vor die Stadt, um die Berichte verdienter Offiziere und Soldaten entgegenzunehmen. Kupferstich im Auftrag des Qianlong-Kaisers anläßlich des 2. Dsungarenkrieges (1754—1759), von Ch.-N. Chochin nach der Vorlage von J. Damascene. Frankreich 1772, 58 x 94 cm. Museum für Völkerkunde, Berlin (I. D. 31 772).

Porträt von Dawa, Herzog der Čoros, 70,2 x 55 cm. Museum für Völker-kunde, Berlin (I. D. 22 228).

Porträt von Cering, Fürst der Dörbed, 69,5 x 54,5 cm. Museum für Völker-kunde, Berlin (I. D. 31 805).

rer, Gushi Khan von den Qošod (1582—1656) und Erdeni Batur Qungtayiji von den Dsungaren (gest. 1653[65?]).

Der Aufstieg Gushi Khans stand auch in Zusammenhang mit der Übernahme des Lamaismus der reformierten dGe-lugs-pa-Richtung durch die Westmongolen. Er unterstützte den fünften Dalai Lama mit mehr als 10.000 oiratischen Truppen und errang im Jahre 1637 einen entscheidenden Sieg für ihn. Weitere Siege folgten, bis Gushi Khan 1641 schließlich in Zentraltibet einmarschierte. Man darf nicht vergessen, daß zu jener Zeit weder der Dalai Lama noch die dGe-lugs-pa in Tibet fest im Sattel saßen; vielmehr war es so, daß eine Reihe von Fürsten sich um die Macht stritten, und auch die nichtreformierte Richtung des Lamaismus, die rÑiṅ-ma-pa, sowie andere Sekten ihre Interessen dabei ins Spiel brachten. Nunmehr aber gehörte Tibet machtpolitisch zum dsungarischen Reich, und am 13. April 1642 ernannte der Dalai Lama Gushi Khan zum Dharmarāja (tib. Chos-rGyal) von Tibet. Diese Verbindung von politischer Macht und geistlichem Prestige hielten die Westmongolen für eine sehr vorteilhafte und gewinnbringende Sache. Sie hatte auch ihre Vorläufer bei den Mongolen: es sei erinnert an den Kaiser Qubilai und den 'Pags-pa Lama aus dem Hause Sa-skya (1239—1280), und den bereits erwähnten Altan Khan der Tümed und den Abt des Klosters 'Bras-spuṅs bSod-nams-rgya-mts'o (1543—1588), den jener im Jahre 1578 zum Vajra-dhara Dalai Lama ernannte. Auch die Qing-Kaiser waren sich dieses Wertes bewußt und setzten ihn später, bei der

Handhabung der mongolischen Völkerschaften gezielt als Machtmittel ein.

Der fünfte Dalai Lama selbst jedoch sah sich sowohl als geistlichen wie weltlichen Herrscher Tibets — eine Tatsache, die in seinen Augen Bestätigung fand durch den Empfang, den ihm der Shunzhi-Kaiser 1653 in Peking gewährte. Gushi Khan diente ihm als »Waffe« zum Sieg über die Feinde der Lehre. Der Knoten wurde erst zerschlagen, als Gushi Khans Urenkel und Nachfolger als Regent von Tibet, Lacang Khan, im Jahre 1717 ermordet wurde und mandschurische Truppen im Zuge der Auseinandersetzung der Qing mit den Dsungaren im Jahre 1718 in Lhasa einmarschierten. In der Folge machte dann der Yongzheng-Kaiser Tibet zum Protektorat des Qing-Reiches. Dies bringt uns zurück zu Erdeni batur Qungtayiji, der die zweite Machtsäule für die Dsungaren errichtete: dieser direkte Nachkomme des großen Esen in der 11. Generation machte sich die oiratischen Stämme botmäßig, bzw. veranlaßte sie, in andere Weidegebiete auszuweichen. So zogen die Qošod, wie erwähnt, von der Gegend von Urumči nach Qinghai und ein Teil der Torgut an die untere Wolga. Batur Qungtayijis Machtbereich erstreckte sich vom Süden Sibiriens bis in den Nordwesten der Mongolei. Nach seinem Kriegszug mit Gushi Khan zur Unterstützung des Dalai Lama gründete er Kubak Sari, südlich von Tarbagatai, am Ufer des Emil. Er tauschte Gesandte mit Rußland und trieb erfolgreich Handel. Als Batur Qungtayiji 1653 (1665?) starb, ging das Erbe an seinen sech-

Ölporträt des mongolischen Čorosfürsten Dawači, China, 18. Jh., 71 x 55,5 cm. Museum für Völkerkunde, Berlin (I. D. 22 242).

Porträt von Beyise Gendün, Fürst der Dörbed, 70,2 x 55 cm. Museum für Völkerkunde, Berlin (I. D. 22 230).

sten Sohn Sengge. Dieser wurde jedoch 1671 von seinen älteren Halbbrüdern Čečen und Jobta Batur ermordet, woraufhin Galdan, Sengges jüngerer Bruder von der gleichen Mutter, der in Tashilumpo unter dem Pančen Lama studiert hatte, zurückkehrte. Dies geschah gewiß auch auf Wunsch des Dalai Lama, der seine dsungarischen Verbündeten nicht wegen einer Familienfehde geschwächt sehen und verlieren wollte. Galdan rächte den Mord an seinem Bruder und sicherte sich Gefolgschaft, indem er zunächst für die Beseitigung von möglichen Rivalen sorgte.

Galdans Aufstieg zur Macht entwickelte sehr bald eine Dynamik, die ihn nicht nur zum unbestrittenen Großkhan nach činggisidischem Vorbild über die oiratischen Stämme machte, sondern auch zu einer ernsten Bedrohung für die neuen mandschurischen Herren auf dem chinesischen Kaiserthron; ja, die den Historiker Courant zu der berechtigten Frage veranlaßte: »L'Asie centrale aux XVIIe et XVIIIe siècles. Empire Kalmouk ou Empire Mantchou?« Darüber hinaus war ihm die Unterstützung des Dalai Lama sicher. Galdan scheiterte schließlich aus zwei Gründen: Einmal an der alten Rivalität zwischen Ost- und Westmongolen, die weder durch diplomatische Initiativen noch durch Krieg überwunden werden konnte — erschwert noch durch die ebenso traditionsreichen wie fatalen »querelles mongoles« (von Verweigerung der Gefolgschaft trotz oder gerade wegen verwandtschaftlicher Bindungen über widerrechtliche Vereinnahmung von Gefolgsleuten und Vieh bis hin

zu Mord reichend) der einzelnen Fürsten in beiden Lagern untereinander. Damit allein wäre Galdan ohne Zweifel gut fertig geworden, wie seine anfänglichen siegreichen Züge beweisen. Der entscheidende zweite Grund für seinen Untergang war jedoch die bereits erwähnte und ebenfalls zentralasiatische Macht auf dem Throne Chinas, im besonderen in Gestalt des jungen Kangxi-Kaisers, halb mongolischer, halb mandschurischer Abstammung, eines Mannes von großer Klugheit und persönlicher Tapferkeit, den Mongolen sehr zugetan, mit Fortune und jenem Charisma behaftet, das stets die großen zentralasiatischen Herrscher ausgezeichnet hatte.

Am 13. Juni 1696 erlitt Galdan die entscheidende Niederlage in der Schlacht bei J̌uun modun (unweit des heutigen Ulanbator) von der Hand des mandschurischen Generals Fiyanggô. Mit nur tausend Gefolgsleuten und ungefähr dreitausend Frauen und Kindern flüchtete Galdan nach Westen. Seine Gemahlin Anudara war in der Schlacht gefallen, einer seiner Söhne in die Hand des Kaisers gekommen. Ein weiterer Sohn und eine Tochter, die sich damals bei Galdans Neffen und Rivalen Cewang Arabdan befanden, sollten von jenem 1698 ebenfalls an den Kaiser ausgeliefert werden und bis zu ihrem Tode in Peking leben.

Galdan selbst verweigerte nach wie vor eine Unterwerfung. Im Frühjahr 1697 hörte er, daß der Kaiser eine neue Armee gegen ihn aussenden wollte. Seine eigene Kraft aber war erschöpft. Am 4. April 1697 starb er in Ača Amtatai — zwischen Eke

Aral (Kara Usu) und Kobdo gelegen — vermutlich infolge eines Schlaganfalls.

Die letzte Gelegenheit der mongolischen Völkerschaften durch Einigkeit Stärke zu erlangen — wie es ihnen Alan die Schöne in ihrem berühmten Gleichnis von den gebündelten Pfeilen gezeigt hatte *(Geheime Geschichte der Mongolen)* — und damit ein ernstzunehmendes Gegengewicht zu China und der wachsenden Macht des russischen Reiches zu bilden, war mit Galdan vergangen. Die činggisidischen Ostmongolen, untereinander schon im ausgehenden 16. Jh. nicht mehr einig, hatten ihren Vorteil eher in einer Allianz mit den mandschurischen Führern Nurhaci (1559—1626) und Hung Tayiji (1592—1643) gesehen, als ihrem eigenen Großkhan Ligdan (1592—1634) Gefolgschaft zu leisten. Die nördlichen Chalcha, die mit den mandschurischen Führern zunächst lediglich diplomatische Beziehungen aufgenommen hatten, schlugen ein Bündnis mit Galdan aus und begaben sich, nachdem sie von ihm besiegt worden waren, unter den Schutz des Kangxi-Kaisers. Die Westmongolen führten, auch unter Galdans Nachfolgern, mit Unterbrechungen weiterhin Krieg gegen die Qing, bis sie im Jahre 1758 in einem letzten Feldzug fast vollständig vernichtet wurden.

Als zusammenhängende westmongolische Stammesgruppen leben heute noch Qošod in Qinghai und Dörbed im Nordwesten der Mongolischen Volksrepublik. Von den Torgut verblieb eine Gruppe an der Wolga, die Kalmücken, von denen bereits die Rede war. Die andere Gruppe, 33 000 Familien (etwa 169 000 Personen) brachen im Winter 1771 in die alte Heimat auf, wo nach acht Monaten noch etwa 88 000 völlig erschöpft und nahezu mittellos eintrafen. Der Qianlong-Kaiser ließ sie mit allem Nötigen versorgen — Vieh, Getreide, Salz, Tee, Kleidung — und im Ili-Gebiet ansiedeln, wo ihre Nachfahren noch heute leben.

Literatur:

Ahmad, Z.: Sino-Tibetan Relations in the Seventeenth Century (= Serie Orientale Roma XL). Roma 1970.

Baddeley, J.: Russia, Mongolia and China. Nachdruck. New York o. J.

Courant, M.: L'Asie Centrale aux XVIIe et XVIIIe siècles. Empire Kalmouk ou Empire Mantchou? Lyon, Paris 1912.

Fuchs, W.: Galdanica. Miszellen zum Kriege Kanghsi's gegen Galdan. In: Monumenta Serica IX, 1944, S. 189—198.

Die Geheime Geschichte der Mongolen. Aus einer mongolischen Niederschrift des Jahres 1240 von der Insel Kode'e im Keluren-Fluß. Erstmalig übersetzt und erläutert von Erich Haenisch. Leipzig 1941.

Hummel, A. W., Hg.: Eminent Chinese of the Ch'ing Period (1644—1911). Nachdruck. Taipei 1964.

Okada, H.: Outer Mongolia through the Eyes of Emperor K'ang-hsi. In: Journal of Asian and African Studies 18, 1979, S. 1—11.

Pelliot, P.: Notes critiques d'histoire kalmouke. Oeuvres posthumes de Paul Pelliot VI. Paris 1960.

Weiers, M., Hg.: Die Mongolen. Beiträge zu ihrer Geschichte und Kultur. Darmstadt 1986.

Zlatkin, I. Ya.: Istoriya džungarskogo chanstva (1635—1758). Moskva 1964.

Mandschurische Artillerie und Kavallerie zur Galdanzeit.

Vorstoß an die Grenze

Michael Weiers, Bonn

Während die Mongolen des Khanats Kipčak die russischen Fürstentümer im 13./14. Jh. fest im Griff hielten, unternahm Novgorod als einzige freie Handelsstadt schon 1323, 1357 und 1364 Expeditionen über den Ural hinaus: Gjurata Rogovič ins Jugraland und nach Samojad, Alexandr Abakumovič und Stepan Ljapan an die Obmündung.

Weitere Vorstöße nach Osten ermöglichte erst die schwächer werdende Mongolenmacht, die Rußland beherrschte und ihren ersten schweren Schlag im Bürgerkrieg 1360—1380 erlitt. Danach wirkte das Tatarenjoch aber auch noch weiter, denn an die Stelle einer intakten Zentralmacht traten nun eigenständige Nachfolgekhanate, die den Weg nach Osten blockierten: Das 1438—1487 unabhängige Khanat Kasan, 1487—1521 zwar russisches Protektorat, doch 1521—1552 wieder türk-tatarisches Gemeinwesen, das erst 1552 Rußland zufiel. Im Süden verhinderte ein Vordringen nach Osten das aus dem venezianischen Handels- und Stapelplatz Acitrechano entstandene Khanat Astrachan an der Wolgamündung. Erst nach 14 mongolisch-türk-stämmigen Herrschern seit 1485 gehörte dieses Khanat ab 1554 zu Rußland. Zumindest als störend erwies sich die Herrschaft von 15 Khanen der Stadt Kasimov südöstlich von

Jermak Timofeevič († 1585) nach einem Aquarell aus der Erinnerungsmappe des Dr. Joseph Rehmann (nach 1805).

Strafexpedition der Mandschu gegen die unbotmäßigen Bagarin-Mongolen, 1625; erste Anzeichen des Aufstieges einer neuen Machtkonstellation im Nordosten Chinas (aus den *Manzhou shilu*).

Moskau bis 1681, und die Mongolen auf der Krim behelligten Rußland gar bis 1783. Jenseits des Ural versperrte das 1481 im Irtysch-Tobol-Becken gegründete Khanat Sibir russische Vorstöße. Die mit den letzten Herrschern dieses Khanats, die von Činggis Khans Enkel Čyban abstammten, ausgefochtenen Kämpfe sind besonders durch den in die Dienste der russischen Familie Stroganov genommenen Kosakenführer Jermak Timofeevič und seine Kosakenabteilung, die 1582 Qučum Khan von Sibir besiegten, weithin bekannt geworden. Die endgültige Annexion 1598 eröffnete die Eroberung Sibiriens, das seinen Namen von eben diesem Mongolenkhanat Sibir erhielt. Begünstigt durch dünne Besiedlung erfolgten nach 1582 in kurzer Folge russische Festungsgründungen, Landnahmen

Generalkarte des Russischen Reiches des Nürnberger Kupferstechers Johann Baptist Homann (1664—1724). Sie zeigt bereits die Ausdehnung des russischen Einflusses bis an Chinas Grenzen.

sowie Kontakte mit China: 1587 Tobolsk; 1593 Berjosov; 1594 Tara und Sangut am Ob; 1596 Naryn; 1601 der Handelsort für Zobelpelze Mangaseja am Tasfluß nördlich vom Polarkreis; von hier sowie vom unteren Jenissei aus die Eroberung Ostsibiriens; 1618 erste ergebnis- und folgenlose russische Gesandtschaft unter Ivan Petlin von Tobolsk nach Peking, Reisedauer vier Monate; 1619 Jenisseisk; 1626 erreichen Kosaken unter Pantelej Pjanda die Lena; 1643—1646 Amurexpeditionen des Vasilij Danilovič Pojarkov; Michail Staduchin erreicht 1644—1647 die Kolyma und Penšina; 1648 umfährt Semjon Ivanovič Dežnjov die Ostspitze Asiens und entdeckt die Passage zwischen Asien und Amerika, und 1649 gibt die Gründung Ochotsk dem Ochotskischen Meer am Pazifik seinen Namen; 1649—1652 Amurexpeditionen des Erofej Pavlovič Chabarov und Eroberung mongolischer Dagurengebiete im Amurtal sowie Vorstoß zum Ussuri; 1652 erster Zusammen-

stoß von Russen und mandschu-chinesischen Truppen; Onufrij Stepanov erkundet 1653 den Sunggari, und 1654 weist Peking aufgrund zeremonieller Probleme den russischen Gesandten Fiodr Isakovič Bajkov aus; 1658 ziehen sich die Russen nach einer Niederlage in die Gegend von Nerčinsk zurück; der russische Diplomat Nikolaj Gavrilovič Milescu Spafarij klärt 1676 erstmals die russisch-chinesischen Fronten auf höchster Ebene; erneutes Vorrücken Rußlands an den Amur läßt Mandschu-China 1683 Gegenmaßnahmen ergreifen und die Russen 1685 vertreiben; die russisch-chinesischen Auseinandersetzungen führen 1689 zum Grenzvertrag von Nerčinsk, dessen Grenzfestlegung nach Osten bis 1858 gültig bleibt.
Der skizzierte Vorstoß Rußlands bis zum Pazifik und zu Chinas Grenzen verlief ausschließlich in nördlichen Regionen. Die südlicher gelegenen Gebiete Mittelasiens (heute politisch zur UdSSR) und Zentralasiens (heute politisch zu China) blie-

87

Kyzyl Tura, Hauptstadt des Khanats Sibir am Irtysch (Remezov-Chroniken, um 1700). Diese heute in Leningrad aufbewahrten reich illustrierten Chroniken schildern die Eroberung des Khanats Sibir durch Jermak (1581–1585). Die sibirischen Tataren hatten die Nachfolge des im 15. Jh. zerfallenen Reiches der Goldenen Horde angetreten und führten ihre Herkunft auf Činggis Khans Enkel Batu zurück. In der mit drei Wallanlagen und einem Kastell befestigten Stadt stehen typische Jurten, deren eigentümliche Kronen der Zeichner vermutlich von sibirischen Stangenzelten übernommen hat. Die links in der Menge geschwungene Schleuder ist bei den Mongolen nur selten anzutreffen. (Illustration aus T. Armstrong, Hg.: Yermak's Campaign in Siberia. London 1974, S. 110).

ben hingegen unpassierbar, da dort einer direkten Verbindung zu dem damals noch viel weiter östlich beginnenden China die Existenz verschiedener Staaten entgegenstand: In Mittelasien vom 14. Jh. bis zum Teil in unser Jh. das Reich des Timur (1336–1405) und seine Nachfolgestaaten, z. B. das Khanat Chiwa seit 1512, oder das Khanat Buchara seit 1599, beide 1920 von der UdSSR annektiert; in West-Zentralasien oiratisch-westmongolisches Gebiet, das sich Mitte des 15. Jh.s über ganz Zentralasien bis vor die Tore Pekings dehnte. Im Gebiet der heutigen Mongolischen Volksrepublik erstarkten seit 1470 die Ostmongolen und etablierten bis 1549 das große Khanat Chalcha, das sich später bis zum 20. Jh. in mehrere fürstliche Gebiete untergliederte. In der 2. Hälfte des 16. Jh.s entwickelten sich im Grenzgebiet Nordchinas und der Mandschurei mehrere südostmongolische Khanate bzw. Konföderationen, die 1636 dem 1616 gegründeten und sich immer mehr ausbreitenden Dschusen-Mandschustaat integriert wurden. Nachdem 1616 Teile der Oiraten nach Westen gezogen waren und sich 1632 als Kalmücken im Wolgagebiet, wo sie bis heute in der Kalmückischen ASSR leben, niedergelassen hatten, erneuerten die zurückgebliebenen Oiraten ihre Macht in Form zweier Föderationen, die sich Dsungaren nannten und 1634/35–1758 die Geschicke Zentralasiens wesentlich mitbe-

stimmten. So ist es dsungarischen Kriegszügen zuzuschreiben, daß sich Chalcha den 1644–1912 als Fremddynastie Qing über China herrschenden Mandschu im Jahre 1691 anschloß und danach politisch zum chinesischen Gebiet zählte, dessen 1727 in den russisch-chinesischen Verträgen von Burinsk und Kiachta festgelegte Nordgrenze vom Aigun-Fluß bis zum Sayan-Gebirge bis 1913 bzw. 1915 gültig bleiben sollte. Die Dsungaren und ihre Machtentfaltung veranlaßten die Qing-Herrscher, 1718–1758 gegen sie zu kämpfen und sich ihre Ländereien, zu denen Tibet, Kašgarien und Turkistan gehörten, einzuverleiben. Erst der erfolgreiche Krieg gegen die mongolischen Dsungaren im 18. Jh. rückte also Chinas Grenzen so weit vor nach Westen in ein Gebiet, das China dann 1884 unter anderem zusammen mit dem Ili-Gebiet zur bis heute auch von Mongolengruppen bewohnten Provinz Xinjiang »Neues Grenzland« zusammenfaßte.

Hier im neuen fernen Westen Chinas herrschte bis Mitte des 19. Jh.s ein zwar nicht vertragsgebundenes, jedoch im Ausgleich gehaltenes Verhältnis zwischen Rußland und Qing-China. Als grob fixierte Grenze galt die sogenannte Orenburg-Linie, die russisches und kalmückisch-mongolisches Gebiet, das China lose kontrollierte, trennte. Erst Ende des 19. und Anfang des 20. Jh.s legten Verträge die russisch-chinesische Westgrenze, deren Verlauf allerdings bis heute noch Streitpunkte offen läßt, etwas genauer fest.

Völkerschaften des Khanats Sibir an Ob und Irtysch (Remezov-Chroniken, um 1700). Der Begleittext der nach unten genordeten Karte nennt oben Wogulen (mit Rentieren), Tataren (deren Transportmittel Boote und Pferde sind) sowie Ostjaken und Samojeden, »die Ren- und Hundeschlitten kennen und sich von Fisch nähren. In den Steppen gibt es Kalmücken, Mongolen und die Kasachische Horde, die auf Kamelen reiten und sich von ihren Rindern ernähren.« (Nach T. Armstrong, Hg.: Yermak's Campaign in Siberia, London 1974, S. 102 f.).

88

Russische Gelehrte in der Mongolei

Sergej J. Nekljudov, Moskau

Vom 18. Jh. an werden Reisende mit verschiedenen Aufträgen vom Russischen Reich aus in die Mongolei und nach China gesandt. Sie öffnen die ersten Reisewege, erreichen das Lager Altan-Khans (1615) und andere Gebiete der Mongolei, durchqueren das Land und gelangen bis nach Peking (1618—1619). Im Verlauf von 200 Jahren fanden mehr als dreißig ähnliche Reisen statt, einschließlich der Entsendung diplomatischer Kuriere und Handelskarawanen sowie des regelmäßigen Austausches der Vertreter der russisch-orthodoxen geistlichen Mission in Peking. Die frühesten Beschreibungen der Mongolei, die wir den ersten russischen Reisenden, Forschern und Diplomaten verdanken (V. Tjumenc, I. Petlin, F. Bajkov, N. Spafarij), enthalten klare, wenn auch fragmentarische ethnographische Skizzen.[1] Den zweihundertjährigen Zeitabschnitt der ersten Bekanntschaft mit dem Land und seiner Kultur schließen die *Notizen zur Mongolei* des Oberhauptes der neunten geistlichen Mission, des Archimandriten Iakinf (N. Ja. Bičurin) und die Reisebeschreibung E. F. Timkovskis ab, der die zehnte Mission nach Peking begleitete — die erste solide Sammlung detaillierter und zuverlässiger Mitteilungen über die Mongolei.[2]

Die Grundlagen der wissenschaftlichen Mongolistik wurden in Rußland in den dreißiger und vierziger Jahren des vorigen Jahrhunderts gelegt. Das Petersburger Akademiemitglied Ja. Schmidt, O. Kowalewski, Professor an der Kasaner Universität und der kalmückische Gelehrte A. Bobrovnikov verfassen die ersten Wörterbücher und Grammatiken der monoglischen Sprache.[3] Von Ja. Schmidt, A. Popov und dem hochgebildeten burjatischen Lama G. Gomboev werden authentische Texte und Übersetzungen der mongolischen Literatur und Geschichtsschreibung in Umlauf gebracht;[4] O. Kowalewski gibt einen Überblick über die Mythologie des mongolischen Buddhismus und der burjatische Gelehrte D. Banzarov analysiert in glänzender Weise die schamanistische Religion der Mongolen.[5] Ein Großteil dieser Arbeiten hat bis heute nicht ihre Bedeutung verloren. In der zweiten Hälfte des 19. Jh.s wird eine Erweiterung der landeskundlichen Kenntnisse der Mongolei, die nun bereits deutlich unzureichend sind, immer dringlicher. Es sind vornehmlich Expeditionen der Kaiserlich-Russischen Geographischen Gesellschaft, die im letzten Drittel des 19. Jh.s einen besonderen Aufschwung nehmen und durch ihre Erforschung Zentralasiens das Informationsbedürfnis befriedigen. Während dieser Zeit zählt man nicht weniger als dreißig gut ausgerüstete Expeditionen mit vielfältigen Aufgaben unter der Leitung von G. N. Potanin, N. M. Prže-

Übersetzung einer Übereinkunft zwischen Burjaten und dem damaligen »Sub-Chirurgus« Schilling über die Pockenschutzimpfung im Jahre 1778.

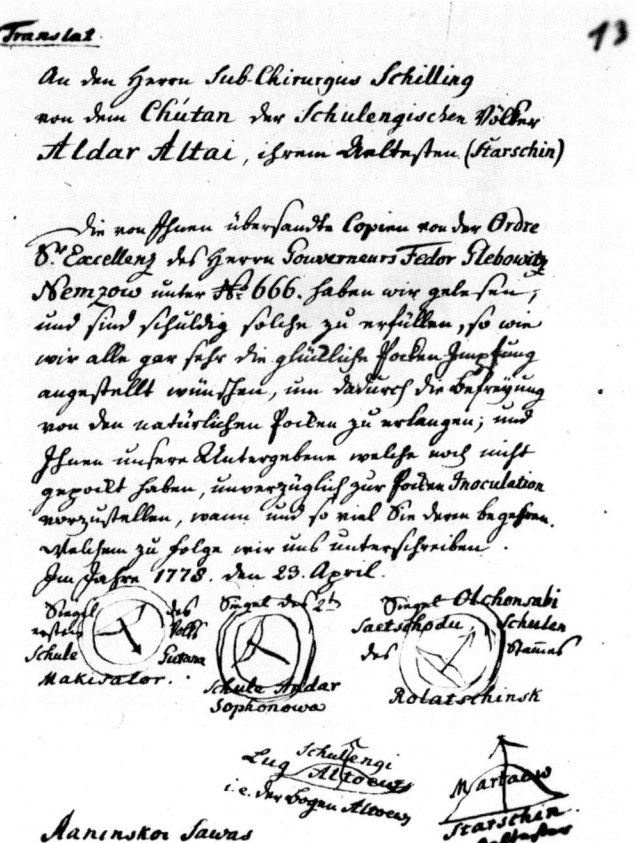

1 Pokrovskij, F. I.: Putešestvie v Kitaj sibirskogo kazaka Ivana Petlina v 1618 g. In: Izvestija Otdelenija russkogo jazyka i sloves nosti Akademii nauk, T. 18, kn. 4. St. Petersburg 1913.
Putešestvija Fedora Isaakoviča Bajkova v Kitaj s 1654 po 1658 god. In: Sibirskij vestnik, T. XI, kn. 8,9. St. Petersburg 1820.
Putešestvie čerez Sibir' ot Tobol'ska do Nerčinska i granic Kitaja russkogo poslannika Nikolaja Spafarija v 1675 g. St. Petersburg 1882.
Bretšnejder, E.: Obzor putešestvij russkich po Mongolii i snošenie Rossii s mongolami. In: Arch. Palladij. Dorožnye zametki na puti po Mongolii v 1847 i 1859 gg. St. Petersburg 1892.
2 Zapiski o Mongolii, sočinennye monachom Iakinfom Leningrad 1928.
Timkovskij, E. F.: Putešestvie v Kitaj čerez Mongoliju v 1820 i 1821 godach. St. Petersburg 1842.
3 Šmidt, Ja. (= Schmidt, Ja.): Mongol'sko-nemecko-rossijskij slovar'. St. Petersburg 1835.
Kovalevskij, O.: Mongol'sko-russko-francuzkij slovar'. Kazan' 1844—1849.
Šmidt, Ja.: Grammatika mongol'skogo jazyka. St. Petersburg 1832.
Bobrovnikov, A.: Grammatika Mongol'skogo jazyka. St. Petersburg 1835.
Kovalevskij, O.: Kratkaja grammatika mongol'skogo knižnogo jazyka. Kazan' 1835.
4 Popov, A.: Mongol'skaja chrestomatija. Kazan' 1836.
Šmidt, Ja.: Podvigi spolnennogo zaslug geroja Bodgy Gesser chana. St. Petersburg 1836.
Gomboev, G.: Altan-Tobči. Mongol'skaja letopis' v podlinnom tekste i perevode. In: Trudy Vost. Otd. archeol. obšč. 1858, c. 6.
Ardži-Burdži. St. Petersburg 1858.
Šišši-Kur. In: Etnogr. sb. St. Petersburg 1864.
5 Kovalevskij, O. M.: Buddijskaja kosmologija. Kazan' 1837.
Banzarov, D.: Černaja vera, ili šamanstvo u mongolov. Kazan' 1846.

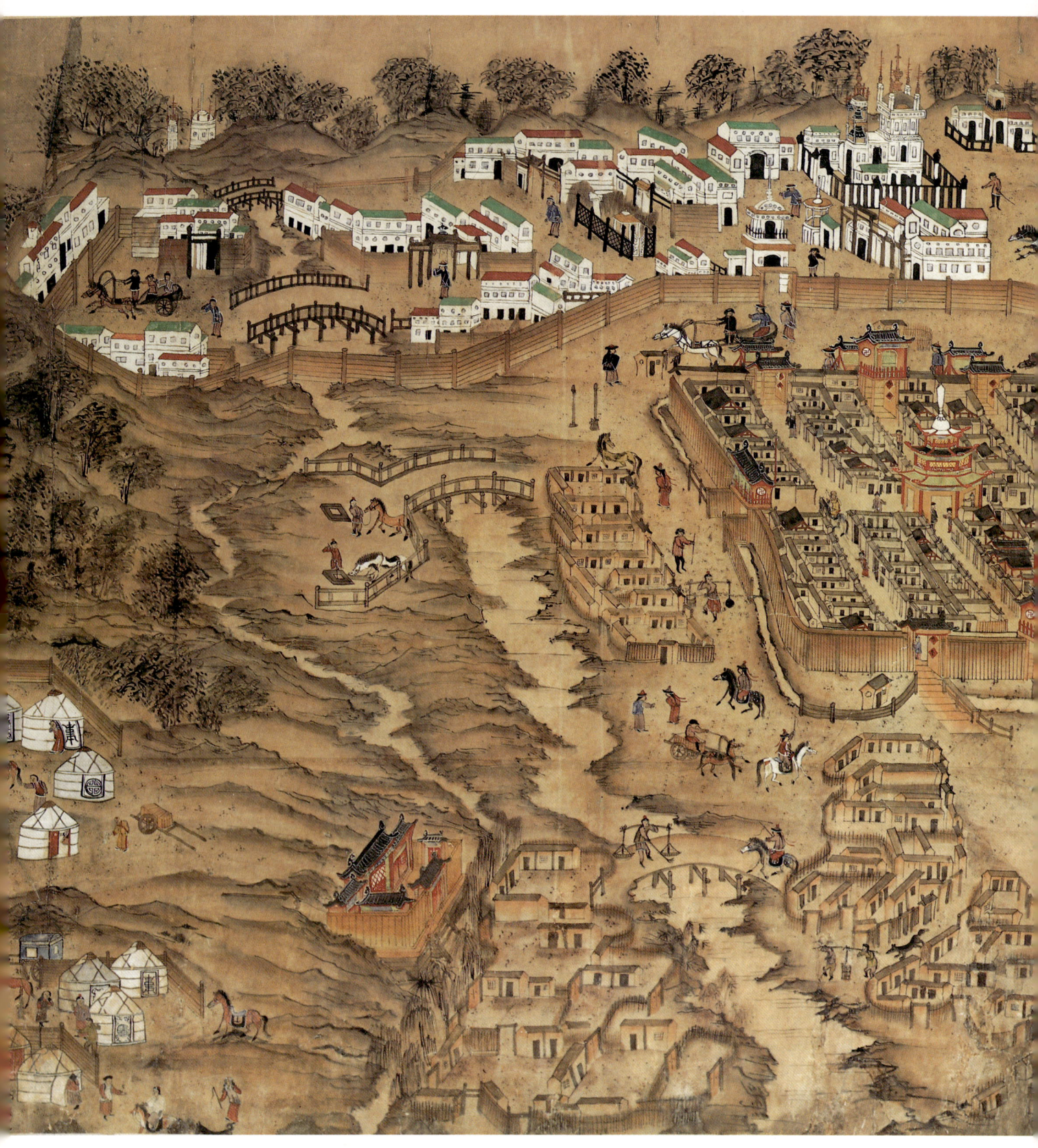

Die russische Grenzstadt Kiachta und die chinesische Handelsniederlassung Maimacheng auf einem mongolischen Gemälde vom Ende des 18. Jh.s. Im Vordergrund der Geser-Guandi-Tempel.

Grigorii N. Potanin (1835—1920).

Aleksei M. Pozdneev (1851-1920).

val'skij, A. M. Pozdneev, P. K. Kozlov und anderen.[6] Ihre Berichte enthalten sehr reiche Angaben zu Natur, Bevölkerung und Kultur der Mongolei.[7]

Speziell mit der Sammlung volksliterarisch-ethnographischer und kulturhistorischer Materialien beschäftigen sich G. N. Potanin und A. M. Pozdneev. G. N. Potanin veröffentlicht (leider nur in russischen Nacherzählungen) zahlreiche Beispiele aus der Volksliteratur der Völker Zentralasiens sowie Beschreibungen ihrer Glaubensformen und Sitten.[8] A. M. Pozdneev, in dem sich die hohe Qualifikation des Philologen und Mongolisten mit der Erfahrung des Feldforschers verband, verdanken wir die erste zuverlässige Sammlung mündlicher Texte, die von Übersetzungen und einer ausführlichen Analyse begleitet sind; er hat eine beträchtliche Anzahl von Beispielen der mongolischen Literatur herausgegeben und

6 Prževal'skij, N. M.: Mongolija i strana tangutov. St. Petersburg 1875—1876.
   Kozlov, P. K.: Mongolija i Kam. St. Petersburg 1905.
7 Grum-Gržimajlo, G. E.: Zapadnaja Mongolija i Urjanchajskij kraj. St. Petersburg 1914, Leningrad 1926, 1930.
8 Potanin, G. N.: Očerki severo-zapadnoj Mongolii. St. Petersburg 1881—1883.
   Tangutsko-tibetskaja okraina Kitaja i Central'naja Mongolija. St. Petersburg 1893.

Der burjatische Gelehrte Dorži Banzarov (1822—1855), der erste Hinweise auf die mongolische Volksreligion und den Schamanismus mit seinem Buch »Der Schwarze Glaube« gab.

Mit der Erschließung der russischen Grenzgebiete und der angrenzenden Mongolei wurde auch durch russische und deutsche Ärzte die Pockenschutzimpfung bei Mongolen und Burjaten durchgeführt, wie ein zeitgenössisches Aquarell, A. Martinoff (um 1805/06) zugeschrieben, zeigt.

zum ersten Mal die Formen des alltäglichen und religiösen Lebens der Mongolen genau erforscht.[9]

Im 20. Jh. werden die Untersuchungen auf dem Gebiet der Mongolistik immer spezialisierter, wobei sie in der Nachfolge von G. N. Potanin und A. M. Pozdneev endgültig aufhört, eine reine Buchwissenschaft zu sein. Man erforscht die mongolischen Sprachen und Dialekte, sammelt verstärkt linguistisches und volksliterarisch-ethnographisches Material[10] und Philologen der Mongolistik besuchen ständig das Land ihrer Forschungen.

Seit 1908, das heißt vom Anfang seiner wissenschaftlichen Tätigkeit an, hält sich das Akademiemitglied B. Ja. Vladimircov, der Autor hervorragender Arbeiten zu Sprache, Geschichte und Literatur der Mongolen, regelmäßig in der Mongolei auf. Im Westen des Landes entdeckt er eine lebendige Epentradition, die er erforscht und mit charakteristischen Zeugnissen publiziert.[11]

Ungewöhnlich produktiv ist die Tätigkeit des burjatischen Gelehrten C. Žamcarano, der seit 1909 ständig in die Mongolei reist und viele Jahre dort lebt und arbeitet. Die Anzahl der von ihm aufgezeichneten volksliterarischen Werke der mongolischen Völker (vor allem der Burjaten) kennt nicht ihresgleichen.[12] Auch der Autodidakt und Mongolist A. V. Burdukov muß genannt werden — zwischen 1910 und 1930 ein Angestellter (und danach Vorstand) einer russischen Handelsfirma in der Mongolei, und in der Folge Dozent an der Universität Leningrad. Als Kenner der örtlichen Umstände und der Sprache war er nicht allein ein guter Ethnograph und Volkskundler, sondern auch ein unersetzlicher Helfer und Berater vieler bekannter Mongolisten (wie G. N. Potanin, V. L. Kotwicz und B. Ja. Vladimircov). Eine Reihe wertvoller Aufzeichnungen zur Volksliteratur publiziert N. N. Poppe, dessen wissenschaftliche Arbeit der Vorkriegszeit sich in hohem Maße auf

9 Pozdneev, A. M.: Obrazcy narodnoj literatury mongol'skich plemen. Narodnye pesni mongolov. St. Petersburg 1880.
   Pozdneev, A.: Mongol'skaja chrestomatija. St. Petersburg 1900.
   Pozdneev, A.: Očerki byta buddijskich monastyrej i buddijskogo duchovenstva. St. Petersburg 1880.
   Mongolija i mongoly. St. Petersburg 1896—1898.
10 Kotvič, V. L.: Lekcii po grammatike mongol'skogo jazyka. St. Petersburg 1902.
   Rudnev, A. D.: Materialy po govoram Vostočnoj Mongolii. St. Petersburg 1911.
   Obrazcy mongol'skoj narodnoj literatury. Chalchaskoe narečie. Pod red. C. Ž. Žamcarano, A. D. Rudneva. St. Petersburg 1908.

11 Vladimircov, B. Ja.: Obrazcy mongol'skoj narodnoj slovesnosti (S.—Z. Mongolija). Leningrad 1926.
   Vladimircov, B. Ja.: Mongolo-ojratskij geroičeskij ėpos. Petersburg 1923.
12 Obrazcy narodnoj slovesnosti mongol'skich plemen. St. Petersburg, Leningrad 1913—1938.

seine eigene sammlerische Tätigkeit stützt.[13] 1927 führte G. D. Sanzeev ethnologische Studien bei den Darchat durch und schloß später die sehr umfangreiche Erforschung der Alarer Burjaten an.[14]

Die Reisenden und Gelehrten sind nicht nur als Landeskundler und Wissenschaftler tätig, sondern sammeln auch Manuskripte, Blockdrucke, Kunstgegenstände, Dinge des Alltags und des Kultes; diese Objekte bilden den Grundstock der mongolischen Sammlungen in Museen und Archiven. Besonders bedeutend sind die Sammlungen von G. N. Potanin, A. M. Pozdneev, E. E. Uchtomskij, A. D. Rudnev, A. V. Burdukov, C. Ž. Žamcarano und B. I. Pankratov.[15]

Auch die umfassende Erforschung des Landes wird im breiteren Maßstab betrieben: So führte 1919—1920 die von I. M. Majskij geleitete Gruppe ein landeskundliches Programm durch.[16] Zahlreiche Expeditionen der zwanziger und dreißiger Jahre, die von Sonderkommissionen der Akademie der Wissenschaften der UdSSR organisiert wurden und in der Hauptsache der Geographie, Natur und Wirtschaft des Landes gewidmet waren, schlossen zuweilen auch archäologische, kulturanthropologische und linguistische Themen ein.[17]

Während der letzten Jahrzehnte wurden die Forschungen der sowjetischen Mongolisten, die ihren spezialisierten Charakter behielten (historisch-archäologisch, volkskundlich, linguistisch), bereits im Rahmen der sowjetisch-mongolischen wissenschaftlichen Kooperation fortgesetzt.

Aus dem Russischen von Jörg Bäcker

13 Poppe, N. N.: Proizvedenija narodnoj slovesnosti chalcha-mongolov. Severo-chalchaskoe narečie. Leningrad 1932.
Chalcha-mongol'skij geroičeskij ėpos. Moskau-Leningrad 1937.
14 Sanžeev, G. D.: Darchaty. Leningrad 1930.
Darchatskij govor i fol'klor. Leningrad 1931.
15 Grjunvedel', A.: Obzor predmetov lamajskogo kul'ta kn. E. E. Uchtomskogo. St. Petersburg 1905.
Vladimircov, B. Ja.: Mongol'skie rukopisi i ksilografy, postupivšie v Aziatskij muzej Rossijkoj Akademii nauk ot prof. A. D. Rudneva. Petersburg 1918.

Zalemann S., Spisok materialam C. Žamcaranova i B. Bardijna. 1903—1904. In: Izv. Imp. Akad. nauk, T. XXII, Nr. 3 (1905).
16 Majskij, I. M.: Sovremennaja Mongolija. Irkutsk 1921.
17 Vladimircov B. Ja.: Ėtno-lingvističeskie issledovanija v Urge, Urginskom i Kentejskom rajonach. In: Severnaja Mongolija. Predvaritel'nye otčety lingvističeskoj i archeologičeskoj ėkspedicij, T. 2. Leningrad 1926.

Skandinavier und Finnen in der Mongolei

Pentti Aalto, Helsinki

Nach der Niederlage bei Poltawa 1709 kamen zahlreiche schwedische und finnische Soldaten und Offiziere als Kriegsgefangene nach Sibirien und dort in Berührung mit den Oiraten. So nahm z. B. der Stückjunker J. G. Renat (1682—1744) an einer russischen Expedition teil und wurde von den Oiraten gefangengenommen. Als militärischer Ratgeber lebte er dann siebzehn Jahre bei ihnen, er soll dort sogar eine Buchdruckerei gegründet haben. Bei seiner Rückkehr nach Schweden brachte er einige Oiraten sowie ethnographische Gegenstände mit. Seine zwei Landkarten über die Dsungarei und das östliche Zentralasien sind von Nicholas Poppe besprochen worden.[1] Der Hauptmann Ph. J. Tabbert (1676—1747) aus Stralsund, 1707 mit dem Namen von Strahlenberg in den Adelsstand erhoben, lebte dreizehn Jahre in Sibirien als Kartograph. Mit Hilfe seiner Mitgefangenen sammelte er geographische, volkskundliche und sprachliche Materialien, die er dann nach seiner Rückkehr, zusammen mit einer neuen Karte, mit dem Titel »Das Nord- und Ostliche Theil von Europa und Asia« (Stockholm 1730) herausgab. Sowohl sein *Vocabularium Calmucko-Mungalicum* als auch die *Tabula Polyglotta* enthalten wertvolle Materialien. Seine *Nova Descriptio Geographica Tattariae Magnae,* gezeichnet mit dem Meridian Hamburgs als Nullmeridian, zeigt überraschend viele Einzelheiten der Gebiete zwischen der sibirischen Grenze und der chinesischen Mauer.

Die wahrhaftig wissenschaftliche Erforschung der Mongolei und ihrer Nachbargebiete wurde erst in unserem Jahrhundert durch die *Sino-Swedish Expedition* unter der Leitung von Sven A. Hedin (1865—1952) ausgeführt. In seiner Kindheit wohnte Hedin der triumphalen Heimkehr A. E. Nordenskiölds bei und beschloß, Forschungsreisender zu werden. Schon nach seinem Abitur nahm er eine Stellung als Hauslehrer in Baku an und reiste danach durch Persien und Mesopotamien. Nach seiner Promovierung in Halle 1892 führte Hedin mehrere wissenschaftlich sehr ergiebige Forschungsreisen in Zentralasien durch, wobei er immer der einzige wissenschaftlich geschulte Forscher seiner Expedition war. Er träumte darum von der Möglichkeit, einmal eine große Expedition mit akademisch geschulten Experten der verschiedenen Wissenschaften leiten zu können. Im Jahre 1926 gelang es ihm endlich, die Finanzierung sowie die nötigen Genehmigungen für eine Forschungsreise durch das chinesische Gebiet von der Mandschurei bis Turkestan zu erwirken. Er selbst verließ Stockholm am 26. Oktober 1926 und kehrte erst am 15. April 1935 zurück. *The Sino-Swedish Expedition to the North-Western Provinces of China under the Leadership of Dr. Sven Hedin* bestand im Anfang aus sechs Schweden, zwei Dänen, elf Deutschen und zehn Chinesen und wurde von der schwedischen und chinesischen Regierung, der Deutschen Lufthansa sowie mehreren

Privatpersonen finanziert. Hedin erfuhr bald, wieviel leichter es gewesen war, auf sich allein gestellt mit einigen Karawanenleuten den Kontinent zu durchqueren, als eine große Expedition mit Teilnehmern von mehreren Nationen zu befehligen. Auch die äußeren Umstände gestalteten sich recht schwierig: die Auflagen der Zentralbehörden in Peking hätten praktisch alle Arbeit unmöglich gemacht, falls man sich mit ihnen abgefunden hätte, andererseits wurden die meisten Provinzen von Generälen (Warlords) beherrscht, auf die man mehr Rücksicht nehmen mußte, als auf die Pekinger Behörde. Tatsächlich konnten aber weder die einen noch die anderen die Expedition vor den überall auftretenden Räubern schützen. Obendrein begann 1931 die japanische Invasion in die Mandschurei. In den ersten zwei Jahren erforschte die Expedition die Strecke Baotou-Khujirtu-gol — Shande-miao — Edzen-gol — Hami — Urumchi. Danach wechselten die Mitglieder teilweise, und 1929 schloß sich der Ethnologe Gösta Montell (1900—1975) der Expedition an, an der er bis 1932 teilnahm. Mit Autos durchquerte man die Innere Mongolei bis Jehol, während eine permanente Forschungsstation am Edzen-gol arbeitete. Dieses Gebiet wurde während der dritten Kampagne noch eingehen-

Alexander Amatus Thesleff (1778—1847), der 1805—1806 in die Mongolei bis zum damaligen Urga reiste.

---

1 Poppe, N.: Remat's Kalmuck Maps. In: Imago Mundi 12, 1955, S. 157—159.

Die finnischen Gelehrten S. Pälsi, G. J. Ramstedt und J. G. Granö trafen während ihrer Expedition ganz zufälligerweise am 25. August 1909 nahe des Orchon-Flusses zusammen.

der durch eine Auto-Expedition zwischen Guihua und Hami erforscht. Die Region um Hami, Korla, Urumchi und Anxi wurde noch durchkreuzt, bevor die Expeditionsmitglieder über Nanjing ausreisten. In der letzten Kampagne wirkten vier (eine Zeitlang sechs) Schweden und drei Chinesen mit.

Eines der Hauptziele Hedins war es, den Lamaismus erschöpfend zu dokumentieren. Dank der Freigebigkeit des schwedisch-amerikanischen Geschäftsmannes Vincent Bendix (1882 bis 1945) gelang es der Expedition, unter anderem zwei vollständige Repliken des Goldenen-Tempel-Pavillons in Jehol anfertigen zu lassen, die jetzt in Stockholm und Chicago zu sehen sind. Bei der Beschaffung des lamaistischen Materials wurde Montell vom deutschen Forscher Ferdinand Lessing (1882—1962) unterstützt, dessen besonderes Interesse der Ritualliteratur galt, die dementsprechend in der Hedin-Sammlung reichlich vertreten ist. Lessing unterrichtete später in Berkeley, wo er unter anderem 1960 das bedeutende *Mongolian-English Dictionary* herausgab. Den Hauptteil der veröffentlichten Forschungsergebnisse[2] der Hedin-Expedition bilden die der Naturwissenschaftler, aber auch die Spezialisten der Archäologie und Ethnologie erzielten reichliche Erfolge von bestehendem Wert. Die Roy-Chapman-Andrews-Expedi-

tion hatte in der Äußeren Mongolei steinzeitliche Funde gemacht. Folke Bergman, der Archäologe der Hedin-Expedition, war nun imstande, in der Gobi und in Xinjiang an 327 Fundstellen eine steinzeitliche Kultur zu belegen. Dazu wurden zahlreiche Steingräber, Felszeichnungen usw. aus späteren Zeiten beschrieben. Nach dem überraschenden Tod Bergmans 1946 bereitete John Maringer seine Fundkataloge für den Druck vor.

Die Arbeiten der Hedin-Expedition in der nordöstlichen Mongolei wurden durch die ortsansässigen Vertreter der 1897 gegründeten Schwedischen Mongolen-Mission wesentlich befördert. Von besonders großem Nutzen war der Missionar Joel Eriksson (1890—1987), der seit 1913 das Gebiet und die Bevölkerung gründlich kennengelernt hatte. Die Botaniker der Expedition betrachteten Eriksson als den besten Kenner der mongolischen Flora. Verschiedene schwedische Museen und Bibliotheken erhielten von ihm wertvolle Sammlungen. Seine große kommentierte photographische Sammlung wird nunmehr in der Universitätsbibliothek Uppsala aufbewahrt.

Der dänische Karawanenleiter und Ethnograph der Hedin-Expedition, Henning Haslund-Christensen (1896—1948), war zuerst als ein Mitarbeiter der Krebsschen Kolonie 1923 in die Mongolei gekommen. Carl Krebs (1889—1971) war während des Ersten Weltkrieges vom Dänischen Roten Kreuz nach Sibirien geschickt worden, um die Lebensbedingungen der österreichischen Kriegsgefangenen zu untersuchen. Diese Aufgabe

2 Reports from the Scientific Expedition to the North-Western Provinces of China under the leadership of Dr. Sven Hedin. 49 vols. Stockholm 1937—1967.

Sven Hedin (1865—1952) mit Mitgliedern der von ihm geleiteten »Sino-Swedish Expedition« um 1935.

führte ihn zuletzt durch die Mongolei bis Peking. Während dieser Reise verliebte er sich in das Bulgun-Tal nördlich des Chövsgöl-Sees, und nach seiner Heimkehr organisierte er in Dänemark eine Expedition, die ein Versuchsgut in diesem Tal gründen sollte. Wegen der Unruhen, die nach der mongolischen Revolution 1924 einsetzten, verließen die anderen Teilnehmer bald das Gut, und Hedin konnte Haslund-Christensen in Peking für die Teilnahme an der Expedition von 1927 bis 1930 gewinnen. Nach seiner Heimkehr beschrieb Haslund die Erfahrungen der Krebs-Kolonie in seinem Buch *Jabonah,*[3] das viele ethnographisch wertvolle Beobachtungen und gute Photographien enthält. Krebs selbst blieb bis 1936 in der Mongolei und dürfte der einzige Europäer sein, der die stürmischen Ereignisse der dreißiger Jahre persönlich erlebt hat, die er dann in seinen Erinnerungen[4] kurz beschrieb.

Während der Hedin-Expedition leitete Haslund eine Kamelkarawane, die entlang dem Edzin-gol-Tal zog. Unterwegs sammelte Haslund Volksmusik und erwarb für die Expedition unter anderem eine Tempeljurte. Er hatte eine Replik einer alten, noch im Gebrauch stehenden Jurte machen lassen, aber wegen unheilvoller Vorzeichen behielten die Mongolen lieber die neue und übergaben Haslund die alte.

Nachdem Haslund seine Anstellung an der Hedin-Expedition aufgegeben hatte, untersuchte er die Möglichkeiten einer Handelsstraße von Srinagar nach Kashgar. Dabei verunglückte er und mußte in Stockholm operiert werden. Hier half ihm die Sängerin Vanna Scholander seine mit Phonograph aufgenommenen mongolischen Lieder in Notenschrift zu transskribieren. Seine Erlebnisse als Mitglied der Hedin-Expedition beschrieb Haslund in einem aufschlußreichen Buch.[5] Durch seine Publikationen und zahlreichen Vorträge in Dänemark war Haslund-Christensen weit bekannt geworden und konnte 1936 die erste dänische Zentralasien-Expedition organisieren. Die von dieser in der östlichen Inneren Mongolei gesammelten ethnographischen und folkloristischen Materialien erregten in der wissenschaftlichen Welt Aufsehen, und die Königliche Dänische Geographische Gesellschaft organisierte 1938—1939 die zweite Expedition unter seiner Leitung in die Innere Mongolei, die vor allem der Untersuchung des Schamanismus gewidmet war. Als eine von Haslund interviewte Schamanin starb und keine Nachfolgerin in ihrer Familie hatte, verkauften die Erben ihm alle professionellen Gegenstände einschließlich des Altars und der Jurte.

An der Forschungsarbeit der zweiten Expedition nahmen auch der Archäologe Werner Jacobsen (1914—1979) und der Philologe Kaare Grønbech (1901—1957) teil. Jacobsen gelang es

3 Haslund-Christensen, H.: Jabonah. Abenteuer in der Mongolei (aus dem Dänischen übers. von H. de Boor). Leipzig 1939.
4 Krebs, C.: En Dansker i Mongoliet. København 1937.

5 Haslund-Christensen, H.: Zajagan. København 1947.

Expedition, die von 1947 an das gesamte Gebiet von der Mandschurei bis nach Afghanistan erforschen sollte. Es stellte sich aber heraus, daß wegen der politischen Situation eine Forschungsarbeit nur in Afghanistan möglich war. Nachdem Haslund-Christensen, der Leiter der Expedition, 1948 in Kabul gestorben war, leitete Grønbech von Kopenhagen aus die Arbeiten der übrigen Forscher, die bis 1954 fortgeführt wurden.

Die wissenschaftlichen Beobachtungen der finnischen Kriegsgefangenen in Sibirien dürften im allgemeinen von Strahlenberg in seinem Werk verarbeitet worden sein. Die Einwohner des südöstlichen Teils von Finnland, der 1721 und 1743 von Rußland besetzt wurde, hatten die Möglichkeit, auch entlegene Gegenden des Zarenreiches zu bereisen. Erik Laxman (1738—1796) scheint der erste Finne zu sein, von dem wir wissen, daß er die Mongolei besucht hat. Nach Universitätsstudien im schwedischen Teil Finnlands siedelte er nach St. Petersburg über, wo er als Lehrer der deutschen St.-Petri-Schule tätig war. Um wissenschaftliche Forschungen in Sibirien ausführen zu können, nahm er eine Anstellung als Pfarrer in Barnaul an, wo er dann in seiner Freizeit unter anderem den Altai bestieg und dessen Höhe vermaß. Auf einer längeren Exkursion in der nördlichen Mongolei studierte er unter anderem Mongolisch und Tibetisch. Laxman stand im Briefwechsel mit bedeutenden europäischen Gelehrten, wie Schlözer und Linné, und in Briefen an seine Landsleute schlug er vor, daß finnische Forschungsreisende die verschiedenen Völkerschaften und Sprachen in Sibirien und in den Nachbargebieten untersuchen sollten. Laxmans Aufzeichnungen nicht natur-

Der Fürst der Dörböd und Sven Hedin, 1932. Die Dörböd gehörten 1624 zu jenen mongolischen Stämmen, die sich als erste den Mandschu anschlossen und ihnen bei der Eroberung Chinas den Rücken freihielten. Diese Stämme wurden in den dreißiger Jahren des 17. Jh.s in sechs Bünden mit 49 Bannern zusammengefaßt, die sogenannten »Inneren Mongolen«. Das war die Grundlage für die Teilung der mongolischen Völkerschaften, wie sie bis heute besteht.

Der Sammler von Volksliedern, Schamanengesängen und ethnographischen Gegenständen, Henning Haslund-Christensen (1896—1948), in der südlichen Mongolei (27. 3. 1939).

unter anderem, den nestorianischen Grabstein wiederzufinden, den Haslund während seiner früheren Reise entdeckt hatte, und dessen türkische Inschrift dann von Grønbech gedeutet wurde. Dieser hatte 1936 mit einer aufsehenerregenden Abhandlung über den türkischen Sprachbau promoviert und auch Mongolisch betrieben. Es gelang ihm nun, für die Expedition im Čachar-Gebiet eine Menge mongolischer Xylographen und Handschriften zu erwerben. Eine Anzahl von Handschriften wurde ferner photographisch oder mit Hilfe von mongolischen Schreibern kopiert. Unter diesen Texten sind die einheimischen Chroniken reichlich vertreten, die ohne Zweifel den wertvollsten Bestandteil der alten mongolischen Literatur bilden. Bedauerlicherweise erkrankte Grønbech mitten in der Arbeit und mußte die Mongolei verlassen. Seit 1942 bekleidete er an der Kopenhagener Universität ein Lektorat der zentralasiatischen Sprachen, bis für ihn 1947 eine Professur errichtet wurde. Auf seine Anregung gründete der Verlag Munksgaard die Reihe *Monumenta Linguarum Asiae Maioris*, in der Walther Heissig mehrere wichtige Texte der Grønbechschen Sammlung ediert hat. Grønbech hinterließ auch Tonbandaufnahmen von Dialekttexten und Liedern.

Grønbech nahm auch teil an der Organisation der dritten

wissenschaftlicher Art sind verloren, und sein Forschungsplan wurde erst viel später von M. A. Castrén verwirklicht.

In den Jahren 1805—1806 reiste der junge Hauptmann Alexander Amatus Thesleff (1778—1847), aus einer Viipuri-Familie deutschen Ursprungs stammend, mit der Golovkin-Mission durch Sibirien in die Mongolei bis Urga und führte unterwegs astronomische und topographische Untersuchungen durch. Tagtäglich zeichnete er seine Erlebnisse auf, und seine dem Tagebuch beigefügten Zeichnungen und Aquarelle beweisen, daß er ein guter Zeichner und Beobachter war. Einige Auszüge aus Thesleffs Tagebuch hat Walther Heissig veröffentlicht.[6] Nach seiner Heimkehr nahm Thesleff an den Kriegen gegen Napoleon und Schweden teil und wurde 1811 erneut geschickt, einen Atlas über Sibirien und die Mongolei zu zeichnen, der leider nie gedruckt worden ist. Nach seiner ehrenhaften Teilnahme an dem Befreiungskrieg wurde Thesleff als Generalleutnant zum Stellvertretenden Generalgouverneur Finnlands und zugleich zum Vizekanzler der Universität Helsinki ernannt.

In dieser Funktion schlug Thesleff, der selbst besser Finnisch als Schwedisch (damals noch die offizielle Sprache Finnlands) sprach, vor, daß für die finnische Sprache ein Lehrstuhl errichtet werden sollte. Dieser Vorschlag wurde erst 1850 verwirklicht, und als erster Inhaber trat 1851 Mathias Alexander Castrén (1811—1852) seine Stellung an. Auf langen und mühsamen Reisen im nördlichen Rußland, in Sibirien und in der Mongolei hatte er große Sammlungen sprachlicher, ethnologischer und archäologischer Materialien zusammengetragen. Castréns Interesse für die Volksdichtung und für die gesprochenen Sprachen wurde zum Vorbild für die Arbeiten der späteren finnischen Sprachforscher. Während der ersten Jahre seiner Reisen erkrankte Castrén an Tuberkulose, und er wußte, daß seine Zeit sehr knapp war. Mit unerschöpflicher Energie setzte er aber seine Arbeit fort, und hinterließ bei seinem Tod über 16 000 Seiten Aufzeichnungen, die Anton Schiefner im Auftrag der St. Petersburger Akademie in zwölf Bänden herausgab.[7]

Als erster hatte Castrén das gesprochene Burjatische studiert, jedoch sind seine Aufzeichnungen des Chalcha-Mongolischen leider verloren gegangen. In Urjanchai und im Minussinsk-Gebiet untersuchte er die angeblich »tschudischen« Altertümer und Runeninschriften, die von einigen Forschern mit Vorfahren der Finnen (in der russischen Tradition »Tschuden« genannt) in Verbindung gebracht worden waren, fand aber keine sachliche Grundlage für diese Behauptung.

Von seinen finnischen Landsleuten wurde Castrén als Nationalheld betrachtet, und dementsprechend verpflichteten die von ihm begonnenen Studien spätere junge Forscher. Zwei Gesellschaften wurden gegründet, um seine Arbeit fortzusetzen: Die Finnische Altertumsgesellschaft (1870) und die Finnisch-Ugrische Gesellschaft (1883). Expeditionen dieser

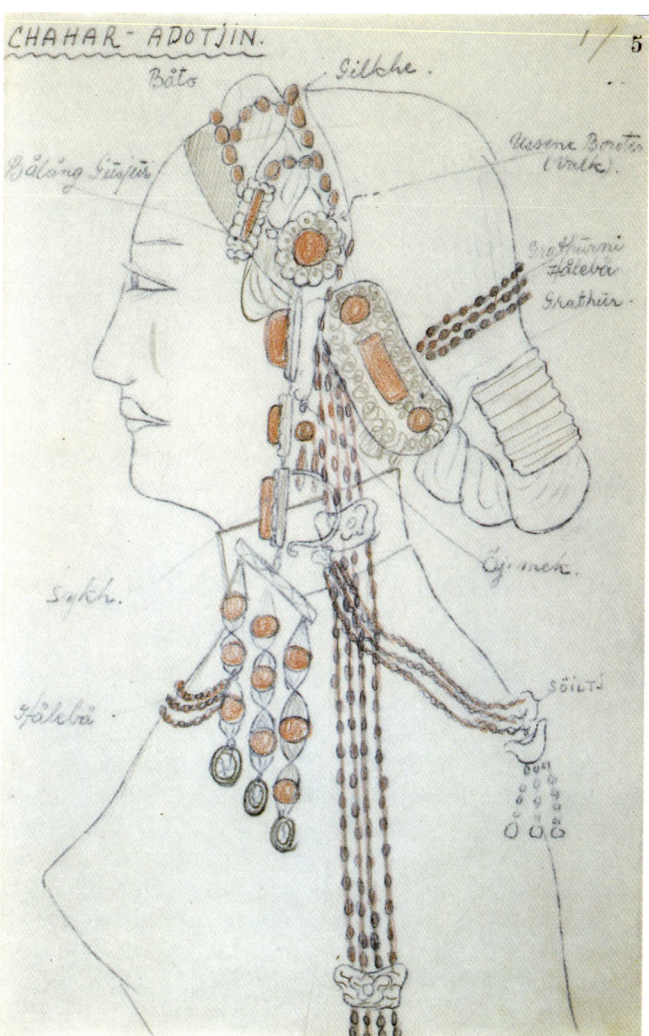

Kopfschmuck (mongolisch *djasal*) einer verheirateten Čachar-Frau aus dem Aдučin-Distrikt (vor der Großen Mauer nordwestlich von Peking gelegen, heute Provinz Hebei). Zeichnungen aus den Feldnotizen von Henning Haslund-Christensen, 1938/39, Nationalmuseum Kopenhagen. Martha Boyer hat die umfangreiche Sammlung an mongolischem Schmuck, die auf den zwei dänischen Zentralasienexpeditionen unter der Leitung Haslund-Christensens erworben wurden, wissenschaftlich bearbeitet. Zu diesem Kopfschmucktypus vergleiche ihr Mongolian Jewellery, Kopenhagen 1952, S. 52 und S. 58 ff., besonders Tafel 34 zur speziellen Art, das Haar in einen Zopf zu knoten und seitlich hochzustecken.

Körperschaften bereisten seit 1884 die Gebiete um den Oberlauf des Jenissei und die Mongolei. Viel Interesse wurde den Runeninschriften gewidmet, die auch am Orchon in der Mongolei entdeckt worden waren. Aufgrund der finnischen Veröffentlichungen war Vilhelm Thomsen 1893 imstande, die Schrift zu dechiffrieren: die Sprache der Inschriften erwies sich als alttürkisch. Im Auftrag der FUG untersuchte Gustaf John Ramstedt (1873—1950) von 1898 bis 1901 vor Ort die mongolische Sprache, Volksdichtung und Archäologie. Obwohl der größte Teil der Aufzeichnungen während seiner Heimreise gestohlen wurde, gelang es ihm dennoch, einige grundlegende mongolistische Untersuchungen zu veröffentlichen. Während des russisch-japanischen Krieges (1904/1905), der alle Reisen in die Mongolei unmöglich machte, führte

6 Heissig, W.: Mongoleireise zur späten Goethezeit. Berichte und Bilder des J. Rehmann und A. Thesleff von der russischen Gesandtschaftsreise 1805/1806. Verzeichnis der orientalischen Handschriften in Deutschland, Suppl.-Bd. 13. Wiesbaden 1971.
7 Castrén, M. A.: Nordische Reisen und Forschungen. Hg. A. Schiefner 12 vols. St. Petersburg 1853—1861.

Ramstedt wichtige Studien des Westmongolischen durch. Seine Aufzeichnungen von der Sprache der in Afghanistan lebenden Moghol waren über fünfzig Jahre als einzige der Forschung zugänglich. Im Jahre 1909 besuchte Ramstedt mit dem jungen Archäologen Sakari Pälsi (1882—1965) erneut die Mongolei, um seine früheren Forschungen fortzusetzen. Ramstedts mongolistische Aufzeichnungen wurden später von jüngeren Forschern herausgegeben, während er selbst die von den Expeditionen entdeckten uighurischen Inschriften veröffentlichte. Pälsis archäologische und ethnographische Aufzeichnungen und Photographien waren lange verschwunden, bis sie von Harry Halén 1982 wiedergefunden und herausgegeben wurden.[8] Im Jahre 1912 bereiste Ramstedt nochmals die Mongolei, diesmal mit dem Phonetiker Arvo Sotavalta. Dabei wurden weitere archäologische Funde beschrieben und Aufzeichnungen über die Folklore der Mongolen angelegt.

Die oben erwähnten Gesellschaften unterstützten auch die Arbeit von Johannes Gabriel Granö (1882—1956), der als Geograph und Geologe Urjanchai und die Mongolei in den Jahren 1906—1910 bereiste. Seine archäologischen Entdeckungen beschrieb Granö in der Zeitschrift der FUG und die Geographie und Geomorphologie der Mongolei in mehreren Monographien. Da die FUG Thomsen beauftragt hatte, ein Gesamtkorpus aller alttürkischen Inschriften auszuarbeiten, wurden ihm auch Granös Abschriften und Photographien zugeschickt und sind darum teilweise unveröffentlicht geblieben.

Oberst (schließlich Marschall von Finnland) C. G. E. Mannerheim (1867—1951) ist der einzige finnische Forscher, der die Innere Mongolei durchqueren konnte, als er 1906—1908 von Andidžan, dem Endpunkt der turkestanischen Eisenbahn, bis Kalgan ritt. Er war vom russischen Generalstab beauftragt worden, die Topographie der nördlichen Grenzgebiete Chinas sowie das Fortschreiten der Modernisierung zu untersuchen. Zugleich führte er verschiedene archäologische, sprachliche und ähnliche Forschungen für die FUG aus und sammelte ethnographische und archäologische Gegenstände für das Finnische Nationalmuseum. Nach seiner Heimkehr veröffentlichte Mannerheim einen Bericht über die Sarö und Shera Yöguren und ihre Sprachen. Die Hauptmasse der Materialien blieb aber unbearbeitet, bis 1940 die FUG verschiedene Gelehrte mit der Herausgabe der Materialien und des Tagebuchs des Reisenden beauftragte.[9]

In Norwegen scheint die mongolistische Forschung von Missionaren initiiert worden zu sein. So wurden z. B. dem Osloer Ethnographischen Museum zehn mongolische Handschriften von der Amerikanisch-Norwegischen Mission geschenkt.[10] Als Ramstedt 1899 in Urga eintraf, erhielt er mancherlei Hilfe von dem norwegischen Missionar Ola Nestegaard, der schon seit neun Jahren in der Stadt lebte. Viel später schickte ihm ein anderer Missionar, Einar Barnes, wichtige sprachwissenschaftliche Materialien von dem in der Mandschurei gesprochenen Dagurischen. Dies ist die einzige moderne mongolische Sprache, in der das ursprüngliche anlautende p- erhalten geblieben ist, und zwar als h-.

Nur eine norwegische Expedition scheint das mongolische Gebiet besucht zu haben, nämlich Urjanchai im Jahre 1914. Diese norwegische Sibirienexpedition war geleitet von Ørjan Mikael Olsen (1885—1972), der ihre Arbeit in zwei Büchern beschrieb.[11] Der Botaniker der Expedition, Henrik Printz (1888—1978), promovierte 1921 mit einer Abhandlung *The Vegetation of the Siberian-Mongolian Frontiers*. Die von den Teilnehmern nach Hause gebrachten ethnographischen und anderen Sammlungen scheinen jedoch bisher unbearbeitet geblieben zu sein.

8 Pälsi, S.: Memoria Saecularis Sakari Pälsi. Aufzeichnungen von einer Forschungsreise nach der nördlichen Mongolei im Jahre 1909 nebst Bibliographien. Bearb. und hg. H. Halén. Helsinki 1982.

9 Mannerheim, C. G.: Across Asia from West to East in 1906—1908. 2 vols., Repr. Ousterhout N. B. 1969. Helsinki 1940.
10 Heissig, W.: A Description of the Mongolian Manuscripts in the University-Library Oslo. In: Acta Orientalia 23, København 1957, S. 92—106.
11 Olson, Ø. M.: Til Jeniseis Kilder. Kristiania 1915; ders.: Et primitivt folk. Kristiania 1915.

Frühe deutsche Berührungen
mit der mongolischen Kultur und Geschichte

Walther Heissig, Bonn

Die Verbreitung von Wissen über die Mongolei und ihre Bewohner ist im deutschsprachigen Gebiete eng mit dem seit Zar Peter dem Großen (1672—1725) erwachsenden politischen Interesse Rußlands an seinen sibirischen Gebieten und den daraus resultierenden Forschungen verknüpft. Im Auftrage der von Peter I. begründeten Akademie der Wissenschaften zu Petersburg hatten aus Deutschland berufene Wissenschaftler wie der Danziger Mediziner Daniel Gottlieb Messerschmidt (1685—1735), Johann Georg Gmelin (1709—1755) und der Berliner Arzt Peter Simon Pallas (1741—1811) Sibirien bis an die Grenzen der Mongolei auf Expeditionen in den Jahren 1720—1774 erwandert und erforscht. Als im Jahre 1723 über den als Gesandten des Holsteiner Herzogs am Petersburger Hof tätigen Andreas Ernst von Stambke (1670—1739) das Blatt einer alten mongolischen Handschrift in Goldschrift auf blauem Grund, die auf Geheiß Peters des Großen nach 1718 am Irtyschfluß gesammelt worden war, in den Besitz des Hildesheimer Polyhistors Jakob Friedrich Reimann (1668—1730)

gekommen war, behandelte man dieses Blatt als wertvolle, aber unverständliche Rarität. Nachdem die Reiseberichte Gmelins und Pallas' auch in deutschen Druckorten erschienen waren, nahm das allgemeine Interesse in Deutschland zu. Besondere Aufmerksamkeit fanden die Beobachtungen von Pallas über seinen Aufenthalt bei den Kalmücken an der Wolga, den er im Auftrag der Zarin Katharina II. in den Jahren 1768—1774 durchgeführt hatte und die er als »Sammlungen historischer Nachrichten über die mongolischen Völkerschaften« veröffentlichte. Sie erschienen auch in mehreren Auszügen und Nachdrucken in den Jahren 1774—1777 unter enthusiastischer Mitwirkung des Goethefreundes J. H. Merck (1741—1791) an mehreren Orten in Deutschland. Auch der Dichter und Zeitgenosse Goethes, Christoph Martin Wieland (1733—1813), lobte Pallas' Buch »als herrlichen Frass für unsere Leser«, als er einen Auszug daraus 1778 in der von ihm in Weimar herausgegebenen Literaturzeitschrift »Der Teutsche Merkur« veröffentlichte. Für das in der 2. Hälfte des 18. Jh.s

Mitglieder der Gesandtschaftsreise des Grafen J. Golovkin 1805—1806 in die Mongolei beim Tanz mit Burjatinnen (Zeichnung von A. Thesleff 1805).

in Deutschland gewachsene Interesse an Rußland und seinen sibirischen Grenzgebieten, durch die der Handelsweg nach China lief, und an seinen Gütern, vor allem dem als Heilmittel hochgeschätzten Rhabarber, ist diese Bemerkung bezeichnend. Pallas' »Sammlung von historischen Nachrichten« bot außer einer genauen Schilderung der Geschichte und Lebensform der Kalmücken auch eine größere Anzahl von Kupferstichen mit Abbildungen dieser bis dahin in Deutschland fast unbekannten mongolischen Völkerschaft, an der gerade das Interesse gestiegen war, weil ein Teil der an der Wolga wohnhaften Torghoten auf einem abenteuerlichen Marsch 1771 aus der Oberherrschaft der Zarin Katharina II. ostwärts nach China geflohen war, wo er Weidegebiete und Schutz fand. Darüber waren in Europa zu dieser Zeit die Gazetten voll.

Auf seiner Reise zu den Kalmücken war S. P. Pallas von einem früheren Angehörigen der Missionsniederlassung der Herrnhuter Brüdergemeinde in Sarepta, dem »Translateur verschiedener mongolischer Sprachen bey der Russischen Kayserlichen Academie der Wissenschaften«, Johann Jährig, begleitet, einem gebürtigen Hessen, der aus der Wetterau in der Grafschaft Isenburg-Büdingen stammte. Jährig, der während seiner kaufmännischen Tätigkeit im Dienste der Herrnhuter Missionare an der Wolga solide mongolische Sprachkenntnisse erworben hatte — weshalb er später auch mit der Russischen Akademie der Wissenschaften in Berührung kam und im Auftrag der Akademie Pallas begleitete —, sammelte alte mongoli-

sche Handschriften und übersetzte literarische und vor allem religiöse Schriften der Mongolen. Viele seiner Aufzeichnungen, Auszüge aus einer Činggis-Khan-Geschichte und Übersetzungen alter Gebete haben Aufnahme in Pallas' »Sammlungen« gefunden und so zur Kenntnis über die Mongolen beigetragen. Ab 1779 wurde Jährig auf Vorschlag von Pallas von der Russischen Akademie weiterhin auf Erforschungsreisen zu den Mongolen ausgesandt und hielt sich bis 1788 im russisch-mongolischen Grenzgebiet bei Irkutsk auf, Handschriften und Wissen sammelnd. 1794 wurde er erneut von der Kommission für den Rhabarberhandel nach Kiachta geschickt, wo er weiter Materialien und mongolische Schriften sammelte, bis er 1795 in Petersburg starb. Für die Verbreitung von Wissen über die Mongolen in Deutschland war Jährigs Tätigkeit von besonderer Bedeutung. Durch seine Sammeltätigkeit gelangten nämlich eine Reihe mongolischer Manuskripte, meist religiösen Inhalts, erstmalig nach Deutschland. Der oberste Arzt der zaristischen Armee in Petersburg, Baron Georg Thomas von Asch, hatte in Göttingen studiert und war eifrig bemüht, alte von Jährig gesammelte mongolische Handschriften an den Hofrat Heyne, den Sekretär der »Gelehrten Gesellschaft zu Göttingen«, zu senden. Mit diesen ersten nach Deutschland gelangten mongolischen Schriften hat Jährig die Grundlagen für die beginnende wissenschaftliche Beschäftigung mit Kultur und Religion der Mongolen in Deutschland geschaffen. Proben kalmückischer Literatur wurden in deut-

Reisen unter mongolischer offizieller Bedeckung um 1805 in der Mongolei. (Nach einem vermutlich dem russischen Maler A. Martinoff zuzuschreibendem Aquarell.)

Erste nach Deutschland gebrachte mongolische Handschrift (Cod. Guelf 9, Extra v, Wolfenbüttel).

Die Stadt Kiachta im Jahre 1805.

Der Sekretär der »Gelehrten Gesellschaft« in Göttingen, Hofrat Heyne, an den durch Baron von Asch die ersten mongolischen Handschriften gingen, die Johann Jaehrig für diesen gesammelt hatte.

Nachdem Isaak Jakob Schmidt (1779—1847) ein in Holland geborener und im Rheinland erzogener Angehöriger der Herrnhuter Brüdergemeinde, der sein Mongolisch ebenfalls im Dienste der Herrnhuter Missionare an der Wolga gelernt hatte, 1829 als erster das 1662 entstandene mongolische Geschichtswerk des Saɣang sečen und 1839 eine Version des mongolischen Geser-Epos und andere mongolische Literaturwerke in deutscher Übersetzung veröffentlicht hatte, wuchs durch diese sich in Deutschland rasch verbreitenden Bücher das Interesse für die mongolische Literatur. In den folgenden Jahrzehnten veröffentlichten Gelehrte wie H. C. von der Gabelentz (1807—1874), A. H. Zwick, W. Schott, Bernhard Jülg (1825—1886), W. Grube (1855—1908), B. Laufer (1874—1934), W. Unkrig (1881—1956) Untersuchungen zur Sprache, Geschichte und Literatur der Mongolen. 1928 bereiste der Sino-Mongolist Erich Haenisch (1880—1966) die Mongolische Volksrepublik. Ihm ist die berühmt gewordene, erste Übersetzung und Bearbeitung des ältesten Geschichtswerkes der Mongolen, der »Geheimen Geschichte der Mongolen« zu verdanken, die im Jahre 1941 erschienen ist.

Literatur:
Bergmann, B.: Nomadische Streifereien unter den Kalmücken in den Jahren 1802 bis 1803. Riga 1804—1805; Nachdruck Oosterhout 1968.
Franke, H.: Unveröffentlichte Reiseberichte und Materialien über Sibirien, die Mongolei und China. In: Sinologica III, 1951, S. 31—36.
Heissig, W.: Die erste mongolische Handschrift in Deutschland. In: ZAS 13, 1979, S. 191—214.
Heissig, W.: Die Mongolen. Ein Volk sucht seine Geschichte. Düsseldorf-Wien 1964, 1979, München 1978.

scher Übersetzung 1802 durch B. Bergmann in Riga veröffentlicht. Sie enthielten die ersten Übersetzungen von Teilen aus den großen mongolischen Epenzyklen der »Dzangar«- und »Geser«-Dichtung und erweckten in der Frühzeit der Romantik großes Interesse. Sie gaben Anstoß zu einer bis in die Gegenwart lebendigen wissenschaftlichen Beschäftigung und Erschließung dieser literarischen Denkmäler. 1805 nahmen der aus Saulgau im damals vorderösterreichischen Gebiet stammende Mediziner Dr. Josef Rehmann (1779—1831), der von dem Beethovenfreund und russischen Botschafter in Wien, Graf A. H. Razumovskij protegiert wurde, nebst Alexander Amatus Thesleff (1778—1847), dem aus Berlin gebürtigen Sinologen Julius von Klaproth (1783—1875), dem russischen Maler Alexander Martinoff und dem späteren polnischen Historiker und durch seinen phantastischen Roman »Die Handschrift von Saragossa« berühmt gewordenen Grafen Jan Potocky (1761—1815) an der von Graf J. Golovkin geleiteten Gesandtschaft nach China teil, die aus nicht erfüllbaren Protokollfragen bereits in der Mongolei endete. Alle die genannten Teilnehmer der Gesandtschaft hinterließen interessante Berichte und Tagebücher. Rehmann, der später zum Leibarzt des Zaren und Staatsrat aufsteigen sollte, publizierte mehrere Schriften über auf diese Reise zurückgehende Themen. Nur die von dem Verleger Cotta angezeigte Reisebeschreibung des später weltbekannten Sinologen J. v. Klaproth, eines Protegés der Brüder Humboldt, erweist sich als Chimäre: Sie ist niemals erschienen.

Professor Dr. Erich Haenisch, der Übersetzer des ersten mongolischen Geschichtswerkes, der »Geheimen Geschichte« der Mongolen, auf seiner Reise durch die Mongolei im Sommer 1928.

Heissig, W.: Zum Anteil deutscher Gelehrter an der russischen Orientalistik des 18. und frühen 19. Jahrhunderts. In: F. B. Kaiser und B. Staziewski, Deutscher Einfluß auf Bildung und Wissenschaft im östlichen Europa. Köln-Wien 1984, S. 53—67.

Heissig, W.: Monogoleireise zur späten Goethezeit. Wiesbaden 1971.

Heissig, W.: Mongolistik an deutschen Universitäten. Wiesbaden 1968.

Hummel, S.: Peter Simon Pallas »Sammlung historischer Nachrichten über die mongolischen Völkerschaften« in einer Ausgabe durch Johann Heinrich Merck. In: ZAS 10, 1976, S. 545—550.

Safranovskaja, T. K.: Mongolist XVIII veka Iogan Ierig. In: Strany i Narodny Vostoka IV, Moskau 1965, S. 155—163.

Walravens, H.: Bibliographia Chimaerica oder Bibliographie und Humor. In: Börsenblatt für den Deutschen Buchhandel, 1983, 51, A 246 (Frankfurter Ausgabe).

Seite aus einem von Julius von Klaproth (1783—1875) angefertigten Register zu Simon Peter Pallas' »Sammlungen historischer Nachrichten über die mongolischen Völkerschaften«.

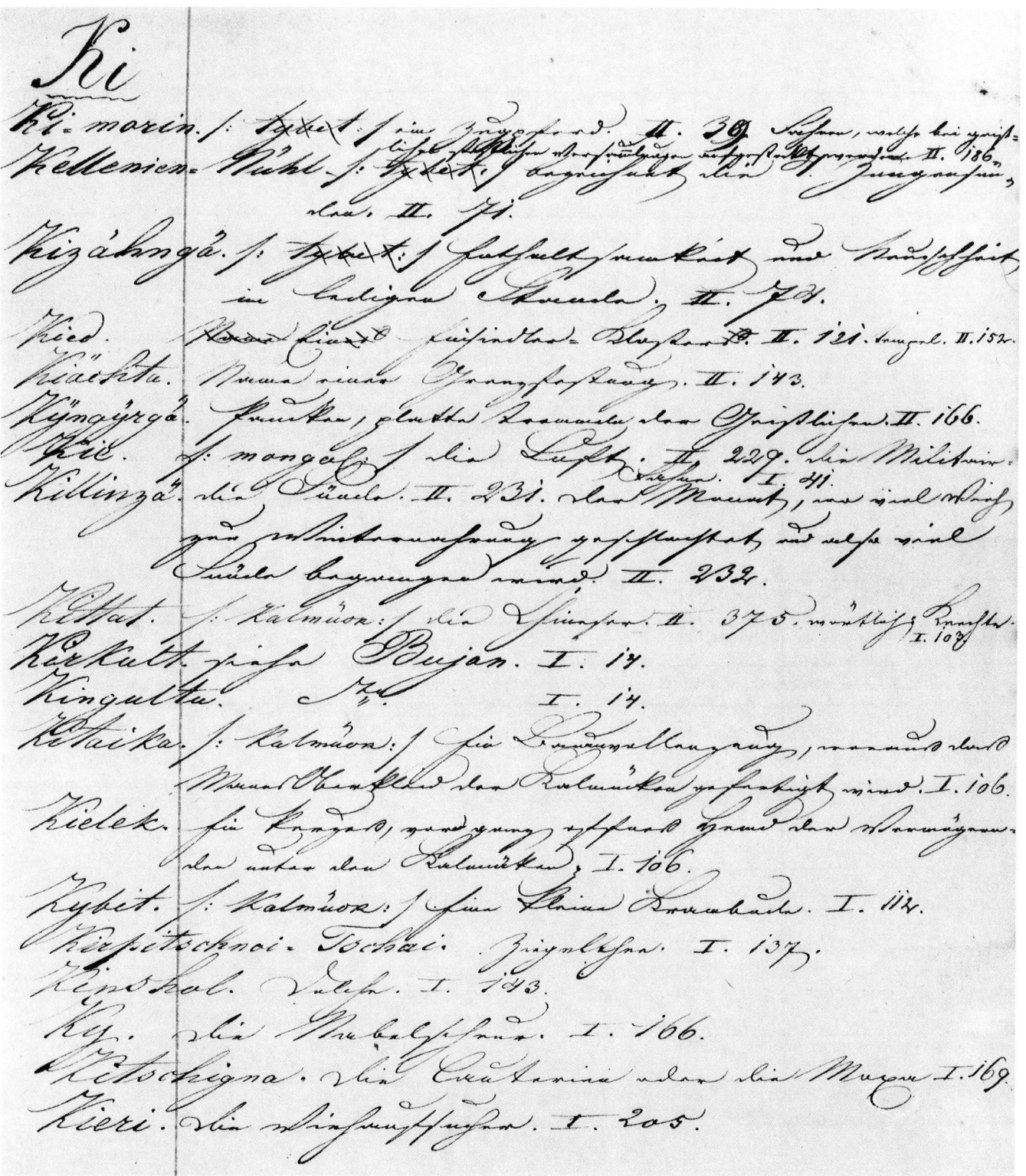

A. H. Francke und die Kalmücken

Gerd Gropp, Hamburg

Im Jahre 1914 führte der Herrnhuter Missionar, Tibetologe und Archäologe A. Hermann Francke im Auftrag des Münchener Völkerkundemuseums eine Expedition nach Zentralasien durch, die von Deutschland über Warschau und Moskau nach Zarizyn (heute Wolgograd), dann nach Samarkand, Osch, Kaschgar, Khotan und Ladakh führte, wo sie infolge des inzwischen ausgebrochenen Weltkrieges in englischer Kriegsgefangenschaft endete.[1]

Am 27. 5. 1914 traf Francke von Zarizyn aus in der Herrnhuter[2] Missionsstation Sarepta ein. Sarepta war 1765 im Auftrag der Zarin Katharina II. weniger mit dem Ziel der christlichen Missionierung als der wirtschaftlichen Erschließung des Kalmückengebietes errichtet worden. Als Überreste der ursprünglichen Festung fand Francke noch im Garten Kanonenrohre liegen, sie lassen an die unruhigen Verhältnisse der Gründung denken: 1616 waren die Kalmücken vom Köke

Nor an die Wolga gezogen, 1761 kam es zwischen Ubaša Khan und Cebeg Dorje zum Streit, in dessen Verlauf 1771 ein Teil der Stämme nach Zentralasien zurückwanderte. Die Missionare errichteten eine Seidenmanufaktur, deren Erzeugnis »Sarpinka« in ganz Rußland geschätzt wurde, und eine Fabrik für Senf, der noch zu Franckes Zeit unter dem Namen des Gründers als »Glitsch« weit bekannt war. Die Missionierung der Kalmücken wurde den Herrnhutern dagegen mehrfach verboten und energisch von russischer Seite unterbunden, so daß in der Missionsstation nur Deutsche wohnten und mit Francke am Gottesdienst teilnahmen. In den Jahren 1808—1822 hatte in Sarepta Jakob Isaak Schmidt das Neue Testament ins Kalmückische übersetzt[3], sich dann aber von 1829—1839 der Edition mongolischer Werke zugewandt. Die nahe der Station seßhaft gewordenen Kalmücken — sie wohnten in Jurten (Kibitken) und arbeiteten bei den Deutschen — waren Buddhisten. Ein Töpfer in Sarepta, Herr Niedenthal, stellte für sie aus Keramik Bodhisattvastatuetten her. Francke ließ sich einen Tanz, begleitet von der Balalaika, vorführen. Die zum Christentum bekehrten Kalmücken, »die freilich nicht getauft werden durften« (S. 28), waren auf einer Insel in der Wolga nahe bei Sarepta angesiedelt worden, die bei dem Besuch Franckes halb überschwemmt war.

Am 3. 6. fuhr Francke zur Residenz der verwitweten Kalmückenfürstin Eltsete in Salzgruft. Sie empfing ihn in ihrer kleinen Villa in europäischer Kleidung und zeigte ihm die Bildergalerie ihrer Vorfahren, alle Fürsten in russischer Offiziersuniform. Trotz dieser Zugeständnisse an die mächtigen Oberherren war der am 20. 3. 1907 verstorbene Fürst der Dörböt-Horde, Ceren David Tundutoff, in einem 5—6 Meter hohen Stupa beigesetzt worden, der an drei Seiten Inschriften in Kalmückisch, Tibetisch und Russisch trug. Francke stellte fest, daß die Texte der tibetischen und russischen Inschrift vollkommen voneinander abwichen. »Dieser Stupa war von einem eisernen Gitter umgeben, an dessen Ecken eiserne Stangen mit Gebetsmühlen, vom Winde zu drehen, angebracht sind. Einige größere Holzstangen sind mit leinenen Gebetsfahnen versehen, auf welchen in vielfacher Wiederholung die Om-mani-padme-hum-Formel in tibetischer Schrift zu lesen ist. Die Art des Druckes weist auf die Verwendung tibetischer Holzdrucktafeln. In nächster Nähe des Stupa finden wir die Gräber weiterer Familienmitglieder des verstorbenen Fürsten, und die daselbst aufgestellten Grabsteine enthalten wieder russische sowohl wie tibetische Schrift.« (S. 24) Der Tempel (Kurul) war »ein kleiner achteckiger Holzbau von etwa 5—6 Meter Durchmesser, mit einem geschweiften Kuppeldach versehen. Der Hauptreichtum des Tempels bestand in einer kleinen Sammlung von lamaistischen Bronzen, die aus Urga

---

1 A. H. Francke, Durch Zentralasien in die indische Gefangenschaft. Herrnhut 1921, besonders S. 18—35. In diesem Buch befinden sich einige Photos von dem Missionar Rich. Becker, Sarepta.
2 Die Herrnhuter Brüdergemeinde wurde 1722/27 von Graf Zinzendorf in Sachsen gegründet.

Buddhistischer Tempel (Kurul) der Kalmücken, 1914. Aus A. H. Francke: Durch Zentralasien in die indische Gefangenschaft. Herrnhut 1921, S. 112.

3 A. H. Francke, Die Mitarbeit der Brüdermission bei der Erforschung Zentral-Asiens. Hefte zur Missionskunde, Nr. 4, Herrnhut 1909, S. 1—5, 23—24.

Kalmückische Jurten (sogenannte Kibitken), 1914. Aus A. H. Francke: Durch Zentralasien in die indische Gefangenschaft. Herrnhut 1921, S. 113.

Klöstern in der Mongolei und solche von fürstlichen Persönlichkeiten. Die Ansichtskarte mit dem Bild des Dalai Lama fehlte auch hier nicht.

Nicht weit vom Kurul stand das Haus der großen Gebetsmühle. Es enthielt einen dicken Zylinder von etwa einem Meter Höhe, der mit lamaistischen Gebeten, also wahrscheinlich mit Papierstreifen, die die Om-mani-padme-hum-Formel enthielten, angefüllt war. Außen herum lief eine Inschrift in den auch in Tibet gebräuchlichen, aus Nepal stammenden Lantsabuchstaben, welche ebenfalls die Om-mani-padme-hum-Formel enthielt.«

In der Nähe dieser drei Bauwerke — Fürstenvilla, Grabstupa, Kurul — standen in dem »grünen Tal voller Felder und Obstbäume« die Kibitken der Kalmücken. Sie teilten bei Sarepta das Land mit mohammedanischen Tataren, über deren intensiven Ackerbau Francke voller Bewunderung schreibt.

Am 9. 6. fuhr Francke von Sarepta nach Astrachan und machte von dort einen Ausflug nach der nahegelegenen Siedlung

Aufnahme von 1914. A. H. Francke: Durch Zentralasien in die indische Gefangenschaft. Herrnhut 1921, S. 96. Die rasch auf- und abbaubare Jurte war ein charakteristisches Kennzeichen für die nomadisierende Lebensweise der Mongolen und stellte die Grundlage ihrer Mobilität dar. Dennoch kannten die Viehzüchter der innerasiatischen Steppen durchaus befestigte Siedlungen (Xiongnu), und die prachtvolle von Činggis Khan gegründete Hauptstadt Karakorum wird ausführlich in westlichen Reiseberichten geschildert. Mit der buddhistischen Missionierung seit dem 16. Jh. wurden feste Tempel und Klöster errichtet, deren architektonische Vorbilder in China und Tibet zu suchen sind. Manchmal bewahrten sie auch, wie dieses kalmückische Heiligtum, die traditionelle Jurtenform.

und Tibet eingeführt waren, sich auch in nichts von den ritualistischen Figuren der Tibeter unterschieden. Es fanden sich hier sowohl Buddha- wie Bodhisattva- (künftiger Buddha) Figuren, unter letzteren namentlich ein stehender Maitreya. Eine andere Gestalt, die mehrere Köpfe und viele Arme aufwies, ließ sich aus der Entfernung, in der wir gehalten wurden, nicht näher bestimmen. Vor den Figuren war ein kleiner, zusammenlegbarer Opfertisch aufgestellt, dessen kunstvolle Schnitzerei vielleicht mehr an China als an Tibet erinnerte. Immerhin wurden wir versichert, daß der Tisch von den Kalmüken selbst geschnitzt worden sei. Auf demselben standen die gewöhnlichen messingnen Opfertassen und außerdem silberne Tafeln von herzförmiger Gestalt, welche oben mit den sieben buddhistischen Glückssymbolen geschmückt waren. Einige Buddhafiguren aus weißem Gips, die auf dem Boden standen, wiesen mehr auf europäische als auf asiatische Herkunft. An der Wand hingen viele lamaistische Bilder, die wie in Tibet, mit Leimfarben gemalt waren. Sie wirkten hier etwas fremdartig, weil sie unter Glas gebracht und mit goldenen Rahmen versehen waren. Es waren das meist genaue Kopien tibetischer Originale; doch sollen einige von ihnen tibetischen Ursprungs sein. Außer verschiedenen Buddha- und Bodhisattvadarstellungen fiel mir eine Kyangreiterin auf, offenbar die Göttin dPal-ldan-lha-mo darstellend. Ferner fanden sich an den Wänden einige moderne Photographien von berühmten

Kalmütski-Bazar. Neben dem russischen Dorf standen die Kibitken der Mongolen und »auf einem Sandhügel befand sich ein buddhistischer Tempel mit großem Hof, der von einem hölzernen Zaun umgeben war . . . Die Ausstattung war ähnlich der des Tempels in der Salzgruft. Es waren aber hier nicht alle buddhistischen Heiligenbilder mit Glas und Rahmen versehen, vielmehr hingen viele wie in den tibetischen Tempeln als Kirchenbanner von der Decke herab. In einem besonderen Gebäude im Hofe befand sich auch hier eine große Gebetsmühle.« (S. 29) Im Hof sah Francke »eine ganze Anzahl hölzerner Stupas, von denen jeder etwa einen Meter hoch war«. Zur Architektur der Tempel bemerkt er, daß »deren nach oben

zu sich verjüngende und mit den Rändern nach oben gekehrte Dächer stark an die chinesische Pagode erinnern«.
Zu Franckes Zeit trugen die Lamas »nicht den linken Arm unbedeckt wie in Tibet, und die hiesige runde Großvatermütze hat nichts mit dem Tuchhelm der Tibeter gemein« (S. 24). Die Kleidung der Bevölkerung war stark europäisiert, nur »bei der Frauentracht fallen die hohen, oft mit Pelzen verbrämten Mützen auf, die sehr kunstvolle, an Tibet erinnernde Stickereien aufweisen« (S. 29). Francke erwarb für das Münchener Völkerkundemuseum eine kleine Sammlung Textilien und Schmuck, die aber leider in den Kriegswirren nicht nach Deutschland gelangte.

Kalmückische Trachten nach einer italienischen Darstellung des späten 18. Jh.s

Der Sammler von Erdeni-dzu

Hans Manndorff, Wien

Hans Leder, Naturforscher und Ethnologe, wurde am 4. Februar 1843 in Jauernig, im ehemaligen Österreichisch-Schlesien, geboren und starb am 19. Mai 1921 in Katharein, Schlesien, (damals Österreich).

Leder besuchte das deutsche Gymnasium und bis 1863 die Realschule in Troppau. Das Studium an der Bergakademie Leoben (Steiermark, Österreich) unterbrach er aus familiären Gründen. Sein starker Hang nach fernen unerforschten Ländern führte ihn 1867—1872 nach Algerien, in das Atlasgebirge und in die Sahara, wo er hauptsächlich mit der Entdeckung neuer Käferarten erfolgreich war. Nach wissenschaftlicher Vorbereitung durch E. Reitter folgte 1875—1877 eine Reise in den Kaukasus, wo er eine Reihe bisher unbekannter Insektenarten entdeckte, deren wissenschaftliche Bezeichnungen den Beinamen »Lederi« erhielten. Nach mehreren Kaukasusreisen war Leder 1882—1888 in der deutschen Kaukasussiedlung Helenendorf bei Jelisabetpol ansässig, von wo aus er ausgedehnte Streifzüge unternahm, die die Aufnahme der Faunaformation sowie andere naturwissenschaftliche und darüber hinaus ethnologische Beobachtungen zum Ziel hatten. Seit 1888 lebte er in Mödling bei Wien, wo er mit Reitter die kaukasischen Sammlungen bearbeitete. 1891 wurde Leder im Auftrage des Präsidenten der russischen geographischen Gesellschaft nach der Mongolei gesandt, um Insekten zu sammeln. Von Irkutsk aus durchforschte er das Sajan-Gebirge, von Ulanbator aus zog er mit einer Karawane in das unbegangene Landesinnere. Er blieb lange im Kloster Erdeni-dzu (im Zentrum des mongolischen Reiches Činggis-Khans), in dessen Umkreis er auf die Ruinen der alten Hauptstadt der Uighuren stieß, ausgedehnte, inzwischen gänzlich verfallene Bewässerungsanlagen erkannte und beschriftete Steine (Mani-Steine) auffand. Leder kann als eigentlicher Entdecker dieser Ruinenstätten gelten. In den lamaistischen Klöstern konnte er den Tsam-Tänzen (religiöse Mysterienspiele maskentragender Mönche) beiwohnen und diese beschreiben. Er legte größere ethnographische Sammlungen aus der Mongolei für das Museum für Völkerkunde in Wien an, die im dortigen Sammlungsinventar 1898 (Post 12, Inv.-Nr. 63.428—64.466), 1899 (Post 20, Inv.-Nr. 64.833—65.043) und 1906 (Post 6, Inv.-Nr. 74.648—75.223) nachgewiesen und mehrmals in Sonderausstellungen gezeigt worden sind. In seinen späteren Jahren entwickelte sich der Naturforscher Leder mehr und mehr zu einem Sammler

Hans Leder (1843—1921), der auf mehreren Reisen große Sammlungen von Gegenständen aus der Mongolei anlegte, die auf viele europäische Museen verteilt sind.

lamaistischer Kultobjekte. Nach seinem letzten Aufenthalt in der Mongolei während des Russisch-Japanischen Krieges lebte er in seiner Heimat.

Die im Museum für Völkerkunde Wien vorhandenen Sammlungen von Hans Leder repräsentieren wertvolle Dokumente aus Zentralasien, insbesondere über die Kulturen der Mongolei und des tibetischen Lamaismus, und umfassen insgesamt 824 Inventarnummern. Weitere Teile seiner Sammlungen sind in Museen in Budapest, Heidelberg und Stuttgart.

Die Bedeutung der Lederschen Sammlungen für die Ethnographie der Mongolei

Hans Roth, Bonn

Das große Verdienst Leders für die Nachwelt liegt in dem Vermächtnis seiner umfangreichen Sammlungen, die er um die Jahrhundertwende in der Mongolei erwarb. Obwohl er gemäß seinem Auftrag auf der ersten Reise 1892 in der Ostmongolei eigentlich nur Insekten sammeln sollte, muß er durch die fremdartige Kultur so fasziniert gewesen sein, daß er sich neben der Entomologie bald intensiv mit der Religion, der Bevölkerung und der Archäologie des Landes beschäftigte. Eine Sammlung von Ethnographica hat er, wegen fehlender Geldmittel, auf dieser Reise nicht zusammenbringen können. Dagegen erwarb er während seiner zweiten Reise 1899/1900 eine zahlenmäßig mehrere tausend Nummern umfassende Sammlung. Er kaufte hunderte von Tonplaketten (Tsa-tsa), Miniaturbildern, Rollbildern, lamaistischen Textfragmenten, Figuren aus Pappmaché und Metall sowie kleinere religiöse und profane Gegenstände.

Da Leder nur über geringe Geldmittel verfügte und keine Transportmöglichkeit für größere Stücke besaß, besteht seine Sammlung hauptsächlich aus Gegenständen von durchschnittlicher Qualität und geringer Größe. Nicht vertreten sind darum Ackerbau- und Viehzuchtgeräte, Sättel, Trachten, größere Hauswirtschaftsgeräte (fast keine Kannen, Töpfe etc.), größere Musikinstrumente, kostbare Rollbilder, wertvoller Schmuck und qualitativ sehr gute Handwerksarbeiten. Um die Gewänder der Tsam-Tänzer zu bewahren, ließ er kleine Holzfiguren der Tänzer mit ihren Trachten schnitzen und bemalen.

Leders Angabe, daß seine Sammlungen »im Ganzen aus weit mehr als 20 000 numerierten und genau bestimmten Stücken bestanden« (Das geheimnisvolle Tibet, S. 2), ist entweder von ihm zu hoch geschätzt worden, oder er hat seine naturwissenschaftlichen Sammlungen darin eingeschlossen. In den Inventarbüchern der europäischen Museen ist der Ankauf von etwa 7 000 Stück von Hans Leder nachweisbar. Daneben sind sicherlich viele Objekte an Privatleute und den Kunsthandel verkauft worden. Der Völkerkundehändler J. F. G. Umlauff in Hamburg erwarb zum Beispiel um 1912 von Leder eine grö-

Seite der Sammlungsliste von Leder aus dem Museum für Völkerkunde in Wien mit der Beschreibung der Tsam-Figuren.

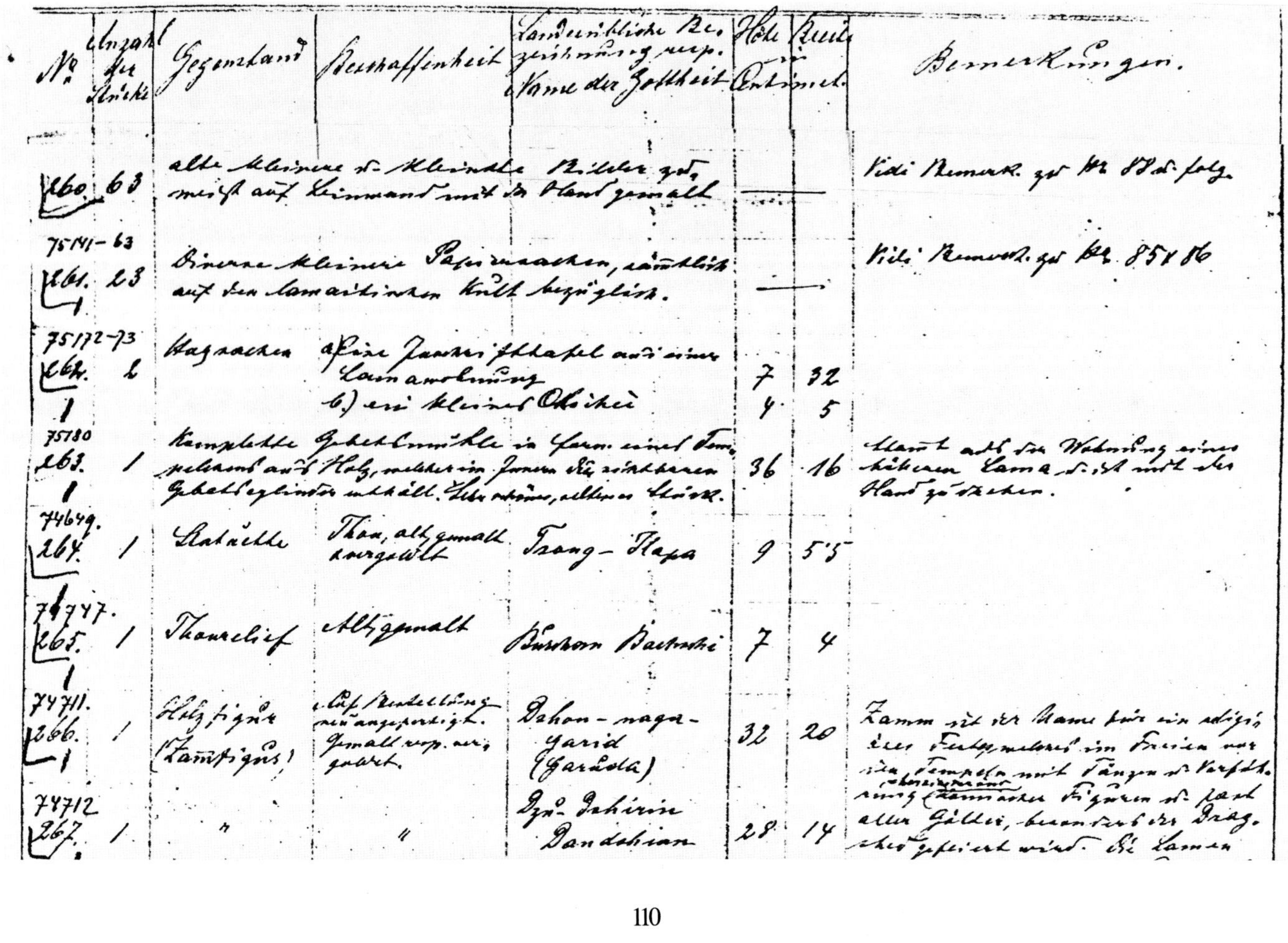

Amulettbild, Grüne Tara, Leinwand 5,5 x 6,9 cm. Portheim-Stiftung Heidelberg, Inv.-Nr. 350.

Amulettbild, Lhamo, Leinwand 6,5 x 8 cm. Lindenmuseum Stuttgart, Inv.-Nr. 24.221.

ßere Sammlung, die er im Laufe der Jahre — vermischt mit tibetischen und mongolischen Objekten anderer Reisender — an verschiedene Museen und Privatleute weiterverkaufte. Diese, in den Inventarbüchern der Museen unter »Herkunft: Umlauff« geführten Bestände enthalten viele Lederstücke, meist erkenntlich an den Originalnummern von Leder. Durch Kriegseinwirkung ist ein großer Teil der Gegenstände vernichtet worden, wie die folgende Aufstellung zeigt:

	angekauft	heute vorhanden
Budapest	900	730
Hamburg	1500	200
Heidelberg	?	800
Leipzig	1200	ca. 600
Prag	?	ca. 300
Stuttgart	1024	750
Troppau	123	—
Wien	823	500
Umlauff	3000 (?)	800 (?)

Das heute noch vorhandene Material von Leder hat für die Kulturgeschichte der Mongolei eine außerordentliche Bedeutung.
1. Rein zahlenmäßig ist es als Ganzes betrachtet die größte mongolische Sammlung in Europa.

2. Zu den meisten Gegenständen existiert eine orginale Beschreibung. Leder numerierte jedes gesammelte Objekt und führte in einer Inventarliste die Beschaffenheit des Gegenstandes, bei Gottheiten den landesüblichen Namen und die Maße auf.
3. Bedingt durch seine finanzielle Lage konnte er weitgehend nur mongolische Volkskunst erwerben, diese jedoch in riesigen Mengen. Dadurch wird in seinen Sammlungen, vertreten durch Tonplaketten, Figuren und Malereien, das gesamte damals in der Mongolei verbreitete lamaistische Pantheon in seiner ganzen Vielfalt repräsentiert.

Zusammen mit Leders Aufzeichnungen stellen sie ein einmaliges Dokument über die Verbreitung einzelner Gottheiten und die religiöse Praxis des mongolischen Volkes um die Jahrhundertwende dar. Insbesondere fällt gegenüber dem tibetischen Lamaismus die Bevorzugung der Berg- und Kriegsgötter auf. Zugleich ist dieses Material wegen seiner Homogenität der Herkunft einerseits und der Vielfalt der Darstellungen andererseits für die Kunstgeschichte von größter Bedeutung. So ist zum Beispiel der Stil der bodenständigen mongolischen Malerei — einfache, schwarze Umrißzeichnungen, schwere, unbewegliche, fleischige Gestalten — deutlich von der tibetischen Kunst unterscheidbar.

Durch seine rastlose Sammeltätigkeit hat Hans Leder unser Wissen über die Mongolei entscheidend bereichert.

Literatur:

Leder, H.: Besuch von Urga in der Mongolei. In: Globus 66, 1894, S. 49—53, S. 68—72.

Leder, H.: Reise an den oberen Orchon und zu den Ruinen von Karakorum. In: Mittheilungen der k. k. Geographischen Gesellschaft Wien 37, 1894, S. 407—436.

Leder, H.: Eine Sommerreise in der nördlichen Mongolei im Jahre 1892. In: Mittheilungen der k. k. Geographischen Gesellschaft Wien 38, 1895, S. 26—57, S. 85—118.

Leder, H.: Über alte Grabstätten in Sibirien und der Mongolei. In: Mitteilungen der Anthropologischen Gesellschaft in Wien 25, 1895, S. 9—16.

Leder, H.: Das geheimnisvolle Tibet. Leipzig 1909.

Veröffentlichungen über Leders Sammlungen am Linden-Museum in Stuttgart:

Heissig, W.: Mongolisches Schrifttum im Linden-Museum. In: Tribus Nr. 8, 1959, S. 39—56.

Hummel, S.: Die lamaistischen Miniaturen im Linden-Museum. In: Tribus Nr. 8, Okt. 1959, S. 15—37.

Hummel, S.: Die lamaistischen Kultplastiken im Linden-Museum. In: Tribus Nr. 11, Nov. 1962, S. 15—68.

Hummel, S.: Profane und religiöse Gegenstände aus Tibet und der lamaistischen Umwelt im Linden-Museum. In: Tribus Nr. 13, Dez. 1964, S. 31—138.

Hummel, S.: Die lamaistischen Malereien und Bilddrucke im Linden-Museum. In: Tribus Nr. 16, Juli 1967, S. 35—195.

Meisezahl, R. O.: Die tibetischen Handschriften und Drucke des Linden-Museums in Stuttgart. In: Tribus Nr. 7, Okt. 1957, S. 8—166.

Burjatinnen.

Stämme und Verbreitungsgebiete;
Sprache, Wesenszüge

Michael Weiers, Bonn

Die Geheime Geschichte der Mongolen (GGM), entstanden zwischen 1227 und 1264, überliefert neben der Selbstbezeichnung Mongqol-»Mongolen« — Namen wie Tatar, Merkit, Naiman, Kereit, Tangut und Kitat, alles Namen zentralasiatischer Völker, die die Mongolen im 12./13. Jh. entweder vernichteten, oder deren Reste sie sich eingliederten, sie mongolisierten, und die dann nur noch in Stammes- oder Familiennamen fortlebten. Zeitgenössische muslimische Quellen und die GGM nennen als Stämme bzw. Sippen der Mongolen: Arulat, Bagarin, Bargut, Barulas, Bayagut, Bayit, Besüt, Borǰigit, Budagat, Burjat, Dörben, J̌adaran, J̌alair, J̌ürkin, Geniges, Kiyat, Mangqut, Olqonogut, Oronar, Oirat, Qabqanas, Qongirat, Qorulas, Salǰigut, Süldüs, Sünit, Taiǰigut, Činos, Tumat, Torgut, Uriangqat, Urugut und Ursut. Angehörige dieser Stämme, deren ursprüngliche Weidegebiete im großen Bogen südlich des Baikalsees lagen, verteilten sich unter Führung der herrschenden Činggisiden aus der Sippe Borǰigit über das ganze Imperium, mußten sich dann aber nach dem Niedergang der Mongolenreiche im 14. Jh. als geschlossene Stammesgebiete auf Zentralasien beschränken.

Hier stieg im Westen der Stamm der Oirat, dessen Nachfahren bis heute als Westmongolen gelten, zur zeitweilig bis vor die Tore Pekings herrschenden Völkerschaft auf, zu der die Stammesverbände Ögelet-Oirat, Qoit und Batut-Oirat, *Bargut*- und *Burjat*-Oirat, sowie Čoros-, Qošot- und *Torgut*-Oirat zählten (*kursive* Namen auch im 12.—14.Jh.).

Nach dem Niedergang der Oiratenmacht reorganisierten sich die Ostmongolen: bis zur 1. Hälfte des 16. Jh.s im Gebiet der heutigen Mongolischen Volksrepublik (MVR) die Chalcha, benannt nach einem Fluß im NO ihres Territoriums, eine aus West- und Ostmongolen bestehende Mischgruppe, die sich zunächst als Dologan Otog Qalqa »Sieben Stämme Chalcha« bezeichnete. Bis zu Beginn des 18. Jh.s entwickelten sich aus diesen Chalcha vier Fürstentümer, Aimag genannt — der J̌asagtu-Khan-, Sain-Noyan-Khan-, Tüsiyetü-Khan- und Sečen-Khan-Aimag —, die bis 1924 bestanden. Das gesamte

Alte uighuro-mongolische Schrift (aus einem Nachdruck einer Übersetzung der Yuan-Zeit aus dem Jahre 1431).

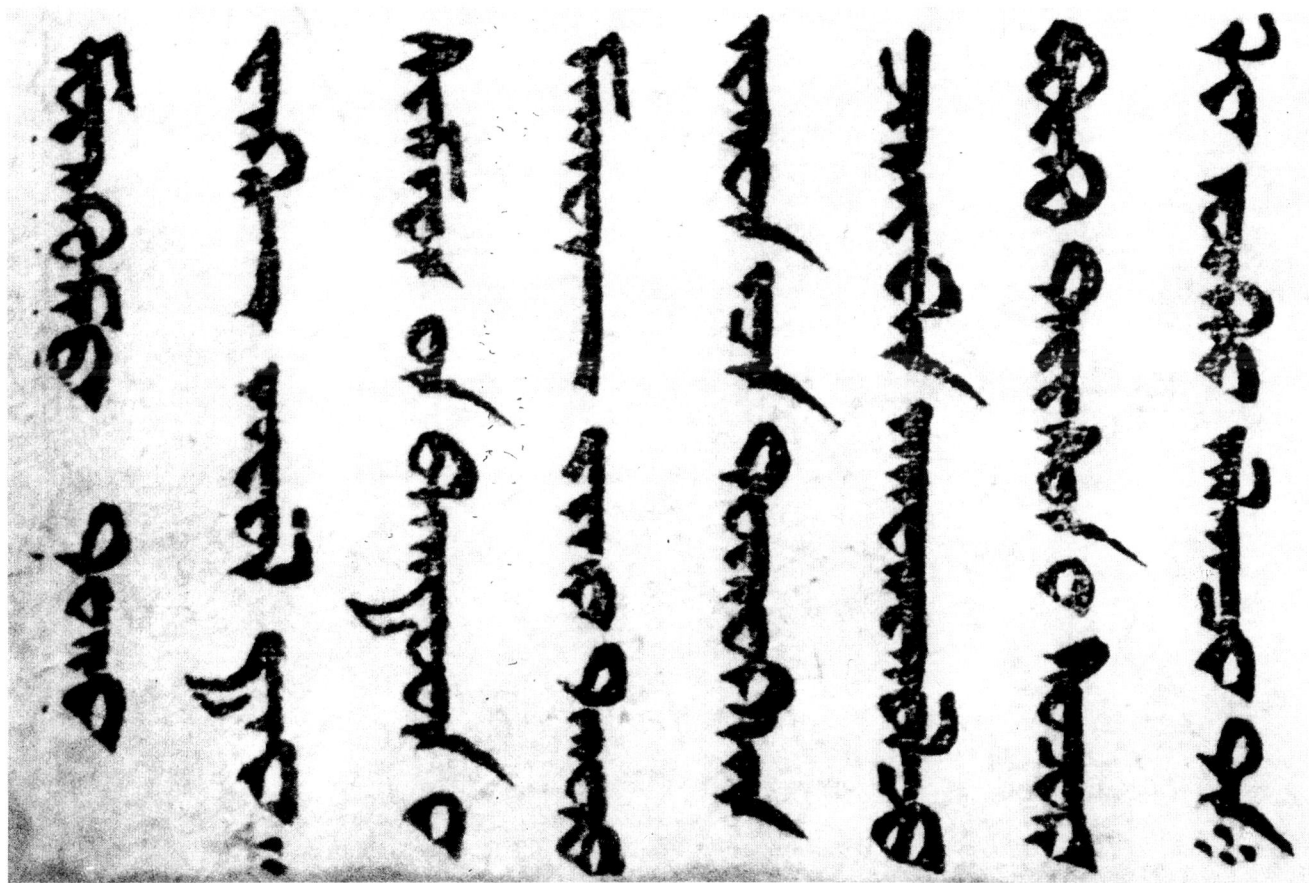

Oiratische (kalmückische) Schrift.

Gebiet und seine Bevölkerung wurde und wird auch kurz
Chalcha genannt. Im Süden und Südosten von Chalcha entstanden noch im 16. Jh. südostmongolische Stammeskhanate
wie das *Tümet*- und Čachar-Khanat. Letzteres erlangte im
ersten Drittel des 17. Jh.s so maßgeblichen politischen Einfluß,
daß im Sira-mören-Tal die kurzlebige Konföderation Tabun
Otog Qalqa — »Fünf Stämme Chalcha« —, bestehend aus den
Stämmen Ĵarut, *Bagarin, Qungirat, Bayagut* und Öčiyet,
sowie die übrigen damaligen Stämme der Südmongolei und
Mandschurei: Abaga, Alagčut, Aokhan, Aru, Asut, Dörben
Keüket, *Ĵalait,* Gorlos, Qara Čerig, Kešigten, Qaragučit,
Qaračin, Qorčin, Muumingan, *Naiman,* Ongnigut, Ordos,
Sünit, Urat, *Urut,* Üjümüčin, Yasut und Yöngsiyebü sich
gezwungen sahen, für oder gegen dieses Khanat Partei zu
ergreifen. Čachar feindliche Stämme gaben vorübergehend
ihre Weidegebiete auf, und erst mit dem Ende dieses Khanats
und mit der Unterstellung der südmongolischen Stämme unter
die Oberherrschaft der Mandschu im Frühjahr 1636 kehrte in
die Region Ruhe ein.

1634/35 erneuerten die Oirat ihre Macht und nannten sich
ihrem schon genordeten Raumverständnis entsprechend Dsungar »linker (westlicher) Flügel«, wovon sich unsere Bezeichnung ihrer Wohngebiete Dsungarei herleitet. Als Stämme der
Dsungar galten Ögelet ~ Ölöt (= Ölöten, Eleuten), Čoros,
Qoit, Qošot, *Dörböd* und *Torgut,* wobei Čoros im Westen und

Ögelet im Osten als Gesamtbezeichnungen der Dsungar
gebraucht wurden.

Eine die einzelnen Stämme und ihre Genealogien behandelnde
mongolische Quelle des 18. Jh.s erwähnt zusätzlich zu den
genannten und auch heute noch existenten west- und ostmongolischen Stämmen die Aru Qorčin und Mongolĵin, sowie die
von einem Klan wieder zu einem Stamm aufgerückten westmongolischen *Besüt.* Nicht mehr genannt sind die Alagčut,
Aru, Asut, Qara Čerig, Urut und Yasut, während der für die
Folgezeit bekannte südmongolische Bundesstamm Abaganar
und die heutigen westmongolischen Stämme *Bayit* (erneut zum
Stamm erhoben), Chotogoitu, Choton, Mingat und Zachčin
noch nicht aufscheinen. Auch die modernen südmongolischen
Stämme Dariganga und Darchat, sowie die wieder als Stamm
zählenden *Bargut* finden noch keine Erwähnung.
Häufiger Mißverständnisse wegen sei noch hervorgehoben,
daß die seit 1655 auch in Chalcha und danach bei den Westmongolen (seit 1720) in stetig wachsendem Umfang einge-
führte mandschu-chinesische Verwaltungseinheit »Banner«,
1728 in der Südmongolei erweitert um die mehrere Banner
umfassenden »Ligen« oder »Bünde«, sich nicht mit Stammes-
gebieten decken oder diese gar ersetzen, sondern daß es sich
hierbei um reine verwaltungstechnische Einheiten handelt.
Zusätzlich zu den Stämmen in den geschlossenen Mongolengebieten hat sich aus dem alten Stamm der *Burjat* ein eigenes

nordmongolisches Staatswesen in Transbaikalien, die Burjat-Mongolische ASSR, herausgebildet. Die Burjat(en) untergliedern sich heute in die westlichen Stämme Alar, Bokhan, Bulgat, Ekhirit, Oka, Tunka und Unga, sowie in die östlichen Stämme Aga, *Bargu,* Bargusin, Khori, *Sartul* und Congol.
Als Rest der mongolischen Eroberer des 13. Jh.s hat in Afghanistan bis heute die isolierte Gruppe der Moghol(en) überlebt, deren bereits obsolete Stämme Marda, *Mangut* und Zei-mogol hießen.

Teile der oiratischen *Dörböd* und *Torgut* begannen 1616 nach Westen zu wandern und ließen sich 1632 an der unteren Wolga nieder. Mit Ausnahme von Teilen der Torgut, die wieder nach Osten zurückzogen und seit 1771/72 als Ili-Torgut in Xinjiang (VR China) siedeln, blieben diese von den Russen Kalmycy genannten Oirat im Westen, bezeichneten sich fürderhin als Khalmag = Kalmücken, und bilden heute in der Kalmückischen ASSR mit den Stämmen *Dörböd, Torgut,* Busawa und Sart zwischen Schwarzem Meer und Kaspi-See das westlichste mongolische Staatswesen.

Schon seit den dreißiger Jahren des 17. Jh.s leben als eigene Völkerschaft im heutigen Autonomen Gebiet Innere Mongolei und in den Provinzen Heilongjiang und Jilin der VR China mongolische Daguren, untergliedert nach den Namen der von ihnen bewohnten Städte Aigun, Hailar, Tsitsikhar und Butha, bzw. benannt nach dem Ili-Fluß und den Tarbagatai-Bergen im NW des heutigen Xinjiang (VR China), wohin Teile von ihnen zum Grenzschutz umgesiedelt worden waren.

Ebenso bilden in der VR China die Baoan-, Dongxiang- und Schera Yögur-Mongolen in der Provinz Gansu, sowie die Monguor mit den Stämmen Hutschu und Minho in der Provinz Qinghai, isolierte mongolische Völkerschaften.

Alle diese kleinen, am Rande des geschlossenen Mongolengebiets liegenden modernen Mongolengruppen, werden oft fälschlich als Stämme bezeichnet.

Der kurze Überblick läßt erkennen, daß die mongolischen Stämme nicht statisch, sondern bis ins 20. Jh. hinein einem steten ethnogenetischen Prozeß unterworfen gewesen sind. Ähnliches läßt sich auch für die sprachliche Entwicklung bei den Mongolen feststellen.

Die in ihrer Norm noch einheitliche mongolische Sprache wurde im 13./14. Jh. mit Hilfe verschiedener Schriftsysteme verschriftet: mit chinesischen Silbenzeichen, mit arabischer Schrift, mit Quadrat- oder 'Phags-pa-Schrift, und mit der uighurischen Schrift, die bis heute in Gebrauch geblieben ist. Diese verschiedenen Schriftsysteme decken die Existenz eines damaligen Ost- und Westdialekts auf, und machen vor allem deutlich, daß sich das Mongolische im 13./14. Jh., einem Zeitraum, aus dem wir die ältesten und ersten Schriftzeugnisse für diese Sprache besitzen, in einem Entwicklungsstadium befand, das wir Mittelmongolisch nennen, während die altmongolische Sprachform nur mehr an spezifischen Merkmalen, die die uighurische Schrift bewahrt hat, auszumachen ist. Sprachgeschichtlich gesehen gibt es also keine altmongolischen Texte.

Frauen des mongolischen Generals Ma (Shaanxi 1932).

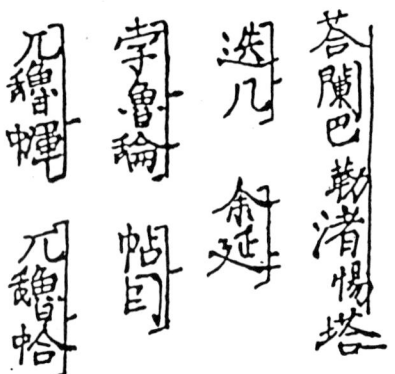

Burjatengruppe, Transbaikalien, Aufnahme um 1890. Die Gewänder der beiden Männer bestehen aus chinesischem, polychrom besticktem Seidenstoff und zeigen als untere Bordüre das charakteristische »Wellen- und Weltenbergmotiv« (vergleiche die Bordüre der abgesteppten Türfilze, Abb. S. 174, S. 182).

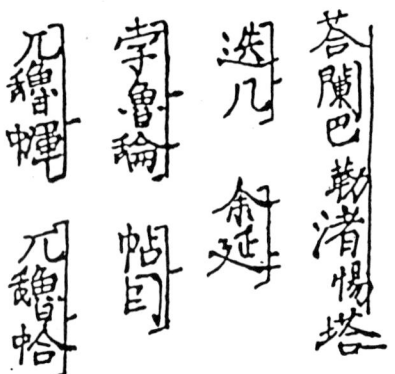

Mongolisch, geschrieben mit chinesischen Silbenzeichen, zu lesen von oben nach unten, Zeilenfolge von rechts nach links.

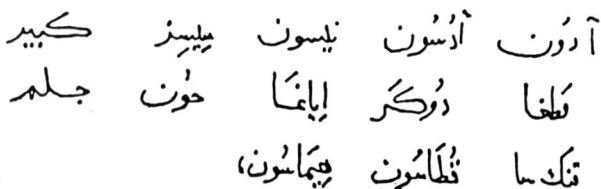

Mongolisch in arabischer Schrift, Zeilen verlaufen von rechts nach links; Buchstabenschrift.

Mit dem Niedergang der Mongolenreiche im 14. Jh. begann sich auch die einigende Sprachnorm zu lockern, und es entstanden in den Mongolengebieten allenthalben Dialekte, die sich allmählich so voneinander entfernten, daß eine Verständigung immer schwieriger wurde. Bei denjenigen Mongolen, die am Rand oder außerhalb geschlossener Stammesgebiete weiterlebten, konnten sich sprachliche Entfremdungen natürlich besonders stark ausprägen, weswegen die Burjat (260 000 Sprecher), Moghol (1971 noch ca. 10—15), Kalmücken (150 000), Daguren (94 014), Baoan- (9 027), Dongxiang- (279 397), Schera-Yögur- (1 500) und Monguor-Mongolen (159 426) heute eigene mongolische Sprachen nebst Dialekten besitzen, die eine Verständigung sowohl untereinander, als auch mit den übrigen Mongolen weitestgehend ausschließen. Von diesen Sprachen sind heute das Burjatische und Kalmückische mit einem modifizierten kyrillischen Alphabet geschriebene Schriftsprachen, das Dongxiang verwendet als die jüngste mongolische Schriftsprache seit 1980 ein Lateinalphabet, und das aussterbende Moghol zählt, nachdem seine mit arabischen Buchstaben geschriebene Schriftsprache schon obsolet ist, wie das Baoan, Dagur, Monguor und Schera Yögur wieder zu den schriftlosen mongolischen Sprachen. Die übrigen mongolischen Sprachen stehen sich näher, und zwar besonders die der Chalcha und Südostmongolen, die eine lange gemeinsame Geschichte unter mandschu-chinesischer

116

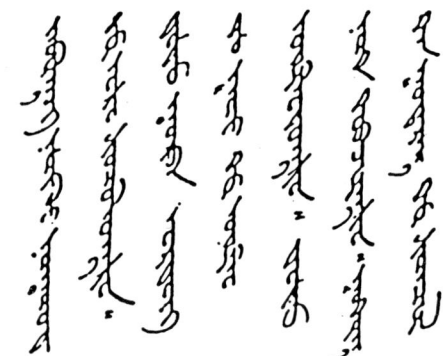

Mongolische 'Phags-pa- oder Quadratschrift, zu lesen von oben nach unten, Zeilenfolge von links nach rechts; Silbenschrift.

Schriftoiratisch, seit 1648, zu lesen von oben nach unten, Zeilenfolge von links nach rechts; Buchstabenschrift.

Mongolische Schriftsprache in uighurischer Schrift, Schriftform links 13./14. Jh., Mitte 17. Jh., rechts moderner Typendruck.

Herrschaft (1636 bzw. 1691 bis 1911) verbindet. Trennen die ca. 2 Millionen Einwohner der MVR heute neben einer Staatsgrenze auch die Verwendung eines modifizierten kyrillischen Alphabets für ihre Sprache von den 3 294 197 Mongolen, die in dem zur VR China gehörenden Autonomen Gebiet Innere Mongolei leben und bis heute noch die uighurische Schrift für ihre vielen Dialekte gebrauchen, so können sich diese fast 5,5 Millionen Sprecher doch meist durchaus verstehen. Dies gilt hingegen bei weitem nicht für die Dialekte der im Norden und Südwesten Xinjiangs (VR China) und im Westen der MVR lebenden 172 000 Oirat und ihre 1648 geschaffene Schriftsprache.

Die seit dem 13. Jh. verwendete und mit uighurischer Schrift geschriebene mongolische Schriftsprache schließlich, eine Sprache, die den unter anderen auch die altaischen Sprachen (dazu zählen neben den mongolischen die türkischen und tungusischen Sprachen sowie das Koreanische) strukturierenden agglutinierenden Typ ziemlich rein bewahrt, spiegelt als Literatursprache par excellence den jeweils von Ort, Zeit und Inhalt (z. B. religiöse Sprache) abhängigen Sprachgebrauch der Mongolen über acht Jahrhunderte wider.

Gesellschaftsstrukturen

Käthe Uray-Köhalmi, Budapest

Im Laufe ihrer Geschichte erlebten die Mongolen verschiedene strukturelle Änderungen ihrer Gesellschaft. Weder die Strukturen, noch die Art ihrer Änderungen sind bisher in genügendem Maße erforscht oder wenigstens mit notwendiger Objektivität dargestellt worden. Den Fakten wurden die eben gängigen, modischen, oder noch schlimmer, die vorgeschriebenen Stereotypen vorgezogen, bzw. wurden die (tatsächlich nicht genügend geklärten) Erscheinungen in das Prokrustesbett der künstlichen Kategorien gezwungen. Dem Erforscher der mongolischen Gesellschaft und ihrer Formen kommt der mongolische Wortschatz auch nicht entgegen. Es ist nämlich nicht immer eindeutig, welche gesellschaftlichen Einheiten mit dem einen oder anderen Terminus gemeint sind. Unsere Darstellung der Gesellschaftsstrukturen wird darum zwangsläufig etwas skizzenhaft sein, sich auf das Wesentlichste beschränken, aber es soll unbedingt vermieden werden, hier eine schematisierende Darstellung zu geben.

Vor Činggis Khan und auch noch zu Činggis Khans Jugendzeiten lebten nach den Berichten der *Geheimen Geschichte der Mongolen* in den Steppen der Mongolei und in den nördlich

Mongolische Fürsten in offizieller Kleidung um die Jahrhundertwende (Sainnoyon Khan und seine Gemahlin).

angrenzenden Waldgebieten exogame Sippen, rund achtzig an der Zahl. Bei den meisten ist keine konkrete Bindung zu einer anderen Sippe erkennbar, andere Sippen aber gehören zu größeren Einheiten, bzw. ballen sich im Zug der Ereignisse zu Einheiten zusammen. Von den größeren Einheiten, man könnte sie auch Stämme nennen, wird ungefähr die Hälfte als Bewohner der Steppenregion, die anderen als Bewohner der Waldgebiete Cis- und Transbaikaliens erwähnt. Die Zusammengehörigkeit dieser Stämme zeichnet sich manchmal auch in ihrer Benennung ab. So bestehen die in der Ostmongolei hausenden Tataren z. B. aus folgenden Sippen: Ajriut-tatar, Alči-tatar, Arukaj-tatar, Bujru'ut-tatar, Čaqan-tatar und Duta'ut-tatar. Ebenso wird von den drei Merkit, den Huas- (oder Uvas)-, den Ka'at- und den Udujit-Merkit gesprochen. Auch für die Urjanchai, die Ba'arin und die Tümet werden ihnen zugehörige Sippen angeführt. Gleichzeitig ist aus dem Text nicht ersichtlich, ob diese »Stämme« eine zentrale Führung hatten. Es wäre angebrachter, sie als Sippenföderationen zu definieren. Bei den in der Steppenregion lebenden Kereit, Naiman und Önggüt stehen Stammesführer, meist mit Khan betitelt, den vereinigten Sippen vor. Hier kann man mit Recht von Stämmen reden. Diese Stämme erscheinen in der Regel als Einheit und nur ausnahmsweise wird die eine oder die andere hinzugehörige Sippe einzeln erwähnt. Die Sippen eines Stammes konnten, aber mußten nicht miteinander blutsverwandt sein. Wenn genug Zeit zur Konsolidierung zur Verfügung stand, erschienen in jedem Fall bald ein Abstammungsmythos und eine darauf basierende Abstammungsfolge zur Bestätigung der Zusammengehörigkeit. Solch ein Sippenstammbaum ist auch im ersten Kapitel der *Geheimen Geschichte* zu lesen (§ 41—51). Diese Genealogie enthielt Sippen, die mit den Kiyat-Borǰigin, der Sippe Činggis Khans, in eine engere Beziehung getreten waren. Wenigstens ein Teil dieser Sippen bildeten schon zwei, drei Generationen vor Činggis Khan ein Bündnis unter der Führung von Qabul Khan, bzw. Ambaqai Khan. Aus der *Geheimen Geschichte* geht nicht ganz klar hervor, wann diese Sippenföderation oder dieser Stamm der Mongol in Verfall kam, ob schon zu Lebzeiten Yisügei Baγaturs, des Vaters Činggis Khans, oder erst nach seinem Tod. Allerdings lebten zu Činggis Khans Jugendzeit die mongolischen Sippen recht zerstreut, ohne daß eine zentrale Organisation tatsächlich funktioniert hätte. Die Sippe des früheren Khans Ambaqai, die Taiǰiut, konnte anscheinend ihre Führerrolle nicht bei allen Sippen des Stammes der Mongolen durchsetzen.

Nun einige Worte über die mongolische Sippe. Die Sippe, *yasun* oder *oboγ,* war eine exogame Gruppe väterlich verwandter Männer und Frauen, die ihre Abstammung auf ein (mythisches) Elternpaar zurückführten. Das Recht auf die Nutzung eines den Lebensunterhalt sichernden Gebietes (*nutuγ*) erwerben sie durch den Kult der Ortsgottheit, des Geistesherren (*eǰed),* des höchsten Berges der Gegend, der

Begrüßungszeremonie (Ausschnitt aus einem volkstümlichen Gemälde, Katalog Nr. 66).

Begrüßung des heimkehrenden Mudgal (aus einem illuminierten Peregrinationsbuch).

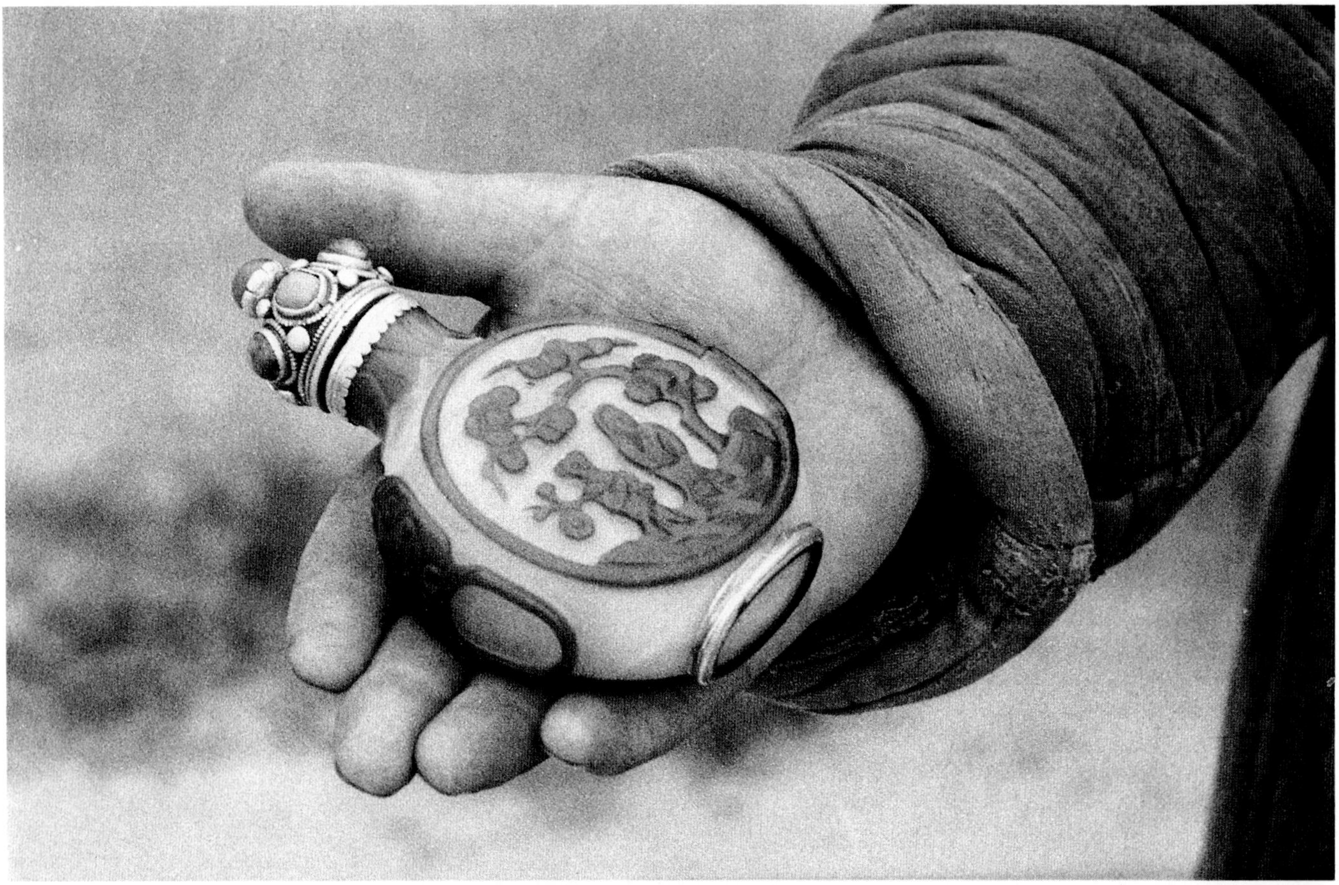

Einladende Geste mit der Schnupftabakflasche, die als kostbarer Besitz gilt: der andere möge sich bedienen — Teil des Begrüßungszeremoniells.

Plaudernde im Siedlungszentrum (Nordwestmongolei).

Alter Bagarin-Mongole (1944).

Stellung der eingeheirateten Frau — obwohl sie meistens das Unterpfand der Bündnisse bildete — war auch in der Sippe ihres Gatten nicht schlecht: die Ehefrauen hatten ihren Anteil und das Wort sowohl im wirtschaftlichen wie im politischen Leben.

Nachdem Temüjin 1206 von den konföderierten mongolischen Sippen zum Khan erhoben worden war, führte er eine Neuorganisierung der Sippen seines Machtbereiches durch. Sein Ziel war die Errichtung einer straffen Militärorganisation, die das ganze Volk erfaßte. Zugleich wollte er auch die Widerstand leistenden Sippen schwächen, indem er sie zerstreute, manche sogar vernichtete. Činggis ordnete das ganze Volk nach dem Zehnersystem zu Zehner-, Hundert- und Tausendschaften. Wie früher die Sippen, hatte jetzt jede Tausendschaft ihr Territorium, ihre Weidegründe. Militär- und Zivilverwaltung überlappten sich. Mit der Militärorganisation nach dem Zehnersystem folgte Činggis einer alten Steppentradition, die jedoch bis dahin vermutlich niemand so konsequent durchgeführt hatte wie er. Činggis beabsichtigte offensichtlich die traditionellen Bindungen in den Sippen zu brechen, um die aus den Sippenbindungen gelösten Leute zu gefügigen Untertanen zu machen. Ein Schlag gegen die alten Sippen war auch das Verbot der Blutrache und die Verordnung, daß jeder nur mit Genehmigung seine Tausendschaft verlassen durfte.

Mit der Führung der Tausendschaften beauftragte er seine getreuen Gefolgsleute und solche junge Verwandte, die ihre Loyalität schon mit Taten bewiesen hatten. Später kam dazu

Torgut (Nordwestmongolei).

zugleich auch die Ahnengeister verkörperte. Die Sippe Kiyat-Borjigin verehrte den Berg Burqan Qaldun und hatte mit verwandten oder verbündeten Sippen zusammen einen Kultplatz im Qorqonaq Jubur, wo ein heiliger Baum stand. Hier wurde Qutula zum Khan gewählt, und hier feierte Činggis seine Wahlbrüderschaft mit Jamuqa.

Die Sippe der Mongolen bestand aus Großfamilien (Dreigenerationenfamilien), von denen jede eine wirtschaftliche Einheit, ein *ajl*, bildete. Dieses bestand aus fünf bis acht Jurten. Die Mitglieder der Großfamilie hüteten ihre Herden gemeinschaftlich und zogen in vom Sippenrat ihnen zugeteilten Weiden herum. In unsicheren Zeiten schlossen sich etliche *ajls* zu großen befestigten Rundlagern, *küriyen,* zusammen.

Frauen wurden immer aus einer anderen Sippe gewählt, doch kam es vor, daß die Bräute mehrere Generationen hindurch immer aus derselben Sippe stammten. Verschwägerung galt als Versicherung der Bündnisse, war also politischer Natur. Manche Sippen entwickelten eine bemerkenswerte heiratspolitische Strategie, indem sie ihre Töchter mit den mächtigsten Khanen der Steppe vermählten, um immer dem Kreis der führenden Sippen der Steppe anzugehören. Solche Bemühungen sind für die Steppennomaden bezeichnend. Wenn sich die Umrisse eines künftigen Machtzentrums zeigten, wenn eine starke Persönlichkeit erschien, schlossen sich immer mehr Sippen freiwillig an. Der Starke wurde noch stärker, und so war es ein Leichtes, die Widerspenstigen zum Bündnis zu zwingen. Ähnlich verlief es auch im Fall der Mongolen. Die

Alte Frau und Kind. Silingol (Autonomes Gebiet Innere Mongolei).

die Gruppe seiner Schwiegersöhne. Anschließend organisierte er seine Leibwächterschaft sowie die Tages- und die Nachtwachen. Es waren Eliteeinheiten, die durch zahlreiche Privilegien über die anderen Truppen gestellt waren.

Die Gesellschaftsordnung des mongolischen Weltreiches wurde von vielen Wissenschaftlern als eine mehr oder weniger spezielle Art des Feudalismus betrachtet. Man sprach von feudal-patriarchalen, patriarchal-gentilen, unentwickelt feudalen Verhältnissen und von einem speziellen Steppen- oder Nomadenfeudalismus. Tatsächlich treten die persönlichen Abhängigkeitsverhältnisse sehr prägnant hervor: Alle Anführer des Reiches erhielten ihre Macht aus den Händen Činggis Khans. Er allein verfügte über Leben und Tod. Dennoch ist es nicht berechtigt, von Feudalismus — wenn auch unentwickeltem — im Činggisidenreich zu reden. In den Nomadengesellschaften waren nämlich die wesentlichen Grundlagen des Feudalismus nicht gegeben. Grund und Boden waren und blieben bei ihnen immer Gemeineigentum. Sie konnten als Eigentum der Sippe, des Stammes oder der Tausendschaft gelten, aber niemals gehörten sie Individuen, nicht einmal Činggis Khan. Besitzer der Herden waren die Großfamilien, die ein *ajl* bewirtschafteten. Es gab keine Möglichkeit, aber unter den Verhältnissen der Steppe auch keinen Grund, die Familien zu enteignen. Die *Noyan,* die Anführer der Militäreinheiten, besaßen eigene Herden, für die sie die besten Weidegründe der ihnen untergebenen Einheit zugeteilt erhielten. Die ein-

fachen Tausendschaftsmitglieder waren zu gewissen Abgaben oder Arbeitsleistungen, wie Postdienst, der Obrigkeit verpflichtet.

Der Eingriff in die traditionelle Sippenorganisation ging so tief, daß die ursprünglichen Sippen auch nach dem Sturz der Yuan-Dynastie sich bei den mittleren und östlichen Mongolen nicht wieder konsolidierten. Bei den Burjaten und Oiraten und bei anderen am Rande des mongolischen Reiches lebenden mongolischen Völkerschaften, wo die činggisidische Organisation nicht in die traditionellen Strukturen eingegriffen hatte, blieben die Sippen erhalten. Höchstens wurden die Sippen oder der Stamm nachträglich mit einer *Tümen-,* das heißt Zehntausendschaftsorganisation überbaut.

Die Einteilung in Tausendschaften und Zehntausendschaften verlor nach dem Sturz der Yuan-Dynastie auch bei den zentralen Mongolen an konkretem Inhalt, wenn auch die Bezeichnungen weiterlebten. Im wesentlichen bedeuteten sie nun mehr territoriale Einheiten, die auch einen speziellen Namen *(otoγ)* trugen. Jedes *ajl* gehörte einem *otoγ* an. Die Anzahl der zu einem *otoγ* gehörenden *ajls* war verschieden. Allmählich übernahm bei den zentralen Mongolen der *otoγ* die Funktionen der Sippe. Dadurch erfüllte sich ein altes Gesetz der Nomadengesellschaft, nämlich daß sich die Sippe als gesellschaftliche und wirtschaftliche Einheit immer wieder rekonstruiert, solange sich die Umstände nicht grundsätzlich verändern. Die neuerstandene »Sippenorganisation« war bei den Mongolen verschieden intensiv, gelegentlich konnte es ganz bis zur Exogamie innerhalb des *otoγs* gehen. Über den territorialen Einheiten und Zehntausendschaften regierten die Khane, die ihre Abstammung alle auf das Činggisidenhaus zurückführten.

Zur Zeit der Mandschu-Dynastie, der sich die östlichen und zentralen Mongolen unterwarfen, also vom 18. Jh. an, wurden auch die Mongolen in die Acht-Banner-Organisation des

Moderne Geselligkeit (Nordwestmongolei), Bewirtung erfolgreicher Viehzüchter.

Mandschu-Militärs miteinbezogen. Die Banner, *qosiɣun,* bedeuteten sowohl eine Militäreinheit, wie auch ihr Territorium, das von den Bannerleuten nur mit Genehmigung verlassen werden durfte. Das Gebiet eines Banners entsprach im allgemeinen einem *otoɣ.* Das Banner war auf zwei Hälften, *ǰalan,* unterteilt. Ein *ǰalan* bestand aus fünf *sumun,* der kleinsten Einheit der Militär- und Zivilverwaltung, die zugleich auch ein gewisses Territorium bedeutete, das von Zeit zu Zeit zwischen den Weidegemeinschaften *(ajl)* verteilt wurde. Die Mandschu-Herrscher beließen in der Regel die mongolische führende Aristokratie in ihren Posten. Die buddhistischen Klöster verfügten auch über die Nutzung gewisser Gebiete und konnten die Arbeit der Bewohner dieser Gebiete in Anspruch nehmen. Diese Leute waren aus der Bannerorganisation herausgehoben.

Nach Ausrufung der mongolischen Autonomie wurden die *sumun* als Verwaltungseinheit beibehalten, aber die *qosiɣun* wurden zu *aimaɣ* (mit der ursprünglichen Bedeutung »Stamm«) zusammengezogen.

Diese Organisation übernahm auch die Mongolische Volksrepublik. Sie besteht heute noch aus 18 Aimag. Nach der Kollektivierung, also nach 1960, nahm die Kollektivwirtschaft den Platz des Sumuns ein, zugleich Wirtschafts- und Verwaltungseinheit, wie auch den früheren Gesellschaftsstrukturen gemischter Charakter anhaftete. Den modernen Erfordernissen der Betriebsorganisation entsprechend verschwanden mancherorts auch die *ajl,* und es erschienen große Jurtensiedlungen mit bis zu hundert Einzelfamilien in betriebswirtschaftlicher Arbeitsteilung. So haben die Mongolen nicht nur in der Stadt, sondern auch am Land endgültig die gentilen Strukturen aufgegeben.

Literatur:
Heissig, W. und E. Haenisch: Die Geheime Geschichte der Mongolen. Düsseldorf, Köln 1981.
Krader, L.: The Origin of the State among the Nomads of Asia. In: Die Nomaden in Geschichte und Gegenwart. Berlin 1981.
Markov, G. E.: Ausbeutungs- und Abhängigkeitsverhältnisse bei den Nomaden Asiens. In: Die Nomaden in Geschichte und Gegenwart. Berlin 1981.
Ratchnevsky, P.: Činggis Khan. Sein Leben und Wirken. Wiesbaden 1983.
Vladimirtsov, B.: Le Régime Social des Mongols. Le féodalisme nomade. Paris 1948.

Sunit-Mongolinnen.

123

Die Familie

Sławoj Szynkiewicz, Warschau

Die traditionelle mongolische Familie beruhte auf einem Verwandtschaftssystem, dessen Spuren bis ins 19. Jh. anzutreffen waren. Damals waren Klans fast gänzlich verschwunden, nur am Rande des Chalcha-Gebietes gab es noch Lineages als Grundeinheit der Abstammungsgruppe. Die Lineage schloß alle Nachkommen eines Ahnen über etwa vier Generationen ein, von dem die Familie auch ihren Namen herleitete. Alle Mitglieder der Lineage-Gruppe, die Toten und die Lebenden, waren namentlich bekannt, und die wichtigen Ereignisse ihres Lebens wurden während der langen Winternächte immer und immer wieder erzählt. Der lebende Teil der Lineage-Gruppe umfaßte mehrere erweiterte Familien. Die Art des Verwandtschaftssystems stellte zwischen den Ahnen und ihren lebenden Nachkommen eine Art Verband her.

Die Ahnen waren nicht nur Objekte der Verehrung oder des Kultes wie bei den Chinesen, sondern hatten Teil am alltäglichen Leben. Dieses enge Zusammenleben gehört natürlich längst der Vergangenheit an; bei den Oiraten konnte man es noch bis zum Beginn dieses Jahrhunderts beobachten, die Chalcha-Mongolen haben es schon früher aufgegeben.

Chošud-Familie in ihrem alpinen Sommerweidegebiet, der Vater ist im Aufbruch (Nordwestmongolei).

Trotzdem findet man auch heute noch Personen — vor allem am Rande des Chalcha-Gebietes —, die ihre Abstammungslinie bis über zehn und mehr Generationen mühelos aufsagen können. Sie ist — typisch für Hirtenvölker — patrilinear, wenngleich die matrilineare Verwandtschaft ebenfalls wichtig war. Die Eigenidentifikation einer Person läuft über die männlichen Glieder, die im übertragenen Sinn als *jas* oder Knochen bezeichnet werden. Die mütterliche Linie wurde *max* oder Fleischglieder genannt.

Auf den ersten Blick scheint eine Familiengruppe in der Gemeinschaft, in der sie in einem Lager lebt, aufzugehen. Sowohl die gemeinsame Arbeit als auch gemeinsam erlebte Vergnügungen weisen darauf hin, daß diese Gemeinschaft über der Familie steht. Vor allem die Kinder scheinen zu jedem Zelt im Lager zu gehören, sie bewegen sich frei, essen, wo sie gerade etwas bekommen, und schlafen auch nachts nicht unbedingt »zu Hause«. Es ist auch nicht ungewöhnlich, daß sie von irgend jemandem im Lager beaufsichtigt oder erzogen werden, da sich jeder für die Kinder verantwortlich fühlt.

Ähnliche Regeln gelten auch für die Arbeit mit den Tieren, die von den Männern im Lager gemeinsam ausgeführt wird. Das ist nicht nur in den modernen Kommunen so, sondern galt auch schon, als die Herden noch Privateigentum waren. Diese wurden in eine große Herde des Lagers zusammengefaßt, und die Arbeit wurde kollektiv bewältigt. Jede Person teilte ihre Aufgaben mit den anderen, unabhängig davon, wie groß der Anteil der Familie an dieser großen Herde war. Der älteste Mann des Lagers war eine Art verantwortlicher Vorarbeiter: er verteilte die Aufgaben, entschied darüber, wann man mit der Herde weiterzog usw. Bestimmte Familienoberhäupter waren Ratgeber bei Versammlungen, doch wurde ihre Meinung nach dem Senioritätsprinzip und nicht entsprechend dem Status als Familienoberhaupt abgegeben. Auch dies deutet darauf hin, daß nicht die Familie die entscheidende Gruppe innerhalb der Gesellschaft ist.

Auch die Terminologie unterstützt diese Theorie. Die mongolische Sprache unterscheidet nicht zwischen »Familie« und anderen ähnlichen Kategorien. Wörter, die im Zusammenhang mit Familie stehen, haben meist noch eine zweite Bedeutung: *ger* und das synonyme *örx* bedeuten vor allem Zelt oder Jurte, *ajl* bezeichnet auch das Lager. Am nächsten der Bedeutung Familie kommt *ger bül*, was einen Haushalt bezeichnet, also alle Personen, die in einem Zelt zusammenleben und normalerweise die Mahlzeiten miteinander einnehmen. Die Bewohner eines Zeltes sind aber normalerweise nicht nur die Kernfamilie, das heißt *ger bül* entspricht eher der römischen *familia*, zu der auch Mitbewohner, Dienstboten und Sklaven gehörten. Terminologische Schwierigkeiten bestimmen jedoch nicht das Schicksal von Institutionen. Wichtig ist, daß man sich die Familie und die Gemeinschaft des Lagers als eine Einheit vorstellt, was sich auch in der für beide verbreiteten Benennung

Auf dem Weg zu neuen Weiden (westliche Mongolei).

Im allgemeinen führt eine Frau die Karawane auf dem Weg zu neuen Weideplätzen.

Familie vor der Jurte. Der Filz zum Abdecken der Rauch- und Lichtöffnung ist zurückgeschlagen. Silingol (Autonomes Gebiet Innere Mongolei).

ausdrückt: *ajl*. Das deutet auch auf die bereits angesprochene Durchdringung der beiden hin.

Auch die erweiterte Form der Familie bildete eine Art Gemeinschaft, die mehrere Jurten bewohnte oder sogar ein ganzes Lager bildete. Die Familie bestand dann aus den Eltern, ihren verheirateten Söhnen, manchmal waren es mehrere Brüder mit ihren Kernfamilien, unter Umständen mit Vettern und anderen Verwandten. Auch unverheiratete oder behinderte Personen lebten in dieser Gemeinschaft, denn die Familie hatte die Verpflichtung, diese Angehörigen zu unterstützen.

Erweiterte Familien hatten in der Regel eine gemeinsame Herde oder zumindest hielten sie die einzelnen Herden in einer großen. Dieses Wirtschaftssystem wurde jedoch entscheidend geschwächt, als im 19. Jh. die Bevölkerung immer mehr verarmte und jeder einzelne seine eigene Überlebensstrategie entwickelte. Manche dieser großen Herden blieben jedoch durch gemeinsame Anstrengung mehrerer Familien bestehen.

In den dreißiger Jahren dieses Jahrhunderts verschwanden die großen Familienbesitztümer endgültig, da die Steuerpolitik sie unrentabel machte. Sie wurden auf die einzelnen zugehörigen Kernfamilien aufgeteilt und bestanden in dieser Form bis zur Kollektivierung. Die Familienbindungen litten unter diesen Umständen, doch die Idee vom Zusammenhalt der Verwandtschaft bestand weiterhin, was sich in der gegenseitigen Hilfe und Zusammenarbeit bei Unglücksfällen, vor allem bei Natur-

katastrophen zeigte. Die Beamten des neuen Systems vermuteten in diesem Zusammenhalt eine Gefahr für die Kollektivunternehmen, so daß im Anfangsstadium der Kollektivierung verwandte Familien nicht für eine gemeinsame Herde verantwortlich sein durften.

Für die Besitztümer der Familie war der Vater allein verantwortlich, außer für die Mitgift der Ehefrau, die er zwar verwaltete, über die er aber nicht bestimmen konnte. Ein vorbildlicher Vater mußte jedem seiner Kinder einen Teil seiner eigenen Herde zuweisen; in der Praxis wurde vor allem den Töchtern, die in eine andere Familie heirateten, ein Teil der Herde als Mitgift mitgegeben.

Söhne dagegen bekamen ihren Teil bei der Heirat nur dann, wenn äußere Umstände dazu zwangen (zum Beispiel Steuervorschriften), sonst wurde nur ihr Anteil an der Herde des Vaters bekanntgegeben oder sogar nur zugesichert, ohne ihn genau festzulegen. Dies kam vor allem bei armen oder achtlosen Vätern vor und führte dazu, daß die Söhne, wenn der Vater starb, ihren Anteil nach Gutdünken des ältesten Bruders, der dann die Verantwortung übernahm, bekamen.

Im Idealfall jedoch teilte der Vater das Erbe, und alle Söhne, außer dem ältesten und dem jüngsten, bekamen gleiche Teile. Diese beiden bekamen etwas mehr, der Älteste, weil er am meisten für den Familienbesitz arbeitete, der Jüngste, weil er bei den Eltern bleiben und für sie im Alter sorgen mußte. Die Mutter hatte das Recht, ihre Mitgift selbst aufzuteilen, das heißt genauer gesagt, den Nachwuchs, den die Tiere aus ihrer

Herde hatten. Einige dieser Tiere und Teile ihres Schmucks fügte sie der Mitgift ihrer Töchter hinzu.

Vom jüngsten Sohn wird als einzigem nicht erwartet, daß er einen eigenen Haushalt gründet, sondern daß er mit seiner Frau im Haushalt der Eltern lebt. Für die Mongolen ist dies weit mehr als nur eine moralische Verpflichtung gegenüber den Vorfahren, was sich schon in der Bezeichnung für diesen Brauch ausdrückt: »das Herdfeuer erhalten«.

Der Familienherd ist nicht nur ein Symbol, sondern das materielle Zeichen für die Erbfolge, für die Fortsetzung der Abstammungslinie. Deshalb ist das Herdfeuer selbst wichtig, und man schützt es vor dem Verlöschen oder der Befleckung durch magisch abträgliche Handlungen. Jeder Mongole achtet sorgsam darauf, das Zelt nicht unbeaufsichtigt zu verlassen: Entweder würde er das Feuer, wenn er zu Verwandten zieht, mitnehmen und dem dortigen Herd hinzufügen, oder noch lieber würde er einen jungen Verwandten aufnehmen, damit das Feuer erhalten bleibt. Deshalb adoptieren kinderlose Paare ein Kind, und solche, die nur Töchter haben, veranlassen, daß ein Mann in die Familie einheiratet. Das Herdfeuer kann in dieser patrilinearen Gesellschaft auch von einer Frau weitergeführt werden, da die Kontinuität heilig und wichtiger als vorgeschriebene Regeln ist. Ich habe sogar erlebt, daß unverheiratete Frauen einen Neffen (Schwestersohn) adoptiert haben, um das Herdfeuer ihres Vaters zu erhalten. Die Bemühung um einen männlichen Nachkommen erfüllte gewissermaßen die Forderung nach Patrilinearität.

Unabhängig von den engen Bindungen zu territorialen und verwandtschaftlichen Gemeinschaften bestand die Familie aber auch auf einer eher privaten Ebene als autonome Einheit, die in erster Linie durch die Art ihres Zusammenlebens bestimmt wurde.

In einer Familie zu leben heißt, so etwas wie ein Protokoll zu akzeptieren, das gegenseitige Rechte und Pflichten der Familienmitglieder untereinander festsetzt. Auch wenn diese Regeln heute abgeschwächt sind, ordnen sie noch immer die Beziehungen innerhalb der Familie. Sie spiegeln sich im Verhalten, in der Sprache und sogar in der Art, wie man sich in der Jurte bewegt. Auch hier werden einige außerfamiliäre Regeln befolgt, die sich aus Bräuchen der gesamten Gesellschaft ableiten. Die wichtigsten Kriterien, die das Verhalten zueinander bestimmen, sind das relative Alter und das Geschlecht. Das heißt: Ältere haben Vorrang vor Jüngeren und Männer vor Frauen.

Die Alten wurden immer geehrt und man befolgte ihre Ratschläge. In einer erweiterten Familie hatte das älteste Ehepaar eine unangefochtene Führungsrolle in allen Dingen von grundlegender Wichtigkeit für die Mitglieder. In den wenigen Gebieten, in denen heute noch Lineages oder Verwandtschaftsgruppen existieren, ist der älteste Mann der Führer, der andere Alte versammeln kann, um wichtige Angelegenheiten zu diskutieren. In der modernen Mongolei ist seine Rolle allerdings meist auf den Vorsitz bei zeremoniellen Anlässen in der Familie beschränkt.

Die Alten spielen eine wichtige Rolle bei der Eingliederung der Kinder in die Kultur und ihrer Sozialisation, das heißt, daß die Kinder dazu erzogen werden, Brauchtum und gesellschaftliche Umgangsformen zu beachten. Früher oblag den Alten

Blick in eine Jurte am Edsin-gol, 1932 (heute Autonomes Gebiet Innere Mongolei). Zu sehen ist die Frauenseite im Osten der Jurte mit verschiedenen Aufbewahrungsgefäßen und Haushaltsgeräten.

auch die Unterweisung der Jugendlichen, doch diese bevorzugen es heute, sich über die Massenmedien zu informieren, so daß die Alten nur noch im Bereich der Etikette eine wichtige Rolle spielen. Sie sitzen immer auf dem Ehrenplatz (in einer Jurte ist das der Platz, der am weitesten vom Eingang entfernt ist), werden am Neujahrstag als erste begrüßt usw. Es ist sehr aufschlußreich, wie die Leute sich bei festlichen Empfängen in der Jurte plazieren. Man kann daraus leicht das relative Alter der Teilnehmer zueinander feststellen, die Jüngsten sitzen an der Tür, Männer links, Frauen rechts vom Eingang. Kinder dürfen in der ganzen Jurte herumlaufen, bis sie alt genug sind, sich an die Bräuche zu halten.

Die angestammten Plätze der Familienmitglieder in der Jurte folgen im ganzen Land dem gleichen Muster. Am strengsten wird die Sitzordnung während der Familienmahlzeiten eingehalten. Alle sitzen rechts von der Jurtenachse, die vom Eingang bis zum Familienaltar verläuft, der Vater auf seinem übli-

Tanzende und musizierende Kalmücken. Aus P. S. Pallas: Sammlungen historischer Nachrichten über die Mongolischen Völkerschaften, Erster Theil. St. Petersburg 1776, S. XII, Tafel 2. (Vgl. E. Emsheimer: P. S. Pallas' organological and ethnomusicological observations. In: Orbis musicae Bd. 9, Tel Aviv 1986, S. 122—140).

Frauen im Jurteninneren mit von ihnen vorbereiteten Speisen für ein Fest.

chen Platz am weitesten von der Tür entfernt. Neben ihm, in Richtung zum Eingang hin, sitzt seine Frau an ihrem üblichen Platz neben dem Kochherd. Neben ihr sitzt die älteste Tochter und dann kommen die anderen Kinder. Nur der erwachsene Sohn sitzt weit weg auf der männlichen Seite. Falls auch Großeltern in der Familie leben, sitzen sie direkt rechts und links neben dem Familienoberhaupt.

Diese Sitzverteilung zeigt die Bevorzugung der Männer als Überlegene und bestätigt das Bild der patriarchalischen Fami-

lie bei den Mongolen. Im allgemeinen ist dieses Bild auch richtig; die Frauen sind die Gehilfinnen und nehmen eine untergeordnete Stellung ein. Vor allem wenn Fremde anwesend sind, wird dies ganz offensichtlich. Die Frauen beteiligen sich dann nicht am Gespräch, würden niemals zeigen, daß sie mit ihrem Mann nicht einer Meinung sind, und sollen sogar in einer besonderen, nur Frauen vorbehaltenen Position sitzen, nämlich kniend. Man erwartet dieses Verhalten auch dann von ihnen, wenn sie eine stärkere Persönlichkeit haben als ihr

Mann. Normalerweise üben sie weniger Einfluß aus auf wichtige Familienangelegenheiten, wie zum Beispiel Finanzdinge, die Tierzucht oder die Heirat der Kinder, obwohl sich das heutzutage auch ändert. Ihre Bereiche sind Haushalt und Milchwirtschaft, wobei jedoch nur den Ehemännern das Recht auf Handel oder Tausch zusteht. Die Frauen tragen sicherlich die Hauptlast der Arbeit. Praktisch die gesamte Hausarbeit wird von ihnen geleistet, die Männer kümmern sich nur um die schweren Arbeiten außerhalb des Zeltes, die jedoch nicht sehr zahlreich sind. Die Aufgabe der Ehemänner ist es, das öffentliche Leben und die Beziehungen außerhalb der Familie zu pflegen, während man von einer anständigen Frau erwartet, daß sie zu Hause bleibt. Nur bei festlichen Anlässen darf auch sie sich ungehindert draußen bewegen.

Alle diese Beschränkungen für Frauen wurden bis zu Beginn dieses Jahrhunderts strikt eingehalten. In den dreißiger Jahren gab es eine sehr lebhafte Emanzipationsbewegung, die das Bild nahezu umkehrte und das Los der Frauen um einiges erträglicher machte.

Gilt irgendwo das Geschlecht als Kriterium für die Beurteilung des Menschen, dann dominiert immer der Mann. Trotzdem kann diese Bewertung durch Kriterien wie Alter oder sozialer Status modifiziert werden. Das ist zum Beispiel belegt durch die Beziehungen von Geschwistern zueinander, die sich nach dem relativen Alter und nicht nach dem Geschlecht richten. Ist die Schwester älter als der Bruder, so kann sie von ihm Respekt und Gehorsam erwarten. Der jüngere Bruder spricht die ältere Schwester mit einer höflichen Anrede an, die auch für die Eltern und andere ältere Leute gebraucht wird. Das männliche Geschlecht gibt nicht das Recht, sich über das Senioritätsprinzip hinwegzusetzen, auch nicht, wenn die Geschwister selbst alt geworden sind. Ein weiteres Beispiel dafür ist die Festlegung des relativen Alters bei Zwillingen. Unabhängig vom Geschlecht gilt derjenige als der ältere, der als zweiter geboren wird, was sich aus der Regel ergibt, daß der Jüngere dem Älteren den Weg ebnen soll.

Auch die gesellschaftliche Stellung ist ein Faktor, der die Position der Frau verbessert. Wenn zum Beispiel früher eine adelige Frau in eine nichtadelige Familie heiratete, so standen ihr einige Rechte zu, die sonst den Männern vorbehalten waren, so durfte sie zum Beispiel ein eigenes Schnupftabakfläschchen besitzen. In ähnlicher Weise genießen heute solche Frauen besonderes Ansehen, die für überdurchschnittliche Arbeitsleistung ausgezeichnet wurden.

Auch der Status als Familienoberhaupt wirkt sich auf die Stellung aus, er beeinflußt die des relativen Alters. Familienoberhaupt ist in der Regel der älteste Mann der Linie, deren Herdfeuer in der Familie bewahrt wird. Es ist aber durchaus möglich, daß ein Kind diese Stellung einnimmt, wenn der Vater vermißt ist. Vor allem Anfang dieses Jahrhunderts, als die Mongolei durch Chinesen, Weißrussen und Revolutionssoldaten verwüstet und entvölkert wurde, kam dies häufig vor. Ich habe Aufzeichnungen einer Distriktsvolkszählung von 1921 gesehen, aus denen hervorging, daß bei einem Viertel aller Familien Kinder das Familienoberhaupt waren.

Es konnte vorkommen, daß außer dem Kind noch ein älterer Mann in der Familie lebte. Dieser war dann deshalb nicht Familienoberhaupt geworden, weil er nicht verwandt oder

Gäste auf dem Ehrenplatz.

lediglich ein kollateraler Verwandter war. Das Kind nahm dann als Familienoberhaupt eine höhere Stellung ein als dieser ältere Mann. Es war eine formale Stellung, die tatsächliche Arbeit in der Herde übernahm jemand, der dazu fähig war, zum Beispiel die Mutter oder besagter älterer Mann. Trotzdem war die Familie unter dem Namen des formalen Oberhauptes bekannt, und dieses hatte auch Anrecht auf entsprechende Behandlung, zum Beispiel wurde ihm als erstem Tee gereicht, selbst wenn es noch ein Baby war.

Von jedem frisch zubereiteten Tee werden zuerst zwei Opfer gebracht: die ersten beiden Schalen werden den Schutzgottheiten des Hausaltars und dem Familienoberhaupt angeboten. Bei Nichtgläubigen genügt es, nur dem Familienoberhaupt eine Schale zu geben. Wenn es gerade nicht da ist, bleibt die Schale bis zu seiner Rückkehr stehen, wenn sie einmal gefüllt ist, können auch die anderen Tee trinken.

Bei den Oiraten bekommt der Vater des Familienoberhauptes die erste Schale Tee, wenn er gerade in der Jurte ist, sein Sohn bekommt dann die zweite. Die Chalcha weichen nicht von der Regel ab, dem formalen Oberhaupt die erste Schale anzubieten, was darauf hindeutet, daß sie das Brauchtum der erweiterten Familie schon viel früher aufgegeben haben. Es gibt bei den Oiraten noch eine weitere Besonderheit: wenn die Position des Familienoberhauptes nicht besetzt ist, übergibt man diese solange der Witwe, bis das Kind volljährig ist. Vermutlich hängt das mit der Tradition des weiblichen Interregnums in der Geschichte der westlichen Mongolen zusammen.

Manchmal gestatten selbst die Chalcha einer Frau, die Stellung des Familienoberhauptes einzunehmen. Ich habe sogar einmal erlebt, daß eine Frau als solches angesehen wurde, obwohl ihr Mann noch lebte, weil dieser wegen seiner Trunksucht und seines zügellosen Benehmens nicht geachtet wurde. Das beweist, daß die Stellung auf sozialer und nicht administrativer Anerkennung basiert.

Trotzdem ist die letztere wichtig, da das volljährige Familienoberhaupt seine Leute in der Öffentlichkeit vertritt. Frühere Gesetzestexte machten es dafür verantwortlich, wenn Angelegenheiten der Familie nicht in Ordnung waren oder Mitglieder sich schlecht aufführten. Im Gegensatz zum chinesischen Recht erlaubte das mongolische dem Mann jedoch nicht, seine Frau oder Kinder ernsthaft zu bestrafen. Nach dem modernen Recht ist jeder für seine Vergehen selbst verantwortlich.

Die Autorität des Familienoberhauptes ist in der Tat sehr groß, vor allem wenn der Vater die Stellung innehat, der dann fünf Ränge oder Rollen in sich vereinigt (Familienoberhaupt, männliches Geschlecht, Ältester, Vater und Verantwortlicher für die Herde) und deshalb ein beherrschendes, gebieterisches und nicht selten tyrannisches Amt daraus macht.

Daher ist es nicht verwunderlich, daß die Familienmitglieder dem Vater gegenüber so gehorsam und unterwürfig waren. Eine solche Situation führte und führt noch heute zu Passivität und Resignation und verhindert, daß man dem Vater Ratschläge gibt oder Vorschläge macht. Auf die Ehefrauen trifft das nicht mehr zu, wohl aber noch auf die Kinder, wenn auch nicht mehr so stark wie in der Vergangenheit.

Es war zum Beispiel einem Sohn und erst recht einer Tochter unmöglich, den Vater darum zu bitten, eine bestimmte Person heiraten zu dürfen. Wenn einem Jungen daran lag, seinen Vater darin zu beeinflussen, mußte er sich an seine Mutter oder einen nahen Verwandten wenden, um diese als Vermittler zu gewinnen. Zu denselben Personen nahm man auch Zuflucht, wenn ein Mißbrauch väterlicher Autorität abgewendet werden sollte. Ein Sohn konnte nicht einmal direkt eingreifen, wenn ein Fehlverhalten des Vaters zum Ruin der Familie zu führen drohte. Vor etwa einem halben Jahrhundert war auch die Mutter die falsche Person für eine Vermittlung. Wenn überhaupt, hätte sie selbst noch Hilfe gebraucht. Obwohl die Ehen arrangiert waren, war die Beziehung zwischen den Ehepartnern im allgemeinen gut.

Anders war das in Gebieten, wo man minderjährige Knaben (manchmal unter zehn Jahren alt) mit erwachsenen Frauen oder sogar Witwen verheiratete, um kostenlose Arbeitskräfte für den Haushalt der Eltern zu gewinnen. Bis vor kurzem gab es noch einige alte Männer, denen das widerfahren war. Sie erzählten mir, daß sie erst in ihrer zweiten Ehe, bei der sie die Wahl selbst getroffen hatten, das Gefühl hatten, Ehepartner zu sein.

Das heißt aber nicht, daß diese Männer in jedem Fall eine polygame Ehe geführt hätten; nach 15 bis 20 Jahren ihrer unfreiwilligen Ehe wurden sie oft zu Witwern und waren dann immer noch jung genug, noch einmal zu heiraten. Polygamie war in der Mongolei sehr selten, Hauptgrund dafür war die Unfruchtbarkeit der Ehe mit der ersten Frau.

Egal wie gut sich die Eheleute verstehen, nach außen hin dürfen sie ihre Gefühle füreinander nicht zeigen. Man wird kaum jemals sehen, daß ihre Hände sich berühren. Selbst für Gelegenheiten, die normalerweise eine Berührung mit sich bringen, wie zum Beispiel die formelle Begrüßung oder das Weiterreichen des Schnupftabakfläschchens, wurden besondere Gesten der Meidung entwickelt. Ein fremder, unerfahrener Beobachter wird erstaunt feststellen, daß während der Neujahrszeit, wenn alle Leute aufeinander zugehen und sich begrüßen, die Eheleute sich gegenseitig aus dem Weg gehen. Das bedeutet nicht, daß sie nicht dem Brauch folgen — aber wenn sie einander begrüßen, dann achten sie meistens darauf, daß irgendein größerer Gegenstand zwischen ihnen steht. Alte Leute behalten diese Gewohnheit auch heute noch bei.

Noch viel strengere Einschränkungen galten für die Anfangszeit der Ehe. Nachdem die jungen Leute verlobt waren, durften sie sich und ihre zukünftigen Schwiegereltern nicht mehr treffen. Mit der Hochzeit wurde dieses Verbot aufgehoben, doch nun gab es andere. Bekannt ist der überall verbreitete Brauch, daß die Namen älterer, auch angeheirateter Verwandter einschließlich der Verstorbenen, nicht ausgesprochen werden dürfen. Dieses Verbot wird auch heute noch beachtet, wenn auch in eingeschränkter Form. Deshalb mußten die Brautleute erst einmal lernen, wessen Namen nicht ausgesprochen werden durfte. Das ging so weit, daß sogar Fremde, die denselben Namen hatten, nicht damit angeredet werden konnten. Für Frauen war die Situation aus zwei Gründen noch schwieriger als für Männer: erstens wurde das Verbot innerhalb der Familie, in der das Paar lebte, sehr viel strenger beachtet, und die Frau war ja immer dort, und zweitens lebte das Paar in der Regel in der Familie des Ehemannes, der zwar die gleichen Namen meiden mußte wie die Frau, aber natürlich schon seit seiner Kindheit daran gewöhnt war.

Das ganze war ziemlich schwierig, da die Mongolen Namen aus der Umgangssprache entnehmen, was aber auch bedeutet, daß homonyme Wörter im Gespräch nicht mehr benutzt werden können und durch Anspielungen ersetzt werden müssen. Die Mongolen lieben komische Geschichten über Schwiegertöchter, die irgendwelche obskuren Erklärungen abgeben. Diese Geschichten sind alle nach dem gleichen Schema aufgebaut: die Frau bringt die Nachricht von einem dramatischen Zwischenfall, der eine sofortige Handlung erfordert; unglücklicherweise sind aber die Wörter ihrer Nachricht Namen ihrer Verwandten, weshalb sie nach Ersatzwörtern sucht, die aber dann die Nachricht völlig unverständlich machen.

Ähnlich unbequem waren auch andere Meidungsvorschriften, die so oder so bei allen Völkern vorkommen. Eine junge Frau mußte ihren Schwiegereltern gegenüber zurückhaltend sein und sich zu älteren männlichen Verwandten aus dieser Familie distanziert verhalten. In ihrer Anwesenheit mußte sie vollkommen bekleidet sein, bis hin zum Kopftuch. Sie durfte nur sprechen, wenn sie direkt angesprochen wurde, durfte nicht zum Ehrenplatz in der Jurte der Schwiegereltern gehen usw. Es gab aber auch einige Meidungsregeln, die ihr Mann in Anwesenheit ihrer Eltern, besonders ihrer Mutter, beachten mußte. Doch waren diese einfacher und galten nur bis zu dem Zeitpunkt, wo man sich wieder voneinander verabschiedet hatte. Mit der Zeit hörten aber manche dieser Einschränkungen auf oder wurden von den Schwiegereltern aufgehoben, meistens nach der Geburt des ersten Kindes.

Solche Meidungsregeln galten manchen Beobachtern als Beweis für die untergeordnete, ja beinahe versklavte Rolle der mongolischen Frau. Daran ist jedoch viel übertrieben. Häufig wird aber auch darauf hingewiesen, daß die junge Frau von ihrer Schwiegermutter ausgenutzt wird, ein Problem, das in vielen Kulturen auftaucht. Natürlich war die alte Dame glücklich, jemanden zur Seite zu haben, dem sie etwas von ihrer eigenen Last aufbürden konnte. Aber meistens brachte sie ihrer Schwiegertochter Sympathie entgegen, da sie sich wohl noch gut daran erinnern konnte, mit welchen Problemen sie selbst zu kämpfen hatte, als sie bei ihrer Heirat in derselben Situation gewesen war. Ähnliche psychologische Hilfe bekam die junge Frau auch von den anderen Frauen, die in die Familie eingeheiratet hatten.

Im ganzen gesehen nahm die Frau bei den Mongolen eine hohe soziale Stellung ein, die natürlich auch durch verschiedene Faktoren erzwungen wurde. Reisende wiesen oft darauf hin, daß sie in einer weitaus besseren Lage war als chinesische oder moslemische Frauen in dieser Gegend. Die ziemlich schwache Stellung der Braut änderte sich bald und wurde stärker, vor allem nachdem sie das erste Kind geboren und ihren Pflichtenkreis etabliert hatte. Der Haushalt war der Bereich, in dem sie unangefochten herrschte; dies wurde auch durch ein altes Gesetz symbolisiert, nach dem sie, solange sie am Herd sitzt, jedermann ungestraft beleidigen kann, während sie an jedem anderen Ort dafür bestraft werden kann.

Das Brautgeld, das am Ende des 19. Jh.s bereits sehr selten war, stellte ein zeremonielles Geschenk an die Eltern der Braut dar. Es entsprach im Wert ungefähr der Mitgift und bildete so ein Anfangskapital für den neuen Haushalt. Die vorläufige Abtretung dieses »Kapitals« bedeutete auch eine Kontrolle über die Stabilität der Ehe: es war einfach, sich scheiden zu lassen, aber teuer, denn die Seite, die die Scheidung aussprach, verlor das einst zugewiesene Vermögen.

Auch das ebenfalls bis zum 19. Jh. belegte Levirat diente dazu, Vermögen zu bewahren, nämlich die Mitgift in der Familie des verstorbenen Ehemannes. Es war vorgesehen, daß die Witwe ihren jüngeren Schwager heiratete. Das war kein Zwang, doch übte die Tradition Druck aus. Erstaunlicherweise erwies sich dieser Brauch für die Witwe selbst am vorteilhaftesten, denn sie hatte in dieser Umgebung bereits Wurzeln gefaßt, sie konnte bei ihren Kindern bleiben und das Leben fortsetzen, das sie in den Jahren davor geführt hatte. Sonst hätte sie in ihre Herkunftsfamilie zurückkehren und dort mit anderen Verwandten unter meist demütigenden Bedingungen leben müssen.

Mit dem Aufkommen individueller Kernfamilien sind manche uns heute seltsam anmutende Bräuche verschwunden. So gab es in den großen Familienverbänden eine eigentümliche Einrichtung, um Spannungen zu mildern, die so mächtig war, daß sie zum großen Teil heute noch existiert.

Die Rede ist von den sehr einflußreichen *nagac,* den Verwandten der mütterlichen Seite. Jede Familie mit Kindern hatte sich ihrer Kontrolle zu unterwerfen, ihre Dienste in Anspruch zu

Spielende Kinder.

nehmen beim Schlichten von Konflikten und der Behandlung von kranken Kindern. Sie hatten ihren beträchtlichen Anteil am rituellen Leben der Familie, und man schuldete ihnen zeremonielle Achtung.

Es ist wichtig darauf hinzuweisen, daß die Stellung der *nagac* denselben Leuten zugeschrieben wird, die für den jungen Ehemann einfach nur angeheiratete Verwandte oder Schwiegerleute waren. Seine Verpflichtungen ihnen gegenüber waren zunächst als Meidungsregeln definiert worden, wenngleich sie im Lauf der Zeit immer stärker von Respekt und Hilfsbereitschaft geprägt wurden. Man hat mir oft erzählt, und ich habe es auch selbst erlebt, daß sich erwachsene Männer unwohl fühlen, wenn sie die Verwandten der Frau besuchen. Für die Frau dagegen war das angenehm, ein kleiner Ausgleich für die Anspannung im Zusammenleben mit den Verwandten ihres Mannes, und je mehr Kinder das Paar hatte, um so intensiver wurden die Kontakte.

Für die Kinder sind die *nagac* — also die Großeltern mütterlicherseits — eine Quelle der Liebe und Fürsorglichkeit, so daß sie sich ihnen gegenüber — nach Sitte und Recht — alles erlauben können. Wenn sie größer werden und sich von der Autorität der Eltern behindert fühlen, bieten ihnen die *nagac* Schutz und Unterstützung gegen den Vater. Gleichzeitig sind sie aber auch verpflichtet, ihren *nagac* zu helfen, wenn sie darum gebeten werden.

Verehrung beschreibt wohl am besten die Haltung gegenüber dieser Kategorie von Verwandten, die nicht nur die Großeltern, sondern noch einige andere Verwandte von ihrer Seite umfaßt. In der traditionellen Gesellschaft waren diese Verwandtschaftsbeziehungen die einzigen, die nicht durch das relative Alter strukturiert wurden: Jeder *nagac*, selbst wenn er noch ein Kind war, hatte den Status eines Älteren und mußte entsprechend behandelt werden.

Für die Mongolen bedeutet es ein großes Glück, Kinder zu haben, denn viele sind unfruchtbar, und viele erinnern sich auch noch an die Zeit, in der die Kindersterblichkeit fast fünfzig Prozent betrug. Es gab keine soziale Ächtung unehelicher Kinder; genau genommen galten alle Kinder als ehelich, der Großvater war in diesem Fall der soziale Vater, und das Kind war ein Mitglied seiner Familie. Für diese Kinder gibt es denn auch die Bezeichnung »vom Herd geborenes Enkelkind«.

Die Kinder werden mit viel Liebe und Fürsorge aufgezogen. Niemals werden Härte, Gewalt oder strenge Worte als Erziehungsmittel eingesetzt, doch lehrt man die Kinder schon früh, sich der Etikette entsprechend zu benehmen. Wenn die Kleinen eine Nachbarjurte besuchen, bescheiden sie sich höflich mit dem am wenigsten ehrenvollen Platz am Eingang, während sie in ihrer eigenen Jurte neugierig durch alle Winkel sausen. Aber wenn sie sechs Jahre alt geworden sind, dann nutzen sie den Raum genauso sparsam wie die Erwachsenen, so als ob er etwas ganz Kostbares wäre. Das ist keine Frage ihrer Energie, sondern des Lernens, daß jeder nur einen bestimmten Teil der Jurte benutzen kann, je nach Geschlecht und Alter.

Adoptionen kommen in der Mongolei sehr häufig vor, da viele Ehen unfruchtbar bleiben. Sie finden meist innerhalb der Verwandtschaft statt, früher meist aus der väterlichen, heutzutage oft aus der mütterlichen Linie. Die Bedingungen dafür sind sehr liberal und hängen vor allem von der Übereinkunft der betroffenen Parteien ab, die das schon vor oder kurz nach der Geburt miteinander regeln. Die Behörden werden formal davon benachrichtigt. Wenn ein älteres Kind adoptiert wird, weiß es über seine Stellung Bescheid, es erkennt beide Elternpaare an und ist in zwei Verwandtschaftsgruppen eingebunden. Wenn möglich, wird es zum Beispiel an Neujahr beiden seinen Respekt erweisen. Diese Doppelidentität hat auch keine negativen Auswirkungen auf das Selbstbewußtsein des Kindes. Es erhält durch die Adoption das volle Erbrecht und wird auch sonst in keiner Weise benachteiligt.

Die Mongolen haben ein besonderes Ritual für die Adoption entwickelt. Das adoptierende Paar muß bei den Eltern in formell festgelegter Weise nachfragen, wobei sie einen *xadag*, ein segenbringendes Stück Stoff, und vor allem für die Mutter Geschenke mitbringen, darunter auch den Fettschwanz eines Schafes, ein Muß für jeden zeremoniellen Anlaß. Nachdem das Kind übergeben wurde, wird es für einige Zeit unter das Kleid der adoptierenden Mutter gesteckt, so daß es dann wieder wie bei einer Geburt zum Vorschein kommt.

Mit sieben Jahren müssen die Kinder auch langsam lernen, mitzuarbeiten. Sie hatten bis dahin schon kleine Besorgungen und leichte Arbeiten für die Mutter erledigt, nun müssen sie auch verantwortungsvollere Arbeiten übernehmen. Die Jungen lernen unter Anleitung des Vaters Schafe und Ziegen zu treiben, Stuten zu melken usw. Die Mädchen bleiben unter der Obhut der Mutter und lernen von ihr kochen und nähen. Im Gegensatz zu ihren Brüdern werden sie mit viel Nachsicht behandelt, denn die Eltern haben wohl den Wunsch, ihnen die wenigen Jahre des Zusammenlebens, bevor sie heiraten und zu fremden Leuten ziehen, so schön wie möglich zu machen.

Früher wurde der älteste Sohn nicht zur Mitarbeit bei der Herde erzogen, sondern in ein Lamakloster gegeben, um ein heiliges Leben zu führen. Das war eine Art Erstlingsopfer der Familien, die viele Nachkommen hatten. Wenn es aber der einzige Sohn war, blieb er natürlich bei den Eltern.

Für die Eltern war es eine Beruhigung, einen Sohn im Kloster zu haben, zuerst durch die Tat, ihren Sohn dem Klosterleben geweiht zu haben, aber dann auch, weil es ihnen spirituellen Schutz bot, wenn sie einen Fachmann zur Seite hatte. Und schließlich war es auch für den Jungen ein gutes Schicksal, da er lernen und sich intellektuell entwickeln konnte, was von den Mongolen immer schon hoch angesehen wurde. Meist ging diese Möglichkeit zwar nicht in Erfüllung, doch die Jungen lernten wenigstens lesen und erwarben einiges esoterisches Wissen. Das reichte aus, um in der Gesellschaft einen hohen Rang einzunehmen. Mönche, die das nicht schafften oder deren Eltern sie als Arbeitskraft brauchten, wurden aus dem Kloster entlassen und führten zum Teil das Leben eines Laien bei ihren Eltern oder Brüdern.

Die Erziehung im Kloster war lange Zeit die einzige Möglichkeit für Angehörige der einfachen Bevölkerung, eine intellektuelle Ausbildung zu bekommen, wenngleich sie kaum den Bedürfnissen des säkularen Teils der Gesellschaft entsprach. Daneben gab es noch die Ausbildung durch und für die Behörden und Privatunterricht durch wenige gebildete Laien. Diese beiden Möglichkeiten waren aber sehr begrenzt. Deshalb war das Bildungsprogramm, das nach der Revolution von 1921 eingeführt wurde, trotz aller anfänglichen Schwierigkeiten von enormer Wichtigkeit. Die Schwierigkeiten gingen vor allem von den Lamaklöstern aus, die ihr Monopol gefährdet sahen. Nun aber konnten auch Mädchen die Schule besuchen, und ganz allmählich ging das Analphabetentum unter den Frauen zurück.

Während die Kinder in der Familie aufwuchsen, lernten sie die verschiedenen Arbeiten kennen, die notwendig waren, um später für eine Herde die Verantwortung übernehmen zu können. Heutzutage ist das anders. Einen großen Teil ihrer Zeit verbringen sie in der Schule, oft leben sie in Internaten, so daß ihnen der tägliche Umgang mit den Herden fehlt. Deshalb wird den Kindern die Arbeit der Eltern immer fremder. In manchen Schulen gibt es auch Unterricht in Tierhaltung, doch die meisten haben ein bißchen eigenes Land und unterrichten die Schüler im Gartenbau, was für sie ganz neu ist. Diese Arbeit fordert von ihnen eine intensive Mitarbeit. Gleichzeitig vergrößert sich aber die Kluft zwischen ihrem jetzigen Leben und dem, in das sie geboren wurden. Das führt vermutlich dazu, daß sie sich in einer neuen Umgebung niederlassen werden. Doch wenn sie Glück haben, werden sie weiterhin engen Kontakt mit ihren nomadisierenden Verwandten haben, wie es bei den Mongolen üblich ist.

Bildung, wachsende soziale Mobilität und Möglichkeiten für neue Berufe, die es nun in der Mongolei gibt, haben zu einem sozialen und kulturellen Wandel geführt, zu dem auch die Individualisierung der Familien und Änderung des Familienlebens gehören. Diese Änderungen tragen wiederum dazu bei, daß das Land sich weiterhin modernisiert und entwickelt.

Aus dem Englischen von Inge Hoppner

Literatur:
Aubin, F.: Le statut de l'enfant dans la société mongole. In: L'Enfant, Recueils de la Société Jean Bodin, Bd. 35, 1975.
Cerenxand, G.: Xödöö až axujn negdelčdijn örx ger, ger axuj (Family and household of the members of pastoral cooperatives). In: Studia Ethnographica, Ulanbator, Bd. 4, 1972.
Krader, L.: Social organization of the Mongol-Turkic pastoral nomads. Den Haag 1963.
Szynkiewicz, S.: Rodzina pasterska w Mongolii (Pastoral family in Mongolia), Wrocław 1981.
Vreeland, H. H., Jr.: Mongol community and kinship structure. New Haven 1953.

Burjatische Frauen (1897).

Die unübertroffene Technik der mongolischen Jurte

András Róna-Tas, Budapest

In ganz Eurasien und Nordafrika gibt es nur zwei Haupttypen der beweglichen Zelte der Nomaden: Das sogenannte *Schwarzzelt* (aus dem sich unsere Campingzelte entwickelt haben) ist von Marokko bis Afghanistan und Tibet verbreitet. Der andere Typ, die *Jurte,* ist die herrschende Form in Zentralasien bis an die Chinesische Mauer. Es gibt eine Grenzzone, wo beide Haupttypen vorhanden sind, und verschiedene Varianten des Schwarzzeltes sind auch in Zentralasien nicht unbekannt.

Die übliche Behausung der türkischen und mongolischen Völker, die ein bewegliches, nomadisierendes Leben führen, ist die Jurte. Die deutsche Bezeichnung *Jurte* stammt über russische Vermittlung *(jurta, jurt)* aus dem türkischen *jurt:* Zelt, Lagerplatz, Wohnort, Land, Heimat und ähnliches. Wie wir schon aus dem Bedeutungsfeld der türkischen Benennung sehen, ist die Jurte gleichzeitig das Haus und die Heimat. Bei den zumeist wandernden Türken ist *Jurt* die Gegend, die sie in einem Jahr durchziehen, bis sie das im Frühling verlassene Winterquartier wieder aufsuchen. Wie in der deutschen Sprache Heim und Heimat untrennbar verbunden sind, bezeichnet auch *Jurt* beides für den Nomaden. Obwohl sich der türkische und der mongolische Typ der Jurte nur unwesentlich unterscheiden, hat der mongolische Name der Jurte *ger* keine etymologische Verbindung mit dem türkischen *jurt.* Die Bedeutung ist auch enger: *ger* steht für alle Haustypen, und wie im Deutschen werden Ausdrücke wie »Zuhause«, »nach Hause«, »Hausfrau« vom Wort *ger* abgeleitet. Nicht nur Name und Bedeutungsfeld unterscheiden sich, verschieden ist auch die türkische und mongolische Terminologie der Hauptteile der Jurte und der Technik ihrer Fertigung und Aufstellung. Daraus kann man vermuten, daß die Mongolen früher einen eigenen Haustyp gehabt haben und die heute so auffallende Ähnlich-

keit des türkischen und mongolischen Zeltes das Ergebnis einer sekundären Annäherung ist. Die mit Filz bedeckte Scherengitterjurte ist seit sehr frühen Zeiten bekannt, die erste sichere chinesische Angabe über eine solche mongolische Jurte stammt aus dem 6. Jh. n. Chr. (vgl. Seite 40). Ausführlich haben die Reisenden der Mongolenzeit die mongolische Jurte beschrieben. Aus späteren Berichten sind auch schöne Zeichnungen erhalten. Besonders aufgefallen sind die großen Palastjurten und die nicht zerlegbaren Typen, die auf Räder gestellt und mit Zugtieren weitergeschleppt werden mußten.

Die Mongolen kennen viele Typen von Zelten. Das Schwarzzelt heißt *majchan.* Die kleineren werden im Sommer für kurze Ausflüge mitgenommen, die größeren dienen für festliche Gelegenheiten. Das kleine Zelt ohne Wandgitter und Rauchring wird *choš* genannt. Es besteht nur aus Dachstangen, die oben zusammengebunden sind, und ähnelt der alten finnisch-uighurischen und sibirischen Hütte. Es wird von mongolischen Jägern in der Waldzone gebraucht. Die Dachstangen sind heute meistens die gleichen, die für die große Jurte verwendet werden, aber dies ist eine sekundäre Erscheinung. Ursprünglich hat man das *choš* aus einfachen Ästen aufgebaut. Im Sommer bedeckt man sie mit Birkenrinde, im Winter mit Wildfellen. Im *choš* kann man vielleicht die älteste Art der mongolischen Hausformen vermuten. Das würde auch die enge Verbundenheit der Mongolen mit der Waldzone bezeugen, wo das *Hoi-irgen* (Waldvolk) lebte. Im Gegensatz zum *choš* ist das *ablaiča* sicher eine sekundäre Form. Hierbei werden die Dachstangen wie beim *choš* direkt auf den Boden gestellt, aber oben in einen Rauchring eingesteckt. Das *ablaiča* wird mit Filz bedeckt, ist also praktisch eine Jurte ohne Scherengitter.

Die einfache, alltägliche mongolische Jurte *(ger)* besteht aus vier Scherengittern. Für reiche Leute oder für besondere Zwecke kann man auch mehr Gitter aufstellen. Das Scherengitter *(chana)* ist eine der genialsten Erfindungen der Nomaden. Es besteht aus Holzlatten, die leicht biegsam sind. Die Holzlatten werden mit kleinen Ledernägeln *(üdēr)* zusammengehalten, die einen winzigen Kopf *(tobč)* haben, der das Auseinanderfallen verhindert. Die Latten sind scherenartig beweglich, und man kann sie so zusammendrücken, daß sie unterwegs relativ wenig Platz einnehmen. Bei der Aufstellung der Jurte zieht man die Gitter aus, stellt sie kreisförmig auf und läßt nur für den Türrahmen Platz. Die stehenden Lattengitter werden dann mit Schnüren aneinandergebunden. Dann paßt man den Türrahmen ein, den man mit den zwei Anschlußgittern fest verbindet. Um die ganze, im Kreis stehende Gitterwand werden waagrecht zwei Seile gezogen, die man auch an den Türrahmen befestigt.

Auf die so aufgestellte Gitterwand werden die Dachstangen *(uni)* aufgesetzt. Der einzige wesentliche Unterschied zwischen der türkischen und mongolischen Jurte besteht in der Form dieser Dachstangen: die unteren Enden der türkischen

Jurte, Felszeichnung, ca. 10. Jh., Yinshan, Autonomes Gebiet Innere Mongolei.

Jurtenlager der Kalmücken. Aus P. S. Pallas: Sammlungen historischer Nachrichten über die Mongolischen Völkerschaften, Erster Theil. St. Petersburg 1776, S. XII, Tafel 1.

Dachstangen sind krumm und eingebogen, die mongolischen dagegen sind an beiden Enden gerade. Dies ist auch an der unterschiedlichen Silhouette der mongolischen und türkischen Jurte erkennbar. Die Dachstangen werden auf die V-förmigen Endungen der Scherengitter gesetzt und dort mit Schnüren festgebunden, oben steckt man sie in den hölzernen Rauchring *(tōno)* ein, in dessen Außenseite zu diesem Zweck entsprechende Öffnungen gehöhlt sind. Form, Aufbau und Benennung des Rauchringes sind bei den mongolischen ethnischen Gruppen verschieden, und die unterschiedlichen Rauchringformen gelten auch als Symbole ethnischer Gruppenidentität. Eine kleine viergitterige Jurte braucht keine Jurtensäule, da die Gitter mit Hilfe der Dachstangen den Rauchring halten. Für größere Jurten stellt man zwei Jurtensäulen *(bagana)* auf, die den Rauchring von unten stützen. Jurtensäulen verwendet man auch, wenn die Jurte schon alt und die Teile nicht stark genug sind. Zum Aufstellen der Jurte braucht man diese Jurtensäule oder einen langen Stock, mit dessen Hilfe einer den Dachring hochhebt, in den dann die anderen die Dachstangen einstecken können.

Danach erfolgt die Bedeckung des Jurtengerüsts mit Filz. Das Gitter wird von außen mit zwei aufeinander gelegten Filzdecken *(tūrga)* ummantelt, die mit je zwei Kamelhaarseilen umschnürt und befestigt werden. Auch das aus Stangen gebildete Dach bekommt eine Filzdecke *(dēwer)*. Der Dachring wird von einem speziellen Filztuch *(örch)* bedeckt, das mit Hilfe von Stricken zur Seite gezogen werden kann, so daß zugleich für die Beleuchtung und den freien Rauchabzug

gesorgt ist. In neuerer Zeit zieht man über die Filzdecken noch eine Leinwand. Das schützt gegen Feuchtigkeit und sichert gleichzeitig, daß die Jurte immer weiß aussieht: Leinen kann man auswaschen, während Filz verschmutzt und nach einer gewissen Zeit weggeworfen werden muß. Die Bezeichnung »weiße Jurte« *(cagān ger)* bedeutete ursprünglich nur eine neue, saubere Jurte. Später wurde »weiß« auch im Sinne von »vornehm« verwendet.

Jurtengerippe, bestehend aus Wandgitter *(chana)*, Dachstreben *(uni)* und Rauchlochkranz.

135

Sommerlager in der Steppe, daneben Reisezelt (nördliche Mongolei).

Die alte mongolische Jurte hatte einen Türvorhang aus Filz *(ūd)*, der heute als spezielle Decke über die Holztür *(chālag)* gehängt wird. Diese Filzdecke kann auf dem Dach aufgelegt werden oder man rollt sie ein. Im Winter schützt sie die Tür vor Sturm und Wind. Es ist bemerkenswert, daß das allgemeine Wort für Tür *(ūd,* schriftmong. *egüden)* keine türkische Parallele hat, also die ältere, ursprüngliche Benennung der Haustür ist. Das Wort *chālag* (schriftmong. *qayalya)* hat eine sehr alte türkische Entsprechung: *qapïy.* Das türkische Grund-

Jurte im Bergland (nördliche Mongolei).

verb *qap-* und das mongolische *qaya-* sind etymologisch verwandt und haben die Bedeutung »schließen«. So verrät uns die schon im Verschwinden begriffene Filztür wichtige Angaben über die älteste Form des mongolischen Hauses.

Der wichtigste Teil der Holztür ist die Schwelle *(bosog),* heute ist sie ein fester Bestandteil des Türrahmens, aber früher war sie getrennt. Die sprachwissenschaftliche Analyse des Wortes zeigt, daß sie früher kultische Funktionen gehabt hat. Die Schwelle versperrte den Innenraum der Jurte vor bösen Geistern. Schon die Reisenden des 13. Jh.s schrieben, daß es streng verboten war, auf die Schwelle zu treten. Das darf man noch heute nicht, denn wer über die Schwelle der Jurte stolpert, bringt Unglück. Am Hofe der mongolischen Großkhane wurde man dafür hingerichtet. In einigen westmongolischen Gegenden finden wir statt der Filztür eine im Sommer sehr angenehme Mattentür.

Eine vier- bis sechsköpfige mongolische Familie kann eine einfache Jurte binnen zwanzig bis dreißig Minuten aufstellen. Bei häufig den Wohnort wechselnden Nomaden ist diese Schnelligkeit von großer Bedeutung. Die größte technische Erfindung ist aber die Form der Jurte selbst: In der flachen Steppe, bei mächtigen Stürmen sichert ihre niedrige, kuppelartige Form eine erstaunliche Grundfestigkeit. Die Jurte ist zwar mit gespannten Seilen und mit Hilfe von Holznägeln *(gadās)* im Boden verankert, aber das alleine würde kaum helfen, wenn der Schneesturm seine Kräfte erprobt.

Den Filz stellen die Nomaden selbst aus Schafwolle her, und seine Bereitung ist eines ihrer wichtigsten Handwerke. Er ist die beste natürliche Isolierung und Dichtung gegen die kontinentale Kälte und Hitze. Während des Winters legt man unten noch einen Streifen *(chajavč)* um die Jurte, den man noch mit Steinen oder ähnlichem beschweren kann. Im Sommer zieht man die Seitenfilzdecken hoch, und der Wind weht durch die Gitter, während die Jurte von oben durch die Filzdecke gegen die Sonne geschützt ist.

Das wichtigste Stück der Einrichtung ist der Herd. In der Mitte der alten mongolischen Jurte stand der Drei- oder Vierfuß *(tulga),* dessen Eisenfüße meistens durch zwei Eisenreifen zusammengehalten werden. Oben sind die Füße mit Haken versehen, worauf man den Kessel auflegt. Unter dem Kessel wird das Feuer entzündet. Es wird in den zumeist baum- und gebüschlosen Gegenden mit getrocknetem Tiermist gefeuert. Getrockneter Dung ist sehr wertvoll, und Kinder und Frauen sammeln ihn mit einer besonderen Gabel in einem auf dem Rücken getragenen Korb.

In den letzten Jahrzehnten verbreitete sich in der mongolischen Steppe ein runder Blechherd mit Rauchrohr. Er hat vier Füße, eine kleine Tür, durch die man das Brennmaterial einlegen kann, und das Rohr ragt durch den Rauchring nach draußen. Dieser Herdtypus hält besser die Wärme, man kann einfacher auf ihm kochen und der Rauch, der früher offen durch den Rauchring die Jurte verließ, wird jetzt durch das Rohr abgeleitet. Sein Nachteil liegt darin, daß der Rauchring nicht zur Gänze dicht gemacht werden kann, und da auch die Sommernächte recht kühl sein können, zieht die Kälte von oben in die Jurte.

Neben dem alten und dem neuen Herdtyp gibt es in der südlichen Mongolei noch einen chinesisch beeinflußten, primitiven

Handwerker beim Herstellen von Teilen der Wandgitter mit einem hölzernen Drillbohrer (nördliche Mongolei).

Nähen der Jurtenbedachung ist Frauenarbeit.

Jurtenaufbau auf einer steinernen Plattform (Sunit, 1938/1939).

Sommerjurte mit Schilfwandbespannung (Innere Mongolei, 1939).

Wandmalerei aus dem Grab des chinesischen Kronprinzen Zhanghuai (706 n. Chr.) in Qianxian, Shaanxi. Die beiden Kamele sind mit Bauteilen von Jurten beladen.

Tonherd. Er stammt ursprünglich von festen Häusern und ist nicht transportierbar. Wenn die Nomaden weiterziehen, müssen sie am neuen Ort einen neuen Tonherd bauen.

Die Rauchöffnung dient nicht nur zur Belüftung und Beleuchtung, sondern fungiert auch als Sonnenuhr: Der Mongole weiß immer Bescheid, um wieviel Uhr der Sonnenstrahl auf eine bestimmte Stelle fällt. Der Herd steht nicht nur physisch in der Mitte der Jurte und ist somit auch das Zentrum des alltäglichen Lebens, sondern das dort brennende Feuer ist gleichzeitig der kultische Mittelpunkt der Jurte.

Die mongolische Jurte ist mit der Tür nach Süden gerichtet. Wo immer eine mongolische Jurte steht, ist diese Regel streng eingehalten. Süden ist die heilige Hauptrichtung der Mongolen wie auch für die Chinesen und andere ostasiatische Völker. Im Gegensatz dazu ist die türkische Jurte nach Osten ausgerichtet, mit Ausnahme der meisten islamisierten Türken, deren Hauptrichtung der Kaba-Stein von Mekka ist.

Die Hauptachse in der mongolischen Jurte weist nach Süden, das heißt das Gesicht des Betrachters ist zur Tür gerichtet. Dann sind nämlich rechts und Westen, links und Osten, hinten und Norden sowie vorn und Süden identisch. In der mongolischen Alltagssprache gibt es für diese Begriffspaare nur je ein Wort, also *barūn* für »rechts« und »Westen« usw.

Das Innere der mongolischen Jurte ist in neun Einheiten eingeteilt. Es gibt drei rechte, drei mittlere und drei linke Einheiten; in der Querrichtung ist die Jurte in drei vordere, drei mittlere und drei hintere Einheiten geteilt. Daraus ergibt sich, daß es nur eine absolute Mitte gibt, und die ist der Platz des Herdes. Die rechte Seite ist die Seite der Männer und gleichzeitig die der Gäste, die linke Seite ist die Seite der Frauen, des Haushaltes und der Familie. Die hintere Seite ist die vornehmste, die Ehrenseite, die mittlere ist für den Alltag bestimmt, und die vordere, das heißt die südliche Seite, neben der Tür, ist der Platz für die Arbeit, für die nicht geehrten Leute, die Tiere und Gegenstände. Der älteste Gast hat seinen Platz auf der

Korb mit Holzgabel zum Einsammeln von Dung, der getrocknet als Heizmaterial dient (Region von Ulanbator).

Sommerlager (Sunit, Innere Mongolei, 1938/1939).

rechten hinteren Seite. Das ist der Ehrenplatz für männliche Besucher, die immer nach ihrem Alter gesetzt werden und nicht etwa nach gesellschaftlichem Rang im europäischen Sinn. Die weiteren männlichen Gäste reihen sich auf der rechten Seite so, daß der jüngste am nächsten zur Tür sitzt. Kleinkinder haben ihren Platz ganz an der Tür. Eine geehrte Besucherin wird auf die linke Seite hinten gesetzt, bei der Überschneidung Gast/Geschlecht hat hier das Geschlecht den Vorrang. Die jungen Mädchen bleiben neben der Tür auf der linken Seite.

Der Platz hinten in der Mitte ist ebenso heilig wie die Mitte selbst. Es war der angemessene Ort für eine Buddhastatue oder ein Thanka, sowie zur Aufbewahrung heiliger Bücher und der buddhistischen Gebetskette. Sicher war dieser Platz bereits für die vorbuddhistischen Mongolen von religiöser Bedeutung gewesen. Bei Mongolen, die ihre alte Religion aufgegeben haben, finden wir an dieser Stelle dennoch einen »Kultplatz«, sei es der Politik, des Staates oder der Familie. Häufig stellt man dort Bilder auf von Leuten, die man in besonderen Ehren hält, oder nahestehender Personen. In der linken hinteren Ecke steht das Familienbett der Eltern, also die Familienseite. Es ist entweder ein niedriges Brettbett, oder es ist einfach mit Tierfellen gebettet. Während meiner Reise in

Gegenüber der Eingangstür wurden früher religiöse Bilder, Statuetten und persönliche Wertgegenstände aufbewahrt. Heute nehmen Ehrenurkunden und der Radio-Apparat sowie Bilder bedeutender Leute diesen Platz ein. Der Sattel wird aber immer dort aufbewahrt, Zeichen der gleichbleibenden Wertschätzung des Pferdes.

der Mongolischen Volksrepublik besuchte ich eine Jurte, wo mir der Hausherr mit Stolz zeigte, daß er das Familienbett auf den mittleren hinteren Platz versetzt hatte. »Wir sind an Stelle der Götter gerückt«, erklärte er mir.

Der linke mittlere Platz ist der Tätigkeitsbereich der Hausfrau. Im Alltag sitzt sie dort während des Kochens, Nähens und anderer weiblichen Beschäftigungen. Auf dem vorderen linken Platz stehen die Hausgeräte, die Schüsseln, die Tassen, die Töpfe, der Eimer mit Wasser usw. Gegenüber, an der vorderen rechten Seite, arbeitet der Hausherr, wenn er zu Hause in der Jurte sitzt. Hier werden Sattel, Zaum, Sichel und anderes Werkzeug aufgehängt. Bei einem sehr kalten Winter bringt man die neugeborenen Kleintiere in die Jurte. Zwischen zwei Pflöcken spannt man ein Seil, an das man die Tiere bindet. Diese Pflöcke werden auf der rechten Seite neben der Tür in den Boden gerammt, also auf der Männerseite, das heißt die Tiere gehören zu den Männern. In die rechte hintere Ecke stellt man die Truhe *(awdar)*, wo man nicht nur die Kleider, sondern auch das ganze Vermögen der Familie aufbewahrt.

Die Jurtenwände sind innen häufig mit Stoffen behängt, auf dem Boden sind Tierfelle oder Filzteppiche ausgebreitet, gewebte Teppiche sind bei den Mongolen nicht üblich gewesen. Auf Filzteppichen oder Tierfellen schlafen auch die übrigen Mitglieder der Familie oder die jederzeit willkommenen Gäste.

Es gibt zwei Lebenssituationen, in denen sich die eine genaue soziale Ordnung widerspiegelnde Jurtenaufteilung scheinbar ändert. Die eine ist die Heirat: Wenn nach einer langen Hochzeitszeremonie die junge Braut in die neue Jurte ihres künftigen Ehemannes zieht, ist sie verschleiert und wird von ihrer Mutter begleitet. Sie betritt ihre künftige Jurte, setzt sich aber auf die rechte Seite, neben die Tür, also auf die Seite der Fremden. Der Bräutigam sitzt hinten auf dem Hauptplatz. Es folgen scherzhafte Rätsel über das, was hinter dem Schleier sein könnte. Der Bräutigam versucht mit einer langen Stange den Schleier zu heben, die Begleiterinnen der Braut verhindern es. Nachdem es dem Bräutigam doch gelungen ist, die Braut zu entschleiern, wechselt die Braut ihren Platz. Sie setzt sich auf die andere, linke Seite der Frau und kocht den Tee. Die Braut bedient erst die Männer, wobei die Altersfolge so streng eingehalten wird, daß etwa der ältere Bruder des Schwiegervaters vor diesem den ersten Tee bekommen muß. Der andere Fall, wo sich die Jurtenordnung scheinbar ändert, ist der Tod. Bei vielen mongolischen Gruppen wird der Tote in der Jurte auf ein Bett gelegt: Einen Mann legt man auf die linke, also die Frauenseite, eine Frau umgekehrt, auf die Männerseite. Tote werden nie durch die Tür, sondern unter dem hochgehobenen Seitenwandgitter hinausgebracht, damit sie den Weg zurück nicht finden. Der Tod verkehrt die Welt, er ist wie ein Spiegel. Archäologen haben dies zum Beispiel bei Gräbern der Völkerwanderungszeit beobachten können, die umgekehrt zur Welt der Lebenden ausgestattet sind. Dies gilt auch für die Jurte.

Küchenzelt.

Nahrungsmittel und ihre Zubereitung

Sławoj Szynkiewicz, Warschau

Weidewirtschaft bestimmte die Hauptnahrungsmittel der Mongolen, die über Jahrhunderte aus Milchprodukten und Fleisch bestanden; Nahrungsmittel nicht tierischen Ursprungs machten nur einen geringen Teil aus, waren jedoch äußerst wichtig. Sie bestanden mindestens aus Getreide, Tee und Zucker, die meist durch Tauschhandel erworben werden mußten. Deshalb waren Beziehungen zu seßhaften Ackerbau treibenden Nachbarn wichtig, und es wurden auch immer wieder Versuche gemacht, innerhalb des Nomadengebietes Inseln der Landwirtschaft einzurichten, zum Beispiel von den Xiongnu mit chinesischen Bauern oder im mongolischen Reich mit Bauern verschiedener Nationalität. In neuerer Zeit haben russische oder chinesische Handelsfirmen oder einzelne Kolonisten, die sich zwischen den Mongolen niederließen, diese Rolle übernommen. In einigen Gegenden, vor allem in der Westmongolei unterstützte auch die lamaistische Kirche die Verbreitung der Landwirtschaft, obwohl sie diese eigentlich ablehnt, weil sie sich dem Pflügen des Bodens widersetzt. Heutzutage hat sich der landwirtschaftliche Sektor in der Mongolei relativ gut durchgesetzt.

Fleisch- und Milchspeisen als Grundlage der Ernährung. Weitverbreitet ist die Auffassung von der traditionellen Vorherrschaft von Fleisch in der mongolischen Ernährung. Die Mongolen selbst glauben, daß Fleischgerichte maßgebend und unerläßlich für die Gesundheit sind. Doch handelt es sich dabei um ein Ideal, dessen Realisierung nie angestrebt worden war. Dies wäre aus ökonomischen Gründen, die hier nicht weiter erläutert werden, auch gar nicht möglich gewesen. Außerdem konnte man frisches Fleisch während der Sommer- und Herbstmonate nicht aufbewahren. Mittelalterliche europäische Erzählungen über Tataren, die das Fleisch auf dem Pferderücken unter dem Sattel transportieren, sind natürlich völlig absurd. Der Jahreszyklus ist in zwei Perioden eingeteilt: in der einen gibt es vor allem Fleisch, in der anderen Milchprodukte.

Beide sind für die Ernährung gleich bedeutend, auch wenn ihr jeweiliger Anteil umstritten ist. Ivan Majskij, ein hervorragender sowjetischer Diplomat, der seine Karriere mit Forschungen in der Mongolei Anfang unseres Jahrhunderts begann, untersuchte die Familienhaushaltung und fand heraus, daß der

Opfertisch und Speisetisch in einer Höllenfahrts-Erzählung.

Bei großen Festen wurde der Kumiss in großen Holzbottichen *(söng)* ausgeschenkt (Ausschnitt aus einem nordmongolischen Gemälde).

Fleischverbrauch pro Kopf 108 Kilo, der von Milcherzeugnissen — angegeben in verarbeiteter Milch — 750 Liter betrug. Meine eigenen Untersuchungen fünfzig Jahre später (1968) und nur unter Hirten erbrachten für Fleisch einen Verbrauch von 98 Kilo und für Milcherzeugnisse 108 Liter, doch ist der tatsächliche Milchverbrauch höher, als es scheint, da ich nur die Produkte privater Haushalte, nicht aber die der Kollektive berücksichtigt habe.

Das heißt, daß der Fleischverbrauch der Mongolen durchschnittlich dem in entwickelten Agrargesellschaften entspricht. Anders ist es bei Milcherzeugnissen. In der traditionellen Mongolei war ihr Anteil relativ hoch, ging aber allmählich mit der Veränderung der Ernährungsweise in der modernen Gesellschaft zurück. Es ist jedenfalls nicht möglich, endgültig festzustellen, welches Nahrungsmittel zu welchem Zeitpunkt dominiert hat.

Fleischsaison ist im Winter und Frühjahr, Milchsaison im Sommer und Herbst. Letztere deckt sich zwar mit der Zeit, in der es Milch gibt, doch ist der Hauptgrund für den vorwiegenden Milchkonsum nicht die reichlich vorhandene Milch, sondern der Mangel an frischem Fleisch. Die Perioden sind nicht klar voneinander abgegrenzt, wenn es die Umstände erlauben oder fordern, erscheinen beide Produkte gleichzeitig. Die Mongolen schätzen Fleisch als äußerst nahrhafte Speise. Fett gilt als Delikatesse, vor allem das der Schafschwänze. Das Fleisch aller Arten domestizierter Tiere gilt als eßbar, Pferdefleisch jedoch wird von den meisten Chalcha — zumindest in neuerer Zeit — nicht gegessen. Hammelfleisch ist als klassische schmackhafte und würzige Speise hochgeachtet, danach kommt Rindfleisch.

Die Mongolen essen Fleisch gekocht oder sogar — anders als die benachbarten Kasachen — halbgar. Dabei bleiben vor allem im Blut Spurenelemente erhalten, die den Nährwert der Gerichte erhöhen. Das ist bei der nomadischen Lebensweise mit ihrem Mangel an Gemüsen und Gewürzen ganz besonders wichtig. Bereits die mittelalterlichen Soldaten wußten, daß Blut ein wertvolles Nahrungsmittel ist und sicherten in Krisenzeiten die Versorgung durch Trinken des Blutes lebender Pferde.

Fleisch wird meist in Form von Suppe oder als einfach zubereitetes Fleischgericht gegessen. Für die Suppe, *char šöl,* werden Fleischstückchen in Wasser gekocht. Oft werden noch Nudeln oder Kartoffeln beigegeben, die in diesem Jahrhundert beliebt wurden, als es leichter wurde, Mehl und Gemüse zu erwerben. Das Fleischgericht (allgemeiner Name *mach*) besteht aus Fleischstücken, die nicht vom Knochen abgelöst werden. Die Knochen werden nur an den Gelenken auseinandergenommen, niemals zerbrochen. Dazu gibt es eine einfache Soße, eigentlich eine mit Salz und Zwiebeln verfeinerte Fleischbrühe. Diese wird in Schalen gereicht, in die man die Fleischstücke eintunkt.

Schlachten der Tiere. Beim Schlachten von Haustieren müssen bestimmte Regeln eingehalten werden. Jede Verschwendung von Blut ist verboten. Damit das Blut im Körper bleibt, ist eine besondere Art des Tötens notwendig: man macht im vorderen Teil des Bauches nahe der Brust einen Schnitt, greift

Kalmückin bei der Herstellung von Archi, neben ihr Kind mit Wiege. Im Hintergrund ein als Gast eingekehrter buddhistischer Mönch. Aus P. S. Pallas: Sammlungen historischer Nachrichten über die Mongolischen Völkerschaften, Erster Theil. St. Petersburg 1776, S. XIII, Tafel 3.

Mongolin (stehend) und Kalmückin (sitzend) mit Kind; davor Kessel zur Herstellung von Archi (Milchbranntwein). In der linken Ecke der Jurte lehnen zwei Schutzgeisterfiguren (Onggod). Aus P. S. Pallas: Sammlungen historischer Nachrichten über die Mongolischen Völkerschaften, Erster Theil. St. Petersburg 1776, S. XIV, Tafel 7.

mit der Hand hinein, durchstößt das Zwerchfell und klemmt die Aorta ab. Das Tier stirbt sofort und ohne Blut zu verlieren, doch erfordert diese Technik eine Geschicklichkeit, die nur wenige Männer beherrschen. Frauen sind von diesem Handwerk von vornherein ausgeschlossen. Fachleute im Schlachten werden *char chün* genannt, wörtlich »gewöhnliche Männer«, was hier auf den Gegensatz zu sakralen Handlungen hinweist. Nach buddhistischer Lehre ist Töten eine Sünde, deswegen mußten Schlachter besondere Vorsichtsmaßnahmen — Gebete, Opfer, magische Vorkehrungen — treffen.

Man erwartet vom Schlachter, daß er das Tier häutet und die Innereien herausnimmt. Dann läßt man das Blut in einen Eimer laufen, die Gedärme werden gereinigt, und man macht Blutwurst und Würste aus den Innereien, Lunge usw. Würste, Organe und sonstige Innereien heißen *dotor,* werden gekocht und zuerst verteilt. Manchen Organen, zum Beispiel Herz, Leber, Hoden usw., werden magische Kräfte zugeschrieben; Hirn essen die Mongolen selten. Dann wird der Körper so zerlegt, daß die vielfältige Verwertbarkeit der Teile erhalten bleibt, vor allem wenn es sich um ein Schaf handelt. Technisch gesehen wird er zerteilt, portioniert und gekocht; unter gesellschaftlichem Gesichtspunkt gesehen muß man die Zerteilung und Verwendung planen und unter zeremoniellem Gesichtspunkt werden je nach Anlaß bestimmten Teilen bestimmte Funktionen zugewiesen. Soziale und zeremonielle bzw. religiöse Funktionen einzelner Fleischspeisen können hier nur an einigen Beispielen aufgeführt werden.

Zeremonielles Zerlegen der Tiere. Der Körper des Schafes wird in Kopf und sieben Teile, *chöl,* zerlegt. Dem Kopf, der die restlichen Teile symbolisch verkörpert, kommt eine zeremonielle Sonderstellung zu, und er wird getrennt den Familien-Schutzgottheiten oder geachteten Gästen vorgelegt. Die sieben Teile, die in gleichen Ehren gehalten werden, sind: *chaa* — die beiden Vorderbeine, *guja* — die beiden Hinter-

Beim Teetrinken.

beine (jeweils einzeln gezählt), *uuc* — Rücken, *övčüü* — Brust, Bruststück und *chüzüü* — Hals, jedes immer mit Fleisch und den dazugehörigen Knochen oder Wirbeln. Von diesen sieben kann nur das Bruststück nicht weiter zerteilt werden. Seine herausragende Stellung unter den *chöl* kann mit seiner Rolle als Hauptopfergabe an die Herdgottheit in einem der wichtigsten Riten der Mongolen erklärt werden. Die anderen *chöl* können in kleinere Portionen zerteilt werden, müssen jedoch für bestimmte Zwecke ganz bleiben. Unter diesen ist *uuc*, bestehend aus Rücken, Schlegel und Schwanz (beim Schaf), der wichtigste Teil, der symbolisch für alle anderen stehen kann. Darin ist er dem Kopf vergleichbar, mit dem zusammen er auch serviert wird, wobei der Kopf auf dem *uuc* liegt.

Das *uuc* spielt bei allen Zeremonien in der Familie eine Rolle, bei denen Gäste anwesend sind. Man bringt es mit, wenn man förmliche Besuche macht, es ist unerläßlich am Neujahrstag und wird serviert, wann immer man etwas feiern will. Der angesehene Gast beginnt die Runde des Zerteilens, indem er an vorgeschriebener Stelle ein Stück abschneidet. Zum Schluß bekommt er den an der Wirbelsäule verbleibenden Rest, ein Brauch, der bei feierlichen Anlässen immer eingehalten wird. Vielleicht werden die Kenntnis und die Beachtung der symbolischen Bedeutung der Fleischportionen in der modernen Gesellschaft verschwinden, doch das *uuc* wird sicher der letzte Teil sein, der seine Bedeutung verlieren wird, obwohl es ziemlich unpraktisch ist, da es wegen seines Umfangs nicht in einem üblichen Topf gekocht werden kann.

Als nächstes kommen wir zu den *chugas*, den Teilen der Gliedmaßen. Jedes Glied besteht aus drei Knochen mit dem dazugehörigen Fleisch. Hinter- und Vorderbeine haben unterschiedliche Knochen, so daß man sechs verschiedene Gerichte aus zwölf *chugas* herstellen kann. Jedes der sechs Gerichte, von denen zwei vorgestellt werden sollen, hat einen anderen Geschmack, und alle sind von kultureller sowie magischer Bedeutung.

Besonders schmackhaft ist das Fleisch am Schulterblatt oder Scapula, *dal*. Um davon essen zu können, muß man wissen, wer in wessen Anwesenheit nicht essen darf: Jüngere in Gegenwart von Älteren, Frauen in Gegenwart von Männern, jeder, wenn Verwandte der männlichen Linie anwesend sind. Jemand, der das Fleisch des Schulterblattes alleine aufißt, gilt als schäbig und unzivilisiert. Ist alles Fleisch entfernt, kann das Schulterblatt für das Orakel verwendet werden.

Ein weiteres Gericht, *šaant čömög*, stellt man aus dem hinteren Schienbein her. Mit ihm sind Vorstellungen von Lebenskontinuität, Fruchtbarkeit und Beziehungen zu den Ahnen verbunden. Knochen und Fleisch werden oft als Opfer dargebracht, und es gilt ungeachtet seines eher faden Geschmacks als ehrenvoll, damit bewirtet zu werden. Der Knochen selbst kann die Abstammungslinie versinnbildlichen.

Zum Schluß kommen wir noch zu den eigentlichen Fleischgerichten, den *möč*. Es gibt etwa zwei Dutzend, einschließlich der bereits erwähnten. Jedes Tier liefert mehr Gerichte, als bisher beschrieben, da zum Beispiel Kopf, Innereien und

Organe nicht als Fleisch gelten. Alle werden zerkleinert und mit dem Messer gegessen. Zumeist hat jeder sein eigenes Messer, zumindest bei Festessen. Es gilt als schändlich, das Fleisch mit Zähnen oder Fingern abzureißen. Ein bezeichnendes Beispiel ist in der Chronik *Bolur Erike* aufgeführt: Nachdem die Oiraten einen Krieg gegen die östlichen Mongolen verloren hatten, mußten sie als Zeichen der Unterwerfung einige ihrer Bräuche aufgeben. Unter anderem durften sie auch Fleisch nicht mehr mit dem Messer abschneiden, sondern mußten dafür ihre Zähne benutzen. Einer Erzählung zufolge war dies der einzige Punkt in der Liste, der sie ernstlich verletzte und wo sie um Großmütigkeit baten, was ihnen dann schließlich auch gewährt wurde.[1]

Fleischkonservierung. Dies war ein kurzer Überblick über die zeremonielle und symbolische Funktion einiger Teile des Fleisches, die das ganze Jahr über gültig ist, so daß das Schaf, das zeremonielle Tier par excellence, auch während des ganzen Jahres geschlachtet werden konnte, wenn es erforderlich werden sollte. Es war aber keine lebensnotwendige Nahrungsgrundlage. Die wesentliche Änderung wird augenfällig, wenn zu Herbstende die Herden gut genährt sind und damit die beste Zeit gekommen ist, um Vorräte für die kommenden Monate

1 C. R. Bawden: The Mongol chronicle Altan Tobci. Wiesbaden 1955, S. 183, Anm. 102.3.

anzulegen. Bis zum Ende des ersten Wintermonats finden nun die großen Massenschlachtungen und die sich anschließenden Konservierungsaktionen statt. Am 25. dieses Monats gibt es dann ein religiöses Fest, bei dem alle Anhänger des Buddhismus für ihren Verstoß gegen das Gebot des Nichttötens die Absolution bekommen können.

Da es um diese Zeit sehr kalt ist, werden große Stücke Fleisches einfach durch Einfrieren konserviert, oder man schneidet es in kleine Stücke und läßt diese trocknen. Das getrocknete Fleisch kann auch während der heißen Zeit so wie es ist aufbewahrt oder zu Pulver zerrieben werden; beide Formen heißen *borc*. Das sind die geheimnisumwitterten Fleischportionen, die angeblich von den mittelalterlichen Tataren festgeschnallt an die Sättel mitgetragen wurden. Getrocknetes Fleisch ist die Grundlage für Suppen, während das Pulver eine Art Instant-Fleischbrühe ergibt, wenn man es mit kochendem Wasser oder Tee aufbrüht.

Jagd und Fischfang. Die Jagd war eine wichtige zusätzliche Fleischquelle. Heutzutage wird vor allem das Murmeltier gejagt. Während man das Fleisch von Haustieren vornehmlich kocht, wird das erlegte Wild meistens gebraten. Dafür werden manchmal erhitzte Steine in das geköpfte, aber nicht enthäutete Tier gelegt, nachdem die Innereien und Knochen entfernt worden sind. So zubereitetes Fleisch schmeckt sehr delikat. Man nennt diese Methode *chorchog* oder *boodog* und kann sie

Zubereitung eines Schafbratens. Der Körper ist innen mit glühenden Steinen gefüllt worden, die das Fleisch garen. Dies ist eine jahrhundertealte Form des Bratens.

auch bei Ziegen anwenden, normalerweise dem einzigen Haustier, das so zubereitet wird.

Fisch spielt in der Ernährung heutiger Mongolen keine Rolle, obwohl mittelalterliche Quellen davon berichten, daß er damals gegessen wurde. In der Literatur wird diese Abneigung ähnlich wie die Meidung von Pferdefleisch häufig dem Einfluß des Lamaismus zugeschrieben, doch ist diese Begründung unlogisch, da Jagd, bzw. das Essen von Herdentieren durchaus toleriert wurde.

Gemüse und Getreide. Gemüsegerichte sind sehr einfach und in ihrer Auswahl begrenzt. Bei rein nomadischer Lebensweise wird kein Gemüse angebaut. Es gibt jedoch ein halbes Dutzend wildwachsender Pflanzen der Gattung *Allium* (Lauch), die gegessen werden. Außerdem wurden noch einige andere Pflanzen gesammelt, die als Gewürze oder Zutaten verwendet wurden. Heutzutage kann man Gemüse problemlos auf dem Markt kaufen.

Die Mongolen kannten schon seit langem verschiedene Getreidearten. Sie waren jedoch ziemlich teuer, bis es gelang, innerhalb des Landes ausreichende Mengen zu produzieren, um die Nachfrage zu befriedigen. Mehlteig wird oft mit Fleisch zusammen ausgebacken, was die Bauern und Nomaden für eine ursprünglich bei ihnen beheimatete Art der Zubereitung halten; sie kommt jedoch aus China. Beispiele sind *chuušuur,* eine Art Pastete mit Hammel- oder Rinderhack und *boorcog,* ein Gebäck aus reinem Teig, beides in schwimmendem Fett ausgebacken. Importiert sind auch die gedämpften Klöße *buuz* und das ebenfalls gedämpfte Brot *mantun,* die ihre Namen von ihren chinesischen Äquivalenten haben.

Kuchen, die in Butter ausgebacken werden und *boov* heißen, sind zeremonielle Speisen. Sie erinnern in ihrer Funktion an früher übliche tierförmige *boorcog,* die zu rituellen Zwecken benutzt wurden. *Boov* werden mit nichtfiguralen Ornamenten verziert, von denen einige in Beziehung zu besonderen Anlässen, zum Beispiel Neujahr stehen. Auch bei den Zeremonien am Hof des *Bogdo-gegen* (Oberhaupt der lamaistischen Kirche) spielten sie eine wichtige Rolle.

Milch und Milchprodukte. Milchprodukte, *cagaan idee,* »weiße Speisen«, sind in der Ernährung der Mongolen von gleicher Wichtigkeit wie Fleisch. Auch in ihrem Symbolwert stehen sie den Fleischspeisen nicht nach, wenn sie diesbezüglich auch weniger vielfältig sind. Die Symbolik hängt erstens mit ihrer Farbe, die für Reinheit und Verehrung steht, und zweitens mit der Fermentierung zusammen, von der in vielen Kulturen angenommen wird, daß die Götter daran beteiligt sind. Deshalb gilt *archi,* das aus Milch hergestellte alkoholische Getränk als reinstes menschliches Erzeugnis. Der Symbolwert der Milch wird höher geschätzt als der des Fleisches, und man glaubt, daß sie die menschliche Energie steigert.

Alle domestizierten Herdentiere werden gemolken, und ihre Milch wird — außer der von Stuten — üblicherweise zusammengeschüttet, bevor sie weiterverarbeitet wird. Niemals wird Milch frisch getrunken, und selbst gekocht nur bei zeremoniellen Anlässen oder als Säuglingsnahrung verwendet. Ein großer Teil der Milch wird zu Produkten von geringer Haltbarkeit verarbeitet, die noch während der Melkperiode verbraucht

Die alte Weise des Mahlens von Getreide wird nur mehr selten vollzogen (Südwestmongolei).

werden. Einige können jedoch so zubereitet werden, daß man sie bis zur nächsten Periode oder noch länger aufbewahren kann, wieder andere werden eingefroren und im Winter gegessen.

Die Milch wird stufenweise verarbeitet, so daß man für jede Stufe ein eigenes Produkt erhält. Es gibt zwei unterschiedliche Verarbeitungsweisen — eine basiert auf Fermentierung, die andere auf Verdampfung durch Kochen —, die wechselweise angewendet werden können.

Frische Milch wird auf kleinem Feuer lange am Köcheln gehalten. Dabei setzt sich eine Art dicker Schaum ab, der *öröm* genannt wird, eine fette Delikatesse, die Krönung jeder Feierlichkeit, auf den Milchprodukte gegessen werden. *Öröm* kann noch weiter gekocht werden, um klare, geschmolzene Butter verschiedener Sorten zu erhalten. Wenn man ein wenig

Mit Herdentieren verzierter Griff des neunlöcherigen Libationslöffels *(sačal).*

Skizze des Destillationsgerätes und der Tropfrinne für die Herstellung von Milchbranntwein, Ezin-gol Torgut (Zeichnung von G. Söderboom).

manchmal als Wein bezeichnet wird. Es wird aus Sauermilch oder stark vergorenem Joghurt und Kumiss destilliert. Dazu benutzt man ein einfaches Verdampfungsgerät. Ein Topf oder Kessel wird mit Sauermilch usw. gefüllt und mit einer Art Holzabzug versehen, einem kegelstumpfartigen Faß, das oben und unten offen ist. Auf dieses Faß wird ein weiterer Topf gesetzt, unter dem man einen kleinen Eimer aufhängt. Die Milch im unteren Topf wird über einer Flamme erhitzt und verdampft; der Dampf kondensiert am oberen Topf, der mit kaltem Wasser gefüllt ist und tropft in den Eimer. Das ganze Gerät wird nach dem eigentümlichen Faß *bürcheer* genannt. Die Oiraten benutzen auch noch ein ähnliches Gerät aus zwei Töpfen, die auf derselben Ebene stehen und mit einem Rohr verbunden sind. Beide sind mit Holzdeckeln verschlossen, die Löcher haben, um das Rohr aufzunehmen, den Dampfdruck zu kontrollieren und das Ergebnis zu prüfen. Der zweite Topf wird von außen gekühlt und nimmt das Kondensat auf. Wiederholtes Destillieren ergibt ein stärkeres Getränk; vier Stadien sind möglich: *archi, arz, chorz* und *šarz;* normalerweise werden sie lauwarm getrunken.

Tee. Am meisten Milch wird für den Tee gebraucht. Tee ist nicht nur ein Getränk, sondern ein Nahrungsmittel, das gleichzeitig anregend und nahrhaft ist. Wenn ein Reisender in einer Jurtenrunde mit Tee bewirtet wird, so stärkt ihn das für Stunden. Die Mongolen glauben, daß es bei ihnen schon immer Tee gegeben hat. Oft benutzte man auch etwas anderes als die

Herstellung von Quark.

Kumiss dazugibt, setzt eine langsame Gärung ein, die die Haltbarkeit verlängert und den Nährwert der Butter verbessert (Žukovkaja 1981, S. 125). Aus der entrahmten Milch, die nach dem Abschöpfen des *öröm* zurückbleibt, wird *bjaslag,* Käse, *aaruul,* Quark, und *eezgij,* süßer Quark, hergestellt. Die Molke ist das Ausgangsprodukt für *arz,* ein alkoholisches Getränk, und für einen Molketrunk. Läßt man die entrahmte Milch zu Joghurt, *tarag,* vergären, kann man aus den Resten *churuud,* Quark, gewinnen. *Aruul* und *churuud* werden in gleichmäßige Stücke oder Kuchen geformt und an der Sonne getrocknet. Diese Kuchen auf den Dächern der Jurten sind ein typisches Bild für den Spätsommer oder Herbst.

Das unter dem Namen Kumiss, mongolisch *ajrag, čigee* oder *eseg,* bekannte erfrischende Getränk wird aus Stutenmilch hergestellt; man kann es auch aus Kuhmilch gewinnen, betrachtet es dann aber als minderwertig. Bewohner der Gobi nehmen manchmal Kamelmilch für diesen Zweck. Die frische Milch wird in einen großen Sack aus Stierleder gefüllt, in dem immer ein Fermentierungsmittel zurückbleibt, das auch bei der Joghurtherstellung verwendet wird. Nach jeder Füllung und so oft wie möglich wird der Inhalt des Sacks mit einem speziellen Stock, der in eine mit Löchern versehene Latte ausläuft, schaumig geschlagen. Kumiss enthält etwa drei Prozent Alkohol.

Auch *archi* ist ein selbsthergestelltes, ebenfalls leicht alkoholhaltiges Getränk, das deshalb in der europäischen Literatur

Blätter des Teestrauchs; die Darchaten bevorzugen bis heute einen Tee, der aus Lärchenrinde gemacht wird. Im 17. Jh. eroberte chinesischer Tee den mongolischen Markt, heute wird vor allem grüner Tee aus den Zentralasiatischen Sowjetrepubliken getrunken. Beide Tees sind in Ziegel gepreßt und werden auf die gleiche Art zubereitet. Man bricht eine Handvoll Tee ab, zerstößt ihn in einem Mörser, wirft ihn in kochendes Wasser, fügt etwas Milch und Salz hinzu, rührt alles gut durch und gießt es dann in einen eigenen Topf ab.

Tee und Milchprodukte bilden die Grundlage mongolischer Gastfreundschaft. Wer immer in eine Jurte kommt, wird mit einer Schale Tee, einer immer bereitstehenden Platte mit Milchprodukten und schließlich einer weiteren Tasse Tee bewirtet. Dies ist geradezu ein Merkmal der Kultur. Jedes Fest, auch diejenigen, bei denen Fleischspeisen gereicht werden, beginnt mit Tee und »weißen Speisen« und endet auch damit.

Tee spielt auch eine wichtige symbolische Rolle bei Opfern, Hochzeitszeremonien usw. Die erste Tasse von jedem neuen Aufguß ist für das Familienoberhaupt reserviert. Tee ist auch die Grundlage für verschiedene Gerichte, ähnlich wie Suppen. Fügt man Butter oder Milchschaum hinzu, kann er als Ersatz für Brühe dienen. Verschiedene Einlagen sind möglich: Quark, in Würfel geschnittener Käse, Fleisch oder Fett, Mehl, Hirse, Reis usw. Ein Äquivalent zum tibetischen *tsam-ba,* geröstetes Gerstenmehl mit Butter und Tee vermischt, wird mit dem Lehnwort *zambaa* bezeichnet. In manchen Gegenden ist es vor allem als Reiseproviant weit verbreitet.

Tee gilt also als eigenes Gericht. Hirten nehmen normalerweise drei Mahlzeiten am Tag zu sich. Die Hauptmahlzeit am Abend besteht aus zwei Gängen, zum Frühstück gibt es meist Suppe, die vom Abendessen übriggeblieben ist, und das Mittagessen besteht vor allem aus Tee. Mahlzeiten werden im Kreis der Familie eingenommen; wenn Gäste anwesend sind, bekommen sie einen förmlicheren Charakter. Die Hausfrau bedient zuerst die Männer und Gäste, sie selbst ißt ganz am Schluß zusammen mit den Kindern. Die Mongolen essen immer drinnen, Ausnahmen gelten nur für Männer, die auf Reisen sind oder auf der Jagd. Nur während zeremonieller Anlässe können Männer und Frauen gemeinsam draußen essen.

Es gibt drei verschiedene Arten von Festlichkeiten, sowohl auf dem Lande als auch in der Stadt. Wenig förmlich ist *cajllaga,* eine »Teeparty«, bei der Tee und Milchprodukte angeboten werden. Etwas förmlicher ist *budaalga* oder *cagaalga,* ein Essen mit Milchprodukten, einem leichten gekochten Gericht und Alkohol. Sehr förmlich ist *dajllaga,* ein vollständiges Bankett mit einer Unmenge von Fleischgerichten und Alkoholika. Es findet gewöhnlich gemeinsam mit dem *najr* statt, einem

Öröm-Zubereitung.

extrem formalisierten und zeremoniellen Ereignis mit einem Mahl und einem gesellschaftlichen Anlaß.

Die Mongolen haben jahrhundertelang unter Bedingungen gelebt, die ihre Ernährung nicht immer sicherstellen konnten. Zugleich war ihnen bewußt, daß Nahrungsaufnahme nicht nur eine biologische Notwendigkeit, sondern auch von großer Bedeutung für das soziale Leben ist. Daher war das Essen für sie entsprechend den Jahreszeiten unregelmäßig, genauso wie es gesellschaftlich unterschiedlich war im Sinne der symbolischen Wertigkeit der Speisen. Von Zeit zu Zeit boten sich auch Überraschungen, wenn die Leute eine zufällige Gelegenheit ergriffen, um bei *najr*-Anlässen, Gemeinschaftsfeiern usw. ein Festmahl zu veranstalten, während sie im Alltagsleben gewöhnlich einem sehr wechselhaften Geschick ausgesetzt waren.

Aus dem Englischen von Inge Hoppner

Literatur:
Cevel, Ja.: Mongolyn cagaan idee. In: Studia Ethnographica, Bd. 1, fasc. 6, Ulanbator 1959, S. 3—19.
Cevel, Ja.: Mongolčuudyn xool xünsee beltgen bolovsruulax arga barilyn tuxaj temdeglel. In: Studia Ethnographica, Bd. 4, fasc. 4, Ulanbator 1969, S. 37—78.
Lubsangjab, Choi: Milk in the Mongol customs. Some remarks on its symbolic significance. In: Etnografia Polska, Bd. 24, Wrocław 1980, S. 41—43.
Majskij, I. M.: Sovrjemennaja Mongolija. Irkutsk 1921, S. 47—48, S. 135—159.
Mróz, L.: Milk/meat = tradition/modernity. In: Ethnologia polona, Bd. 3, Wrocław 1977, S. 61—66.
Žukovskaja, N. L.: Cjentral'naja Azija. In: S. A. Arutjunov, Hg., Etnografija pitanija narodov stran zarubežnoj Azii, Moskva 1981, S. 120—139.

Die Jagd bei den Mongolen

Magdalena Tatár, Oslo

». . . und wenn ich auf die Jagd gehen werde,

     hilf mir, mehrere Eber und Hirsche zu erlegen!«

So beteten laut chinesischen Quellen (Taskin 1984, S. 155) die Khitan, ein Volk, das mit den Mongolen nah verwandt ist, in dem ältesten überlieferten Gebet schon im 5. Jh. Für sie war es das natürlichste Gebet, denn sie verschafften sich ihre Nahrung hauptsächlich durch die Jagd, wie alle anderen Völker vor und nach ihnen in diesem Gebiet. Selbst Temüjin, der spätere Činggis Khan, und seine Geschwister ernährten sich in ihrer armseligen Jugend durch die Jagd auf Murmeltiere und kleine Feldmäuse. Plano Carpini, der Entsandte des Papstes bei den Mongolen, berichtet 1247, daß die Mongolen fast nichts anderes essen, als was sie durch die Jagd erbeuteten (IV. Kapitel 8). Auch noch in modernen Zeiten verschafften sich selbst die lokalen Grenzwächter auf der russischen Seite der Grenze ihre Nahrung hauptsächlich durch die Jagd (Vjatkina 1969, S. 69). Ein beliebtes Rezept, das noch immer von den Mongolen in den Gebirgen und in der Steppe zubereitet wird, wenn sie sich weit von ihren Jurten befinden, wurde höchstwahrscheinlich schon von den Jägern früherer Zeiten verwen-

Die Gestalt des Jägers im Tsam-Tanz, in dessen Verlauf mit dieser Gestalt ein Diskurs über das Töten von Tieren und der Jagd geführt wird.

det, als kompliziertere Geräte noch nicht erfunden waren. Man nehme z. B. ein Murmeltier, ziehe das Fleisch durch den Hals heraus, entferne die Knochen, fülle das Fleisch, gut mit wilden Zwiebeln und Salz vermischt, wieder in die Haut. Man stopfe das Ganze fest hinein, z. B. mit Hilfe eines Zweiges, und binde die Halsöffnung gut zusammen. Dann kann man das gefüllte Murmeltier im Feuer leicht braten oder das ganze im Wasser kochen, wobei auch die Fleischbrühe getrunken wird. Häufig wird das Fleisch gegessen, bevor es ganz gar ist. Die Leber brät man gesondert zwischen heißen Steinen. Ein vortreffliches Rezept!

Das Gebiet, in welchem die Mongolen heute leben, kann man in vier Zonen einteilen: Die Halbwüste Gobi, die Steppen, das Changaj-Gebiet, das etwas mehr Bäume hat, und im Norden den Taiga-Waldgürtel. Die Fauna ist sehr artenreich. In der Steppe äsen große Antilopenherden, Hirsche, Steinböcke, Wildschafe *(argali)*; der Schneeleopard lebt im Gebirge und in den Wäldern; Bären, Pelztiere und Hirsche durchstreifen die Taiga. Selbst die Gobi wird von vielen und seltenen Tieren bewohnt: Wildesel *(kulan)*, Wildpferd *(taki)*, Wüstenbär, Wüstenfuchs, Wildkamel usw. Die reiche Vogelwelt ist auffallend, aber wenige wissen über die vielen wohlschmeckenden Fische Bescheid (Lachs, Forelle, Stör usw.), die in den mongolischen Flüssen zwischen Taiga und Wüste leben. An den Hängen und auf den Steppen wachsen verschiedene Pilze, Zwiebel und Kräuter, in den Wäldern — und sogar in der Gobi — Beeren. Die Menschen nützen sicher schon seit der Steinzeit alle diese Möglichkeiten aus, aber in ihren majestätischen Felszeichnungen haben sie nur Tiere, Tierspuren und die Jäger verewigt. Archäologische Funde bezeugen hin und wieder die Existenz von Tieren und Jagdbeuten, die später aus diesen Gegenden verschwunden sind, wie z. B. Mammut, Strauß und Elefant (?) auf den Felszeichnungen in Chojt in der Westmongolei, und kleine Bronzefiguren, die Fische darstellen in der trockenen Gobi.

Mehr als 500 phantastische Hirschstelen in der Mongolei (und auch sonst in Transbaikalien) bezeugen die Sonderstellung ihrer besten Jagdbeute, des Hirsches, in der Vorstellungswelt der frühen Nomaden vor etwa 3 000 Jahren. Es handelt sich um große Steine mit laufenden, fast fliegenden *Maral*-Hirschen in eingetieftem Relief. Diese Stelen waren wahrscheinlich sakrale Statuen mystischer, mit Hirschbildern tätowierter Hirschmänner, vielleicht Helden (vgl. die zahlreichen Abbildungen in Novgorodova 1980). Wenn auch unsere Kenntnisse dieser frühen Zeiten oft mosaikartig und indirekt sind, so ist dennoch die große Bedeutung der Jagd klar zu erkennen. Davon berichten auch die frühesten Steininschriften, chinesische Chroniken, und Runentexte. Zum Beispiel besagt die Steininschrift des Türken Tonjukuk aus dem 8. Jh., daß sein Volk von der Jagd lebte, obwohl sie typisch viehzüchtende Nomaden waren, die auch partielle Landwirtschaft betrieben.

Besonders interessant sind die Berichte der chinesischen Quellen über die Khitan, die mit den Činggisiden-Mongolen nah verwandt sind. Wir erfahren nicht nur, daß sie Jagd betrieben (Taskin 1984, S. 156, 189), sondern auch, daß sie dies mit großem Eifer taten *(op. cit., S. 184)*. Die Mongolen jagten in zweierlei Weise: Individuell, genannt *an* (kl. mong. *ang)* oder *agnuur,* großen Treibjagden, an denen ganze Gemeinschaften (die Sippe, die Staatsleitung, die Bevölkerung in einer Verwaltungseinheit) teilnahmen, genannt *av* (kl. mong. *aba)*. In beiden Fällen ging die Jagd in Jagdgebieten vor sich, die Gemeinbesitz waren. Von Ögödei, dem Sohn des Činggis Khan, wird in der *Geheimen Geschichte der Mongolen* (§ 281) erzählt, daß er einen Zaun errichtete, um zu verhindern, daß die Tiere von seinem Gebiet in das seiner Geschwister übergingen — was er später habe bereuen müssen. Ein Ausdruck dieser Gemeinschaft ist die Sitte, daß Männer, die einem erfolgreichen Jäger, der seine Beute nach Hause trägt, begegnen und ihm dabei das Wort *siroly-a* zurufen, einen Teil der Beute erhalten, und zwar nicht gerade den schlechtesten. Im Gegenteil: wir hören z. B. von einem Vorfahren des Činggis Khan, daß dieser den größten Teil des Fleisches erhielt und der Jäger selbst nur den sakralen Teil des Tieres bekam *(jülde,* die Lungen, einen Teil der inneren Organe der Brust, die Haut usw.), der traditionell ihm oder bei einem Tieropfer den Göttern zufällt. Ebenso berichtet die Chronik *Altan tobči,* daß die Jäger nach der Treibjagd nicht auseinandergehen sollen, nachdem die Beute verteilt ist, sondern daß jeder, unabhängig von seiner sozialen

Mongolen bei der Jagd zu Pferd. Ausschnitt aus einem sechsteiligen Stellschirm, 150 x 360,4 cm (gesamt). Farben, Gold und Goldfolien auf Papier, Japan, Anfang 17. Jh., Sammlung Idemitsu, Tokio.

Mongolischer Bogenschütze mit traditionellem Reflexbogen.

Stellung, an der gemeinsamen Mahlzeit und Feier teilnehmen müsse. Bei den Urjanchajern am Chövsgöl-See ißt das ganze Lager *(ajl)* gemeinsam eine größere Beute, wie z. B. einen Bären, der von einem Einzeljäger erlegt worden ist, in ihrem leichtverletzbaren Dasein sind sie davon abhängig, daß jeder in dieser Weise zum Unterhalt des Lagers beiträgt.

Der individuelle Jäger benutzte folgende Waffen und Ausrüstung: Lanze (gegen Bären), besondere Arten von Pfeilen je nach Beute, später Schießwaffen, sogar Strychnin gegen die Wölfe. Noch immer werden viele Typen von Fallen verwendet, wie Schlinge, Schere, Klappfalle, Falle mit Pfeilen. Einige Tiere werden mit der Peitsche erschlagen, oder mit einer Schlinge gefangen, die an einer langen Stange befestigt ist, eine Art Lasso, mit dem man auch Pferde einfängt. Hirsche werden aus dem Hinterhalt gejagt, an Gazellen schleicht man sich im Schutze eines Kamels an. Bei der Jagd auf Murmeltiere kleidet sich der Jäger so auffallend, daß die Murmeltiere vor Neugierde die Vorsicht vergessen. Die Mongolen verwenden Lockpfeifen. Man verfolgt auch die Tiere vom Pferderücken (heutzutage sogar mit dem Auto oder auf dem Motorrad), auch gute Jagdhunde sind wichtig. Die Hochsaison der Jagd ist der Winter, doch selbst im Sommer kann man kleinere Beute wie Hasen, Murmeltiere und ähnliches erlegen. Während die Treibjagden einerseits die Bevölkerung mit Fleisch für den Winter versahen, so daß dadurch der Viehbestand geschont werden konnte, dienten sie andererseits auch als militärische Übungen. Die Treibjagden waren auch bei anderen Nomaden wohl bekannt, unter anderem organisierte die Liao-Dynastie der Khitan große militärische Treibjagden. Die *Geheime Geschichte der Mongolen* beschreibt ganz richtig den Ursprung dieser Jagdtechnik: Als Bodončar (ein Vorfahr des Činggis Khan) von seiner Familie verstoßen wurde, aß er einen Hirsch, den die Wölfe an einen Felsabsatz getrieben hatten.

Die Treibjagd sicherte die Vorräte der Soldaten, wenn sie im Einsatz waren und die Zeit sowie auch die militärische Lage es zuließen. Es wurde deshalb als ein Ausdruck loyaler Unterwerfung aufgefaßt, als die Verlierer nach einem Kampf dem

Činggis Khan versprachen, ihm ein Rudel Tiere so dicht zusammenzujagen, daß sich ihre Leiber berührten. Der Herrscher hat ein Anrecht auf einen Teil der Beute, und eines der Privilegien, die der Adel *(darqad)* erwarb, war, daß sie die *ganze* Beute behalten durften. Später führte die Entwicklung dazu, daß eine spezialisierte Berufsgruppe von Jägern und Fischern entstand, die den Adel mit Häuten, Pelz, Fleisch, Horn und Fisch versah. Die großen Treibjagden mit dressierten Löwen, Leoparden, Luchsen und Hunden, die Ögödej laut Marco Polo veranstaltete, waren wohl viel lust- und luxusbetonter als die Jagden früherer Epochen. Diese Pracht verschwand, als die Mongolen schwerere Zeiten durchleben mußten, aber die Treibjagd bewahrte bis in unser Jahrhundert hinein ihre Rolle als Mittel zur Verschaffung der Wintervorräte, besonders bei den Burjaten. Bei ihnen entstand der Begriff des *zeegte aba,* nach dem Seil benannt, das mit bunten Stoffetzen, Haaren und ähnlichem umwunden wurde, und mit dem man ein Gebiet umspannte, um die Tiere in die gewünschte Richtung zu scheuchen. Diese Art zu jagen war in späteren Zeiten ein großes Ereignis der burjatischen Sippen, bei welchem viele Gruppen — unter anderem auch die Schamanen — mit ganz spezifischen Aufgaben betraut wurden.

Die Mongolen betrieben Fischerei meist nur im Notfall. Kinder und arme Leute fischten wie z. B. Činggis und seine Brüder in ihrer kümmerlichen Jugend. Später verkauften Burjaten und Darchaten ihren Fang an die Russen. Neben Netz, Angel, Reuse und Harpune kannten sie auch andere Methoden: im Winter lockten sie die Fische mit Fackeln und betäubten sie mit Lärm, indem sie auf das dünne Eis schlugen. Der Seehund von Bajkal wurde in weißer Tarnkleidung gejagt. Bei den Kalmücken war die Fischerei die Hauptbeschäftigung der verarmten Nomaden. Die Ufer der Wolga und des Kaspi-Sees, die ursprünglich frei befischbar waren, gingen später in Privatbesitz über. Am Anfang unseres Jahrhunderts waren etwa 97 Prozent der Angestellten in den Fischereien Kalmücken, die den Ruf hatten, bessere Fischer zu sein als die russischen Siedler, und noch dazu sparte der Unternehmer an ihnen alle Sonn-

Mongolischer Jäger mit Gabelgewehr im Anschlag.

und Feiertage, die für den Heiden nicht frei waren. Eine merkwürdige Entwicklung für ein Steppenvolk!

Die Beute der Jagd und der Fischerei, vor allem Pelze, waren Handelswaren, um deretwillen die ausländischen Handelsleute die Mongolen aufsuchten. Schon in der *Geheimen Geschichte* (§ 182) liest man, wie ein islamischer Kaufmann namens Asan *(i. e.* Hassan) in die Ostmongolei reiste und dort Zobelpelze kaufte. Neben den Chinesen, den wichtigsten Aufkäufern, gewannen die Russen immer mehr Bedeutung. Sie waren lange wichtige Handelspartner der Burjaten, und nachdem der Zobelbestand in Rußland beträchtlich zurückgegangen war, wo man die einheimische Bevölkerung mit Steuern in Zobelpelzen belegt hatte, fing man an, aus der Mongolei Pelze einzuführen. Im Klosterzentrum Rinčenlchümbe (im Chövsgöl-Gebiet) betrieben am Anfang dieses Jahrhunderts fünf chinesische und eine russische Handelsfirma Pelzankäufe. Anfang des 20. Jh.s setzte der russische Geschäftsmann in Rinčenlchümbe, Andrej Schubin, jährlich 4 000 Zobelpelze, 10 000 Eichhörnchenpelze und 800 bis 960 Kilo Fisch ab. Letztere von dem Fischereibetrieb, den er am Cagaan-nuur-See gegründet hatte, und aus dem sich der jetzige staatliche Fischereibetrieb entwickelt hat.

Die Jagd ist auch in der heutigen Mongolei von großer sozialwirtschaftlicher Bedeutung; und ihre geschäftsmäßige Verwaltung, sowohl was die Touristen als auch was die Verarbeitung der Pelze betrifft, wird heute von qualifizierten Fachleuten betrieben, die ihre Ausbildung in Europa genossen haben. 1985 wurde noch immer eine ansehnliche Menge Pelze (763 400 Murmeltiere, 23 800 Eichhörnchen, 3 700 Wölfe und 285 600 andere Tiere) in staatlicher Regie verarbeitet, wenn auch die Tendenz etwas sinkend ist. Seit 1970 geht die Zahl der drei ersten Kategorien zurück, nur in der vierten nimmt sie zu. Eine so wichtige Tätigkeit konnte natürlich nicht dem Zufall überlassen werden. Sprengopfer, Rauchopfer, den *genii loci,* dem Gewehr, dem Sattelriemen, an dem man die Beute festband, sind üblich, ebenso eine rituelle Reinigung des Jägers und seines Hundes. Die Jäger und ihre Familien mußten auch verschiedene Tabus respektieren — unter anderem durfte das Wild nicht unter seinem eigentlichen Namen benannt werden, sondern man mußte Tarnnamen oder Umschreibungen für sie finden, z. B. »Mütze« (für den Fuchs), »Tier mit flachen Hörnern« (für den Elch) und ähnliches mehr. Die Kalmücken hatten ein eigenes System der »Frauensprache«, um den Forderungen der Tabubestimmungen nachzukommen. Wenn die Beute ein sogenanntes Totemtier war, wie ein Bär, ein Wolf oder ein Wolfjunges, versuchten die Jäger das Tier davon zu überzeugen, daß die »Untat« von einem anderen gemacht worden sei. Die Burschen bekamen den Daumen mit dem Fett des ersten von ihnen erlegten Tieres eingerieben, damit das Glück des Jägers an ihnen haften bliebe — eine Zeremonie, die Činggis selbst als stolzer Großvater an seinen Enkeln ausgeführt haben soll (Boyle 1968, S. 220—230). Neben *Manaqan,* dem wohlbekannten Jagdgott der Mongolen, verehren die Burjaten auch die Seele früherer großer Jäger, z. B. *Anda-bar Tumerscheew,* als ihre großen Beschützer.

Leider genügen nicht länger nur Opfer und Gesang, um die Geister zufriedenzustellen und reichhaltige Jagdbeute zu sichern. Der Fisch- und Wildbestand ist auch in der Mongolei im Laufe der letzten vierzig Jahre erheblich gesunken, nach-

Zelt eines Jägers im Gebiet des Chövsgöl-Sees (1971).

dem zuerst die Burjaten schon Ende des vorigen Jahrhunderts Territorien überjagt hatten. Die alten Tabus, wie z. B. das Verbot des Tötens junger Vögel (Plano Carpini § III/7), die früher die Gunst der *genii loci* sicherten, wurden durch moderne Jagdvorschriften abgelöst. Die Jagdgesetze von 1944 und 1953 verbieten die Jagd auf verschiedene Tiere und legen bestimmte Schonzeiten für andere Jagdtiere und Fische fest. Die Jagdsperre ist seitdem erweitert worden und schützt jetzt unter anderem Tiere wie Wildesel, Wildkamel, Wildpferd, Rentier, Elch, Saiga-Antilope, Wildschaf, Steinbock, Moschustier, Gobi-Bär, Biber, Luchs, Zobel, Steppenhuhn, Eule, Schwan, Habicht, Geier, Fasan sowie verschiedene Fische.

Neben der individuellen Jagd der Lokalbevölkerung zum Eigengebrauch ist die Jagd in der Mongolei jetzt durch den Verein der Jäger und durch das Ministerium der Forstbewirtschaftung organisiert, das Fachleute an der Forstakademie in Ungarn ausbilden läßt. Mongolische Jagdtrophäen, die hochgeschätzte Beute der Jagd dieses Nomadenvolkes und moderner Touristen, gewinnen immer die besten Preise — eine würdige Weiterführung der ehemaligen Tradition.

Literatur:
Boyle, J. A.: A. Mongol Hunting Ritual: Die Jagd bei den altaischen Völkern (Asiatische Forschungen Bd. 26), S. 1—8. Wiesbaden 1968.
Cleaves, F. W., Hg.: The Secret History of the Mongols. Cambridge, Mass. 1982.
Jagchid, S. und C. R. Bawden: Notes on Hunting of Some Nomadic Peoples of Central Asia. In: Die Jagd bei den altaischen Völkern (Asiatische Forschungen Bd. 26), S. 91—95. Wiesbaden 1968.
Nowgorodowa, E.: Alte Kunst der Mongolei. Leipzig 1980.
Risch, Fr.: Wilhelm von Rubruk. Reise zu Mongolen 1253—1255. Leipzig 1934.
Schwerin, W. von: In den Jagdgründen der Mongolei unter Räubern, Hirten und Soldaten. Frankfurt 1937.
Taskin, V. S.: Materialy po istorii drevnix kočevyx narodov gruppy dunxu. Moskva 1984.
Tatár, M.: Three Manuscripts Witness to the Mongolian Hunters Worship of the Sattle-thongs. In: Acta Ethnographica Hungarica 25. Budapest 1976.
Tatár, M.: Nature Protecting Taboos of the Mongols: Tibetan and Buddhist Studies II. (Bibliotheca Orientalis Hungarica XXIX). Budapest 1984.
Vjatkina, K. V.: Očerki kuttury i byta burjat. Leningrad 1969.

Die fünf Tierarten der mongolischen Herdenhaltung

Veronika Veit, Bonn

»(Xambūdai Mergeŋ Xāŋ) besaß moosrote Rinder, die die Täler füllten, er hatte kümmelrote Kamele, die die Schluchten füllten, er hatte gleichgültig-ruhende Schafe, die die Ebene füllten, er hatte dunkle, schwarze Sarlak, die die Xaŋgaigegenden füllten, er hatte viele Pferdeherden verschiedener Färbungen, die das östliche Tal füllten, er hatte eine Pferdeherde, die aus vierzigtausend grauen Füllen im ersten Lebensjahr zusammengesetzt war.«

»(Edzen Ulān Bodon) hatte ganz scheckige Ziegen, die sich so vermehrt hatten, daß sie die Berghänge bedeckten, er hatte bläulichgraue Ziegen, die sich so vermehrt hatten, daß sie den Südhang füllten.«

Solche und ähnliche Passagen finden wir in fast allen mongolischen Epen, wenn Besitz und Reichtum des Helden oder einer der anderen handelnden Personen vorgestellt werden sollen. Seit dem ersten eindeutigen Erscheinen der Mongolen als Stammeseinheit in den chinesischen Quellen des frühen 12. Jh.s dürfen wir annehmen, daß, entsprechend den wohlbelegten wirtschaftlichen Gegebenheiten der folgenden Jahrhunderte, auch schon damals die mongolische Wirtschaftsstruktur auf einer extensiven, nomadisierenden Viehhaltung mit natu-ralwirtschaftlichem Charakter beruhte. Ja, archäologische Funde mongolischer und sowjetischer Forscher beweisen, daß man schon im Neolithikum in den mongolischen Gebieten Viehzucht betrieben hat — wie auch noch immer die Viehzucht die wichtigste Grundlage der modernen mongolischen Volkswirtschaft bildet. Traditionell wurden (und werden) fünf Tierarten gehalten (mong. *tabun qosiɣu mal,* auch *tabun ger-ün mal,* die »Fünf Haustiere« genannt): Pferde, Kamele, Rinder, Schafe und Ziegen.

Winterstallhaltung war unbekannt, Heubevorratung wurde kaum betrieben, desgleichen keine bewußte Zucht. Die Tiere suchten das ganze Jahr über auf den Naturweiden ihr Futter selbst, wobei Untersuchungen in neuerer Zeit ergeben haben, daß eine Reihe von wichtigen Weidefutterpflanzen ihren besonderen Nährwert erst im Winter unter dünner Schneedecke entwickeln, wie zum Beispiel verschiedene Artemisia-Arten. Die Betreuung der Tiere, durch Brandzeichen (mong. *tamɣa*) gekennzeichnet, erfolgte durch geregelte Züge von Frühjahrs- zu Sommer-, Herbst- und Winterweide (gewöhnlich ein geschütztes Tal). Das Gebiet, auf dem die Weiden sich befanden, nannten die Mongolen *nutuɣ.* Jeder mongolische

Herdentiere am Brunnen beim Tränken.

Kamelherde, Silingol (Autonomes Gebiet Innere Mongolei).

Kamel mit frisch durchgestoßenem Nasenknebel (Region Ulanbator).

Das Kamel ist noch immer in Gegenden mit schlechten Wegverhältnissen und vor allem im Gebirge die einzige Transportmöglichkeit.

Beim Kamelmelken muß die Melkerin mit einem Bein den Milcheimer stützen (Süd-Gobi).

Stamm verfügte über ein solches Weidewanderungsgebiet. Bei der Weidung wurde sorgfältig darauf geachtet, daß nicht eine Tierart entsprechendes Futter unwiederbringlich abfraß. Ihre Herden erlaubten es den Mongolen, fast vollständig selbstgenügsam zu sein: sie sorgten für den Nahrungsbedarf (Fleisch, Milch, Käse), Transport, Wohnung (Filz für die Jurten), Kleidung und sogar Feuerungsmaterial (getrockneter Dung). Tiere und Tierprodukte dienten den Mongolen ferner als Handelsgegenstände und ermöglichten es ihnen, an andere notwendige Gebrauchsgüter zu kommen.

In der Mongolischen Volksrepublik stehen heute 70 Prozent des Landes als Naturweide zur Verfügung. Der Viehbestand beträgt annähernd 24 Millionen Stück, was etwa 21 Tieren pro Kopf der Bevölkerung entspricht — die höchste Viehdichte der Welt. Träger der mongolischen Viehzucht sind im allgemeinen Herdenkooperativen, in deren Besitz sich 77 Prozent der Nutztiere (nach wie vor Pferde, Kamele, Rinder, Schafe und Ziegen) befinden. Die übrigen Tiere verteilen sich auf Staatsgüter, Viehzuchtstationen und Privatbesitz (18—25 Prozent, was etwa 150 Tieren pro Familie in den Kooperativen entspricht). Ebenso unverändert basiert die Viehzucht auch heute auf ganzjähriger Weidehaltung. Je nach Flächengröße und Ertragsfähigkeit der Weidegebiete sind die Kooperativen in entsprechende Brigadebereiche aufgeteilt, innerhalb welcher unter der Betreuung von einer Anzahl Haushalten nach festgelegtem Rhythmus Viehwanderungen erfolgen. Obwohl durch Brun-

Fußfessel aus gedrehter Schnur und abgesteppte Filztasche mit Nasenpflöcken der Kamele.

Bagarin-Mongolen auf dem Marsch, 1625 (Abbildung aus den illustrierten Manzhou Shilu).

nenbohren, Heubevorratung, Stallhaltung (Winter), tierärztliche Versorgung und gezielte Zucht die Viehbestände vergrößert und die Qualität verbessert werden konnte, vernichten trotzdem noch die von den Mongolen *zud* genannten Naturkatastrophen immer wieder die Futterbasis und reduzieren die Herden — noch im Jahre 1974 um ein Fünftel! *(char zud* bedeutet beispielsweise extreme Kälte, zu wenig Niederschlag, *cagaan zud* zuviel Schnee — die Tiere können das Gras nicht mehr erreichen).

Bevor wir uns den Traditionen zuwenden, die mit der Haltung der fünf Herdentierarten bei den Mongolen verbunden sind, seien dieselben kurz hier vorgestellt. Das Pferd, stets an erster Stelle genannt, ist in einem eigenen Beitrag bereits behandelt. Mit einem Bestand von weit über 600 000 Tieren nimmt die Mongolische Volksrepublik in der Kamelhaltung den dritten Platz in der Welt ein. Die mongolischen Kamele gehören zur Gattung *camelus bactrianus* und tragen im Oktober/November ihre volle Wolle. Die Kamelzucht wird als Schwerpunkt in den Wüsten und Wüstensteppen der Gobilandschaften betrieben, wo rund 64 Prozent des gesamten Kamelbestandes des Landes

Pferde an einer Salzlache (Bulgan-Gebiet).

Beim Melken der Stuten wird ein Fohlen zur Stute geführt, um ein ruhiges Melken zu ermöglichen. Ausschnitt aus einem zeitgenössischen Gemälde (Katalog Nr. 2).

Bei dem Fest der Fohlenabsonderung im Frühsommer wird ein Faß mit Kumiss zwischen zwei Pferden an einer Stange getragen, für die Libationen wird ein eigener Sačal-Löffel aus Holz verwendet (Ausschnitt aus einem zeitgenössischen Gemälde, Katalog Nr. 2).

konzentriert sind. Das Kamel ersetzt hier vollwertig das Rind. Die Kamelmilch wird sowohl als Frischmilch wie auch zur Erzeugung verschiedener Milchprodukte verwendet. Desgleichen steht das Fleisch des Kamels in seiner Qualität durchaus nicht hinter dem des Rindes zurück. Das wichtigste Produkt des Kamels — und ein sehr gefragter Exportartikel — bleibt aber die Wolle. Der Wollertrag liegt bei 5 bis 6,5 Kilo pro Tier im Jahr. Als Lasttiere tragen die mongolischen Kamele bis zu etwa sechs Zentnern (300 Kilo), bei großen Dauertransporten etwa vier Zentner (200 Kilo).

Das Rind — Bestand über zwei Millionen — findet bei den Mongolen vielseitige Verwendung, als Zugtier, als Milch- und Fleischlieferant. Zu den Rindern zählen auch die Yaks und Hainaks, die aus der Kreuzung zwischen Rind und Yak hervorgegangen sind. Die Yaks lieben die kühlen, feuchten Hochgebirgsweiden. Man findet sie deshalb meist in Höhen über 2 000 Meter über dem Meeresspiegel. Sie werden vor allem im Changaj, im Gebirgsland von Chövsgöl, sowie im mongolischen Altai gehalten. In den flachwelligen ostmongolischen Landschaften sind sie nicht zu finden. Die Milchleistung des

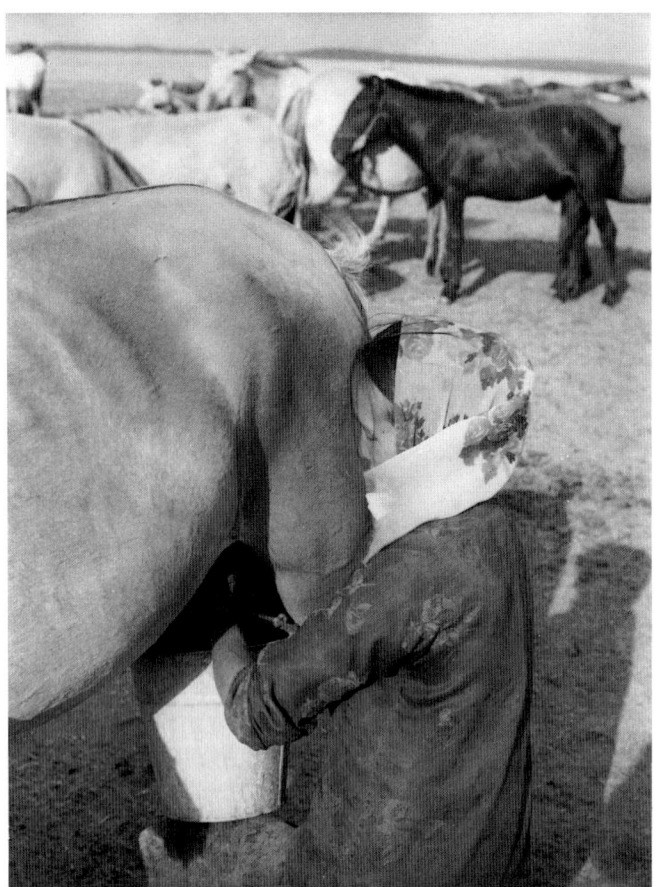

Melken einer Stute.

Tränken von Ziegen (Südwestmongolei).

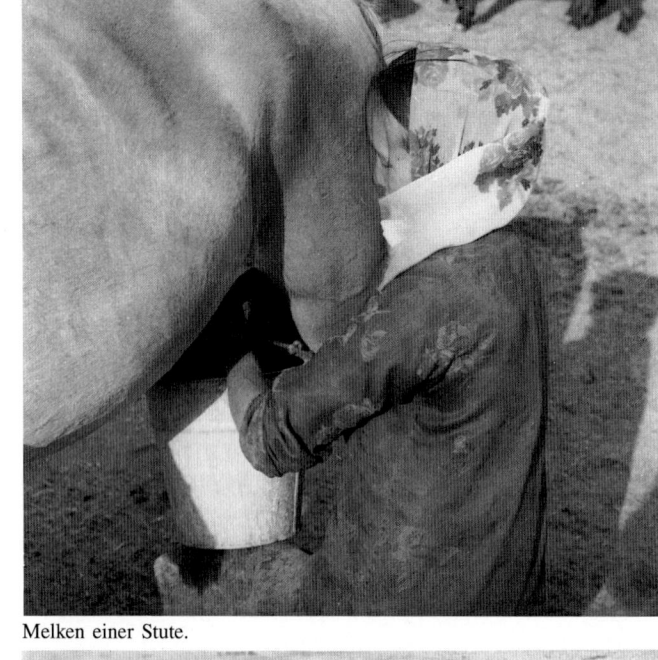

Ziegen werden in traditioneller Weise in Reihen angebunden und von hinten gemolken.

160

mongolischen Rindes während der sechsmonatigen Laktationszeit liegt bei 500 bis 600 Kilo, mit einem Fettgehalt von 3,5 bis 6,5 Prozent. Der Fettgehalt der Milch der Yakkühe liegt bei 6 bis 7 Prozent und darüber.

Das Schaf — Bestand über 13 Millionen — war und ist auch heute noch das bedeutendste Nutztier der mongolischen Viehhaltung. Schafzucht wird überall im Lande gleichermaßen betrieben. Schaffleisch ist unter den Mongolen sehr beliebt und bildet das Hauptnahrungsmittel. Das relativ kleine mongolische Schaf stellt eine Kreuzung zwischen Fettschwanz- und Magerschwanzschaf dar. Seine Wolle ist kurz, grob und mit Haaren durchsetzt. Sie eignet sich zwar vorzüglich für die Filzherstellung, weniger aber für die wollverarbeitende Textilindustrie. Eine grundlegende Verbesserung der Qualität versucht man durch Masseneinkreuzungen von einheimischen Muttertieren mit feinwolligen, zumeist aus der Sowjetunion importierten Schafböcken zu erreichen. In den südlichen Landesteilen ist man ferner zum Aufbau der Karakulschafzucht übergegangen, wobei vorwiegend graue Felle produziert werden.

In der Ziegenhaltung nimmt die Mongolische Volksrepublik mit rund 4,4 Millionen Tieren den siebenten Platz unter allen Ländern der Erde ein. Die Ziegen liefern Wolle, Haare und Häute sowie Fleisch und Milch. Außerdem werden grobe Haare, Hörner, Hufe und Därme genutzt. Ziegenfeinwolle besitzt große Festigkeit und geringe Wärmeleitfähigkeit, läßt

Mädchen beim Einsammeln von Dung, der als Heizmaterial verwendet wird (Zentralregion).

Jungrinder in der Steppe.

sich gut spinnen und zu warmen, festen Stoffen verarbeiten. Pro Tier beträgt der Feinwollertrag 200 Gramm im Jahr. Rund 60 Prozent des mongolischen Ziegenbestandes ist auf den Weiden der Wüsten, Halbwüsten und Hochgebirgsregionen konzentriert. Sie nutzen vorzüglich die Hochgebirgsweiden, die für andere Vieharten schlecht zugänglich sind. In den Gobilandschaften ist der Ziegenbestand teils höher als der der Schafe. Hier ist die Ziege auch Hauptlieferant von Milch, wobei der Ertrag pro Muttertier im Jahr bei etwa 100 Liter liegt. Die bis zu 9,4 Prozent Fett enthaltende Ziegenmilch wird zu Quark, Käse und Butter verarbeitet.

Nach der Tradition teilen die Mongolen die fünf Tierarten ihrer Herdenhaltung in solche mit »langen Beinen« und solche mit »kurzen Beinen« ein: Pferde und Kamele gehören zu den »Langbeinigen«, denn sie weiden weit entfernt vom Jurtenlager, ohne dorthin zurückzukehren, und es sind die Männer, die sie hüten. Die »Kurzbeinigen« — Schafe, Ziegen und Rinder — weiden näher am Lager, und es sind die Frauen, die sie hüten. Ferner unterscheiden die Mongolen »warm-mäulige« und »kalt-mäulige« Tiere: »warm« und »kalt« stehen hierbei für »nah, teuer, lieb«, bzw. »fern, fremd, feindlich«. Pferde und Schafe zählt man zu den warmmäuligen, die drei anderen zu den kaltmäuligen Tieren; sie sind darum für Opfer nicht geeignet.

Ihre Verbundenheit mit den Tieren ihrer Herdenhaltung, ihre Liebe zu ihnen, bringen die Mongolen in zahlreichen Liedern und Gedichten zum Ausdruck. An erster Stelle steht auch hier wiederum das Pferd. Wohlbekannt ist aber ebenfalls das über die ganze Mongolei verbreitete Motiv vom verwaisten weißen Kamelfüllen in Ballade und Märchen. Als Beispiel sei hier ein kurzes Gedicht des Schriftstellers und Dichters D. Nacagdorž (1906—1937) vorgestellt:

Das herbstgeborene Lamm
Mein. herbstgeborenes Lamm,
Mit weißem Streifen auf der Stirn,
Inmitten von tausend Schafen,
Sobald ich es sehe, kenn' ich es stets.
Määh! Määh! blökt es,
Kommt immer auf mich zu gelaufen,
Muschelweiße Wolle hat es,
Fernglasschwarze Augen hat es.
Unter zehntausend Schafen
Gibt's kein liebenswerteres Kerlchen!
In dem Pferch, wo es geboren,
Spielen wir zwei immer zusammen.
Seine Knie gebeugt,
Saugt es an seiner Mutter,
An meiner Brust
Wie freudig, wie freudig, schmiegt es sich an!
Bald hierhin, bald dorthin hüpft es,
Macht mich Viehhirten glücklich.
Mein herbstgeborenes Lamm,
Mit weißem Streifen auf der Stirn,
Inmitten von tausend Schafen,
Sobald ich es sehe, kenn' ich es stets!
Määh! Määh! blökt es,
Kommt immer auf mich zu gelaufen.

Die Mongolen benutzen auch gern Lebensäußerungen von Tieren für abstrakte Begriffe, wie zum Beispiel: »friedliche Gemeinschaft« vergleicht man mit »sich versammeln wie die Vögel des Sees«; »Einigkeit« mit »wie Arghali-Schafe die Felle aneinander reiben«; »Freude« mit »wie die Fohlen miteinander spielen«.
Zwei Pferden schließlich ist in der ältesten nachweisbaren mongolischen Reimdichtung, der *Geschichte von den zwei Grauschimmelhengsten des Činggis Khan* aus dem 13. Jh. die Rolle menschlicher Helden eingeräumt, auf daß sie die Unzufriedenheit von Činggis Khans engsten Gefährten stellvertretend zum Ausdruck bringen möchten.

Mit Pferdeköpfen und dem »Unendlichen Knoten« verzierter Griff eines Pferdeschweißschabers.

Literatur:
Accolas, J. P., Deffontaines, J. B. und Aubin, F.: Les activités rurales en République Populaire de Mongolie. I. Agriculture et élevage. II. Produits laitiers. In: Etudes Mongoles 6, 1975, S. 7—98.
Barthel, H.: Land zwischen Taiga und Wüste. Gotha/Leipzig 1971.
Chagdarsurung, Ts.: A propos de l'élevage des cinq espèces de bétail chez les Mongols. In: Studia Mongolica V, 1—18, 1978, S. 144—167.
Heissig, W.: Helden-, Höllenfahrts- und Schelmengeschichten der Mongolen. Zürich 1962.
Heissig, W.: Geschichte der mongolischen Literatur, Bd. 2. Wiesbaden 1972.
Poppe, N.: Mongolische Epen II. Übersetzung der Sammlung B. Rintchen. Folklore Mongol. Livre troisième (= Asiatische Forschungen 43). Wiesbaden 1975.
Poppe, N.: Mongolische Epen III. Übersetzung der Sammlung G. Rincinsambuu, Mongol ardyn baatarlag tuul's (= Asiatische Forschungen 47). Wiesbaden 1975.
Schubert, J.: Paralipomena Mongolica. Wissenschaftliche Notizen über Land, Leute und Lebensweise in der Mongolischen Volksrepublik. Berlin 1971.
Thiel, E.: Die Mongolei: Land, Volk und Wirtschaft der Mongolischen Volksrepublik. München 1958.
Vladimircov, B. Ya.: Le Régime social des Mongols. Le Féodalisme nomade. Paris 1948.

Das Pferd — Freund und Gefährte der Mongolen

Veronika Veit, Bonn

»Reise, indem du Proviant, Futter und Wasser des Pferdes vorausbedenkst«, sagt ein mongolisches Sprichwort. »Yuan arose in the northern areas. By nature they are good at riding and archery. Therefore they took possession of the world trough this advantage of bow and horse«, hält das *Yuan shih* (Geschichte der Yuan-Dynastie) fest.

In der Tat, die Bedeutung, die das Pferd für die Geschichte und Kultur der zentralasiatischen Völkerschaften im allgemeinen und der Mongolen im besonderen erlangt hat, kann kaum hoch genug eingeschätzt werden. Als Transportmittel im Frieden wie im Kriege, als Lieferant von Haar und Haut, Milch und Milchprodukten, als Handelsgegenstand war — und ist es zum Teil auch heute noch — das Pferd aus dem Leben der Mongolen nicht fortzudenken. Traditionsgemäß — und lebendig bis auf den heutigen Tag, da in der Mongolischen Volksrepublik 2,2 Millionen Pferde auf rund 2 Millionen Menschen leben — versinnbildlichen große Pferdeherden Reichtum für die Mongolen, sind gar ein Zeichen für nationalen Wohlstand und Sicherheit: begann doch der siegreiche Lauf der mongolischen Eroberungen gewissermaßen mit einem Pferderaub! Dem jungen Temüjin und seinen Brüdern wurde der einzig wertvolle Besitz, acht Pferde, gestohlen — mit Ausnahme des neunten, einem stummelschwänzigen Braunen, den sie zur Murmeltierjagd verwendeten. Allein setzte Temüjin den Räubern nach, traf unterwegs auf Bogurči, der sein erster und liebster Gefolgsmann werden sollte, und ihr Leben riskierend, gewannen sie zusammen die acht geraubten Pferde zurück. Nachdem Temüjin im Jahre 1206 zum Činggis Khan ernannt worden war, trug er als erstes Sorge dafür, daß mit der Betreuung der Pferde wiederum seine getreuesten Gefolgsmänner bestallt wurden. Dies, wie auch die Kontrolle über die Schafherden und Karren, kennzeichnet wohl den Beginn der mongolischen Mobilisation, welche schließlich den Weg zu den großen Eroberungszügen ebnete. Das Nichtangewiesensein auf Nachschub, die Beweglichkeit und Schnelligkeit der bald kampferprobten Kavallerie, ihr Geschick als Bogenschützen machten die Mongolen zur besten und gefürchtetsten Reiterarmee vom 13. bis ins 18. Jh., als die zunehmende Einführung neuer Waffen auch andere Kriegstechniken mit sich brachte.

Diese Wertschätzung des Pferdes — Garant für Sicherheit und Wohlstand — hat ihre Wurzeln im täglichen Leben der Mongolen und findet sowohl in der Literatur und Folklore wie im kul-

Das Pferd ist noch immer für die breite Bevölkerung das meistgenützte Beförderungsmittel.

Gehetzte Pferde. Illustration zu Rašîd ad-Dîns Weltchronik, Malerei auf Papier, 37,2 x 29 cm. Staatsbibliothek Berlin, Stiftung Preußischer Kulturbesitz, Sign. Diez A Fol. 70, S. 19 oben.

tischen Bereich besonderen Ausdruck. Bevor wir näher darauf eingehen, wollen wir das mongolische Pferd im täglichen Leben vorstellen: dem Schlag nach zählt es zu den Kleinpferden, mit einem Stockmaß bis höchstens 1,35 Meter. Der Körper ist kompakt, stämmig, etwa 1,45 Meter lang, das Gewicht beträgt 350 Kilo für ein schönes männliches Tier, 300 Kilo für eine Stute. Ausdauernd und genügsam, waren die mongolischen Pferde »Selbstversorger«. Winterstallhaltung kannte man nicht in alter Zeit, ebensowenig Zusatzfütterung. Die Pferde der Mongolen lebten — und leben heute noch — in größeren und kleineren Herden, wobei die Hengste sich die Stuten selbst wählen. Auf einen Hengst kommen etwa zwanzig bis dreißig Stuten, dazu die Gruppe der Wallache, die sich aber nicht unbedingt den Familienherden anschließen, sondern oft auch gesonderte Gruppen bilden. Geritten werden jedoch fast ausschließlich Wallache. Gewöhnlich im dritten Jahr verschneidet man die Hengstfohlen. Die Auswahlkriterien folgen hierbei Normen, wie sie in der mongolischen mündlichen Tradition, aber auch in Handbüchern über die »Merkmale des Pferdes« (mong. *morin-u sinji)*, bekannt seit dem 18. Jh., überliefert sind. So soll z. B. ein Hengstfohlen unverschnitten bleiben, dessen »Körper und Kopf groß, Zähne wohlvertieft, Nase gebogen, Nüstern weit, Stirn hoch, Ohren dicht gesetzt, Brust breit, Brustbein gewölbt, männliches Glied groß, Muskeln robust, Hufe zierlich, Mähne und Schweif buschig . . . (sind)«.

Gebrauchspferde unterscheiden die Mongolen nach vier Grup-

Einfangen eines Fohlens bei der einmal im Jahr durchgeführten Fohlenabsonderung (Ausschnitt aus einem zeitgenössischen Gemälde, Katalog Nr. 2).

Abreiben des schweißigen Pferdes mit dem Pferdeschweißschaber *(chusuur)*,(Katalog Nr. 130) nach dem Pferderennen (Ulanbator 1988).

Gürtel mit Pferdeschweißschaber, Messer und Rauchgerät. Beim Naadamfest in Ulanbator (1988).

Mongolische Schachfiguren, die das Heranführen einer Stute, die Stute mit Fohlen und das Melken mit dem danebenstehenden Fohlen darstellen.

pen: 1. die Hütepferde; 2. die Stangenlassopferde (zum Fangen anderer Pferde aus der Herde); 3. die Renner, Reisepferde sowie 4. Streitrösser, die auch im Kurierdienst verwendet werden.

Was die Farben der Pferde anlangt, so kommt ihnen sowohl im Epos wie bei der kultischen Verwendung eine gewisse Bedeutung zu. Im täglichen Leben scheinen allgemein helle, besonders graue, aber auch fuchsrote und schwarze Pferde bevorzugt zu werden.

Jede Herdenstute wirft normalerweise um den Monat Mai jährlich ein Fohlen. Gemolken wird dann ab Mitte Juni, wobei die Stuten während der zwei bis vier Monate dauernden Laktationsperiode 1,7 bis zwei Liter Milch (neuere Zahlen sprechen von bis zu drei Liter) pro Tag geben. Diese sehr vitaminreiche Stutenmilch hat einen wichtigen Anteil an der Ernährung der Mongolen, darüber hinaus dient sie als therapeutisches Mittel bei Tuberkulose und Erkrankungen des Verdauungstrakts. Sie wird selten frisch, sondern zumeist vergoren als Kumiss (mong. *Airag*) getrunken (Alkoholgehalt etwa drei Prozent) und nicht zuletzt zu verschieden starken Branntweinsorten destilliert.

Auch das Fleisch ihrer Pferde haben die Mongolen gegessen, wobei jedoch ausdrücklich hervorgehoben werden muß, daß dies nur bei ganz besonderen Anlässen geschah, wie nach einem Opfer.

Schließlich gehört zu den »technischen Daten« der mongolischen Pferde — die im übrigen unbeschlagen blieben — auch ihre Ausdauer und Belastbarkeit. In einer reiternomadischen Gesellschaft muß es ja das Ziel sein, große Entfernungen ohne nennenswerte Ermüdung für Roß und Reiter zurücklegen zu können. Folgende Resultate hat man bei einer entsprechenden Prüfung 1921 und 1933 gewonnen: 320 Kilometer in sieben Tagen, 450 Kilometer in acht Tagen, 640 Kilometer in zwölf Tagen, 1800 Kilometer in 25 Tagen, wobei die Tiere jeweils frisch und in gutem Zustand am Ziele anlangten. Zum Erkennen von Ausdauer und Belastbarkeit dienen auch die Pferde-

rennen, die gemeinsam mit dem Ringen und Bogenschießen zu den traditionellen »Drei Männlichen Spielen« (mong. *er-e-yin γurban naγadum*) gehören. Man läßt hierbei die Pferde nach fünf Altersgruppen (von den Zwei- bis zu den über Sechsjährigen), über eine Distanz von 15 Kilometer für die ersteren, 35 Kilometer für die letzteren, laufen. Sie werden ohne Sattel geritten von Buben und Mädchen zwischen sechs und zwölf Jahren.

Die enge Beziehung zwischen den Mongolen und ihren Pferden, die schon im täglichen Leben so deutlich zum Ausdruck kommt, spiegelt sich, wie oben bereits angedeutet, in reichem Maße im Schrifttum der Mongolen und findet im Epos ihren Höhepunkt in der »Ver-Dichtung« der realen Gegebenheiten. Überliefern uns schon die mongolischen Quellen von fast allen historischen Helden auch die Namen ihrer Pferde, gehören jene untrennbar zu ihrem Herrn, so steht das Pferd im mongolischen Epos gleichberechtigt neben dem Menschen, es ist ihm nicht nur Freund und Gefährte, sondern auch stets überlegener Ratgeber, der menschlichen Sprache kundig und mit Zauberkräften versehen, es ist das »Bessere Ich« des Helden: so heißt es beispielsweise ein wenig spöttisch im Epos vom *Xögšin Lü Mergen:* »Das graue Pferd sprach zum Khan: ›Wie bist du doch gedankenlos, wenn du auch ein tapferer Mann bist! Wie bist du doch unbesonnen, wenn du auch ein schöner Mann bist!‹.« Ohne sein Pferd ist der mongolische Held einfach nicht denkbar — aber nicht im Sinne der ethnologisch definierten Schicksalsgemeinschaft, eines numinosen Doppelgängers — sondern im Sinne einer Freundschaft und Partnerschaft.

Das Besondere derselben und die enge Zusammengehörigkeit zwischen Held und Pferd wird im Epos auch durch folgende Gegebenheiten zum Ausdruck gebracht: 1. Gleiche Zeit und Umstände der Geburt; 2. Schicksalhafte Vorherbestimmung; 3. Fangen und Zähmen des Pferdes allein durch den Helden. Alle Liebe und Begeisterung spiegelt sich ferner in der Beschreibung des Heldenpferdes, in der Elemente aus der Zeremonialdichtung, zum Beispiel den Pferdelobpreisungen

Gesatteltes Pferd, vor der Jurte wartend.

Grassteppe in Silingol (Autonomes Gebiet Innere Mongolei).

(mong. *morin-u maytayal*), ebenso zu finden sind wie aus den bereits erwähnten Handbüchern über die Merkmale des guten Pferdes. So heißt es im Epos *Edzen Ulan Bodon:*

»Was sein Pferd, das Windroß,
das Reittier betrifft, das er zu reiten pflegte,
so war es breit in seiner Stirn,
es war stark, was seine Muskeln betrifft,
es hatte ein dünnes Haarbüschel auf der Stirn,
es hatte eine glatte Kruppe,
es war schnell, was seine Beine betrifft,
es hatte dichte Augenbrauen,
es hatte einen dichten Schweif,
es hatte Geschwindigkeit in seinen Sehnen,
es hatte einen Nacken wie eine Tülle,
es hatte Lamaglöckchen und Vajra als Ohren,
es hatte Bohrerspitzen als Hauzähne,
es hatte ein Kinn wie der »Rachen« einer Kneifzange,
es hatte einen schönen fahnenähnlichen Schweif
und einen schönen Rücken wie ein Hase.
Es war geboren, ohne daß
giftiger gelber Schweiß (je) hervortreten sollte,
auch wenn es durch bergige und felsige Gegenden rannte,
es war geboren, ohne daß
es je fallen und von der Strömung getrieben werden sollte,
auch wenn es in ein Meer geriet.
Sonne und Mond konnten
in seiner Nierengegend leuchten,
Sterne konnten
in seiner Gürtelgegend strahlen.
Es war hoch und stark,
wohlernährt und fett geboren.
Es besaß gelegentlich einundsiebzig Geschwindigkeiten,
ansonsten (aber)
besaß es zweiundachtzig Zauberkräfte.
Es war kein Roß,
sondern es war etwas aus Bronze Verfertigtes,
es war kein Pferd,
sondern etwas aus Kristalljuwelen Hergestelltes.«

Ja, über den Tod hinaus währt die Verbindung vom Helden und seinem Pferd: »Après la mort, nos os seront ensembles, tant que nous sommes vivants, notre vie est commune.« Dies bringt uns zum dritten Aspekt hinsichtlich der besonderen Beziehungen zwischen den Mongolen und ihren Pferden: dem bereits angesprochenen kultischen Bereich. Hier finden wir das Pferd im wesentlichen in drei Funktionen: einmal als Reittier in Verbindung mit einer Gottheit, sodann als magisches Reittier für den Schamanen und schließlich als Opfertier.
Außer, daß es untrennbar mit der jeweiligen Gottheit verbunden ist, kommt dem Pferd im ersten Falle jedoch keine eigene Bedeutung zu. Als magisches Reittier für den Schamanen hingegen ermöglicht das Pferd es diesem, »in die Luft aufzufliegen und den Himmel zu erreichen . . . (Es) vollzieht das Durchbrechen einer Ebene, den Übertritt von dieser Welt in die anderen Welten.«
Die Nutzung des Pferdes als Opfertier ist die wichtigste Funktion im kultischen Bereich. Hier muß festgehalten werden, daß

Der Hals einer »pferdeköpfigen« Kelle.

das Pferd nicht etwa stellvertretend für den Menschen geopfert wird — Menschenopfer kannten die Mongolen auch, bei Fürstenbegräbnissen in vorbuddhistischer Zeit und bis in unser Jahrhundert als Opfer für den Sülde Tengri im Kriege —, es ist selbst das Opfer. Blutige Pferdeopfer wurden anläßlich von Begräbnissen, feierlichen Bündnisschwüren (hier stets ein weißes Pferd) und für die Schamanen- und Ahnengeister dargebracht. Nach der Wiederbekehrung der Mongolen zum Buddhismus tibetischer Prägung im ausgehenden 16. Jh. wurden die blutigen Pferdeopfer — wie überhaupt alle blutigen Opfer — verboten. Die Tradition eines unblutigen Pferdeopfers (mong. *seterlekü*) hat sich bis in unser Jahrhundert gehalten: ausgewählten Pferden wurde ein meist fünffarbiges Band in die Mähne geflochten; sie waren für den Himmel bestimmt und durften nicht geritten werden. Sie bewegten sich frei in der Herde.
Die Verbindung Mensch-Pferd ist wohl allgemein eine der vielfältigsten und liebenswürdigsten in der Geschichte der Menschheit. In keinem anderen Volke aber als bei den Mongolen ist sie so *unmittelbar* nicht nur in das tägliche Arbeitsleben mit all seinen Erfordernissen eingegliedert, sondern gehört gleichermaßen untrennbar auch zu seiner Geschichte und Kultur — wie es hier nur andeutungsweise zum Ausdruck kommen konnte. Das Pferd ist für die Mongolen in erster Linie kein Prestigeobjekt, es dient weder als Herrschaftssymbol noch der Repräsentation, es ist Gefährte, Wegbegleiter, im konkreten wie übertragenen Sinne des Wortes. *Külüg* bezeichnet im Mongolischen sowohl ein schnelles und starkes Pferd wie auch einen besonders tapferen Mann. Es lassen sich hier

doch Unterschiede zu der schon recht früh vom Islam geprägten Tradition der zentralasiatischen Türken feststellen, in welcher das Bild vom reitenden Helden vor allem Gelegenheit bieten sollte, seine Eigenschaften und Tugenden zu zeigen: ». . . nämlich seine Gewandtheit und Schnelligkeit, seinen schön gewachsenen Körper, seine Stärke und seinen Mut, seine Fertigkeit im Umgang mit den Waffen, seine reiterliche Geschicklichkeit, aber auch seine ›hohe Gesinnung‹«. »Zu Fuß bin ich ein Hund, der nicht stehen kann«, sagt der Held Manas des gleichnamigen kirgisischen Epos. Der mongolische Held dagegen, in der epischen Dichtung wie in der Realität, hat ein bei weitem unmittelbareres und weniger von idealen Vorstellungen bestimmtes Verhältnis zum Pferd. Ohne Pferd zu sein, bedeutet für den Mongolen daher auch keine Demütigung, sondern entschied ganz elementar über Leben und Tod. Ein Mann und sein Reittier, gegebenenfalls auch allein in den Weiten des zentralasiatischen Hochlandes, hat eine Chance zu überleben, dank der Beweglichkeit, dank des oftmals besseren Ortssinns und dank der Warnung vor Gefahr durch das Pferd (Erfahrungen, welche die Mongolen noch heute berichten). Mehrere Menschen, selbst wenn sie gemeinsam, jedoch ohne Reittier sind, haben eine solche Chance nicht.

»Und er sah (den Jungen) die acht Markknochen (des Pferdes) zusammenbinden und sich auf den Rücken legen mit den Worten, daß man die Knochen seines Pferdes nicht in einem fremden Lande fortwirft . . .«.

Szene vor dem Aufsatteln, Transport von Kumiss in Schläuchen (Ausschnitt aus einem zeitgenössischen Gemälde).

Literatur:

Accolas, J. P., J. P. Deffontaines und F. Aubin: Les activités rurales en République Populaire de Mongolie. I. Agriculture et élevage. II. Produits laitiers. In: Etudes Mongoles 6, 1975, S. 7—98.

Aubin, F.: L'Art du Cheval en Mongolie. In: Production Pastorale et Société No. 19 (Automne 1986), S. 129—149.

Chagdarsurung, Ts.: A propos de l'élevage des cinq espèces de bétail chez les Mongols. In: Studia Mongolica V, 1—18, 1978, S. 144—167.

Eliade, M.: Schamanismus und archaische Ekstasetechnik. Zürich, Stuttgart 1957.

Die Geheime Geschichte der Mongolen. Aus einer mongolischen Niederschrift des Jahres 1240 von der Insel Kode'e im Keluren-Fluß. Erstmalig übersetzt und erläutert von E. Haenisch. Leipzig 1948.

Hatto, A.: Das Pferd in der älteren kirgisischen Heldenepik und in der Ilias. In: Fragen der mongolischen Heldendichtung II, Hg. W. Heissig (= Asiatische Forschungen 73), Wiesbaden 1982, S. 179—201.

Heissig, W.: Wort aus tausend Jahren. Weisheit der Steppe. Wiesbaden o. J.

Kretschmar, M.: Pferd und Reiter im Orient. Untersuchungen zur Reiterkultur Vorderasiens in der Seldschukenzeit. Hildesheim, New York 1980.

Lipec, R. S.: Obrazy batyra i ego koňa v tyurkomongol'skom epose. Moskva 1984.

Poppe, N.: Mongolische Epen II. Übersetzung der Sammlung B. Rintchen. Folklore Mongol. Livre troisième (= Asiatische Forschungen 43). Wiesbaden 1975.

Poppe, N.: Mongolische Epen III. Übersetzung der Sammlung G. Rincinsambuu, Mongol ardyn baatarlag tuul's (= Asiatische Forschungen 47). Wiesbaden 1975.

Poppe, N.: Mongolische Epen V. Übersetzung der Sammlung U. Zagdsüren, Zangaryn Tuu'ls (= Asiatische Forschungen 50). Wiesbaden 1977.

Sinor, D.: Horse and Pasture in Inner Asian History. In: Oriens Extremus 19, 1—2, 1972 (Festschrift für Walter Fuchs), S. 171—183.

Veit, V.: Das Pferd — Alter Ego des Mongolen? Überlegungen zu einem zentralen Thema der mongolischen Geschichte und Kultur. In: Fragen der mongolischen Heldendichtung III, Hg. W. Heissig (= Asiatische Forschungen 91), Wiesbaden 1985, S. 58—88.

Pferdegeschirr

Käthe Uray-Köhalmi, Budapest

In den weiten Steppen der Mongolei ist das Leben ohne Pferd auch heute noch undenkbar, darum besitzt fast jeder Mongole auf dem Land von zarter Kindheit an ein Reitpferd. Da aber die Mongolen das Pferd nur in Ausnahmefällen ohne Sattel und Zaumzeug besteigen, haben diese Gerätschaften ihre Wichtigkeit bis auf unsere Tage unvermindert bewahrt. Sowohl der Sattel wie das Zaumzeug der Mongolen haben sich im Laufe der Jahrhunderte durch den alltäglichen Gebrauch vereinfacht und äußerst handlich gestaltet. Trotz seiner verhältnismäßig einfachen Gestaltung besteht der mongolische Sattel aus mannigfaltigen Materialien — Holz, Leder, Filz, Eisen, Hirschgeweih — und wird von verschiedenen Handwerkern sowie vom Besitzer hergestellt.

Den Kern des mongolischen Sattels (emeel) bildet das geschlossene Birkenholzgestell (emeelijn mod), das P. S. Pallas das »Gerippe« des Sattels nannte. Es besteht aus zwei Sattelbäumen und zwei Zwieselbögen und wird vom Sattler (emeelči) verfertigt. Die Sattelbäume stehen zueinander in spitzem Winkel, der sich nach vorne verjüngt. Hinten gehen die Sattelbäume weiter auseinander und schließen einen weniger spitzen Winkel ein. Die Presse des Sattlers verleiht ihnen

Mongolischer Sattel.

noch zusätzlich eine leichte Biegung, so daß die vier Enden ein wenig nach außen abstehen. Die breiter belassenen Mittelteile der Sattelbäume stoßen in der Mittellinie aneinander, das Rückgrat des Pferdes überbrückend. Die Zwieseln werden aus Verästelungen der Birken hergestellt, der Vorderbogen schmäler und höher, der Hinterbogen etwas niedriger. Sowohl die Sattelbäume wie die Zwieseln werden nach rohem Zuschneiden zusammengeleimt und in einer speziellen Presse getrocknet, um die einzelnen Teile in den richtigen Winkel zueinander zu bringen. Danach erst werden sie in Form geschnitzt und mit den für die Befestigung der Riemen nötigen Öffnungen versehen. Die Kanten der Zwieselbögen werden vom Sattler mit Hirschgeweihleistchen verbrämt, der Sitz mit schwarzem Ochsenleder bezogen und die weiteren Teile rot oder orangerot lackiert, nach Wunsch auch mit Motiven bemalt. In der heutigen Mongolei regelt ein staatlicher Standard die Maße der von Artels und selbständigen Handwerkern angefertigten Sättel. Im Jahre 1951 ließ der Standard »UST 11—51« drei Typen zu, zwei breitere und einen ganz engen, den Borjigin-Sattel. Es wurden auch kleinere Sättel für Kinder hergestellt. Da die Nomadenfrauen immer schon ebenso tüchtige Reiter waren wie ihre Männer, weicht das Holzgestell der Frauensättel nicht ab, höchstens in der mit zwei abgerundeten Ecken gestalteten Form der Vorderzwiesel. Die Männersättel haben vorne eine Spitze.

In der Regel schaffen sich die Mongolen das Holzgestell beim Sattler an, die weitere Ausstattung übernehmen sie selbst. Dazu gehören auch vom Schmied erworbene Beschläge, Schnallen und die mit rundem Tritt versehen, schweren Steigbügel. Das Sitzleder wird auf beiden Seiten mit je zwei rosettenförmigen Silberbeschlägen befestigt. Silberbeschläge halten die Packschnüre an den Vorder- und Hinterenden des Sattelbaumes. Breite hausgemachte Riemen sind für die Steigbügel durch eine viereckige Öffnung gezogen, die so angebracht ist, daß der Steigbügel in die Schwerpunktlinie fällt. Beim modernen Mongolensattel liegt sie in der Mitte zwischen den zwei Zwieseln. An den Sattelbäumen werden mittels kleiner Lederriemen beidseitig je zwei Bauchgurte angebracht. Obwohl im Prinzip Brust- und Schwanzriemen nicht unbekannt sind, werden letztere heute höchstens beim Ritt durch bergige Gegenden angewendet, um das Verrutschen des Sattels zu verhindern.

Zum Sattel gehören noch eine große lederne Schabracke, die am Sattelbaum mittels Riemchen befestigt wird, sowie zwei Sattelblätter, die über dem Steigriemen, am Unterende des Sitzes hängen. Unter der Schabracke ist ein rot eingesäumtes Filzstück befestigt, in der Praxis breitet man darunter noch eine Filzdecke aus. Mädchen und Frauen besitzen meistens besonders schön verzierte Sättel und Schabracken, die zu ihrer Mitgift gehören. Die Männersättel sind einfacher, oft ohne jede Zierde.

Das Zaumzeug der Mongolen ist ebenfalls einfach aber zweckmäßig gestaltet. Aufgezäumt tragen die Reitpferde einen aus dünnen Lederriemen geknoteten Halfter, mit einer Longe an der linken Seite, die zum Anbinden und zum Fesseln der Vorderbeine geeignet ist. Befindet sich am Zaum keine Longe, so wird der Halfter beim Zäumen nicht abgenommen. Der Zaum, in der Regel ein mit schwarzem Leder eingefaßter fingerdicker Riemen, vereint im Kreis verlaufend Kopf und Backenstück mit dem Nasenriemen. Daran werden sowohl die Kehlriemen als auch die zwei kurzen Riemchen, an denen die Trensenringe hängen, befestigt. Am Trensenring haften einerseits die Zügel und die Longe, andererseits das immer gebrochene Mundstück. Am Backenstück und am Nasenriemen sind zur Zierde oft feine kleine Silberringe und Silberbeschläge, eventuell Münzen angebracht. Zur Ausstattung gehört noch ein Peitschenstab mit kurzem Riemen.

Neben der beschriebenen Sattelform kommen selbstverständlich auch andere Varianten vor. Bei der oiratischen Bevölkerung im westlichen Teil der Mongolei sind die Sättel etwas länger und haben einen flacheren Hinterzwiesel. Der Befestigung dient nur ein Bauchgurt, aber über dem Hinterzwiesel verlaufend ist ein Obergurt geführt. Die Oiraten haben keinen Peitschenstab, sondern einen langen geflochtenen Peitschenriemen mit kurzem Griff. Ab und zu trifft man in Museen und Kunstsammlungen mongolische Prunksättel an, meistens aus dem vorigen Jahrhundert stammend, die bis ins erste Viertel unseres Jahrhunderts noch im Gebrauch waren. Sie sind immer breiter und länger als die heutigen Sättel, mit flacher Hinter-, zugleich aber senkrecht stehender Vorderzwiesel. Die Außenseite der Zwieseln und die Enden der Sattelbäume weisen eine reiche Verzierung auf von Edelsteineinlagen sowie ziseliertem Silber- oder Bronzebelag. Bei diesen Sätteln fehlten weder die Brust- noch die Hinterriemen. Sie waren schön verziert mit zum Sattel passenden Schnallen und Beschlägen. Am Hinterzeug kann man an beiden Seiten je drei rote Zierriemen,

Pferdezügel mit verziertem Bißstück.

Ornamentiertes Pferdezaumzeug gilt als Schmuck des Reiters.

»Zunge« genannt, beobachten. Die Sattelblätter und die Schabracke waren breiter und länger als die jetzigen und ebenfalls reich verziert: gestickt, gesteppt, bordiert, beschlagen, aus feinem Leder oder aus Brokatseide mit Fransen. Der Zaum hatte meistens auch einen Stirnriemen und war reich beschlagen. Am Kehlriemen und am Brustzeug baumelte je eine große Quaste, als spätes Andenken der Skalptrophäen der mongolischen Epen und der alten Skythen. Die Struktur des Sitzes dieser alten Prunksättel, und nicht nur ihr Äußeres, wich erheblich von den heutigen ab: die Mittelstücke der Sattelbäume berührten einander nicht, der Sitz war offen. Der vollständig geschlossene Sitz scheint also eine verhältnismäßig neue Entwicklung zu sein. Ähnliche offene Sitzkonstruktion weisen auch die älteren Sättel der kasachischen Bevölkerung in der westlichen Mongolei auf. Der Sitz wird von einem zwischen den Zwieseln ausgespannten breiten Ledergurt gebildet. In der Inneren Mongolei und bei Mandschus in China finden wir auch offene Sitze, bei denen die zwischen den Vorder- und Hinterzwieseln ausgespannte Polsterung als Sitzfläche diente. Offen sind auch die Packsättel, sowohl die allgemein gebräuchlichen mit kleinen halbkreisförmigen Bügeln, als auch die in der Nordmongolei vorkommenden mit kreuzförmiger Zwiesel. Letztere waren zur Beförderung von Kleinkindern und Kinderwiegen geeignet. Aus Gerten und einem Tuch konnte auch eine Art Baldachin an ihnen befestigt werden. Alle Sattelstrukturen können vom skythenzeitlichen, dem frühesten bekannten Sattel abgeleitet werden. Dieser bestand aus

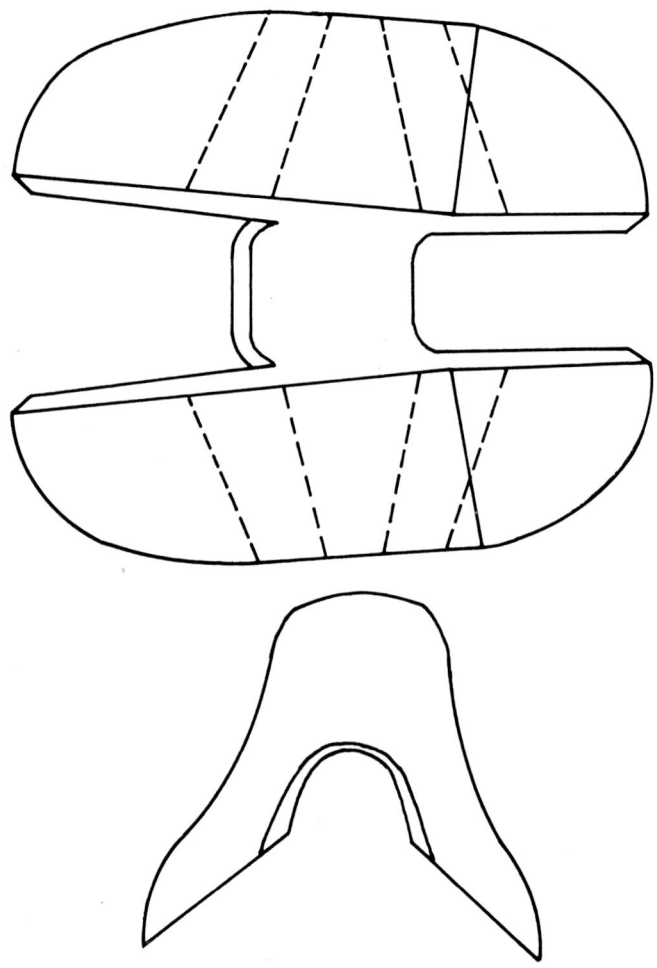

Sattelbaum- und Zwieselkonstruktion.

zwei der Länge nach miteinander zusammengenähten länglichen Lederkissen, die mittels Vorder- und Hinterzeug sowie Obergurt am Pferd befestigt wurden. Zum Versteifen der Kissen dienten vorne und hinten je zwei kleine halbrunde Holzscheibchen. Der Länge nach wurden kleine Holzbretter in die Kissen eingefügt. Mit der Zeit wuchsen die Holzscheibchen aus den Kissen heraus und vereinigten sich zu Zwieseln, erst vorn, dann hinten. Die ebenfalls anwachsenden Brettchen erreichten die Zwiesel und wurden an ihnen mit Lederschnüren festgemacht. So entstand, ungefähr zur Zeitwende, das vollständige Holzgestell des Sattels. Dieses Entwicklungsstadium bewahrten die eigentlichen Rensättel. Die Reitrene der Nordmongolei werden aber heute mit gewöhnlichen Pferdesätteln aufgeschirrt. Die Packsättel bewahrten die vom Lederkissen befreite Form bis auf unsere Tage.

Das ausgebildete Sattelgestell bot schon genügend Halt für eine Fußstütze, und so entwickelte sich der Steigbügel, vorerst aus Holz gebogen, dann mit Eisen verstärkt. Ungefähr vom 6. Jh. n. Chr. an kommen die vollständig aus Eisen geschmiedeten Steigbügel auf. Hölzerne Steigbügel werden bis heute in der Mongolei verwendet, meist von ärmeren Leuten, teils auch bei Frost, da sie weniger rutschen.

In den folgenden Jahrhunderten wird das bloße Sattelgestell immer robuster, die anfangs noch senkrechten Zwieseln werden höher, die Sattelbäume breiter. Den weichen Sitz sicherten ein mit Obergurt befestigtes Kissen und Filzunterlagen, die das Wundschaben des Pferderückens verhinderten. Allmählich gestaltete man die Sättel durch die Absenkung der Hinterzwiesel. Auch die Biegung der Sattelbäume wurde dem Pferderücken besser angepaßt. Die einzelnen Teile wurden weiterhin mit Lederriemen zusammengehalten, den Sitz bildete ein ausgespannter Ledergurt. Mit Varianten dieser Sattelform kamen die Awaren, die landnehmenden Ungarn und die Kumanen nach Mitteleuropa. Aus Abbildungen und archäologischen Funden kennen wir auch die Sättel der Činggisidenzeit: die breiten Sattelbäume hatten im hinteren Drittel eine tiefe Einbuchtung, und ihr Mittelteil fing an sich zu verstärken, dementsprechend wurde die Sitzöffnung schmäler. Der Vorderbogen hatte eine abgerundete viereckige Form, seine Ränder waren mit Hirschgeweihleisten eingefaßt. Die Außenseiten wurden meistens mit Leder überzogen. An den vorstehenden Enden des Sattelbaumes wurden vorn und hinten Eisenringe zur Befestigung des Vorder- und Hinterzeugs und der Packriemen angebracht. Die Steigbügel hatten noch keinen so breiten, runden Tritt wie heute.

Diese Sattelform blieb (bei allmählich sich schließendem Sitz) im wesentlichen in den mittleren und östlichen Gebieten der Mongolen bis zum 20. Jh. in Gebrauch. Im Westen des Weltreichs, besonders im Gebiet der Goldenen Horde, bildete sich eine abweichende Sattelform aus, bei der der Sitz schon früh von der immer breiter werdenden Hinterzwiesel geschlossen wurde. Auffallend bei dieser Form ist die sehr flache Hinterzwiesel und der in einer Doppelschnecke sich krümmende Sattelknauf. Die Bestandteile dieser Sättel sind immer zusammengeleimt, die Innenseite der Sattelbäume mit Birkenrinde belegt und der ganze Sattel mit bunter Bemalung reich verziert. In Mittelasien war dies der gängigste Satteltyp, in den von Mongolen bewohnten Gegenden aber verdrängte die in großen Serien hergestellte, standardisierte Sattelform alle anderen.

Das Pferdegeschirr der Mongolen ist der Art ihres Reitens angepaßt. Der Sattel wird ziemlich weit vorne aufgelegt, und der Reiter sitzt fast stehend im Sattel. Während er sich völlig dem Bewegungsrhythmus des Rosses hingibt, lenkt er es nur mit Beinspiel, dem Verlagern seines Gewichtes und Zurufen. Nur selten kommt es zum Gebrauch der Peitsche oder der als Sporen benützten Steigbügel. Die Mongolen beschlagen ihre Pferde nicht und reiten nur Stuten und Wallache. Mähne und Schweif werden lang gelassen. Früher wurden die Pferdeschwänze bei Kriegszügen kurz geknotet.

Literatur:

Hartwig, W.: Ethnographica der Chalcha und Burjaten (Mongolische Volksrepublik). In: Jahrbuch des Museums für Völkerkunde zu Leipzig XXII, Berlin 1966. Taf. XXIV—XXX.

Johansen, U.: Der Reitsattel bei den altaischen Völkern. Central Asiatic Journal 10, 1965, S. 269—285.

Uray-Köhalmi, C.: La périodisation de l'histoire des armements des nomades des steppes. Études Mongoles 5, 1974, S. 145—155.

Pallas, P. S.: Sammlungen historischer Nachrichten über die mongolischen Völkerschaften. Nachdruck. Graz 1980.

Vjatkina, K. V.: Mongoly mongolskoj Narodnoj Respubliki. In: Vostočno-Azatskij etnografičeskij Sbornik. Moskva, Leningrad 1960, S. 159—272.

Handwerkertum bei den Mongolen:
Filz, Leder, Holz und ihre Verarbeitung

Veronika Ronge, Bonn

In der mongolischen Gebrauchskunst und im Kunsthandwerk spielen die drei Grundstoffe Wolle, Leder und Holz eine wichtige Rolle; dem Prestigebedürfnis und -bewußtsein der Mongolen kommen jedoch die reichliche Verwendung von Edelmetallen und -steinen sowie Seidenbrokaten, etwa in der Frauentracht, ganz besonders entgegen.

Es trifft nur bedingt zu, daß Viehzüchter wegen ihrer mobilen Lebensweise gezwungen sind, ihren Hausrat zu beschränken, denn selbst die unentbehrlichsten Gerätschaften treten in Form und Dekor vielfach variiert auf. Alles, was die Mongolen nicht selbst an Ort und Stelle herstellen konnten, überließen sie schon seit Anfang des Großreiches Spezialisten, zumeist fremder Herkunft. Sicherlich gab es auch einzelne Mongolen, die es zu meisterhafter Geschicklichkeit in einem oder sogar mehreren Handwerken brachten, doch übten sie ihre Fertigkeit nur bei Bedarf oder in den weniger arbeitsintensiven Zeiten aus, das heißt als Nebenerwerb zur bäuerlichen oder viehzüchterischen Tätigkeit oder in Nachbarschaftshilfe.

Filz. Zu den wichtigsten Filzerzeugnissen der Mongolen gehören die Einzelteile der Jurtenbedeckung, bestehend aus zehn bis zwölf rechteckigen, einfarbigen Filzmatten und zwei halbrunden Filzen für die Dachbespannung; vor die Holztür wird ein Filzbehang gelegt, der unter Tags und bei schönem Wetter über dem Türsturz aufgerollt ist. Diese Matte wurde mit rankenförmigen und/oder geometrischen Mustern durchsteppt oder mit buntem Material appliziert und diente nicht nur als zusätzlicher Wärmeschutz, sondern auch der Schonung der oftmals liebevoll mit bunten Motiven bemalten Holztür. Bereits Wilhelm von Rubruk (13. Jh.) hatte während seiner Reise zum Hofe Möngke Khans in Karakorum die besonderen Dachkranzverzierungen bemerkt und die Türvorhänge beschrieben, die mit Darstellungen von Weinstöcken, Bäumen, Vögeln und wilden Tieren appliziert waren.

In den Gräbern der Xiongnu (4.—1. Jh. v. Chr.), die 1925 nördlich von Ulanbator ausgegraben wurden, fand man ganz besonders kunstvoll ausgearbeitete Filzteppiche. Das Mittelfeld bilden durch Wellenlinien verbundene, volutenartige Spiralen. Der Filzgrund ist mit Seide bezogen, auf der umlaufenden Bordüre sind Tierkampfszenen wiedergegeben, wobei die ausgeschnittenen Figuren auf den mit Rautenmustern durchsteppten Filz genäht wurden. Zum Steppen verwendete man zum Teil Tiersehnen, so daß die Teppiche sehr stabil sind. Manche Motive sind durch aufgelegte und mit Sehnenfäden aufgenähte Wollschnüre gebildet.

Filzhandel. Während der Han-Zeit (206 v. Chr.—220 n. Chr.) lieferten die Nomaden bereits Filzteppiche nach China, wo sie selbst am Hofe verwendet wurden. Je nach Rang der edlen Damen waren ihre Wagen mit verschiedenfarbigen Filzen aus-

gelegt. Jedoch erst zur Zeit der mongolischen Yuan-Dynastie (1280—1368) richtete man auch in China selbst große Filzmanufakturen ein. Die Manufaktur Khubilai Khans soll 29 000 Arbeiter beschäftigt haben und mußte bereits im ersten Jahr ihres Bestehens bis zu 3 250 Teppiche liefern, die für die Paläste und Tempel der großen Städte und die Residenz benötigt wurden. Dabei stellte man auch riesige Teppiche bis zu einer Größe von 100 Quadratmeter her und bediente sich besonders luxuriöser Materialien und teurer Farben. Es gab die unterschiedlichsten Qualitäten, zum Beispiel glatte und geschnittene Samtfilzteppiche, nadelgearbeiteten Filz, geblümten (!) Filz für Unterkleider, geräucherten Filz, Flauschfilz usw. (Hierbei zeigt sich auch, daß damals — wie übrigens bis heute — der geknüpfte Teppich bei den Mongolen keine große Rolle spielte.)

Auf den Grenzmärkten erwarben die Chinesen Filz für die Bedeckung des *Kang* (beheizte Bettbank) und die Bewohner der Inneren Mongolei stellten sogar chinesische Arbeiter zur Filzherstellung ein.

In allen übrigen Textilien waren die Mongolen noch im 16. Jh. gänzlich von China abhängig; ihre Tribute (Pferde) brachten ihnen Seide, Brokat und sehr selten auch Baumwollstoffe sowie Satin, Teppiche, Stiefel und Socken ein, die als »Geschenke« an die mongolischen Fürstenhöfe gelangten. Zu Altan Khans Zeiten legte China per Dekret fest, daß auf den Grenzmärkten Pferde nur noch gegen Nahrungsmittel und Textilien getauscht werden durften! Noch Anfang dieses Jahrhunderts berichtete der Finne Pälsi von den Chalcha, daß sie nicht ohne chinesische Händler und vor allem auch Handwerker auskommen konnten (Stiefelmacher, Schneider, Färber, Hutmacher, Satteldeckenmacher, Schreiner).

Filzerzeugnisse. Filz dient zunächst der Bedeckung der Jurte; aber auch der Boden — der nur bei ständig auf einem Platz stehenden Jurten aus einem Holzriemenboden besteht — wird mit Filzmatten ausgelegt, wobei man den dem Eingang gegenüberliegenden Ehrenplatz mit besonders schön bestickten, applizierten oder sogar bemalten Filzen belegt. Decken, Sitz-, Rücken- und Kopfkissen sind außerdem zumeist aus Filz. Zum Reparieren der Jurten, das in die Herbstzeit fällt, schneidet man die defekten Stellen heraus und wechselt die der Wetterseite ausgesetzten Teile aus. Von der üblichen Jurtenform weichen die ebenfalls filzbedeckten tipiartigen Stangenzelte armer Mongolen ab. Allein Reisende begnügen sich meist mit dem Spannen einer Filzmatte zwischen zwei Pfosten als Windschutz. Ganz arme Stadtmongolen bedeckten ihre Jurten mit Lehm, um sie so haltbarer und dichter zu machen, wie Pälsi beobachtete.

Pferdedecken und Sattelpolster — zum Teil aus stoffbezogenem Filz — spielen für die Hirten eine wichtige Rolle. Die

Reitsättel für Kamele sind aus verschiedenen Filzunterlagen und Knüpfteppichen zusammengestellt; sie bestehen aus einer, außen mit Stoff bezogenen Filzdecke, einem ebenfalls stoffbezogenen Sitzkissen aus Filz und zwei Haltebändern. Die Schäfer benützen kastenförmige Umhängetaschen aus Filz, um neugeborene Lämmer darin zu transportieren.

In der Bekleidung ist Filz als Material für Socken und Stiefelstrümpfe, die im Winter getragen werden, sehr wichtig; da die innenstiefelartigen Strümpfe meist einen gut Teil über den Stiefelschaft hinausragen, sind sie mit einer breiten Ornamentbordüre aus Seide oder Leder in verschiedenen Farben und Mustern versehen. Heute werden gepreßte Filzstiefel in großen Mengen fabriziert. Es werden im Winter aber auch Fäustlinge aus Filz, ja sogar aus Filzschnüren gestrickt, getragen.

Filzherstellung. Die Schafe werden zumeist Anfang des Sommers und zu Beginn des Herbstes ein weiteres Mal geschoren. Die Wolle sortiert man nach dreierlei Längen: das Sommerhaar ist kurz, das Winterhaar ist mittellang und das sogenannte Jahreshaar ist sehr lang. Sie wird, auf einem Lederfleck ausgebreitet, mit Weidenstäben gelockert. Filz stellt man vorzugsweise im Herbst, im September her. Es sind vier Prozesse, die nacheinander stattfinden: die Schur, das Lockern der Wolle, das Auflegen der Wollflocken sowie das Walken bzw. Rollen des Filzes. Die Wollsorten werden in unterschiedlicher Reihenfolge verarbeitet; verwendet man alle drei Arten, so bildet das lange Haar die Grundlage, den »Mutterfilz«, darüber legt man eine Schicht kurze Sommerwolle und zuoberst erst die mittellange Winterwolle.

Bei einer alternativen Herstellungsart legt man an einer windgeschützten Stelle ein oder zwei alte Filzmatten auf den Boden und besprengt sie mit Wasser; auf diese Unterlage preßt man mit der linken Hand die Wollsträhne mit dem Daumen fest nieder. Überflüssige Wolle wird mit der Rechten weggezupft und dann wieder aufgelegt, wichtig für die Qualität des neuen Filzes ist das gleichmäßige Legen der Wolle. Zuunterst legt man die feine Herbstwolle aus und besprengt sie mit Wasser, dann folgt eine Lage Frühjahrswolle, auf die nochmals Herbstwolle gelegt wird. Die Ränder können mit andersfarbiger, grauer oder brauner Wolle belegt werden. Über die oberste Lage streut man Gras, damit die Wolle beim Zusammenrollen nicht verfilzt. Darüber sprengt man nochmals Wasser und rollt

Jurte mit abgestepptem Türfilz in torgutischer Musterung: Im zentralen Feld drei florale Elemente, eingefaßt von Mäanderbordüre; Außenbordüre mit Wellendekor und in den unteren Ecken mit »Widderhorn«-Motiven. Die Basisborte nimmt vermutlich das chinesische Weltenberg-Motiv auf (vergleiche E. und M. Taube: Schamanen und Rhapsoden, Wien 1983, Tafel 95). Aufnahme um 1970.

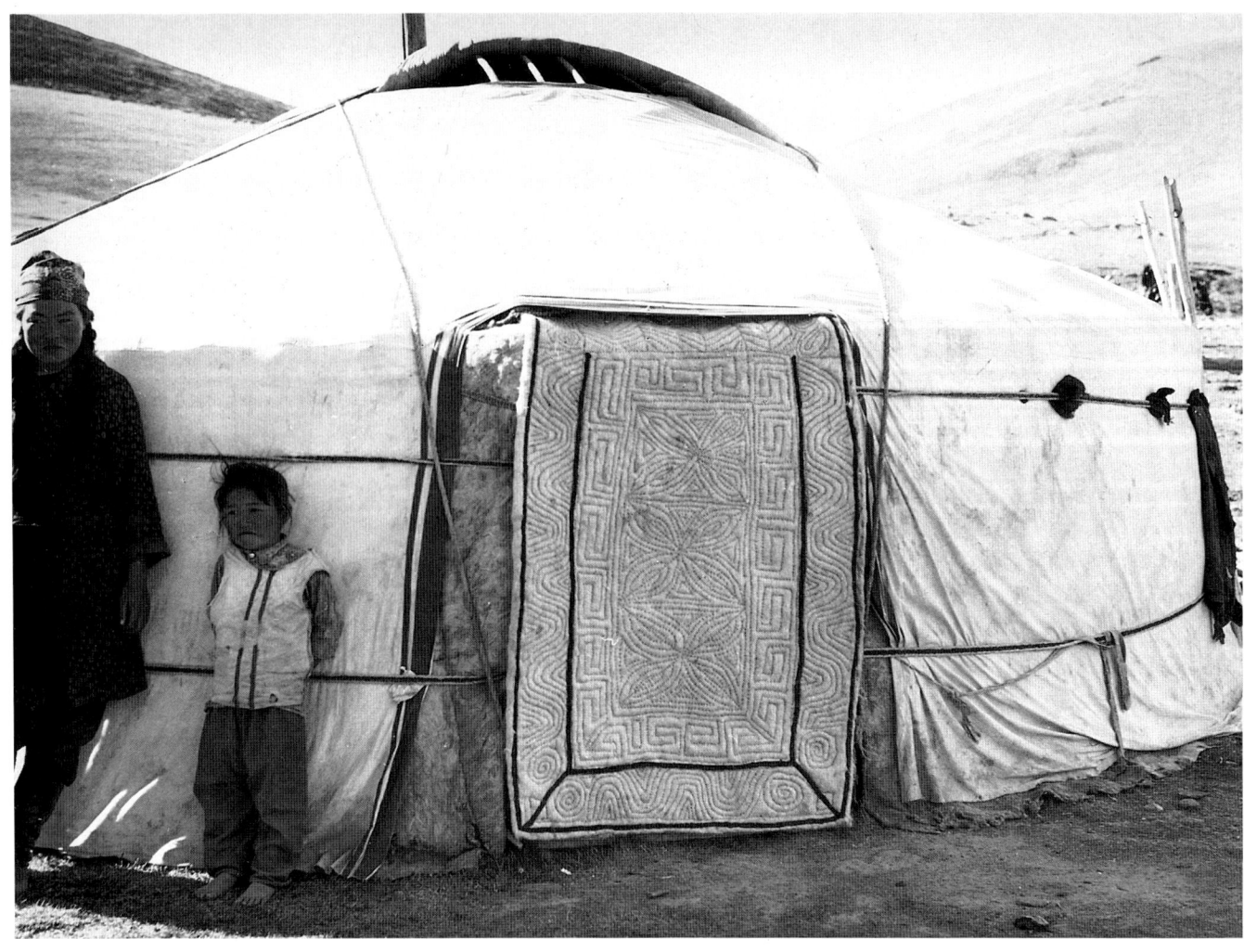

Filzherstellung in der Gegend des Edsin-gol, 1932.
Zupfen, Auslegen und Befeuchten der Wolle.

Einrollen des »Tochterfilzes« in den »Mutterfilz«.

Die Rolle wird fest verschnürt und hin- und herbewegt, so daß sich die Wolle
zusammensetzt und verfilzt.

sodann alle Schichten samt dem etwas größeren Mutterfilz ein.
Später kann man diese Rolle zusätzlich in ein feuchtes Stück
Leder einwickeln, das mit einem Lederriemen fest verschnürt
wird; in die Rollenenden gießt man zusätzlich Wasser. An den
Enden hängen lange Lederriemen, die zwei Reiter mit einem
Knebel am Bauchriemen ihres Pferdes befestigen. Nachdem
die Rolle über Stunden hin und her gerollt wurde, wird sie
geöffnet und man begutachtet den »Tochterfilz«. Darauf kann
man drei neue Lagen Wolle ausbreiten; nun dient der Tochterfilz beim nächsten Walkvorgang als »Mutterfilz«. Ein Hilfsmittel beim Walken ist eine Holzwalze, um die man die Filzlagen
rollt und an deren Enden die Riemen für die Pferdebespan-
nung befestigt sind. Um den fertigen Filz weißer und heller zu
machen, kann man ihn mit Kumiss besprengen.

Filzdekor. Die Mongolen kennen zahlreiche Musterungsmög-
lichkeiten für Filzteppiche:
1. Applizieren bunter Figuren auf einfarbigem Untergrund
durch Einwalken oder Aufnähen, sogar Verkleben, wobei die
Nähte mit Stickerei dekorativ verdeckt werden.
2. Die Innenfläche eines Filzes wird mit applizierten Filzbän-
dern, -rosetten usw. verziert und von einer Bordüre eingefaßt.
3. Beim Walken breitet man verschiedenfarbige Wollflocken
in Mustern auf dem »Mutterfilz« aus und bedeckt sie erst
anschließend mit einfarbiger Wolle.
4. Besticken von Filzteppichen oder stoffbezogenen Filzen.
5. Mosaik-Applikation: aus dem dicken Filz werden die
gewünschten Muster mit einem Messer geschnitten und entsprechend ausgeschnittene, farblich kontrastierende Filzstücke
eingelegt. Man vernäht von der Rückseite, so daß die Stiche
unsichtbar bleiben. In dieser Technik werden Ornamente, wie
»Wolkenkopf« oder »Widderkopf« dargestellt.
Diese Muster sind in ganz Zentralasien verbreitet und finden
sich auf einer Vielfalt von Objekten, ja sogar in der Architek-
turmalerei wieder. Daneben spielen auch die Raute, das Mäanderband, Ranken, Voluten, Flecht- und Pflanzenmuster in vielen Variationen eine wichtige Rolle.

Leder. Neben Wolle ist Leder einer der wichtigsten Grundstoffe zur Anfertigung einer Vielzahl von Gebrauchsgegen-
ständen.

Verwendung von Leder. Die Mongolen tragen im Herbst und
Winter einen Lammfellmantel oder einen Schafspelz. Weißes
Schaffell wurde auch gelb oder grün gefärbt und dekorativ mit
Mustern versehen, wobei die verschiedenen Kleidungsstücke
spezifische Ornamente trugen. Winterkleidung aus Schafs-,
Ziegen-, Wolfs-, Steppenfuchs-, Luchs-, Vielfraß-, Wasch-
bären- und Zobelfellen wurde außen häufig mit Baumwollstoff
oder Brokat bezogen. Einfache Alltagskopfbedeckungen in
Kapuzenform waren aus Lammfell und für den Winter gab es
auch lange Lederhosen und Fellfäustel.
Um die Jahrhundertwende ließen die Mongolen ihre Stiefel, ja
sogar die Sättel, vorzugsweise aus importiertem russischem
Juchtenleder anfertigen; dabei betätigten sich — selbst in der
nördlichen Mongolei — überwiegend chinesische Lederhand-
werker, die sich jedoch ganz dem mongolischen Geschmack
anpaßten. Die Stiefel sind zumeist mit farblich zum Unter-

grund kontrastierenden Lederapplikationen geziert (etwa Grün und Rot auf Braun oder Schwarz), die mit regelmäßigen Steppstichen aus hellem Garn aufgenäht sind. Die mehrlagigen Ledersohlen beklebt man zum Teil entlang der Außenkante mit buntem Leder, oder sie bestehen, zumal die der Sommerstiefel, aus vielen, weiß oder grün eingefärbten Lagen von Stoffsohlen.

Zur Kleidung des Mongolen gehört auch ein Seitengehänge, bestehend aus einem lederbezogenen Futteral für ein Paar Eßstäbchen und ein Messer (Messergriff und Scheide sind mit Silber beschlagen) und einer, mit den gleichen oder passenden Motiven in getriebenem und ziseliertem Silber geschmückten Zundertasche mit Stahlklinge sowie einem Zierstück an einer breiten Lederschlaufe. Lederne Tabaksbeutel können auch reich mit Lederornamenten appliziert sein, die reliefartig auf der Oberfläche liegen. Verbreitete Dekorelemente sind der »Unendliche Knoten« aus der Serie der buddhistischen »Acht Glückssymbole«, das chinesische *Shou*-Symbol sowie vor allem Ranken- und Flechtmuster. Selbst die ledernen Stulpen der Stiefelstrümpfe sind mit Steppstichen in unterschiedlichsten Farben verziert.

Hölzerne Sattelgestelle werden mit Leder bezogen; besonderen Wert legen die Mongolen jedoch auf die Verzierung der ledernen Schabracken und des Seitenblattes, die — genauso wie die paarweise verwendeten Satteltaschen — reichlich mit bunten Lederapplikationen verziert sind. Viele, bei der Viehzucht benötigten Gerätschaften, werden ebenfalls aus Leder angefertigt: Zaumzeug, Beinfesseln für Pferde, Anbindeleinen zum Melken oder zur Sicherung der Tiere während der Nacht, Peitschen, Fangschlingen usw.

Aber auch Haushaltsgeräte sind aus Leder, so die Vorratssäcke für Tee und Salz aus Rinderfell sowie für Weihrauch oder Schachfiguren (aus Fohlenfell), Milchsäcke mit eingelegten Nähten, die so dicht sind, daß die Milch darin auch gefrieren kann; von größter Bedeutung ist der lederne Sack zum Aufbe-

Pelztribute an Nurhaci, Ahnherr der mandschurischen Qing-Dynastie, um 1620. Aus: *Manzhou shilu* (»Wahrhafte Aufzeichnungen über die Mandschu«), *jüan* 8, 1636, Nachdruck Mukden 1929.

Melkeimer (Detail von Katalog Nr. 20). Der Wulstrand ist ohne durchgehende Naht und läßt damit erkennen, daß der Körper des Gefäßes aus einem natürlichen Lederschlauch (vermutlich dem Hals eines Kalbes oder Schafs) gefertigt wurde. Die ökonomische Ausnutzung des Rohstoffs Leder ist ein Charakteristikum der Steppennomaden Ost- und Zentralasiens. So zeigen noch die aus Stoffen genähten Gewänder der Mandschu in China in ihrem Schnitt die ursprüngliche Form, die sich dem Umriß der Tierhaut anpaßte.

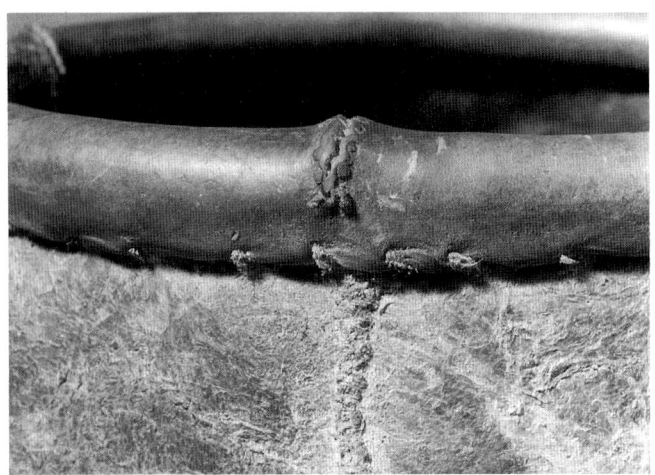

wahren des *Airag,* der Stutenmilch, der in der Jurte einen vorrangigen Platz einnimmt.

Auf Reisen bediente man sich kleiner Flaschen aus gehärtetem Leder für Schnaps, den Pulverflaschen der Jäger nahezu (bis auf den Verschluß) identisch. Sie sind mit Mäander- und *Shou*-Zeichen verziert, die in das noch feuchte Leder eingedrückt werden.

Ganz besonderen Wert legten die Mongolen auf die Herstellung von Waffen und Kampfzubehör. Bogenhüllen und Köcher sind aus hartem Leder und zum Teil mit Metallplatten (silbertauschiertes Eisen) verziert. Die Bogentaschen sind aus einem großen Stück Leder gearbeitet, so daß es nur einen Saum gibt; sie zeigen meist blaue Applikationen auf braunem Grund. Die Konturen der Tasche sind mit farblich kontrastierendem Leder eingefaßt. Der Köcher besteht aus zwei mit Leder bezogenen Holzteilen, die durch einen Rahmen aus rotbemaltem Holz zusammengehalten werden. Der Tragriemen läuft über die rechte Schulter, so daß der Köcher, der 4—15 Pfeile faßt, auf der rechten Hüfte liegt. Beim Naadamfest dienen mit geflochtenen Lederbändern bezogene Holzzylinder als Ziel. Auch die Ringer, die anläßlich dieser Feste ihre großen Auftritte haben, tragen wie Bolero-Jäckchen geschnittene Westen, früher ganz aus festem Leder genäht und zusätzlich mit getriebenen Silbernieten verziert sein können. Auf dem Rücken sind diese Ornamente in Form buddhistischer Symbole (etwa das Rad der Lehre) aus Metall oder in besonders starkem Leder appliziert.

Lederherstellung. Im 18. Jh. beschrieb der Reisende P. S. Pallas die Gerbmethoden der Kalmücken, die überwiegend Pferde- und Rinderhäute zur Herstellung von Geschirren benützten:
»Man brühet diese Häute frisch mit siedendem Wasser, bis die Haare ausgehen. Ochsenhäute, besonders der Rücken, geben die besten Gefässe. Einige lassen die Felle in Asche liegen um das Haar los zu machen. In beyden Fällen werden sie darauf mit Messern auf beyden Seiten so glatt, wie möglich, gekrazt, und in einem fliessenden Wasser rein gewaschen. Einige geben nach diesen denen Häuten eine Bereitung, indem sie selbige eine Woche und länger in saurer, wenig gesalzener Milch liegen lassen; . . . Allein um die besten und recht hornartigen Gefässe zu machen, werden die Häute, so wie sie aus dem Wasser kommen, an der Sonne hingebreitet, da denn die Weiber, welche damit umzugehen wissen, Stücken von der Figur, die zu dem verlangten Gefäß erforderlich ist, ausschneiden, und selbige mit Thiersennen frisch zusammen nähen, alsdann aber über einem Rauchfeuer wohl trocknen.« (Pallas, P. S.: Reise durch verschiedene Provinzen des Russischen Reiches, Bd. 1. St. Petersburg 1771, S. 321).

Heute gerbt man folgendermaßen: Die Haut wird sieben bis zehn Tage in einer Tonne mit Salzwasser eingelegt, gebürstet, gedehnt und so lange bearbeitet, bis sie weich ist, dann zugeschnitten und weiterverarbeitet. Zum Walken des Leders benützt man ein Holzgestell, über das sich die Haut dehnen läßt, aber auch sägeblattähnlich gezähnte Holzstäbe.

Die Sattler und Lederapplikateure verwenden bei ihren Arbeiten eine auf einem Holzbrett befestigte Harzmasse als Unterlage. Ledermesser, Ahle, Messer mit birnenförmigem Knauf und gezinkter Schneide dienen dem Eindrücken von Riefen in das feuchte Leder; Metallbolzen benützt man zum Treiben.

Zum Handwerkszeug der Schuster und Sattler gehört auch eine Art Model aus Holz. Zur Herstellung der Lederornamente und Applikationen benützen sie Brettchen mit eingeschnitzten Ornamenten, zu welchen konvex formgleiche Bleiplatten gehören. Das feuchte Leder wird über den Model gespannt und darüber das leicht verformbare Blei gelegt. Mit einem Schlägel wird das Blei in die Matrize geschlagen bzw. das dazwischenliegende feuchte Leder in alle eingetieften Muster des Holzmodels gepreßt. Nach dem Trocknen kann das Muster entlang der Konturen ausgeschnitten und appliziert werden. Das Verfahren ähnelt der Technik der Blindpressung, wobei das Muster erhaben auf dem niedergepreßten Hintergrund erscheint. Man verwendete daneben aber auch einfache Schnittmuster aus Leder oder Papier.

Holz. Betrachtet man das Inventar der materiellen Kultur der Mongolen, so fällt auf, daß neben tierischen Produkten (Wolle, Leder) vor allem Edelmetalle und Holz verwendet wurden, wobei sich Holz bei der mobilen Lebensweise der Viehzüchter als idealer Werkstoff erwiesen zu haben scheint.

Holzgeräte. Bei der Jurtenkonstruktion ist Holz (Scherengit-

Stiefelherstellung mit Betonung der angehobenen Spitze des Stiefels auf einer Zeichnung der zwölf Kalender-Symbole.

ter, Dachkranz, Bodendielen, Türrahmen und Tür) sehr wichtig. Aber auch für die schweren Reise- und Transportkarren ist Holz von Bedeutung und ganz besonders für den Bau von Tempeln, Klöstern und Palästen.

Butter- und Wasserfässer sind üblicherweise aus mehreren Dauben zusammengesetzt, die durch Metallbänder zusammengehalten werden. Niedere Melkeimer haben zusätzlich zwei Ösen am oberen Metallreifen, durch die statt eines Henkels eine festgedrehte Wollschnur geführt wird. Ein unerläßliches Haushaltsgerät ist der hölzerne Mörser samt Stößel, der zum Zerkleinern des harten Ziegeltees benötigt wird. Küchenreiben (Holz mit Metalleinsatz), flache, rechteckige Siebe mit sich kreuzenden Lederriemen bespannt, Nudelbrett, Schöpfer und Löffel mit unterschiedlich geformten Laffen und Stielen, und vieles mehr gehören in die mongolische Küche.

Zur Herstellung von Käse gibt es aufwendig geschnitzte Holzmodel, die zum Teil mehrere Mustermedaillons gleichzeitig aufweisen und einen Griff haben; Brotmodel dagegen tragen auf der Rückseite einen Bügelgriff.

Teeschalen sind aus feingeflammtem Birkenholz, aus Wurzelknollen und Maserkröpfen gedrechselt und kommen in verschiedenen Formen vor. Es gibt zwei Hauptformen: flache Schalen mit weiter Öffnung und schlanke, kelchartige Schalen. Zum Trinken der Fleischsuppe verwendet man robuste, dickwandige Holzschüsseln mit breitem Randwulst. Besonders

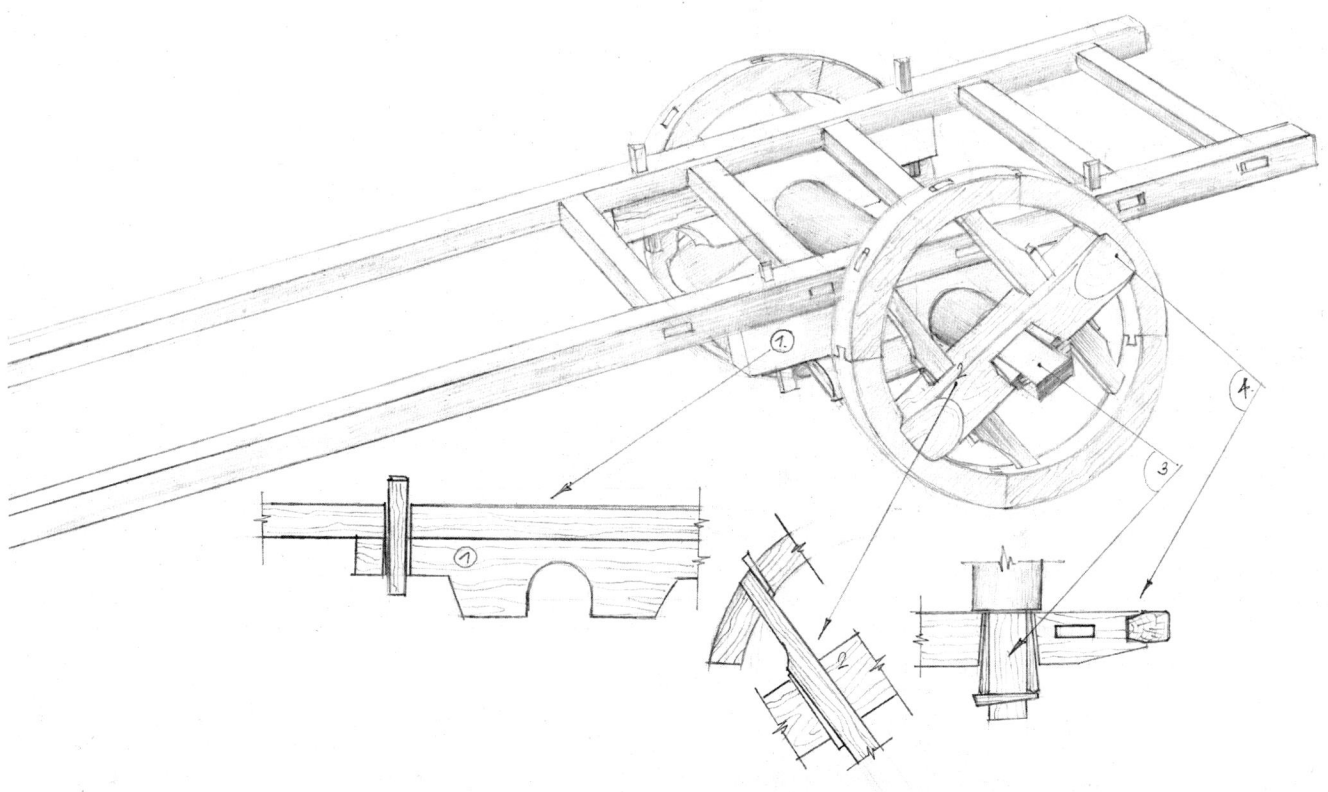

Der einfache, von den einzelnen Mongolen selbst gefertigte Karren, dessen Radherstellung ohne gebogene Hölzer erfolgt, nimmt im täglichen Gebrauch der Viehzüchter noch immer einen bedeutenden Platz ein.

Technische Details des zweirädrigen Karrens (Zeichnung Sh. Gandolgor).

Der zweirädrige Karren, der schon in der Überlieferung der »Geheimen Geschichte« für das 13. Jh. erwähnt wird, mit modernen Speichenrädern.

wertvoll sind die mit getriebenem Silberblech verzierten Teeschalen. Das Innenfutter wird über den Rand gebördelt und reicht auf der Schalenaußenseite manchmal bis an die hochgezogene Fußverkleidung hinab, so daß nur ein schmaler Streifen die schöne Maserung erkennen läßt. Auch die Unterseite des Fußes ist zum Teil mit fein getriebenen Ornamenten verziert. Die Silberbeschläge sind mit Motiven der »Acht Glückssymbole«, der »Acht Unsterblichen«, mit Lotosblättern und -blüten, Mäandern, Riefen- sowie Perlbändern geschmückt. Fleischteller und Teller zum Anbieten von Gebäck sowie Teig- und Backtröge (auch Futtertröge) sind ebenfalls aus Holz gedrechselt oder geschnitzt.

Von besonderer Bedeutung sind die Holzlöffel zum Austeilen von *Kumiss;* sie haben einen stark geschwungenen Stiel, der meist in einen Pferdekopf mündet, können lackiert, ja sogar vergoldet sein und werden manchmal mit bunten Seidenbändern geschmückt. Zum Kochen von Opferfleisch darf kein Eisengerät benützt werden, also nimmt man flache Holzspäne oder Stöcke und zum Austeilen der Opferbutter besondere Holzspatel.

Reichhaltig ist die Jurtenausstattung mit verschiedenen Möbelstücken, vornehmlich Schränken, Truhen, Kästen und Tischchen. Dem Eingang gegenüber steht zumeist der Hausaltar — etwa einige Butterlampen vor einem Heiligenbild —, der im allgemeinen aus übereinandergestellten Truhen und davorgerückten Tischen besteht. Truhen dienen zur Verwahrung von Kleidung, Vorräten, Weihrauch und Arzneien. Auf kleinen,

vierbeinigen Schemeln wird Weihrauch vor dem Altar verbrannt oder die Gebetsmühle deponiert.

Es gibt jedoch auch sehr kunstvoll geschnitzte und bemalte Hausaltäre, bestehend aus einem massiven Unterbau mit nischenreichem Aufsatz. Vor den Gast, der auf Filzmatten oder einem Teppich sitzt, stellt man ein niederes Tischchen zum Absetzen der Teeschale. Diese Tische haben oft auf der Rück- oder Schmalseite Schubladen, so wie auch der Platz unter der Sitzfläche eines Hockers der Unterbringung einer Schublade dienen kann. Für den Reisenden gibt es Klapphocker aus Holz, die Sitzfläche mit gedrehten Lederriemen bespannt. Verbreitet sind auch hohe, zweitürige Schränke sowie raffiniert gefertigte Geldtruhen mit vielen Unterteilungen und versteckten Fächern.

Die Bettkonstruktion reicht vom einfachen, erhöhten Bretterkasten zum exquisiten »Wohnbett«, das heißt einer Art Sofa- oder Thronbett, das mit reich geschnitzten und bemalten Ornamenten, mit zahlreichen Fächern und Seitenteilen versehen ist und von hohen weltlichen und geistlichen Würdenträgern benützt wird.

Die zweiflügelige Jurtentüre ist in einen starren Rahmen eingepaßt, der mit dem Scherengitter verbunden ist. Diese Türen werden nach innen geöffnet und sind häufig mit zarten Blumenmotiven bemalt.

Geräte der Hirten, Waffen. Die Gerätschaften der mongolischen Hirten bestehen ebenfalls zum großen Teil aus Holz:

Lederstickerei und Applikationsverzierung eines Stiefelschaftes.

Stiele von Fangschlingen und Peitschen, Knebel, Pflöcke, Nasen- und Packringe, Pack- und Reitsättel und vieles mehr werden aus Holz angefertigt oder geschnitzt. Zur Pferdepflege gibt es spatelförmige, ornamentierte Schaumschaber sowie zum Teil mit religiösen Symbolen bemalte Holzbürsten und -schaber zum Putzen. Der Reflexbogen ist aus Horn, Knochen und Holz, unter Umständen auch aus Bambus zusammengesetzt und wird mit Seidenfäden oder feinen Hautstreifen umwickelt. Seit der zweiten Hälfte des 18. Jh.s benutzte man auch Schlangenhaut und noch später bemalte man den Bogen. Bogen wurden von Holzhandwerkern, *modny darchan*, hergestellt und weitere Teile der Bewaffnung ebenfalls von Spezialisten angefertigt. Zur Herstellung von Pfeilen benutzte man zähe und trotzdem weiche Hölzer wie Pappel und Birke. Die Kolbenspitzen der Heulpfeile wurden aus Horn, Knochen oder Holz geschnitzt. Bereits die Xiongnu beschäftigten eigene Pfeilmacher bzw. Pfeilschmiede. Zur Anfertigung eines Pfeiles bedurfte es vieler Arbeitsgänge: Beschnitzen, Erhitzen, Geraderichten und Glätten; anschließend Hobeln und Polieren mit Schachtelhalm, Umwickeln mit Rinde oder Seidenfäden und schließlich die farbige Bemalung. Ganz besonders wichtig war die richtige Befiederung; Pfeile waren so wertvoll, daß man sie auch reparierte.

Die Mongolen kennen ein bumerangähnliches Wurfgerät *bolo*, das man zum Jagen von Hasen bzw. zum Vertreiben von Wölfen oder Hunden verwendet: ein gebogenes, leicht gewinkeltes Holzstück, das an dem einen Ende mit Blei oder einem anderen Metallstück beschwert ist.

Bäuerliches Gerät. Viele Arbeitsgeräte der mongolischen Bauern bestanden aus Holz. Am wichtigsten war sicherlich der Hakenpflug *andys*. Seine Sterze ist am unteren Teil hakenförmig zum Arbeitsteil umgebogen, auf welches ein Eisenschuh als Pflugschar gezogen wird. Am oberen Teil der Sterze befindet sich ein kurzer Handgriff, im unteren Teil eine Durchbohrung zum Einsetzen des Grindels. Die Zachčin besorgten sich Holz für die Pflüge von den Torguten, die Pflugscharen kauften sie in Xinjiang. Aus diesem Grunde besaß auch nicht jede Familie einen eigenen Pflug. Im Geräteschuppen der Bauern standen Holzschaufeln zum Worfeln, Holzgabeln, Holzrechen, Holzspaten, Hämmer und Schlägel sowie hölzerne Garbenbindegeräte für die Gerste, Jochbogen und Zugsättel für Yaks, Sarluk, Ochsen und Kamele.

Spielzeug, Instrumente, Kultgerät. Aus Holz schnitzte man vielfach auch Kinderspielzeug (zum Beispiel die Herdentiere Kamel, Pferd, Schaf, Yak sowie Vögel), Spielsteine (beschnitzte und bemalte Täfelchen mit Tieren und religiösen Symbolen) sowie Schachfiguren. Ebenfalls aus Holz gefertigt wurden eine besondere Art von Miniaturfiguren, die realistisch geschnitzte Tempeltänzer mit farbenfrohen Gewändern und Masken darstellten. Hierbei handelte es sich ausschließlich um Auftragsarbeiten für Reisende oder Forscher.

Auch die Musikinstrumente der Mongolen sind zum Teil aus Holz. Am bekanntesten ist die Pferdekopfgeige *morin chuur:* den auffallenden Abschluß des Instrumentenhalses bildet einer, selten mehrere Pferdeköpfe. Im Westen der Mongolei spielt man auch die *Domba,* ein Saiteninstrument mit trapezförmigem Klangkörper; Maultrommeln werden ebenfalls aus Holz hergestellt. Der Rahmen der Hänge- und der Stieltrommel wird aus schmalen, gebogenen Holzstücken zusammengesetzt und verleimt, der dazugehörige Schlägel aus einem entsprechenden Ast zurechtgebogen. Zum kultischen Gebrauch gehört auch die Sanduhrtrommel *damaru,* die eigentlich aus zwei menschlichen Schädelkalotten zusammengefügt sein sollte, aber häufig auch aus Holz geschnitzt ist.

Wichtige Paraphernalia, die im religiösen Leben der Mongolen eine bedeutende Rolle spielen, sind die hölzernen Libationslöffel für Stutenmilch, die in der quadratischen Laffe neun Vertiefungen haben und zusätzlich entlang des Stieles mit religiösen Symbolen, ja sogar vollplastisch geschnitzten Herdentieren geziert sein können. Altaraufsätze, zum Beispiel Symbole der buddhistischen Lehre oder die »Acht Glückszeichen«, schnitzte man ebenfalls aus Holz und faßte sie zusätzlich mit leuchtenden Farben.

Für fast alle der beschriebenen Objekte und Gerätschaften gibt es freilich auch Varianten, die in kostbarerem Material ausgeführt sind, so daß der Werkstoff Holz sicher auch eine erschwingliche Möglichkeit für weniger Begüterte darstellte, zumal sich dieses Material leicht bearbeiten läßt.

In den mongolischen Klöstern verwendete man Holz reichlich als Bau- und Dekormaterial: Geschnitzte und bemalte Säulenkapitelle, Altarschreine und -tische, ja sogar vollplastische Schnitzereien wie Darstellungen des Amitabha-Paradieses. Die Throne wichtiger Lamas und hoher Inkarnationen waren häufig von reich geschnitzten, vergoldeten und bemalten »Einfriedungen« umgeben, Rücklehne, Thronrücken und seitlich angebrachte Schublädchen und Fächer gehörten meist noch dazu. Besonders beeindruckend waren die Prozessionswagen aus vierrädrigen Gestellen mit hohem Aufbau, die bei hohen buddhistischen Festen die Gottheit auf ihrem Umzug trugen, aber auch für übergroße und schwere Musikinstrumente, die mitziehen mußten, benützt wurden. Die Wagen wurden von bis zu lebensgroßen Holzpferden »gezogen«, die ebenfalls auf Karren montiert waren.

Werkzeug. Die Schreiner verfertigten ihr Werkzeug vermutlich selbst, wenigstens soweit es aus Holz besteht, nur die Metallteile mußten vom Schmied besorgt werden. Zum Inventar gehören ein Schnurschlaggerät, verschiedene Hobel wie Niet- und Falzhobel, Spannsäge, Pumpen- und Drillbohrer, Stichel und Hammer; es fällt besonders auf, daß gerne natürlich gewachsene Astteile zur Herstellung eines Stieles, zum Beispiel für die Dechsel oder zum Befestigen eines Sägeblattes ausgewählt werden.

Literatur zu Filz: Bidder 1980, Halén 1982, Inner Mongolia Today 1957, Lomakina 1974, Montell 1945, Rinčen o. J., Risch 1934, Róna-Tas 1963, Ronge 1986, Rudenko 1969, Serruys 1982, Tangad 1979, Torii o. J., Tsultem 1986.
Literatur zu Leder: Cultem 1984, Hansen 1950, Inner Mongolia Today 1957, Jadamsuren 1967, Jisl 1960, Kollautz und Miyakawa 1970, Moaven 1970, Rinčen 1979, Tsultem 1987.
Literatur zu Holz: Bleichsteiner 1939, Forbath o. J., Haslund-Christensen o. J., Jisl 1960, Kałużyński 1978, Kassette »Moderne dekorative angewandte Kunst« 1971, Montell 1939, Namnandordž 1967, Popova 1974, Ronge 1986, Tsultem 1987, Uray-Köhalmy 1956.

Literatur:
Bidder, I. und H. Bidder: Filzteppiche, ihre Geschichte und Eigenart. Bibliothek für Kunst- & Antiquitätenfreunde, Bd. 56, Braunschweig 1980.
Bleichsteiner, R.: Mongolen. In: Bernatzik, H. A., Hg.: Die große Völkerkunde, Bd. 2 »Asien«, Leipzig 1939, S. 71—78.
Bosshard, W.: Kühles Grasland Mongolei. Berlin 1938.
Consten, H.: Weideplätze der Mongolen. 2 Bände, Berlin 1919/20.
Cultem, N.-O.: Iskusstvo mongolii s drevnjsich vremen do nacola · XXveka. Moskau 1984.
Forbath, L.: Die Neue Mongolei. Nach Josepf Geleta's Tagebuch. Berlin o. J.
Halén, H., Hg.: Memoria Saecularis Sakari Pälsi. Aufzeichnungen von einer Forschungsreise nach der nördlichen Mongolei im Jahre 1909 nebst Bibliographien. Helsinki 1982.
Hansen, H.: Mongol Costumes. Nationalmuseets Skrifter Ethnografisk Roekke III, Kopenhagen 1950.
Hartwig, W.: Ethnographica der Chalcha und Burjaten (Mongolische Volksrepublik). In: Jahrbuch des Museums für Völkerkunde zu Leipzig, Bd. 22, Berlin 1966, S. 112—188.
Haslund-Christensen, H.: Zajagan. Menschen und Götter in der Mongolei. Stuttgart o. J.
Inner Mongolia Today. Nationalities Publishing House. Peking 1957.
Jadamsuren, Ü.: BNMA Ulsyn Ardyn Chuvcas (Volkstrachten der MVR) Ulanbator 1967.
Jagchid, S. und P. Hyer: Mongolia's Culture and Society. Boulder 1979.
Jisl, L.: Mongolei. Kunst und Tradition. Prag 1960.
Kałużyński, S.: Tradycje i Legendy Ludów Mongolii. Warschau 1978.
Kočeškov, N. V.: Narodnoe iskusstvo Mongoliv. Moskau 1973.
Ders.: Dekorativnoe iskusstvo mongoloja zycnych narodov XIX — serediny XX veka. Moskau 1979.
Kollautz, A. und H. Miyakawa: Geschichte und Kultur eines völkerwanderungszeitlichen Nomadenvolkes. Die Jou-Jan der Mongolei und die Awaren in Mitteleuropa. Teil I Geschichte, Klagenfurt 1970.
König, W.: Ethnographische Beobachtungen bei den Dzachčin in der Mongolischen Volksrepublik. In: Jahrbuch des Museums für Völkerkunde zu Leipzig, Bd. 21, Berlin 1965, S. 91—110.
Ders.: Mongolei. Erläuterungen zu einer Ausstellung im Museum für Völkerkunde. Leipzig 1967.
Larson, F. A.: Die Mongolei. Berlin o. J.
Lessing, F. D.: Mongolen, Hirten, Priester und Dämonen. Berlin 1935.
Lomakina, I. I.: Marzan Šarav. Moskau 1974.
Moaven, N.: Arc, flèche, carquois: note ethnographique. In: Etudes mongoles 1, Paris 1970, S. 128—134.
Majdar, D.: Architektura i gradostroitel'stvo Mongolii. Moskau 1970.
Moderne bildende Kunst der Mongolei. Kassette mit Einzelblättern. Ulanbator 1971.
Moderne dekorative angewandte Kunst der Mongolei. Kassette mit Einzelblättern. Ulanbator 1971.
Montell, G.: Mongolian Chess and Chessmen. In: Ethnos Bd. 4, Stockholm 1939, S. 81—104.
Ders.: As Ethnographer in China and Mongolia (1929—1932). In: History of the Expedition in Asia (1927—1935). Part IV. The Sino-Swedish Expedition. Bd. 26. Stockholm 1945, S. 327 ff.
Namnandordž, D.: Sur charwach namnach tutchaj. Ulanbator 1967.
Nowgorodowa, E.: Alte Kunst der Mongolei. Leipzig 1980.
Popova, A.: Analyse formelle et classification des jeux de calculs mongols. In: Etudes mongoles 5, Paris 1974, S. 7—60.
Rinčen, B., Hg.: Atlas ethnologique et linguistique de la République Populaire de Mongolie. Ulanbator 1979.
Ders.: Mongol ardyn gojol čimgijn hėė uglaz. O. O., o. J. (Kassette mit losen Blättern: Ornamentik und Objekte).
Risch, F.: Wilhelm von Rubruk, Reise zu den Mongolen 1253—1255. Leipzig 1934.
Róna-Tas, A.: Felt Making in Mongolia. In: Acta Orientalia, Bd. 26, Budapest 1963, S. 199—215.
Ronge, V.: Kunst und Kunstgewerbe bei den Mongolen. In: Die Mongolen. Beiträge zu ihrer Geschichte und Kultur. Hg. M. Weiers. Darmstadt 1986, S. 125—148.
Rudenko, S. I.: Die Kultur der Hsiung-Nu und die Hügelgräber von Noin-Uula. Bonn 1969.
Schubert, J.: Paralipomena Mongolica. Veröff. des Museums für Völkerkunde zu Leipzig, Heft 19, Berlin 1971.
Serruys, H.: The Dearth of Textiles in Traditional Mongolia. In: Journal of Asian History, Bd. 16, Wiesbaden 1982, S. 125—140.
Sycev, D.: Kalmyckoe narodnoe iskusstvo. Elst 1970.
Tangad, D.: Torguudyn hee ugalzny učir holbogdloos. In: Studia Historica Instituti Historiae Academiae Scientiarum Reipublicae Populi Mongolici, Bd. 19, Fasc. 8., Ulanbator 1979, S. 89.
Taube, E. und M. Taube: Schamanen und Rhapsoden. Die geistige Kultur der alten Mongolei. Wien 1983.
Torii, K.: La Mongolie orientale au point de vue ethnographique. O. O., o. J.
Tsultem, N.: Development of the Mongolian National Style. Painting »Mongol Zurag« in Brief. Ulanbator 1986.
Tsultem, N.: Mongolian Arts and Crafts. Ulanbator 1987.
Uray-Köhalmy, K.: Der Pfeil bei den innerasiatischen Reiternomaden und ihren Nachbarn. In: Acta Orientalia Bd. 6, Budapest 1956, S. 109—161.

Mongolische abgesteppte Filze

Sławoj Szynkiewicz, Warschau

In der alten Mongolei wurde nicht gewebt. Teppiche, Vorratssäcke und Satteldecken, die bei den zentralasiatischen Turkvölkern handgewebt wären, sind in der Mongolei aus Leder und Filz gefertigt.

Die Filze der Mongolen unterscheiden sich äußerlich sehr von den Filzen Zentralasiens und des Mittleren Ostens. Weder die geschorene Schafwolle noch der daraus gemachte Filz sind gefärbt. Die Erzeugnisse sind nur durch Linien der Steppstiche verziert, mit denen die Oberfläche ganz bedeckt wird, wie auch durch Schnüre aus Haaren, die aufgenäht werden können. Für abgesteppte Filze wird keinerlei Wattierung gebraucht, wie es durch die Verwendung der Bezeichnung »Absteppen« vermutet werden könnte. Ununterbrochene Linien von Steppnähten folgen bestimmten, mehr oder minder dekorativen Mustern; die Stiche können einen einzigen Filz bedecken, sie können aber auch zwei Lagen Filz zusammenbinden, etwa für den Türvorhang des Zeltes oder als Teppich, die stärkerer Abnutzung ausgesetzt sind oder einen besseren Kälteschutz geben sollen.

Die Muster auf den Filzen verdanken ihre Eigenheiten zumindest ebensosehr technischen Überlegungen wie der Ästhetik, und die Steppmuster bilden einen Teil des fertigen Gegenstandes, indem sie diesen verstärken und festigen. Gewöhnlicher Filz hat ja keine sehr hohe Widerstandsfestigkeit und zerfasert schließlich; aber die Leute benutzen heute noch Teppiche, die vor zwanzig Jahren abgesteppt worden sind. Die Steppmuster sind so entworfen, daß die Stiche dem Ziehen von jeder Seite widerstehen. Dies wird durch ein ständiges Gegenverstärken der Stepplinien durch Stiche erzielt und stellt eine unveränderliche Eigenheit des mongolischen Absteppens dar. Überkreuzungen und Ringeln der Nähte wird für Ornamente verwendet.

Das Werkzeug für das Filzabsteppen besteht aus langen Nadeln und einem ledernen Fingerling. Um ein anspruchsvolles Muster zu steppen, das eine große Fläche beansprucht wie ein Teppich, können die Wiederholungen der Muster mit einem Holzstempel, der in eine Farbe getaucht wird, auf den Filz übertragen werden. Einfacher war es, einen Faden in

Hochgeschlagener abgesteppter Türfilz einer Jurte; im linken Feld Floralmotiv, im rechten das stilisierte chinesische Schriftzeichen *shou,* langes Leben, eingefaßt von Gitterborte. Aufnahme um 1970. Wie die Schwelle, über die man bei Verwirkung seines Lebens nicht stolpern durfte, war traditionell auch der Türfilz mit Verboten belegt. So heißt es im *Hei Da Shilüe* (1237): »Wer den Filzvorhang (vor dem Eingang) hochrollt, wenn er hinausgeht, den beschuldigt man, seine Gedanken richteten sich gegen den Hals des Dadan-Herrschers.« (P. Olbricht: Meng-Ta pei-lu und Hei-Ta shih-lüeh, S. 159).

roten Ocker und Wasser zu tauchen und dann in die gewünschte Position auf den Filz zu legen, wo dann eine Farbspur für die Naht zurückblieb. Das traditionelle Material für den zum Absteppen des Filzes gebrauchten Faden ist Kamelhaar, das von dem langen Haarwuchs unterhalb des Halses und dem oberen Teil der Beine abgeschoren und auf der Spindel gesponnen wird. Schafwolle wird für das Absteppen nicht genommen.

Die Mongolen sagen, daß Schafwolle bei Feuchtigkeit schrumpft und den fertigen (Filz-)Gegenstand verziehen würde. Es sind gerade das dunklere Braun des Kamelhaarfadens und die gegen den fahlen Hintergrund des Filzes sich abhebenden Nähte, die den abgesteppten Filzen ihre besondere Erscheinung geben.

Die unbearbeiteten Ränder eines Filzstückes sind im allgemeinen mit gedrehten Schnüren aus Pferdehaaren paarweise auf der Oberseite eingefaßt, wobei die Drehung der Schnüre gegenläufig ist, so daß der Eindruck einer Zickzackleiste entsteht. Aber auch Baumwoll- oder Wollstoffränder, die mehrere Zentimeter breit sind, können um die Teppiche herumgenäht werden; der Stoff hierfür ist stets rot, die vorherrschende Farbe der Zelteinrichtung.

Die Steppmuster weisen beträchtliche regionale Unterschiede auf. Die in der Inneren Mongolei und der östlichen Mongolischen Volksrepublik sind formal und geometrisch und von den Mustern chinesischer Textilien und gewebter Teppiche beeinflußt. Die Muster der Westmongolei sind einfallsreicher und oftmals mit kazakhischen und kirghisischen Filzteppichen verwandt. Es ist dies der einzige Teil der Mongolei, in dem das Blumenblüten-Motiv auftritt, jenes charakteristische türkische Motiv, das über ganz Asien verbreitet ist bis hin zum Altai und den chinesischen mohammedanischen Webergebieten der Inneren Mongolei. Die Kreuz- und Quermuster aus dem größeren Teil der Mongolischen Volksrepublik oder Zentral-Chalcha gehören jedoch zu keiner importierten Musterüberlieferung und dürften sehr alt sein. Diese Muster findet man nur in gesteppter Form, während man die mit China und den türkischen Völkerschaften gemeinsamen Motive in allen Arten von Dekorationen in der Mongolei finden kann. Filz einer ähnlichen Struktur und Ausschmückung ist bereits im 1. Jh. n. Chr. im gleichen geographischen Gebiet von den Xiongnu abgesteppt worden, die Muster selbst aber dürften eine weitaus ältere Geschichte haben.

Die Filzteppiche und Türvorhänge des mongolischen Zeltes haben einen wesentlichen Anteil an der Abschirmung des

Abgesteppter und applizierter oberer Rand eines Innenstiefels.

Wohnraumes vor der extremen Kälte, die Teppiche aber dürften auch noch rituelle Bedeutung haben, daß sie symbolisch das, was auf sie gestellt wird, erhöhen. Es ziemt sich nicht für eine Person von geringem Status, auf einem abgesteppten Filz zu sitzen, andererseits aber gibt es formale oder rituelle Umstände, wo jemand auf einem solchen Filz Platz nehmen muß. Das ist meistens eine kleine, viereckige Sitzmatte oder ein Stapel verschiedener Teppiche — zum Beispiel für einen Barden, der das Epenlied vorträgt. Bei einer solchen Gelegenheit ist die Sitzmatte auf die größeren Bodenteppiche gelegt. Das Übereinanderhäufen verschiedener Schichten von Bodenbedeckungen gilt als ein Zeichen von Überfluß und Wohlhabenheit.

Heutzutage sind die Mongolen in Hirten-Kollektiven organisiert, und die Frauen arbeiten aushäusig für Bezahlung. Man sollte erwarten, daß die Kunst des Absteppens ausstirbt, doch gilt sie besonders im Westen des Landes noch immer als ein wertvolles Talent eines Mädchens, und abgesteppte Filze sind in nahezu jedem Zelt zu sehen.

Aus dem Englischen von Walther Heissig

Der Gebrauch der Applikationstechnik bei der Thanka-Herstellung

Krystyna Chabros, Cambridge

Applikations-Näharbeiten, die Stoffe für Thankas verarbeiteten, wurden bei der Herstellung von Thankas und Seidengehängen, die lamaistische Gottheiten darstellen, verwendet. Zwei mongolische Gelehrte, Cültem und Dasujam, schreiben den Anfang der mongolischen Applikationsarbeiten den Xiongnu (3.—1. Jh. v. Chr.) zu und verweisen auf die Grabfunde von Noin Uula, unter denen sich auch Applikations-Filzteppiche fanden. Diese Kunst ist dann während der Yuan-Herrschaft (1280—1368) weiter entwickelt worden. Die hochentwickelte Applikationstechnik kam allerdings erst mit dem Lamaismus. Diese Thankas gehören zu den besonders eindrucksvollen Stücken der lamaistischen Kunst, denn sie weisen eine feine Unterscheidung der Farbgebung sowie Wirksamkeit der Stoffeigenheiten auf und sind meist von großem Ausmaß. Außerdem sind sie im Vergleich mit den Malereien oder Bronzeskulpturen verhältnismäßig selten. Applikationsarbeiten sind kein traditionelles Handwerk der Mongolen, und sie wurden außerhalb der Klöster nicht vor der Mitte dieses Jahrhunderts ausgeführt. Jetzt ist es ein anerkanntes und hochgeschätztes Kunstgewerbe in der Mongolischen Volksrepublik, das in Schulen und Handwerkskursen gelehrt wird. Der Entwurf oder die Vorlage für ein Seidenthanka wurde immer von einem lamaistischen Mönch vorbereitet, da eine genaue Kenntnis der Ikonographie erforderlich war. Auch die Näharbeiten wurden oft von Mönchen ausgeführt, wenngleich diese, vor allem in letzter Zeit, auch nach auswärts an Frauen der Laienbevölkerung vergeben werden konnten.

Die mongolische Bezeichnung für Applikation ist *zeegt namal*, wörtlich: »das, was mit genähten Rändern geklebt ist«, und dieser Name beschreibt genau die Technik dieser Arbeit. Seidenstücke der gleichen Farben, wie sie in der Entwurfsvorlage angegeben sind, werden zugerichtet, indem grobes Futtermaterial hinter sie geklebt wird. Dann wird die Kontur jedes Farbenabschnittes des Entwurfs auf das dementsprechende Stoffstück übertragen, wobei beachtet wird, daß das Gewebe jedes Stoffstückes in die gleiche Richtung läuft. Um die Stoffe

Reisezelt *(maichan)* aus blauem oder schwarzem Stoff mit Applikationen aus weißem Stoff oder Filz, Zelte dieser Art wurden ursprünglich für Karawanenreisen benützt und nicht für längere Aufenthalte.

184

Mandaladarstellung in Stoffapplikation und Stickerei.

zu markieren, verwendet man verschiedene Methoden. Eine Kopie der Entwurfszeichnung kann zerschnitten werden, und die Papierschnitte dienen dann als Schablonen. Andererseits werden die Konturen in Papier mit einer Nadel eingestochen und dieses Papier dann am richtigen Platz über den Stoff gehalten, wobei Gipspuder den Konturen entlang durchgeblasen wird (Perforationsmethode). Danach wird die Kontur auf die Seide, der Puderspur folgend, nachgezogen, wozu eine stark verdünnte Wasserfarbe benutzt wird. Jede Sektion wird dann ausgeschnitten, wobei etwas Stoff an den Rändern überstehend gelassen wird.

Danach werden Seidenfäden für die Umrisse jeden Abschnittes ausgesucht, die etwas heller oder dunkler in der gleichen Farbe wie der Stoff selbst sein müssen. Dieser Faden wird mit der Hand gesträhnt, um die Einfassungsschnur zu machen: dreisträhnig für eine dünne Schnur, neun Strähne drei mal drei gesträhnt oder sogar mehr für kräftigere Umrißzeichnungen. Die Schnur wird von der Rückseite der Stoffe mit einer Schnur-(Pack-)Nadel eingeführt und dann längs der Umrisse des jeweiligen Musterausschnittes auf der Oberfläche eigens mit Seidenfäden gleicher Farbe so festgenäht, daß die Stiche zwischen den Windungen der gedrehten Schnur verschwinden.

Details auf der Oberfläche eines farbigen Ausschnittes — zum Beispiel die Gesichtszüge auf einem Ausschnitt aus rosa Seide — werden mit farblich passenden dünnen Schnüren nach der gleichen Methode »gezeichnet«. Wenn das Detail besonders fein und klein ist, kann es gegebenenfalls auch auf den Stoff gestickt werden. Der an den Rändern außerhalb der Kontur des jeweiligen Ausschnittes stehengelassene Stoff wird umgelegt und auf der Rückseite festgeklebt. Die einzelnen Ausschnitte werden auf einem Stück Futterstoff zusammengestellt, festgeklebt und schließlich an ihren Rändern entlang festgenäht, um das ganze Bild zu vollenden.

Künstlerische Freiheit, die normalerweise durch den buddhistischen Kanon eingeschränkt ist, wurde in kleineren technischen Dingen freigesetzt. Daher ist der individuelle Zugang zum Spiel mit den vielfarbigen Fäden und ihren Wirkungen zum Zeichen eines hervorragenden Handwerks geworden.

Dekorative Variationen konnten durch den Gebrauch von goldenen Fäden oder Schnüren anstelle von Seidenschnüren entstehen und auf Thankas, die außerordentlich feine Handwerkskunst zeigen, sind oft Ketten winziger Perlen oder Korallenschnüre auf die Stoffe aufgenäht. In der westlichen Mongolei ist eine etwas unterschiedliche Technik weitverbreitet, bei der Pferdehaar mit farbigen Seidenfäden umwunden wurde, um so die Randschnüre herzustellen.

Die Symbolik der Farben entspricht der in der traditionellen mongolischen Kunst üblichen. So bedeuten weiße, lockenähnliche Zeichnungen im oberen Bildteil üblicherweise Wolken, während leicht blaue, flüssigkeitsähnliche am Fuße der Bilder mit Sicherheit Wasser darstellen. Rot in einem Gefäß bedeutet Blut, Rosa hat jedoch die Bedeutung eines alkoholischen Getränkes. Eine wiederholte ovale Zeichnung im Bild, die das Wunschjuwel *čandamani* darstellt ist aus einer Gruppe von dunkelblauen, roten, gelben und grünen Streifen gebildet, die alle weiß bekrönt sind. Sind solche Farbgebungen vermischt, oder durch andere (zum Beispiel grau) ersetzt, so ist dies als individuelle Schöpfung des Künstlers zu werten.

Die seidenen Wandbehänge werden noch immer hergestellt. Der Gegenstand ihrer Darstellung ist nicht länger religiös, aber, bezeichnenderweise, auch nur selten allein dekorativ. Die Themen sind heute entweder Erinnerungen an etwas oder sie sollen eine ideologische Mitteilung weitergeben; ein Beispiel dafür ist die Darstellung der Begegnung zwischen dem Revolutionshelden Sükebator und Lenin. Zeitgenössische Handwerker, unter ihnen U. Jadamsüren, Ja. Ljunja, B. Noralkho und B. Cermaa, sind sehr bekannt, und ihre Arbeiten werden in Museen und Galerien ausgestellt.

Außer diesen Seidenbildern sind Applikationstechniken auch in anderen Bereichen der Mongolei gebraucht worden. Die Kazakhen, ein türkisches Volk, das in der westlichen Mongolei lebt, macht Filzteppiche mit Applikationsmustern in Weiß, Rot und Schwarz. Dabei sind die Umrisse der Muster auch hier mit Schnüren bezeichnet, aber die Schnüre sind meist aus gedrehtem Pferdehaar oder grober Wolle. Es ist bekannt, daß Teppiche mit diesen Techniken bereits im 1. Jh. n. Chr. auf dem Gebiet der heutigen Mongolei angefertigt worden sind. Während der Mandschu-Zeit (1644—1912) legte man in der Mongolei vermehrt Wert auf äußere Rangsymbole, und so wurden die weißen Zelte des Adels und der Würdenträger an der Außenseite mit farbigen, auf Filz aufgenähten Stofforna-menten verziert. Das gebräuchlichste Ornament war ein Kragen aus Wolkensymbolen, die in der Dachmitte das Rauchloch umgaben. Für die Reise oder bei Festen als Sonnenschutz gebrauchen die Mongolen *maichan*, Zelte aus blauem Stoff, die mit Applikationsmustern in Weiß verziert sind und aus Tibet stammen.

Aus dem Englischen von Walther Heissig

Literatur:
Chabros, K.: Quilted Ornamentation on Mongol Felts. In: Central Asiatic Journal, Bd. 32, 1988, S. 34—60.

Grob- und Feinschmiedearbeit

Käthe Uray-Köhalmi, Budapest

Die neun Söhne Božintois, des himmlischen Schmiedes und ihre ältere Schwester, Ejlik-Mulik, stiegen vom westlichen Himmel herab auf die Höhen des Sajan-Gebirges, um die Menschen das Schmiedehandwerk zu lehren. Auf Erden nahmen sie sich irdische Frauen und gaben ihr Wissen ihren Nachkommen weiter. Ejlik-Mulik wurde von den sieben bösen, östlichen Schmiedegöttern geraubt. Ihre Brüder konnten sie nur in einem großen Schmiedewettkampf von den bösen Geistern zurückgewinnen. Ejlik-Muliks Kinder wurden auch zu Schmieden. Alle burjatischen Schmiede führten ihre Ahnenreihe auf sie zurück. So berichtet es die Legende der Burjaten. Aber nicht nur sie, sondern alle mongolischen Völkerschaften hielten das Schmiedehandwerk für heilig. Ob dies der Grund war oder nicht, die Mongolen galten als anerkannt gute Schmiede.

Schon in den Ursprungsmythen der alten Mongolen, in der von Rašîd-ad Dîn tradierten Version, heißt es, daß die Vorfahren der Kiyat-Sippe in einem blutigen Krieg fast ausgerottet wurden. Nur zwei Männer und Frauen konnten entkommen. Sie flüchteten in ein enges, von hohen, waldigen Bergen umgebenes Tal. Dort vermehrten sie sich dermaßen, daß sie im Tal schon keinen Platz mehr für alle fanden. Einer der Berge, die das Tal umgaben, war aber aus Eisenerz. Sie fällten einige Wälder und schlichteten das Holz am Erzberg auf und setzten es in Brand. Der Erzberg schmolz weg und gab ihnen den Weg frei. Zum Andenken an ihre Befreiung schmiedeten die Kiyan-Leute in der Neujahrsnacht Eisen. Es soll auch nicht vergessen werden, daß der Jugendname Činggis Khans, der aus der Kiyat-Borǰigin-Sippe stammte, *Temüǰin* »Schmied« war.

In der *Geheimen Geschichte der Mongolen* ist vom Schmieden wenig zu finden. Eine direkte Weisung auf Schmiedetätigkeit ist der Bericht über Vater Jarciudai aus der Sippe der Urjangchai, der nach der Geburt Temüǰins vom heiligen Berg Burgan Qaldun mit einem Blasebalg am Rücken und einem Knäblein an der Hand herabsteigt. Den Knaben, J̌elme genannt, schenkt er Temüǰin. J̌elme, der Schmiedesohn, gehörte zu den engsten Vertrauten von Činggis Khan.

Die Herrengeschlechter der Steppe standen in der Regel in irgendeiner sehr engen Beziehung zur Erzgewinnung und -verarbeitung. Nicht nur bei den Mongolen lebte die Erinnerung an die Schmiedevorfahren weiter, auch schon die Tujue (Türken) waren die Schmiede des Steppenreiches der Ruanruan, das sie dann stürzten. Das Gesetzmäßige im Verhältnis der Herrschersippen mit dem Schmiedetum kam ohne Zweifel davon, daß von den sibirischen Waldvölkern, die vor einem Lebensartwechsel auf die Steppe standen, eben die Gruppen in der Lage waren, eine Vorrangstellung zu erreichen, die neben dem Jagen auch das Schmiedehandwerk ausübten und dadurch Waffen und Werkzeuge für sich und für den Tauschhandel hatten. Sowohl bei den Handelsverbindungen wie bei kriegerischen Unternehmen waren die schmiedekundigen Gruppen in besserer Position. Der unmittelbare Zugang der Waffenherstel-

lung war auch bei dem Ausbau der Macht der neuen Dynastie eines Nomadenreiches von großem Vorteil.

Die mongolischen Schmiede und ihre Werkstätten waren von alters her bekannt. Wir verfügen über Berichte aus dem 18. Jh. von verschiedenen mongolischen Völkerschaften: den Kalmücken und den Burjaten. P. S. Pallas beschrieb die kalmückischen Schmiede folgendermaßen: »Kleine zu den Waffen, Pferdezeug und andern Nothwendigkeiten erforderliche Eisenarbeit, ingleichen sehr gute Messer, werden von Kalmückischen Schmieden (Darchan) verfertigt. Ihre Hütte ist zugleich ihre Werkstatt und das ganze Handwerkszeug *(Sersebä)* so leicht, daß es ein Knabe tragen kann. Ein mäßiger behauener Klotz von einem Zwieselast, der platt auf der Erde liegt, trägt den kleinen Amboß. Die Esse ist ein Grübchen, welches mit einigen Steinen umsetzt ist, wozwischen eine thönerne Röhre liegt, durch welche das Gebläse seine Würkung thut. Die Bälge sind zwey lederne Schläuche mit einer engen Röhre; jeder hat oben eine Öfnung, die mit zwey glatten, an einander passenden Hölzern eingefast ist, welche mit der einen Hand bequem geöfnet und zusammengedrückt werden können. Ein Gehülfe sizt zwischen diesen Schläuchen auf den Hacken und drückt die Bälge abwechselnd gegen die Erde. . . . Ein Schmiedt mit seinem Gehülfen, beyde bis auf den Gürtel nackend, verrichten auf diese Art alle kleine Schmiedearbeit auf der platten Erde und brauchen so wenig Platz, daß die Frau ihre Hälfte der Hütte, zu Verrichtung der häußlichen Arbeiten, vor sich frey behält.« (Pallas, I. S. 145—146). Die Werkstatt in der »Hütte«, das heißt, in der Jurte ist auch auf Tafel V. abgebildet. Nach Pallas sollen die Kalmücken auch geschickte Büchsenschmiede und Silberschmiede haben. Sie kennen das Verfahren des sogenannten Damaszierens.

Kalmückische Jurte mit Schmieden. Aus P. S. Pallas: Sammlungen historischer Nachrichten über die Mongolischen Völkerschaften, Erster Theil. St. Petersburg 1776, S. XIV, Tafel 5.

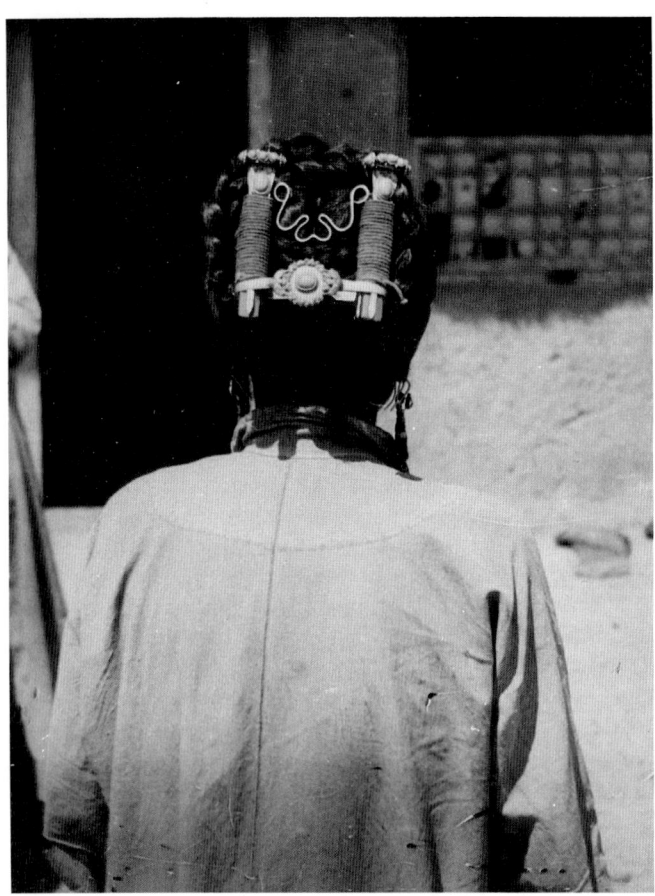

Silberschmiedearbeit: Kopfschmuck einer Chorčinfrau (Ostmongolei, um 1941).

Besondere Geschicklichkeit im Damaszieren wurde den burjatischen Schmieden zuerkannt. Sowohl Gmelin wie Georgi schreiben darüber, wie folgt: »Unter eben diesen Bratski wird . . . ein Handwerk getrieben, darin es unter Ihnen sehr viele Meister gibt. Sie wissen das Eisen so schön mit Silber oder Zinn auszulegen, daß es wie damaszierte Arbeit aussiehet. Das meiste Pferdegeschirr, Hirschfängergehänge, Leibgürtel sind von dieser Arbeit, von welcher man auch sehr viele Löffel findet. Diese letzteren bestehen aus Eisen, das über und über mit Zinn belegt ist. Die übrigen Sachen aber sind nur hin und wieder und bloß der Auszierung wegen ausgelegt. Um die Art, wie diese Arbeit gemacht wird, selbst anzusehen, ließen wir dergleichen Schmiede zu uns kommen und von Ihnen einige Probestücke bey uns in dem Hause machen. . . . Sie schmiedeten zuerst ein Stück Eisen in die Form, davon wir ihnen ein Muster gegeben hatten, sodann machten sie das Stück Eisen noch einmal glühend und ließen es von selbst kalt werden. Darauf behaueten sie dasselbe über und über mit einem scharfen Meißel, so daß sie mit demselben immer weiter von sich fortrückten und durch beständige Schläge mit einem Hammer auf den Meißel die erforderten Einschnitte in das Eisen machten. Auf solche Arte wurde die Behauung dreimal verrichtet, so daß jedesmal die Einschnitte eine andere Richtung bekamen und sich folglich durchschnitten. Sie besahen das zu verarbeitende Eisen öfters, damit ja die Einschnitte allenthalben gleich seyn mögten. Nachdem die Behauung vollkommen geschehen

war, ließen sie die eiserne Platte blau anlaufen und brachten es endlich damit so weit, daß sie nun den verlangten Zug darauf machen wollten. Das Silber, dessen sie sich zu ihrer Arbeit bedieneten, war dünner silberner Drat von zweyerley Dicke und sehr dünngeschlagenes Silber. . . . Sie wie die Zeichnung gieng, legten sie an dem Ende einer Linie des Zuges einen silbernen Drat ein und schlugen ihn daselbst fest, mit eben dem Drate folgten sie dieser Linie bis an das andere Ende derselben, schlugen ihn seiner ganzen Länge nach feste und kneiften ihn endlich ab. . . . Wenn sie eine ganze Platte oder große Ecken darauf mit Silber überziehen wollen, so schneiden sie ihr geschlagenes Silber in die Form, die sie auf dem Eisen haben wollen und schlagen es eben so hinein. Zu dieser ganzen Arbeit bedienen sie sich eines einzigen Hammers. Derselbe ist an seynen beiden Enden breit; das eine aber ist auf seiner Fläche sehr glatt und das andere über und über eingehauen und folglich ganz rauch. Keines von diesen beyden Enden gebrauchen sie, wenn sie das Eisen behauen, sondern sie fassen den Hammer in der Breite und schlagen mit der Mitte desselben. Wenn sie das Silber einschlagen, so nehmen sie dazu das rauhe, zum Polieren aber das glatte Ende. Den Drat ziehen sie selber wie gewöhnlich durch ein Loch, das der Dicke des Drahts, den man ziehen will, gleichformig seyn muß. Sie schlagen auch das Silber selbsten, dem man es übrigens wohl ansiehet, daß es durch keine Walze gegangen ist. Sie schmelzen dasselbe in eisernen Gefäßen, weil sie von irdischen Tiegeln nichts wissen.« (Gmelin, 1752, Bd. I, S. 707). Ergänzend noch bei Georgi: »Sie zerschlagen das reinste chinesische oder sogenannte Chanen-Silber in äußerst feine Blättchen und schneiden aus diesen Blättchen nach aus Birkenrinde verfertigten Schablonen Vögel, wilde Tiere, Blumen, und verschiedene andere Bildnisse aus. Wenn sie mit diesen Blättchen eiserne Sätze an den Zügeln an Sätteln, Köchern und ebenso Feuerstahl und andere Sachen schmücken wollen, so entzünden sie in der Esse ein Feuer, legen dann die silbernen Ausschnitte auf die Gegenstände und schlagen sie ein mit dem Hämmern, die

Silberbeschlagene Opferschale aus der östlichen Mongolei. Für Handwerkszeug und Techniken der mongolischen Silberschmiede sei auf das ausführliche Werk von Martha Boyer, Mongol Jewellery, Kopenhagen 1952, hingewiesen.

Silberschmiedearbeit: Gehänge an den Zopffutteralen.

mit rauhen Locheisen versehen sind . . .« (IV. Teil, S. 29). Die burjatischen Schmiede waren nicht nur geschickt, sie hatten eine ganz besondere Stellung in der Gesellschaft. Ihr Handwerk wurde von Vater auf Sohn vererbt, es gab Schmiedesippen. Die Mitglieder dieser waren nicht nur zur Ausübung ihres Handwerks verpflichtet, sondern auch zur Verrichtung gewisser Zeremonien in ihrer Werkstatt im Beisein eines Schamanen. Es wurden gemeinschaftliche Opferfeste abgehalten mit der Opferung einer Stute für die Schmiedegötter. Eine ausführliche Beschreibung verdanken wir G. Sanžejev. Wir verfügen über keine eingehende Beschreibung der speziellen Riten und Mythen der Schmiede der westlichen und der zentralen Mongolen, aber es kann angenommen werden, daß die Situation der burjatischen ähnlich war. Eben der kultische Charakter des Schmiedens vereitelte lange Zeit nähere Untersuchungen. Die Tatsache aber, daß die meisten mongolischen Schmiede, die ich getroffen habe, ihr Handwerk auch vom Vater übernommen hatten, bekräftigt unsere Annahme. Die hohe gesellschaftliche Wertung der Schmiede bei den zentralen Mongolen ist daraus ersichtlich, daß sich unter den Mitgliedern des »Goldenen Geschlechts«, das heißt der Činggisiden, sogar noch in unserem Jahrhundert Schmiede fanden, wie zum Beispiel Darqan Baraydisiri Beile, der das goldene Staatssiegel der Autonomen Mongolei verfertigte.

Bis es die europäischen Massenwaren nicht verdrängten, stellten die mongolischen Grobschmiede alles her, was in und um den Nomadenhaushalt an Eisenware gebraucht wurde: Messer, Scheren, Löffel, Kellen, Zangen, Nägel, Kessel, Platten, Hacken, Herdgestell, neuerdings auch kleine Trommelöfen, Ketten, Trensenringe, Gebisse, Steigbügel, Brenneisen, Schnallen usw. Früher konnten manche auch Waffen und Harnische verfertigen. Zu den anspruchsvolleren Stücken zählten die Krummsäbel, sowie Kettchen und Plättchen der Panzer. Große Mengen wurden von Lanzen- und Pfeilspitzen geschmiedet. Einige Schmiede konnten auch Büchsen und Schlösser herstellen.

Die Ausstattung bzw. die Werkzeuge der Schmiede haben sich seit den Beschreibungen aus dem 18. Jh. kaum verändert. Nach dem Bericht von G. J. Ramstedt aus den ersten Jahren unseres Jahrhunderts und meinen eigenen Beobachtungen in den fünfziger Jahren arbeiteten die mongolischen Schmiede meistens in ihrer Jurte oder daneben. Als Esse diente der Herd, die Feuerstelle der Jurte, mit Kohle oder Holzkohle geheizt. Das Feuer wurde mit einem Gebläse, einem Blasebalg geschürt. Es gab Schlauchgebläse, das heißt Blasebälge, Kastengebläse und auch einfache lange, sich am Ende verjüngende und ein wenig krümmende Röhrchen. Der Amboß war klein, meistens viereckig, unten spitz zulaufend, um in einen

Mongolisches Eßbesteck (Detail), Futteral für Stäbchen und Messer (Rückseite) mit graviertem und gepunztem Bronzebeschlag, dekoriert mit glückbringendem Drachen (Ostmongolei).

Silberner Anhänger mit Korallenbesatz, wie er für die Befestigung des Eßbestecks am Gürtel gebraucht wird (Ostmongolei, Mitte des 20. Jh.s).

Baumstumpf geschlagen werden zu können. Der Schmied arbeitete kniend oder hockend, eventuell mit einem Gehilfen. Er hatte verschiedene Hämmer, große, mittlere und kleine. Die Enden der Hämmer waren unterschiedlich ausgebildet: meißelartig, spitz, rauh, glatt. Zangen hatte er auch in verschiedenen Größen. Einige Feilen und ein durchlöchertes Eisenblatt zum Drahtziehen ergänzten den ursprünglichen Werkzeugbestand der Grobschmiede. Alle diese Werkzeuge konnten sie sich selbst herstellen. Fremden Ursprungs sind wahrscheinlich der Zirkel, die Metallsäge, der Bohrer und die Zwinge.

Bei den Mongolen waren die Schmiede meistens zugleich Feinschmiede, die außer mit Eisen auch mit Silber und Kupfer arbeiteten. Die Waffenschmiede der Vergangenheit können auch hierher gerechnet werden. Der Werkzeugbestand des Feinschmiedes wurde durch kleine, feine Hämmer, Zangen, Feilen, Meißel und Stichel ergänzt. Außerdem besaßen sie Geräte zum Punzieren: eine Harzunterlage, Punzen aus Eisen und Holz mit unterschiedlichen Enden, verschiedene Schablonen aus Zinn, Birkenrinde oder Papier, Formeisen für die Verfertigung von Ringen und eine kleine Laufgewichtwaage für das Abwiegen des Edelmetalls. Beliebte Techniken waren neben dem Treiben die Gravierung, Ziselierung und das Damaszieren mit Silber oder Kupfer.

Es ist schwer all das aufzuzählen, was aus den gewandten Händen der mongolischen Feinschmiede zum Vorschein kam und kommt. Der Liebling des Mongolen, das Reitpferd, hatte Zierringe aus Silber am Zaum, eine Garnitur von getriebenen Beschlägen und Zierplatten am Riemenzeug, sowie Ringe und Schnallen. Im vorigen Jahrhundert waren viele wertvolle Sättel mit ziselierten Bronze- oder Silberplatten geschmückt, die die ganze sichtbare Fläche der Sattelbögen und Sattelbretter bedeckten. Ziseliert oder damasziert wurden oft die Trensenringe und die Steigbügel. Besonders die Sättel und das Zaumzeug der Mädchen und Frauen war reich verziert.

Die Mongolen trugen und tragen auch heute noch schön bearbeitete Metallgegenstände an und mit sich. Zum Rauchen dienen lange Pfeifen mit kleinen gravierten und kupferbelegten Stahlköpfen. Messer und Feuerzeug am Gürtel sind mit Silber eingelegt. Früher war auch der Ledergürtel mit schöngearbeiteten Zierplättchen beschlagen. Die Metallzierden der Waffenbehälter gehörten zur selben Garnitur wie die am Gürtel. Am traditionellen mongolischen Kleid waren sowohl bei Männern wie bei Frauen die Knöpfe aus Feinschmiedearbeit. Die Frauen trugen Ohrringe, Fingerringe, Ketten. Am traditionellen Kleid baumelten Seitengehänge, und besonders viel Kunstfertigkeit lag in den ziselierten silbernen Haarspangen, Zopfhülsen und Käppchen der verheirateten Frauen. Unter den Haushaltsgeräten und Gefäßen findet man sehr schöne Stücke. Die bekanntesten sind die mit ziseliertem Silber belegten Wurzelschalen. Die hölzernen Kannen und Krüge werden mit

Feuerzeug und Eßbesteck.

Silberbeschlagene Eßbesteckscheide mit Anhängerknopf, ostmongolische Silberarbeit.

Kupfer- und Silberreifen verstärkt. Metallgefäße bekommen ornamentierte Reifen von einem anderen Metall. Kasten und Kisten tragen oft schöne Beschläge.

Es müssen noch die chinesischen Schmiede erwähnt werden, die früher an Straßen und Märkten nach Bestellung und Geschmack ihrer mongolischen Kunden arbeiteten. In den Werkstätten der Klöster wurden lamaistische Kunstgegenstände nach tibetischen und indischen Vorlagen hergestellt.

Literatur:
Georgi, J. G.: Beschreibung aller Nationen des Russischen Reichs, ihrer Lebensart, Religion, Gebräuche, Wohnungen, Kleidung und übrigen Merkwürdigkeiten. 4 Bde., St. Petersburg 1776—1780.
Gmelin, J. G.: Reise durch Sibirien in den Jahren 1733 bis 1743. 4 Bde., Göttingen 1752.
Pallas, P. S.: Sammlungen historischer Nachrichten über die mongolischen Völkerschaften. 2 Bde., St. Petersburg 1776—1801 (Nachdruck Graz 1980).

Mongolische Knochenschnitzereien

Andrea Loseries-Leick, Graz

Mit der Übernahme des tibetischen Buddhismus finden wir auch im Ritualwesen der mongolischen Völker eine zunehmende Verbreitung von Kultgeräten aus menschlichen oder tierischen Knochen, wie Opferschalen, Handtrommeln und Gebetsketten aus menschlichen Schädeln, Trompeten aus Oberschenkelknochen und mehrteilige Ritualtanzgewänder aus feinst geschnitzten Knochenperlen.

Diese Verwendung von Knochen und Skelett steht in direktem Zusammenhang mit den besonderen Methoden der aus Indien übernommenen buddhistisch-tantrischen Lehrsysteme. Aufbauend auf der philosophischen Grundlage der letzten Einheit von relativer und absoluter Wirklichkeit (Candrakīrti, 6./7. Jh., Kap. VI, vv. 23—29 und v. 35) werden in der praktischen Heilserfahrung der Tantras Knochen und Skelett als Mittel zur vollkommenen Erleuchtung angesehen. Aus der ursprünglich unwillkürlichen Verwendung von menschlichen Gebeinen als Inspirationsmittel zur Einsicht in die absolute Natur der Gegebenheiten (siehe Biographie des Siddha Kapālika, Robinson 1979, S. 222 ff.) gewinnen mit der Ausbreitung des Vajrayāna-Buddhismus in Zentralasien Knochen und Skelett nach und nach an funktioneller Bedeutung im buddhistischen Kult- und Ritualwesen (siehe Loseries-Leick 1983).

Diese Ritualisierung des Knochens bei zentralasiatischen Völkern hat Anlaß zu den verschiedensten Lehrmeinungen gegeben. Sie wurde mit altiranischen Vorstellungen in Beziehung gesetzt (Friedrich 1943), mit vorindogermanischen mediterranen und mediterran-megalithischen Kulturen des 4./3. Jt.s (Hummel 1953), mit nord- und zentralasiatischem Schamanismus (Hummel 1953, Eliade 1951). Es wurde auch eine gemeinsame »kannibalische« Religionsschicht der zentral- und westasiatischen Länder angenommen (Modi 1922, S. 9 ff., Volhard 1939, S. 304 f.) und Verbindungen mit nichtanimistischen Vorstellungen (Hummel 1953), sowie Ahnenkult, Kopfjagd und Totemismus (Laufer 1923) gesehen.

Als unterste Schicht dieser Theorie bietet sich der Glaubenskomplex der ältesten Jägerkulturen der nördlichen Hemisphäre, dessen Kontinuität sich in Sibirien vom Jungpaläolithikum bis in die jüngste Zeit verfolgen läßt (Okladnikow 1974). Einen wesentlichen Bestandteil dieses Komplexes stellt der Glaube an die Auferstehung der Lebewesen aus den Knochen dar (Lehtisalo 1937, Friedrich 1943, Paulson 1968, Uray-Köhalmi 1975).

Wenn Friedrich sagte: »Es sind Jägervölker, die den Knochen jene Bedeutung beigemessen haben und die Vorstellung von der Wiederentstehung des Tieres aus seinem Skelett gebildet haben.« (1943, S. 202), so betont Andree, ebenfalls ein Vertreter der kulturhistorischen Richtung, die Bedeutung der viehzüchtenden Nomaden in diesem Zusammenhang. Er ist der Ansicht, daß bei jenen, deren Fleischnahrung hauptsächlich vom Schaf geliefert wird, die Betrachtung der Sprünge des gerösteten Schulterblattes zuerst zu magischen Deutungen geführt habe, und bezeichnet die innerasiatischen schafzüch-

tenden Mongolenstämme, bei denen der Brauch am weitesten verbreitet war und zu der reichsten Entwicklung führte, als Väter der Scapulimantie (1906: 143—165).

Die nomadisierenden Mongolen stellten vorwiegend Kleinkunst her. Aus Schafknochen fertigten sie kleine Tierfiguren als Kinderspielzeug, aber auch Gürtelanhänger (Tsultrem 1987, Abb. 16), Verzierungen auf Sattel und Zaumzeug, Knochenschnallen (Novgorodova 1980, Abb. 82) und vieles mehr. Das früheste bekannte Beispiel dieser Kleinkunst ist ein kleiner beschnitzter Knochenzylinder der Xiongnu-Kultur (Rudenko 1969, Tafel 36) mit der Darstellung eines gehörnten und geflügelten Wolfs, ein von eurasiatischen Pferdezüchtern her bekanntes Motiv, hier aber in »chinesischer Ausführung«. Allerdings bleibt die Frage, wer von wem dieses Motiv übernommen hat.

Mit der buddhistischen Missionierung begann die Herstellung von Kultgeräten, wie Gebetsketten, Trommeln, Knochentrompeten, Gebetsmühlen aus Bein, Knochenschmuck und anderes (Taube 1983, Abb. 19, 28, 29, 72). Selbst die früher zu Orakelzwecken verwendeten Schulterblattknochen vom Schaf wurden mit tibetischen Gebetsformeln versehen und auf Steinhaufen, als Sitz der örtlichen Schutzgottheit, an Wegkreuzungen und Paßhöhen aufgehängt (siehe Taube 1983, S. 32).

Während eines Feldaufenthaltes in Darjeeling 1981/82 (Loseries-Leick 1983), haben mir gegenüber mehrere Informanten die Bedeutung der mongolischen Handwerker für die traditionelle buddhistische Knochenschnitzkunst betont. So berichtete ein Knochenschnitzer aus Chamdo (Osttibet): »Ich stamme aus einer sŇags pa-Familie, die ihre Herkunft auf den indischen Mahāsiddha Śabari zurückführen kann. Somit hat die Kunst des Knochenschnitzens in meiner Familie eine über tausendjährige Tradition. Mein Vaterhaus in Chamdo war gleichzeitig ein Kloster, in dem zahlreiche Mönche lebten. Es wurde jedoch in unserer Familie durch leibliche Erbfolge weitergegeben. Das Kloster hieß bSam gliñ dgon pa, hier erhielt ich meine traditionelle Erziehung, die im Alter von fünf Jahren begann.

Die Knochenschnitzkunst habe ich von keinem bestimmten Meister gelernt. In unserer sŇags pa-Tradition wurde das Wissen über die Behandlung und Verarbeitung von Menschenknochen für Ritualzwecke mündlich weitergegeben und auch nach den Kommentaren der Anuttaratantras studiert. Im Kloster waren eigene Werkstätten dafür eingerichtet, die Auftragsarbeiten dieser Art für den Eigenbedarf und die umliegenden Klöster ausführten. In meinem Vaterhaus waren vorwiegend mongolische Handwerker beschäftigt, da diese besonders geschickt in der Bearbeitung von Knochen waren und am schönsten zu schnitzen wußten. Da ich als Knabe sehr gut

Seite 193: Knochenschürzen und aus Knochen geschnitzte Gehänge gehören zu den Zeremonialkleidern aller Darsteller schrecklicher Gottheiten und haben besondere kultische Bedeutung (Ulanbator 1988).

zeichnen konnte, hielt ich mich gerne in den Werkräumen der Mongolen auf. Mitunter forderten sie mich auch zur Mithilfe auf und so kam es, daß ich die eigentliche Technik des Knochenschnitzens einzig durch Beobachten der mongolischen Handwerker im Dienste meines Vaters erlernte . . .« (Protokoll B I.1.).

Ein anderer Knochenschnitzer aus Zentraltibet, der diese Kunst von einem Newari-Handwerker in Lhasa erlernt haben soll, betonte ebenso, daß die Mongolen die geschicktesten Knochenschnitzer gewesen seien und selbst die Newari-Künstler in dieser Fertigkeit übertrafen. Als Begründung wurde angegeben, daß Mongolen schon seit jeher gewohnt seien, mit diesem Material umzugehen (Protokoll A. I.6.).

Ein mongolischer Informant äußerte sich zu diesem Thema sehr gefühlsbetont: »Die Mongolen waren die feinsten und besten Kunsthandwerker auch im Knochenschnitzen! Sie waren überall in Tibet und China als Lehrer und Handwerker tätig und wurden als solche ob ihrer Gutgläubigkeit oft genug ausgenutzt . . .« (Protokoll, E.I.).

Da bislang in der westlichen Literatur die Knochenschnitzkunst der Mongolen kaum gewürdigt wurde (Ronge 1983), soll sie im folgenden mit ihren tibetischen Vorbildern verglichen werden, und zwar am Beispiel des Knochenschmucks (tib. *rus rgyan*), der als wichtiger Bestandteil des traditionellen Gewandes für Ritualtanz (tib. *'khyam*) eine besonders elaborierte Schnitztechnik aufweist.

In Tibet ist der Knochenschmuck grundsätzlich von rechteckiger Form, gebildet aus einem weitmaschigen Netz von meist doppelt aufgezogenen Knochenperlen, an deren Schnittpunkten rechteckige Knochenplatten angebracht sind, die buddhistische Symbole und Figuren als Motive aufweisen. Der obere Rand wird als breites Gürtelband auf der Hüfte getragen. Er besteht aus mehreren Knochenperlenketten, zwischen die meist sieben längliche, konisch zugespitzte, figural reich beschnitzte Knochenplättchen eingefügt sind. Als Schnitzmotive begegnen uns je nach dem Tantrasystem friedvolle Darstellungen von Gottheiten oder deren zornvolle Aspekte, mitunter auch in sexueller Vereinigung. Ein beliebtes Motiv in der *rÑin-ma*-Tradition ist zum Beispiel die Ausgestaltung des Gürtelbandes mit der Darstellung einer rasenden Yab-Yum-Gottheit in der Mitte, flankiert von tanzenden, tierköpfigen Dākinīs aus der Gruppe der *Phra men ma*-Gottheiten als Illustration der *Bardo*-Visionen nach den Totenbuchlehren des *gTer ston Karma gLin pa* (14. Jh.).

Ferner treten als Motive die königlichen Sieben Symbole des Weltenherrschers auf (Rad, Juwel, Königin, Minister, Elefant, das göttliche Pferd und der Feldmarschall), die Sechs Requisiten (drei des Königs und drei der Königin), die Acht Glückssymbole (Fische, Muschel, Dharmarad, Unendlicher Knoten, Siegesbanner, Schirm, Vase und Lotos), das tanzende Skelettpaar Cittapati, der Kopf des Meeresungeheuers Makara, sowie Vajra und Glocke (siehe Loseries-Leick 1983, 1986).

Vergleichen wir nun diesen tibetischen Knochenschmuck der *rÑin-ma*-Tradition mit einigen mongolischen Exemplaren, die in einem jüngst publizierten Buch über mongolisches Kunsthandwerk abgebildet sind (Tsultem 1984, Abb. 77, 78, 79 und 86), wobei die Datierungen fehlen, so daß keine chronologische Stilanalyse erfolgen kann.

Am meisten erinnert an das tibetische Vorbild der Knochenschmuck aus Kamelknochen (Abb. 79) mit seinem fünfreihigen, weitmaschigen Netzwerk aus doppelt aufgezogenen Knochenperlenketten. Der rechteckige Schurz verschmälert sich nach unten, das breite Gürtelband ist von sieben konisch zugespitzten, länglichen Knochenplättchen durchbrochen. Jedoch ist auffällig, daß hier jede Art von figürlicher Darstellung fehlt: die Knochenplättchen des Gürtelbandes tragen von Blüten umrankte Vajramotive, dazwischen in auf die Spitze gestellten Rechtecken das Glücksmotiv des Unendlichen Knotens, an jeder Längsseite geschmückt von einer fein geschnitzten Glocke.

Die erste Reihe des Schurzes trägt sechs rechteckige Verbindungselemente, die von außen nach innen gehend zwei »friedvolle« Dharmaräder mit jeweils acht Speichen als Motive tragen, weiters zwei Unendliche Knoten und zwei »zornvolle« Räder (tib. *drag po'i 'khor lo)*, eine Art Waffe. Die zweite Reihe trägt sieben Verbindungselemente: zwei »zornvolle« Räder, zweimal die Fische als Glückssymbol, zwei Unendliche Knoten und in der Mitte ein »friedvolles« Dharmarad (tib. *źi ba'i 'khor lo)*. Und in der dritten Reihe mit sechs Elementen finden sich zwei Lotossymbole, zwei »zornvolle« Räder und zwei Fischsymbole. Die sieben Abschlußelemente tragen das Motiv des »flammenden Juwels« (tib. *nor bu me 'bar)*. Fünf Metallglöckchen hängen lose am unteren Rand, in den Zwischenreihen des Netzwerks sind ebenfalls geschnitzte Glöckchen angebunden. Die beiliegenden Oberarmringe tragen an den seitlichen Randplättchen jeweils eine figürliche Tierdarstellung. Die Schnitzarbeit ist gleichmäßig und äußerst fein ausgeführt.

Völlig anders gestaltet sind die Knochengewänder der Abb. 77, 78 und 86, wobei das erste (Abb. 77) aus grünbemalten Elfenbeinperlen, auf gewandartig zugeschnittenen Brokat aufgenäht, wohl am außergewöhnlichsten ist. Sehr verschieden von den tibetischen Vorbildern ist der breite Brustschmuck, der in den Texten als »knöcherne Brahma-Schnur« (tib. *rus pa'i tshaṅs skud)* bezeichnet wird, und zwei achtspeichige Räder als Mittelstück auf Brust und Rücken aufweisen soll *(Grags pa rGyal mTshan, 267/1/1–267/1/3)*. Hier sind statt dessen drei zentrale, bis zum Nabel herunterhängende Schmuckelemente mit Vajramotiven gegeben. Jedoch finden sich an diesem Beispiel wiederum figürliche Darstellungen am Gürtelband nach tibetischem Vorbild.

Noch extremer weichen die beiden Knochenschmuckbeispiele aus Elfenbein auf Abb. 78 und 86 von den tibetischen Textvorlagen ab. Anstelle des weitmaschigen Netzwerks ergeben querverbundene Kettenschnüre (Abb. 78) und unterschiedlich dicht vernetzte Maschen (Abb. 86) ein völlig neues Gesamtbild, das von feinst gearbeiteten Schnitzelementen unterbrochen ist.

Als Motive treten keine figürlichen Darstellungen auf, sondern nur Bildsymbole wie Vajra, Lotos, Flammenjuwel, Unendlicher Knoten und das »Ruyi«-Ornament, ein taoistisches Symbol für langes Leben. Ebenso findet sich das achtspeichige friedvolle Dharmarad und als Mittelstück des Gürtelbandes eine runde Scheibe, die an die Spiegelgehänge des mongolischen Schamanengewandes erinnert (Abb. 78; vgl. Forman 1967, Abb. 63, 57, 107). Zusammenfassend lassen sich

194

als grundlegende Unterschiede des mongolischen Knochenschmucks zum tibetischen folgende Punkte festlegen:
1. Figürliche Darstellungen sind selten.
2. Die vermehrt auftretenden Bildsymbole enthalten auch mongolische Ornamente (»Ruyi«-Motiv, spiegelartiges Gehänge).
3. Die einzelnen Schnitzelemente sind seltener als erhabenes Relief in Knochenplättchen eingeschnitzt, sondern meist ausgeschnitten und je nach Dekor durchbrochen.
4. Allgemein ist die mongolische Schnitztechnik elaborierter, feiner und von größerer Variationsbreite als die tibetische zu nennen.
5. Es ist nicht auszuschließen, daß die mehr abstrahierende Gestaltung des Knochenschmucks sich auch in China durchsetzen konnte. Zumindest erinnert ein Elfenbein-Knochenschmuck aus der Qing-Dynastie an mongolisches Kunsthandwerk (Chinese Masterpieces 1971, 70.3.).

Mit den rigorosen politischen Veränderungen in der ersten Hälfte dieses Jahrhunderts fand die sakrale Kunst des Buddhismus in Zentralasien ein jähes Ende. So wurde auch die Herstellung von Kultgeräten aus Knochenmaterial aufgegeben und das Wissen um Symbolkraft und Funktion der einzelnen Objekte ging verloren (zu Symbolik und Funktion des Knochenschmucks siehe Loseries-Leick 1986).

Seit der Gründung eines Künstlerateliers in Ulanbator 1956 ist auch die Knochenschnitzerei als alte Volkskunst wieder aufgenommen worden. In diesen Werkstätten entstehen naturalistische vollplastische Schnitzwerke aus Elfenbein mit Motiven wie Elch, Bergschaf, Kuh, Melkerinnen, deren Meister namentlich zeichnen, etwa Dordschi, Senge und Gebschi.

Als einziges aus dem Buddhismus übernommenes Motiv begegnen wir den »Vier Einmütigen« als Symbol für Freundschaft und Frieden. Am klarsten spiegelt sich der vollzogene Sinneswandel im Kunstschaffen des mongolischen Volkes am Beispiel »Nationalspiele«, eine Reliefschnitzerei auf einem tierischen Langknochen (MDAK-Mongolei 1971, Blatt 13). Einfallsreich hingegen ein Kunstwerk bestehend aus einem durchlöchertem Horn, das in einer Baumwurzel steckt: In dem Horn, durch die Durchlöcherung sichtbar, scheinen kleine Elfenbeinschafe zu klettern (MDAK-Mongolei 1971, Blatt 8). Ebenso werden in diesem Atelier für Knochenschnitzerei Schachspiele gefertigt.

An diesem Beispiel zeigt sich, daß die Mongolen die Knochenschnitzkunst als ein altes Volkshandwerk zu würdigen wissen, und der Vergleich von sakralem mongolischem Knochenschmuck mit tibetischen Vorlagen bestätigt die besondere künstlerische Fertigkeit und das hohe Kunstempfinden der mongolischen Tradition.

Literatur:
Candrakīrti: Madhyamakāvatara. S. La Vallée-Poussin 1907—1912.
Eliade, M.: Le chamanisme et les techniques archaïques de l'éxtase. Paris 1951.
Forman, W. und Bjamba Rintschen: Lamaistische Tanzmasken. Der Erliktsam in der Mongolei. Leipzig 1967.
Friedrich, A.: Knochen und Skelett in der Vorstellungswelt Nordasiens. In: Wiener Beiträge zur Kulturgeschichte und Linguistik, Bd. 5, 1943, S. 189—247.
Grags pa rGyal mTshan (1147—1216): He ru ka'i chas drug. In: Sa skya pa'i bka' 'bum. The complete works of the great Masters of the Sakya Sect of Tibetan Buddhism. Bd. 3, Tokyo 1968: 265/4/1—271/2/4 (Tibetischer Blockdruck).
Hummel, S.: Nichtanimistisches und Animistisches im Lamaismus. In: Jahrbuch des Museums für Völkerkunde, Leipzig, Bd. 12, Berlin (Ost) 1953, S. 52—62.
La Vallée-Poussin, L. de, Hg.: Candrakīrti (6./7. Jh.): Madhyamakāvatara. Traduction Tibetain (= Bibliotheca Buddhica IX). St. Pétersbourg 1907—1912.
Laufer, B.: Use of human skulls and bones in Tibet. In: Field Museum of Natural History. Department of Anthropology Leaflet No. 10, Chicago 1923, S. 9—16.
Lehtisalo, T.: Der Tod und die Wiedergeburt des künftigen Schamanen. In: Journal de la Sociéte Finno-Ougrienne Bd. 47, Helsinki 1937, S. 1—35.
Loseries-Leick, A.: Tibetische Knochenschnitzereien. Tradition und Praxis im Wandel der Zeit. Eine Datenerhebung unter Berücksichtigung historisch-ethnographischen Quellenmaterials (10.—20. Jh.). Phil. Diss., Wien 1983.
Loseries-Leick, A.: Bemerkungen zur buddhistisch-tantrischen Ikonographie: Der Knochenschmuck. In: Orient und Okzident im Spiegel der Kunst (= Festschrift H. G. Franz), hg. G. Brucher u. a., Graz 1986, S. 203—220.
Masterpieces of Chinese Tibetan Buddhist Altarfittings in the National Palace Museum. Taipei 1971.
MDAK-Mongolei (= Moderne Dekorative Angewandte Kunst der Mongolei). Ulanbator 1971, Lose-Blatt-Kassette.
Modi, J. J.: Tibetan Disposal of the Dead. In: Memorial Papers. Bombay 1922.
Novgorodova, E.: Alte Kunst der Mongolei. Leipzig 1980.
Okladnikow, A.: Der Mensch kam aus Sibirien. Russische Archäologie auf den Spuren fernöstlicher Kulturen. Wien, München, Zürich 1974.
Paulson, I.: The preservation of Animal bones in the hunting rites of some north-eurasian people. In: Popular Beliefs and Folklore Tradition in Siberia, hg. V. Diószegi, Budapest 1968, S. 451—457.
Protokolle der Feldforschung Leick 1981/82. S. Loseries-Leick 1983, S. 67 ff.
Robinson, J.: Buddha's Lions. The Lives of the Eighty-Four Siddhas. Ćaturaśiti-siddha-pravṛtti by Abhayadatta. Translated into Tibetan as Grub thob brgyad cu rtsa bzhi'i lo rgyus by sMongrub shes-rab. Berkeley 1979.
Ronge, V.: Kunst und Kunstgewerbe bei den Mongolen. In: Die Mongolen. Beiträge zu ihrer Geschichte und Kultur, hg. M. Weiers, Darmstadt, 1986.
Rudenko, S. I.: Die Kultur der Hsiung-nu und die Hügelgräber von Noin Uula. Bonn 1969.
Taube, E. und M. Taube: Schamanen und Rhapsoden. Die geistige Kultur der alten Mongolei. Wien 1983.
Tsultem, N. O.: Iskusstvo Monjoliv. Moskau 1984.
Tsultem, N. O.: Mongolian Arts und Crafts. Ulanbator 1987.
Uray-Köhalmi, K.: Der sibirische Hintergrund des Bärenfestes der Wogulen. Budapest 1975. In: Congressus Quartus Internationalis Fenno-Ugristarum, Pars IV, Budapest 1981, S. 134—148.
Volhard, E.: Kannibalismus. Stuttgart 1939.

Geburt, Hochzeit, Tod — Der menschliche Lebenszyklus im Brauchtum der Mongolen

Sławoj Szynkiewicz, Warschau

Ethnologen arbeiten gelegentlich mit dem Konzept der »Spiel-Kultur«, um Gesellschaften zu beschreiben, deren Brauchtum sowohl im öffentlichen als auch im privaten Leben viel Freude und Spaß zeigt. Ganz sicher würden die Mongolen unter diesen Begriff fallen, denn ihr Brauchtum ist voll von Spielen und Wettkämpfen. Natürlich gibt es auch viele »ernste« Bräuche, die verbunden sind mit den Krisensituationen im Leben, doch Wendepunkt oder Übergänge wie Hochzeit, Beerdigung oder Neujahrsfeierlichkeiten rechnen sie nicht dazu. Sie sind ihnen wichtig, und deshalb verschönern sie sie mit Spielen und Wettkämpfen (wenngleich diese auch im weiteren Sinne als Riten verstanden werden können).

In der traditionellen mongolischen Gesellschaft gab es sehr viel mehr Riten und Feste als in der modernen. Sie markierten die verschiedenen Stadien im Leben eines Menschen oder die Vergänglichkeit der Zeit. Der menschliche Lebenslauf und der Jahresablauf waren erfüllt von Übergangsriten, und das nicht nur, weil die Mongolen Anhänger einer stark rituell geprägten Religion waren, sondern weil ihr Leben mit dem natürlichen Jahreszyklus eng verbunden war.

Geburt. Obwohl die Mongolen Kinder sehr mögen, gilt die Schwangerschaft nicht als eine Zeit freudiger Erwartung. Im Gegenteil, die Schwangere erledigt ihre tägliche Arbeit bis zum letzten Tag, und die Eheleute befassen sich sehr selten mit dem zukünftigen Kind. Wenn sie sich doch im engsten Kreise darüber Gedanken machen, dann sind diese eher düster, verursacht durch unglückliche Vorkommnisse oder die Angst, ob bei der Geburt auch alles gut geht. Das hat seinen Grund in der bis vor kurzem sehr hohen Sterblichkeitsrate von Mutter und Kind.

Statistiken vom Anfang dieses Jahrhunderts zeigen eine Säuglingssterblichkeit von bis zu fünfzig Prozent. Die relativ häufige Unfruchtbarkeit oder Schwierigkeiten bei der Entbindung lassen sich auf den allgemeinen Gesundheitszustand, aber auch auf Gewohnheiten — wie das ständige Reiten der Frauen — zurückführen.

Deshalb sind viele Familien mit Kindern nicht gerade gesegnet und Fehlgeburten und Kindersterblichkeit bei ihnen sehr häufig. In der Vergangenheit wandte man sich in solchen Fällen eher an einen Lama-Mönch als an einen Arzt, eher an einen Astrologen als an einen Mediziner, denn nur von diesen glaubte man, daß sie die Verbindung zwischen den Menschen und der anderen Welt herstellen konnten. Aus dem gleichen Grund haben die Menschen auch Zuflucht zu magischen Behandlungspraktiken genommen.

Diese haben sich aus verschiedenen Vorstellungen entwickelt. Erstens, die Übertragung positiver Kräfte mit Hilfe eines Gegenstandes aus einer fruchtbaren Familie, zum Beispiel einer Wiege, Wickeltücher oder Frauenunterwäsche. Die beste Wirkung erzielte man, wenn man diese Dinge stahl (und am nächsten Tag durch ein Geschenk ausglich), denn von Gestohlenem oder zufällig Gefundenem glaubt man, daß es nicht von dieser Welt ist. Umgekehrt wurde eine Wiege, in der ein Säugling gestorben ist, nicht wieder benutzt, sondern sofort zerstört.

Eine andere Vorstellung hat dazu geführt, die Identität des Kindes zu ändern oder sie auf einen Gegenstand zu übertragen, um die bösen Mächte zu täuschen. Je öfter diese die Kinder einer Familie geholt hatten, desto gefährdeter war sie geworden. Man änderte dann die Einteilung in der Jurte, vertauschte zum Beispiel den Männer- und Frauenteil, um so ein ganz anderes Heim vorzutäuschen. Oder man gab das Baby in eine andere Familie zur Adoption oder für eine begrenzte Zeit zur Pflege, wobei eine Namensänderung notwendig war, bzw. ließ es von Freunden oder Verwandten stehlen.

Es gab aber auch die gegenteilige Methode — eine Verstärkung der Identität des Säuglings und seiner Verbundenheit mit der Familie als eine Art Herausforderung der bösen Mächte. Hier spielt die Idee eine Rolle, daß der Familienherd, der aus der Welt der Schutzgottheiten kommt, eine starke Macht ist. In diesem Fall fand die Entbindung durch den röhrenförmigen Kesselständer statt, der sonst das Feuer umschließt und repräsentiert. Die gleiche Bedeutung hat es, wenn man den Säugling scheinbar in den Kessel taucht, der über der Flamme erhitzt wurde.

Bei der Entbindung sind nur Frauen anwesend, der Vater zieht sich nach draußen zurück. In den Familien in der Gobi, die oft einzeln lebten, war jedoch der Ehemann oft die einzige Hilfe. Wenn die Geburt zu lange dauert, holte man auch einen starken Mann, der den Bauch der Mutter preßte und massierte. Die Anwesenheit der Schwiegermutter war üblich. Die wichtigste Person war jedoch eine erfahrene Geburtshelferin, die selbst Mutter von vielen Kindern war.

Die Geburt fand normalerweise in der Jurte der Frau statt, erst in jüngster Zeit suchen die Frauen Entbindungsstationen auf. Wie in den meisten asiatischen Ländern gebar die Frau in der Hocke. Sie hockte sich im Küchenteil der Jurte nieder und ergriff einen Gegenstand, der ihr festen Halt bot. Eine weiche Schicht aus Schafdung, bedeckt mit Filz, war der erste Kontakt, den das Baby mit der Welt hatte. Es wird dann in Stoff oder Lammfell gewickelt und darf drei Tage lang im Bett der Mutter liegen.

Die Nabelschnur wird mit einem Messer durchtrennt, das danach in einem Kästchen aufbewahrt und niemals für andere Zwecke benutzt wird. Die Plazenta wird ganz besonders behandelt. Sie wird sorgsam in eine Filztasche eingerollt und an einem einsamen Ort oder, wenn in der Familie schon mehrere Kinder gestorben sind und sie auf weitere glückliche Geburten hofft, in der Jurte begraben. In beiden Fällen werden noch einige Getreidekörner und Fußknochen eines Schafes als Zeichen für Überfluß und Fruchtbarkeit mit eingerollt. Falls die Eltern keine weiteren Kinder mehr haben wollen, geben sie die Plazenta den Hunden. Eine weitere Vorsichtsmaßnahme, böse Einflüsse von außen zu verhindern, besteht darin, daß ein etwa zwei Meter langes Seil am Eingang der Jurte befestigt und nach außen gezogen wird als Zeichen, daß keine Besucher, nicht einmal aus dem eigenen Lager, empfangen werden. Das kann drei Tage dauern oder auch mehrere Wochen, wenn das Kind schwächlich ist.

Nach der Geburt galt die Frau als unrein, das heißt sie durfte nicht kochen, keine Opfer darbringen, ja sich nicht einmal dem Familienaltar nähern. Diese Tabus hatten jedoch keine praktische Bedeutung, da sie das Bett in diesem Zeitraum sowieso nicht verließ. Am dritten Tag nach der Geburt stand sie auf, reinigte sich mit Räucherwerk und brachte dem Herd ein Butteropfer. Am selben Tag fand auch eine Zeremonie »des Waschens des Neugeborenen« statt, mit der das Kind in die Familie aufgenommen wurde.

Dafür wird ein Schaf geschlachtet und eine Brühe gekocht, die immer ein Bein des Schafes enthält. Brühe und Fleisch werden von der Mutter gegessen, während der gesäuberte Tibia-Knochen, der heute bedeutungslos geworden ist, früher als Zeichen des Kindes in der Familientruhe aufbewahrt wurde. Dann wäscht die Geburtshelferin das Kind mit der mit warmem Wasser verdünnten Brühe. Nachdem es gewaschen und gewickelt worden ist, wird es dem Vater übergeben, der einen Segen über das Kind spricht und es zum ersten Mal in die Wiege legt. Die Wiege wurde zuvor als glückbringendes Zeichen mit Milch besprengt. Die Wiege ist so geformt, daß man sie leicht schaukeln, am Bett der Eltern aufhängen oder auf einem Pferd mittragen kann.

In den Gebieten, wo man sich noch die Erinnerung an die einst weitläufigen Familien bewahrt hat, wurde das Baby in der Wiege zu den Großeltern väterlicherseits gebracht. Der Vater überreichte es ihnen, und sie strichen etwas Butter auf Stirn und Mund des Kindes und segneten es. Dann konnte die allen zugängliche Feier in der Jurte, in der das Kind geboren worden war, beginnen.

An dieser Feier können Verwandte und Nachbarn teilnehmen. Zusätzlich zu dem, was die Gastgeber vorbereitet haben, bringen auch die Gäste Essen und Trinken mit, außerdem Geschenke für das Neugeborene: Stoffe, Lammfell und Gold, aber auch Tiere. Das Geschenk der Geburtshelferin allerdings wird überreichlich erwidert: Als Dank für ihre Dienste bekommt sie ein *chadag,* ein symbolisches Geschenk von großem Prestigewert, den Steiß des Schafes, weißen Stoff und ein Stück Stoff für ein Kleid.

Sie wird auch in Zukunft Geschenke bekommen, üblicherweise zur Neujahrszeit und vom Kind selbst, wenn dieses größer geworden ist. Außerdem wird sie wegen ihrer besonderen Beziehung — wie sie sich auch in der Bezeichnung *avsan eež* »die Mutter, die entbindet«, zeigt — zu einem Familienmitglied, das in Zukunft zu den Familienfeiern eingeladen wird. Genauso wie bei den anderen älteren Verwandten ist ihr Name tabu. Auch die Hebammen der modernen Entbindungsstationen nehmen zum Teil diese besondere Stellung heute noch ein. Bei dieser Zeremonie bekam das Kind auch einen Namen.

Früher geschah dies durch einen dazu eingeladenen Lama-Mönch oder durch den ältesten anwesenden Mann, oft dem Großvater. Falls keine Zeremonie abgehalten wurde, bekam das Kind seinen Namen, nachdem der erste Besucher die Jurte betreten hatte oder nach einem bedeutenden Ereignis. Dies waren auch die seltenen Fälle, in denen die Eltern die Namengebung selbst vornahmen. Selbst heute noch bekommen die Kinder außerhalb der Hauptstadt ihren Namen vom Personal der Entbindungsstation, und nur selten werden dabei die Eltern befragt.

Außer in den beiden angeführten Fällen gaben die Eltern auch dann den Namen, wenn sie sich der dem Namen innewohnenden Kraft versichern wollten, vor allem dann, wenn sie damit ein mögliches Unglück verhindern wollten. Dabei wurde die Identität des Kindes, wie oben beschrieben, verschleiert. Die dafür in Frage kommenden Namen bilden eine Art Tarnung, zum Beispiel *Terbiš* — »Nicht-dieser«, *Chünbiš* — »Nicht-Mensch«, *Nergüj* — »Ohne Namen« und ähnliche. Aus dem gleichen Grund kann man auch noch bei Erwachsenen Namen ändern, falls man das Gefühl hat, daß die Person bösen Mächten ausgesetzt ist. Ein Namenswechsel konnte auch einen neuen Status anzeigen, so wenn ein Junge zum Mönch geweiht wurde oder in manchen Gegenden bei jung verheirateten Frauen.

Der Fundus an Namen, der sich bis heute häufig erweitert hat, zeigt zwei herausragende Charakteristiken: das erste ist die

Kleinkind in der für den Nomadismus typischen Hängewiege (Torgut, Chovd-Region).

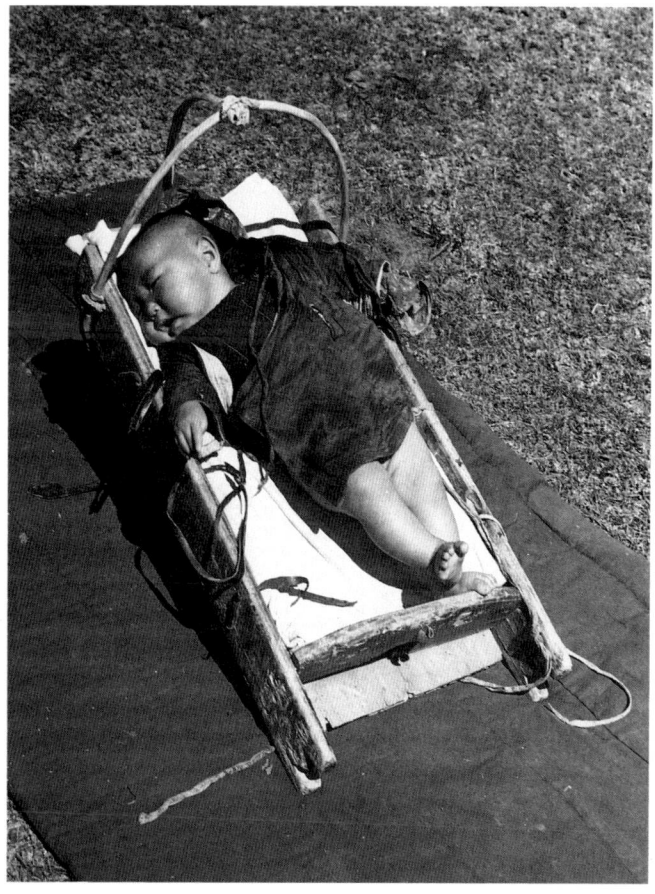

Vorliebe für fremde Namen, die sich aus der magischen Beziehung zwischen Fremdem und der anderen Welt herleitet und denen daher etwas Kraftvolles und Glückbringendes zugeschrieben wird. Namen mongolischen Ursprungs sind deshalb in der Minderzahl. Im Mittelalter wurden vor allem türkische und auch nestorianische Namen aufgenommen, später tibetische und solche aus dem Sanskrit, heutzutage auch russische. Das zweite Charakteristikum ist, daß die meisten Namen glückverheißend sind. Deshalb sind die alten Namen mongolischen Ursprungs beladen mit Vorstellungen von Stärke, Tapferkeit, Dauerhaftigkeit, Glück und Tugendhaftigkeit. Namen, die mit dem Buddhismus eingeführt worden sind, tragen die Idee religiöser Tugendhaftigkeit unabhängig von ihrer tatsächlichen Bedeutung, die meistens unbekannt ist. Moderne mongolische Namen, vor allem weibliche, haben nur noch selten diese magische Funktion, sondern beziehen sich eher auf Schönheiten in Natur und Landschaft wie Sonnenstrahl, Goldblume, Tamirfluß usw. Männliche oder Namen für beide Geschlechter setzen zwar die alte Tradition noch fort, doch neue Inhalte wie Frieden, Glück und ähnliche lassen vermuten, daß das Verständnis der magischen Bedeutung hier langsam verschwindet; das gleiche Schicksal trifft wohl auch das Tabu, Namen von Verwandten auszusprechen, das heute nur noch bei ganz nahen, älteren Verwandten gilt.

Es muß darauf hingewiesen werden, daß zwar die Zeremonie des »Baby-Waschens« notwendig war, nicht aber unbedingt das

Knabe mit Zopf, eine heute nur mehr bei den Torgut im Gebiet von Tarbagatai, Chovd-Region, anzutreffende Haartracht.

begleitende Fest, das nur von reichen Familien erwartet wurde. Es scheint, daß die mit der Zeremonie verbundenen verschwenderischen Feste eine neue Gewohnheit sind. Man sollte nicht vergessen, daß nichts bei diesen Zeremonien ausschließlich religiös war, doch gelegentlich wurden Lamas eingeladen. Nur die Namengebung selbst gilt als heilige oder magische Handlung, die aber durchaus auch von einem Laien durchgeführt werden konnte.

Das gleiche gilt für die Amulette, die notwendig waren, die jedoch sowohl in der Familie hergestellt als auch bei einem Lama-Mönch bestellt werden konnten. Es gab verschiedene Arten von Amuletten, man hängte sie um den Hals, nähte sie in das Gewand ein, befestigte sie an der Wiege oder hängte sie über dem Bett auf. Verschiedene Dinge konnten als Amulette dienen: Halbedelsteine und Bernstein, Silber- oder Goldstückchen, Getreidekörner, Tierdarstellungen (vor allem vom Fuchs) oder Teile von Tieren wie Fänge oder Klauen, archäologische Fundstücke und religiöse Texte.

Amulette wurden von Personen jeden Alters getragen, aber bei Kindern sind sie am beliebtesten. So sind sie gegen die Mißgeschicke des Lebens gewappnet. Gleichzeitig werden sie abgehärtet, um die für die nomadische Lebensweise unbedingt notwendige Ausdauer zu erwerben. Über Jahrhunderte hinweg waren die Kinder von vielen Gefahren bedroht: extreme Temperaturunterschiede im Winter zwischen der Hitze im Inneren des Zeltes und der Kälte draußen, die nicht einmal durch Wechseln der Kleidung gemildert wurden, beißende Winde und Schneestürme, die einen nicht vom Arbeiten draußen entbinden, Unterernährung usw. Nur kräftige Menschen konnten sich unter solchen Umständen behaupten, und diese Kondition wurde bereits in der frühen Kindheit erworben.

Die natürliche Auswahl war streng und begann früh. Deshalb waren die Eltern glücklich, wenn sie den ersten Geburtstag des Kindes feiern konnten. Es war der einzige Geburtstag, den die Mongolen feierten, außer wenn jemand sehr alt wurde. Das Kind galt zum Zeitpunkt seines ersten Geburtstags bereits als zwei Jahre alt, da man die Zeit der Schwangerschaft als ein Jahr dazuzählte. Eine weitere Besonderheit dieses Geburtstages war, daß er, wie in Europa üblich, tatsächlich am Tag der Geburt des Kindes gefeiert wurde. Für alle anderen gab es einen bestimmten Tag im Jahr — meistens der Neujahrstag — an dem sie ein Jahr zu ihrem Lebensalter dazuzählten.

Aber erst frühestens nach drei Jahren feierte man richtig, daß das Kind da ist. Es mag seltsam klingen, aber vorher galt das Kind nicht als vollwertiges Mitglied der menschlichen Gemeinschaft. Es war zwar von der Familie akzeptiert, nicht aber von der Gesellschaft und galt als ein Wesen zwischen zwei Welten, noch verhaftet mit dem Jenseits, aus dem es gekommen war und wohin es leicht wieder zurückgehen konnte, und dem Diesseits, dem es als soziales Wesen angehörte. In der heutigen Mongolei kann man diese Unterscheidung nicht mehr feststellen. Folgende Kriterien markierten die Grenzlinie: die Fähigkeit verständlichen Sprechens, Grundkenntnisse in der Etikette, die an der Geschicklichkeit gemessen wurde, mit der das Kind seine Hände hielt, wenn es etwas bekam oder hergab, und schließlich ausgeglichenes Wesen, das heißt, daß das Kind nicht mehr grundlos schrie. Wollte man ein Kind adoptieren, was bei den Mongolen häufig vorkam, dann am besten in dieser frühen Zeit, wenn sein Verstand und seine Familienbande noch nicht entwickelt sind.

Die nächste wichtige Zeremonie ist die des Haareschneidens. Das ist das Zeichen, daß das Kind seinen Zustand als Wesen zwischen zwei Welten beendet hat und der menschlichen Welt angehört. In diesem neuen Zustand ist das Kind viel weniger von einem plötzlichen Tod bedroht, trotzdem werden aber noch weiterhin magische Schutzmaßnahmen getroffen. Mit dem Haareschneiden macht man öffentlich bekannt, daß das Kind nun ein Mitglied der Gesellschaft geworden ist. Deshalb ist diese Zeremonie noch häufiger ein öffentliches Ereignis, als das Waschen des Säuglings. Viele Besucher, auch von weither, werden erwartet. Das Kind tritt damit aus der Familie heraus in das öffentliche Leben. Diesem Ereignis wurde oft noch mit Pferde- und Ringerwettkämpfen besonderes Gewicht gegeben; an diesen nehmen zwar auch die Kinder, vor allem aber die Erwachsenen teil.

Die Zeremonie findet unabhängig vom Geschlecht im Alter von drei oder fünf Jahren statt. Bis dahin wird das Haar niemals geschnitten. Man glaubt, daß es fötalen Ursprungs sei. Jeder der Anwesenden schneidet eine Strähne ab, der älteste anwesende Mann beginnt damit. Man benutzt dazu eine Schere, die sonst zum Schafescheren benutzt wird und an die die Mutter des Kindes ein *chadag* gebunden hat. Der Älteste spricht einen Segen über das Kind und wünscht ihm Glück und langes Leben. Dann reicht er Kind und Schere an die neben ihm sitzende Person weiter, die die Handlung wiederholt und mitteilt, welches Geschenk sie für das Kind mitgebracht hat. Nur wenn es etwas außergewöhnliches ist, zum Beispiel ein Tier, wird es laut und deutlich ausgesprochen; dies ist eine Art öffentliche Verpflichtung, denn das Tier bleibt in der Herde des Schenkenden und kann gefordert werden, wenn das Kind erwachsen geworden ist.

Das abgeschnittene Haar wird in eine kleine Tasche gelegt und als Familienandenken und magisches Zeichen aufbewahrt. Es bleibt nur ein Büschel Haar auf dem Hinterkopf stehen, bei Jungen manchmal noch ein Pony, bei Mädchen manchmal auch seitlich zwei Büschel. Die volkstümliche Interpretation lautet, daß das Haarbüschel der Jungen ein Zeichen des künftigen Familienoberhauptes sei, die beiden Büschel der Mädchen sollen ihre mögliche Mutterschaft anzeigen. Die Haare werden gelegentlich nachgeschnitten, bis der nächste zeremonielle Haarschnitt den Übergang in die nächste Lebensphase anzeigt. Das Kind bekommt nun auch sein erstes Kleidungsstück, das die Mutter ihm vor der Haarschneidezeremonie anzieht, während der Vater einen Segen spricht und das Kind anhält, sparsam zu sein und mit den Dingen sorgsam umzugehen, auch mit diesem Kleid. Früher liefen mongolische Kinder in Lumpen, manchmal auch nackt herum, während saubere und korrekte Kleidung als Zeichen des Erwachsenseins galten.

Das zeremonielle Haareschneiden ist bis heute Voraussetzung dafür, daß Kinder reiten lernen dürfen. Wenn sie es können, bekommen sie einen Kindersattel geschenkt, ein Ereignis, an das sich ein Mongole sein Leben lang erinnert. Mit fünf Jahren fangen Knaben und Mädchen an, ihre Väter zu beobachten, ob sie schon Vorbereitungen treffen, ihnen einen Sattel zu schenken, und wenn es dann soweit ist, gibt es im Frühsommer eine entsprechende Zeremonie.

Junge nach dem ersten zeremoniellen Haarschnitt mit Kopfschmuck und Halskette als Mädchen zurechtgemacht, um böse Geister irrezuführen. (Torgut, Chovd-Region).

Zunächst sitzt die Mutter eine Weile auf dem Sattel, um ihn so einzuweihen, dann erst darf das Kind aufsteigen und reitet um die Jurte, in der es geboren wurde, während der Vater einen Segen spricht. Die Freunde des Kindes aus der Nachbarschaft folgen ihm mit ihren Pferden. Dann reiten sie um das Lager und halten bei jeder Jurte an. Die Erwachsenen treten heraus, grüßen das Kind und beschenken es, meist mit einem Teil für das Pferdegeschirr, die anderen Kinder bekommen Süßigkeiten. Der Höhepunkt der Zeremonie ist eine Einladung zum Tee, vor allem für die jungen Zuschauer.

Hochzeit. Eine wichtige Statusänderung fand früher im Alter von 15, heute mit 18 Jahren statt, was wohl mit der Gesetzgebung für Wehrpflicht und dem heiratsfähigen Alter zusammenhängt. Heutzutage wird dieser Übergang nicht mehr besonders gefeiert, während er früher ein wichtiges Ereignis gewesen ist. Auch hier gab es eine Veränderung der Haartracht, Jungen und Mädchen trugen nun einen Zopf, oiratische Mädchen viele Zöpfe. Für die Mädchen gab es von jetzt an viele Einschränkungen. Sie durften, außer bei wenigen Gelegenheiten, nicht mehr an Festen teilnehmen und durften auch nicht mehr nach weit entfernten Weideplätzen oder Lagern reisen.

Es war die Zeit, in der man sich verlobte. Die Auswahl der Brautleute war, im Gegensatz zu heute, allein die Sache des Vaters des Bräutigams. Er suchte ein Mädchen aus, das ihm

Hochzeitsfest bei den Čachar (Innere Mongolei, 1939).

passend schien, wurde dabei jedoch meistens von seiner Frau und seinen Verwandten beraten. Ein Heiratsvermittler — meist ein Verwandter — wurde beauftragt, die Meinung der Eltern des Mädchens zu erkunden. Wenn die andere Partei keine Einwände hatte, gab sie eine vorläufige Einwilligung.

Dann mußten die Eltern des Bräutigams einen Lama-Astrologen aufsuchen, der herausfinden sollte, ob die Brautleute zusammenpaßten. Normalerweise reichte dafür ein einfacher Vergleich der Geburtsjahre und ihrer entsprechenden Tierzeichen aus. Grundvoraussetzung war, daß das Jahr des Mädchens nicht »härter« sein sollte als das des Jungen. Zur Vorbereitung der Verlobung besuchten meist der Junge mit dem Vater die Eltern der Braut, und wenn die beiden Parteien einig wurden, machte man konkrete Pläne für das weitere Vorgehen, zum Beispiel den Umfang der notwendigen Geschenke, den Zeitplan usw.

Die Verlobten durften sich oder ihre zukünftigen Schwiegereltern nicht treffen. Lebten die Familien in gleichen Lagern, machte sich eine auf und zog umher. Die Eltern des Bräutigams begannen nun mit Hilfe der Verwandten, den Brautpreis zu sammeln. Seine Höhe variierte von einem gleichsam symbolischen Schaf bis zu großen Herden mit verschiedenen Tieren, je nachdem, wie reich die Familie war und wie sehr sie ihren Reichtum zur Schau stellen wollte. Der Brautpreis mußte, zumindest zum größten Teil, vor der Hochzeit übergeben werden. Die Übergabe war der Anlaß für ein großes Fest, zu dessen Ablauf auch ein paar lausige, miese Typen gehörten,

die von den Verlobungsparteien verspottet und hinausgeschmissen werden konnten. Daß dies wirklich ein Teil des Brauchtums war, kann man den Texten entnehmen, die dabei rezitiert wurden.

Nachdem alle Verpflichtungen erfüllt worden sind, wird der Hochzeitstag wieder mit Hilfe eines Astrologen festgesetzt. Es werden noch weitere Einzelheiten besprochen, zum Beispiel wie viele Leute von jeder Seite kommen werden — das war wichtig, weil jeder von der anderen Seite ein Geschenk bekommen mußte, oder die Kosten, damit beide Seiten ungefähr gleich stark belastet würden. Es folgte nun eine geschäftige Zeit, Vorräte mußten herangeschafft, die Mitgift und die neue Jurte mußten vorbereitet werden. Die Eltern des Bräutigams lieferten den größten Teil der Ausstattung der Jurte. Die Hochzeit fand normalerweise im Herbst statt, wenn die Vorratskammern gefüllt waren.

Merkwürdigerweise gibt es für Hochzeit keinen eigenen Begriff. Das häufig gebrauchte Wort *churim* kann zwar auch Hochzeit bezeichnen, seine allgemeine Bedeutung jedoch ist »Bankett«. *Šine ger barich,* »eine neue Jurte errichten« kann ebenfalls Hochzeit bedeuten, denn die Jurte wird zu diesem Anlaß errichtet und soll auch ein Leben lang halten. Das erklärt auch, warum der Aufbau der Jurte bei den Hochzeitsvorbereitungen so wichtig ist.

Die Errichtung der Jurte war eine eigene Zeremonie. Verwandte und Nachbarn halfen dabei mit und wenn man alles zusammen hatte, wurde ein bestimmter Tag bekanntgegeben, an dem die Jurte aufgestellt werden sollte. Die Gäste kamen und brachten als Geschenk *chadag*-Schärpen oder weißen Stoff oder auch praktischere Geschenke wie Teeziegel und Getränke für das Fest mit. Die *chadag* und der weiße Stoff wurden an den Dachpfosten befestigt und hingen wie Bündel von Stalaktiten herunter.

Dann folgte das formelle Fest *najr.* Es verläuft auffallend ruhig, geregelt und diszipliniert. Erfahrene Männer übernehmen bestimmte Aufgaben; einige führen die symmetrischen Halbkreise an, in denen sich die Gäste aufstellen, einer hält die Kanne mit *Kumiss,* einige tragen die Schalen usw. Die Führer achten auch auf das Benehmen der Gäste und ob sie angemessen gekleidet sind, sie stimmen die zeremoniellen Gesänge an (andere sind nicht gestattet), sie künden den Beginn der Wettkämpfe und Unterhaltungen an, achten auf die Trinkordnung, geben die Erlaubnis zum Verlassen der Jurte und werfen die Betrunkenen hinaus. Während des Festes werden von besonders guten Rednern Segenssprüche über die Jurte und ihre zukünftigen Bewohner gesprochen. Gerade diese Segenssprüche gehören zum besten, was die mongolische Folklore hervorgebracht hat.

Noch vor der Hochzeit wird der Herd in der Jurte errichtet. Die Mutter des Bräutigams entzündet ihn mit Feuer aus ihrem Herd. Bis zum Hochzeitstag soll die Jurte aber unbewohnt bleiben.

Am festgesetzten Tag beginnen schon früh am Morgen in beiden Familien die Feierlichkeiten. Dann macht sich der Bräutigam zu einer vorher vom Astrologen bestimmten Stunde auf den Weg, um die Braut zu holen (heutzutage zieht er los, wenn die Zeit gerade passend scheint). Früher trug er dabei einen Bogen oder ein Gewehr mit sich, um wie ein Eroberer aufzutreten. Vor der Jurte der Familie der Braut werden einige Hindernisse aufgestellt, um ihn am Eintreten zu hindern. Dies gehört zu den Hochzeitsfeierlichkeiten, damit wird die Selbständigkeit der beiden Familien demonstriert.

Der Bräutigam wird von Verwandten und Freunden begleitet, die der Gastfamilie ihren Respekt erweisen und den anwesenden Gästen Fleisch und alkoholische Getränke, den Verwandten der Braut Geschenke mitbringen. Man feiert nun *najr,* in dessen Verlauf dem Bräutigam das Schienbein eines Schafes mit Sprungbeinknöchelchen angeboten wird. Er trennt die beiden Knochen als Symbol für die Trennung der Braut von ihrer Familie. Am Ende des Festes bekommt der Bräutigam von den Verwandten der Braut einen seidenen Gürtel als Zeichen dafür, daß sie ihn als Vertrauten betrachten, da ein solcher Gürtel niemals Fremden geschenkt wird.

Früher nahm die Braut am Fest nicht teil, sondern mußte sich in einer Nachbarjurte aufhalten. Sie durfte erst herüberkommen, wenn Vorbereitungen für den Aufbruch getroffen wurden. Zu diesem Zeitpunkt kam es zu einem Scheingefecht zwischen den Freunden der Brautleute um die Braut. Dies wird oft als Überrest eines Brautraubs interpretiert, doch es hat wohl eher die gleiche Funktion wie die Hindernisse, die man dem Bräutigam bei seiner Ankunft in den Weg stellt. Wenn die

Die Familie bringt die Hochzeitsgeschenke in die Jurte des Brautpaares (Silingol, Autonomes Gebiet Innere Mongolei, 1988).

Hochzeitszeremonie bei den Čachar, Innere Mongolei, das weiße Pferd für die Braut (1939).

Hochzeitsgesellschaft loszieht, sprenkeln die Brauteltern Milch hinter den Reitern her und drücken damit aus, daß sie ihnen die besten Wünsche nachsenden. Die Mutter reitet dann mit, während der Vater zu Hause bleibt, denn Väter nehmen am Fest der anderen Familie nicht teil.

Früher wurde die Braut hinter einem Mann aus der Familie des Bräutigams aufs Pferd gesetzt. Sie mußte ihr Gesicht unter einem Schleier verstecken, den sie während der ganzen Zeremonie und drei darauffolgende Tage anbehielt. Bei allem, was sie tat, wurde sie von zwei Brautführerinnen begleitet, die die beiden Familien symbolisierten und verheiratet sein mußten.

Auf dem Weg zum Lager der Familie des Bräutigams veranstalteten die jungen Leute aus dem Hochzeitszug ein Pferderennen. Dabei soll der Schienbeinknochen eines Schafes, den der Bräutigam zu diesem Zweck mitgebracht hat, ergattert werden. Wenn der Zug im Lager des Bräutigams angekommen war, stieg die Braut vom Pferd herunter auf einen weißen Filzteppich, setzte sich dann neben ihren Verlobten auf einen ebenfalls weißen Filzteppich, vor dem ein glückverheißendes Muster aus Körnern ausgelegt war. Dann sprachen die beiden ein Gebet, und die Braut wurde zu der neuen Jurte geführt, wo sie Tee zubereitete, der in die Jurte der Schwiegereltern getragen und den dort Anwesenden angeboten wurde. Die Braut verbeugte sich vor den Schwiegereltern und vor dem Herd und brachte der Schutzgottheit des Feuers ein Opfer dar. Dann bekamen die frisch Vermählten eine Schale Milch, die sie

gemeinsam austranken. Dieser Ritus ist auch bei heutigen Hochzeiten noch üblich.

Nun übergaben die Gäste ihre Geschenke, die sie für die Gastgeber mitgebracht hatten. Gleichzeitig bekam die Braut eine neue Haartracht, die ihre Statusänderung anzeigte. Früher trugen die Frauen als Zeichen des Ehestandes einen schweren, aufgetürmten Kopfputz aus echten, mit Leim gefestigten Zöpfen sowie Silber- und Korallenschmuck. Dieser Kopfputz, der zwar unbequem war, aber sehr attraktiv aussah, wurde bis in die dreißiger Jahre unseres Jahrhunderts getragen, bis er durch die Frauenbewegung abgeschafft wurde.

Wenn die junge Ehefrau fertig geschmückt war, begann der zweite Teil des Hochzeitsfestes, der nach den Regeln des *najr* verlief. Dieser Teil dauerte sehr lange, jeder konnte daran teilnehmen, vor allem wenn die Familie wohlhabend war. Bei Sonnenuntergang ließ man jedoch die Neuvermählten alleine. Sie wurden nur von den Brautführerinnen in die neue Jurte begleitet.

Zur mongolischen Hochzeit gehörten einige heilige Handlungen: das Gebet auf dem Teppich mit dem Körnerornament davor, das Opfer der Braut an den Herd, ihre demütige Verbeugung vor den Schwiegereltern, das gemeinsame Trinken der Milch. Jede dieser Handlungen ist wichtig, aber keine scheint der eigentliche Hochzeitsritus zu sein. Der gesellschaftliche Anlaß, also das öffentliche Bankett, macht die Heirat wirksam. Deshalb bedeutet das Wort »Festmahl« auch Hochzeit. Religiöse Zeremonien waren nicht notwendig, doch man befragte Astrologen und lud Lamas ein, damit sie Sutren rezitierten. Die Menschen neigten dazu, wichtige Ereignisse in ihrem Leben zeremoniell herauszuheben und religiöse Feiern verstärkten dies noch. Andererseits sahen es die Oberlamas gar nicht gerne, wenn die Mönche zu weltlichen Feierlichkeiten wie einer Hochzeit gingen. Viele Lamas schienen aber doch leicht der Versuchung erlegen zu sein, an einem so fröhlichen Fest teilzunehmen und kamen gerne mit ihren Sutren und Gerätschaften.

Tod. Der Kreis menschlichen Lebens führt unweigerlich zu Alter und Tod. Im Alter, der passiven Phase des Lebens, scheren sich Männer und Frauen den Kopf. Alle Übergänge in eine nächste Lebensphase werden also durch eine Veränderung der Haartracht markiert. Das Scheren des Kopfes war nicht ritualisiert; im Lamaismus wurde es allerdings verglichen mit dem Scheren des Kopfes als Zeichen des Übertritts in den Mönchsstand. So treten die Alten in eine Phase, wo sie zwischen dem Diesseits und dem Jenseits stehen, ähnlich wie auch die Säuglinge.

Tod und Bestattung sind stärker mit Religion verbunden als alle anderen Zeremonien. Wenn der Sterbende erwachsen und seine Familie wohlhabend war, wurden mehrere Lamas gerufen, um den Übertritt in die andere Welt zu begleiten und während der folgenden drei Tage Sutren zu lesen. Ein Lama bestimmt den Ort, an dem der Tote bestattet wird, ein Lama-Astrologe findet heraus, wo die Seele den Leichnam verläßt,

welche Reinkarnation der Verstorbene haben wird und für welche Familienangehörigen gebetet werden muß, weil der Tote sie mit sich nehmen möchte.

Den Glauben an die Wiedergeburt gab es in Sibirien und Zentralasien lange vor der Einführung des Buddhismus. Bei den Mongolen ist er noch in manchen alten Bräuchen erkennbar, vor allem wenn ein Kind stirbt. Der Glaube an die Wiedergeburt des Kindes zeigt sich in der Art seiner noch bis zur Mitte unseres Jahrhunderts vollzogenen Bestattung. Wenn ein Kind noch vor dem ersten Haarschnitt gestorben war, ritt der Vater mit dem Leichnam davon und ließ ihn irgendwo am Weg oder an einer Kreuzung (eine Metonymie für den Weg, der ins Jenseits führt) fallen, um den Übertritt der Seele ins Jenseits zu beschleunigen. Man bringt heute noch ein Zeichen am Körper des toten Kindes an, um beim nächsten Kind, das in der Verwandtschaft geboren wird, sehen zu können, ob es das zuvor gestorbene ist. Man achtet bei Neugeborenen auch ganz besonders auf mögliche Ähnlichkeiten mit früher verstorbenen Verwandten in der Familie.

Früher bestatteten die Mongolen ihre Toten zusammen mit ihrem Pferd, Kleidung, Waffen usw. Nach der Einführung des Lamaismus änderte sich dieser Brauch, das Eigentum des Toten wurde einem Lamakloster übereignet, das als Heiligtum für das Jenseits stand. Die Dinge tauchten dann häufig wieder in den Gebrauchtwarenläden auf, die von den Mönchen betrieben wurden.

Solange der Leichnam in der Jurte aufgebahrt lag, während

Hochzeitszeremonie bei den Čachar, Überreichen von Geschenken (Innere Mongolei, 1939).

In den seßhaften ostmongolischen Gebieten gibt es auch die Totenwache am Sarg in einer Grashütte. (Ausschnitt aus einem illuminierten Peregrinationsbuch).

der Bestattungsfeierlichkeiten oder wenn man das Grab besuchte, versorgte man den Toten mit Nahrung. Gräber im eigentlichen Sinne gab es früher nicht, doch man erinnerte sich an die Bestattungsplätze der Eltern, und wenn man dort vorbeikam, brachte man Speisen und Getränke dar.

Früher wurden die Leichen einfach nackt auf die Erde gelegt, wo sie bald von Tieren und Raubvögeln aufgefressen wurden. Im buddhistischen Glauben wird das als Zeichen der Einheit mit der belebten Natur interpretiert, der menschliche Körper dient am Ende seines Lebens anderen Lebewesen für deren Existenz. Da dieser Brauch jedoch sehr viel älter ist als der Buddhismus in der Mongolei und auch Angehörige anderer Völker ihre Toten so bestatten, muß er einen anderen Ursprung haben. Vielleicht glaubte man — ähnlich wie bei den Kindern —, daß sich die Seele auf diese Weise schneller vom Körper trennen und ins Jenseits gelangen kann. Manchmal wurden die Toten auch verbrannt oder beerdigt. Gerade die Beerdigung ist vor einigen Jahrzehnten gesetzlich sanktioniert worden, weil sie »zivilisierter« sei. Sie mag für Gegenden mit hoher Bevölkerungsdichte sicher praktisch sein, doch ansonsten ist auch die traditionelle Bestattungsart bei den Klimaverhältnissen in der Mongolei durchaus harmlos.

Auf dem Land haben sich noch einige alte Bestattungsbräuche erhalten. Da man sich das Jenseits als umgekehrtes Abbild des Diesseits vorstellt, werden auch Vorbereitungen für diese Umkehr getroffen. Die Jurte, in der der Tote liegt, bleibt tagsüber geschlossen, einschließlich des Rauchlochs, und zwar andersherum als sonst. Der Leichnam eines Mannes wird in den Frauenteil der Jurte, der einer Frau in den Männerteil gelegt. Die Person, die den Toten aus der Jurte trägt, ist den geltenden Kleiderregeln widersprechend gekleidet; der Leichnam wird auch nicht durch die Tür hinausgetragen, sondern durch eine Öffnung, die durch das Anheben der Jurtenwand geschaffen wird.

Die Mongolen achten streng darauf, niemals mit dem Kopf in Richtung Tür zu schlafen, da man die Toten mit dem Kopf voraus aus der Jurte trägt. Das wichtigste Attribut des Toten ist der *chadag*, mit dem man sein Gesicht bedeckt, wenn man ihn aussetzt. Jeder alte Mensch bewahrt einen *chadag* für diesen Zweck auf.

In manchen Gegenden gab es gemeinschaftliche Bestattungsplätze, die von Klans oder Familienverbänden genutzt wurden. Im größten Teil der Chalcha-Region wurden die Toten jeweils an Einzelplätzen — soweit nur irgend möglich am Südhang eines Hügels bestattet. Nur Männer nahmen an der Bestattung teil, und nachdem sie den Leichnam ausgesetzt hatten, ritten sie in vollem Galopp zurück, ohne sich umzusehen. Nach ihrer Rückkehr mußten sie sich mit Weihrauch reinigen und die Hände mit Wasser, dem etwas Milch beigefügt wurde, waschen. Dann nahmen auch sie an dem Festbankett teil, das in der Jurte der Familie des Toten stattfand; die Jurte hatte man inzwischen an einem anderen Platz aufgestellt.

Die Mongolen leben auch heute noch in engem Kontakt mit der Natur, deshalb ist Leben für sie kein linearer, sondern ein zyklischer Prozeß. Das heißt, Geburt und Tod liegen nahe beieinander, und darin begründet sich auch das Prinzip der Wiedergeburt. Ganz klar wird das in dem Aphorismus ausgedrückt: »Wenn man irgendwo ein Baby schreien hört, schüttelt sich woanders die Erde und Funken sprühen«. — Das bedeutet, im gleichen Moment, in dem ein Baby geboren wird, wird jemand bestattet und eine neue Familie wird gegründet. Die Wiederholung der Zeit bringt die Wiederholung der verschiedenen Phasen des Lebens und des menschlichen Schicksals.

Aus dem Englischen von Inge Hoppner

Literatur:

Bawden, C. R.: The supernatural element in sickness and death according to Mongol tradition. In: Asia Major, N. S. Bd. 8, 1961, S. 215—257, Bd. 9, 1963, S. 153—178.

Hamayon, R. und N. Basanoff: De la difficulté d'être une belle-fille. In: Etudes mongoles, Bd. 4, 1973, S. 7—74.

Jagchid, S. und P. Hyer: Mongolia's culture and societey, Boulder 1979, S. 73—110.

Krueger, J. R.: The Altan Saba (Golden vessel): a Mogolian Lamaist burial manual. In: Monumenta Serica, Bd. 24, 1965, S. 207—272.

Serruys, H.: Four manuals for marriage ceremonies among the Mongols, Zentralasiatische Studien 8: 1974, S. 247—331, 9: 1975, S. 275—360.

Taube, E. und M. Taube: Schamanen und Rhapsoden. Die geistige Kultur der alten Mongolei, Leipzig 1983, S. 117—157.

Sport und Spiele

Sławoj Szynkiewcz, Warschau

Die Sportarten, die den fremden Reisenden bei den Mongolen und anderen Nomaden in diesem Gebiet am meisten auffielen, waren Ringen, Wettkämpfe zu Pferde und Bogenschießen. Diese Beobachtung wird von den Mongolen selbst bestätigt, die gerade diese Sportarten besonders schätzen. Die drei bilden den Kern des berühmten *naadam*-Festes. Sie wurden allgemein auch die »drei männlichen Spiele«, manchmal auch die Spiele der Männer genannt.

Das *naadam*-Fest verdient eine ausführliche Beschreibung. Der Name selbst bedeutet Spiel, Wettspiel, Vergnügung und Fest als eine Anhäufung von Spielen und Unterhaltungen. In diesem letzteren Sinne ist ein seit Jahrhunderten stattfindendes Ereignis gemeint, das periodisch von den Behörden und gelegentlich auch von Privatleuten veranstaltet wird.

In beiden Fällen hat es den Charakter eines Gedenkfestes, zum Beispiel für ein gemeinsam vollbrachtes Werk, oder man feiert einen Wendepunkt in jemandes Leben (Hochzeit, Jahrestag usw.).

Daneben waren die Feste auch Teil ausschließlich ritueller Feierlichkeiten, vor allem bei den jährlichen Opferriten für die Gottheiten bestimmter Berge, die die Bevölkerung verehrte. Jede administrative oder lokale Gemeinschaft verehrte die Schutzgottheit ihres Gebietes durch ein *ovoo*-Opfer, so genannt, weil es auf Steinpyramiden oder *ovoo*-Altären ausgeführt wurde. Diese Opferriten wurden meistens mit dem *naadam* abgeschlossen. So betrachtet, wird die gebräuchliche Interpretation dieser Spiele als Kriegsübungen, bei denen zukünftige Krieger ihre Fähigkeiten zeigen könnten, fragwürdig, denn sie übersieht den rituellen und symbolischen Aspekt der ganzen Festlichkeit.

Ringkampf. Ich möchte die drei männlichen Spiele beschreiben, wie sie heute während des Sommer-*naadam* beobachtet werden können. Normalerweise fängt es mit den Ringkämpfen an. Sie sind ein bißchen anders als übliche Ringkämpfe, obwohl sie an das Freistilringen erinnern. Der Bewerber muß, um zu gewinnen, seinen Gegner so niederhalten, daß entweder dessen Kopf, Ellbogen, Knie oder drei Gliedmaßen (die Füße ausgenommen) den Boden berühren. Jeder Körperteil darf angefaßt werden. Bei den Oiraten genügt es, den Gegner mit der Schulter oder dem Rücken auf den Boden zu bringen. Natürlich gibt es bei den Regeln regionale Unterschiede, bei den Westmongolen ist es dem Freistil am ähnlichsten. Heutzutage wird allerdings bei allen mongolischen Minderheitengruppen in der Mongolischen Volksrepublik nach dem Stil der Chalcha gekämpft.

Auch die Kleidung der Ringer war früher unterschiedlich. Normalerweise waren sie nackt bis auf eine Art Hose. Bei den Chalcha gab es ein eigenes Kostüm, aus kleinen Stücken Seide hergestellt, eine Art Badehose mit Jäckchen, das die Arme und den größten Teil des Rückens bedeckte. Das Kostüm liegt eng an und ermöglicht es den Ringern, sich an den Gewandsäumen festzuhalten und so einen Ansatzpunkt für ihre Griffe zu gewinnen.

Die Ringer, die sich für ein Turnier angemeldet haben, werden in zwei Gruppen in Form von zwei Flügeln aufgeteilt. In den Anfangsrunden werden die Gegner bestimmt und in ungleichen Paaren einander zugeordnet, um die Besten für die Abschlußrunden aufzusparen. Das ist eine mühevolle Arbeit für die Organisatoren, da heutzutage bei einem nationalen Fest 512 Wettkämpfer antreten, früher waren es sogar manchmal mehr als tausend.

Wenn diese von den Organisatoren geplanten Anfangsrunden vorbei sind, suchen sich die Ringer selbst einen Gegner aus dem anderen Flügel, wobei sie sorgfältig darauf achten, einen schwächeren zu finden, da eine Niederlage von weiteren Wettkämpfen ausschließt. Auch wenn dieses Auswahlsystem auf uns unsportlich und unfair wirkt, so hat es doch seine Berechtigung. Erstens kann es trotzdem zu einem Kampf zwischen gleich starken Gegnern kommen, da unter den Hunderten von weniger bekannten Ringern aus dem ganzen Land immer wieder unentdeckte Talente dabei sind, die vielleicht einen kome-

Rückkehr des Siegers im »Adlertanz« (Ausschnitt aus einer bildlichen Darstellung, Chalcha).

Innermongolischer Ringer mit dem Kraft verleihenden Halsgehänge aus Stoffstreifen (Bagarin-Gebiet, 1941).

tenhaften Aufstieg machen. Das gleiche trifft auch bis zu einem gewissen Maße für die lokalen *naadam* zu, wo immer auch einige Teilnehmer aus anderen Gegenden dabei sind.

Mit Metallplättchen verzierter innermongolischer Ringerpanzer (Bagarin-Gebiet, 1941).

Zweitens steigt mit diesem System die Spannung immer weiter bis zum Finale.

Und schließlich gibt dieses System auch eine gewisse Sicherheit dafür, daß ein bestimmter Wettkämpfer von der Seite der Gastgeber gewinnen wird. Dies war früher wichtig, als die Zentral-*naadam* dem Kirchenoberhaupt *Bogdo-gegen* gewidmet waren und man Vorsichtsmaßnahmen ergriff, damit ein Angehöriger seiner Partei den ersten Preis gewann. Für die vielen lokalen *naadam* ist dies auch heute noch wichtig, da es nach wie vor als böses Omen gilt, wenn der letzte Sieg einem Fremden zufällt. Dies deutet ebenfalls auf den rituellen Charakter des Wettkampfes. Ich habe ruhige, ausgeglichene Mongolen gesehen, die völlig außer sich gerieten, wenn ein fremder Ringer auch nur den kleinsten unfairen Trick gegen den Favoriten ihrer eigenen Gruppe anwandte.

Die Ringer fangen mit einer Reihe von Übungen an, die von früheren Ringkampfmeistern angeleitet werden. Diese Trainer regeln den Tagesablauf, setzen fest, wann geübt, ausgeruht und geschlafen wird, was gegessen wird, usw. Alkohol und Sex sind für einen bestimmten Zeitraum vor den Wettkämpfen verboten. Das Training richtet sich auf Beweglichkeit, Geschicklichkeit und Kraft. Diese Eigenschaften zählen, nicht das Körpergewicht, auch wenn die Ringer im allgemeinen ziemlich beleibt sind. Es gibt jedoch beim mongolischen Ringen keine Klassifizierung nach Gewicht.

Der Trainer kann seinen Ringer zum Kampf als Sekundant begleiten. Er verkündet dessen Titel und Siege mit Gesängen.

Abwartend prüfen sich die Ringer bei Beginn des Ringkampfes.

Wenn die Ringer den Wettkampfplatz betreten, tun sie das mit auffälligen Bewegungen, in einer Art von ruhigem Tanz im Kreis, wobei sie die ausgestreckten Arme hin- und her- und den Körper auf- und abbewegen. Dies soll den Flug des mächtigen Adlers darstellen. Während des Kampfes gehen die beiden Sekundanten um die Ringer herum, geben ihnen Ratschläge und spornen sie an, falls sie Ermüdungserscheinungen zeigen, oder geben ihnen einen aufmunternden Klaps. Die beiden Sekundanten sind zugleich die wichtigsten Schiedsrichter, und ihre Meinungen gehen nur selten auseinander.

Der Gewinner läßt seinen Gegner unter seinem ausgestreckten Arm durchgehen, dieser darf ehrerbietig seinen Ellbogen berühren, dann bewegt er sich auf die Vorsitzenden zu und tanzt vor ihnen noch einmal den Adler-Tanz. Der Sieger des Turniers und einige andere, die gut dabei abgeschnitten haben, bekommen Preise, und je aufwendiger die Preise sind, um so wichtiger war der Anlaß. Im allgemeinen handelt es sich um Tiere und Textilien. Vor der Revolution allerdings mußte man dem Sieger zusätzlich noch eine Rüstung überreichen, oder Teile davon, etwa einen Brustpanzer, einen Helm oder ähnliches. Vielleicht war es dieser Brauch, der bei einigen Beobachtern den Eindruck erweckte, daß es sich bei diesen Spielen vor allem um eine Übung für den Krieg handle.

Vom Kampf mit »Adlertanz« genannten Armbewegungen zurückkehrender Sieger (Chalcha).

207

Ringkämpfe beim Naadam-Fest, Ausschnitt aus einem Gemälde am Hals einer Pferdekopfgeige (Katalog Nr. 161).

Mehr noch als diese Preise werden aber die Titel geachtet, die man während des *naadam* erwirbt. Bei den nationalen und regionalen Turnieren werden die Titel Falke, Elefant und Löwe vergeben. Am angesehensten ist der Titel Titan, den derjenige erhält, der bereits den Titel des Löwen innehat und aus einem weiteren wichtigen Wettkampf als Sieger hervorgegangen ist. Falls er seinen Sieg wiederholen kann, wird dem Titel Titan noch ein berühmter Beiname hinzugefügt. Während der letzten 250 Jahre haben mehr als 130 Ringer bei den Chalcha-Mongolen die höchste Ehre, Titan zu werden, erreicht.

Bogenschießen. Wettkämpfe im Bogenschießen erregen die Gemüter nicht so stark, auch wenn sie genauso zeremonialisiert sind. Ihre Verbreitung ist heute eher beschränkt, da der Bogen nicht mehr zum üblichen Besitztum der Mongolen gehört. So wird Bogenschießen nur noch in den zentralen *naadam* aufgeführt und ist zu einer erlesenen Sportart geworden. Nur an diesem Wettkampf des Festes nehmen auch alte Leute teil, und oft sind sie besser als ihre jüngeren Gegner. Man

erinnert sich noch daran, daß beim nationalen *naadam* 1937 ein 80jähriger Mann mit allen 80 Pfeilen das Ziel traf. Natürlich werden die jungen Leute nicht ausgeschlossen, und 1922 gewann der mongolische Freiheitsheld Suchebaatar den ersten Preis. Er war damals Kriegsminister, und seine Teilnahme am Wettkampf paßte gut zu seiner Würde.

Es gibt Wettkämpfe für einzelne und für Gruppen, die in der Regel aus zwölf Schützen bestehen. Normalerweise wird auf eine Distanz von 75 Metern geschossen, aber es werden auch andere Entfernungen genannt. Jeder Teilnehmer schießt vier Pfeile ab, und wenn eine Gruppe eine festgesetzte Anzahl von Treffern erzielt hat, kommt sie in die nächste Runde. Die Ziele bestehen aus kleinen Zylindern, die aus verschiedenen Materialien gefertigt und mit einem Flechtwerk aus Leder überzogen sind. Es gibt noch einen weiteren Wettbewerb für berittene Bogenschützen. Dabei werden die Ziele auf drei Pfählen befestigt, die in zehn bis fünfzehn Metern Abstand voneinander aufgestellt werden. Die Reiter haben drei Pfeile und reiten in leichtem Galopp entlang einer Pfahlreihe, etwa drei Meter vor

Ringer in der Ringerkleidung (Mongolische Volksrepublik, 1988).

ten Strecke statt, sondern auf einem normalen Weg durch die Steppe.

Die Route hängt von der Kategorie der Pferde ab, die am Rennen teilnehmen. Früher waren die Rennpferde älter als vier Jahre. Im 18. Jh. wurden neue Kategorien eingeführt: die Jüngeren, Hengste und Traber. Die Strecke geht für Zweijährige und Traber normalerweise über 15 km, 25 km für Vierjährige, 28 km für Fünfjährige, 35 km für noch ältere und 30 km für Hengste. An einem großen *naadam* nehmen oft weit mehr als 1000 Pferde teil.

Die Jockeys sind Kinder zwischen 5 und 13 Jahren, obwohl man bei den ganz Kleinen kaum glauben mag, daß sie ein solches Rennpferd richtig beherrschen können. Heutzutage sind sehr oft auch Mädchen dabei, die auch nicht selten gewinnen. Die Kinder tragen farbenprächtige Kleider und eine besondere, konisch zulaufende Mütze. Beide sind mit symbolischen Ornamenten verziert. Dabei ist der rote Stern genauso beliebt wie alte chinesische oder buddhistische Zeichen, wichtig ist, daß sie erfolgversprechend sind.

Wichtig für den Erfolg ist das Training des Pferdes. Das fängt schon mit der richtigen Auswahl an. Ein Hirte, der die Qualitäten eines Rennpferdes bereits in einem Fohlen erkennen kann, indem er dessen Beine, die Form seines Kopfes usw. betrachtet, kann zum Trainer werden, wenn er diese Auswahlfähigkeiten weiter entwickelt. Nach einer weitverbreiteten

den Zielen vorbei. Sie müssen jedes Ziel treffen und die Übung dreimal wiederholen.

Bogenschießen ist der einzige Wettbewerb, in dem der Sieg für die ganze Gruppe gelten kann. Praktisch alle Teilnehmer können den Titel des Siegers, *mergen,* ein guter Schütze, erwerben. Beim *naadam* von 1919 trafen von 122 Bogenschützen 120 alle Ziele, und sie alle bekamen den Titel.

Auch beim Bogenschießen gibt es zeremonielle und symbolische Handlungen. Traditionellerweise wird der erste Schuß von einem Mann, der im Jahr des Tigers geboren ist, abgegeben. Die abgeschossenen Pfeile werden von Männern eingesammelt, die im Jahr der Ratte geboren sind, einer aus dem Jahr des Affen registriert die Treffer, und einer aus dem Jahr des Drachen stimmt einen Lobgesang auf gelungene Treffer an. Jeder Schuß wird von einer Gruppe von Leuten begutachtet, die jeden guten Treffer mit einem Gesang begleiten, wobei sie ihre Arme in die Höhe halten und einen Kreis bilden.

Pferderennen. Während einer Pause im Ringen und Bogenschießen beginnen die Pferdewettkämpfe, genauer gesagt, deren zeremonielle Eröffnung. Alle Jockeys gehen im Kreis um den zentralen Wettkampfplatz und singen mit hoher Stimme das alte »giin-go!«. Dann begeben sie sich zum Start und rennen wieder zurück auf den Platz, wo das *naadam* stattfindet. Das Rennen findet nicht auf einer besonders präparier-

Bogenschützen und Schiedsrichter (Ausschnitt aus einem Gemälde, Chalcha).

Liste mit Merkmalen für schnellfüßige Pferde muß er 51 Merkmale erkennen können.

Das intensive Training beginnt einen Monat vor dem Rennen. Das Pferd wird in der Nähe der Jurte des Eigentümers angebunden. Es bekommt nur noch ausgesuchtes Gras zu fressen, Weide und Tränke werden eingeschränkt, so daß zum Schluß kein Gramm Fett mehr an ihm ist. Außerdem muß es auch schwitzen, um so mager zu werden. Zu diesem Zweck wird es mehrmals am Tag mit Wasser übergossen und dann in Filz oder Schaffelle eingewickelt. Mit der Zeit wird es immer härter gefordert, so daß es immer schneller wird und seinen Atem gut regulieren kann. Erfolgreiche Trainer genießen großes Ansehen, und Nachfrage und Preis für ihre Pferde steigen an. Wenn das Feld mit den Rennteilnehmern gemeldet wird, werden alle anderen *naadam*-Aktivitäten unterbrochen, und die Leute rennen zu dem Pfosten, der das Ziel markiert. Wenn die Pferde dann auftauchen, stimmen die Zuschauer oft einen Gesang an, der aus dem 17. Jh. stammen soll und *Tümnij ex* heißt, »der erste von 10 000«.

Unabhängig davon, wie viele Preise die Organisatoren ausgesetzt haben — es können mehrere Dutzend sein —, werden die ersten fünf Pferde ausgezeichnet. Die Jockeys bekommen, nachdem sie sich den Vorsitzenden und dem Publikum präsentiert haben, eine Schale mit Kumiss, wobei sie immer noch auf dem Pferd sitzen. Sie trinken einen Teil davon und gießen den Rest über Kruppe und Kopf ihres Pferdes als eine Art Salbung. Dabei wird ein Loblied gesungen, das in ausgewählten Worten das Pferd beschreibt und dabei oft seinen Besitzer erwähnt:

> Das schnelle Pferd ist hierher gestürmt
> Von irgendwo hinter den Bergen.
> Je weiter es gelaufen ist,
> Um so schneller ist es geworden.
> Seine Augen sind goldene Flammen,
> Sein Kopf ein edles Juwel.
> Seine Ohren sind lang und kühn,
> Seine Kruppe ist breit und weich.
> Ohne zu straucheln kommt es als erstes daher,
> Als erstes von 10 000 Rennern.
> Der Stahl in seinem Maul ist fest angezogen,
> Die Zügel aus Brokat sind bis zum äußersten gespannt,
> Ohne Zeichen der Ermüdung prescht es heran, läßt die
>   anderen hinter sich,
> Die hundert mal tausend anderen.
> Vier elfenbeinerne Zähne schmücken es,
> Der elegante und feste Hals verleiht ihm Schönheit.
> Kraftvoll wie ein Löwe, elegant wie das schönste Roß.
> Welch überschwengliche Freude, ein funkelnder Stern,
> Mächtig, ohne Alter,
>   bewundert ohne Ende.

In manchen Gebieten gibt es auch Kamelrennen, vor allem in der Gobi und im Südwesten der Mongolei. Diese Rennen finden meist im Winter statt, gehen über eine kurze Distanz von drei bis vier Kilometern und setzen auch kein besonderes Training voraus. Trotz aller Unterschiede zum Pferderennen wird auch das Kamelrennen von der dortigen Bevölkerung zu den drei männlichen Spielen gerechnet.

Sportereignisse gibt es nicht nur während der formellen Sommer-*naadam*. Auch wichtige klösterliche Ereignisse

waren von Ringkämpfen begleitet, zu denen Laienringer eingeladen wurden. Während der Neujahrszeit gab es traditionellerweise spontane Ringkämpfe, und beim ersten Haarschnitt werden auch heute noch Ringkämpfe und Pferderennen mit Kindern veranstaltet. Bei Hochzeiten finden heutzutage meist keine solchen Spiele mehr statt, doch das Ende mancher Arbeiten wird noch immer von Ringkämpfen oder Pferderennen markiert, zum Beispiel das Schafscheren, die Herstellung von Filzen, der Beginn der Kumiss-Saison oder das Heuen.

Einzelne Anlässe sind genau festgelegt. Manchmal sind es solche, die mit menschlicher Anstrengung verbunden sind, so daß zum Ausgleich Spaß und Erholung geboten werden. Manchmal handelt es sich um zeremonielle Anlässe, und es scheint ganz normal zu sein, daß man ihnen mit solchen Lustbarkeiten Glanz verleiht. Diese »Common-sense«-Interpretationen würden ausreichen, wenn da nicht einige auffällige Faktoren wären, von denen ich zwei erwähnen möchte. Der erste ist, daß alle Anlässe, auf die ich hingewiesen habe, etwas mit Änderungen einer Situation zu tun haben, also als Übergangsriten interpretiert werden können. Der zweite ist die offensichtliche Zeremonialisierung oder sogar Ritualisierung der beschriebenen Spiele. Rein sportliche Motive beanspruchen nicht diesen hohen Grad an Einhaltung der Regeln und an Feierlichkeit. Daraus kann man wohl ableiten, daß Sport in der Mongolei eine wichtige symbolische Rolle gespielt hat und manchmal sogar selbst zum Ritus geworden ist.

Brettspiele. Bislang haben wir uns mit den drei wichtigsten Wettkampf-Sportarten beschäftigt. Der Wettkampfgeist ist den Mongolen angeboren, und es kommt ihm deshalb in den meisten ihrer Spiele eine vorrangige Rolle zu. Hier müssen auch Schach, Dame, Würfelspiele und Domino erwähnt werden, die sich großer Beliebtheit erfreuen. Sie stellen zwar heutzutage keine Gefahr mehr dar, doch spielen die Leute noch

Jurte eines vornehmen Kalmücken mit schachspielenden buddhistischen Mönchen. Aus P. S. Pallas: Sammlungen historischer Nachrichten über die Mongolischen Völkerschaften, Erster Theil. St. Petersburg 1776, S. XIII, Tafel 4.

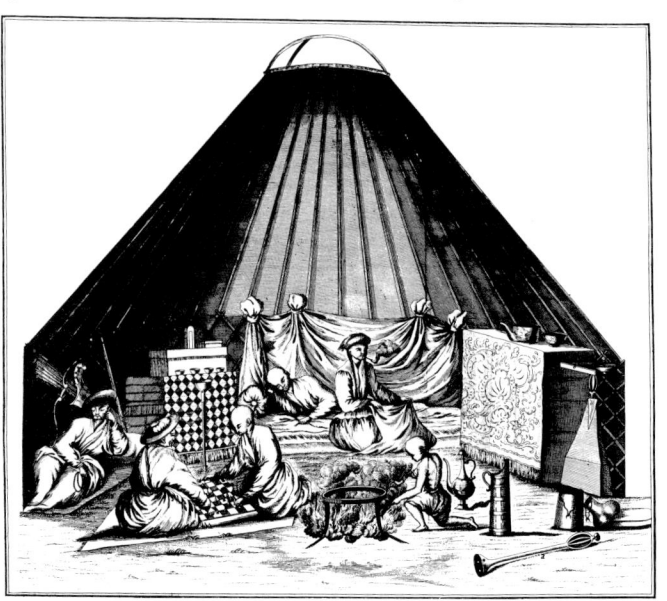

Kurz vor dem Ziel des Pferderennens.

Eintreffen des Siegerpferdes beim Pferderennen.

Lobspruch auf das Siegerpferd nach dem Pferderennen.

immer mit so viel Leidenschaft, daß sie nicht selten ihre Pflichten darüber vernachlässigen.

Die mongolische Variante des Schachspiels hat sich aus dem indischen Schach entwickelt, das vermutlich schon vor sehr langer Zeit in die Mongolei gekommen ist. Im Lauf der Jahrhunderte hat es sich verändert und unterliegt seit neuestem stark den Einflüssen des europäischen Schach. Das liegt zum Teil daran, daß die europäische Version einfacher ist, zum anderen aber auch an den verschiedenartigen, traditionellen Figuren, die beliebte Sammlerobjekte sind.

Auch Domino ist ein entlehntes Spiel und kommt aus China. Eigentümlicherweise steht man dem Spiel mit gemischten Gefühlen gegenüber. Einerseits wird es fast überall geächtet, andererseits ist es aber ein beliebter Zeitvertreib, der schon manchen Spieler arm gemacht haben soll. Das Spiel wurde mit Windpocken (wegen der Flecken) und mit dem Tod in Verbindung gebracht, da in einigen Erzählungen über den Ursprung des Spiels davon berichtet wird, daß ein Chinese seinen Sohn getötet und aus dessen Knochen die Dominosteine gemacht habe. Deswegen war es auch verboten, Domino in Zeiten einer Epidemie zu spielen. Die Mongolen haben das Spiel umgestaltet: sie erhöhten die Anzahl der Steine auf 60, veränderten die Anordnung der Punkte und gaben jedem dieser Muster einen Namen, aus ihrer eigenen Umgebung.

Unter den verschiedenen Spielen, die mit Dominosteinen gespielt werden, scheint *ger barich,* die Jurte schlagen, das populärste zu sein. In die Mitte wird ein Kreis mit 12 Steinen ausgelegt, die die Grundsteine für 12 Jurten sind, die daran angelegt werden. An jedem Domino muß ein Stein mit einem höheren Wert angelegt werden, mit fünf Steinen ist die »Jurte« fertig, und der Spieler, der die meisten Jurten errichtet hat, hat gewonnen. Dieses Spiel wird auch heute noch gespielt, aber nur noch als freundschaftliches Spiel, da es früher als Glücksspiel galt und im letzten Jahrhundert auch schon verboten worden war.

Kartenspiele. Verschwunden ist heute ein Kartenspiel, das noch im 19. Jh. existierte. Seine Regeln konnten nicht völlig rekonstruiert werden, und es existiert kein vollständiges Set an Karten mehr, von denen es auch mehrere Varianten gegeben hat. Am verbreitetsten scheint ein Spiel mit 127 Karten gewesen zu sein, die verschiedene Tiere mit einem einzelnen Löwen, der am meisten zählte, darstellten. Es gab auch Bilder von Reitern, Ringern, Bogenschützen und Beamten. Von »Spielkarten« spricht man bloß, weil es sich um gemalte Bilder auf Papier oder Holz handelt; das Spiel selbst hängt vom Zufall ab: Es geht darum, daß man aus einem Haufen soviele Karten sammelt, wie man Augen würfelt.

Ein weiteres Kartenspiel wird *chorol* genannt, Kreis oder Rad des Schicksals. Es wird nach den Regeln des Dominospiels »Jurten schlagen« gespielt. Man spielt mit 60 »Karten«, auf denen je viermal die 12 Tiere des Tierkreises und 12 Symbole aus der lamaistischen Religion dargestellt sind. Der Wert der Tierkarten richtet sich nach ihrer chronologischen Abfolge, darüber stehen die lamaistischen Symbole mit dem »Rad des Schicksals« als höchstem Wert.

Renommierverhalten und Spiel. Alle bisher erwähnten Spiele werden von der mittleren und der älteren Generation gespielt, die jüngere, vor allem die jüngeren Männer, bevorzugen Sportarten, bei denen sie ihre körperliche Gewandtheit und Geschicklichkeit unter Beweis stellen können. Am meisten Prestige genießen in dieser Gruppe diejenigen, die gut kämpfen können und sich in körperlichen Übungen hervortun. Das müssen nicht unbedingt Wettkämpfe sein; dazu dient auch eine geschickte Zurschaustellung ihrer Fähigkeiten. Das Leben der Nomaden bietet dafür viele Möglichkeiten: Pferde mit dem Lasso einfangen, wilde Pferde oder Kamele zureiten, oder einfach gekonntes und mutiges Reiten, zu dem normalerweise auch akrobatische Übungen gehören.

Es gibt noch einige andere Spiele, die mit dem Leben als Hirten zu tun haben. Die jungen Männer lieben es besonders, ihre Kraft dadurch zu zeigen, daß sie Knochen mit der Handkante durchbrechen. Zu Beginn des Winters werden große Mengen an Fleisch als Vorräte angelegt, aus dem viele Knochen ausgelöst werden. Die Jugendlichen packen das Brustbein oder die Markknochen von Rindern und Schafen und versuchen abwechselnd, sie zu zerbrechen. Die Stärksten gehen von einer Jurte zur anderen; wenn sie erfolgreich sind, setzen sie ihre Runde fort und ihr Name wird berühmt. Früher war es Brauch, daß jeder erfolglose Schlag bekanntgemacht wurde, indem man ein *chadag*-Tuch an den Knochen band, und derjenige, dem es dann gelang, den Knochen zu durchbrechen, bekam die geschätzten Tücher.

Mongolische Spielkarten mit Straußendarstellung (vgl. Katalog Nr. 238). Strauße, die bis ins 20. Jh. in Mesopotamien belegt sind, wurden am Höhepunkt des Seidenstraßenhandels (7.—9. Jh.) als Exotika nach China exportiert. Aus dieser Zeit sind Steinreliefs mit naturgetreuen Darstellungen bekannt (z. B. auf den Geisteralleen der Kaiser Gaozong, gestorben 684, und Ruizong, gestorben 613). Später gelangten Strauße nur noch selten nach China, und die Kenntnis ihres realen Aussehens ging verloren. Sie wurde ersetzt durch die phantasievolle Auslegung Ihrer Bezeichnung *Toniao,* Kamelvogel (einer direkten Übersetzung der persischen Benennung). Diese Entwicklung ist an den Straußendarstellungen in chinesischen Werken seit dem 16. Jh. zu sehen.
Die Mongolen hatten zwar, viel eher als die Chinesen, die Möglichkeit, Strauße in ihrer Natur zu erleben (etwa während der Herrschaft der Il-Khane in Mesopotamien im 14. Jh., vielleicht auch über West-Turkestan, wo sie bis um 1900 nachweisbar sind), doch zeigen die charakteristischen Mißverständnisse der Kartenbilder, daß nur chinesische Vorlagen in Frage kommen. So in der Präsentation mit dem »tributbringenden Barbaren« (in traditioneller chinesischer Ikonographie), der nicht das übliche Kamel, sondern den lasttragenden Strauß mit Brustmähne führt. In der Tat ein *Kamel*-Vogel! Auch die Form der ausgespannten Flügel (linke untere Karte) ist vermutlich auf chinesische Verwaltung zurückzuführen (vgl. die »kranichartige« Darstellung in der Enzyklopädie *Bencao gangmu,* 16. Jh.).

Knöchelchenspiele. Wegen ihres häufigen Vorkommens sind Knochen ein ausgezeichnetes, natürliches Material für die Erfindung neuer Spiele. Fußknochen (Sprungbein) von Schafen und anderen Tieren, einschließlich wilder Ziegen, Antilopen und Hirsche, sind dafür besonders gut geeignet. Sie heißen *šagaj* und werden in allen Familien in großen Mengen gesammelt und sehr geschätzt, denn sie sind ein Symbol für Fruchtbarkeit, ähnlich wie Körner in Agrargesellschaften. Fruchtbarkeit ist hier in einem umfassenderen Sinn gemeint, dazu gehören viele Menschen, Reichtum, langes Leben und ähnliches. Deshalb gilt das Spiel mit den Fußknochen als gutes Omen, man ermuntert die Kinder dazu, es zu spielen, und vor allem während der Neujahrszeit kommt dieser unterbewußte Einfluß seiner magischen Funktion zum Tragen.

In diesem Zusammenhang möchte ich noch ein symbolisches Spiel erwähnen, das *alag melchij öröch,* »eine vielfarbige Schildkröte zeichnen«. Dabei wird die Form einer Schildkröte mit etwa 100 Fußknöchelchen ausgelegt, die oft auch verschiedene Farben haben. Wenn die Schildkröte ausgelegt ist, beginnen die Mitspieler um ihre Teile zu würfeln. Jede Punktzahl

des Würfels entspricht einem Teil aus dem Körper des Tieres, wodurch die Regeln ganz eindeutig sind. Der Zweck des Spiels liegt nicht so sehr darin, daß einer gewinnt, sondern in der Freude daran, daß man die Sprungbeine sammeln kann, denn sie bedeuten Wohlstand in der nahen Zukunft. Auch wenn die Praxis alle Merkmale eines Spieles zeigt, so muß man es doch eher in seiner divinatorischen Funktion sehen.

Das Spiel gehört zum Neujahrstag und wird im allgemeinen in der Jurte des ältesten Mannes im Lager gespielt. Nur die Familienoberhäupter dürfen mitspielen, doch parallel dazu wird manchmal auch ein Spiel für die Kinder organisiert. Das Spiel wird durch den Zeitpunkt, seine Stellung in der Gemeinschaft und durch den Aspekt der Vorhersage symbolisch wichtig. Wichtig ist in diesem Zusammenhang auch, daß ein Reptil als Bild gewählt wird. *Melchij* bedeutet Schildkröte oder Frosch, beide Tiere sind in der mongolischen Mythologie eng verbunden mit der Erschaffung der Welt. Für die Chalcha bedeutet der Name des Spiels Frosch, für die Oiraten Schildkröte. Dieser Unterschied hat für das Spiel keine Bedeutung, denn beide Tiere werden im Prozeß der Erschaffung der Welt gleichgesetzt. Neujahr ist ein Neubeginn im Zyklus der Natur und bildet deshalb den passenden Zeitpunkt für den Ritus, der in dem Spiel ausgeführt wird.

Würfelspiele. In den mongolischen Spielen werden Fußknöchelchen als Würfel benutzt, manchmal sogar wie Würfel mit Augen, da vier Seiten jedes Knochens bestimmten domestizierten Tieren zugewiesen werden bzw. einen bestimmten Wert zugeschrieben bekommen, entsprechend dem relativen Wert der Tiere. Deshalb sind die Knöchelchen gut für Würfelspiele geeignet, von denen es natürlich Dutzende (manchmal wird die heilige Zahl 108 erwähnt) gibt, mit doppelt so vielen Namen. Manche Spiele sind nur Abwandlungen anderer, lokale Varianten allgemeiner Spielmuster, und ergänzen so die Unterschiede in den regionalen Traditionen bei den Mongolen. Man kann die Würfelspiele in drei Klassen einteilen: *naadam*-ähnliche Spiele, Punkt- und Geschicklichkeitsspiele.

Zur ersten Klasse gehören Nachahmungen aller drei *naadam*-Spiele. Beim »Ringen« werfen je zwei Teilnehmer zwei Fußknöchelchen, und derjenige, bei dem die Würfelseite »Pferd« nach oben zeigt, hat die Runde gewonnen. Sieger ist am Ende derjenige, der alle seine Partner besiegt hat. »Pferderennen« ist ein Brettspiel; auf dem Brett sind für jedes Rennpferd Wege markiert, die durch Linien im rechten Winkel dazu in Felder eingeteilt sind, in denen die »Pferde« vorrücken, wenn beim Würfeln die Pferdeseite nach oben zeigt. Als Pferde dienen die Würfel, manchmal werden aber auch Figuren aus Holz oder Filz benutzt.

Anders als bei diesen beiden ist der Sieg beim »Bogenschießen« nicht durch Glück, sondern durch Geschicklichkeit zu erreichen. Es ist selbst ein Sport und heißt bei den Chalcha *ëson tochoj* (neun Ellen). Die Spieler legen das Knöchelchen auf ein Brettchen, das sie auf der Handfläche halten, und schießen es mit einem Fingerschnipsen in Richtung einer Linie, auf der acht oder zwölf weitere Fußknöchelchen aufgestellt sind, von denen die Hälfte dem Gegenspieler oder der Gegengruppe gehören. Das Ziel ist, die Knöchelchen der Gegenspieler über diese Linie hinauszuschießen, während die eigenen vor der Linie bleiben müssen. Die Zielwürfel werden paarweise aufeinandergestellt, meistens in zwei Reihen. Die Entfernung zwischen Schützen und Ziel ist unterschiedlich, aber immer geringer als der Durchmesser einer Jurte (also etwa neun Ellen), so daß man in der Jurte spielen kann. Die Zielwürfel werden dann auf dem Boden oder auf der Türschwelle aufgestellt. Die Zuschauer verhalten sich wie die Aufseher beim Bogenschießen: einen guten Schuß quittieren sie mit Gesang. Dieses Spiel war bis in die frühen zwanziger Jahre unseres Jahrhunderts ein eigenes Sportereignis, und geschickte Spieler kamen von weither, um an den Wettkämpfen teilzunehmen.

Bei den Punktspielen mit Würfeln gibt es verschiedene Arten des Würfelns und Zählens, wobei sich letzteres danach richtet, welche Seite des Würfels nach oben zeigt. Unterschiede bei diesen Spielen ergeben sich dadurch, daß die Anzahl der Würfel verschieden ist und daß es verschiedene Möglichkeiten gibt, Punkte zu erwerben. Es gibt auch Regeln dafür, wann man ein Spiel beginnen oder wie man es fortsetzen darf. Das Spiel endet entweder, wenn eine bestimmte Punktzahl erreicht

ist, oder wenn alle Knöchelchen in einer bestimmten Anordnung liegen.

Die Geschicklichkeitsspiele gehören zu den auf der ganzen Welt verbreiteten Spielen, bei denen man in verschiedenen Schwierigkeitsgraden die Würfel wirft und sammelt. Dazu gehören auch Spiele, bei denen man die Würfel gegen eine Gruppe von Würfeln schnipst. Diese Art von Spielen wird vor allem von Kindern und jungen Leuten gespielt. Ähnliche Spiele kamen aus Asien ins antike Griechenland und Rom, und von dort aus in andere Länder. »Knuckle bones«, wie man sie in England fälschlicherweise nannte, wurden von der Spielzeugindustrie noch Anfang dieses Jahrhunderts angeboten.

Normalerweise werden Würfelspiele von der jüngeren und mittleren Generation gespielt, mit Ausnahme des Spiels mit Schildkröte/Frosch, das mit seinem vornehmlich symbolischen Charakter ein Spiel für ältere Leute ist. Eine große Menge von Knöchelchen zusammenzutragen gilt als viel glückbringender als der Erwerb von Punkten. Dies deutet auf den eher magischen als rein unterhaltsamen Aspekt der Spiele hin und ähnelt dem Eifer, mit dem diese Knochen in den Familien als Zeichen für Nachkommenschaft, Rinder, Reichtum und Wohlergehen angehäuft werden.

Viele Formen des Würfelspiels können als eine Art Verteilung oder Umverteilung von Reichtum angesehen werden. Die gleichen magischen Vorstellungen erlauben solche Handlungen auch nur an der Schwelle einer neuen Periode. Das wird bei Kabzińska-Stawarz ganz klar, die herausgefunden hat, daß diese Spiele eng mit den Neujahrsfeierlichkeiten verbunden sind und daß es Belege für das Tabu gibt, sie im Sommer oder Herbst zu spielen. Der Herbst ist eine ruhige Zeit, in der der Wohlstand wächst, und man soll diesen Zustand nicht durch magische Handlungen, die Wandel und Erneuerung bedeuten, in Frage stellen. Vor allem in der Wüste Gobi wurde den Kindern verboten, sich mit Würfelspielen zu vergnügen, wenn der lebenspendende Regen fiel; wenn aber jemand krank wurde oder sonst schlechte Zeiten herrschten, dann lud man alle dazu ein.

Finger- und Ratespiele. Die Liste der mongolischen Spiele wäre unvollständig ohne die Fingerspiele. Geschickte Finger sind im Leben der Nomaden sehr wichtig, und ihre Fähigkeiten werden auch im Spiel auf die Probe gestellt. Das einfachste dieser Spiele wird von den Kleinen gespielt und ist nicht besonders hoch angesehen: Zwei Spieler müssen gleichzeitig einen Finger ausstrecken. Wenn die Finger (anatomisch gesehen) benachbart sind, dann bekommt derjenige einen Punkt, dessen Finger »höher eingestuft« wird, und zwar schlägt der Daumen den Zeigefinger, dieser den Mittelfinger usw. bis zum kleinen Finger, der wieder den Daumen besiegt. In diesem Spiel ist also eine gute Beobachtungsgabe verlangt, um aus der kleinsten Bewegung des Gegenspielers seine Absichten erkennen zu können. Zu weiter entwickelten Spielen gehört, daß die Spieler schon im vorhinein die »Summe« der beiden gezeigten Finger ankündigen, und zwar in Form einer gleichzeitigen Gesangsrezitation, meist mit improvisiertem Text nach einem bestimmten Muster. Zu dieser Übung sind also mehrere intellektuelle Fähigkeiten nötig: man muß entscheiden können, welchen Finger man nimmt und gleichzeitig einen passenden

Text für den Gesang erfinden. Darüber hinaus muß man sich auch noch die Punkte für den ganzen Spielverlauf merken. Ein anderes Spiel besteht daraus, daß man die Finger so ineinander verschränkt, daß der Gegenspieler nicht herausfinden kann, welches der Mittelfinger ist.

Rituelle Feierlichkeiten in der Familie, die durch das Festbankett *najr* gekennzeichnet sind, nehmen einen sehr zeremoniellen Verlauf. Dennoch dürfen dabei bestimmte Spiele zur Unterhaltung gespielt werden. Dazu gehört »Die Jagd nach dem Ring«. Normalerweise werden dafür die Gäste des *najr* in zwei Gruppen eingeteilt; jede Gruppe erhält einen Ring, der bei einem ihrer Mitglieder versteckt wird. Die Spieler der Gegenseite müssen nun herausfinden, wer den Ring hat, und die Gruppe, die gewonnen hat, darf sich von den Verlierern bei der nächsten passenden Gelegenheit unterhalten lassen. Ringe werden meist als reine Schmuckstücke getragen, doch hier haben sie auch die symbolische Funktion, die Ringen auf der ganzen Welt eigen ist: sie besiegeln und bestätigen Dauerhaftigkeit für das Ereignis, das mit dem *najr* gefeiert wird, egal ob es sich um Hochzeit, den Geburtstag eines alten Menschen oder das Haareschneiden eines Kindes handelt.

Während die meisten Spiele, die von älteren Leuten gespielt werden, eine — bewußte oder verborgene — symbolische oder magische Bedeutung haben, dienen die Kinderspiele einfach nur der Unterhaltung. In bestimmten Situationen oder Zusammenhängen können sie manchmal eingeschränkt werden, zum Beispiel waren früher Puppen oder Figuren in Menschenform aufgrund ihrer magischen Bedeutung nicht als Spielzeug erlaubt. Kinder imitieren in ihren Spielen oft die Erwachsenen in ihren alltäglichen Tätigkeiten, sie bauen Gehege für die Tiere, schicken Herden auf die Weide, schützen sie gegen Wölfe oder machen eine Reise mit Karawanen. Als Spielzeug dienen ihnen Fußknöchelchen, Steine oder was sie sonst gerade bekommen können. Ihre Spiele sind nicht besonders phantasievoll und — abgesehen von den Ringkämpfen — auch keine, in denen sie miteinander wettstreiten. Das liegt daran, daß es in einem Lager nur wenige Kinder gibt. In den Winterlagern, in denen mehr Menschen zusammen wohnen, ist es schon ein bißchen anders, und wenn die Kinder alt genug sind, um auf dem Pferd zum nächsten Lager zu reiten, ändert sich die Lage völlig. Dann nehmen sie an verschiedenen Mannschaftsspielen teil, in denen sie ihre Fähigkeiten so entwickeln können, wie es das Leben der Hirten erfordert.

Auch wenn die Spiele für die Kinder einfach nur Spaß und Freude bedeuten, versuchen die Erwachsenen doch, ihnen darüber hinaus einen Rahmen mit magischen und symbolischen Bedeutungen zu geben. Sie beaufsichtigen den Zeitpunkt und Beginn der Spiele, ihren Ablauf und beraten die Kinder; manchmal nehmen sie dabei auch eine Rolle ein, die an rituelle Handlungen erinnert, zum Beispiel wenn sie ein Feuer auf dem Spielplatz entzünden.

Auch hier müssen wir also feststellen, daß symbolische und unterhaltsame Funktionen der Spiele vermischt werden. Ähnlich trennen die Nomaden auch Arbeit und Vergnügen nicht scharf voneinander und würden diesen Gegensatz auch nicht verstehen. Dieser Aspekt ist viel deutlicher als in bäuerlichen Gesellschaften, da sich die Arbeit der Nomaden leicht in Unterhaltung wenden kann und umgekehrt.

Aus dem Englischen von Inge Hoppner

Literatur:
Cevel, J.: Mongolyn böxijn tuxaj (Mongol wrestling). Ulanbator 1951.
Kabzińska-Stawarz, I.: Mongolian games of dice: their symbolic and magic meaning. In: Ethnologia Polona 11, 1985, S. 237—263.
Namnandorž, O.: Mongolyn xurdan moriny tuxaj (Mongol horse racing). Ulanbator 1957.
Namnandorž, O. und G. Amar: National sports. Ulanbator 1971.
Namžildorž, N.: Mongolyn xölögt togloom (Mongol board games). Ulanbator 1963.
Popova, A.: Analyse formelle et classification des jeux de calculs mongols. In: Études Mongoles 5, 1974, S. 7—60.
Taube, E.: Die drei Wettspiele der Männer. Über die traditionellen Sportarten der Mongolen. In: Das Altertum 22, 1976, N. 2, S. 99—106.

Schamanen, Geisterbeschwörer und Gesundbeter

Erika Taube, Leipzig

Der Glaube an die Existenz verschiedener Welten und an Wesen unterschiedlichster Art, die diese Welten bevölkern, birgt in sich das Bedürfnis des Menschen, mit diesen Welten und Wesen zu koexistieren, aber auch sich mit ihnen auseinanderzusetzen, sich gegen sie zu behaupten. Manches konnte der einzelne selbst dazu tun. Gegenüber den guten, Schutz und Segen spendenden Gottheiten galt es, sich ehrerbietig zu verhalten, überlieferte Gebote zu beachten, um sie nicht zu beleidigen oder zu erzürnen, und sich durch Worte und Opfergaben ihres Wohlwollens zu versichern.

Einige dieser teils alltäglichen Zeremonien oblagen bestimmten Mitgliedern der Familie oder der *Ail*-Gemeinschaft. Auch

Čachar-Schamane mit eisernem Kopfschmuck mit Gehörnnachbildung und mit Rundtrommel (1939).

gab es Personen, die sich durch besondere Fähigkeiten und bestimmte magische Praktiken bei der Behandlung von Gebrechen vor anderen auszeichneten oder die es zur Meisterschaft beim Darbringen von Lobpreisungen oder Segenssprüchen gebracht hatten. Vor schädlichen Mächten glaubte man sich durch die Ausübung von Schutzbräuchen oder die Einhaltung bestimmter Tabus durch das Individuum oder die Gemeinschaft eine gewisse Sicherheit zu schaffen. Aber all das konnte nicht vor gelegentlichem Unheil bewahren, vor Diebstahl, Streit, Krankheit bei Mensch und Vieh oder Tod.

Für die Ursache all dieser und anderer Übel hielt man das Wirken böser Geister und Dämonen, von denen es unzählige der verschiedensten Art gab und die eins gemeinsam hatten — das Anliegen, Mensch und Vieh Schaden zuzufügen. Hier tat sich ein weites Feld auf für die Tätigkeit jener Personen, die zur Mittlerschaft zwischen den Menschen und ihrer Welt und jenen anderen Welten der Geister und Dämonen berufen waren. Sie verwirklichten ihre Mittlerrolle durch spezifische Praktiken und Rituale, wobei sie sich in einen Trancezustand versetzten, und werden gemeinhin als Schamanen bezeichnet. Es gibt kein einheitliches mongolisches Schamanentum, die Vielfalt der Formen und Erscheinungen in Ausstattung und Kult wie auch der Beziehungen zu benachbarten Völkern in Vergangenheit und Neuzeit ist groß. Andererseits hat sich hier viel Altertümliches erhalten, in dem sich die gemeinsamen Züge erkennen lassen.

Ein Schamane mußte dem Bösen vorbeugen oder, wo es bereits stattgefunden hatte, es wieder aus der Welt schaffen und den ursprünglichen Zustand der Ordnung wiederherstellen. Das heißt, er mußte Empfehlungen geben, die das Wohlergehen der Menschen bei bestimmten Vorhaben und deren Gelingen gewährleisteten, zum Beispiel dafür Sorge tragen, daß die Braut mit ihrem Geleit unbeschadet von der elterlichen Jurte zu der des Bräutigams gelangte. Der Schamane mußte Krankheiten heilen, indem er etwa den in den Kranken eingedrungenen Dämon vertrieb oder die aus dem Körper entwichene Seele zurückholte. Er hatte verlorengegangenes Vieh oder Gut ausfindig zu machen, nach Möglichkeit den Tod zu verhindern und, wenn er doch eintrat, die Seele aus der Welt ins Jenseits zu geleiten, damit sie nicht wiederkehrte und Schaden stiftete. Es oblag ihm, Feinde durch Fluch und Bann zu schädigen, günstige Tage und Richtungen für besondere Anlässe zu ermitteln und zu weissagen — aus dem Schulterblatt eines Schafes, den Eingeweiden von Opfertieren, durch das Deuten vielfältiger Omina. Damit sind etwa die wesentlichen Funktionen des Schamanen umschrieben, die ihn als helfende Gestalt innerhalb einer Gemeinschaft charakterisieren.

Da nach den alten Glaubensvorstellungen alles Unheil das Werk böser Geister und Dämonen war, bestand die Aufgabe des Schamanen darin, diese auf magische Weise zu bekämpfen und zu besiegen, das heißt, sie zu vertreiben oder, wenn möglich, zu vernichten. Es versteht sich, daß die normalen Kräfte eines Menschen dazu kaum als ausreichend erscheinen konnten. Daher glaubte man, daß dem Schamanen im Kampf mit den Dämonen Hilfsgeister beistünden, unter denen stets einer die Vorrangstellung einnahm. Stärke und damit auch Ansehen eines Schamanen richteten sich nach der Anzahl jener Hilfsgeister, die ihm im Bedarfsfall auf sein Geheiß zu Gebote standen.

Diese Hilfsgeister rekrutierten sich vor allem aus dem Heer der Ahnengeister, die auch bildlich oder figürlich aus verschiedensten Materialien dargestellt und als *Onggod* bezeichnet wurden. Diesen Figürchen schrieb man schützende und Böses abwehrende Kräfte zu. Sie standen in der Jurte oder hingen an den Dachstangen, gelegentlich waren sie auch am Eingang zur Jurte als eine Art Wächter aufgestellt. Der Schamane nahm sie mit, wenn er irgendwohin zu Hilfe gerufen wurde. Als besonders starke Geister galten die Seelen verstorbener Schamanen. Auch die Ortsgottheiten, vor allem jene von Bergen und Höhen, die in enger Beziehung zu den Ahnengeistern stehen, vermutlich sogar auf diese zurückgehen, fungierten als Hilfsgeister, was in Märchen und Epen deutlich zum Ausdruck kommt, wenn der Held vor dem Aufbruch zu gefährlichen Abenteuern auf seinen großen Berg hinaufgeht. Ahnengeister und Ortsgottheiten folgen in der relativ festen Hierarchie der Geisterwesen gleich auf die an der Spitze stehenden *Tengri* oder Himmelsgötter. Ihnen schließen sich die verschiedensten üblen Geister in mannigfacher Gestalt an wie etwa die *Ada,* häufig in der Luft schwebend den Menschen auflauern, Krankheiten und Sehnsüchte hervorrufen. Auch Unglück ankündigende vogelähnliche Dämonen, Irrlichter und häßliche Gespenster gehören zu diesen. Gegen sie und ihresgleichen richteten sich die Aktivitäten des Schamanen.

Ob jemand Schamane wurde oder nicht, hing am wenigsten von ihm selbst ab. Es waren — so glaubte man — die Geister, die einen Menschen zu diesem schweren Amt beriefen. Dies geschah meist in der Pubertät und wurde von den jungen Menschen — Burschen wie Mädchen — als qualvoller Zustand empfunden, so daß man von »Erkrankung« sprach. Die Symptome dieses Zustands, bei deren Beschreibung eine ziemlich große Übereinstimmung zu bemerken ist, waren Unruhe und Umgetriebensein, Alpträume und Halluzinationen, konvulsivische Zuckungen und manisch-depressive Zustände, Geistesabwesenheit und Sprechen in Versen. Auf diese Weise äußerte ein Geist, daß er jenen Menschen erwählt hatte. In der Folge wurde dieser nun der Haupthilfsgeist oder Schutzgeist des Schamanen, denn im allgemeinen ergab sich der Betroffene diesem Ruf, wenn auch keineswegs immer gern — aber im anderen Fall hätte er mit ständiger Krankheit und mit Leiden rechnen müssen.

In dieser Zeit der Schamanenwerdung, der Initiation, soll der Adept erfahren, worin er zu heilen und helfen vermag, das heißt, welche Art von Geistern er später bekämpfen kann. Es heißt, der Berufene durchlebe im Unterbewußtsein oft eine Zerstückelung seines Körpers, wobei Teile seines Fleisches jenen Geistern zur Nahrung dienten, die ihm in Zukunft zu Gebote stehen.

Mit Ende dieser Initiationsphase vergingen die quälenden Symptome, und der Berufene kehrte zu seinem normalen

Schamanin aus Čachar mit Rundtrommel und dem mit bunten Streifen geschmückten pferdeköpfigen Schamanenstock (Januar 1939).

Leben zurück, das sich außer durch die Tatsache, daß er nun die Aufgaben eines Schamanen zu erfüllen hatte, wann immer man ihn dazu rief, im allgemeinen nicht vom Leben der anderen unterschied. Voraussetzung für die Schamanentätigkeit war nur noch, daß nach Abklingen der »Schamanenkrankheit« durch einen älteren Schamanen die Weihe des Adepten zum Schamanen vollzogen wurde. Wenn wir auch über den Komplex der Initiation und Weihe des Schamanen bei mongolischen Völkern im Vergleich mit anderen wenig wissen und das Zeremoniell sich lokal und ethnisch variierend vollzieht, so ist doch bekannt, daß im Rahmen dieses Ereignisses der werdende Schamane symbolisch verschiedene Phasen seiner späteren Tätigkeit vorvollzieht — so zum Beispiel das Aufsteigen in die obere Welt mit Hilfe einer Birke oder eines als Leiter dienenden, gekerbten Baumstammes, der meist in der Mitte der Jurte unter der Rauchöffnung aufgestellt wurde. Damit verbunden sind Opfer an die Götter und Geister, auf daß sie ihm von nun an dienen. Zur Weihe gehört auch das Ausstatten des Schamanen mit seinen Attributen — der Kleidung, der Trommel oder dem Stab — sowie das »Reinigen« (durch Feuer, durch das Blut eines Opfertieres und anderes). Auch hat der Schamane eine Art Schwur abzulegen, durch den er künftig gebunden ist und verpflichtet, jedermann ohne Ansehen der Person zu helfen, unabhängig von den materiellen Möglichkeiten oder dem sozialen Status. — Natürlich ist auch die Schamanenweihe, wie andere Festlichkeiten, mit Essen und Trinken verbunden, wobei die üblichen Opfer dargebracht werden, zum Beispiel an die Gottheit des Herdfeuers, und auch das gemeinschaftliche Singen nicht fehlen darf, »um die Geister zu erfreuen«.

Das Gewand des Schamanen und seine einzelnen Elemente sowie alle übrigen Attribute haben einen symbolischen Charakter und sind dazu bestimmt, dem Schamanen bei seiner Reise in andere Welten zustatten zu kommen. Sie sind daher auch nach strengen Vorschriften verfertigt und müssen ebenfalls geweiht werden.

Die Jenseitsreise ist das zentrale Phänomen des Schamanentums. Der Schamane durchlebt sie, nachdem er sich mit Hilfe von Alkohol und Tabak, dem narkotisierende Kräuter zugesetzt sein können, allmählich in einen ekstatischen Zustand versetzt hat, zu dem auch rhythmische und zuletzt heftig kreisende Bewegungen unter den Schlägen der Trommel beitragen. Manchmal — vor allem, wenn schwere Kämpfe zu gewärtigen sind — steht dem Schamanen ein Gehilfe zur Seite, der ihm die Pfeife reicht, ihn mit Wasser besprizt und andere nötige Handreichungen macht. Der Schamane ruft nun mit Gesängen seine Hilfsgeister herbei, trägt ihnen sein Anliegen vor und erfährt, wer der Feind ist, wo er sich aufhält, mit welchen Mitteln ihm beizukommen ist. Seine Seele löst sich vom Körper und macht sich auf den Weg. Die Trommel oder der oft pferdeköpfige Schamanenstab dienen ihr als Reittier. Spiegel — in Form von metallischen Scheiben am Gewand befestigt — schrecken ab, reflektieren Geschosse und ermöglichen, das Nichtsichtbare zu sehen. Kraft und Fähigkeiten all der Tiere, von deren Fell oder Federn etwas zur Tracht des Schamanen verwendet wurde oder die durch Details des Kostüms symbolisiert werden, sollen ihm zur Verfügung stehen, so daß er wie sie laufen, fliegen oder auch schwimmen kann und so in der Lage ist, seinen Gegner auf vielerlei Weise zu verfolgen oder eine verlorengegangene Seele einzuholen und zurückzubringen.

In diesem ekstatischen Zustand, der Phase des Kampfes mit dem Dämon, kann es zu einer außerordentlichen Zunahme der Körperkräfte des Schamanen kommen, die ihm trotz des wegen vieler metallischer Anhängsel oft überaus schweren Gewandes, das anzulegen gelegentlich zwei kräftige Männer helfen müssen, schnelle Bewegungen und hohe Sprünge ermöglichen. Auch werden in diesem Zustand andere ungewöhnliche Leistungen vollbracht, wie das Belecken glühenden Eisens, Laufen über Glut oder auf spitzen und scharfen Gegenständen und ähnliches. — Beschwörungen, Bannen des bösen Geistes in ein Substitut, Analogiezauber und anderes sind konkrete Praktiken des Schamanen bei der Ausschaltung feindlicher Mächte.

Während des Schamanisierens singt der Schamane. Diese Gesänge, die eine spezifische Form der mongolischen Volksdichtung darstellen, kennzeichnen die einzelnen Etappen der schamanistischen Rituale und reflektieren die verschiedenen Erlebnisse des Schamanen in dessen Verlauf. Die Lobpreisungen der Hilfsgeister, mit denen das Ritual eröffnet wird, sind besonders gut belegt, möglicherweise deshalb, weil sie am ehesten in bewußtem Zustand gesungen werden.

Hat der Schamane sein Ziel erreicht, werden die Hilfsgeister mit Dank entlassen. Nach langen Séancen, die mehrere Stunden dauern können, befindet sich der Schamane oft in einem Zustand völliger physischer und psychischer Erschöpfung.

Schamanen sind keine kranken Menschen, wie lange Zeit angenommen wurde, sondern solche mit einer bestimmten psychischen Disposition — überaus sensibel und leicht erregbar, dabei oft außergewöhnlich intelligent und künstlerisch begabt. Mit diesen Anlagen hängt zweifellos das häufig zu beobachtende erbliche Schamanentum zusammen. Dabei scheint oft die Schamanengabe vom Vater auf die Tochter und von der Mutter auf den Sohn übergegangen zu sein. Aber auch ohne verwandtschaftliche Beziehungen konnte die Schamanengabe oder der Schutzgeist auf einen anderen Menschen übergehen, zum Beispiel auf jenen, der das beim Nahen des Todes ausgesetzte *Onggon*-Figürchen eines sterbenden Schamanen findet. Dies ist wohl so zu verstehen, daß der nach dem Tode eines Schamanen unbehauste Schutzgeist sich einen neuen Wirtskörper sucht, manchmal auch schon im voraus.

Auch der Vorwurf der Betrügerei und Scharlatanerie ist so verallgemeinernd, wie er manchmal vorgebracht wurde, nicht aufrechtzuerhalten, wenngleich es nahe liegt, daß auch Mißbrauch getrieben worden ist, wie in jeglichem menschlichem Bereich. Wir wissen von Schamanen am Hofe der mongolischen Großkhane des 13. Jh.s, von Zusammenkünften von Schamanen im 16. Jh. zur Beratung wichtiger Angelegenheiten und Ereignisse, auch daß sich Adlige bis in das 20. Jh. neben einem Lama noch zusätzlich einen Schamanen hielten. Damit konnten Schamanen zuweilen auch in politischen Fragen einen gewissen Einfluß ausüben, der jedoch kaum jenem entsprochen haben dürfte, über den später der lamaistische Klerus verfügte, zumal dem Schamanentum eine vergleichbare Organisation gefehlt hat. Die Mehrzahl der einfachen Schamanen nahm ihre Berufung jedoch ernst und trug deren Bürde neben den Lasten, die der harte Alltag der Nomadenviehzüchter den Menschen auferlegte. Erst abends nach Sonnenuntergang, zur hohen Zeit der bösen Geister, nach der Arbeit eines Tages, konnten sie ihre Schamanentätigkeit beginnen, und nicht selten lag davor noch ein langer Ritt. Und manchmal war es mit einer Séance nicht getan, wiederholte sich alles am nächsten oder mehreren folgenden Abenden. Dennoch gehörten viele Schamanen zu den Ärmsten. Das Schamanentum muß also einen sozialen, nicht einen professionellen Charakter gehabt haben, und dies wiederum erklärt, warum es sich trotz Verfolgung so lange neben dem Lamaismus gehalten hat. Bis in unser Jahrhundert hinein hing die Masse des mongolischen Volkes dem »Schwarzen Glauben« und damit den Schamanen an, wohl weil die Mehrzahl von ihnen jene vor allem in der Vergangenheit unentbehrliche soziale Funktion des Heilers und Helfers zum Wohle der jeweiligen Gemeinschaft mit Ehrfurcht ausgeübt hat.

Literatur:

Eliade, M.: Schamanismus und archaische Ekstasetechnik. Frankfurt/Main 1982.

Findeisen, H. und H. Gehrts: Die Schamanen. Jagdhelfer und Ratgeber, Seelenfahrer, Künder und Heiler. Köln 1983.

Harva, U.: Die religiösen Vorstellungen der altaischen Völker. Helsinki 1938 (= FFC 125).

Hoffmann, H.: Symbole der tibetischen Religionen und des Schamanismus. Stuttgart 1967 (= Symbole der Religionen 12).

Hoppál, M., Hg.: Shamanism in Eurasia, 2 Bände. Göttingen 1984.

Taube, E. und M. Taube: Schamanen und Rhapsoden. Die geistige Kultur der alten Mongolei. Wien 1983.

Tucci, G. und W. Heissig: Die Religionen Tibets und der Mongolei. Stuttgart 1970 (= Religionen der Menschheit 20).

Die Trachten der mongolischen Schamanen und ihre Symbolik

Ulla Johansen, Köln

Die Trachten der mongolischen Schamanen sind weder im Material noch im Schnitt noch auch in bezug auf die daran befestigten Symbole einheitlich. Sie unterscheiden sich je nach Ethnie sogar stark voneinander. Die reichen Bestände des volkskundlichen Museums in Ulanbator lassen weiter darauf schließen, daß auch von Klan zu Klan unterschiedliche Traditionen in der Ausprägung der Tracht bestanden haben und daß darüber hinaus jeder Schamane aufgrund seiner Familientradition und seiner persönlichen Inspiration aus der allen Klanmitgliedern bekannten Symbolik ausgewählt und die Symbole im Detail nach seinen Visionen vor der Herstellung des Gewandes ausgestaltet hat. Das heißt, er hat einzelne Symbole mehr, andere weniger hervortreten lassen. Die Schamanentrachten sind im allgemeinen nicht von den Schamanen selbst, sondern von den anderen Klanmitgliedern angefertigt worden, wobei die Frauen die Textil- und Lederteile hergestellt haben.

In groben Zügen zeichnen sich aber für das Gebiet der Mongolischen Volksrepublik und der Burjatischen Autonomen Sowjetrepublik vier regionale Typen ab:

1. Im Nordwesten des Landes, vor allem bei den Urjanchai des Altai, Dörböt und Torgut, zeigt die Tracht Verbindungen zu den Altaitürken.

2. Dagegen gleicht die Tracht der Darchat derjenigen der Tožu-Tuvaner, welche — wie die Darchat bis vor kurzem — Renhalter, Jäger und Sammler waren. Die Darchat haben ja erst in neuerer Zeit die mongolische Sprache übernommen.

3. Die burjatische Tracht gleicht südtungusischen Trachten im Schnitt, den nur hier vorkommenden Brustschurz eingeschlossen, und in der eisernen Geweihkrone.

4. Die Chotogoit und die Mehrheit der Bevölkerung der Volksrepublik, die Chalcha, haben wiederum eine eigene Ausprägung der Tracht, welche den Einfluß des Lamaismus am deutlichsten zeigt. Im Süden ihres Gebietes gibt es überhaupt keine Schamanentrachten mehr.

Es sollen nun die Symbole erklärt werden, die, auf allen oder fast allen Trachten vorkommend, nicht nur das Auditorium des Schamanen an seine Fähigkeiten und an seine Hilfsgeister erinnern, sondern auch sein eigenes Sendungsbewußtsein und damit die Konzentration auf seine Aufgabe stützen.

Alle Schamanen besaßen eine Krone und einen Mantel, die ihnen über die genannten Funktionen hinaus auch auf der Seelenreise oder bei der Einverleibung des Geistes, der, aus ihnen sprechend, Weisheiten verkündete, Schutz boten. Die Darchat und viele Burjat schützten darüber hinaus auch ihre Beine und Füße durch besondere Stiefel. Der Mantelschnitt gleicht demjenigen der jeweiligen Alltagskleidung im nördlichen Waldland bzw. im übrigen mongolischen Gebiet.

Als Reittier für die Seelenreise wurde allgemein die Trommel angesehen, bei den Burjat und Darchat auch ein oder zwei Stäbe, deren Griffe in Form von Pferdeköpfen geschnitzt sind.

Als Peitsche diente der Schlägel. Es kommen aber auch Peitschen in Form von textilen Rollen von etwa einem halben Meter Länge vor.

Die Tracht mußte auch die Fähigkeit des Schamanen zu übernatürlichen Reisen unterstützen. Deshalb ist die Krone im Norden mit einem Kranz von Federn, bei den südlicheren Mongolen mit einem Busch Federn ausgestaltet. Während die Darchat die Schwanzfedern des hoch und ausdauernd fliegenden Adlers oder eines anderen Raubvogels bevorzugten, indem sie sieben oder neun dieser großen Federn an der Krone befestigten, nahmen die anderen mongolischen Ethnien Eulenfedern, also das Gefieder des lautlosen Vogels, der in der Dunkelheit, wenn Dämonen am leichtesten ihr Unwesen treiben können, furchtlos seine Beute verfolgt. Auch der Schamane hielt seine Seancen fast nur in der Dunkelheit ab. Dort, wo die Mäntel die Schulterblätter der Schamanen bedecken, sind Flügel befestigt. Es sind Büschel von Federn derselben Art wie an der Krone. An vielen Mänteln sind auch über den Armen, mit denen der Schamane während seiner Séance öfter die Bewegung eines fliegenden Vogels machte, kleinere Federbüschel angebracht. An einigen Gewändern sind sogar Vogelkrallen angenäht. Lange dünne Zeugrollen oder -bänder an den Ärmeln von Darchat- und Burjat-Schamanen verstärkten den Eindruck des Fliegens bei ihren Armbewegungen. Bei den Burjat trug der Schamane ebenso wie bei den benachbarten Tungusen ein Rehgeweih aus Eisen auf dem Kopf, erwarb also die Fähigkeiten dieses schnellen Tieres.

Der Schamane war auf seinen Reisen großen Gefahren ausgesetzt und mußte mit aggressiven Geistern kämpfen, um die Mitglieder seines Klans vor ihnen zu schützen. Deshalb hatten die Schamanen zur Zeit des Vordringens der Europäer nach Zentralasien noch Panzer getragen, wie Bodenfunde ebenso wie die Bezeichnung des Gewandes durch die Schamanen als »meine Rüstung« im benachbarten Tuva lehren. Im 20. Jh. waren von dem vor Einführung der Feuerwaffen für die Krieger wirksamen Plattenpanzer nur einzelne Platten an den nordmongolischen Trachten übriggeblieben, die hinten an den empfindlichsten Stellen, über Herz und Lunge des Schamanen, hängen. Dazu kommen die Arm- und Beinschienen, die manchmal noch aus Eisen sind, oft aber auch durch textile Applikationen nachgebildet wurden.

An allen mongolischen Trachten findet sich jedoch die Bewaffnung mit Bogen und zahlreichen Pfeilen aus Eisen. Ihre Form hat sich zum Teil erhalten, so hängen am burjatischen Mantel zwei kleine Bogen mit daran befestigten Pfeilen. Öfter werden diese Angriffswaffen nur durch Symbole dargestellt, die zwar dem Schamanen und seinem Auditorium, nicht aber dem Außenstehenden erkennbar sind. Der schmal-konische, an der Spitze um einen Draht gebogene Anhänger, der an der Krone der Chalcha-Schamanin angebracht ist, symbolisiert nämlich

Bei den nördlichen Mongolen sind diese Symbole mit einer anderen Form des Schutzes verschmolzen, mit dem sich die Schamanen der jägerischen Ethnien der sibirischen Wälder auszustatten pflegten: sie trugen über ihrem empfindlichen menschlichen Körper ein zweites widerstandsfähigeres Skelett, das bei den Burjat und ihren tungusischen Nachbarn sogar aus Eisen hergestellt wurde. Dieses Skelett besteht auf der Vorderseite des Mantels oder auf dem Brustschurz aus Brustbein und einer Anzahl von Rippen, auf der Rückseite aus dem Rückgrat und wieder einer Anzahl von Rippen. Diese Zahl entspricht zumeist nicht der faktischen Zahl der menschlichen Rippen, sondern ist eine symbolische Zahl, also sieben oder neun, aber auch sechs oder zwölf. Die Arm- und Beinschienen wurden gleichzeitig als Ober- und Unterarmknochen und Ober- und Unterschenkelknochen gedeutet. Wo diese Symbolik überwiegt, wie etwa bei den Burjat, wurden die Knochen auch realistischer, also an Ärmeln und Stiefeln, zweigeteilt in Elle und Speiche und Waden- und Schienbein dargestellt. Die rechteckigen oder quadratischen Panzerplatten erhielten dann nach Interpretation einiger Schamanen die Bedeutung von Schulterblättern, wobei die Zahl von vier oder sogar sechs Platten für

Mantel einer Schamanin der Chalcha von Cecenchan, Vorderseite (Museum Ulanbator).

Vorderseite der Krone einer Schamanin der Chalcha von Cecenchan (Museum Ulanbator).

eine an der Bogensehne angelegte Pfeilspitze. Diese grob gefertigten Pfeilspitzen finden sich an den Trachten fast aller mongolischen Schamanen. Das heißt, unbewaffnet begaben sie sich nicht in transzendente Welten, dies entsprach schon den kriegerischen Erfahrungen in dieser Welt. Die Pfeilspitzen sind, zum Teil an Ringen befestigt, über das Gewand verteilt. Vor allem die nordmongolischen Schamanen konzentrierten ihre Angriffs- und Verteidigungsbewaffnung auf den oberen Rückenteil des Gewandes, dorthin wo sie sonst am schnellsten tödlich verwundbar und am schutzlosesten wären. Die Bogensehne ist bei diesen Gewändern als ein dicker, waagerechter Eisendraht mit den anhängenden Pfeilspitzen leichter zu erkennen.

220

Schamanentracht der Altaier (in der Literatur früher als »Bergkalmücken« bezeichnet), eine türkischsprachige Gruppe, die im mongolisch-sowjetischen Grenzgebiet lebt. Die Rückenansicht der Tracht zeigt die beiden Schlangen und die aufgenähten Onggod-(=Schutzgeister)Figuren. Museum für Völkerkunde, Berlin, Inv.-Nr. I. A. 1887.

die übernatürliche Erscheinung des Schamanen durchaus keine Absurdität darzustellen, sondern seine Wirksamkeit eher zu verstärken schien. Auch wurden bis zu drei Rückgratsymbole neben- oder übereinander getragen, was wiederum nur als Verstärkung der Wirkung des Symbols aufgefaßt wurde. Sie enden bei einigen Trachten in Schwanzknochen, obwohl die Form anderer Teile des Skeletts, das zum Beispiel auch die Schlüsselbeine zeigen kann, deutlich darauf hinweist, daß es sich um menschliche Knochen handeln soll. Auch dies ist kein Gegensatz, denn die gleichzeitige Ausstattung mit Vogelflügeln allein schon zeigt, daß der Schamane sich in der Séance zu einem Wesen wandelte, das tierische und menschliche, sogar übermenschliche Fähigkeiten verband. Eine gleiche Übersteigerung der Helden findet sich auch in vielen mongolischen Epen.

Die burjatischen und einzelne darchatische Schamanen schützten zudem auch ihr Gesicht durch eine glatte hölzerne oder aus Kupfer hergestellte Maske, die Öffnungen für Mund und Augen freiließ. Nach einigen Berichten sollten diese Masken den Schamanen bei Besuchen in der Unterwelt unkenntlich machen.

Die Krone der Schamanen besteht bei den Darchat aus einem schmäleren gefiederten Kopfband, auf dem das Gesicht des Ahnengeistes, der den Schamanen in sein Amt berufen hat — oft mit individuellen Zügen wie einem kräftigen Schnauzbart

oder hervortretenden Backenknochen ausgestattet — abgebildet ist. Die Ähnlichkeit gestickter darchatischer Kronen mit dem in Noin Uula gefundenen Kopfband gleichen Schnitts, das in der gleichen Stickereitechnik Augendarstellungen aufweist, fällt auf. Die Augen des Gesichts auf der darchatischen Schamanenkrone wachten über ihn, wenn er sich auf Seelenreisen befand. Sie verhinderten nach Auskünften eines Schamanen zum Beispiel, daß er ins Feuer inmitten der Jurte fiel. Bei diesen Darchat schloß der Schamane nämlich seine eigenen Augen bei der übersteigerten Konzentration der Séance. Bei allen anderen mongolischen Gruppen behielt er sie offen, ebenso wie die lamaistischen Orakel. Die Konzentration wurde hierbei durch Bänder, zumeist aber dünne schwarze Seidenkordeln gefördert, die von dem breiten, oft oben zur Mütze zusammengezogenen Kopfband vor sein Gesicht herabhingen. Durch sie nahm er seine faktische Umgebung offenbar nur noch ungenau wahr. Es bedurfte aber nicht eines zweiten Gesichts nach Auffassung der Mongolen, offenbar weil er immerhin noch etwas sah.

Die Gewänder der Chalcha und Chotogoit sind zumeist mit einem runden Metallspiegel über der Brust des Schamanen ausgestattet. Wenn er es sich leisten konnte, besorgte er sich ein echtes chinesisches Importstück aus schwerer Bronze von bis zu 20 cm Durchmesser. Häufiger allerdings handelt es sich um eine Scheibe aus glänzendem Weißblech. Die Parallele zu den Spiegeln, die über der Brust lamaistischer Maskentänzer hängen, ist unübersehbar. Die Spiegel hatten dieselbe Bedeutung der Abwehr übelwollender Geister. Wo sie bei den Burjat auch vorkamen, wurden sie meist im Zusammenhang mit der Skelettdarstellung als Herz oder Schutz des Herzens des Schamanen interpretiert.

Bei Chalcha und Chotogoit ebenso wie bei den Ethnien der Südhänge des Altai und seiner südöstlichen Vorländer gehörten auch Schellen und Glocken zur Ausstattung des Schamanen. Sie wurden nicht von Klanmitgliedern hergestellt, sondern gekauft und bilden einen weiteren Hinweis auf den Einfluß des lamaistischen Kultes auf den Schamanismus. Ihr Klang sollte den Geistern, mit denen der Schamane in Verbindung trat, angenehm sein. Auf einer Krone aus dem zentralen Chalcha-Gebiet ist sogar ein kleines buddhistisches Radsymbol und fünf holzgeschnitzte Schädel erschlagener Feinde angebracht, womit der Schamane noch deutlicher mit lamaistischen Maskentänzern in Konkurrenz trat, zu deren Tracht diese Symbole eigentlich gehörten. Auch die Chadak genannten Textilstreifen eines lockeren Gewebes, die als Weihesymbol über den nördlichen Buddhismus in die Religion der Mongolen Eingang gefunden haben, hängen — meist in einem vom Jurtenfeuer geschwärzten Zustand — an einigen Chalcha-Gewändern und zeigen, wie stark hier der Synkretismus auch im Schamanismus fortgeschritten war.

Anders verhält es sich mit den Kauri-Schnecken, die vorwiegend auf den Schamanenkronen der Chalcha und der westlichen mongolischen Ethnien angebracht sind. Sie werden in weiten Teilen des nördlichen Asiens als Symbol für Schlangenköpfe betrachtet. Die Schlange galt als der wichtigste Schamanen-Hilfsgeist dieser mongolischen Ethnien, denn Schlangen sind nach ihrer Meinung Tiere der Unterwelt, in die sie durch Öffnungen im Boden oder durch das Wasser gleiten. So sollten sie auch den Schamanen den Weg in das Land, in das die Verstorbenen nach ihrem Tode gehen, ebnen. Die zahlreichen Schlangenabbildungen, die nur an den Gewändern der meisten Darchat- und Burjat-Schamanen fehlen, bestehen aus einer bis zu anderthalb Meter langen, innen oft mit Wolle gepolsterten Stoffrolle, an welcher der Kopf mit Augen, einer roten Zunge aus Filz im klaffenden Maul und weiteren individuellen Kennzeichen wie Metallbeschlägen und der »Schlangenkopf«-Schnecke ausgestattet ist. Bei vielen Schlangen besteht der Körper aus Stoff in mehreren Farben, je nach den Visionen von ihnen, die der Schamane seinem Auditorium mitteilte. Es gibt auch Schlangensymbole, die mit vier ebenfalls aus Stoffrollen gefertigten Beinen und mehreren Schwänzen eher als Drache zu bezeichnen sind.

Die Schamanengewänder der Mongolen präsentieren sich dem Außenstehenden also in einer unübersehbaren und scheinbar auch ungeordneten Fülle der Symbole. Bei näherem Zusehen zeigt sich aber nun, daß die Symbolik — regional unterschiedlich — die Fähigkeiten des Schamanen oder auch seiner Hilfsgeister dem Wissenden vor Augen führte. Wie er im Detail seine Angriffs- und Verteidigungswaffen, seine übermenschlichen und tierischen Fähigkeiten, seine Hilfsgeister und die Symbole, mit denen er der Konkurrenz der lamaistischen Medien trotzte, auswählte und anordnete, ist an jeder Tracht anders. Darin wird erkennbar, daß den Schamanen auf der Basis grundlegender Lehren der vorbuddhistischen Religion ein breiter Spielraum eigener kreativer Interpretationen blieb.

Literatur:

Badamchatan, S.: Chövsgölijn Darchad jastan, Studia ethnographica instituti academiae scientiarum Reipublicae Populi Mongoli III, 1. Ulanbator 1965.
Diószegi, V.: Problems of Mongolian Schamanism. Acta Ethnographica X. Budapest 1961.
Diószegi, V.: Ethnographic Aspects of Darkhat Schamanism. Acta Orientalia XVI, 1. Budapest 1963.
Hansen, H. H.: Mongol Costumes. Nationalmuseets Skrifter, Etnografisk Raekke III. Kopenhagen 1950.
Haslund-Christensen, H.: Mongolske Troldmaend. Fra Nationalmuseets Arbejtsmark. Kopenhagen 1944.
Heissig, W.: Helden-, Höllenfahrts- und Schelmengeschichten der Mongolen. Zürich 1962.
Heissig, W.: Die Religionen der Mongolei. In: Die Religionen der Menschheit, hg. v. C. M. Schröder, Bd. 20. Stuttgart-Berlin 1970.
Holmberg (Harva), V.: The shaman costume and its significance. Annales Universitatis Fennicae Åboensis, Bd. I, 2. Turku 1922.
Michajlov, T. M.: Iz istorii burjatskogo šamanizma. Novosibirsk 1980.
Saužeev, G. D.: Darchaty. Leningrad 1930.

Die alten Götter der Mongolen

Walther Heissig, Bonn

Nichts verdeutlicht die Stellung der Mongolei als ein kulturelles Durchzugsland mehr als seine volksreligiösen Formen, jene religiösen Vorstellungen, die zwischen den Einflüssen des Buddhismus, des Manichäismus und des alteingesessenen und stets im nördlichen Asien geübten Schamanismus stehen. Durchziehende Völkerschaften und ihre religiösen Sitten und Gedanken haben darauf eingewirkt, ihre numinosen Gestalten sind mit autochtonen religiösen Erscheinungen zu einem vielfältigen Pantheon verschmolzen worden. Unangefochten durch synkretistische Vorgänge steht der blaue ewige Himmel — *köke möngke tngri* an dessen Spitze, bereits im Staate Činggis Khans als Lenker allen Geschehens verehrt. Im Laufe der Zeit wird er auch noch zum *ečige tngri* — »Vater Tngri«. Tngri bedeutet sowohl »Himmlischer« wie auch »Himmel« selbst. Der Köke Tngri wohnt im Himmel, er hat alles geschaffen, die Erde, das lebensspendende Feuer. Sonne und Mond sind ihm untertan. Die Zahl der Himmlischen selbst wechselt in den Vorstellungen der Mongolen. Es gibt 99 Götter, die aus einer westlichen Gruppe von 55 und einer östlichen Gruppe von 44

Blick in eine Jurte am Edsin-gol, 1932 (heute Autonomes Gebiet Innere Mongolei). Der Blick geht von dem im Süden gelegenen Jurteneingang über die Feuerstelle zum Hausaltar an der nördlichen Stirnseite.

Der Jagdgott Manaqan tngri, wie er im Tsam-Tanz auftritt.

Göttern bestehen. Innerhalb dieser Gruppe selbst gibt es 33 Tngri, deren oberster Qurmusta Tngri ist, eine Adaption des iranischen Ahūramazda. Aber auch der Einfluß der indischen Göttergestalt des Indra/Brahmā und der 33 Planeten ist erkennbar, gibt Zeugnis für eine Übernahme aus dieser Seite. Als Übernahme aus vorderasiatischen Numina gilt der Reichtumsgott Bisman Tngri, der später mit dem buddhistischen Vaiśravana, der die gleichen Funktionen inne hat, gleichgesetzt wurde. Das Gegenstück zum Köke Tngri im Himmel ist die Erdmutter Etügen Eke. Alle Berge sind von Berggottheiten beherrscht gedacht, die ebenso wie die Erde selbst und die Herren der Gewässer an den besonderen Steinsetzungen der Obo mit Anrufungen und Opfern eines Höhenkultes verehrt wurden. Zwischen den Berggottheiten und ahnenkultischen Vorstellungen zeigen sich besondere Zusammenhänge. Deutlich erweisen sich eine Reihe von Gottheiten wie Miliyan Tngri, Ataγa Tngri, Kisaγa Tngri, Baγatur Tngri, der »Helden-Tngri« und J̌ayaγči Tngri, der »Schicksals Tngri«, die oft gemeinsam in einer Fünferschaft angerufen werden, als später entstandene Metastasen des obersten »Ewigen Himmels«. Sie alle haben dessen Funktionen als Schöpfer- und Schicksalsgottheit. Besonders der J̌ayaγči Tngri ist noch in rezenten pseudo-schamanistischen Anrufungen nachweisbar, die erst vor wenigen Jahren in der östlichen Mongolei aufgezeichnet wurden. Auch das wärmespendende und dadurch lebenserhaltende Feuer wird in der Form einer ursprünglich weiblich gedachten Feuermutter — *γal-un eke,* zu der sich später unter buddhistischem Einfluß ein »Feuergott« gesellte, als Fruchtbarkeits-, Reichtums- und Herdengottheit verehrt. Dieser Kult dürfte älter sein als die Ethnie der Mongolen selbst.

Eine ganze Gruppe von Schicksals- und Kriegsgottheiten wie der Sülde Tngri, Dayisud Tngri, Dayičin Tngri und Geser Khan treten in einer ikonographisch festgelegten Form als Reitergöt-

Berggottheiten der Chövsgöl-Schamanen.

Auf einem erhöhten Punkt steht der auf beiden Seiten von kleinen Steinsetzungen flankierte Mittelobo, Ort des Höhenkultes und der Anrufung von Berggottheiten. (Südliche Mongolei, um 1988).

Burjatische lamaistische Mönche beim Kult am Obo-Steinhaufen, Transbaikalien, 1896. Steinsetzungen auf bestimmten Plätzen, meist Höhen, Pässen, Wegkreuzungen, genossen als Wohnsitz der lokalen Schutzgötter und der Erdherren besondere Verehrung. Der Obo-Kult ist eine typische Entwicklung des Synkretismus zwischen alten schamanistischen Traditionen und lamaistischen Bestrebungen, diese zu vereinnahmen und umzubilden.

Obo-Steinsetzung in der Steppe.

225

Der Weiße Alte (Ostmongolei 1942).

geht und als Herr der Herden und Fruchtbarkeitsgottheit verehrt wird. Legenden berichten über seine Eingliederung durch Buddha in das buddhistische Pantheon. Dies spricht für sein hohes Alter. Schon im 13. Jh. wurde der Weiße Alte auf Befehl der Yuan-Kaiser in einem eigenen Tempel auf dem heiligen Berg Wutaishan verehrt. In lamaistischen Tsam-Tänzen tritt er als lächerlicher Spaßmacher auf, was auf den buddhistischen Versuch hindeutet, diese alte vorbuddhistische Gottheit durch Verspottung ihrer Tiefenwirkung auf die Bevölkerung zu berauben. In gleicher Weise ist die alte mongolische Jagdgottheit *Manaqan Tngri,* als Herr der Tiere verehrt, in den buddhistischen Tsam-Tanz als abgewertete Figur eines Jägers zur Darstellung der verachteten Tätigkeit des Tötens von Tieren übernommen worden.

Die Gestalten und Gebete des volksreligiösen Pantheons zeigen, daß sich allen Amalgamationsversuchen des Buddhismus und aller Verfolgungen alter wie auch neuerer Zeit zum Trotz dennoch Spuren ältester zentralasiatischer Volksreligionen erhalten haben. Ihre Gebete und Anrufungen geben Zeugnis von den großen dichterischen Fähigkeiten der Mongolen, die sich so lange in der mündlichen Überlieferung erhalten haben.

ter in den Harnischen zentralasiatischer Krieger des 1. Jt.s auf. Eine besondere Rolle hat der »Weiße Alte« — *Čaγan ebügen,* der auf eine alte, vorbuddhistische Schöpfergottheit zurück-

Literatur:

Dumas, D.: Aspekte und Wandlungen der Verehrung des Herdfeuers bei den Mongolen, Bonn 1987.
Heissig, W.: Die Religionen der Mongolei, (Die Religionen der Menschheit, Bd. 20). Stuttgart 1970, S. 299—427.
Heissig, W.: Eine »Anrufung des Weißen Alten«. In: Folia Rara. Wiesbaden 1976.
Heissig, W.: Einige Bemerkungen zum Kult des »Weißen Alten« (Čaγan ebügen). In: Serie Orientale Roma, LVI, 2. Rom 1987.
Roux, J.-P.: La religion des Turcs et des Mongols. Paris 1984.
Sárközi, A.: Incense-Offering to the White Old Man. In: Documenta Barbarorum. Wiesbaden 1983.
Tatár, M.: Zur Frage des Obo-Kultes bei den Mongolen. In: Acta Orient. Hung., Tomus XXIV. Fasc. 3. Budapest 1971.
Zukovskaja, N. L.: Lamaizm i rannie formy religii. Moskau 1977.

Divination

Charles Bawden, London

Nach der erheblich großen Menge von Büchern und Handschriften über Divination oder Wahrsagen, die man in den mongolischen Sammlungen der großen europäischen Bibliotheken fand, muß diese Übung in vormoderner Zeit von einiger Bedeutung gewesen sein. Heute jedoch gibt es wenig oder überhaupt keine Beweise, um herauszufinden, ob solche Handlungen sich noch erhalten haben. Unsere früheste Nachricht über mongolische Wahrsagerei stammt aus dem 13. Jh. Der Franziskaner Wilhelm von Rubruk, der 1253 zu seiner Reise nach Karakorum, der Hauptstadt des mongolischen Reiches, aufbrach, hat eine genaue Beschreibung hinterlassen, wie der damalige Kaiser der Mongolen, Mangu oder Möngke, die angebrannten Schulterblätter von Schafen zu befragen pflegte, ehe er irgendein Unternehmen begann. Die noch nicht angebrannten Knochen wurden zu ihm gebracht, der sie für einige Zeit hielt und dabei nachdachte, was er tun wollte. Dann sandte er sie zurück, auf daß sie in einem besonderen Gebäude angesengt wurden, und wenn sie dann zu ihm zurückgebracht worden waren, untersuchte er die Sprünge, die das Ansengen in ihnen hervorgerufen hatte. Wenn sie der Länge nach aufgesprungen waren, war dies ein klares Zeichen für ihn zu handeln, aber wenn sie von einer Seite zur anderen Seite gerissen waren oder wenn kleine Stücke davon abgesprengt waren, dann ließ er die geplante Aktion bleiben. Drei Jahrzehnte früher hat ein chinesischer Beamter mit dem Namen Rao Hong, als er dieses Verfahren der Mongolen beschrieb, vielleicht fälschlich behauptet, daß diese ein glühendes Eisen benutzten, um die Sprünge der Knochen herbeizuführen.

Das Verfahren der Schulterblattdeutung (Skapulamantik) hat sich in der Mongolei zumindest bis in die ersten Jahrzehnte unseres Jahrhunderts erhalten und wurde, soviel wir wissen, auf allen Ebenen der Gesellschaft ausgeübt. Sein sichtlich primitiver Charakter wurde jedoch unter dem Einfluß des Lamaismus verfeinert und komplizierter. Im 18. Jh. wurde durch den vielseitigen Gelehrten Sumpa mkhan-po ein Handbuch der Skapulamantik zusammengestellt, vermutlich zuerst auf Tibetisch, der Religionssprache, dann aber auch in einer mongolischen Fassung. Handschriftliche Manuskript-Kopien oder darauf fußende Hefte sind bis heute erhalten.

Der ganze Vorgang mußte in einer ritualisierten Form ablaufen. Zuerst wird der Schulterblattknochen durch Waschen in mit Milch vermischtem Wasser gereinigt und dann im Rauch von verbrennendem Wacholder und Räucherwerk geräuchert. Dann rezitiert der Offiziant die buddhistische *Ye dharma*-Formel, wobei er das Schulterblatt an den Mund hält und zu den Drei Kleinodien (Buddha, die Mönchsgemeinde und die Lehre), den Schutzgottheiten, den Schutzherren des Glaubens und zu den Ortsgottheiten betet. Er bittet sie, daß für alles, wonach er fragt, deutliche Zeichen erscheinen mögen. Ist es eine allgemeine Anfrage, dann fragt er einfach, ob die Dinge sich gut oder schlecht entwickeln würden, aber wenn es sich um eine bestimmte Frage handelt, sollte der Zweck angegeben

werden: wie wird sich die Krankheit entwickeln, was würde das am meisten erfolgreiche Ritual sein, um diese auszutreiben, wird ein Reisender sicher ankommen und so weiter. Wenn das Feuer langsam erlischt, soll an ihm der Knochen angesengt werden; da ist keine Rede vom Gebrauch eines rotglühenden Eisens. Während des Ganzen sollen Fremde aus dem Zelt ausgeschlossen sein, und niemand soll rauchen. Aus dem Wortlaut des Rituals wird eindeutig klar, daß es sich um einen professionellen Ausführenden handelt, der für einen Auftraggeber handelt, und nicht um den Fragesteller selbst. Ein einleitender Abschnitt teilt mit, wie das Aussehen des unversengten Schulterblattknochens zeigt, von welcher Art von Schaf es stammt, obwohl nicht erklärt wird, wofür diese Information nutzen soll. Wie auch immer, das Aussehen des Knochens macht es dem Ausführenden möglich, den Charakter des Schafbesitzers, mutmaßlich seines Auftraggebers, einzuschätzen, ob er gut oder schlecht, klug oder dumm ist und so weiter. Eine solche Information soll — wie er erfährt — bei seinen Untersuchungen mitberücksichtigt werden.

Das Verhalten des Knochens während des Ansengens ist bezeichnend. Wenn er knackt, dann streifen die Dämonen umher. Häusliche Streitigkeiten können entstehen, falls der

Schon der Asienreisende Peter Simon Pallas hat über das Ansengen von Schafschulterblättern zum Zwecke des Wahrsagens geschrieben. (Sammlungen historischer Nachrichten über die Mongolischen Völkerschaften. St. Petersburg 1801, Bd. 2, S. 350 und Tafel 20).

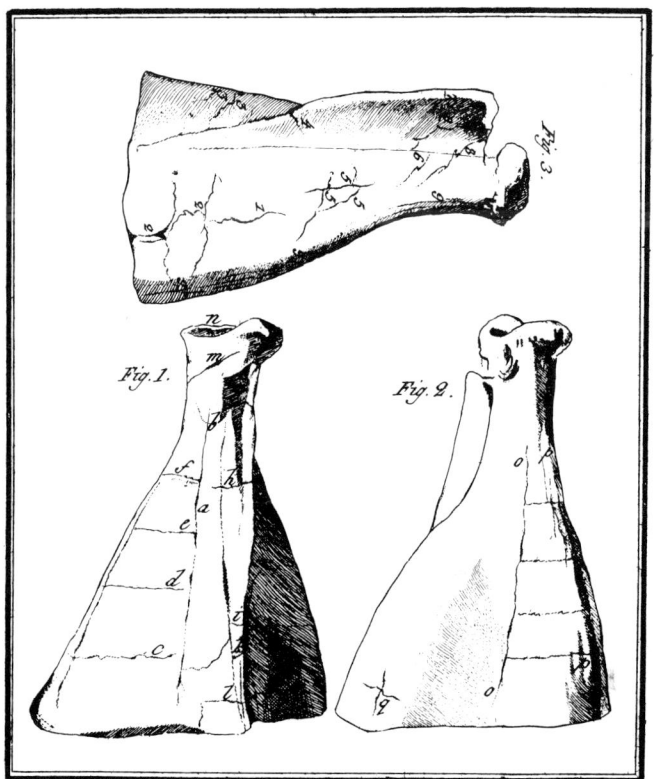

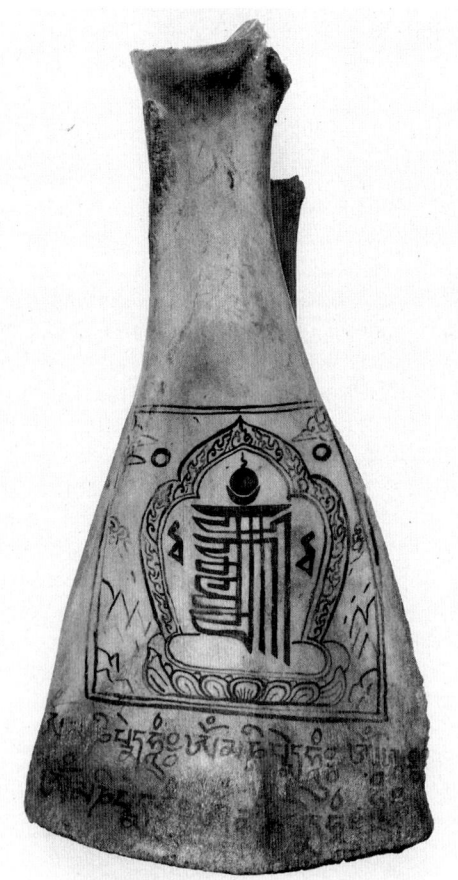
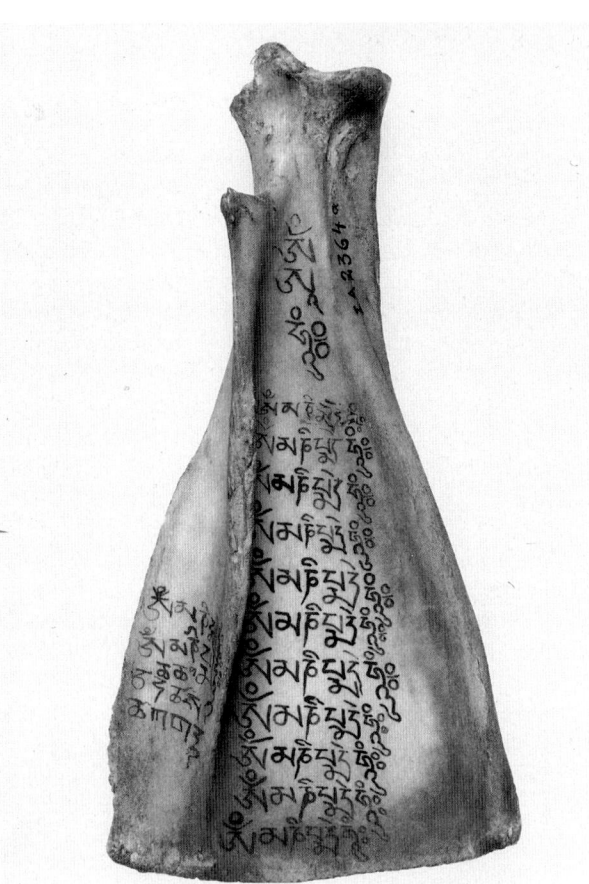

Schulterblattknochen für die Divination; hier mit dem buddhistischen mystischen Zeichen der »Zehn Allmächtigen« in stilisierter Lantsa-Schrift und mit der Gebetsformel om ma ṇi pad me hum in tibetischer Schrift (Museum für Völkerkunde, Berlin; I. A. 2364).

Knochen sprüht und so weiter. Um solch unerwünschtem Ereignis zu begegnen, sind verschiedene lamaistische Gebete und Rituale vorgeschrieben. Schließlich sind dann die Risse und Sprünge, die auf den angesengten Knochen erscheinen, in Übereinstimmung mit den Angaben zu erklären, die das Handbuch bereithält. Diese Erklärungen werden von Zeichnungen der verschiedenen Erscheinungen auf den Knochen unterstützt.

Die Skapulamantik wurde durch den Einfluß der lamaistischen Theologie nicht nur in eine achtbare Methode verwandelt, die unter dem Schutze von Padma Sambhava stand, sondern wurde nun auch auf symbolische Weise ausgedeutet. Ein Handbuch sagt dazu: »Da unser Kontinent die Gestalt eines Schulterblattes (Scapula) hat und Gesichtsform und Gestalt des Körpers der Menschen dieses Kontinents einem Schulterblatt gleichen, ist es nur angemessen, daß Gutes und Böses, die später

Wahrsagehandbuch aus der Inneren Mongolei.

geschehen werden, im ›Spiegel‹ (das ist die Fläche des Schulterblattes) sichtbar werden«. Was ein verhältnismäßig einfacher Vorgang am Hofe des Kaisers Mangu gewesen zu sein scheint, entwickelte sich in eine Geheimkunst. Der Knochen wurde topographisch in verschiedene »Gebiete« und »Felder« sowie in andere Abschnitte unterteilt. Diese trugen symbolische Namen wie »Gebiet des Kaisers, Gebiet des Prinzen, Gebiet des Ministers, eigenes Gebiet, Gebiet der Sklaven« etc., und der Verlauf des Sprunges in Richtung auf oder durch solche Abteilungen gab die Grundlage ab für einen komplizierten Interpretationsverlauf. Die gefragten Dinge waren einfach und die Antworten ebenso, aber einige der Weissagungen neigten dazu komplizierter zu sein, und die verordneten Exorzismen waren schwierig und vermutlich auch teuer. Ein Beispiel: »Wenn in dem ›Gebiet des Schutzes‹ der Sprung weiß ist, so bedeutet dies das Erbarmen Buddhas, und es ist gut. Glück und Schicksal werden am günstigsten sein. Wenn (der Sprung) schwarz ist, dann opfere Waschungen, Lampen und Anbetung an Buddha. Ähnlich droht aus keiner Richtung, deren Sprung weiß ist, Gefahr, sondern es wird gut sein. Wenn er aber schwarz ist, dann sollst du eine Geisterbeschwörung durchführen, die der Situation angemessen ist. Falls der Sprung des Himmels schwarz sein sollte, dann vollzieh die religiöse Handlung zur Zufriedenstellung der Schützer des Glaubens, Buße, Rauchopfer und Anbetung, und laß die ›Windpferd-Fahne‹ flattern« etc.

228

Bei den Mongolen sind verschiedene andere Wahrsagemethoden geübt worden. Die vorliegenden Bücher und Handschriften der Divination, zu denen wir Zugang haben, sind nicht sehr gut, viele von ihnen stammen erst aus diesem Jahrhundert.

Die Handlungen, die sie beinhalten, tragen unmißverständliche Zeichen, daß sie stark beeinflußt wurden von oder ihren Ursprung haben in tibetischen Methoden und lamaistischen Ideen einerseits oder in chinesischen Methoden und Ideen, wie z. B. die des *Yijing,* andererseits. In ihren mongolischen Erscheinungsformen jedoch sind diese Verfahren wahrscheinlich ziemlich modern, vielleicht erst in den letzten Jahrhunderten entstanden.

Sehr deutlich sind diese gemeinsamen Einflüsse, wenn wir die unterschiedlichen Arten der Münz-Weissagung untersuchen, die einst unter den Mongolen verbreitet war. Die Münzen wurden in Gruppen von fünf, sechs, neun, zehn oder zwölf gebraucht. Es waren chinesische Münzen der Mandschu-Dynastie (1644–1912), die auf einer Seite mit chinesischer Beschriftung (in den mongolischen Handbüchern als »weiß« bezeichnet) und auf der anderen mit Mandschu-Beschriftung (»schwarz«) versehen waren. Wir kennen die »Fünf-Münzen-Divination« aus einem großen mongolischen Handbuch der Wahrsagekunst mit dem Titel *Qas Qayurčay* (Die Jade-Kiste), die viel, zumindest was ihre Aufmachung und genauen Inhalt angeht, den volkstümlichen chinesischen Almanachen verdankt. Die erwähnte Abteilung über die »Fünf-Münzen-Divination« hat tatsächlich den chinesischen Titel *Guanyin shenke* »Divination der Guanyin«. Dieser Methode zufolge wurden die fünf Münzen auf der Handfläche der linken Hand hin und her bewegt und einzeln fallengelassen.

Es sind zweiunddreißig mögliche Anordnungen weißer und schwarzer Seiten in dem betreffenden Wahrsagehandbuch aufgeführt, zu denen der Wahrsager den passenden Paragraphen auswählte. Wahrscheinlich wurde die Wahrsagung mit sechs Münzen auf die gleiche Weise durchgeführt. Dafür wurden vierundsechzig Kombinationen in dem Handbuch aufgezählt, von denen jede mit einem Hexagramm des *Yijing* in Beziehung gesetzt ist. Dabei gilt eine chinesische Seite der Münze als ganze Linie, die mit der Mandschu-Seite als gebrochene Linie. Die »Neun-Münzen-Divination« erforderte einen andersartigen Vorgang, und hier ist der tibetische Einfluß augenscheinlicher. Eine Münze von neun war markiert. Alle neun Münzen wurden auf der Handfläche hin- und herbewegt und dann einzeln fallengelassen. Der Punkt, auf den die markierte Münze fiel, war der bedeutungsvolle. Die neun möglichen Chancen waren von eins bis neun numeriert, trugen aber auch unterschiedliche Namen: Stūpa (oder Lamatempel), Berg, Schiff, Löwe, Wolf, Sonne, Krähe, Mond und Vase. Der jeweilige Abschnitt in den Handbüchern enthielt die gesuchten Voraussagen mit den Angaben der anempfohlenen Gegenmagie, die aus dem Rezitieren bestimmter lamaistischer Gebete bestand oder aus bestimmten Ritualen.

Die Antwort, die man erhalten konnte, war etwa wie folgt: »Wenn (die Münze) auf acht — ›Mond‹ — landet, werden deine Angelegenheiten, so wie du es wünschst, erreicht werden, und das wird gut sein; du wirst Freunden begegnen; verehre die Schutzgeister; wenn du wegen Krankheit fragst, so ist

Der Offiziant hält das gereinigte Schafschulterblatt an den Mund, während er eine buddhistische Anrufungsformel rezitiert.

Das Schafschulterblatt wird im nur glimmenden Feuer angesengt.

Aus den auf dem angesengten Knochen entstandenen Rissen wird eine Antwort auf die gestellten Fragen gedeutet.

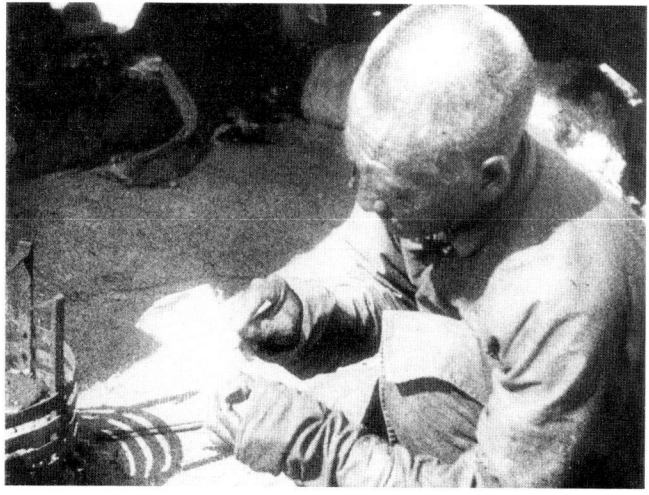

die Ursache (verbunden mit) Land und Wasser; Rufe hundertmal Mahākāla an, und verehre die Wassergeister, und laß die Austreibung (Exorzismus) des *Albin*-Dämonen rezitieren. Wenn du wegen verlaufener Tiere fragst, so sind diese nahe, nach Norden zu. Dieses Geschick ist ein mittleres, aber letztlich ein gutes!«. Von dieser Methode sind mongolische Versionen bekannt, wenngleich sie ziemlich viele tibetische Ausdrücke enthalten. Andererseits gibt es völlig tibetische Versionen, die in der Mongolei gefunden wurden. Wie auch immer, man gebraucht chinesische Münzen mit chinesischer und Mandschu-Beschriftung für »weiße« und »schwarze« Voraussagen.

»Zehn-« und »Zwölf-Münzen-Wahrsagen« war mit dem Namen des Epenhelden Geser Khan verbunden. Bei der »Zehn-Münzen-Divination« wurde eine gekennzeichnete Münze verwendet, aber die Methode war die des »Auszählens«. Ein Kreis wurde gezeichnet, um den herum die Bezeichnungen der fünf Farben sowohl in ihrer männlichen als auch ihrer weiblichen Formen geschrieben wurden. Auf jede Farbe wurde eine Münze gelegt. Die Farbe, auf die die gekennzeichnete Münze fiel, war die wirksame. Dieser Vorgang wurde wiederholt, und die sich so ergebende Kombination von Farben wurde dann im Zusammenhang mit dem Handbuch erklärt. Die »Zwölf-Münzen-Divination« war auch mit Geser Khan verbunden, und wahrscheinlich hing damit auch ein Auszählvorgang zusammen, aber der Text, den wir darüber haben, gibt keine Auskunft.

Auszählen wurde in verschiedenen Arten des Wahrsagens verwendet. So konnte zum Beispiel ein Viereck durch zwei horizontale und zwei vertikale Linien in ein Diagramm geteilt werden, das aus neun »Häusern« bestand. Jedes der acht Häuser rund um das zentrale neunte trug den Namen von einem der chinesischen Trigramme, und das Auszählen konnte entweder durch Abzählen rund um das Diagramm erfolgen, bis das Alter der betreffenden Person erreicht war, oder durch Hinlegen einer Zahl von (vielleicht sieben) schwarzen Steinen oder Gerstenkörnern und einem weißen und dann zu suchen, auf welches Trigramm die wirksame Marke gefallen war. So ein Vorgang konnte mehrmals wiederholt werden. So brauchte eine Methode, um eine Krankheit zu untersuchen, sieben Zählungen, um dem Zähler die Möglichkeit zu geben, die Art der Erkrankung zu bestimmen, den Grund weshalb sie ausbrach, die Identität des dafür verantwortlichen Dämons und so fort. Im Falle von Krankheit wurde das Auszählen gelegentlich auch rund um ein Viereck gemacht, dessen »Häuser« die Namen von verschiedenen menschlichen Gesichtszügen trugen. Man kann jedoch nicht sagen, ob dies nicht mit einigen Elementen sympathetischer Magie zusammenhing.

Divination mittels Würfeln stand in Verbindung mit Guanyin, Chenrezi *(Spyan-ras-gzigs)* oder mit der weiblichen Gottheit Dpal-dan lha-mo. Die Seiten des Würfels waren von eins bis sechs numeriert oder mit den Silben der Formel *om ma ni pad me hum* beschrieben. Drei Würfel konnten gleichzeitig benutzt werden. In diesem Falle war der schlechteste Wurf drei und der höchste achtzehn, wobei die anderen Zahlen in keiner erkennbaren Reihenfolge zwischen diesen Extremen lagen. Die Würfe geschahen in Dreiergruppen, was außerordentliche Möglichkeiten der Erklärung erlaubte.

Fußknöchel von Tieren, in mongolischen Spielen gebräuchlich, konnten aber auch zum Zweck des Wahrsagens verwendet werden. Wie bei den Würfeln steht auch diese Methode mit einer Gottheit in Verbindung; im Falle des einen bekannten Textes ist es die Gottheit, die als Senge'i gdong-can bekannt ist. Die Seiten der Knöchelchen tragen Namen, die denen ähnlich sind, die bei Spielen gebraucht werden: Schaf, Pferd, Esel, Ziege. Ein Knöchel wurde zwischen den Händen geschüttelt und dann fallengelassen, dann wurde das Omen gemäß dem Handbuch erklärt, welche Seite die oberste war und welche Seite dem Würfelnden gegenüber lag.

Auch die lamaistische Gebetskette konnte wie in Tibet für das Wahrsagen benutzt werden. Diese Methode ist in den zugängigen Texten nicht klar erläutert, aber das Ergebnis scheint von der Anzahl der Perlen abzuhängen, die nach Abzählen rechts und links von der Hauptperle übrig bleiben.

Sowohl die Beobachtung natürlich auftretender Phänomene war wichtig wie auch das Erzeugen künstlicher Omina. Das Verhalten von Tieren konnte von Bedeutung sein. Verweigerte eine Kuh das Fressen und lag einfach nur rum, dann war dies ein Zeichen, daß jemand sterben würde. Wenn ein Schaf plötzlich in einem Pferch verendete, war dies ein Zeichen, daß Dämonen die eigene Tochter oder den Sohn angreifen würden, und Krankheit drohte auch den Kindern, wenn ein Schaf gefunden wurde, das in einen Brunnen gestürzt und verendet war. Vögel, die in das Zelt kamen, konnten Gutes oder Böses bedeuten, und tatsächlich war das gesamte Verhalten von Vögeln, einschließlich der Art ihres Gesangs etwas, das man beachtete. Vorzeichen konnten aus dem Heulen eines Hundes, vom unüblichen Verhalten des Herdfeuers und anderem erkannt werden.

Ein besonders interessantes Manuskript, das in Belgien aufbewahrt wird und einst einem innermongolischen Lama gehörte, handelt über Vorzeichen, die zu erkennen sind, wenn man als Arzt unterwegs zu einem Patienten ist. Das Verhalten des Pferdes des Arztes ist besonders bedeutsam. Wenn z. B. die Satteldecke und der Sattel verrutscht und schief waren, würde der Fall unglücklich ausgehen, und es würde besser sein, überhaupt nicht hinzugehen. Äpfelte das Pferd, so würde die Krankheit bald vorbei sein, aber wenn es urinierte, würde der Krankheitsfall von langer Dauer sein. Genauso mußte das Benehmen der Person beobachtet und erklärt werden, die gekommen war, den Arzt zu holen; wie sie das Zelt betrat und sich hinsetzte, konnte andeuten, um welche Art von Krankheit es sich handelte, worauf sie zurückzuführen war und welche Gebete dagegen wirkungsvoll sein konnten.

Eine andere Angelegenheit für Deutungen war die Beschaffenheit des Landes, etwas, was vielleicht von den chinesischen Überlegungen der Geomantik, *fengshui,* beeinflußt war.

Divination verschmilzt mit der Astrologie; es gibt viele erhaltene Handbücher über Astrologie und die Erklärung von individuellen astrologischen Gegebenheiten. Das Interesse an der Astrologie scheint sich zu einem großen Teil von Tibet und vom Lamaismus herzuleiten, wenn man die Berufung auf die Autorität des Kālacakra oder »Rad der Zeit« in vielen Texten in Betracht zieht. Wie in Tibet wurden Horoskope erstellt, und die wenigen Texte, zu denen wir Zugang haben, deuten darauf hin, daß die gleiche Methode angewandt wurde, wie sie L. A.

Waddell in seinem Buch *The Buddhism of Tibet or Lamaism* beschrieb. Das Schicksal der Menschen hing auch von solchen Faktoren ab wie dem Monat, dem Tag und der Stunde ihrer Geburt oder den *Mengge* (farbigen »Punkten«, die von einem bis zu einer Gruppe von neun zählten), unter denen sie geboren waren. Da war Eins, »weiß«, ein guter »Punkt«, der »Punkt« Buddhas, und ein Mann, der unter diesem Zeichen geboren war, wurde entweder ein Lama oder, wenn er ein Laie war, hatte er zwei Frauen und so weiter.

Zusammenfassungen der Wahrsagekunst (Divination) wie »Das Jadekästchen« und ähnliche Handbücher zählen eine große Vielfalt von günstigen und ungünstigen Tagen für die Erledigung bestimmter täglicher Tätigkeiten auf, während Büchlein für die günstigen Tage der Schafschur auch vereinzelt verbreitet wurden. Die Mongolen hielten den Glauben in die Beweglichkeit der Seele, nicht allein der menschlichen, sondern selbst der des Zeltes, sehr hoch. Man dachte sich die menschliche Seele an jedem Tag des Monats in einem verschiedenen Teil des Körpers wohnend, beginnend am ersten Tag mit der großen Zehe. Wissen über ihren jeweiligen Aufenthalt war wichtig, um zum Beispiel Dinge zu vermeiden, die sie verletzen konnten, wie Aderlaß oder Moxa. Die Seele des Zeltes war weniger beweglich. Sie erfreute sich nur zehn verschiedener Aufenthaltsorte, von denen sie jeden dreimal in jedem Monat bewohnte. Man mußte vorsichtig sein, um nicht jenen Teil des Zeltes zu beschädigen, in dem seine Seele wohnte.

Berechnungen und astrologische Empfehlungen gab es für die hauptsächlichen Geschehen des menschlichen Lebens. Geeignete Tage, um eine neue Schwiegertochter wegzugeben oder in Empfang zu nehmen, konnten berechnet werden. Das Begräbnis von Toten erforderte besondere Aufmerksamkeit; so war es zum Beispiel wichtig, nur einen Mann, der in einem vergleichbaren Jahr geboren war, anzustellen, um die Beseitigung des Körpers einer verstorbenen Person auszuführen, die in einem besonderen Jahr geboren war.

Man findet in den mongolischen Handbüchern für Divination eine solche Überfülle an Rat und Warnung, daß die Frage offen bleiben muß, ob all dies jemals praktische Anwendung gefunden haben mag.

Aus dem Englischen von Walther Heissig

Literatur:

Bawden, C. R.: Astrologie und Divination bei den Mongolen — die schriftlichen Quellen. In: Zeitschrift der Deutschen Morgenländischen Gesellschaft, Bd. 108, (=N. F. Bd. 33), 1958, S. 317—337.

Bawden, C. R.: On the practice of scapulimancy among the Mongols. In: Central Asiatic Journal, Bd. 4, 1958, S. 1—44.

Bawden, C. R.: The supernatural element in sickness and death according to Mongol tradition. In: Asia Major, N. S. Bd. 8, 1961, S. 215—257, Bd. 9, 1963, S. 153—178.

Heissig, W. assisted by Charles Bawden: Catalogue of Mongol books, manuscripts and xylographs. The Royal Library, Copenhagen 1971, S. 148—183.

Heissig, W. unter Mitarbeit von Klaus Sagaster: Mongolische Handschriften, Blockdrucke, Landkarten. (= Verzeichnis der orientalischen Handschriften in Deutschland, Bd. 1) Wiesbaden 1961, S. 62—65.

Róna-Tas, A.: Dream, magic power and divination in the Altaic world. In: Acta Orientalia Hungarica, Bd. 25, 1972, S. 227—236.

Róna-Tas, A.: Tally-stick and divination-dice in the iconography of Lha-mo. In: Acta Orientalia Hungarica, Bd. 6, 1956, S. 163—179.

Sárközi, A.: A Mongolian manual of divination by means of characteristics of the land. In: Tractata Altaica, Hg. W. Heissig u. a. Wiesbaden 1976, S. 583—604.

Sárközi, A.: A pre-classical Mongolian prophetic book. In: Acta Orientalia Hungarica, Bd. 24, 1971, S. 41—49.

Snellgrove, D. L. und C. R. Bawden: A catalogue of the Tibetan collection and the Mongolian collection. The Chester Beatty Library. Dublin 1969, S. 101—109.

Waddell, L. A.: The Buddhism of Tibet or Lamaism, Repr. Cambridge 1958 (London 1894).

Heilung durch Zettelschlucken

Walther Heissig, Bonn

Nicht nur die europäische Volksmedizin hat den Brauch der magischen Heilung durch Verschlucken von Zetteln mit Bitten um Hilfe gegen Krankheiten gekannt. Diese Magie-Medizin ist für viele Jahrhunderte nachweisbar. Die Erkrankten verschluckten Zettel, auf denen meist unverständliche Buchstaben und Formeln standen, die die Krankheit bannen, Heilung bringen oder unverletzlich und kugelfest machen sollten. Heilzaubersprüche sind schon aus altägyptischen Papyri und indischen Mantraformeln bekannt. Daß auch die Mongolen solche Vorstellungen übernommen und als Heilbräuche geübt haben, bestätigt ein Druckstock, der zwischen 1920—1928 in der östlichen Mongolei im Jeholgebiet gefunden wurde. Heute ist er im Ethnographischen Museum Antwerpen[1] aufbewahrt. Der nur 11,7 cm lange und 2,7 cm hohe Druckstock enthält auf drei Seiten je drei oder vier tibetische Zauberformeln mit dem jeweils daneben verzeichneten Anwendungszweck. Es heißt zum Beispiel »Iß es bei Grippe!« *(Qaniyatu-du ide)*, und in der Tat macht die geringe Größe der jeweiligen Aufschrift in einem Feld von ca. 3,4 zu 2,9 cm es leicht, sich vorzustellen, daß das Verschlucken eines solch kleinen Papierzettelchens nicht schwergefallen sein mag.

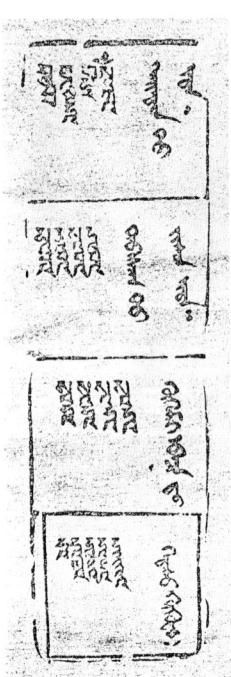

Zettelchen mit darauf verzeichnetem Anwendungszweck.

Mit dieser Verwendung unterscheiden sich die Texte des Druckstockes von den ausführlichen Inhalten mongolischer Schutzamulette, deren Texte mit verschiedenartigen Bestandteilen der Zaubermagie und Schutzapotheke ergänzt wurden.[2]

1 AE.77.27.18.
2 W. Heissig. Ein mongolisches Handbuch für die Herstellung von Schutzamuletten. In: Tribus 11, 1962, S. 69—83.

Aus einem Handbuch über die Herstellung von Schutzamuletten (19. Jh.).

Die Verwendung der tibetischen Bannformeln zeigt, daß es sich um eine Übernahme aus der tibetischen lamaistischen Volksmedizin handelt und der Druckstock zum Handwerkszeug eines lamaistischen Wanderarztes gehört haben mag. Die unverständlichen Zauberformeln gehören zur magischen Krankenbehandlung. Durch das Aufschreiben und den Druck wird die magische Kraft des Zauberspruches fixiert und überträgt sich durch das Verschlucken auf den Erkrankten. Eine solche Hochschätzung des geschriebenen Wortes ist besonders bei den noch des Lesens und Schreibens unkundigen Bevölkerungsteilen sehr verbreitet gewesen. Die so erfolgte Anwendung der Zauberformel hatte Suggestivwirkung. Dreizehn solcher Formeln und Gebrauchsanweisungen nennt der Druckblock.

1. Gegen Zittern *(čičiregültü)*
   Bei Geisteskrankheit *(Kei ebečin-dü)*
   Um Übel zu unterdrücken *(Qara daruqu-du)*
   Bei Anthrax *(Quluyuna yara du)*
2. Iß es bei Grippe *(Qaniyatan-du ide)*
   Iß 9 bei Brust(schmerzen) *(Tabsay-tu yisün ide)*
   Bei Halskrankheit *(Kögemei ebečin-dü)*
   Bei Magenblähungen *(Gedesü Kögütü)*
3. Bei plötzlicher Erkrankung *(Genedte ebedkü-dü)*
   Auf einer Seite heißt es »Iß es bei Magen(schmerzen)« *(qodoyudu ide)*, auf der anderen Seite »Nach unten zu . . . « *(sayčaču)*. [Eine Zeile unleserlich].

Es sind nur Oberbegriffe gegeben, da die Volksmedizin nur eine geringe Zahl von Krankheiten kennt, unter denen sich viele von der modernen Medizin genau unterschiedene Beschwerden verbergen.

Druckstock für die Zettel.

232

Der Buddhismus bei den Mongolen

Klaus Sagaster, Bonn

Als die Nachfolger Činggis Khans vor der Notwendigkeit standen, ihrer Herrschaft durch die Einführung einer Hochreligion eine tragfähige ideologische Grundlage zu geben, entschieden sie sich für den tibetischen Buddhismus, den sogenannten Lamaismus. Es war jene Form der Lehre Buddhas, die im Gegensatz zum türkischen und chinesischen Buddhismus, zum nestorianischen Christentum wie auch zum Taoismus und Konfuzianismus den religiösen Vorstellungen und Bedürfnissen der mongolischen Nomadenaristokratie offensichtlich am ehesten entsprach und geeignet schien, auch vom einfachen Volk akzeptiert zu werden. Die Voraussetzungen, die gerade der tibetische Buddhismus hierfür bot, waren zweifellos ideal. Einerseits erfüllte er durch seine philosophisch-theologisch hochentwickelte Lehre vom Heil durch Überwindung des Leidens und Erreichen der Buddhaschaft alle Anforderungen, die an eine Hochreligion gestellt werden. Andererseits kam der tibetische Buddhismus besonders geschickt auch den traditionellen religiösen Alltagsbedürfnissen entgegen, indem er das einheimische Pantheon und religiöse Brauchtum samt den damit verbundenen Vorstellungen in das hochreligiöse System integrierte.

Die Mongolen scheinen vom tibetischen Buddhismus zunächst vor allem deshalb beeindruckt gewesen zu sein, weil sich seine Vertreter ausgezeichnet darauf verstanden, in der Auseinandersetzung mit ihren Konkurrenten überlegene Wunderkräfte zu demonstrieren. Doch auch die für die tibetische Form des Buddhismus charakteristische Vorstellung vom Lama mag eine Rolle gespielt haben. Der Lama (T bla-ma)[1] ist in einem noch viel stärkeren Maße als der indische *guru* der Führer zum Heil. In ihm vereinen sich die drei Heilsmittel des Buddhismus — Buddha, Lehre und Gemeinde. Er ist der Schlüssel zu diesen »drei Juwelen« *(ɣurban erdeni)*, denen er in der berühmten buddhistischen Zufluchtsformel bisweilen vorangestellt wird: »Ich nehme meine Zuflucht zum Lama. Ich nehme meine Zuflucht zu Buddha. Ich nehme meine Zuflucht zur Lehre. Ich nehme meine Zuflucht zur Gemeinde.« Die Bezeichnung »Lamaismus« für den tibetischen Buddhismus ist deshalb nicht unberechtigt.

In der Verehrung der Lamas und der durch sie repräsentierten,

1 Sigla für transliterierte Begriffe: T = Tibetisch; C = Chinesisch; S = Sanskrit. Ohne Sigel: Mongolisch.

Das buddhistische Paradies Sukhāvatī in populärer mongolischer Darstellung.

233

verkündeten und praktizierten Vorstellungen sahen offenbar auch die Mongolen eine wirkungsvolle Möglichkeit, Schutz gegen irdische und überirdische Gefahren und damit Hilfe in den Schwierigkeiten des Lebens zu gewinnen. Es ist kaum verwunderlich, daß die Hochschätzung der Lamas, der geistlichen Lehrer im engeren Sinne, auf die buddhistische Geistlichkeit insgesamt übertragen wurde und daß die Mongolen jeden erwachsenen Mönch, ungeachtet seines geistlichen Ranges, seiner sozialen Stellung und seines Bildungsgrades »Lama« nennen.

Im übrigen ist es nicht ausgeschlossen, daß der Lama in der volksreligiösen Praxis der Mongolen an die Stelle des Schamanen getreten ist. Denn wie dieser ist er in besonderer Weise Mittler zwischen den Menschen und den übermenschlichen Mächten. Auch dem Lama obliegt es, Unheil abzuwehren und Glück herbeizurufen. Er ist im Besitz des Wissens. Er versteht sich auf die aus Indien übernommenen Rituale, wie die Einladung und Bewirtung der Gottheiten (takil), das Brandopfer (γal maṇḍal) und den »Mandala-Ritus« (maṇḍal-un ǰang üile), mit dem der Gläubige meditativ in den »Kreis« (S maṇḍala) einer Gottheit geleitet wird. Doch führt der Lama auch Riten aus, deren Ursprünge deutlich erkennbar in der präbuddhistischen Volksreligion liegen: Feueropfer (γal takil) und Rauchopfer (sang, ubsang), die »Herbeirufung« (dalalγ-a) von Glück und die Opfer für die Ortsgottheiten an den Oboos (oboγ-a), den für die Mongolei wie für Tibet so charakteristischen und in der Regel mit Gebetsfahnen, den sogenannten

Populärer Devotionaliendruck mit dem Porträt des 1. rJe-btsun dam-pa Khutukhtu (Öndür Gegen, 1635–1723), der bestimmte Eigenheiten dieser Persönlichkeit getreu wiedergibt.

»Windpferden« (kei mori), versehenen Steinanhäufungen. Die Lamas betätigen sich als Ärzte, Geomanten und Wahrsager, ja mitunter auch als Medien, in denen bestimmte Götter und Geister, »Religionsschützer« (čoyiǰung, T chos-skyoṅ), während der Trance in menschlichen, »körperlichen« Stützen (yurtum, T sku-rten) ihre Wohnung nehmen, um durch deren Mund Ratschläge zu geben oder um Kranke zu heilen. In den Medien, die tibetisch auch lha-pa, »der, welcher mit einem Gott oder Geist zu tun hat«, heißen und die durchaus auch entsprechend begabte Laien sein können, wird das Erbe der vorbuddhistischen Religion besonders deutlich: der lha-pa wird mit dem mongolischen böge, dem Schamanen, gleichgesetzt.

Offiziell war die vorbuddhistische Religion, die »schwarze Lehre« (qar-a šasin) — ein Ausdruck, der oft mit »Schamanismus« übersetzt wird —, der Feind des Buddhismus, der »gelben Lehre« (sir-a šasin). Zuweilen wurde er mit Gewalt bekämpft, doch in der Regel zog man das Mittel der friedlichen Adaptierung der »schwarzen Lehre« vor. Vorbuddhistische Rituale und Gebete wurden durch den Zusatz von buddhistischen Elementen in verschiedenen Graden buddhisiert. Dies trifft zum Beispiel auch für den Kult des vergöttlichten Činggis Khan im Ordos-Gebiet in der Inneren Mongolei zu, an dem sich bis heute Lamas beteiligen.

Der synkretistische Charakter des mongolischen Buddhismus kommt nicht zuletzt auch in der Institution der sogenannten Khubilghane (qubilγan) zum Ausdruck. Sie ist tibetischen Ursprungs und beruht auf der Vorstellung, daß sich Buddhas, das heißt vollkommen aus dem Kreislauf der leidvollen Existenzen befreite Wesen, aus eigenem Willen in den Welten der noch nicht befreiten Lebewesen verkörpern, wo sie jeweils eine der Zeit, dem Ort und den Umständen entsprechende Gestalt annehmen, um auch anderen den Weg zur Befreiung vom Leiden zu zeigen und ein Beispiel des hierfür nötigen rechten Wandels zu geben. Die wirkungsvollsten Erscheinungsformen dieser »Verwandlungskörper« (qubilγan bey-e, T Tulku, sprul-sku) sind religiöse Lehrer, also Lamas, aber auch Könige. Diese Vorstellung traf sich mit der auch bei den Tibetern und Mongolen gängigen Vorstellung von göttlichen Wesen, die auf die Erde herabsteigen, um Ruhe und Frieden, Glück und Ordnung zu bringen. Zu ihnen gehört zum Beispiel König Geser, der Held des großen tibetischen und mongolischen Epos. Mit der Auffassung vom mongolischen König als einem Göttersohn, tngri-yin köbegün, wurde auch die chinesische Vorstellung vom Kaiser als dem vom Himmel beauftragten Herrscher verbunden, der »Sohn des Himmels« genannt wurde — im Mongolischen ebenfalls tngri-yin köbegün, da »Gott« und »Himmel« durch das gleiche Wort tngri wiedergegeben werden. Die Institution der »Tulkus« oder Khubilghane hat in Tibet und der Mongolei eine sehr große Rolle gespielt, da sie weit über den religiösen Bereich hinaus bald auch beträchtlichen sozialen, wirtschaftlichen und politischen Einfluß gewinnen sollte. Die bekanntesten Beispiele für sogenannte »Existenzketten« (töröl-ün üyes) von »Verwandlungskörpern« sind die Dalai Lamas und die Pantschen Lamas.

Der berühmteste mongolische Khubilghan ist ohne Zweifel Činggis Khan. Er ist zugleich ein besonders charakteristisches Beispiel für die synkretistischen Elemente im tibetisch-mongolischen Buddhismus.

In der tibetisch geschriebenen »Geschichte des Buddhismus in der Mongolei« *(Hor-chos-'byun)* des mongolischen Historikers 'Jigs-med-rig-pa'i-rdo-rje, einem im Jahre 1819 abgeschlossenen Werk, in dem die synkretistische Ideologie der mongolischen Geschichtsschreibung voll entwickelt ist, heißt es: »Was das Geschlecht des Heiligen (das heißt des heiligen Herrschers Činggis Khan) angeht, so war er nicht vom Geschlecht des Königs Maṅ-bkur (Olan-a ergügdegsen, S Mahāsammata); vielmehr wird durch alte Traditionen deutlich, daß er sogar vom Geschlecht der Götter ist, und zwar gilt er nach allgemeiner Annahme als ein Sohn des Badarangγui Čaγaγan Tngri (»Glänzender Weißer Himmel«). Dagegen haben ihn die früheren Heiligen zu einem Sproß des 'Od-gsal-lha (»Gott von glänzendem Licht«) erklärt. Es ist gewiß, daß dieser heilige König ein bedeutungsvoller vom Himmel beauftragter Tshaṅs-pa auf Erden, ein inkarnierter großer Dharmarāja (»Religionskönig, T *chos-rgyal*) war, ein machtvoller Cakravartin (»Raddreher«, T *'khor-los bsgyur-ba,* das heißt Weltherrscher) . . .« (Ausgabe Huth, S. 10).

Hier wird nicht nur gesagt, daß Činggis ein buddhistischer Idealkönig, ein Cakravartin und Dharmarāja ist. Er ist ein »Tshaṅs-pa auf Erden«, das heißt eine irdische Form des indischen Götterkönigs Brahmā, der in der buddhistischen Tradition als der göttliche Ahnherr der Menschen gilt. Wir sehen, welches fast unüberschaubare Geflecht von Beziehungen sich ergibt, wenn wir versuchen, den synkretistischen Charakter des mongolischen Buddhismus zu analysieren.

Trotz aller Verschiedenheit im einzelnen trifft man jedoch immer wieder auf gleiche oder ähnliche Grundvorstellungen. So ist die Aufgabe des Helden, ob er nun Geser oder Činggis oder Buddha heißt, die gleiche: die Unordnung auf Erden zu beseitigen und Glück und Frieden zu bringen. Im Falle von Činggis Khan wird die Erfüllung dieser Aufgabe in der »Geschichte des Buddhismus in der Mongolei« folgendermaßen beschrieben: »Durch welche Ursachen wurde dies (das heißt die Herrschaft als Cakravartin) bewirkt? Der heilige König und seine Söhne brachten den größten Teil der Bewohner des Erdenrunds unter ihre Macht und herrschten nach Norden bis zum Volke Khin-cha (Südrußland), nach den übrigen drei Richtungen über China, Tibet und die Mongolei . . .; ein solches Freudenfest . . . von Glück und Frieden ist nie wieder einem König Chinas, der Mongolei und Tibets zuteil geworden.« (Ausgabe Huth, S. 10—11).

Eines ist freilich merkwürdig: Činggis Khan, der Nachkomme des Mahāsammata und der tibetischen Dharmakönige, der Cakravartin, der Sohn des höchsten Gottes, die Verkörperung des Bodhisattva Vajrapāṇi, der mächtigen Schutzgottheit der Mongolei, hat auch nach Meinung der buddhistischen Historiker den Buddhismus noch nicht in der Mongolei eingeführt. Natürlich hat man versucht, das spätere enge Verhältnis zwischen den mongolischen Großkhanen und den Lamas der tibetischen Sa-skya-pa-Schulrichtung auf die Zeit Činggis Khans zurückzuprojizieren und Činggis Khan zum »Gabenherren« (T *sbyin-bdag)* der Lehre (T *bstan-pa)* zu machen. In Wirklichkeit war Činggis aber durchaus noch kein Buddhist. Daß es den Buddhismus gab, war ihm sicher bekannt, denn wir haben archäologische Zeugnisse früherer buddhistischer Kulturen auf jenem Territorium, auf welchem sich im 12./13. Jh. das

Devotionaliendruck mit Porträt des 1. rJe-btsun dam-pa Khutukhtu.

mongolische Volk herausgebildet hat. Insbesondere war ein großer Teil der türkischen Uighuren, von denen die frühen Mongolen die Schrift und die damit verbundene Bildung übernommen hatten, buddhistisch, und es waren die Uighuren, nicht die Tibeter oder Chinesen, durch deren Vermittlung die Mongolen den Buddhismus kennenlernten. Die ersten Übersetzungen buddhistischer Texte erfolgten aus dem Uighurischen. Dies spiegelt sich bis heute in der Terminologie buddhistischer Begriffe wider, von denen viele über das Uighurische ins Mongolische gekommen sind, zum Beispiel *nom* (von griech. *nómos)* = sanskr. *dharma* »(buddhistische) Religion«; *burqan* = sanskr. *buddha; bodisaduva/bodisung* = sanskr. *bodhisattva; sudur* = sanskr. *sūtra* »heilige Schrift, Buch«. Auf die Periode der ersten Verbreitung des Buddhismus bei den Mongolen geht sicher auch der bis heute geübte Brauch zurück, neben mongolischen und tibetischen Personennamen Sanskrit-Namen zu verwenden, zum Beispiel Inǰaanasi = sanskr. Jñānaśrī; Maidar = sanskr. Maitreya. Am Hofe von Činggis Khans Sohn und Nachfolger Ögedei (1228—1241) hatte der Buddhismus bereits Fuß gefaßt, wie wir aus Fragmenten von Fresken wissen, die in den Ruinen von Karakorum gefunden worden sind, der von Ögedei im Jahre 1235 gegründeten Hauptstadt des Mongolenreiches. Neben Schamanen, Taoisten, nestorianischen Christen und katholi-

schen Missionaren waren natürlich auch Buddhisten an den mongolischen Hof gekommen. Unter dem Großkhan Möngke fanden Religionsdisputationen statt, aus denen die Vertreter des tibetischen Buddhismus als Sieger hervorgingen. Der besonderen Gunst der Mongolen-Herrscher erfreuten sich die Äbte des Klosters Sa-skya in Südtibet, von denen viele von den Kaisern der mongolischen Yuan-Dynastie (1280—1368) zu kaiserlichen Lehrern (C *dishi*) ernannt und mit besonderen Privilegien ausgestattet wurden. Die Blüte der Beziehungen zwischen den Mongolenherrschern und den Oberhäuptern der Sa-skya-pa-Schulrichtung war die Zeit des Großkhans Qubilai (1260—1294) und des Sa-skya-Hierarchen 'Phags-pa (1215 bis 1280). Auf Qubilai und 'Phags-pa dürfte auch das — freilich nie praktisch verwirklichte — Konzept von einem mongolisch-tibetischen buddhistischen Universalreich zurückgehen, an dessen Spitze der mongolische König und der tibetische (höchste) Lama mit getrennten Funktionen, aber in harmonischem Zusammenwirken stehen sollten. Während der Zeit der »ersten Verbreitung der Lehre« bei den Mongolen im 13. und 14. Jh. sind bereits auch viele buddhistische Texte aus dem Tibetischen ins Mongolische übersetzt worden, von denen allerdings nur wenige erhalten sind. Vermutlich hat der Buddhismus damals noch keinen größeren Teil der Bevölkerung erfaßt, doch vermochte er es immerhin, sich über das gesamte von den Mongolen eroberte Territorium zu verbreiten, bis zum Il-Khanat in Iran und bis zum Reich der Goldenen Horde in Südrußland, deren Herrscher später freilich zum Islam übertraten.

Als im Jahre 1368 die Herrschaft der Mongolen in China gestürzt wurde, begannen für den tibetischen Buddhismus in China wie im mongolischen Stammland schwere Zeiten. Zwar

Der 2. Pekinger lČaṅ-skya Khutukhtu Rol-pa'i rdo-rje.

Blick in das Innere eines burjatischen Tempels (aus der Bildermappe des Dr. J. Rehmann, nach 1805, Aquarell, vermutlich des Malers A. Martinoff).

Ausschnitt aus einem Thanka mit Szenen aus einer der Präexistenzen Buddhas (Katalog Nr. 211).

erlosch die Flamme der Religion des Buddha während der langen Periode der folgenden mongolischen Bruderkriege nicht völlig, doch erst im späten 16. Jh. leuchtete sie wieder auf. Die sogenannte »zweite Bekehrung« der Mongolen ist eng verknüpft mit zwei ostmongolischen Fürsten: mit Altan Khan, dem Herrscher des Tümet-Stammes in der Südmongolei, und mit Abadai Khan, einem Herrscher des Stammes der Chalcha in der Nordmongolei.

Altan Khan der Tümet (1507—1582) hatte sich das ehrgeizige Ziel gesetzt, unter ostmongolischer Führung den früheren mongolischen Einheitsstaat wiederzuerrichten. Es gelang ihm, die mongolische Position gegenüber dem China der Ming-Dynastie (1368—1644) wieder zu festigen und die westmongolischen Oiraten aus der alten Hauptstadt Karakorum zu vertreiben. Da ihm zur Unterstützung seines Vorhabens die Volksreligion als Instrument politischer Macht offensichtlich ungeeignet erschien, suchte er wie seine Vorgänger zur Zeit des mongolischen Großreichs nach einer organisierten höheren Religion. Wieder bot sich hierfür der Lamaismus an. An die Stelle der Sa-skya-pa trat diesmal freilich die von Tsoṅ-kha-pa um 1500 begründete Schulrichtung der dGe-lugs-pa, die in Tibet noch nach Festigung ihrer religiösen und politischen Macht strebte und deshalb, wie seinerzeit die Sa-skya-pa, in den Mongolen einen potentiellen Verbündeten sah. Altan Khan wurde bewußt mit Qubilai Khan verglichen, und an die Stelle von 'Phags-pa trat der dritte Großlama der dGe-lugs-pa, bSod-nams-rgya-mtsho (1543—1588). 1577 reiste bSod-nams-rgya-mtsho in die Südmongolei und traf dort im Jahre 1578 mit Altan Khan zusammen, der ihm den Titel Dalai Lama (»Ozean-Lama«) verlieh. Die Verehrung der schamanistischen Schutzgeistfiguren, der sogenannten Onggot (ong-yod), wurde verboten, desgleichen die Ausübung von anderen volksreligiösen Praktiken, zum Beispiel Tieropfer. Der Kampf gegen die Volksreligion und die Schamanen zeigte sich besonders deutlich in dem Wirken des ostmongolischen Missionars Neyiči toyin (1557—1653).

In Köke qota, der Hauptstadt Altan Khans, hatte bereits im Jahre 1577 auch die Begegnung von bSod-nams-rgya-mtsho mit dem Fürsten Abadai der Chalcha stattgefunden. Abadai erhielt hierbei den Titel Khan und erbaute im Jahre 1586 am Orte der alten Hauptstadt Karakorum als religiöses Zentrum im Mittelpunkt seines Herrschaftsgebiets das Kloster Erdeni Ĵuu. Durch die Allianz mit den dGe-lugs-pa, den »Gelbmützen« (sir-a malay-a-tan, T źva-ser), wurden in der Süd- wie in der Nordmongolei die alten buddhistischen Schulrichtungen, die »Rotmützen« (ulayan malay-a-tan, T źva-mar), fast völlig zurückgedrängt. Das neue Bündnis wurde insbesondere dadurch gefestigt, daß zum Nachfolger des 1588 verstorbenen dritten Dalai Lama ein Neffe des Altan Khan bestimmt wurde, der vierte Dalai Lama Yon-tan-rgya-mtsho (1589—1617).

Bereits in der ersten Hälfte des 17. Jh.s gelangte der Lamaismus auch zu den westmongolischen Oiraten. Die Oiraten nahmen den Lamaismus nach Rußland mit, als ein Teil von ihnen im gleichen Jahrhundert in die »Kalmückensteppe« zwischen Wolga und Don auswanderte. Anfang des 17. Jh.s begannen tibetische und mongolische Missionare, den Lamaismus auch bei den türkischen Tuwinern im Norden der Mongolei zu verbreiten. Mit dem Buddhismus waren die Tuwiner bereits im

11./12. Jh. in Berührung gekommen. Zu den Burjaten am Baikalsee gelangte der Lamaismus etwa um 1700. Ein Teil der Burjaten, besonders die im Westen im Gebiet des heutigen Irkutsk lebenden, sind jedoch ihrer schamanistisch geprägten Volksreligion treu geblieben. Ein anderer Teil ist zum orthodoxen Christentum übergetreten.

So kam es, daß als Folge der »zweiten Bekehrung« schließlich fast alle Mongolen buddhistisch wurden. Immer mehr Klöster wurden erbaut, immer mehr Khubilghane wurden gefunden. Klöster und Khubilghane erlangten neben ihrer geistlichen Macht bald auch einen entscheidenden wirtschaftlichen Einfluß, da sie, ebenso wie der Adel, beträchtlichen weltlichen Reichtum besaßen: bewegliche Güter, Gebäude, Ländereien und vor allem auch Hörige. Die wichtigste »Inkarnationsreihe« war in der Äußeren Mongolei die der Jebtsundamba (T rJe-btsun-dam-pa) Khutukhtus. Ihre erste Verkörperung, der Öndör Gegen (1635—1723), wurde als Sohn eines führenden mongolischen Fürsten geboren und vom nordmongolischen Adel als religiöses Oberhaupt der Äußeren Mongolei anerkannt. Der dritte Jebtsundamba Khutukhtu (1758—1773) war bereits ein Tibeter. Ende 1911 erklärte die Äußere Mongolei ihre Unabhängigkeit von China und verstand sich als Monarchie, zu deren Oberhaupt der achte Jebtsundamba Khutukhtu (1870—1924) bestimmt wurde. Selbst nach der Revolution von 1921 blieb die Äußere Mongolei eine konstitutionelle Monarchie. Die Mongolische Volksrepublik wurde erst 1924 nach dem Tode des Jebtsundamba Khutukhtu begründet. Die Einsetzung eines Nachfolgers des verstorbenen Khutukhtu wurde verboten.

Die ranghöchsten Hierarchen der Inneren Mongolei und von Peking waren die lCaṅ-skya Khutukhtus, die zugleich als lamaistische Hofgeistliche der mandschurischen Qing-Kaiser (1644—1911) wirkten. Die bedeutendsten unter den lCaṅ-skya Khutukhtus waren der erste lCaṅ-skya (1642—1714) unter Kaiser Kangxi und der zweiten lCaṅ-skya (1717—1786) unter Kaiser Qianlong. Doch auch viele andere namhafte Lamas aus dem chinesisch-mongolisch-tibetischen Grenzgebiet, einem der blühendsten Zentren tibetisch-buddhistischer Gelehrsamkeit, wirkten in Peking, so die Sum-pa Khutukhtus und die Thu-bkvan Khutukhtus. Peking wurde zum Mittelpunkt der innermongolischen »Kirchenprovinz« und zu einem Hauptort der regen lamaistischen Übersetzungs- und Publikationstätigkeit. Im 18. Jahrhundert wurde dort die mongolische Übersetzung des tibetisch-buddhistischen Kanons, der beiden Riesenkompendien des Ganjur (T bKa'-'gyur) und des Danjur (T bsTan-'gyur), gedruckt.

Auch während der Chinesischen Republik (1912—1949) wurde der Lamaismus in Peking und der Inneren Mongolei wohlwollend geduldet. Die Lage änderte sich erst nach der Gründung der Chinesischen Volksrepublik im Jahre 1949. Ebenso wie in der Sowjetunion und in der Mongolischen Volksrepublik wurden auch in China die meisten lamaistischen Klöster zerstört. Mit dem Wiederaufbau wurde erst nach der Kulturrevolution begonnen. Die Ausübung der Religion wird wieder geduldet, ja sogar die Ausbildung von Geistlichen ist wieder möglich. Mongolische Mönche studieren vor allem in dem im 18. Jh. gegründeten Yonghe-Gong-Kloster in Peking, aber auch in den beiden berühmten osttibetischen Klöstern Kumbum (T sKu-

'bum) bei Xining und Labrang (T *Bla-braṅ*) süd-östlich von Lanzhou. Ob in Zentraltibet, vor allem in der traditionellen Ausbildungsstätte für mongolische Mönche Gomang Tratsang (T *sGo-maṅ grva-tshaṅ*) in Drepung (*'Bras-spuṅs*), dem größten Kloster von Tibet, heute ebenfalls wieder Mongolen studieren, ist unbekannt.

Auch in der Mongolischen Volksrepublik gibt es wieder eine geistliche Akademie. Sie wurde Ende der siebziger Jahre in Ulanbator eröffnet, und zwar neben dem Kloster Gandan (T *dGa'-ldan*), welches aus dem ersten Kloster von Urga, der im 17. Jh. gegründeten späteren Hauptstadt der Äußeren Mongolei, hervorgegangen ist. Gandan ist das einzige »arbeitende« Kloster in der Mongolischen Volksrepublik. Das berühmte Kloster Erdeni Ǯuu wird hingegen nur noch als Museum genutzt, ebenso wie das Palastkloster des letzten Ǯebtsundamba Khutukhtu und der Tempel des Orakellamas in Ulanbator. Bei den Burjaten in der UdSSR dienen noch drei Klöster religiösen Zwecken: das Kloster von Aginsk im Aga-Gebiet aus dem frühen 19. Jh., das Kloster von Ivolginsk in der Nähe von Ulan-Ude, das erst 1946 errichtet worden ist, und das im vergangenen Jahr (1988) der buddhistischen Gemeinde zurückgegebene Kloster von Tsugol (gegründet 1826). Das Kloster von Ivolginsk ist der Sitz des Oberhauptes der Buddhisten in der Sowjetunion, des Bandita Chambo Lama (T *Paṇḍi-ta mkhan-po bla-ma*). Die Ausbildung von Mönchen aus der Sowjetunion erfolgt allerdings in Ulanbator. Auch die Kalmücken im Wolga-Don-Gebiet sollen seit kurzem wieder einen Tempel besitzen. Die tibetischen Flüchtlinge im Westen haben Tempel in München, Philadelphia und Howell in New Jersey. Der 1913 eingeweihte buddhistische Tempel im damaligen St. Petersburg, der nach der Oktoberrevolution für profane Zwecke verwendet wurde, soll dem Museum für die Geschichte von Religion und Atheismus in Leningrad zur Verfügung gestellt werden. Offiziell wird die Duldung des Lamaismus auch nach den politischen Lockerungen der jüngsten Zeit mit dem Eintreten der Religion für den Frieden begründet. So ist das Kloster Gandan die Zentrale für die »Asiatische Buddhistische Friedenskonferenz«, die in Ulanbator die Zeitschrift »Buddhists for Peace« herausgibt. Noch immer ist der buddhistische Glaube bei Teilen der Mongolen offensichtlich fest verwurzelt. Das Überleben des Lamaismus wird wohl weniger von den politischen Bedingungen als von seiner Fähigkeit abhängen, die alten Inhalte und Lebensformen den Entwicklungen einer völlig neuen Zeit anzupassen.

Literatur:

Bawden, C. R.: Some Portraits of the First Jebtsundamba Quluɣtna. In: ZAS 4, 1970.

Bleichsteiner, R.: Die Gelbe Kirche. Mysterien der buddhistischen Klöster in Indien, Tibet, Mongolei und China. Wien 1937.

Heissig, W.: Die Religionen der Mongolei. In: Tucci, G. und Heissig, W.: Die Religionen Tibets und der Mongolei. Stuttgart/Berlin/Köln/Mainz 1970, S. 293—428.

Hoffmann, H.: Die Religionen Tibets. Bon und Lamaismus in ihrer geschichtlichen Entwicklung. Freiburg/München 1956.

Hofmann, H.: Symbolik der tibetischen Religionen und des Schamanismus. Stuttgart 1967.

Huth, G.: Geschichte des Buddhismus in der Mongolei. (Teil 1: Tibetischer Text; Teil 2: Deutsche Übersetzung.) Straßburg 1892 und 1896.

Pozdneyev, A. M.: Religion and Ritual in Society: Lamaist Buddhism in Late 19th-Century Mongolia. Hg. v. John R. Krueger. Bloomington, Indiana 1978.

Schulemann, G. Geschichte der Dalai-Lamas. Leipzig 1958.

Tsam-Tanz beim Maidar-Fest in Urga (Ausschnitt aus einem Gemälde).

Der Tsam-Tanz und seine Masken

Walther Heissig, Bonn

Als späte Folge der mit dem 16. Jh. eingetretenen zweiten buddhistischen Missionierung der Mongolen haben diese auch die kultischen Tänze der Tibeter, den sogenannten Tsam übernommen. Diese in Tibet entwickelte Form des Kulttanzes soll mongolischen Autoren zufolge ihr Vorbild in den indischen Tempeltänzen haben, in denen die Tänzer Gottheiten verkörperten und deren Masken und Kleidung trugen. Obwohl in Tibet selbst erst seit dem 16. Jh. ausgeübt, entwickelten sich die kultischen Maskentänze sehr rasch und brachten auch eine ausführliche Literatur über Durchführung und die rituelle Bedeutung der einzelnen Gestalten und ihrer kultischen Handlungen hervor. Vor allem aber führten diese kultischen Tänze zur Herausbildung einer großartigen Maskenkunst. Diese Maskenkunstwerke finden auch heute noch das große Interesse der Liebhaber und Kenner der asiatischen Kunst.

Die Mongolei erreichten diese kultischen Maskentänzer verhältnismäßig spät. In der nördlichen Mongolei scheinen sie erstmalig 1911, zum ausgesprochenen Unwillen des buddhistischen Oberhauptes dieses Gebietes, des 4. rJe bcun dam-pa Khutukhtu, aufgeführt worden sein. In der südlichen Mongolei jedoch müssen sie schon im 18. Jh. verbreitet gewesen sein,

Hayagrīva, Völkerkundemuseum Wien, Sammlung Leder (74.714).

Ausschnitt aus einer Tsam-Tanz-Darstellung (Katalog Nr. 195). Vor dem Zelt mit der Sor-Pyramide die zwei Gestalten der Wächter in alten Rüstungen mit Schwert, Bogen, Pfeilen und Schild.

Auftritt einer schrecklichen Gottheit bei einem Tsam-Tanz in einem Tempel des ostmongolischen Ghorlos-Gebietes, 1942.

denn Mergen Gegen der Urat (1717—1766), berühmt als Verfasser einer synkretischen mongolischen Nationalliturgie, die Züge der alten Volksreligion mit tibetischen Ritualen verquickt, hat bereits 1750 eine Abhandlung über die Aufführung des Tsam-Tanzes in seinem Kloster geschrieben, die schon 1783 posthum im Druck verbreitet wurde. Auch in der Burjat-Mongolei fand der Tsam-Tanz nach der Gründung der ersten Lamaklöster seit 1788 Verbreitung. In allen Mongolengebieten gab es bis in die Mitte des gegenwärtigen Jahrhunderts Klöster, die wegen ihrer Tsam-Tanz-Aufführungen besonders berühmt waren. Die an bestimmten Tagen des Jahres vollzogenen Zeremonien führten zahlreiche Zuschauer und Teilnehmer zusammen, eine Reihe von Beschreibungen europäischer Reisender ist bekannt.

Die Inhalte der kultischen Tanzzeremonien wurden bei den

Vogelkönig Garuda, skr. »Garuda«, aus Holz geschnitzt, aufrecht stehende Figur mit langen Hörnern, Ohren- und Geierschnabel, die ausgebreiteten Arme flügelartig, hält in Händen und Schnabel eine lange gefleckte Schlange, die Füße in tanzender Stellung: vorwiegend blau bemalt, mit bunten und vergoldeten Schmuck-Gehängen. Höhe: 33 cm. Auf einem viereckigen, rot angestrichenen Postament (Völkerkundemuseum Wien, Sammlung Leder, 74.711).

Ein Draggšed, aus Holz geschnitzt, mit Schädelkrone, Stirnauge, in den Händen eine Axt mit Vajragriff, und einem Zauberdolch, ebenfalls mit Vajragriff schwingend mit langen flügelartigen Anhängern an den Armen, die Füße in Tanzstellung. Gesicht und Gewand dunkelblau, mit bunten und vergoldeten Zieraten. Auf einem roten, viereckigen Holzsockel, Höhe: 29 cm (Völkerkundemuseum Wien, Sammlung Leder, 74.713).

Mongolen verändert und verbreitert. So gab es in der Mongolei neben den häufig aufgeführten Tsam-Tänzen um den Todesgott Yama (Erlig Khan) auch pantomimische Tänze um den Epenhelden und seine Recken. In teils skurrilen, aber überwiegend durch ihr Aussehen schreckenerregenden Gestalten mit großen, kunstreich ausgeführten Masken tanzten die Tänzer rund um mit weißer Farbe gekennzeichnete konzentrische Kreise, in deren Mitte ein kegelförmiges Teiggebilde stand und wo nach dem Erscheinen des Todesgottes als symbolisches Menschenopfer eine kleine menschliche Teigfigur mit Schwertern zerhackt wurde. Die einzelnen Maskengestalten des Tsam-Rituals stellen nicht nur Personifizierungen buddhistischer freundlicher und schrecklicher Gottheiten dar, sondern auch Skelette mit Totenköpfen, Tiergestalten wie Stiere, Hirsch und Raben, den Vogelkönig Garuda, Berggötter und

Tsam-Tanz in Urga (Ausschnitt aus einem Gemälde der Urga-Schule), links oben die Figur des Raben, rechts davon der Weiße Alte, unter diesem rechts ein irdischer Weiser *(Azar),* in der Bildmitte einer der »Schwarzhüte« mit Zauberdolch und Schädelschale in den Händen. Links in der Bildmitte der Feuerplatz mit lodernden Flammen.

Tsam-Tanz in einem burjatischen Tempel (vor 1900).

Recken mit grimmigen Gesichtern. Die Zahl der Teilnehmer am Tsam-Tanz und die Vielfalt ihrer Masken waren sehr groß. Die Bedeutung der einzelnen Gestalten ist noch immer nicht völlig geklärt. Um die künstlerische Vielfalt der Masken zu dokumentieren, ließ der Mongoleireisende Hans Leder in Urga, dem heutigen Ulanbator, alle Gestalten des dort aufgeführten Tsam-Tanzes in Holz nachschnitzen. Aus seiner Sammlung stammen einige der hier beigegebenen Abbildungen. Jedoch nicht alle Masken haben rituelle Bedeutung. Die Löwenmasken, die in einigen Tsam-Tänzen auftreten, sind von den Masken des bei den chinesischen Neujahrsfeierlichkeiten abgehaltenen Löwentanzes beeinflußt. Die furchterregenden Totenköpfe der drohenden Skelette mit ihren hohlblickenden Augen wiederum, die sogenannten Qokimai, finden sich als besonders böse Dämonengestalten in den mongolischen Volkserzählungen und Epen wieder. Die Masken des Tsam, nicht allzu häufig in europäischen Museen vertreten, geben Zeugnis für eine besondere Sparte der mongolischen Kunstfertigkeit.

Literatur:
Bleichsteiner, R.: Die gelbe Kirche. Wien 1937.
Forman, W. und Rintschen, B.: Lamaistische Tanzmasken (Der Erlik-Tsam in der Mongolei), Leipzig 1967.
Šastina, N.: Religioznaja misterija »Cam« v monastyre Dzun-chure. In: Sovrenennaja Mongolija 1935: 1, Ulanbator, S. 92—113.
Thingo, T. T.: Masken und Kulttanz in Tibet. In: C. C. Müller, W. Raunig, (Hg.), Der Weg zum Dach der Welt. Innsbruck-Frankfurt/Main 1982.

Tsam-Tanz-Szene (Ostmongolei, 1988).

Begleiter des Todesgottes Yama, aus Holz geschnitzt, mit Geweih, der Rachen des mit langem Rüssel ausgestatteten Gesichts aufgerissen, mit vier Hauern, in den Händen je eine Schlange haltend, mit flügelartigen Anhängern an den Armen; Kopf und Hände rot, das Gewand blau bemalt, mit reichen buntfarbigen und vergoldeten Zieraten; auf Holzsockel stehend (Völkerkundemuseum Wien, Sammlung Leder, 74.712).

Einer der »Tabun-Khan«, der »fünf Könige«, wahrscheinlich ihr oberster namens Pehar, aus Holz geschnitzt, mit seinem Attribut, dem breitkrempigen Hut, an dessen Spitze ein goldener Donnerkeil, mit Stirnauge, in der Rechten ein Schwert, in der Linken einen Dolch schwingend; die Füße in Tanzstellung, Gesicht und Gewand hellgelb, mit bunten, vorwiegend blauen Zieraten. Auf einem viereckigen, braunen Holzsockel stehend, Höhe: 34 cm (Völkerkundemuseum Wien, Sammlung Leder, 74.716).

Die Mysterien der Mongolen

A. G. Sazykin, Leningrad

Das Sujet der *Höllenfahrt* oder *Höllenschau,* das in der mittelalterlichen europäischen Literatur weit verbreitet ist, war auch in der Literatur der Völker des Orients gut bekannt. Die mongolische geschriebene Literatur bildet hierbei keine Ausnahme, wo man eine ganze Anzahl von Texten finden kann, die entweder die Beschreibung der *Höllenfahrt* als eine Komponente des Werkes enthalten, oder die ganz der Darstellung solcher Ereignisse gewidmet sind. Frühe Erzählungen jener Art, die auf mongolisch erschienen, wurden jedoch nicht von mongolischen Autoren verfaßt, sondern der Literatur anderer orientalischer Völker entlehnt.

Als seiner Herkunft nach ältestes Werk dieser Art bei den Mongolen muß man die indische Legende von Maudgalyāyana ansehen, der bei der Suche nach seiner verstorbenen Mutter verschiedene Gebiete der buddhistischen Welt, darunter auch die Hölle, besuchte. Dieses Werk gelangte auf zwei Wegen in die mongolische Literatur — über China und über Tibet. Die Wahrscheinlichkeit, daß es eine Übersetzung aus dem Chinesischen gegeben hat, wird auch dadurch bestätigt, daß der Name des Helden der Erzählung in allen mongolischen Versionen als Molon wiedergegeben wird, was eine mongolische Variante des chinesischen Mulian darstellt. Es bleibt noch auf eine weitere Besonderheit der mongolischen *Erzählung über Molon-tojn* hinzuweisen: Manuskripte dieses Werkes waren nicht selten mit farbigen Illustrationen versehen, was für die erzählende Literatur der Mongolen früherer Jahre ganz und gar nicht kennzeichnend war. Darüber hinaus haben wir sogar Kenntnis von der Existenz eines mongolischen »Comics« eigener Art zum Sujet der Legende von Molon-tojn, in dem die gesamte Geschichte in Bildern ohne Begleittexte dargestellt wird.

Dies ist zweifellos mit der chinesischen Tradition der Straßenvorführungen verbunden, wenn nämlich umherziehende Mönche vor den Zuschauern Bogen mit Illustrationen verschiedener buddhistischer Legenden ausbreiteten und diese Geschichten nacherzählten. Dabei veränderten sie ihre Stimme, verkörperten auch äußerlich die Figuren und begleiteten ihre Erzählung mit Bewegungen und Gesten. Dies war im Grunde genommen das Theater eines einzigen Schauspielers. Und häufig diente die Geschichte von Mulian als Grundlage für solche Inszenierungen. Die Ballade von Mulian besitzt eine ziemlich lange Tradition: So wurden zum Beispiel in Dunhuang Fragmente einer chinesischen Handschrift gefunden, in denen bereits zur damaligen Zeit die Existenz illustrierter Bücher mit der Geschichte von diesem frommen Mönch erwähnt wird. Im übrigen fand in China das Sujet von den Reisen Mulians auch für tatsächliche Theatervorstellungen Verwendung, die zur Zeit des sogenannten Avalambana-Festes (jedes Jahr am 15. des 7. Monats nach dem Mondkalender) aufgeführt wurden. Auf diese Weise hat der Einfluß der chinesischen Tradition sich ganz deutlich bei den mongolischen Versionen der *Erzählung von Molon-tojn* widergespiegelt, wenn auch zweifelsfreie

Übersetzungen des Werkes aus dem Chinesischen bisher nicht aufgefunden worden sind. Deshalb ist es jetzt unmöglich, die Zeit des Erscheinens und die Namen der Übersetzer zu nennen.

Dagegen ist die Geschichte der mongolischen Übersetzungen der Erzählung aus dem Tibetischen gut bekannt. Eine erste Übersetzung wurde zu Beginn des 17. Jh.s von dem südmongolischen Širegetü-guši-čorǰi angefertigt, und gerade sie erlangte die größte Bekanntheit unter den mongolischen Völkern, da sie im Unterschied zu anderen Übersetzungen der Erzählung nicht nur handschriftlich, sondern auch gedruckt verbreitet wurde. 1708 wurde sie im Blockdruck in Peking veröffentlicht, und zu Ende des 19. Jh.s im burjatischen Kloster von Agin erneut herausgegeben. Im 17. Jh. erschienen zwei weitere mongolische Übersetzungen der *Erzählung von Molon-tojn.* Die eine wurde vom Altan-Gerel-ubaši der Chalcha, die andere, kürzere Version, von dem oiratischen J̌aya pandita angefertigt. Später wurde das Werk nochmals aus dem Tibetischen von Dambadarǰai-guši übertragen. Nach allem zu urteilen, benutzte man in Tibet und der Mongolei die Legende von Molon-tojn nicht für Theatervorführungen, sondern sie war einzig in der schriftlichen Überlieferung im Umlauf. Es ist jedoch bekannt, daß es in Tibet eine Reihe von Erzählungen gab, zu deren Stoff in buddhistischen Klöstern echte Theateraufführungen gespielt wurden. Diese Werke, die der gemeinsame Stoff der Reise in die buddhistische Hölle eint, bildeten in der tibetischen Literatur eine besondere Gattung, die *de-log* genannt wurde. Ins Mongolische wurde nur eines dieser Werke, die *Erzählung über Čoyiǰid-dakini* vom Oiraten J̌aya pandita übersetzt. Seine Übertragung verbreitete sich in Handschriften in altmongolischer wie oiratischer Schrift und war bis in die letzten Winkel der mongolischsprachigen Welt bekannt. Zu Ende des 19. Jh.s wurde von den Burjaten eine Blockdruckausgabe der Übersetzung vorbereitet, und 1908 erschien in Petersburg eine Lithographie der *Erzählung von Čoyiǰid-dakini* in der oiratischen »klaren Schrift«. Im 17. Jh. wurde vom Südmongolen Lubsanlig-šad-darǰai noch eine Übersetzung dieser Erzählung angefertigt, der andere, anonyme Übersetzungen folgten.

Anders als in Tibet wurde in der Mongolei die Erzählung nie für die Bühne verwendet und war nur als literarisches Werk im Umlauf. Hier muß darauf hingewiesen werden, daß die Werke der tibetischen *de-log*-Gattung ganz und gar nicht speziell für eine szenische Form geschrieben wurden. In Tibet gab es überhaupt keine Literatur, die nur für die Bedürfnisse des Theaters geschaffen worden wäre. Dramatische Schauspiele beruhten auf den Sujets von Erzählfabeln, deren Text eine Erzählung bildete, die mit Dialogen wechselte. Hierbei wurden Prolog und Text von der Person des Erzählers gewöhnlich in Prosa geschrieben, die Reden der handelnden Personen dagegen in Versen übermittelt.

Die Mehrzahl der mongolischen Übersetzungen der *Erzählung von Čoyiǰid-dakini* sind gänzlich in Prosa geschrieben. Aber selbst das Erscheinen der späteren mongolischen Übersetzung eines teilweise versifizierten Textes der Erzählung wurde nicht zum Anlaß für Theateraufführungen dieses Stoffes in mongolischen Klöstern. Der einzige Grund, der die mongolischen Literaten veranlaßte, sich der Übersetzung dieser Erzählung zuzuwenden, war natürlich diese unterhaltende, echt künstlerische Form der Propagierung der Grundlagen der buddhistischen Sittlichkeitslehre in einer Form, die gänzlich verschieden war von den herkömmlichen, einförmigen Sentenzen der Mehrzahl der Traktate. Tatsächlich erscheinen im Hauptteil der Erzählung, das heißt in den Szenen des Gerichts des Höllenherrschers Erlig-Khan über die Seelen der Verstorbenen, unter den zwölf Personen der ursprünglichen tibeto-mongolischen Fassung typische Vertreter aller Gesellschaftsschichten jener Zeit. Ausdrucksvolle Erzählungen der Verstorbenen über ihr vergangenes Leben zusammen mit farbigen Beschreibungen, die in allen Fällen anschaulich das äußere Bild jedes von ihnen zeichnen, und deshalb definitiv auf den Charakter der vorgeführten Figuren weisen, gestatten es, in nicht geringem Maß das Bild des Lebens und des Gesellschaftsaufbaus wiedererstehen und auch die bezeichnendsten Laster und sozialen Wunden zu Tage treten zu lassen.

So sehen wir zum Beispiel unter den Personen der Erzählung einen einfachen Laien, der ganz von Sorgen des Lebens eingenommen wurde und sich wenig um seine religiöse Errettung scherte; eine dicke, rotwangige Frau, die religiöse Gelübde abgelegt hatte, aber sich nicht einmal Gedanken über Buddhas Lehre machte und in Wohlbehagen lebte; die elegant gekleidete, mit Kostbarkeiten sich reichlich schmückende Tochter eines vornehmen Mannes, die die Lehrlamas nicht beachtet hatte, und ein dürftig gekleidetes Mädchen mit bescheiden gesenkten Augen — in Wahrheit nichts als Scheinheiligkeit, denn diese Jungfrau konnte sich zu Lebzeiten vieler unsauberer Dinge rühmen. Auch andere Personen sind in der Erzählung vertreten, die nicht nur höchst geläufiger Sünden gegen die buddhistische Moral, sondern gegen allgemein menschliche Moralvorstellungen schuldig sind wie Mord, Raub, Lüge, Verleumdung usw. Neben den Laien werden in der Erzählung auch nachlässige und habgierige Lamas scharf verurteilt. Später fügten mongolische Autoren den ursprünglichen zwölf Szenen des Gerichts beim Erlig-Khan weitere Szenen mit neuen Personen hinzu. So werden in einer der südmongolischen Versionen in zwei zusätzlichen Szenen ein *gebkü* (Ordnungshüter in den Klöstern), der der Unterdrückung, Prügel und mangelnder Versorgung der einfachen Mönche schuldig ist, vorgestellt sowie ein *nojon* (Fürst), der vielen seiner Untergebenen Leid und Trauer zugefügt und Laien wie auch Geistliche schuldlos ins Gefängnis geworfen hatte.

In einer anderen, prosopoetischen Version mit einer zusätzlichen Gerichtsszene — ebenfalls mongolischer Herkunft — erscheint noch ein Lama, der der Herumtreiberei, widerrechtlicher und unrichtiger Ausführung der Rituale sowie des Dieb-

Die von eisernen Wällen umgebene Stadt des Höllenfürsten Erlig-Khan, in der dieser Gericht über die toten Seelen hält. Vor ihm liest ein Höllenknecht aus dem Verzeichnis der Sünden und guten Taten vor (Molon-tojn-Handschrift).

Der Höllenfürst Erlig-Khan im Gespräch mit Molon-tojn.

Eine der acht Feuerhöllen (Molon-tojn-Handschrift).

Die in ewige Dunkelheit getauchte Passage des Zwischenreiches, in der die Seelen der auf unnatürliche Weise Verstorbenen schmachten, in einer südmongolischen illuminierten Handschrift der Höllenreise des Molon-tojn auf der Suche nach seiner Mutter.

stahls und der Plünderung beschuldigt wird. In dieser Redaktion der Erzählung gibt es zwei Szenen, in denen vollkommen neue Personen vorgestellt werden, wie man sie in keiner anderen tibetischen und mongolischen Version des Werkes findet, darunter ein mit einem blauen Seidenmantel bekleideter junger Beamter aus der Zeit der Song-Dynastie (960—1280). Dieser Beamte hatte, wie sich vor Gericht herausstellte, strikt die kaiserlichen Befehle ausgeführt und sich bemüht, dem Staat den größten Nutzen zu bringen, wofür er von Erlig-Khan auch zur Wiedergeburt als Sohn eines himmlischen Tengri geschickt wird. In der letzten Zusatzszene vor dem Höllenherrscher treten eine alte Kupplerin und ein von ihr verkauftes Mädchen auf. Hier, wie auch in der von uns zuvor erwähnten Szene, liegt offensichtlich chinesischer Einfluß vor. Im 19. Jh. wurde diese soziale Erscheinung auch in der Mongolei aktuell, wo Fälle des Verkaufs von Mädchen an Freudenhäuser keine Seltenheit waren.

Unzweifelhaft chinesischen Einfluß zeigt auch die *Erzählung von Naranu-Gerel,* die wahrscheinlich von den Mongolen selbst im 18. Jh. geschaffen worden ist. Diese Erzählung war früher vor allem beim weiblichen Publikum sehr populär, da in ihr das bewegende Schicksal einer einfachen Frau aus dem Volk in den unruhigen Zeiten des 18. und 19. Jh.s beschrieben wird. Die Geschichte von Naranu-Gerel beginnt damit, daß ihr Mann, der vor hat Beamter zu werden, sich in die Hauptstadt aufmacht, nachdem er seine alte Mutter der Obhut seiner Frau

anvertraut hat. Die Alte bereitet Naranu-Gerel viel Bitternis und Leid. Nach dem Tod der zänkischen Alten bricht auch die Heldin in die Hauptstadt zu ihrem Mann auf. Unterwegs fällt sie Räubern in die Hände, aber entkommt ihnen zum Glück und gelangt zum Haus ihres Mannes, wo sie erfährt, daß er sich eine andere Frau genommen hat. Der Vater dieser zweiten Frau, der hinterhältige Nojon Tschang-ha-liu, mischt der Naranu-Gerel Gift ins Essen. Sie stirbt und gelangt in die unterirdische Hölle Erlig-Khans. Freilich bleibt sie dort nicht lange und kehrt auf Befehl des Höllenherrschers in die Welt der Lebenden zurück, wo sie kriegerische Taten vollbringt, die Gunst des Kaisers gewinnt, wieder familiäres Glück findet, große religiöse Taten vollführt und am Ende die Heiligkeit einer himmlischen Dakini erlangt.

So nimmt in dieser frühen Version die Geschichte von der Reise der Naranu-Gerel in die Hölle nur einen ganz unbeträchtlichen Raum des ganzen Werkes ein. Dazu fehlen der Höllenbeschreibung die schrecklichen Details bei der Darstellung der Qualen der Sünder, wie sie den Werken der buddhistischen dogmatischen und didaktischen Literatur eigen sind. Auch wird die Höllenbeschreibung eher als ein Tribut an die Tradition der chinesischen erzählenden Literatur aufgefaßt und als eines der unterhaltenden Sujets in der Kette der übrigen Abenteuer der Heldin. In der späteren Redaktion ersetzen die mongolischen Autoren die ursprüngliche Variante der Höllenbeschreibung durch eine andere, die gänzlich der Situation der indo-tibetischen eschatologischen Vorstellungen entsprach. Außer den Episoden mit detaillierter Aufzählung der Leiden in allen Abteilungen der buddhistischen Hölle erscheinen auch drei Szenen des Gerichts Erlig-Khans, die in genauer Übereinstimmung mit den Beispielen verfaßt wurden, die aus der Legende von der Čoyiǰid-dakini bekannt sind. Es ist nur natürlich, daß die Beschreibung der Höllenfahrt der Naranu-Gerel in der neuen Redaktion schon bedeutend mehr Raum einnimmt und zum Hauptteil des ganzen Werkes wird. Es gibt sogar Manuskripte, wo nur die Beschreibungen der Wanderungen der Naranu-Gerel durch die Hölle gebracht werden. Die »irdischen« Abenteuer zu ihren Lebzeiten sind dabei gänzlich fortgelassen.

Im Rahmen der mongolischen schriftsprachlichen Literatur gab es noch ein weiteres Werk, das das Sujet der *Höllenschau* einschloß; es wurde unter dem Einfluß der chinesischen literarischen Überlieferungen geschaffen. Ein solches Werk, das den Titel *Erzählung von Jungfrau Schöner Lotos* trägt, wurde 1812 von einem Literaten der Charačin, Bujantogtochu, nach Motiven des weit bekannten chinesischen Romans *Reise in den Westen* geschrieben, dessen erste mongolische Versionen bereits zu Anfang des 18. Jh.s erschienen waren.

Neben den Werken zum Sujet der *Höllenschau,* die in der Mongolei übersetzt oder geschaffen wurden, gibt es ein Werk zum gleichen Stoff, das aller Wahrscheinlichkeit nach in Burjatien in der zweiten Hälfte des 18. Jh.s geschrieben wurde. Dieses verhältnismäßig kleine Werk, die *Erzählung vom Güsü-Lama,* ist ganz dem Besuch des Lama in der buddhistischen Hölle gewidmet, wo er sowohl der Leiden der Sünder wie auch des Gerichts Erlig-Khans ansichtig wird. Insgesamt wiederholt die Geschichte vom Güsü-Lama die traditionelle buddhistische Eschatologie. Man kann jedoch auch einzelne Züge vorbuddhistischer Jenseitsvorstellungen der Mongolen erkennen. Damit wollte der unbekannte Verfasser offenbar die Verbreitung der buddhistischen Heilsideen unter den burjatischen Schamanismusanhängern im 18. Jh. erleichtern.

Noch deutlicher lassen sich volkstümliche vorbuddhistische Motive der Höllenbeschreibung in einer der mongolischen Versionen der epischen Erzählung über Geser verfolgen, die 1716 als Blockdruck in Peking herausgegeben wurde. Und wenn man auch Gesers Auslösung seiner Mutter aus der furchtbaren Hölle in Analogie zur Legende von Molon-tojn sehen kann, so folgen doch alle Handlungen Gesers und der Charakter seiner Beziehungen zum Höllenherrscher genau den volksliterarischen Traditionen. Entsprechend wird Erlig-Khan auch nicht als furchtbarer und unparteiischer Richter dargestellt, sondern als ein boshaftes und überaus unangenehmes Wesen, das gegen die Lebenden auf der Erde alle nur erdenklichen Ränke schmiedet und das die Toten peinigt.

So gab es in der schriftlichen Literatur der mongolischen Völker mehrere, ihrer Herkunft nach verschiedene Geschichten vom Besuch der buddhistischen Hölle. Darunter finden sich ein indisches Sūtra, eine tibetische Legende, ein chinesischer Roman, eine burjatische und einige mongolische Erzählungen sowie eine Version des Geser-Epos. Im Ergebnis kann man sehen, wie weit und vielgestaltig die Kontakte der mongolischen Literatur mit den Literaturen anderer Völker Zentralasiens und des Fernen Ostens gewesen sind und welch wichtige Rolle die Mongolen bei der Ausarbeitung und Popularisierung der buddhistischen Dogmatik gespielt haben.

Literatur:
Heissig, W.: Die Pekinger lamaistischen Blockdrucke in mongolischer Sprache (= Göttinger Asiatische Forschungen, Bd. 2). Wiesbaden 1954, S. 23—27.
Heissig, W.: Helden-, Höllenfahrts- und Schelmengeschichten der Mongolen. Zürich 1962.
Heissig, W.: Zum Totentanzmotiv in Zentralasien: eine neue mongolische Version von Čoyičid dakini-yin namtar. In: Zentralasiatische Studien, Bd. 3. Wiesbaden 1969, S. 129—207.
Heissig, W.: Geschichte der mongolischen Literatur. Bd. 1. Wiesbaden 1972, S. 87—146.
Kozin, S. A.: Geseriada. Moskau-Leningrad 1935, S. 218—221.
Lörincz, L.: Molon Toyin's Journey into the Hell. Altan Gerel's Translation. 1. Introduction and Transcription. 2. Facsimile. (= Monumenta Linguae Mongolicae Collecta, Bd. 8). Budapest 1982.
Mongolyn uran zohiolyn Tojm, Bd. II. Ulanbator 1977, S. 5—35, S. 61—70, S. 484—499.
Sárközi, A.: A Mongolian Picture-Book of Molon Toyin's Descent into Hell. In: Acta Orientalia Academiae Scientiarum Hungaricae, Bd. 30. Budapest 1976, S. 273—308.
Sazykin, A. G.: Hell-Imagination in Non-Canonical Mongolian Literature. In: Acta Orientalia Academiae Scientiarum Hungaricae, Bd. 33. Budapest 1979, S. 327—335.
Sazykin, A. G.: Die mongolische »Erzählung über Güsü-Lama«. In: Zentralasiatische Studien, Bd. 16. Wiesbaden 1983, S. 111—140.
Sazykin, A.: The Hell Imagination Theme in Mongolian Literature of the 17th-turn-of the 20th Century. In: Information Bulletin of International Association for the Study of the Cultures of Central Asia, Bd. 8. Moskau 1985, S. 40—46.
Sazykin, A. G.: Ėschatologičeskie motivy v »Povesti o Naranu-Gerol«, časti 1—2. In: Pis'mennye pamjatniki i problemy istorii Kul'tury narodov Vostoka, Bd. XVIII. Moskau 1985, S. 63—68. Bd. XIX, Moskau 1986, S. 47—51.
Sazykin, A. G. und D. Iondon: Rannaja versija «Povesti o Narany-Gerol«. (Rukopis' F 244 iz sobranija Leningradskoge otdelenija Instituta Vostokovedenija AN SSSR). In: Studia Mongolica, Bd. XII (20), fasc. 3. Ulanbator 1987.

Blockdrucke und Handschriften

György Kara, Budapest

In einem Tigerjahr (1206) an der Quelle des Onon-Flusses, als Činggis Khan, Herrscher der »Völker mit Filzwänden« zum zweiten Mal und endlich den Khan-Titel annahm, befahl er, die mit ihm beratenen Entscheidungen »auf das weiße Papier in das blaue Buch« aufzuschreiben. Das war vermutlich das erste Buch der Mongolen. Über die Bücher einiger früheren, altmongolischen Völker berichten nur die fremden chinesischen Annalen. Aus der Sammlung der Lieder des Tabgatsch-Volkes (5. Jh.) und den Büchern (Handschriften und vermutlich auch Blockdrucke) der Khitan (10.—12. Jh.) ist leider nichts erhalten.

Vieles Geschriebene und Gedruckte der eigentlichen Mongolen wurde während ihrer sturmvollen Geschichte in Kriegen und Katastrophen sowie durch das Feuer der Albernheit vernichtet, aber die Bruchstücke aus der Zeit des Mongolischen Weltreiches und die zahlreichen späteren Bücher vom Ende des 16. bis zum Anfang des 20. Jh.s zeugen von der äußerst reichen Buch- und Schriftkultur der einst kriegerischen Viehzüchter, gefürchteten Reiternomaden, später auch frommen und eifrigen Buddhisten, deren zahlreiche Klöster viele

Drucken von der eingefärbten Druckplatte aus Holz. Das Papier wird mit Tampons angedrückt.

Bücher aufbewahrten. Manche solche heiligen Orte hatten nicht nur eine Bibliothek, sondern auch eine Druckerei. Auch in den Jurten auf den entfernten Weiden gab es immer einige Bücher, heilige Schriften, mongolisch oder tibetisch, profane Geschichten, Märchen und Sagen. Konnte der Besitzer selbst nicht lesen, lasen ihm aus diesen — nicht immer heiligen — Schriften die immer hungrigen Wandermönche vor. Besonders viele Literaten, Schreiber (und Leser) lebten zwischen dem Ende des 16. und der Mitte des 18. Jh.s, eine Periode, aus der man in den großen Sammlungen des Osten und des Westen, in Tokio, Ulanbator, Peking, Leningrad, Kopenhagen, Berlin, London, Chicago usw. viele Bücher findet.

Die zweite Hälfte unseres Jahrhunderts sieht eine Neugeburt der mongolischen Buchkultur, wo die südöstlichen Mongolen in der »alten« mongolischen Schrift, die Mongolen der MVR sowie die Burjaten und die Kalmücken der UdSSR in der »neuen« kyrillischen Schrift (die östlichen Oiraten in der »klaren«, oiratischen Schrift) eine früher kaum vorstellbare Menge von Büchern, Zeitungen und Zeitschriften herausgeben.

Der erste bekannte datierte Blockdruck der Mongolen stammt aus dem Jahr 1312. Tausend Exemplare wurden in der großmongolischen Kaiserstadt (heute Peking) gedruckt. Davon ist nur ein Fragment mit einem Kapitel und dem Kolophon erhalten geblieben. Preußische Forscher brachten es aus der Turfan-Oase nach Berlin. Der Text ist eine der frühesten mongolischen Übersetzungen aus den buddhistischen Schriften, nämlich einer kommentierten Version des indischen Gedichtes über den Weg zur Erleuchtung *(Bodhicaryāvatāra)* von Śantideva. Die rechteckigen Blätter sind »aus dickem, fast kartonartigem Papier . . . Der Schnitt ist scharf und gut lesbar, jedenfalls ist es ein früher Abzug« (Haenisch). Laut der chinesischen Paginierung bilden hier die Rückseite eines Blattes und die Vorderseite des nächsten eine mit einer Doppellinie gerahmte Einheit. Die so gehefteten Blätter erinnern an die chinesische »Schmetterlingsform«. Die Kunst des Buchdrucks und ihre Requisiten, vor allem das Papier, übernahmen die Mongolen (wie auch ihre uighurischen und tibetischen Lehrer, die sie durch ihre Erfahrungen bereicherten) von den Chinesen.

Zwei weitere mongolische Formate, das Faltbuch (erhalten in manchen Fragmenten aus dem 14. Jh.) und das Doppelblattheft, sind chinesischen Ursprungs. Beide haben eine waagrechte oder eine senkrechte Form, entsprechend dem Verhältnis zwischen dem Falz des Faltbuches bzw. dem Heftrand des Heftes und den Zeilen. In den Heften aus Doppelblättern ist der Falz, den die Mongolen »Nase« nennen, entgegen der Heftung; in vielen gedruckten Büchern trägt diese »Nase« wichtige Informationen: Kurztitel, Paginierung usw.

Die Mehrzahl der handschriftlichen Doppelblattbücher ist aus gräulichem, »haarigem« chinesischem Papier *(maotou)* geheftet (oft mit Papierschnur) und mit Schreibpinsel geschrieben. Sie enthalten Steuerbücher, Regesten und ähnliche offizielle

Aufzeichnungen oder Geschichtliches, Chroniken, Religions- und Familiengeschichten. Auf solchen Doppelblättern mit »haarigem« Rand sind zahlreiche Übersetzungen von chinesischen populären Romanen und Novellen sowie mongolische Liedersammlungen, Märchen, Sittenlehren und Lehrgedichte überliefert.

Die mongolischen Bücher haben zumeist die indo-tibetische »Palmblattform«: lose aufeinander gelegte Blätter in länglich-schmaler, rechteckiger Form. Sie sind mindestens dreimal so lang wie breit und beidseitig in vertikalen Zeilen beschrieben oder bedruckt. Der Textspiegel ist im allgemeinen gerahmt. Selten nur ist noch eine auf alte tibetische und uighurische Traditionen zurückgehende Form anzutreffen, wonach zwei symmetrische Kreise den Text unterbrechen. Sie erinnern an das Loch für die Schnur, mit der man in Indien das tatsächlich aus Palmblättern geschnittene Schreibmaterial zusammenband. Die schwarz geschriebenen Zeilen können rhythmisch mit roten wechseln. Manchmal schrieb man Götternamen und ähnliches rot, wichtige Stellen sind in den Traktaten gelb hervorgehoben. Die ersten zwei Seiten der Pekinger lamaistischen Blockdrucke aus der Mandschu-Zeit sind oft rot gedruckt und mit roten oder blauen Ornamenten (Lotosblütenblätter, Wolken, Wellen, Juwelen, Blumen, Untierköpfe usw.) eingefaßt. »Kaiserliche« Ausgaben wurden auch dunkelgelb gedruckt. Für Prachthandschriften verwendete man dunkelblau oder schwarz gefärbtes Papier mit poliertem Textspiegel, auf dem mit Gold, Silber oder auch mit anderen »Juwelenfarben« geschrieben wurde. Ältere »Palmblätter« sind aus mehreren Schichten zusammengeklebt.

Der Anfang des Textes auf der ersten Seite ist mit der heiligen Silbe *oṁ* bezeichnet. Auch andere äußere Merkmale (Randvermerk, Paginierung, Titelseite usw.) haben ihre für Entstehungszeit und -ort typische Gestaltung. Die ersten zwei Blätter buddhistischer Schriften sind oft mit Buddha-, Heiligen- oder Götterbildern verziert, die letzte Vorderseite trägt die Bildnisse der vier Könige der Himmelsrichtungen. Die Seiten von besonders schönen alten Handschriften sind waagrecht aufgeteilt: auf dem oberen Teil sieht man Zeichnungen (Szenen aus

Illustration aus einer im Steindruck veröffentlichten mongolischen Version des bei den Mongolen seit dem 18. Jh. weitverbreiteten Romans »Reise nach dem Westen«, der die Abenteuer des Xuanzang Lama und seiner Begleiter auf der Suche nach buddhistischen Werken schildert (Xiyouji).

Detail aus obigem Druck.

Mongolischer Blockdruck im altertümlichen uighuro-mongolischen Duktus (frühes 17. Jh.).

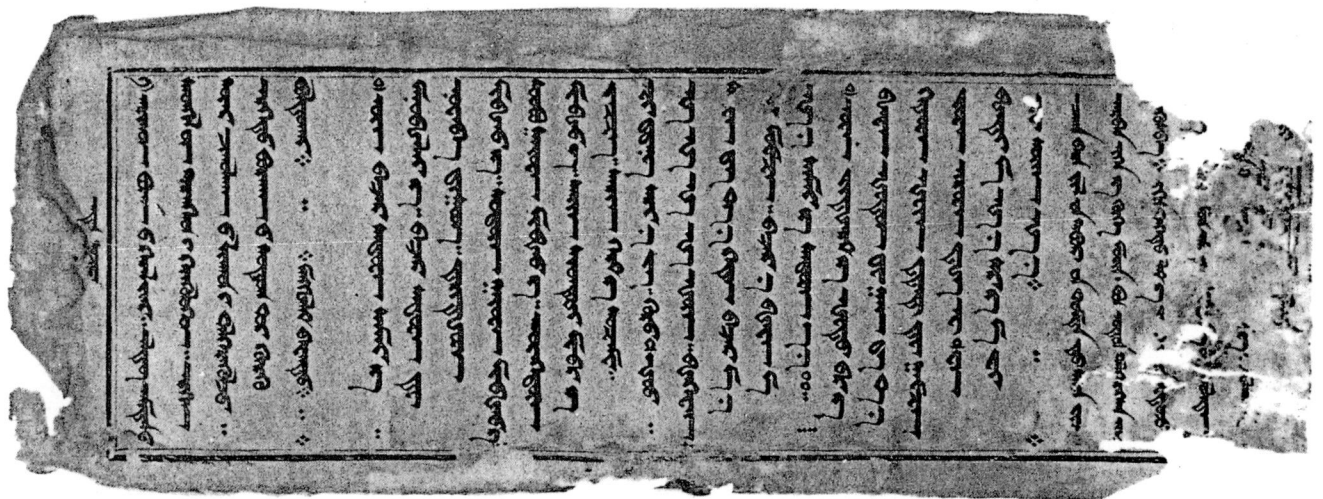

dem Leben Buddhas), der untere Teil ist mit Holzfeder kalligraphisch beschrieben (vgl. das Leningrader mong. *Lalitavistara*). Es gibt mehrfarbig gemalte Bildbücher mit erschreckenden Höllendarstellungen, mit oder ohne Text, Kalender mit Planetensymbolen und Jahrestierzeichen, Heilkundetraktate mit Pflanzenabbildungen, Sammlungen magischer Zeichen usw.

Die losen Blätter der Palmblattform werden diagonal in ein quadratisches Seiden- oder Baumwolltuch gelegt und eingewickelt, das an einer Ecke eine Schnur oder ein Band hat. Oft wird das Buch zwischen zwei, manchmal gefärbte, selten geschnitzte Holzdeckel gebunden, eventuell in einem Holzkästchen bewahrt. Wir kennen übergroße »Riesenbücher« und winzige »Taschenausgaben«; die *Juwelenlehre* der Buddhas wurde auch in schwere »Palmblätter« aus Silber graviert und die Buchstaben mit reinem Gold vergoldet. Die gar nicht frommen Geschichten des sagenhaften Geser Khan wurden

1716 in dieser Form der Sūtras gedruckt und dann weiterkopiert.

Mehrsprachige Ausgaben von buddhistischen Schriften und Traktaten sowie Wörter- und Lehrbüchern waren weitverbreitet. Ein viersprachiger Druck in Sanskrit, Tibetisch, Mongolisch und Chinesisch mit dem Lobgesang der vergöttlichten Weisheit Mañjuśrīnāmasaṁgīti von 1591 gibt den mongolischen Text eines Blockdrucks aus dem 14. Jh. wieder.

Das größte verlegerische Unternehmen der Mongolen war die Ausgabe des buddhistischen Kanons, von dem zuerst der Hauptteil, der mehr als hundertbändige Kanjur erschien (in mehreren Handschriften bekannt, Redaktionen Ende des 16./Anfang des 17. Jh.s), später der noch umfangreichere Tanjur. Beide Sammlungen von insgesamt 333 großen Bänden sind unschätzbare Fundgruben der mongolischen Sprach- und Kulturgeschichte und wurden in der 1. Hälfte des 18. Jh.s in Peking mit kaiserlicher Unterstützung gedruckt.

Buchdrucker.

252

Der indo-tibetische Einfluß
auf die mongolische Literatur

A. G. Sazykin, Leningrad

Der Beginn der Eroberungszüge und die anschließende Bildung von Činggis Khans Reich wurden nicht nur zu einem Wendepunkt in der politischen Geschichte der mongolischen Völker, sondern waren auch Anlaß für tiefgreifende Veränderungen in der weltanschaulichen und kulturellen Sphäre der zuvor unbekannten nomadisierenden Stämme, die über unübersehbare Räume Zentralasiens verstreut waren.

Nachdem sie zahlreiche Nachbarvölker unterworfen und von ihnen Erfahrungen im Aufbau der Verwaltung und den Prinzipien der Staatslenkung übernommen hatten, konnten die Mongolen die Notwendigkeit der Schaffung einer einheitlichen, den Stämmen übergeordneten Ideologie nicht außer acht lassen. Sie sollte die früher getrennten Stämme und Völker einen, die nun zum Bestand des Reiches gehörten. Letzten Endes fiel die Wahl der Mongolen auf den Buddhismus, eine weit verbreitete und in der Mehrheit der Länder Zentralasiens und des Fernen Ostens bekannte Lehre.

Zu den wichtigsten Entlehnungen, die bereits ganz in der Anfangsphase der Existenz des mongolischen Staates vollzogen wurden, gehört die Einführung der Schrift, die auf dem uighurischen Alphabet beruhte. Außer, daß sie ein rein staatliches, verwaltungsmäßiges Bedürfnis erfüllte, sollte die neue Schrift auch dem Zweck der Verbreitung der für die Mongolen neuen buddhistischen Lehre dienen. Daher ist es kein Zufall, daß wir unter den wenigen schriftlichen Denkmälern, die aus dem 14. Jh. auf uns gekommen sind, Übersetzungen buddhistischer Werke wie der *Pañcarakṣa* (»Fünf Schützer«), des *Goldglanzsūtra* und der *Zwölf Taten Buddhas* finden, die aus dem Tibetischen und Uighurischen erfolgten. Es ist bezeichnend, daß bereits damals diese buddhistischen Werke nicht nur in Handschrift, sondern auch im Blockdruck verbreitet wurden, wie zum Beispiel das *Sūtra Bodhicaryāvatāra* des indischen Dichters und Philosophen Śāntideva in der Übersetzung des Čoiji-Odzer, die im Jahre 1312 in Daidu (Peking) in einer Auflage von tausend Exemplaren herausgegeben wurde. Eine weitere Blockdruckausgabe in mongolischer Sprache, die in Peking Ende des 13./Anfang des 14. Jh.s gedruckt wurde, blieb fragmentarisch erhalten. Aus zwei Gründen ist diese Ausgabe von besonderem Interesse. Erstens wurde sie nicht in uighuro-mongolischer Schrift gedruckt, sondern in der sogenannten Quadratschrift, die vom tibetischen 'Phags-pa Lama geschaffen und im Herbst 1269 auf kaiserlichen Befehl als »staatliches Alphabet« des mongolischen Reiches eingeführt wurde. Zum zweiten enthält der vorliegende Blockdruck kein buddhistisches Traktat, sondern eine Sammlung von Lehrsprüchen des tibetischen Sakya-pandita Kun-dga' rgyal-mtshan. Sie ist unter dem Namen *Subhāṣita* (»Schatzkammer guter Reden«) in der mongolischen Übersetzung des Sonom-Gara bekannt.

Übrigens wurde ebendiese Übersetzung zur gleichen Zeit auch in der uighuro-mongolischen Schrift verbreitet, jedoch ausschließlich als Manuskript. Später, im 17.—19. Jh., erschienen einige neue Übersetzungen des *Subhāṣita,* die in zahlreichen Handschriften und Blockdrucken, die man in Peking sowie in mongolischen und burjatischen Klöstern gedruckt hatte, überall verbreitet wurden. Auf diese Weise gewann das *Subhāṣita* ungewöhnliche Popularität bei den Mongolen. Seine in Form von Vierzeilern verfaßten Aphorismen waren jedem Mongolen bekannt, und einige der Aussprüche fanden sogar Eingang in die volkstümlichen mongolischen Sprichwörter. Der Kreis der gnomischen Literatur in mongolischer Sprache beschränkte sich nicht auf die Übersetzungen des *Subhāṣita*. Zudem stellt sie nicht das älteste Denkmal einer solchen Literatur dar, insofern, als sie auf das Genre der altindischen *Nītiśāstra* zurückgeht. Ein Beispiel der *Nītiśāstra,* Nāgārjunas *Rasāyana-Tropfen, der das Volk nährt,* gebrauchte Sa-skya-pandita bei der Niederschrift seiner Arbeit.

Ins Mongolische wurde auch die Sammlung von Aussprüchen des tibetischen Autors bSod-nams grags-pa, *Strauß weißer Lotosblüten,* übersetzt, die in der ersten Hälfte des 16. Jh.s zusammengestellt wurde.

Die lange Bekanntschaft der Mongolen mit der indo-tibetischen gnomischen Literatur konnte natürlich nicht ohne Einfluß auf die Entwicklung ihres eigenen, originalen Schrifttums bleiben. Und tatsächlich erschien bereits im 17. Jh. eine Aphorismensammlung unter dem Titel *Schlüssel des Wissens,* die in der Mongolei von einem unbekannten Verfasser nach dem Muster — und zuweilen auch mit direkten Entlehnungen — der Aussprüche des tibetischen *Subhāṣita* zusammengestellt wurde. Die Tradition dieses Genres fand seine Fortsetzung im kalmückischen *Ozean der Sprichwörter* sowie im burjatischen *Spiegel der Weisheit,* der im 19. Jh. vom Lama Galšiev des Klosters von Kodun geschrieben wurde. Die jahrhundertealte Geschichte der aphoristischen Literatur in mongolischer Sprache fand mit einer lithographischen Ausgabe der altindischen Sammlung von Aussprüchen Buddhas, dem *Dhammapada* (Weg zur Wahrheit), in Petersburg zu Beginn dieses Jahrhunderts ihre Vollendung. Es handelt sich hier um eine Übersetzung Očirovs, die aller Wahrscheinlichkeit nach aus dem Russischen erfolgte.

Mit der indo-tibetischen aphoristischen Literatur ist in engster Weise ein weiteres Genre verbunden, das während der vergangenen Jahrhunderte unter den Mongolen ungewöhnliche Popularität und Verbreitung erfuhr, nämlich die sogenannten *tayilburi* (Kommentare), die größtenteils zu den erwähnten Aphorismensammlungen verfaßt wurden. Verfasser solcher Kommentare waren tibetische und mongolische Lamas, die außergewöhnlichen Eifer bei der Mehrung dieser Art von Literatur zeigten. So sind gegenwärtig zum Beispiel zwei tibetische und vier mongolische Kommentare zu Nāgārjunas Werk,

Rasāyana-Tropfen, der das Volk nährt, bekannt. Zwei von ihnen entstammen der Feder solch bekannter mongolischer Literaten des 18. Jh.s wie Agvandanpel und Čachar-gebši Lubsantsultim. Mehrfach wurde auch das *Subhāṣita* des Sa-skya paṇḍita kommentiert. Der früheste Kommentar wurde von dem Tibeter Rin-chen-dpal noch zu Lebzeiten des Autors des *Subhāṣita* verfaßt. Später erschienen in Tibet noch zwei weitere Kommentare zur vorliegenden Sammlung weiser Aussprüche. Alle wurden ins Mongolische übersetzt. Dazu gibt es zwei Kommentare von mongolischen Autoren zum *Subhāṣita:* Einer vom bereits erwähnten Čachar-gebši Lubsancültim geschrieben, der andere vom burjatischen Lama Sumati Ratna (2. Hälfte des 19. Jh.s).

Mitte des 19. Jh.s wurde vom tibetischen Literaten A-kya yoṅs-'dzin ein Kommentar zum Śāstra *Strauß weißer Lotosblüten* verfaßt, der bald ins Mongolische übersetzt und zweimal im Blockdruck in einem burjatischen Kloster herausgegeben wurde.

Im 18.—19. Jh. wurde die Kommentarliteratur auf mongolisch ziemlich häufig in mongolischen und burjatischen Klöstern im Blockdruck herausgegeben — wie auch in Peking —, was zweifellos viel zu ihrer Verbreitung unter allen mongolischen Stämmen beitrug. Dennoch reichten die gedruckten Ausgaben nicht aus, um die Nachfrage der Bevölkerung nach solcher Literatur zu befriedigen. Daher blieben Handschriftenkopien auch weiterhin in Zirkulation, und ihre Anzahl nahm nicht ab, sondern stieg ständig.

Was zog nun den mongolischen Leser bei diesen Kommentaren an? Vor allem die Tatsache, daß sie im wesentlichen Sammlungen von Märchen darstellten, die seit alters und unverändert bei den Mongolen, die in beträchtlichem Maß mit den mündlichen Traditionen ihrer Volksliteratur aufwuchsen, beliebt waren. Diese Volksliteratur wurde übrigens nicht unerheblich durch die Märchensujets der tibeto-indischen Kommentarliteratur bereichert.

Die Autoren der Kommentare schöpften die Sujets für ihre Werke ihrerseits aus noch älteren Schichten der indischen Märchenliteratur. So griffen sie zum Beispiel am häufigsten zu Märchen aus dem indischen *Pañcatantra,* dessen Themen man in fast allen tibeto-mongolischen Märchensammlungen entdecken kann. Soweit es erforderlich war, wurden in die Kommentare auch Märchen tibetischer und mongolischer Herkunft einbezogen. Die Notwendigkeit der Kommentierung beruhte auf dem Umstand, daß die Aphorismensammlungen immer nach einem einheitlichen Schema geschrieben wurden, demzufolge jeder Aphorismus ein Vierzeiler war. Die ersten beiden Zeilen enthielten die moralische Belehrung selbst, die beiden folgenden eine kurze Erwähnung oder eine Anspielung auf irgendein Sujet, das zum Beweis des Ausspruchs diente. Aber bei weitem nicht jeder Leser in Tibet oder der Mongolei war so in der Literatur bewandert, um in vollem Umfang den Inhalt aller vom Verfasser erwähnten Beispiele zu kennen. Deshalb nahmen tibetische und nach ihnen mongolische Literaten die Arbeit auf sich, die Sujets der Märchen, auf die sich die Autoren der Aphorismensammlungen bezogen, zu entschlüsseln und im ganzen darzulegen.

Es ist kaum angebracht, solche Werke als »Kommentare« im vollen Sinn des Wortes anzusehen, da ihre einzige Aufgabe darin bestand, anhand verschiedener Beispiele den ungeheuren Nutzen des Lesens und Abschreibens irgendwelcher buddhistischer Traktate zu demonstrieren. Aber da in der Überschrift solcher Werke fast stets der Terminus *tayilburi* vorkommt, werden sie in der orientalistischen Literatur gewöhnlich auch als *Kommentare* bezeichnet. Es gab noch eine weitere Art von tibeto-mongolischer Kommentarliteratur, die ebenfalls eine beträchtliche Verbreitung auf mongolisch sowohl als Handschrift wie auch als Blockdruck erfuhr.

Am bekanntesten ist der *Kommentar zum Nutzen der Vajracchedikā* (= Diamantsūtra). Er wurde in Tibet spätestens im 17. Jh. geschrieben, denn zu dieser Zeit erschien bereits seine mongolische Übersetzung, die J̌incorči herstellte. Die ursprüngliche tibeto-mongolische Version umfaßte 15 Erzählungen. Danach erschien dank der Arbeit mongolischer Autoren eine Version, die aus 21 Erzählungen bestand.

Zu diesem Kommentartyp gehört auch das Werk *Goldener Rosenkranz,* als dessen Autor im Kolophon Tārānātha genannt wird, ein tibetischer Kenner der tantrischen Lehre (16./17. Jh.). In diesem Werk wird am Beispiel von acht Erzählungen gezeigt, wie nützlich sich eine Rezitierung des Gebets an die Schutzgöttin Tārā erweisen kann.

Das Eindringen der indo-tibetischen Märchenliteratur in die Mongolei erfolgte keineswegs nur über Kommentarwerke. Große Popularität gewannen bei den Mongolen auch solche Märchensammlungen wie *Der Verzauberte Leichnam, Märchen des Arǰi-Borǰi, Erzählungen über Gesne-chan* und *Erzählungen des Papageis,* die das spezielle Genre der Rahmenerzählungen bilden: jede dieser Sammlungen besitzt eine deutliche sujetmäßige Ausgestaltung, die gleichsam einen Rahmen bildet, der alle Märchen zu einem einzigen Zyklus vereint.

So besteht zum Beispiel der Rahmen der Sammlung vom *Verzauberten Leichnam,* die auf die indischen *25 Erzählungen des verzauberten Leichnams* zurückgehen, aus einer Geschichte, wie Nāgārjuna einen Prinzen fortschickte, einen verzauberten Leichnam zu holen. Unumgängliche Bedingung für die Erfüllung dieser Aufgabe war, daß der Prinz auf dem gesamten Weg, während er den verzauberten Leichnam trug, vollkommen schweigsam war. Um den Prinzen dazu zu bringen, diese Bedingung zu verletzen, erzählte der verzauberte Leichnam Märchen, und bei jedem erstaunten Ausruf des Prinzen flog er zurück, und alles wiederholte sich von neuem.

Alle oben genannten Märchensammlungen verbreiteten sich seit dem 16.—17. Jh. unter den Mongolen in vielen verschiedenen Versionen und Varianten, die voneinander nach Bestand und Anzahl der Abschnitte abwichen. Sie wurden nicht nur in der Mongolei selbst, sondern auch bei den Burjaten, in den tuwinischen Weidegebieten und bei den Kalmücken an der Wolga aufgezeichnet. Jedoch nie in all den Jahrhunderten, in denen der Märchentyp mit den Rahmenerzählungen bei den Mongolen populär war, wurde eine dieser Sammlungen — ganz oder im Auszug — von einem buddhistischen Kloster im Blockdruck ediert, sondern ausschließlich privat in Form von Handschriften verbreitet.

Eine solche Mißachtung der zur damaligen Zeit äußerst populären Literatur erklärt sich immer durch einen Grund — ihre Nutzlosigkeit für den Zweck der Propagierung der buddhisti-

Seite aus einer alten Handschrift der mongolischen Übersetzung der Bodhicaryāvatāra, die in einer Stupa-Ruine in Olon süme, Innere Mongolei, ausgegraben wurde.

schen Lehre. Die Lamas konnten jedoch nicht vollkommen das überaus reiche Erbe der indo-tibetischen Märchenliteratur außer acht lassen, das in Form der Rahmenerzählungen vorlag. Mehrfach unternahmen sie Versuche, sie den Erfordernissen der Popularisierung der buddhistischen Moralvorstellungen in weiten Bevölkerungskreisen anzupassen. Hierzu eigneten sich am besten gerade die märchenhaften, dem Verständnis leicht zugänglichen, unterhaltenden Stoffe. Derartige Versuche beschränkten sich jedoch meist auf oberflächliche Umgestaltungen in dem Teil der »rahmenhaften« Ausgestaltung der Sammlungen, der im wesentlichen nicht die Märchen selbst betraf. In diesen überwogen die volksliterarischen Über-

lieferungen, die für die Ziele der buddhistischen Kirche wenig geeignet waren.

Im übrigen sind Fälle bekannt, in denen einige der märchenhaften Geschichten von den buddhistischen Autoren in eine Form umgearbeitet wurden, die ganz und gar dem Geist der lamaistischen Werke entsprach. Dies geschah mit einem der Märchen aus dem *Verzauberten Leichnam,* das in der ersten Hälfte des 17. Jh.s vom Lama J̌arliɣ-un erketü dalai in entsprechender Weise umgearbeitet wurde und danach unter den Mongolen als selbständiges Werk, das als *Erzählung über den Endüürel-chan* bekannt wurde, Verbreitung erfuhr.

Neben der indischen Märchenliteratur war den Mongolen auch

das altindische Epos *Rāmāyaṇa* gut bekannt. Freilich gelangte es in Form sehr kurzer Versionen über Tibet zu ihnen. Die frühesten tibetischen Versionen des *Rāmāyaṇa* erschienen nicht später als im 8.—9. Jh. Im 13. Jh. wurde eine von ihnen in den tibetischen Kommentar zum *Subhāṣita* einbezogen, als dessen Teil diese Version auch zuerst den Mongolen bekannt wurde. Bearbeitungen des *Rāmāyaṇa* fanden auch Eingang in mongolische Kommentare zum *Subhāṣita,* die im 18.—19. Jh. von Čachar-gebši Lubsancültim und Rinčin Nomtoev verfaßt wurden. Eine der kurzen Versionen des *Rāmāyaṇa* gelangte sogar in das historische Werk *Kristallspiegel,* das 1837 von dem mongolischen Autor Jamba-Dorji geschrieben wurde. Auch gab es einzelne Manuskripte der epischen Erzählung über Rāma, die besondere Versionen enthielten, wie zum Beispiel spiel die oiratischen Handschriften in »klarer Schrift«, die tibeto-mongolische Umgestaltungen der *Daśaratha-jātaka* darstellen.

Aus Tibet entlehnten die Mongolen auch eine weitere epische Erzählung, diesmal lokaler, tibetischer Herkunft. Mongolische Versionen der epischen Erzählung, deren Haupthheld Geser ist, erschienen zu Beginn des 17. Jh.s, und 1716 wurde in Peking ein Blockdruck gedruckt, der mongolische Aufzeichnungen von Kapiteln der tibetischen *Geseriade* enthält, die von zwei Kapiteln ergänzt sind, die bereits in der Mongolei selbst geschaffen wurden.

Später führten mongolische Autoren die Ausarbeitung dieses Themas fort, und das ursprüngliche Korpus der mongolischen *Geseriade* wurde durch neun weitere Kapitel ergänzt. Alle diese neu geschriebenen Kapitel über die Heldentaten Gesers waren bei den mongolischen Völkern ausschließlich in handschriftlicher Form im Umlauf.

Auch ist die Tatsache interessant, daß die Pekinger Ausgabe von 1716, die nach den vorliegenden Zeugnissen als Lehrbuch zum Leseunterricht in den Čachar-Schulen erschienen war, später ebenfalls nie wieder im Blockdruck herausgegeben wurde, trotz der ungebrochenen Popularität der *Geseriade* und der stürmischen Entwicklung des Blockdrucks in den mongolischen und burjatischen Klöstern in der zweiten Hälfte des 19. und zu Anfang des 20. Jh.s. Dieser auf den ersten Blick ziemlich eigenartige Umstand erklärte sich durch die scharf ablehnende Haltung der Lamas gegenüber den Beschreibungen der Heldentaten Gesers, die nach ihrer Meinung »leere, erfundene Erzählungen« sind und nur von Schaden für die Lehre Buddhas.

Einzige Aufgabe der Klosterverlage war die Verbreitung und Propagierung der Ideen der buddhistischen Lehre, wozu eine riesige Menge gedruckter Bücher verschiedensten Inhalts herausgegeben wurde, die auf alle intellektuellen Niveaus der mongolischen Adepten des Buddhismus — bei weitem nicht in gleichem Maße vertraut mit den Dogmen der buddhistischen Philosophie und Ethik — zugeschnitten waren. Deshalb wurden neben der Literatur, die einen gut vorbereiteten Leser erforderte, in der Mehrzahl Blockdrucke herausgegeben, die eine leicht zugängliche Auslegung der Grundlagen von Buddhas Lehre enthielten, meist in Form von Sūtren, Legenden, Gleichnissen oder Predigten. Viele finden sich in den umfangreichen buddhistischen kanonischen Sammlungen *Kanjur* und *Tanjur,* die vollständig ins Mongolische übersetzt und im

Blockdruckverfahren in Peking in der ersten Hälfte des 18. Jh.s in 334 massiven Bänden herausgegeben wurden.

Meist wurden aus dem Kanon Teile herausgelöst wie zum Beispiel die Sammlung von 52 buddhistischen Legenden, die als *Meer der Gleichnisse* herausgegeben wurde, oder populäre Sūtren wie das *Goldglanzsūtra* und das *Lotossūtra.* Dem mongolischen *Tanjur* wurde die populäre *Erzählung über Usandari(= Vessantara)-Khan* entlehnt und handschriftlich verbreitet.

Ins Mongolische übersetzte man auch eine Reihe tibetischer Erzählungen, die nicht dem buddhistischen Kanon angehören. Die bekanntesten sind: *Erzählung über Sain-töröltü-chan, Erzählung über Artasidha-chan, Erzählung über Čoyijiddakini, Erzählung über Usun-debiskertü-chan* und *Erzählung über »Mutter Grüne Tārā«.* Auch waren die Mongolen gut vertraut mit einem so umfangreichen Werk wie der *Erzählung über den blaukehligen Mondkuckuck.* Sie wurde 1737 von dem tibetischen Autor blo-bzaṅ bstan-pa'i rgyal-mtshan geschrieben und bereits 1770 als Blockdruck in Peking herausgegeben.

Der Stoff dieser Erzählung steht ganz in der indo-tibetischen literarischen Tradition und erinnert in vielem an ein Zaubermärchen. Es ist hier von einem Prinzen die Rede, der sich durch Zufall in einen Kuckuck verwandelt. Selbst in dieser schwierigen Lage verstand es der Prinz dennoch, auch in dieser Gestalt zur Verbreitung der buddhistischen Lehre beizutragen, indem er sie unter Tieren und Vögeln zu verkünden begann. Zur Popularität dieser Erzählung unter den Mongolen trug auch in nicht geringem Maße der Umstand bei, daß der mongolische Dichter Ravjai zu Beginn des 19. Jh.s auf der Grundlage der *Erzählung vom blaukehligen Mondkuckuck* ein Musikstück schuf, das man für Theatervorführungen bei den Südmongolen verwendete.

Unzweifelhaften Einfluß auf die mongolische geschriebene Literatur übten Übersetzungen tibetischer hagiographischer Literatur aus. Dieses Genre ist mit einer nicht geringen Anzahl von Blockdruckausgaben vertreten, die in Peking im Verlauf des 18. und 19. Jh.s erschienen. Dank der Arbeit der Pekinger Herausgeber hatten die Mongolen die Möglichkeit, mit den Biographien des Buddha Śākyamuni, Padma Sambhava, 'Brom-ston, Tsonkhapa, der tibetischen Dalai Lamas und Panchen Lamas und der Pekinger lČaṅ-skya Khutukhtu bekannt zu werden. Dort wurden auch die Lebensbeschreibung des tibetischen Einsiedlerpoeten Milarepa im Blockdruck gedruckt sowie ein Band seiner Verse. Die Preisbiographien der Leiter der buddhistischen Kirche haben viel untereinander gemein, da sie stets Beschreibungen der Aktionen und großen Taten im Namen des Buddhismus enthalten, gewürzt von einer beträchtlichen Menge Beispielen aller möglicher übernatürlicher Fähigkeiten und Wunder, die diese höheren Lamas an den Tag legten.

In voller Übereinstimmung mit dem Kanon der tibetischen Hagiographie wurde auch die Biographie des Neyiči Toyin geschrieben, eines bedeutenden Verkünders des Buddhismus in der Mongolei im 16. und 17. Jh. Das früheste mongolische Zeugnis dieses Genres wurde 1679 von dem südmongolischen Literaten Prajña-Sāgara verfaßt. 1739 erschien die Biographie des Neyiči Toyin in Peking im Block gedruckt. Nach dem selben Muster wurde später in der Mongolei die Geschichte der

Wiedergeburten des Hauptes der nördlichen Buddhisten, des rJe-btsun-dam-pa Khutukhtu von Urga, geschrieben.

Es gibt jedoch in der mongolischen Literatur eine Ausnahme, wo die Beschreibung des Lebens und der Taten eines Verfechters des buddhistischen Glaubens als echte Biographie dargestellt wird, durchaus auf realen Ereignissen beruhend und ganz und gar frei von allen fantastischen Elementen: Dies war die Lebensbeschreibung des Verkünders des Buddhismus, Übersetzers und Schöpfers der oiratischen »klaren Schrift«, J̌aya pandita nam-mkha'i rgya-mtsho, die 1690 sein Schüler Ratnabhadra verfaßt hat.

J̌aya pandita und seine Schüler übersetzten aus dem Tibetischen mehr als zweihundert Werke, von denen die Mehrheit in der sogenannten »klaren Schrift« geschrieben wurde. Vornehmlich buddhistische Ritual- und Dogmentraktate, nur unwesentlich ergänzt von einigen Übersetzungen aus der erzählenden und biographischen Literatur. Vieles von dem jedoch, was J̌aya pandita und seine Nachfolger im 17. Jh. übersetzten, gehörte zu jenem beträchtlichen Fundus an Übersetzungsliteratur, die bereits seit Jahrhunderten in altmongolischer Schrift vorlag. Bis zum Beginn unseres Jahrhunderts bildeten die Übertragungen aus dem Tibetischen unverändert die literarische Haupttätigkeit der Mongolen. Freilich blieben diese Übersetzungen nicht in ein für allemal festgelegter starrer Gestalt, sondern wurden schöpferisch umgearbeitet, adaptiert und mit neuen Sujets und Motiven bereichert. Zur Vielfalt der Versionen und Varianten der mongolischen Übernahmen aus dem Tibetischen trug auch in starkem Maße die Lebendigkeit der mündlichen Überlieferung bei, so daß viele entlehnte Erzählungen sowie Sammlungen von Legenden und Märchen im Umlauf waren.

Auf diese Weise fand in der Mongolei im Laufe einiger Jahrhunderte eine aktive Aneignung des indo-tibetischen literarischen Erbes statt. Währenddessen hatten die Mongolen die Möglichkeit, mit dem Reichtum an Formen, Sujets und literarischer Kunstmittel der ältesten Schicht der orientalischen märchenhaften und erzählenden Literatur bekannt zu werden und sie sich anzueignen. Zur gleichen Zeit machten mongolische Autoren ihre ersten Versuche bei der Schöpfung neuer, vorläufig noch imitierender und kompilatorischer literarischer Werke. All dies bestimmte letzten Endes den Anbruch einer qualitätsmäßig neuen Etappe der mongolischen Literaturgeschichte, als im 19. Jh. eine Plejade mongolischer Schriftsteller und Dichter erschien, deren Schaffen einen bemerkenswerten Beitrag zum Schatz der mongolischen Literatur lieferte.

Literatur:

Heissig, W.: Geschichte der mongolischen Literatur. 2 Bände. Wiesbaden 1972.

Istorija kalmyckoj literatury, Bd. 1, Dooktjabr'skij period. Elista 1981.

Kara, D.: Knigi mongol'skich kočevnikov. Moskau 1972.

Literaturnye svjazi Mongolii. Moskau 1981.

Michajlov, G. I.: Literaturnoe nasledstvo mongolov. Moskau 1969.

Mongolyn uran zohiolyn tojm. Bd. 2. Ulanbator 1977.

Vladimircov, B. J.: Mongol'skij sbornik rasskavoz iz Pañcatantra. St. Petersburg 1921.

Die Erzähltradition der Mongolen

D. Tserensodnom, Ulanbator

Die *Üliger* (Erzählung) ist eine besonders interessante und beliebte Art der mongolischen Volkssagen. Seit alter Zeit sammelten sich die nomadischen Viehzüchter in langen Winternächten in ihren Jurten, und mit großem Vergnügen hörten sie Erzählungen und Epen. In der warmen Sommerzeit jedoch erklärten sie das Geschichtenerzählen für tabu, denn »wenn man im Sommer Geschichten erzählt, wird man O-beinige Fohlen bekommen«. Der eigentliche Grund ist, daß sie in der Sommerzeit die Stuten melken, gegorene Stutenmilch bereiten, Wolle und Mähne scheren, und verschiedene Milchspeisen vorbereiten mußten, sie daher überhaupt keine Zeit für das Geschichtenerzählen hatten.

Wenn ein Gast im Winter bei einer Familie übernachtete, mußte er unbedingt eine Geschichte erzählen. Während des Erzählens sagen die Zuhörer bei einem Abschnitt in der Geschichte immer »uuchai« — etwa: »Phantastisch«, »und weiter?« —, um damit ihre Begeisterung für die Geschichte und ihre Verehrung für den Erzähler auszudrücken. Das wurde von den Mongolen *Üliger uuqailaqu* genannt. Meist überließ man es jüngeren Leuten, vor allem Kindern »uuchai« zu sagen, eine der Lernhilfen, damit sie sich die Geschichten leichter merken können.

In schneereichen Wintern ist es üblich, die alten Leute und Kinder »zu Hause« zu lassen, während die kräftigen Männer und Frauen nach guten Weideplätzen suchen. Solche »zu Hause« Gebliebenen brauchen sich nur um die paar jungen Tiere zu kümmern und haben nicht viel zu tun, es ist die beste Zeit für das Geschichtenerzählen. Die Kinder und die jungen Leute hören dann von Besuchern und alten Leuten Erzählungen, die sie später selber anderen weitererzählen.

Es kommt auch häufig vor, daß man mehrere Erzähler für ein paar Tage zum Geschichtenvortragen nach Hause einlädt, wobei sie natürlich sehr gut bewirtet werden. In einem burjatischen Sprichwort heißt es: »Die Geschichtenerzähler bekommen köstliche Sahne und saftiges Fleisch, die Epensänger sitzen auf Decken und Filzen« (Barannikova, S. 8). So verbreiteten sich unter den Mongolen Geschichten und Epen, und ihre Erzähler und Sänger erfüllten in der früheren Zeit im mongolischen Land die Aufgabe von Theater, Musik und Büchern (Damdinsuren, S. 519).

Die moderne Literaturforschung teilt die mongolischen Erzählungen in vier Grundarten ein, nämlich Legende, Tiergeschichte, Mythos und Lebensgeschichte (Gaadamba, S. 29). **Legende** ist eine Art von kurzer Erzählung, in der die Natur, verschiedene Ereignisse und Erscheinungen phantasievoll dargestellt werden. In der mongolischen Legende versuchte man das Wesen und den Ursprung von den Naturerscheinungen und Dingen auf für uns naiv und einfach scheinende Weise zu erklären. Den Menschen in alter Zeit waren Ereignisse wie der Wechsel von Tag und Nacht, die Ausstreuung der Sterne am Himmel, die Ströme, das Geborenwerden und der Tod der Menschen, die verschiedenen Erscheinungen des Tierlebens

höchst bedeutsam. Die mongolischen Legenden, die von Generation auf Generation tradiert wurden und die mit ihrem Land, dem Klima, Sitten und Alltag sehr eng verbunden waren, geben Erklärungen für diese Phänomene und sind bis heute lebendig geblieben. Zum Beispiel »wie sich die Gebirge gebildet haben«, »warum sich Sommer und Winter abwechseln«, »wie die Kiefer, der Tannenbaum und die Ephedra unsterblich geworden sind«, »warum die Menschen unbehaart sind, die Hunde behaart«, »warum das Pferd das Reittier der Menschen geworden ist«, »warum sich das Kamel in der Asche wälzt« usw.

Tiergeschichten sind wahrscheinlich sehr früh entstanden. In den Geschichten traten die Tiere mit dem Charakter von Menschen auf: sie denken und verhalten sich wie Menschen, können sprechen und einander betrügen. Die mongolische Tiergeschichte ist eine künstlerische Widerspiegelung alltäglicher Gegebenheiten, wie sie sich seit frühesten Zeiten in Jagd und Viehzucht ereignen.

Mythos. Die Menschheit in alter Zeit strebte danach, Schwierigkeiten im Kampf mit der Natur zu bewältigen. Um die Verwirklichung dieser Wünsche auszudrücken, hat man eine besondere künstlerische Form der Legende entwickelt, nämlich den Mythos. Der Mythos ist zu einer Zeit entstanden, als die Menschen schon ein ziemlich entwickeltes abstraktes Denken hatten. Typisch für die Darstellung im mongolischen Mythos ist das Pferd, das eine Tagesreise auf eine Stunde, eine Monatsreise auf einen Tag verkürzt. Außerdem kann man auch die Erzählungen, die von der »Zauberkraft« der Sprache und vom Schönheitssinn der Intelligenz handeln, wie *Nay nay* oder *Naaldanchaśi*, »Die Waise Beleg«, »Der Schwanzknabe«, »Der graue Alte«, »Das Schienbein aus Gold und Silber«, als mongolische Mythen betrachten.

Lebensgeschichte. In der Lebensgeschichte wurden alle Phänomene der Gesellschaft umfassend geschildert. Beispiele der mongolischen Lebensgeschichten sind durchaus realistisch, weil sie die konkrete Lebensweise und Lebensbedingung des Volkes und die tatsächliche gesellschaftliche Moral beinhalten. In der mongolischen Lebensgeschichte werden viele Fragen, die mit dem Wesen der Menschen sowie den Widersprüchen und Kämpfen seines Lebens verbunden sind, logisch und künstlerisch dargestellt und darüber hinaus Übelstände in der Gesellschaft kritisiert.

Die mongolischen Erzählungen und Geschichten haben sich schon früh in das unmittelbar benachbarte Mandschu-Tungusische und auch in das weit entfernte Korniak-Tschuktscha-Gebiet verbreitet und sich in engem Zusammenhang mit deren Volkssagen entwickelt. Die Spuren gegenseitiger Beeinflussung sind deutlich erkennbar: die Beschreibung des einäugigen riesigen Wesens Bar Hul oder Lalar in mongolischen Legenden erinnert an den rundäugigen Polyphem in der griechischen Sage (Tserensodnom, No. 3). Und die Legende vom »weißen Kalb« mit seinem astrologischen Motiv steht vermutlich mit der Minotaurusvorstellung in Verbindung. Außerdem hat die Forschung nachgewiesen, daß in der Mongolei zahlreiche alte indische Legenden aus dem berühmten *Pančatantra* verbreitet waren und die Mongolen solche Legenden ihrer Umgebung entsprechend umgestaltet haben. Zu diesen Beispielen gehören Legenden wie: »die Geschichte von den 32 Holzmenschen« oder »Die Legende von Siditü Kegür«. Seit dem 14. Jh. erfuhren in den ostmongolischen Gebieten die »*Bensen Üliger*«, die auf chinesische Geschichtsromane zurückgehen, eine weite Verbreitung. Daraus kann man ersehen, daß die *Üliger* nicht nur eine literarische Gattung sind, in der die Wünsche des Volkes zum Ausdruck kommen, sondern daß es sich um mündlich überlieferte Geschichten handelt, die auf besondere Weise Fortschritt und Entwicklung, Kultur und Zivilisation sowie gesellschaftliche Beziehungen und Verhältnisse wiedergeben.

Literatur:
Barannikova, E. V.: Buriatskie narodneie skazki pod obšei redakziei. Ulan-ude 1973.
Gaadamba, Š.: Mongolische Volkserzählung. In: Studia Folclorica, Bd. 14, Fasc. 2, 1987.
Damdinsuren, Ts.: Mongɣol uran Jokiyal-un degeǰi Jaɣun bilig orušibai. Ulanbator 1959.
Potanin, G. N.: Ocerki severo-zapadnoi mongolii, 1883.
Tserensodnom, D.: Legende über Duwa Coqor, die sich auf einäugige riesige Wesen bezieht. In: Bericht der Akademie der Wissenschaft, No. 2. Ulanbator 1983.

Burjatisches Kloster.

259

Die traditionelle sozialkritische Literatur der Mongolei

D. Tserensodnom, Ulanbator

Es wäre ein Fehler, die traditionelle mongolische Literatur ausschließlich mit Heldenepik oder buddhistischen Dichtungen und Lehrschriften gleichzusetzen, da es neben den genannten Gattungen eine höchst lebendige und interessante sozialkritische Literatur gab, die die Übelstände der Gesellschaft kritisierte und selbst vor den Interessen der großen Viehzüchter nicht haltmachte.

Im 19. Jh. geriet die Mongolei in eine politische und wirtschaftliche Krise, die die Lebensbedingungen des Volkes entscheidend verschlimmerte. Dies veranlaßte die damaligen fortschrittlichen Denker und Schriftsteller zur Kritik an diesen Umständen, die sich ganz deutlich in den literarischen Zeugnissen dieser Zeit widerspiegelt: Es sind Werke, die die Ungerechtigkeiten der feudalen Gesellschaft und den Verfall der Religion entlarven. Die literarische Fruchtbarkeit jener Epoche ist also kein Zufall. Es entstanden zahlreiche sozialkritische Schriften wie die Werke von dem Chuulič Sanday (1825—1860) sowie Gedichte über den Verfall der Religion von Danzanrabdan (1803—1856), Danzanwanjil (1854—1907), Aɣwanchaidab (1779—1838) und Išisambu (1847—1896); Freiheitslyrik mit patriotischen Themen von Lubsandondob (1854—1909) und Chišigbat (1849—1916); das historische Romanwerk über das frühere mongolische Großreich von Injanaši (1837—1892) usw. Von Mund zu Mund verbreitete sich eine sehr populäre Art von Satiren, die von den Feudalherren als *Dalan qudalci-yin üge* (Worte der Schwindler) und *Soliyatu-yin üge* (Worte der Verrückten) denunziert wurden. Einer von den begabtesten satirischen Autoren, die mit gewandter Rede die Übelstände der Gesellschaft kritisierten, war Šaɣdar (1869—1929) aus dem Rechten Baɣarin-Banner. Als er sieben Jahre alt war, wurde er Mönch, mit Zwanzig verließ er die Kirche, wanderte überall umher und kritisierte die Reichen und Fürsten mit seinen Spottliedern und gewandten Reden. Daher sein Spitzname Saɣdar Soliyatu (der verrückte Saɣdar). Seine Lebensgeschichte erinnert an die anderer Almosenbettler, die Kirche und Kloster verließen, durch die Welt zogen und in ihren geistreichen satirischen Essays die gesellschaftlichen Verhältnisse kritisierten.

Aši ɣ Janggi aus dem Tüsiye Gung der Altai-Gobi schrieb ähnliche satirische Essays wie Šaɣdar, die leider kaum in gedruckter Form erhalten sind. Auch über sein Leben ist wenig bekannt, doch wie die Leute in seiner Heimat in der Gobi bis heute erzählen, war er von klein auf für seinen Humor bekannt. Ein Beispiel: Ein Beamter mit eingesunkener Nase übernachtete unterwegs bei Ašiɣs Familie. Dieser Beamte sagte zu Aši ɣ: »Wenn du mir nicht den Sattel und den Zügel meines Pferdes in die Jurte bringst, sondern sie von den Ziegen kaputt fressen läßt, werde ich dich dafür aufkommen lassen!« Darauf antwortete der kleine Aši ɣ: »Wenn Sie, erhabener Edler, mich für die von Ziegen gefressenen Sättel und Zügel

aufkommen lassen, wen würden Sie für Ihre von Yamen-Amt gefressene Nase aufkommen lassen?« So hat er den verkommenen Beamten mit implizierten Worten kritisiert.

Die *Üge*-Dichtung war sehr geeignet für die Kritik an den Übelständen der Gesellschaft. Für die Erforschung dieser interessanten Literaturform, die im 19. Jh. in der mongolischen Literatur eine wichtige Stelle einnahm, haben Heissig und Yondon wichtige Beiträge geleistet.

Mit der Entwicklung des literarischen Realismus im Europa des 19. Jh.s haben sich auch mongolische fortschrittliche Denker und Schriftsteller dieser Richtung angeschlossen. Die Verfasser der kritischen Werke im 19. Jh. gehörten allen Gesellschaftsschichten an. Der Richter Sanday, der »Verrückte« Šaɣdar und der Janggi Aši ɣ waren Vertreter der Viehzüchter, Injanaši und Lubsandandob gehörten zu den Taiji und Fürsten, der Noyan Qutuqtu Danzanrabja, Chaidab Qambu (Aɣwanchaidab), Isisambu Qubilɣan sowie Danzanwanjil Gegen vom Herzogstempel waren herausragende buddhistische Persönlichkeiten. Obwohl sie von verschiedener Klassenherkunft waren, übten sie alle scharfe Kritik an den Übelständen der Gesellschaft.

Der große Schriftsteller Injanaši, sein älterer Bruder, der Dichter Gulransa (1820—1851), der Schriftsteller Chesigbat aus Ordos, Lu. Janjin Gung und Lubsandondob aus Chalcha schrieben gegen die mandschu-chinesische Herrschaft, agitierten für die Freiheit und für die nationale Einheit und Gerechtigkeit. Daher lehnten sie Amtstitel und den Dienst in der feudalen Gesellschaft ab.

Der Dichter Gulransa hat in einem Gedicht die Ungerechtigkeit der feudalen Gesellschaft treffend kritisiert: »In der Zeit, in der Wahrheit als Irrtum angesehen wird, bleibt Falsches als Echtes. In der Periode, in der das Sein und Nichtsein nicht unterschieden wird, ist das Sein gleich wie das Nichtsein.«

Was die Lage des mongolischen Lamaismus in dieser Zeit anlangte, so war es ein offenes Geheimnis, daß sich die Lamas wider die grundlegenden Prinzipien des Buddhismus verhielten und dadurch die Autorität der Religion unterhöhlten. Darum haben integre Lamas wie Aɣwanchaidab und Išisambu, die im Bereich der Kirche Reformen durchführen und die Reinheit der Religion bewahren wollten, in der damals sehr entwickelten Form der Volksfabel einige sehr anschauliche gleichnishafte Erzählungen auf Tibetisch verfaßt, wie *Die Rede von Schaf, Ziege und Rind, Äußerungen von auf der Mauer sitzenden Raben und Elster, Streitgespräche mit dem langhaariger Zerimpil genannten Palasthund, Die Rede von einem verwaisten Gazellenzickel* usw. In ihren Werken lehrten die Lamas und Laienbuddhisten die behutsame Behandlung von Lebewesen und die Rolle des Karmas, und sie kritisierten besonders die eigensüchtige Handlungsweise der Lamas. Unter den buddhistischen Persönlichkeiten kommt dem Dichter Danzanrabǰa ein besonderer Rang zu. In seiner Kindheit verlor er früh seine Mutter und zog mit seinem Vater bettelnd durch das Land. Von seiner Natur aus war er sehr aufgeweckt und konnte, als er im Alter von acht Jahren als Wiedergeburt erkannt und zum Noyan Khutukhtu erhoben wurde, seinem bisherigen leidvollen Leben entrinnen und sich dem Studium tibetischer und mongolischer Bücher widmen.

Danzanrabǰas Religionsverständnis ging weit über das von Aɣwanchaidab und Išisambu hinaus, die nur Reformen innerhalb der Religion durchführen wollten. Er betrachtete die Grundlehre Buddhas selbst mit kritischen Augen und schreibt zum Beispiel in seinem Gedicht *Die drei Juwelen des Lama:*

»Man spricht zwar von Hölle, aber wo gibt es sie denn?
Wenn man zügellos lebt, dann ist es die Hölle.«

Das entspricht fast wörtlich dem Ordos-Volkslied:

»Die sogenannte Hölle — woher kommt sie eigentlich?
Wenn man seinen Eid bricht, da ist wohl die Hölle.«

(Mostaert)

Danzanrabǰa war ein Anhänger der buddhistischen Mahāyānalehre, ohne aber ihre religiöse Disziplin zu befolgen: Er nahm sich Freundinnen, trank alkoholische Getränke und feierte Feste. Das schürte die Unzufriedenheit unter den Gläubigen, und als er einmal nach Boɣda Küriyen kam, verjagten ihn die Anhänger der »Gelben Lehre« mit den Worten: »Er wird unsere Religion töten!« Am Tuula-Fluß traf Danzanrabǰa mit normalen Menschen zusammen, feierte mit ihnen ein Fest, bei dem er sang und seine Gedichte vortrug. Danzanrabǰa kritisierte in seinen Gedichten erbarmungslos die Übelstände seiner Zeit, aber er hielt dennoch fest an der Lehre des Nichts (Jugder 1978, S. 23—38).

Einer der wichtigsten sozialkritischen Schriftsteller im 19. Jh. war Chuulič Sandaɣ (1825—1860). Sandaɣ hat die kritische Literatur der *Üge*-Dichtung schöpferisch weiterentwickelt. Er war seiner Herkunft nach ein gewöhnlicher Viehzüchter, daher sind in seinen Werken Gegebenheiten aus dem Hirtenalltag enthalten. Seine Werke zeichnen sich meistens durch lebhafte Beschreibung der Natur aus und kritisierten verschiedene Probleme, die in den Beziehungen zwischen den Menschen und

der Gesellschaft auftauchten. So hat er sich in Gedichten wie *Rede eines Haushundes, Rede eines im Wind rollenden Gänsefußes, Rede des im Frühling geschmolzenen Schnees* und *Rede von einem erschöpften Bock* gegen die Ungerechtigkeit, die Unterdrückung eines Menschen durch einen anderen, und das Ende einer Gesellschaft tiefsinnig, aber verständlich geäußert. Es ist kein Zufall, wenn er in einem Gedicht den Schnee, der im warmen Frühlingswind geschmolzen ist, sagen läßt:

»Die Wünsche, die ich immer erhofft hatte,
Nun sind sie verflogen und verschwunden!«

und in einem anderen Gedicht einen Gänsefuß schildert, wie er im Wind überall hinrollt, weil er wegen »seines schlechten Halts entwurzelt wurde« (Tserensodnom 1987, S. 402). In diesen beiden Gedichten hat er Dinge im Niedergang in aller Lebendigkeit beschrieben. Dies lenkt die Gedanken sofort auf die dekadente Feudalzeit, in der Sandaɣ lebte. Da die Schriftsteller im Grunde über die Gesellschaft nachdenken und darüber schreiben, kritisieren sie, obwohl in ihren Werken Vieh und Tiere als Hauptfiguren dargestellt werden, im weiteren Sinne die verschiedenen Ereignisse des sozialen Alltags.

Eine der Eigenschaften der mongolischen Literatur ist in den Worten Heissigs, daß sie deutlich alle wichtigen Ereignisse der Epoche widerspiegelt (Heissig 1972, Bd. 2, S. 594). Alle oben erwähnten Werke haben die gesellschaftlichen Änderungen und Ungerechtigkeiten unzweifelhaft widergespiegelt und dadurch den Nährboden für die Entwicklung der mongolischen sozialkritischen Literatur geschaffen.

Literatur:

Heissig, W.: Zur Überlieferung der Üge-Dichtung. In: Zentralasiatische Studien 1. Wiesbaden 1967, S. 163—235.

Jugder, Tsch.: Die philosophische Ansicht von Z. Aɣwanbaldan. Ulanbator 1978.

Mostaert, A.: Texte oraux Ordos. Peking 1937.

Tsedeb, D.: Zur Überlieferung über Ašiɣ J̌anggi. In: Wissenschaftliches Leben Nr. 5, 1968.

Tserensodnom, D.: Mongolische Literatur. Ulanbator 1987.

Šarhuu, A.: Allgemeine Literatur. Ulanbator 1974.

Yondon, D.: Über »Üge-Dichtung«. In: Studia Mongolica, Bd. 8, 1970.

Yondon, D.: Die »Üge-Dichtung« und ihre wichtige Vertreter. In: Bericht der Akademie der Wissenschaft, Nr. 3, 1984.

Über Epen und Epensänger

D. Tserensodnom, Ulanbator

Obwohl die Zeit der Geschichte voranschreitet, hinterlassen die Werke ausgezeichneter literarischer Talente ihre deutlichen Spuren. Zu diesen Literaten gehören selbstverständlich die begabten mongolischen Epensänger. Die Forschungen von Prof. G. N. Potanin, B. J. Vladimirzov und A. V. Burdukov beweisen, daß es unter den Westmongolen viele begabte Epensänger, wie Buɣural Sesren, Sarisan, Darčin (1855—1926), J̌ilcher (1859—1935), und Ačildai (1881—1959) gegeben hat, deren Gesänge leider nicht vollständig bis in unsere Zeit überliefert worden sind.

In den letzten dreißig Jahren konnten jedoch im phonetischen Labor des Instituts für Sprache und Literatur der Akademie der Wissenschaften der Mongolischen Volksrepublik ungefähr 150 Epen von zwanzig Epensängern aufgezeichnet werden. Das Institut hat die Arbeit der Epensammlung mittels zwei Methoden durchgeführt. Erstens schickte es Forschungsgruppen für mündlich überlieferte Volkserzählungen auf das Land, die die Epensänger nach speziellen Programmen befragten und ihre Epen aufzeichneten; zweitens lud das Institut die berühmten Epensänger ein, und die Aufzeichnung der Epen wurde im Studio gemacht.

Einer der großen Epensänger der Westmongolen in der Gegenwart ist Šinen Buyan. Er wurde im Jahre 1893 in Tariyatu ɣol (»Fluß mit Acker«) im Gebiet des westlichen Fürsten der sieben Urjanchaj-Banner geboren. Sein Onkel mütterlicherseits, der berühmte Epensänger J̌ilcher, hatte ihn zu einem guten Epensänger erzogen. Von Jugend an hat Š. Buyan durch Hören der Gesänge des Epensängers J̌ilcher Epen wie *J̌ula Aldar Qan, Kürel Altan Döši, Altai-yin Köbči, Kečegü Berke, Burqan Qar-a Bayatur* und *Uyan Mönggün Qadayasu* gelernt und auch von berühmten Epensängern der Urjanchaj wie Čaɣan Noqai (1860—1920), und Ačildai (1881—1959) einige weitere Epen wie *Tal-a in qara bodong, Qan Sečen J̌iruqaiči* und *Ejen Ulaɣan Bodong* gelernt. Š. Buyan war im Gesang von über zehn großen Epen geübt.

Die Akademie der Wissenschaften der Mongolischen Volksrepublik lud Š. Buyan im Jahre 1958 nach Ulanbator ein, und nahm Epen wie *J̌ula Aldar Qan, Altan qar-a törče* auf. P. Chorloo und H. Lubsanbaldan haben die Epen *J̌ula Aldar Qan, Uyan Mönggün Qadayasu* und *Burǰing Dabaya Qan* aufgezeichnet.

S. Čoyisüren (1911—1979) war der zweite große Epensänger aus

Zwei Sänger im grünen Grasland. Der linke spielt auf der viersaitigen Geige, der rechte Sänger auf der zweisaitigen »pferdeköpfigen« Geige (Silingol, 1988).

dem Urjanchaj-Banner. Er wurde im Weißen-Schweine-Jahr (1911) in ɣurban Čengker (»Die drei Blauen«) des Čerbige Sumun der Sieben Urjanchaj-Banner geboren. Von Jugend an interessierte er sich sehr für die Spielweise der mongolischen Geige, das Volkslied und die Musik der Urjanchaj. Prof. Č. Damdinsüren schrieb folgendes: »S. Čoyisürens Mutter Dejid von Čaɣan-Bileg spielte ein Zupfinstrument und die mongolische Geige und sang die Volkslieder der Urjanchaj; dadurch hat sie ihren Sohn in der Entwicklung seines Talents zum Epensänger mit Begleitung eines Zupfinstruments beeinflußt.«[1]

Schon im Alter von fünf Jahren zeigte Čoyisüren, daß er die Begabung für einen hervorragenden Epensänger besaß und die urjanchajschen Epen für die kommenden Generationen überliefern würde. Da der berühmte Epensänger seiner Heimat, der alte Jilcher, in der Nähe von ɣurban Čengker, Čoyisürens Geburtsort, wohnte, bot sich eine gute Gelegenheit, ihn gut kennenzulernen. Bei diesem großartigen Sänger konnte er Epen wie *Bayan Čaɣan Öbügen, Kürel Altan Döši, Argil Čaɣan Öbügen* und *Küder Mönggün Tebene* erlernen, und er wurde in jungen Jahren ein Epensänger, der über zehn Epen gewandt singen konnte.

Sein Vater war ein bekannter Jäger. Čoyisüren war von dem

Schon 1909 zeichnete B. Marzăn Epengesänge des berühmten westmongolischen Spielmannes M. Parčin auf.

Wunsch beseelt, es seinem Vater gleichzutun, und jagte im Hochgebirge des Altai. Er freundete sich mit einem einheimischen Jäger an, der auch ein Epensänger war, Muqar Tolɣai Damdin (»Glatzkopf Damdin«), und es entwickelte sich zwischen ihnen ein Lehrer-Schüler-Verhältnis. Er lernte von seinem Lehrer die Epen *Eǰen Ulaɣan Bodong, ɣalǰaɣu Qar-a Kököl, Bökü Altan Nudaram* und *Qaɣan Čečen Jiruqaiči*.

Im Jahre 1958 lud das Institut für Sprache und Literatur Čoyisüren nach Ulanbator ein, und man zeichnete von ihm über

1 Damdinsuren, Ts.: Contemporary Mongolian Epic-Singers. In: Fragen der mongolischen Heldendichtung, 2. Band, (= Asiatische Forschungen, Bd. 73). Wiesbaden 1982.

B. Riftin bei der Aufnahme von Proben der sogenannten »Heft-Geschichten« *(Bensen üliger)*.

D. Tserensodnom bei der Aufzeichnung von Epengesängen.

Innermongolischer Spielmann (um 1939) mit der pferdeköpfigen Geige.

Innermongolischer Spielmann in Čachar (um 1939).

zehn Epen auf, die zum Teil von den Epenforschern G. Rinčin-sambu und J̌. Čoloγ-a veröffentlicht worden sind.[2]
1965 sandte das gleiche Institut eine Forschungsgruppe unter der Leitung von Prof. B. Rinčin in die Provinzen Uvs und Chovd aus. In den Gebieten der Urjanchaj, Bajad und Dörböd trafen sie mit über zehn Epensängern zusammen und sammelten sehr wichtige Materialien über ihre Biographien und Werke. Diese Forschungsgruppe hat Recherchen durchgeführt über die urjanchajschen Epensänger J̌ilcher, Ačildai Buyan, Čaγannoqai und Duqaγa, über die bajadischen Epensänger Qarčaγa, Čilaγu J̌imba, Purbu und Miǰiddorǰi sowie über die dörbödischen Epensänger Namlin, J̌odob, und Miǰid Damiya, und reichhaltige Materialien aufgezeichnet.

Ein berühmter Vertreter der bajadischen und dörbödischen Epensänger in der Gegenwart ist der Epensänger Č. J̌odob (1911—1986). Č. J̌odob wurde in Šiγurqai des Bökü Müren Sumu der heutigen Uvs-Provinz am 22. des ersten Herbst-monats des Eisernen-Schweine-Jahres geboren.

Von seinem sechsten Lebensjahre an war er 22 Jahre lang buddhistischer Mönch am Hof des Tögüs Buyantu des Dalai Khan der Dörböd, und erst im Jahre 1939 kehrte er ins weltliche Leben zurück. Danach beschäftigte er sich mit Viehzucht und Jagd, siedelte sich im herrlichen Imaγatu-Gebirge an und sang seine Epen.

Č. J̌odob bekam erst Lust, Epen zu singen, als er schon über zehn Jahre alt war. Als er zwanzig war, lernte er von seinem Onkel mütterlicherseits das Epos *Buman Erdeni* und bekam dadurch noch mehr Interesse und Mut. Gemäß dem Volks-spruch der Dörböd »Wenn das Messer stumpf wird, schleift man es auf dem Wetzstein; wenn die Weisheit dumm wird, schärft man sie an den Epen« wandte er sich, als er das zwanzigste Lebensjahr überschritten hatte, von der buddhistischen Lehre ab und »schärfte« seine Weisheit an den Epen. Vom überragenden Epensänger Tuǰig Bayad erlernte er das Epos *Dani Kürel* und von Purbu Bayad das Epos *Egel Mergen*. Zu J̌odobs Repertoire gehörten noch über zehn Epen, unter anderem *Qan Sayiqan Meklee, Eǰen Boyda Čaγan Qan, Qan Qaraŋγui* und *Sariγ Čaγan Iŋge*.

Der Sänger Č. J̌odob benutzte beim Vortrag kein Instrument. Er sang die Epen mit einer erhobenen Stimme und paßte die

Auch in der Gegenwart blüht noch die Kunst der Spielleute: Bo. Dorǰi, ein Spielmann in der Inneren Mongolei (1984).

Melodie dem Reim des Epos genau an. Er verkörpert die ursprüngliche traditionelle Weise des Epengesanges.

Der junge Epensänger B. Avirmed ist der Nachfolger der Epensänger der Urjanchaj geworden. Er wurde im Jahre 1936 in Dumda Čengker des Mönke Qairaqan Sumu der Provinz Chovd geboren. Als er ein Kind war, interessierte er sich für Epensingen, und bei seinem Onkel väterlicherseits, dem Epensänger Širendiv, erlernte er in seinem zwanzigsten Lebensjahr die Epen *Tal-a-yin Qar-a Bodung, Naran Qan Kübegün* und *Buǰin Dabaya Qan*.

In seiner Heimat sind die alten Leute glücklich, daß er ein Epensänger der siebten Generation in seinem Klan ist. Während der fünften Mongolistenkonferenz in Ulanbator (1987) trug B. Avirmed den Epenforschern das Epos *Naran Gerel Qan* vor. B. Avirmed ist einer jener begabten Sänger, die als Nachfolger der Epensänger der Urjanchaj, die »Glutasche« der alten traditionellen Epen wieder angefacht haben.

2 Čoloγ-a, J̌. und U. J̌agdasuren, Hg.: Heldendichtung der Westmongolen, Ulanbator 1966; Rinčinsambu, G.: Heldendichtungen des Mongolischen Volks. Ulanbator 1960.

Die mathematische Tradition der Mongolen

Cevelijn Šagdarsüren, Ulanbator

Die Lebensweise der Mongolen als Viehzüchter und Nomaden verlangte viele Kenntnisse bezüglich der Natur, des Klimas, der Geographie und der Astronomie. Dadurch wurde die Entwicklung der mongolischen Mathematik möglich. Die mathematischen Kenntnisse der Mongolen gingen jedoch über den normalen Lebensrahmen hinaus und dienten als Basis für die Entwicklung der traditionellen Astrologie, Astronomie und Geographie.

Es gibt genaue Angaben in den historischen Quellen, daß sich die traditionelle Astronomie unter den Mongolen sehr früh entwickelte. Am Hof der Yuan-Herrscher versammelten sich über 5000 Mathematiker, Astronomen und Astrologen aus der Mongolei, Indien, China, Nepal, Armenien, Persien, Arabien und Italien und arbeiteten regelmäßig zusammen.[1] Das war für das Gewinnen der Ergebnisse der damaligen Mathematik, Astronomie und Geographie ein wichtiger organisatorischer Schritt. Aus diesem Grund hatten sie die Sternwarte »Qas-un sinjilel-ün orgil«, welche bis heute noch bewundert wird, gegründet. Hier benutzten sie verschiedene Instrumente

Astronomische Untersuchung.

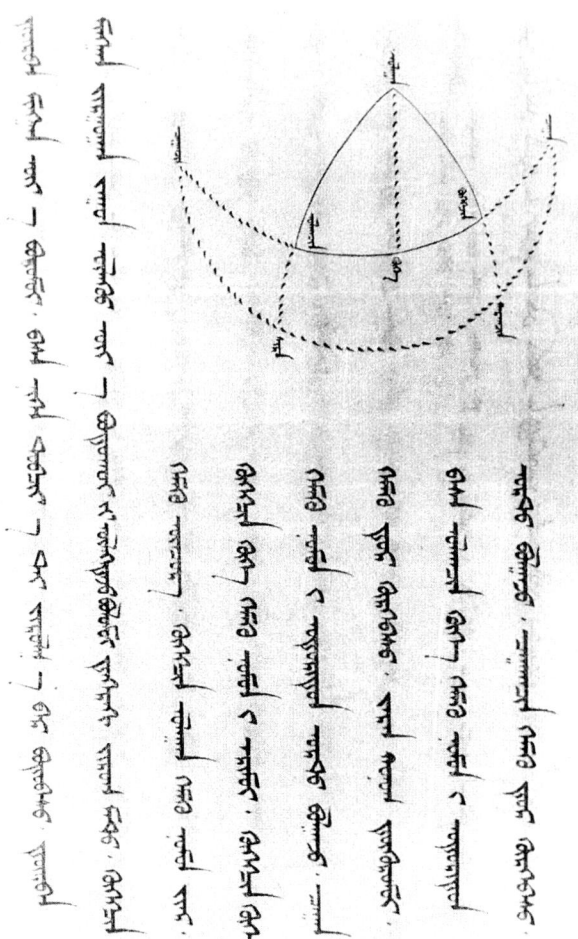

wie die Armillarsphäre »büküli tngri-yin dügürig dürimtü saba«, den Himmelsglobus »büküli tngri-yin odon γariγ-i bodoĵu maγadlaqu saba«, den Globus für den Schatten des Frühlings- und Herbstäquinoktiums »qabur namur-un quγus dumda-yin naran-u següder-un tengkim«, den Globus für den Schatten der Winter- und Sommersonnenwende »ebül ĵun-u tuyil-un naran-u següder-ün tengkim«, und das Instrument für die Stunden und Viertelstunden des Tages und der Nacht »edür söni-yin čaγ möči-yin saba«.[2]

Außerdem gibt es auch in den historischen Quellen Angaben über die astronomische Arbeit an anderen Orten. Zum Beispiel heißt es im *Yuanshi:* ». . . Qubilai Khan gründete im Jahre Zhiyuan 28 (= 1291) in allen Provinzen astronomische Schulen . . .«[3]

In den mongolischen Gebieten entstanden schon in sehr früher Zeit klare Kenntnisse der Geographie. In den historischen Quellen ist aufgezeichnet, daß schon die Xiongnu — die »Vorfahren« der Mongolen —, Landkarten hatten.[4] Diese Tradition hat sich entwickelt, und in der Yuan-Zeit hat man bei den geographischen Forschungen bereits Instrumente wie den Erdglobus »γaĵar-un körüsün-ü dürimtü saba«, oder »γaĵar-un yosun-u temdeglel«, das Instrument für die Längen und Breiten der Erde »γaĵar-un körösün-ü köndelen γuldu-yin dürimtü saba« und »das Instrument für das Studium der Entfernungen« »yerin daruw-a-yin dürimtü saba«[5] benutzt. Es ist heute noch interessant, wie man damals das Instrument für die Längen und Breiten der Erde erklärte. ». . . Kü-li-yi-a-al-si heißt auf Chinesisch Ti-li-chih. Wenn man es übersetzt, ist es wohl das Instrument für die Längen und Breiten der Erde. Seine Regel ist folgende: Man stellt einen Ball aus Holz her, darauf sind die sieben Zehntel der Fläche als Wasser eingezeichnet, und die Farbe ist grün; drei Zehntel sind als Erde eingezeichnet, und die Farbe ist weiß; auf der Erde sind die Adern der Flüsse, der Seen und der Meere sehr deutlich vermerkt. Man zeichnet einen kleinen quadratischen Brunnen, damit sind die Größe der Erde und Weite und Nähe der Strecken eingetragen . . .«[6] Das entspricht auch unseren heutigen Kenntnissen über die Erde.

Die mongolische Astrologie ist nicht nur von den Werken der indischen und tibetischen Gelehrten beeinflußt, sondern die

1 Marco Polo: Le devisement du monde, le livre des merveilles, 1, Paris, 1982, S. 263; O. Namnandorji: Die phantastischen Zahlen. Ulanbator, 1962, S. 8.

2 *Yuanshi,* Bd. 48; A. Wylie: The Mongol Astronomical Instruments in Peking. (Chinese Researches, Shanghai, 1897, Section »Scientific«, S. 1—27; W. Fuchs: The »Mongol Atlas« of China, Monumenta Serica, Monograph VIII. Peiping. 1946, S. 2, 4—6.

3 *Yuanshi,* Bd. 81; Č. Dalai: Die Mongolen in der Yüan Dynastie. Ulanbator, 1973, S. 167.

4 Materialy po istorii vjunnu / po kitajskim istožnikam / vypusk 2, Peredislovie, perevod i primečanija V. S. Taskina. Moskva 1973, Str. 70.

5 *Yuanshi,* Bd. 48; Ts. Chagdarsüring: La connaissance géographique et la carte des Mongols. In: Studia Mongolica, Bd. 3 (11). Fasc. 20. Ulanbator, 1976, S. 345—346.

6 *Yuanshi,* Bd. 48; W. Fuchs: The »Mongol Atlas« of China, S. 5.

mongolischen Astrologen haben auch damals die Hauptwerke der chinesischen Astrologen wie »*Qas qayurčay neretü bičig*«, »*Solbičan bariqu bodural bičig*« ins Mongolische übersetzt und spezielle Erläuterungen dazu gemacht.[7]

Man sollte erwähnen, daß die Werke der mongolischen Gelehrten für die Schatzkammer der Mathematik der Völker Zentralasiens nicht wenige Beiträge geleistet haben. Mingyatu, der mongolische Mathematiker und Astronom (1685—1770) studierte die Werke von N. Kopernikus, I. Newton, J. Kepler, L. Cassini und T. Brahe und hat deren Werke im Osten bekannt gemacht. Abgesehen davon schrieb er in chinesischer Sprache auf dem traditionellen Gebiet der Mathematik Werke wie beispielsweise »Raffinierte Akkumulation der Mathematik«, »Die leichte Methode für die Errechnung des Verhältnisses des Umfangs eines Kreises zu seinem Durchmesser«, welche sehr viele Mühe und Zeit kosteten. Sie haben auf die Entwicklung der Mathematik und Astronomie in der Mongolei, China und Japan sehr großen Einfluß ausgeübt.[8]

Außerdem wurden Werke von mongolischen Gelehrten, welche für die Entwicklung der östlichen Mathematik Beiträge leisteten, auch auf tibetisch verfaßt. So hat zum Beispiel Sumpa mkhan-po Išibaljir (1704—1788) neue Theorien für die mongolische traditionelle Astrologie entwickelt und eine neue Methode für die Erforschung und Aufzeichnung der Sterne gefunden.[9] Der Astrologe Ökügenküü (19.—20. Jh.) hat für das Werk »*Solbičan bariqu bodural bičig*« einen Kommentar verfaßt.[10] Sein Landsmann, der Astrologe J̌ambalšarab aus dem Tušiyetu Qan Aimag (20. Jh.) hat ein Buch über die Sonne, den Mond und die Sterne geschrieben, das von der mongolischen Astrologie sehr beachtet wurde.[11]

Die Mongolen haben sehr früh schon Bücher über die Stundenberechnung verfaßt und haben auch die Tradition, die Stundenberechnung entsprechend den jeweiligen Heimatgebieten zu verzeichnen.[12]

In der mongolischen traditionellen Stundenberechnung, Astrologie und Geographie bildete »der 12jährige kleine Zyklus« die Hauptwurzel. »Der kleine Zyklus« wird durch die fünf Elemente unterschieden, und daraus wird »der große 60jährige Zyklus« gebildet.[13]

Neben den oben erwähnten mongolischen traditionellen Wissenschaften muß man auch über die mathematischen Kenntnisse der Mongolen sprechen. Im mongolischen Volkswissen bildeten Sprache, Schrift und Arithmetik eine Grundlage. Die Kinder lernten das Rechnen mit Abakus und Kalendertafel, und außerdem eine ungewöhnliche Methode, mit den Fingern zu multiplizieren. Es gab eine feste Regel, daß man beim Unterricht die Anfangsübung der mongolischen Kalenderrechnung machen mußte, zum Beispiel die Übungen »9 zu beseitigen«, »27 zu beseitigen«, »67 zu beseitigen« und »707 zu beseitigen«. Im mongolischen Wortschatz sind viele Fachausdrücke wie *Eke toya* »die Mutterzahl«, *Küü toya* »das Ergebnis«, *Töb kübči* »Kosinus«, *Elgüü kübči* »Sinus«, *Elgüü šiqaqu qimčaya* »Tangens«, und *Töb siqaqu qimcaya* »Kotangens« überliefert. Das ist auch ein Beweis für das Niveau der Mathematik der Mongolen. Außerdem gab es auch im Mongolischen Wörter für das Dezimalsystem von eins, zehn, hundert, tausend, zehntausend und hunderttausend bis zu 10^{66}.[14]

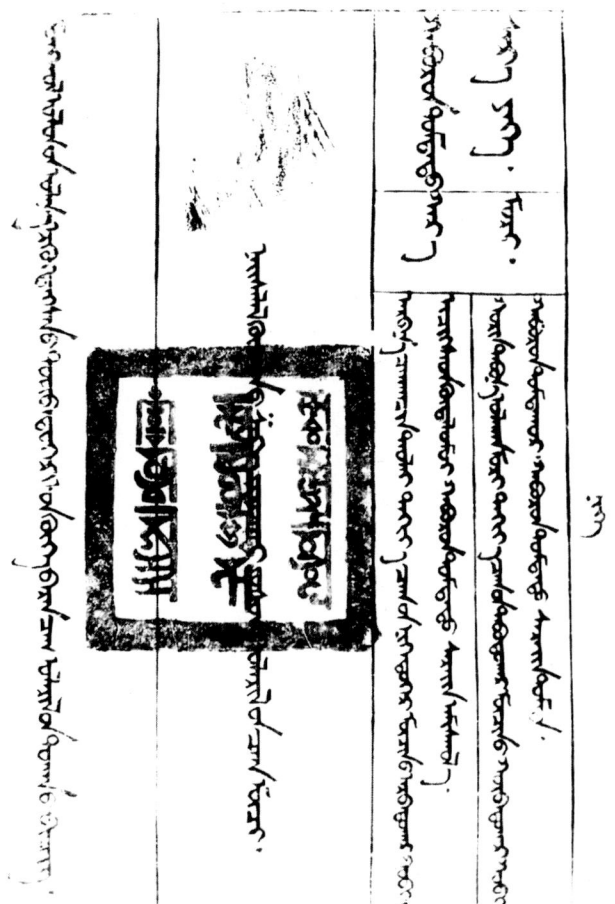

Handbuch der Kalenderrechnung.

Ein Beispiel für das mongolische Kopfrechnen: Eine Gruppe von Enten begegnet bei ihrem Flug einer andern Ente, und sie fragte: »Wie geht es Euch, Ihr 100 Enten?« Eine von jenen antwortete: »Wir sind nicht 100 Enten. Wir sind so viele, wie wenn man uns so viele, wie wir sind, hinzufügt, und noch die Hälfte von uns hinzufügt, und noch die Hälfte der Hälfte von uns hinzufügt, danach noch dich dazuzählt, dann sind wir 100 Enten.« Wie groß ist die Gruppe der fliegenden Enten? Die Antwort ist 36.

7 Geschichte der mongolischen Volksrepublik, Bd. 2. Ulanbator, 1968, S. 335.

8 A. Damdinsüren: Der große Gelehrte Minggatu (in Mongolisch), Ulanbator, 1978; B. Batjargal: Die mongolische Mathematik der frühen Zeit (in Mongolisch). Ulanbator, 1976.

9 Gombojab: Die Arten der tibetischen Werke, die von Mongolen verfaßt wurden (in Mongolisch). In: Studia Mongolica, Bd. 2, Fasc. 1—16. Ulanbator, 1961, S. 18—49.

10 oc. cit.

11 oc. cit.

12 J. J. Bičurin, Sobornie svedenij o šarodach, obitavšich v srednej Azii i drevnie vremena, Bd. 1. Moskva-Leningrad, 1950; *Yuanshi*, Bd. 2.

13 Ts. Chagdarsürüng: La connaissance, S. 347—348; Ts. Chagdarsürüng: La chronologie et l'almanach des Mongols nomades. In: Studia Mongolica, Bd. 7 (15), Fasc. 9. Ulanbator, 1982, S. 170—208.

14 O. Namnandorji: Die phantastischen Zahlen (in Mongolisch), Ulanbator, 1962; B. Batjargal: Die mongolische Mathematik der frühen Zeit (in Mongolisch). Ulanbator, 1976; *Merged xargu-yin oron neretü toytayaysan dagyig-ača abhidharma-yin ayimay orosibai* (Blockdruck).

Mongolische Landkarten

Walther Heissig, Bonn

Jedem, der beim Lesen dieser Überschrift erstaunt denkt, eine Landkarte sei doch schließlich eine Landkarte, was solle da diese besondere Bezeichnung, sei gleich geantwortet, daß die mongolischen Landkarten als kartographische Aufnahmen eines bestimmten Gebietes Besonderheiten aufweisen, die diese besondere Bezeichnung rechtfertigen. Das besondere daran sind nicht nur die in der alten uighuro-mongolischen Schrift geschriebenen Ortsnamen, sondern auch die Form der Darstellung selbst. Diese Landkarten haben nämlich die Form eines Guckkastenbildes. Dem Beschauer stellt sich das Bild der jeweiligen Landschaft so dar, als ob er von einem erhöhten Platz aus — einem Berg, Hügel oder dem Dach eines hochgelegenen Hauses — auf die sich vor ihm ausbreitende Landschaft schauen würde. Die Ausführung wechselt. Manche der Landkarten sind sehr kunstvoll ausgeführt, andere, besonders solche rezenteren Datums zeigen die Neigung zu mehr abstrakter Darstellung bis hin zum beginnenden Gebrauch karthographischer Symbole.

Dank des Sammeleifers einiger Gelehrter sind heute weit über 600 mongolische Manuskriptkarten in Bibliotheken und Sammlungen bewahrt. Die Zahl weiterer Manuskriptkarten in den Archiven der mongolischsprachigen Gebiete Chinas ist nicht bekannt.

Man glaubt heute, das Vorbild der mongolischen Manuskriptkarten in den Landkarten der Khitan sehen zu dürfen, von denen schon im Jahre 1179 berichtet wird. Aber die heute bekannten Karten gehen erst auf die Forderung der Verwaltung der mongolischen Gebiete der Qing-Dynastie (1644—1911) in China zurück, die Grenzen der Weidegebiete ihrer mongolischen Völkerschaften festzuhalten, um Gebietsstreitigkeiten zwischen den einzelnen Fürsten überprüfen und entscheiden zu können. 1690 befahl das Amt der Verwaltung der chinesi-

Mongolische Gebietskarte des mittleren Charačin-Banners aus dem Jahre 1907, 80,5 x 121 cm. Das bergige Gelände ist vom Louqa-Fluß *(Luuga bira)* durchflossen, an dem in der oberen rechten Bildmitte die berühmte »Weiße Pagode« *(čayan Suburya)* aus der Liao-Zeit (937—1125) in einer Einfriedung eingezeichnet ist (Staatsbibliothek Berlin, Hs. or. 22).

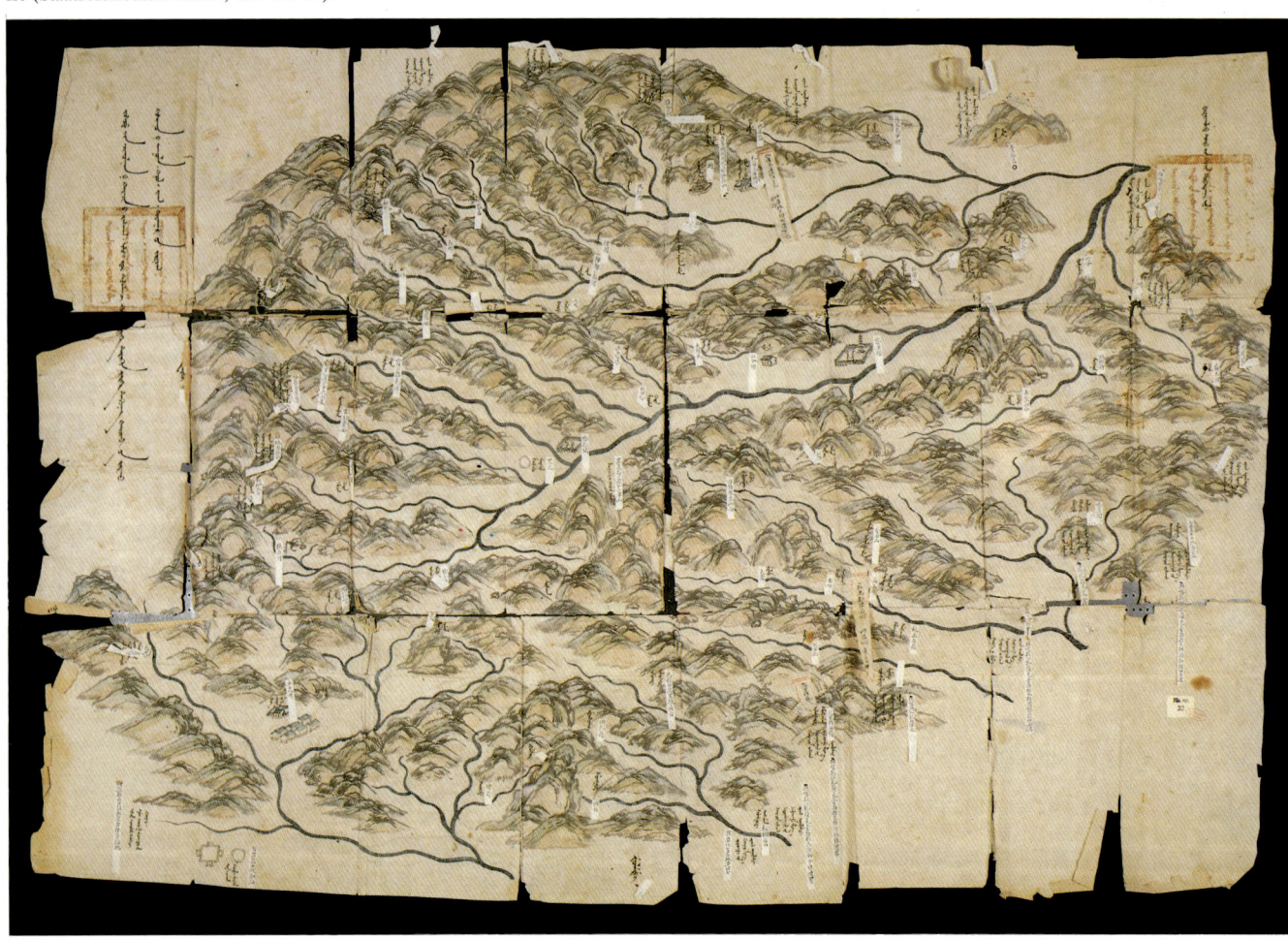

Bildkarte der Weidegebiete des linken Ongnigut-Banners aus dem Anfang des 20. Jh.s (heutige östliche Innere Mongolei), 63 x 111 cm. Die Karte zeigt den Übergang vom grünen, bergigen Gebiet zur ariden Sandsteppe. Im Norden ist das Gebiet vom Sira müren, im Süden vom Lauqa bira *(Liao He)* begrenzt. Von amtlicher Seite wurden die mongolischen Ortsnamen mit Zetteln mit chinesischer Übersetzung oder lautlicher Umschrift überklebt (Staatsbibliothek Berlin, Hs. or. 61).

Mongolische Vogelschaukarte der Weidegebiete des rechten Ongnigut-Banners (heutige östliche Innere Mongolei) aus dem Jahre 1907, 63,8 x 127 cm. Im Südwesten des Liao He, dessen Nebenflüsse das ganze Gebiet durchziehen (Staatsbibliothek Berlin, Hs. or. 62).

269

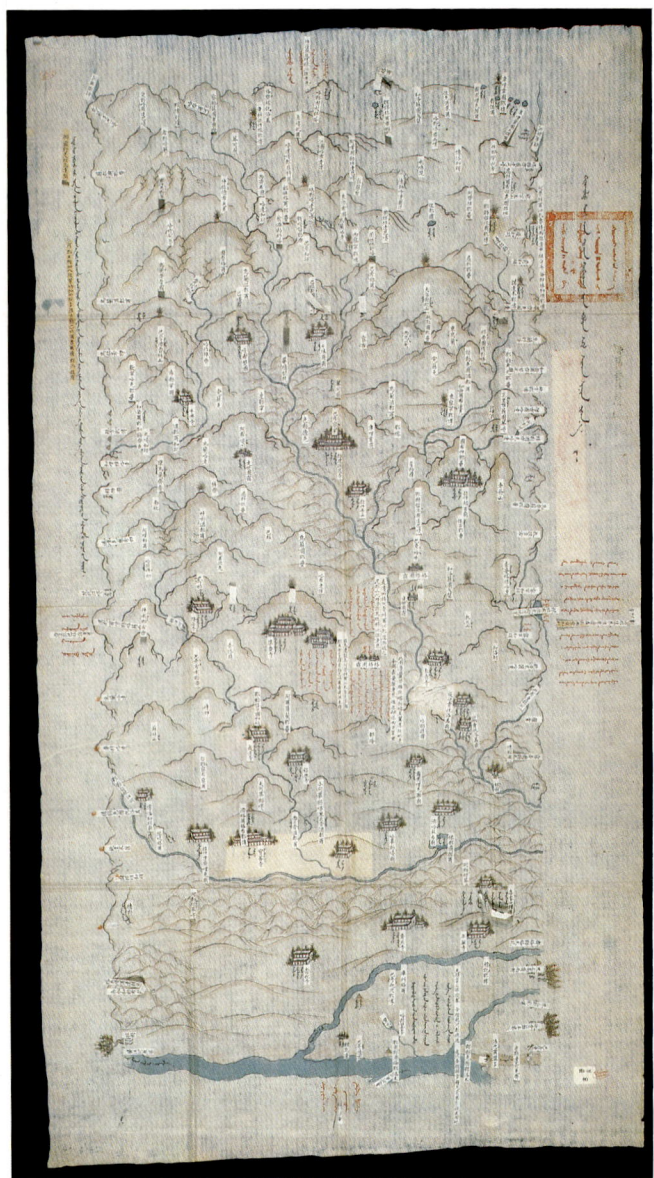

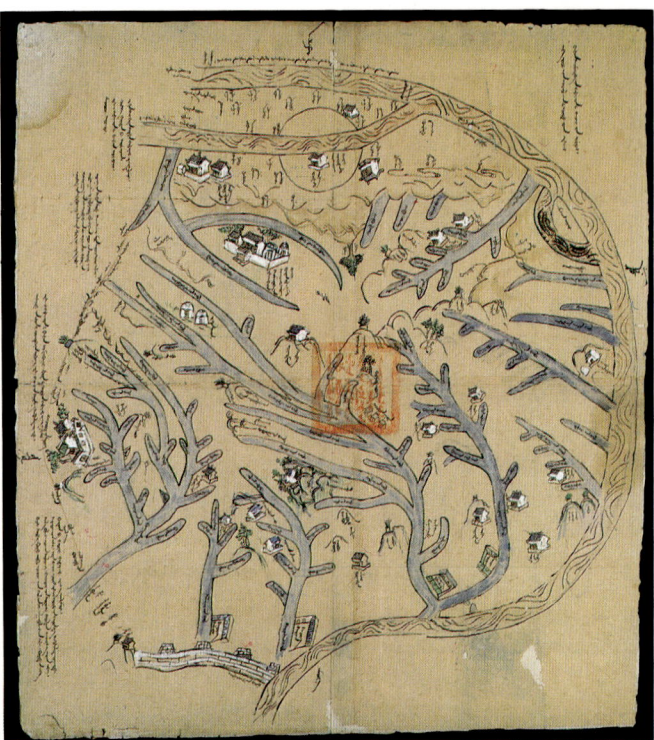

Mongolische Manuskriptkarte des vom Gelben Fluß umflossenen und von seinen Nebenarmen durchzogenen Dzunggar-Banners der Ordos-Region. Links oben der Wohnsitz des damaligen Regenten Ǧasak Beise Sanǰimitub, um 1900 (Privatbesitz).

gen Bildkarten überwiegt das reale Bild der Landschaft. Blaue oder braungelbe Wellenzeichnungen stellen wasserführende oder ausgetrocknete Flußläufe dar. Baumwuchs, Büsche und

Karte des gleichen Gebietes am Gelben Fluß (Huang He) in einfacher Ausfertigung, 81 x 87,5 cm. Alle mongolischen Ortsnamen sind mit Zetteln mit chinesischer Übersetzung für die amtliche Registrierung überklebt (Staatsbibliothek Berlin, Hs. or. 111).

Besonders schön im Detail ausgeführte mongolische Bildkarte des ostmongolischen Aruchorčin-Gebietes von 1908, 132 x 73 cm, die den damaligen Reichtum dieses Gebietes an lamaistischen Klöstern und Tempeln zeigt. Südliche Begrenzung durch den Sira müren und Einfluß des Liao He *(Louqa gool)*, an dem damals für den Ackerbau neuerschlossenes Gebiet angezeigt ist (Staatsbibliothek Berlin, Hs. or. 60).

schen Grenzgebiete des chinesischen Kaiserreiches in einem Schreiben an alle Fürsten der Mongolen, »die Weideplätze jeden Banners, den Namen des Banners und seines Wohngebietes, seine Ausdehung in Meilen, . . . von welchem Land an sich die Grenzen mit den Grenzen eines anderen Landes berühren, die Berge, Felsen, Ruinen, Tempel und Klöster, Brücken, Schluchten und Bergübergänge . . .« aufzuzeichnen. Die Grenzen selbst waren in gewissen Abständen mit Steinsetzungen und hölzernen Zeichen, sogenannten Grenz-*Obos* zu kennzeichnen. Die Darstellung der Karte war von einem zentralen Punkt, meist einem prominenten Berg, Fels, See, von der Mitte des Gebietes aus gesehen rundum nach den 24 oder 48 Punkten der Windrose ausgeführt. In diesen vogelschauarti-

Vegetation sind deutlich und farbig gezeichnet. Die Liebe zum Detail überwiegt. Die schneeweißen Rundzelte der Fürstenlager, die purpurroten Säulen und grünroten Türen der festgebauten Schlößchen im chinesischen Stil, die gemauerten Ziegelpodeste der Zelte sind mit liebevoller Genauigkeit ausgefüllt. Schrunden und Schluchten der Berge, ihre Flanken und Abstürze sind in einer den chinesischen Malhandbüchern entlehnten Manier dargestellt. So sind viele dieser Bildkarten kleine graphische Kunstwerke, wobei das gewonnene Kartenbild noch sehr weit von der gebräuchlichen Landkarte des 20. Jh.s entfernt ist. Alle zehn Jahre mußten die Kanzleien der einzelnen Verwaltungsgebiete eine solche Bildkarte an das chinesische Kolonialamt einreichen, »gezeichnet nach alten Zeichnungen«, aber mit Angaben über Veränderungen. Daß das Kolonialamt diese Angaben überprüfte und benützte, zeigen die vielen chinesischen Übersetzungen der mongolischen Ortsnamen, die auf kleine Zettelchen geschrieben über die mongolischen Namen so geklebt wurden, daß sie hochgehoben den darunter stehenden Namen freigaben. Für die Ortsnamenkunde bilden diese vielen Namen und die auf den Karten feststellbaren Änderungen eine wichtige Quelle. Allein auf 182 Karten der in der Staatsbibliothek Preußischer Kulturbesitz in Berlin aufbewahrten Sammlung sind über 13 000 Ortsnamen verzeichnet, von denen der größte Teil über 200 bis 300 Jahre konstant geblieben ist.

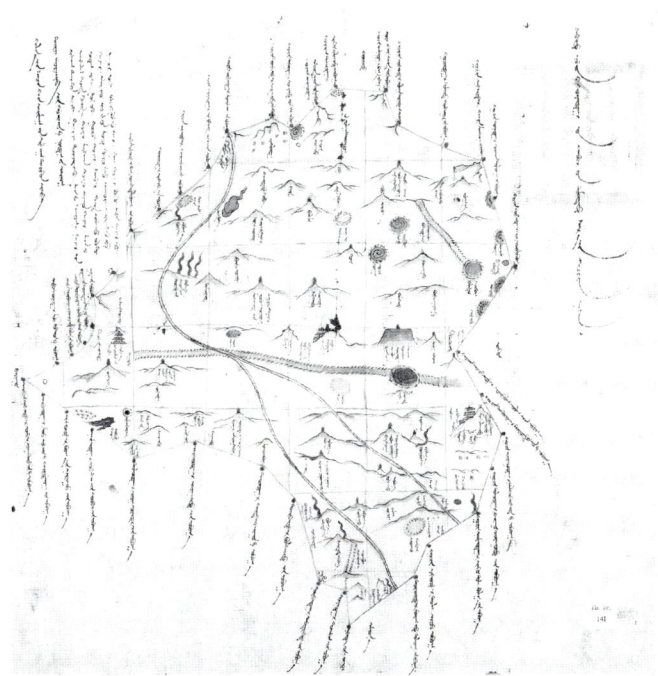

Mongolische Gebietskarte eines Banners des Secen-Khan-Gebietes der Chalcha, 50 x 52 cm, mit ausführlicher Darstellung der Grenzsteinsetzung (Obo), 1910 (Staatsbibliothek Berlin, Hs. or. 141).

Literatur:

Chagdarsurung, Ts.: La Connaissance géographique et la Carte des Mongols. In: Studia Mongolica II (11), 1975.
Concigsorž, B.: Mongolcuudyn gazar zйin zurgijn tййhijn zarim asuudald. In: Sinzleh Uhaan Akad. Medee, 1,56, 1979.
Heissig, W.: Über mongolische Landkarten. In: Monumenta Serica, Bd. 9, 1944.

Heissig, W.: Mongolische Ortsnamen, Teil II, Mongolische Manuskriptkarten in Faksimilia. Wiesbaden 1978.
Kler, J.: A propos de cartographie mongole. In: Bulletin de la Société Royale Belge de Géographie, I—II, 1956.
Sagaster, K.: Beschreibung der Landkarten. In: W. Heissig, Mongolische Handschriften, Blockdrucke, Landkarten. Wiesbaden 1961, S. 337—446.

Straße im alten Urga, Ausschnitt aus einem Gemälde der Urga-Schule, erste Hälfte 20. Jh. (Katalog Nr. 195).

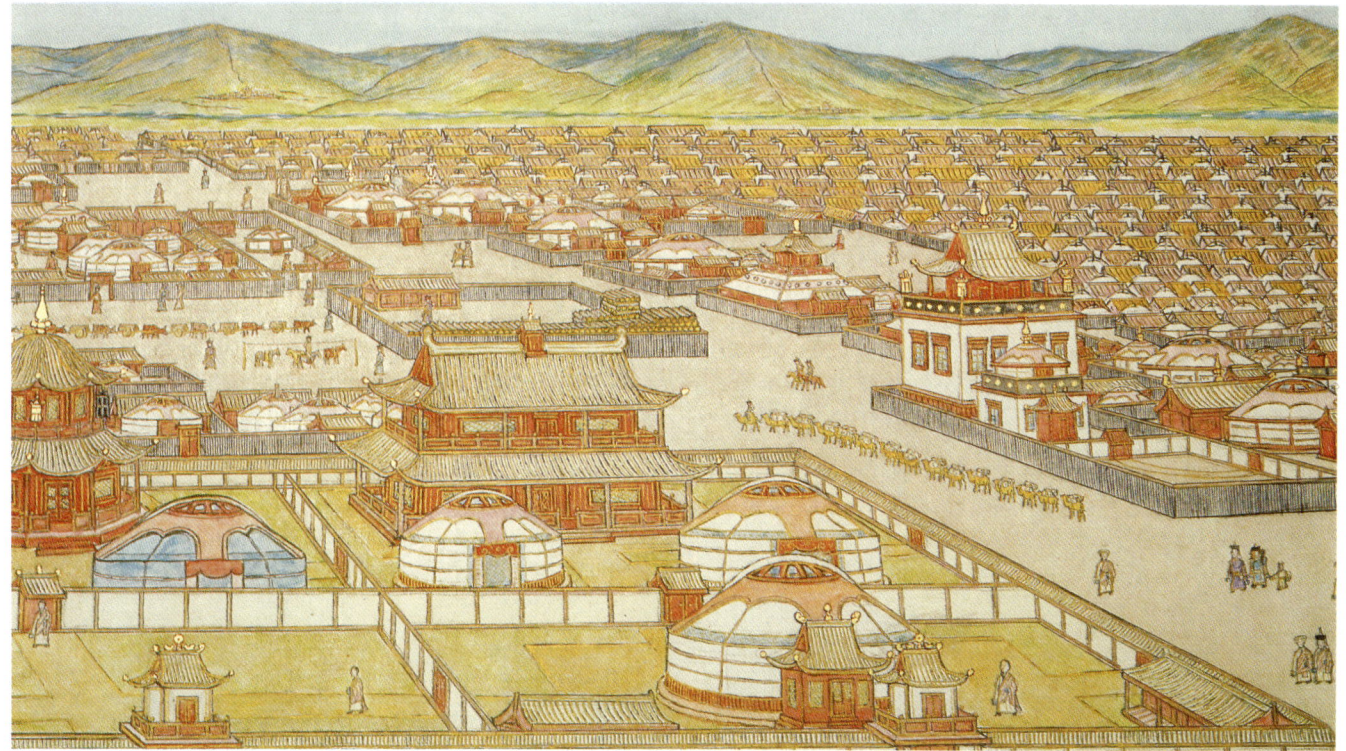

Die traditionelle mongolische Medizin

Cevelijn Šagdarsüren, Ulanbator

In den chinesischen Quellen heißt es über die Behandlungsmethoden der Wuhuan (2. Jh. v. Chr.): ». . . wenn jemand krank ist, nimmt man die Moxenbehandlung mit Edelraute und heißem Stein vor. Man heizt die Erde mit Feuer und läßt den Kranken darauf liegen. Einer wird an der kranken Stelle einen Aderlaß machen . . .«[1]. Das ist der früheste Bericht, der sich auf die Krankenbehandlung der Mongolen, zu deren Vorfahren die Wuhuan gerechnet werden, bezieht. Es gibt zahlreiche weitere Belege aus späteren Perioden. In Rašîd ad-Dîns historischem Werk *Sammlung der Geschichten* steht: ». . . diese Stämme wie Urasut Telengut und Kuštemi Z.Š sind genau wie die Mongolen, sie kennen mongolische Arzneien sehr gut und heilen sie (die Krankheit) nach mongolischer Weise . . .«[2], sowie: ». . . es gibt eine bestimmte mongolische Arznei, welche in unserer Zeit *kadschir* heißt, aber in der alten Zeit hieß man sie *kadir,* sie hat eine sehr starke Wirkung . . .«[3]
Aus diesen Quellen ersieht man, daß die Mongolen damals konkrete Methoden und Traditionen in der Medizin gehabt haben. Außerdem gibt es im mongolischen Wortschatz feste Begriffe wie *Otači* »Arzneimeister«, *Emči* »Arzt«, *Bariyači* »Arzt für Einrenkung«, *Domči* »Arzt für Geisteskrankheit« und *Širqači* »Arzt für Verwundung«. Ursprünglich heilte der *Otači* die Krankheiten mit Kräutern, behandelte der *Emči* die Kranken mit extra gefertigten Arzneimitteln, brachte der *Bariyači* Leiden wie Verrenkungen, Knochenbrüche, Muskelverletzungen und Gehirnerschütterungen durch Massieren in Ordnung, und führte der *Domči* seine Behandlung mit Hilfe der Psychoanalyse durch; der *Širqači* war Militärarzt.
Im Laufe der Verbreitung des Buddhismus in der Mongolei verstärkte sich der Einfluß der tibetischen Medizin, die sich auf die indische stützt. Aber die mongolischen Ärzte kommentierten und verbesserten die tibetischen Hauptwerke der Medizin, vor allem das *Rasiyan-u Jirüken Naiman Gesigütü Niyuča Ubadis-un Ündüsu* und andere. Sie haben diese Werke nicht nur grundlegend erläutert und verbessert, sondern überdies Therapien und Rezepte entwickelt, die der Natur und dem Klima des Landes sowie der physischen Eigenart der Mongolen angepaßt waren. Besonders zu erwähnen sind folgende Ärzte, die bis zu vier Werke verfaßt haben: Lubsandanjinjančan (1639—1704), Yondon (19. Jh.) und Dandar (19.—20. Jh.), alle aus dem Sayin Noyan Qan Ayimag, Lubsančoyimbel (19. Jh.) und Išibaljir (1704—1788) aus dem Sečen Qan Ayimag sowie Jambaldorji (18.—19. Jh.) aus Naiman.[4]
Die Beispiele dieser Gelehrten beweisen, daß die mongolische Medizin eine eigene Tradition und Lehre besitzt und nicht einfach mit der tibetischen Medizin gleichzusetzen ist.[5] So gab

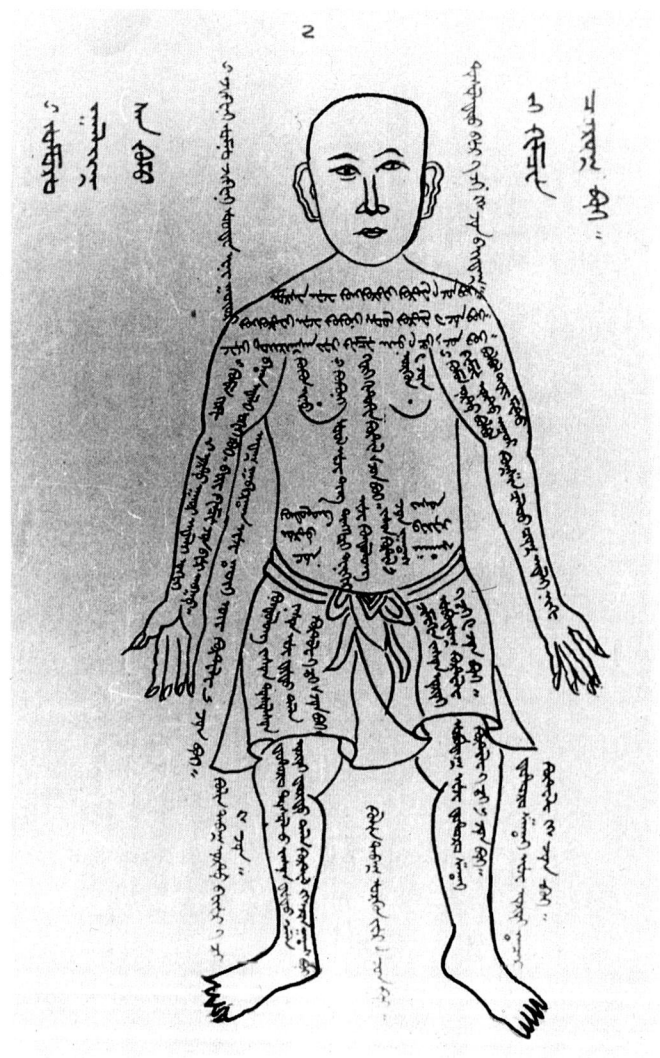

Anatomisches Schema in oiratischer Schrift.

es auch schon in früher Zeit in der Mongolei eigenständige Medizinschulen: Qubilai Khan gründete eine medizinische Schule im 5. Monat des 2. Jahres Zhongtong (= 1261)[6]. Außerdem gab es in fast allen Kirchen und Klöstern der Mongolei sogenannte *Mamba-Dačan*-Schulen (tib. *sman-pa*), in denen Ärzte ausgebildet wurden. Diese medizinischen Schulen hatten traditionelle Schwerpunkte. Für das Fach Yoga war zum Beispiel das Kloster von Egüjergüi (im heutigen Erdeničaγan sumu der Provinz Süchbatur) berühmt, auf Akupunktur- und Moxenbehandlung waren die Klöster von

---

1 *Lidai gezi zhuanji huibiän,* S 743. Shanghai 1958.
2 Rašîd-ad-Dîn: *Sammlung der Geschichten,* Bd. 1.1, S. 122. Moskau-Leningrad 1952.
3 ebd., S. 140.
4 Chagdarsüring , Ts.: La medecine des Mongols nomades. In: Studia Mongolica, 9 (17), Fasc. 11, S. 174—183.

5 Haidab, Ts., B. Altančimeg, T. S. Varlamova: Pekarstvennye rastenija mongol'skom medicine, S. 32. Ulanbator 1985.
6 Dalai, Ts.: Die Mongolen in der Yüan Dynastie, S. 167; *Yuanshi* 81. Ulanbator 1973.

Uliyasutai und Yaru (in der heutigen Provinz Zavchan) spezialisiert.

Die mongolischen Ärzte haben zum Teil auch die jeweiligen orientalischen und westlichen Ergebnisse der Medizin beachtet. So wurden medizinische Werke aus dem Chinesischen in die mongolische *Todo*-Schrift übersetzt[7], und im 18. Jh. ein sechsbändiges Werk über menschliche Anatomie *(dsa)* vom Lateinischen ins Mongolische[8].

Mongolische Ärzte kannten zahlreiche Medikamente und Heilmethoden wie Aderlaß, Kämmen, Akupunktur, Moxibustion, Chirurgie, Mineralwasser- und Schlammkuren sowie Diätvorschriften. Eine gemeinsame Besonderheit der mongolischen Ärzte ist, daß sie alle Zweige der theoretischen und praktischen Medizin vollständig beherrschten. Da sie auch alle Medikamente selbst zubereiteten, hatten sie umfassende Kenntnisse über Pflanzenkunde, Mineralogie und Arzneimittelkunde. Die mongolischen Ärzte haben ihre Forschungsergebnisse über Körperbau, Pathologie, Diagnose, Behandlungsmethode, Hygiene, Arzneizusammenstellung und Arzneianfertigung im Bereich der Theorie in Tibetisch bezeichnet, der *Lingua franca* jener Zeit in Zentralasien. Sie hatten auch die Tradition, ihre Schüler bei Behandlungen mitzunehmen und direkt in die medizinische Praxis einzuführen.

J̌ambaldorǰi, ein berühmter Mönch der Naiman, hat in seinem Werk *mDzes-mtshar mig-rgyan*[9] die Anwendungen von 323 Arzneien aus Pflanzen, 135 Arzneien aus Mineralien und 124 Arzneien aus Tieren erläutert und dazu 63 Instrumente für Operationen und Untersuchungen, welche in der mongolischen Medizin gebraucht wurden, abgebildet[10]. Selbst die mongolischen *Bariyači* (Arzt für Einrenkungen) sollte man als echte Ärzte betrachten. Čebelwančuɣdorǰi aus dem Sayin Noyan Qan Ayimag hat in seinem 15bändigen *Sog-lugs-kyi bari-hvu zes-ba'i bcos-chul-bčas* (mong. *Mongɣol yosun-u bariyaci kemegči ǰasal-un yosun selte)* die Grundtheorien der Einrenkung erläutert.

Auf der Basis der mongolischen traditionellen Medizin, der Bedürfnisse des nomadischen Lebens, und der mehrhundertjährigen Lebenserfahrungen ist die mongolische Volksmedizin entstanden. Die Kenntnisse über die Volksmedizin sind durch mündliche Überlieferung bis heute erhalten geblieben und durch Bücher wie *Erindu-a načuɣ dom-un sudur orosibai*[11] im Volk weit verbreitet.

---

7 Unknown medical tractata in Oirat characters. Hg. Yu. Rincen (= Corpus Scriptorum Mongolorum, Bd. 8, Fasc. 1—3). Ulanbator 1968.
8 *Deger-e-eče toɣtaɣaɣsan dürsü-yin tusbüri-yin büritkegsen bičig.* Hg. Yu. Rincen (= Corpus Scriptorum Mongolorum, Bd. 5, Fasc. 6—7). Ulanbator 1968.

9 An illustrated Tibeto-Mongolian materia medica of Āyurveda. Hg. L. Chandra. New Delhi 1971.
10 Denkmal der tibetischen Medizin, S. 8. Nowosibirsk 1985.
11 Staatsbibliothek der Volksrepublik Mongolei, Sammlung der mongolischen Bücher, Sign. 615, E 826.

Kulturwandel und Einfluß von außen

Käthe Uray-Köhalmi, Budapest

Die Mongolen sind das letzte Glied einer langen Folge von Steppenvölkern, die immer bewußt die Kultur, die Lebensweise von ihren Vorgängern übernahmen. Jedes der Steppenvölker tat etwas zum Erbe hinzu, bevor es die Bühne der Weltgeschichte verließ. Die Nomadenkultur war von Anfang an nicht einheitlich. Die frühen, iranischen Steppenvölker, die viele Elemente ihrer Kultur vom Alten Orient mitbrachten, übergaben ihre Wirtschafts- und Lebensweise solchen Völkern, die aus den Waldregionen Sibiriens stammten und die Nomadenkultur gleich mit Elementen der Taigakultur bereicherten.

Ein großer Teil der späteren Mongolen gehörte vor dem 12. Jh. den Waldvölkern an, die Burjaten und Oiraten waren noch zu Činggis Khans Zeiten Waldbewohner. Die Änderung der Lebensweise vollzog sich zu Činggis' Zeit, und so manches aus der früheren Lebensweise zeichnet sich in den Schilderungen der *Geheimen Geschichte der Mongolen* ab. Die einst viel reichere Fischereiterminologie war stark vom Tungusischen beeinflußt. Viele der mongolischen Ursprungsmythen und der vergöttlichten Ahnen haben ihre nächsten Parallelen bei den Waldvölkern Sibiriens, den Tungusen und den Samojeden (zum Beispiel der einäugige Waldgeist, der Schamanen- oder Lebensbaum mit den Seelenvögeln usw.). Die einzelnen mongolischen Stämme erfuhren eine tiefgreifende Lebensartveränderung, als sie auf die Steppe hinaustraten und von türkischen bzw. mongolischen Stämmen, die früher den Nomadismus angenommen hatten, den Hirtennomadismus erlernten. Nach historischen Parallelen ging der Übertritt zum Steppennomadentum folgendermaßen vonstatten: zwischen der Steppe und der Taiga zieht sich ein Streifen, wo beide Landschaftsformen ineinandergehen, bewaldete Berge umfassen breite zur Weide geeignete Täler. Es ereignete sich unter solchen Umständen leicht, daß in die Täler einer Berglandschaft, die von alters her von einer Jägersippe bewohnt war, eine Viehzüchtersippe ein-

wanderte. Das Vieh verlief sich in dem Wald und beunruhigte das Wild. Die Jäger, als Urbewohner, sahen ihre Interessen gefährdet und behielten das verirrte Vieh. Im Besitz des Viehs kamen sie sehr bald auf die Vorteile der Viehhaltung, und bemühten sich nun, mehr Vieh zu beschaffen. Meistens wechselten solche Gruppen in einigen Jahrzehnten ganz auf die Viehhaltung über, und der Wechsel der Lebensweise wurde in der Regel von einer Bevölkerungsexplosion begleitet, hervorgerufen vom regelmäßigen Genuß von Fleisch und Milch. Die Neulinge im Nomadentum waren sehr aktiv, ja aggressiv, und unterwarfen oder zwangen zum Bündnis alle umherwohnenden Altnomaden, darunter auch ihre Lehrmeister. Eine solche Entwicklung haben auch die Vorväter Činggis Khans durchgemacht.

Die sehr mobilen Reitervölker der eurasischen Steppen nahmen eifrig am internationalen Warenaustausch ihrer Zeit teil und neben den Luxusgütern beförderten sie auch geistiges Gut: Bücher, Kultgegenstände, Religionen. Dabei konnte es nicht ausbleiben, daß besonders die chinesische Kultur eine große Anziehungskraft auf sie ausübte. Chinesische Seide und baumwollene Textilien wurden schon in den Xiongnu-Gräbern von Noin Uula gefunden und haben ihre Beliebtheit bis heute nicht verloren. Der Einfluß der chinesischen Kultur zeigte sich in allen Sparten des Lebens, von den Rangbezeichnungen und dem Kalender bis zu den Gegenständen des Alltags, deren Verfertiger chinesische Handwerker waren. Im politischen Bereich war die Ehe mit einer chinesischen Prinzessin bei Nomadenherrschern ein heißbegehrtes Statussymbol. Der chinesische Einfluß war und ist auf die einzelnen Gruppen der Mongolen verschieden stark. die in chinesischer Umgebung von anderen Mongolen abgeschnittenen Gruppen sind sehr stark sinisiert, nicht nur in der Kultur, sondern auch in der Phonetik ihrer Sprache.

Aber nicht nur östliche, chinesische Einflüsse erreichten die Mongolen, sondern auch die auf Karawanenstraßen von Westen hergebrachten Kulturgüter. Den Weg wanderte die bekannteste, sogenannte »uighurisch-mongolische Schrift«. Die letzten Endes semitische Schrift übernahmen die Uighuren von den Sogden, berühmten Handelsherren auf Innerasiens Karawanenwegen. In die Kancelarien der Činggisiden kam diese Schrift, vermutlich über die Vermittlung der Naiman oder der Kereit, über die Kara Kitai. Obwohl sich Činggis und seine Nachfolger in Verwaltungs- und Finanzfragen oft auf islamische Berater stützten, hinterließ das keine Spuren bei den Mongolen. Keinen bleibenden Einfluß auf die mongolische Kultur übten die Gefangenen aus europäischen Ländern aus, die während des großen Feldzuges von Batu 1242 verschleppt wurden und von denen manche im Ordu des Großkhans Dienste leisteten.

Zur Zeit der religiös toleranten Činggisiden wurden unter den Mongolen Religionen westlichen Ursprungs verbreitet, so der Manichäismus, der früher bei den Uighuren als Staatsreligion

Schmuckplatte (Gürtelbeschlag?), Ringerpaar mit Pferden unter Bäumen, 6,5 x 13,2 cm. Ordosbronze, um Christi Geburt. Sammlung Bidder, Inv.-Nr. 1965-27. Vergleiche Abb. eines ähnlichen Stückes in Jin Qizong: Zhongguo shuaijiao yuanchu Qidan, Menggu kao. In: Zhangguo Menggu gushixue hui chengli dahui jinian jikan, Hohot 1979, S. 377. Museum für Ostasiatische Kunst, Staatliche Museen Preußischer Kulturbesitz, Berlin.

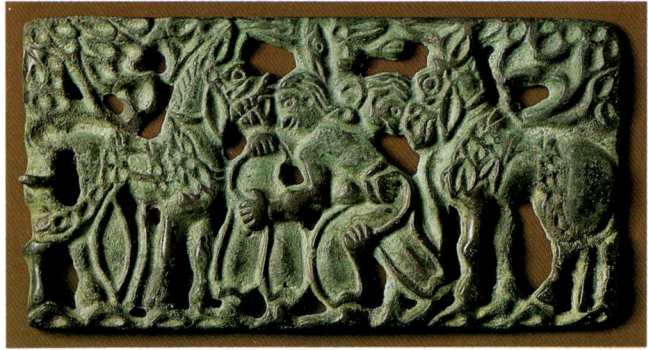

Grassteppe am Tuula-Fluß bei Ulanbator.

Gebiet des Terelj-Flusses östlich von Ulanbator.

zu großer Bedeutung gekommen war und der bei den Kereiten und Önggüten verbreitete Nestorianismus. Die Missionierung der Religionen erreichte aber nur dünne Schichten der mongolischen Bevölkerung, und der geistige Einfluß erlosch spurlos. Anders gestaltete es sich mit dem Buddhismus. Die buddhistischen Geistlichen erschienen schon am Hof der Činggisiden und hatten dort, ebenso wie die Missionare anderer Religionen, die Möglichkeit zum Ausbau ihrer Kirche. Das gelang anfangs in nur beschränktem Maße, ähnlich allen anderen Kirchen. Zu Ehren und Macht kam aber unter Qubilai Phags-pa Lama, der sich nicht nur als Verbreiter der Lehre, sondern in der Begründung der mongolischen geistigen Literatur und als Schöpfer eines mongolischen Schriftsystems einen Namen machte.

Einen durchschlagenden Erfolg bei den Mongolen erfuhr die buddhistische Lehre unter Altan Khan im 16. Jh. Das Wesentliche dabei war, daß die Missionierung sich auch auf die breitesten Schichten der Bevölkerung erstreckte und demzufolge das ganze mongolische Leben durchdrang. Es entstand eine eigenartige Volksreligion, die viele Elemente des Schamanismus in sich aufnahm. Zur Zeit seiner größten Verbreitung beeinflußte der Lamaismus, die in Tibet und der Mongolei verbreitete Form des Buddhismus, tiefgehend auch das Alltagsleben der Mongolen. Die Familien fühlten ihr seelisches Heil nur dadurch gesichert, daß sie einen Sohn ins Kloster schickten. Das hatte verheerende Folgen sowohl auf das wirtschaftliche Leben als auf die Demographie der Mongolen. Es entstanden an Mönchen reiche und sehr begüterte Lamaklöster, die infolge der gewährten Privilegien zu enormer wirtschaftlicher Macht aufstiegen. Allerdings waren die Klöster auch Zentren und Werkstätten der mongolischen lamaistischen Kultur.

Der Lamaismus wurde auch von den Qing-Kaisern gefördert, und zwar sowohl in unmittelbarer Form wie indirekt. Die Mongolen der Inneren und der Äußeren Mongolei, wurden in die Bannerorganisation einbezogen. Die Bannerorganisation aber ließ die Formen der späten Stammesgesellschaft weiterleben und erstarren. In der Zeit der Mandschu-Kaiser verstärkte sich selbstverständlich die Sinisierung, die das kulturelle Antlitz der Mongolei zwischen dem 17. und 20. Jh. prägte. Ein Teil der Mongolen entging dieser Entwicklung, so die Moghol in Afghanistan, die schon seit Jahrhunderten in pasthunischer sprachlicher Umgebung dem islamischen Einfluß erlegen waren. Weiter die Kalmücken, die im 17. Jh. zur Wolga gewanderten Oiraten, und endlich die Burjaten, die nach dem Abkommen von Kiachta dem Russischen Reich zufielen. Letztere zwei mongolische Völkerschaften befanden und befinden sich unter russischem Einfluß. Lange Zeit hindurch betraf das nur die politische Verwaltung in den höheren Regionen, aber hatte wenig Auswirkung sowohl auf das Geistige, wie auf das Alltagsleben dieser Völker: sie waren und blieben Nomaden und Lamaisten, die Burjaten zum Teil Anhänger des Schamanismus. Nur allmählich begann eine eher gewaltlose Russifizierung durch die unvermeidbare Einwirkung der Umwelt. Russische Bauern siedelten sich zwischen den Burjaten an, das führte einerseits wohl zu Unstimmigkeiten, andererseits aber zu Mischehen.

Die Burjaten waren anfangs auf Grenzkosakeneinheiten aufgeteilt, die ursprünglich unter eigener Führung standen. Auch in der Zivilverwaltung wurden weitgehend die eigenen Formen belassen. Durch die in die Umgebung von Irkutsk verbannten Dekabristen kamen die Burjaten das erste Mal in intensive Berührung mit westlicher Kultur und fortschrittlichen Ideen. Das trug dazu bei, daß sich ihr Nationalbewußtsein verhältnismäßig früh entwickelte, ein Interesse für die eigene traditionelle Kultur entstand und die Herauskristallisierung einer eigenen Intelligenz seinen Anfang nahm. Die Entwicklung beschleunigte sich, als von den letzten Jahrzehnten des vorigen Jahrhunderts an, sowohl bei den westlichen wie bei den östlichen Burjaten Grundschulen eingerichtet wurden. Bald folgten ihnen mittlere Schulen und Lehrerseminare. Zur höheren Ausbildung gingen einige Burjaten an die Universitäten von Kasan und von Sankt Petersburg. So wuchs die gutgebildete Schicht der burjatischen Intelligenz an, die nicht nur für ihr eigenes Land, sondern auch für die Äußere Mongolei, der heutigen Volksrepublik, die Vorbedingung einer gesellschaftlichen und kulturellen Entwicklung bedeutete. Nach der Oktoberrevolution und dem Abklingen der Bürgerkriege in Sibirien wurde für die westlichen Burjaten ein autonomer Bezirk und für die östlichen Burjaten (Xori) ein autonomer Kreis aufgestellt. Hier wird auch in den Mittelschulen burjatische Sprache, Literatur, Geschichte gelehrt. Für die burjatische Forschung gibt es eine Filiale der Wissenschaftlichen Akademie der UdSSR in Ulan-Ude, wo neben sprach- und literaturwissenschaftlichen Forschungen, Geschichte und Ethnographie der Burjaten sowie Buddhismuskunde studiert wird. Auch an der Universität von Irkutsk wird den burjatischen Studien große Aufmerksamkeit gewidmet. Die Kalmücken haben seit einigen Jahren in Elista ähnliche kulturelle Institutionen. Sowohl die Burjaten wie die Kalmücken haben sehr gute Wissenschaftler hervorbringen können, dennoch besteht die Gefahr, daß die assimilatorische Anziehungskraft der russischen Umgebung die weitere Entfaltung einer eigenständigen Kultur verhindert.

Die Mongolen der Inneren Mongolei in der Volksrepublik China haben wegen den gefährlichen Wendungen in der neuesten Geschichte Chinas einen recht schweren Weg hinter sich bringen müssen. Mit der Errichtung des Autonomen Gebiets Innere Mongolei (1947) und der Ausrufung der Volksrepublik China (1949) veränderte sich nicht nur die traditionelle Gesellschaftsordnung, sondern es begann auch die Modernisierung der Wirtschaft nach volksdemokratischem Muster. Diese Entwicklung wurde durch die chinesische Kulturrevolution (1966 bis 1974) fast gänzlich unterbrochen, und erst in jüngster Zeit werden die Rechte der Minderheiten und die kulturelle Eigenständigkeit wieder offiziell anerkannt. Jetzt ist aber diese Anerkennung schon so weit gediehen, daß man in der Kultur der Minderheiten eine Bereicherung für ganz China sieht. Junge mongolische Wissenschaftler sehen bereits die Gefahr einer alles erfassenden chinesischen Kultur. Als Basis der innermongolischen Wissenschaft dient die Universität und weitere kulturelle Institutionen in Kökeqota (Huhehot). Es ist an den jungen Mongolen der Inneren Mongolei, wie sie, in Eintracht mit den benachbarten Minderheiten, ihr weiteres Leben meistern.

Erst die großen Volksbewegungen des angehenden 20. Jh.s haben die Chalcha-Mongolen aus dem chinesischen Reich herausgerissen und in den Trubel einer rascheren wirtschaftlichen und gesellschaftlichen Entwicklung hineingeschleudert. Die veralteten Strukturen wurden vernichtet. 1911 erklärten die weltlichen Führer, die Khane und Noyone, sowie der Khutukhtu von Urga den Abfall von China und die Unabhängigkeit der Mongolei. Es folgte ein Jahrzehnt der politischen Wirren und der blutigen Interventionskriege. 1924 wählten die Mongolen die Staatsform der Volksdemokratie. Ihre Lehrmeister und Helfer waren die Bolschewisten. Die Entwicklung ging, besonders anfangs, nur mit viel Zögern und Rückschlägen voran. Es waren nur wenige gutgebildete Kader, und auch in ihre Reihen rissen die Jahre stalinistischer Willkür breite Schneisen. Inkonsequenzen waren auch in der Landwirtschaftspolitik und der Kirchenpolitik zu beobachten. Eine weltliche Schule und zwei anspruchslose Druckereien befanden sich schon zu Zeiten der Regierung des Bogdo Gegen in Urga. Nachdem die Trennung zwischen Kirche und Staat erfolgt war, entwickelte sich das Bildungswesen sprunghaft. Bis Ende der dreißiger Jahre wurden überall, auch auf dem Land, Grundschulen und kleine Internate für die weit verstreut lebenden Kinder errichtet, in größeren Zentren wurden auch Mittelschulen und berufsausbildende Institute gegründet. Wegen der großen Ausdehnung des Landes und der spärlichen Bevölkerung bestand ein großer Mangel an Ärzten; eine Abhilfe bedeutete die Ausbildung mittlerer Kader in der Menschen- und Tierheilkunde. In den späten zwanziger und angehenden dreißiger Jahren kamen viele junge Leute zur höheren Ausbildung nach Europa. In Ulanbator eröffnete man die Universität 1942. Von den zwanziger Jahren an erschienen neben den Büchern und Zeitungen auch Magazine. Die Wissenschaftliche Kommission der Mongolischen Volksrepublik wurde 1921 gebildet und 1956 konnte sie zur Wissenschaftlichen Akademie erhoben werden, als Wertung der Forschungstätigkeit der mongolischen Wissenschaftler. Die Anerkennung der Mongolischen Wissenschaftlichen Akademie von ausländischen Akademien und wissenschaftlichen Institutionen hatte eine unermeßlich große Bedeutung für die weitere Entwicklung der mongolischen Wissenschaft durch gegenseitigen Austausch, gemeinsame wissenschaftliche Unternehmen und Studienreisen. Die mongolische Akademie führt und koordiniert die wissenschaftliche Tätigkeit im ganzen Land.

Die Mongolen zeigten auch Interesse für die Vergangenheit ihres Landes und ihrer Nation. Schon 1924 wurde das Zentralmuseum in Ulanbator eröffnet, mit seiner verblüffend reichen Sammlung von urzeitlichen Sauriern, seiner guten Übersicht der eigenartigen mongolischen Tierwelt von heute und seinen historischen Sammlungen. Von großer Bedeutung sind die archäologischen Funde, da das Zentrum der meisten asiatischen Nomadenreiche auf das Gebiet der Mongolei fiel. Die Geschichte und Ethnographie der Mongolen und der Nationalitäten des Landes sind ebenfalls gut dokumentiert. Über die lamaistische Kunst geben das Museum im ehemaligen Sommerpalast des Bogdo Gegen und das Religionshistorische Museum Kunde. Kleinere, aber sehr interessante ortsgeschichtliche Sammlungen sind auch in den Aimakzentren zu sehen.

1931 wurde das Große Theater in Ulanbator eröffnet, ein Jahrzehnt später gefolgt von Theatern in den Aimagzentren, neuestens in den jungen Industriestädten, in eigenartigen Gebäuden und mit bemerkenswert guten Schauspielern. Die Mongolen besitzen ein hervorragendes schauspielerisches Talent. Das ist auch die Stärke des mongolischen Films.

Die hier skizzierte geistige Entwicklung fußte selbstverständlich auf dem gesellschaftlichen und wirtschaftlichen Wandel, der sich bei den Mongolen vollzog. Er verlief aber in den einzelnen Gebieten des gesellschaftlichen, wirtschaftlichen und kulturellen Lebens nicht gleichzeitig und nicht auf gleiche Weise. In Burjatien bedeutete zum Beispiel die Kollektivierung der Landwirtschaft keine großen Probleme, denn die burjatische Intelligenz, und nicht nur die revolutionäre, erkannte die Ähnlichkeit der Kollektivwirtschaft mit der traditionellen Bodengemeinschaft der unlängst noch in Stammes- und Sippenbindung lebenden Burjaten. In der Mongolischen Volksrepublik dagegen mußten die ersten Kollektivierungsversuche zurückgenommen werden. Mit der Zeit wurde dann doch dieser Weg beschritten, denn unter den extremen klimatischen und geographischen Umständen, der äußerst spärlichen Bevölkerung und der fast gänzlich fehlenden Infrastruktur konnten nur so Fortschritte sowohl in der grundlegend wichtigen Tierhaltung wie im Ackerbau erzielt werden.

In den meisten Gebieten setzte die Entwicklung nur langsam ein. In den ersten Jahren der Volksrepublik geschah nicht viel. Der Ausbau eines modernen Staatsapparates, des Post-, Gesundheits- und Schulwesens zögerte und stockte hie und da. So manches wurde erst nach dem Zweiten Weltkrieg zügig durchgeführt. Man begann, die alten Manufakturen durch moderne Industriebetriebe zu ersetzen, die zur Weiterverarbeitung der landwirtschaftlichen Produkte dienten. Auf geologischen Forschungen wurden neue Bergwerke eröffnet, Industriezentren ausgebaut, Städte gegründet. Die in den großen landwirtschaftlichen Betrieben vollständig veränderte Technologie der Viehzucht, die Arbeit in der Industrie und das Leben in der Stadt lösten die traditionellen gesellschaftlichen Bindungen, die in der Sumun-Organisation noch inbegriffene Sippenkonstruktion, wie auch die Großfamilienwirtschaft der Ailgemeinschaft ab. Das Ergebnis war die moderne Kernfamilie. Allerdings war und ist sie bei den Mongolen recht kinderreich. Diese Entwicklung brachte aber die in der traditionellen Gesellschaft unbekannten Generationsprobleme zum Vorschein. Der große Wandel, der das ganze Leben der Mongolen erfaßte, ist höchstens mit dem Wechsel vergleichbar, den ihre Urahnen vollzogen, als sie auf die nomadische Viehzucht übergingen.

Neue Züge des westlichen Einflusses erreichten die Mongolen, als sich vom Ende der fünfziger Jahre an einige europäische Volksdemokratien an der Förderung der mongolischen Wirtschaft beteiligten. Junge Mongolen studierten in der DDR, in der Tschechoslowakei, Polen und Ungarn. Es kamen Wissenschaftler und technische Berater aus diesen Ländern. Die Mannigfaltigkeit des westlichen Einflusses hatte sich recht positiv in der Gestaltung einer selbständigen mongolischen technischen und geistigen Kultur ausgewirkt. Wesentlich war es, daß ihnen nunmehr nicht nur ein einziges Modell zum Vergleich diente. In all den Sparten, wo ihnen mehrere Modelle zur Verfügung standen, konnten die Mongolen ihren eigenen Stil ausarbeiten.

Die Mongolen der Mongolischen Volksrepublik durchliefen in

den letzten dreißig bis vierzig Jahren eine verblüffend große Entwicklung, und sie mußten sie durchmachen, wenn sie nicht zum Reservatum des alten Nomadenlebens oder, was schlimmer ist, zu einem passiven Rohstoffreservoir für fremde Kräfte werden wollten. Die Mongolen können sich glücklich schätzen, daß diese moderne wirtschaftliche und gesellschaftliche Entwicklung nicht schneller vor sich ging, denn das hätte ihre eigene alte Kultur weitgehend zerstört. Bei dem verhältnismäßig langsamen Gang und dem gelegentlichen Stocken, in den Pausen der Entwicklung hatten sie genug Zeit, den Segen der modernen Technik und den Ansturm völlig neuer Gedanken und Theorien der westlichen Kultur zu verkraften. Die Neuigkeiten konnten sie annehmen oder ablehnen und das Angenommene in ihre Kultur integrieren. Das ging selbstverständlich nicht vollständig ohne Fehler und Irrwege. Es wurden Formen ohne Inhalt nachgeäfft oder solche Inhalte in mongolische Formen gekleidet, die ihr westliches Kleid nicht entbehren konnten. Dennoch hat es sich gezeigt, daß sie imstande sind, ihre eigene Kultur zu erweitern und zu erhalten.

Im Land der Mongolen, wo einst der Postpferdedienst die größte infrastrukturelle Errungenschaft war, verbinden heute Telegraphendrähte die Siedlungen. Die kleinen Mongolen kommen in Geburtsheimen zur Welt oder zumindest durch die Hilfe einer ausgebildeten Hebamme. Mit sechs Jahren reiten sie zur Schule und erhalten zehn Jahre lang Unterricht. Daneben können sie auch in den traditionellen Pferderennen ihre Geschicklichkeit üben. Zum Weiterlernen stehen sowohl in Ulanbator wie im Ausland Universitäten und andere höhere Lehranstalten zur Verfügung. Wohl ist bei den enormen Entfernungen und der dünnen Bevölkerung die Infrastruktur noch immer sehr rückständig, es gibt nur eine Eisenbahnlinie und das Straßennetz ist erst am Anfang des Ausbaues, doch finden wir in jeder Jurte — auf dem Land heute noch die gängigste Behausungsform — ein Radio und fast überall Nähmaschinen. Die etwas größeren landwirtschaftlichen Siedlungen haben ein Aggregat, das die Jurten mit Licht und die Milchverarbeitungsmaschinen mit Energie versorgt. Die Felder werden mit Hilfe von Maschinen bestellt und die Erträge durch chemische Düngung gesteigert. Die Herden werden tierärztlich betreut, die alten Viehseuchen sind verschwunden. In den Städten gibt es nicht nur Warenhäuser, Mittelschulen und ärztliche Ambulanzen bzw. Spitäler, sondern auch Kinos und Kulturhäuser, die beliebten Freizeitzentren der Mongolen.

Die erste Generation jener mongolischen Frauen und Männer, die selbst noch in die traditionelle Kultur hineingeboren waren und sich die europäische Kultur angeeignet hatten, um die Grundlagen der modernen mongolischen Literatur und Wissenschaft zu legen, ist schon dahingeschieden. Die Weiterführung ihres Werkes ist in den Händen der jungen Generationen, die schon mit Rundfunk, mit Maschinen und Kraftfahrzeugen aufgewachsen sind, in staatlichen Schulen das Lesen und Schreiben gelernt haben, und so all das erhalten haben, wofür ihre Eltern noch kämpfen mußten.

Niederlassung einer mongolischen Familie der Gegenwart; Eisenofen und Abzugsrohre sorgen für rauchloses Heizen, ein Windrad treibt einen Generator und liefert elektrischen Strom. Im Vordergrund Karren mit eisernen Speichenrädern (1988).

Zeittafel

12.—13. Jh. Eine Stammeskonföderation bildet sich in Zentralasien, die 1206 Činggis Khan als Oberhaupt wählt und sich den Namen »Mongolen« gibt.

13.—14 Jh. Unter der Herrschaft Činggis Khans († 1227) und seiner Nachfahren wird das mongolische Großreich begründet, das sich schließlich von der pazifischen Küste bis zum Schwarzen Meer erstreckt.

1204	Einführung der mongolischen Schrift.
1215	Eroberung Pekings.
1228—41	Herrschaft des Großkhans Ögödei, Sohn Činggis Khans. Effektives Post- und Kuriersystem.
1236	Einführung von Papiergeld.
1241	Schlacht bei Liegnitz; Sieg über das ungarische Heer am Sajó.

14.—15. Jh. Nach einer Phase der Zersplitterung Niedergang der Mongolenvormacht auf dem eurasischen Kontinent.

15.—17. Jh. Die Mongolen sind sich uneinig und können sich trotz hegemonistischer Bestrebungen nur selten und kurzzeitig zu größeren Staatsgebilden zusammenschließen. Ende des 16. Jh.s beginnt die buddhistische Missionierung der Mongolen. Der tibetische Buddhismus oder Lamaismus wird Staatsreligion.

17.—20. Jh. Im 17. Jh. unterstellen sich die Mongolen den Mandschu, die 1644—1911 als Dynastie der Qing in China herrschen.

1911 Die Nordmongolen (Chalcha) erklären ihre Unabhängigkeit; der 8. J̌ebcundamba Khutukhtu — auch Bogdo Gegen genannt —, Oberhaupt der mongolischen lamaistischen Kirche, wird zum Oberhaupt eines unabhängigen theokratischen mongolischen Staates.
Die Südmongolen bleiben Mitglied des chinesischen Staates.

1921 Nachdem sich der Widerstandskampf der russischen Weißgardisten in die Mongolei verlagert hatte, marschieren mongolische und sowjetische Partisanen in die Hauptstadt Urga ein und gründen eine Provisorische Revolutionäre Volksregierung, der der 8. J̌ebcundamba Khutukhtu weiter vorstehen wird.

1924 Tod des 8. J̌ebcundamba Khutukhtu: Gründung der Mongolischen Volksrepublik (MVR).

1936 Ein Beistandspakt zwischen UdSSR und MVR wird unterzeichnet; im Zweiten Weltkrieg steht die MVR auf der Seite der Sowjetunion.

1945 China erkennt die Unabhängigkeit der MVR an.

1947 Gründung der Autonomen Region Innere Mongolei in China.

1961 Die MVR wird Mitglied der Vereinten Nationen (UNO).

1962 Die MVR wird Mitglied des COMECON.

1974 Aufnahme diplomatischer Beziehungen mit der Bundesrepublik Deutschland.

Photonachweis

Katalogteil

Walther Heissig
Claudius C. Müller

DIE MONGOLEN

Der Schutzgott Beg-tse (siehe Kat.-Nr. 206)

Dieser Katalog erscheint anläßlich der Ausstellung des Staatlichen Museums für Völkerkunde München
»DIE MONGOLEN«
veranstaltet von der Ausstellungsleitung Haus der Kunst München e. V.
22. März—28. Mai 1989

Staatliches Museum für Völkerkunde München:
Dr. Walter Raunig
Leitender Museumsdirektor

Wissenschaftliche Leitung:
Prof. Dr. Walther Heissig
Dr. Claudius C. Müller
Dr. Dominique Dumas

Photographie:
Swantje Autrum-Mulzer

Layout:
Swantje Autrum-Mulzer und Roger Kausch

Ausstellungsleitung Haus der Kunst München e. V.:
Prof. Erich Koch, Präsident
Walter Grill, Schriftführer
Johannes Segieth, Schatzmeister

Andreas Bleeker, Peter Collien, Helmut Kästl, Herbert Peters, Max Pfaller, Prof. Jürgen Reipka,
Hannes Rosenow, Prof. Ludwig Scharl, Karin Welponer

Magdalena Huber-Ruppel, Direktorin
Ulrike Budde, Koordination
Christina Köhler, Ausstellungssekretariat
Johannes Segieth, Ausstellungsarchitekt

Tsam-Tanz-Maske, Detail (siehe Kat.-Nr. 196)

Schirmherrschaft

Zerenpilijn Gombosüren
Außenminister
der Mongolischen Volksrepublik

Hans-Dietrich Genscher
Außenminister
der Bundesrepublik Deutschland

Vorwort

Vor einigen Jahren wandten sich Senator Günther Klinge, München, und Prof. Dr. Walther Heissig, Bonn, mit der Idee an das Staatliche Museum für Völkerkunde in München, in einer großen, repräsentativen Ausstellung Kunst, Kultur und Geschichte der Mongolen dem europäischen Publikum näherzubringen. Diese Idee wurde vom Museum positiv aufgenommen, und erste Vorbereitungsarbeiten setzten bald ein. Dennoch verging geraume Zeit, bis ein Veranstalter für die Durchführung dieses aufwendigen Projekts gefunden und nach mehreren Verhandlungen zwischen den mongolischen und deutschen Partnern sowie nach Auswahl, photographischer Aufnahme und wissenschaftlicher Bearbeitung der Ausstellungsobjekte in Ulanbator ein Konzept erstellt werden konnte. Die wissenschaftliche Betreuung der Ausstellung übernahmen im Auftrage des Museums Prof. Dr. Walther Heissig, Dr. Claudius C. Müller und Frau Dr. Dominique Dumas. Für die Organisation und technische Durchführung erklärte sich die Ausstellungsleitung des Hauses der Kunst in München bereit. Beide veranstaltenden Institutionen möchten an dieser Stelle den Dank für die Ermöglichung dieser Ausstellung den mongolischen Partnern, insbesondere dem Generaldirektor der Museen, Herrn P. Dawaasambuu, dem Leiter der Außenabteilung des Ministeriums für Kultur der Mongolischen Volksrepublik, Herrn L. Ugtabayar, dem Bayerischen Staatsministerium für Wissenschaft und Kunst, dem Auswärtigen Amt, dabei insbesondere Herrn VLR Paul von Maltzahn, Herrn Senator Günther Klinge, Herrn Prof. Dr. Walther Heissig, Herrn Dr. Claudius C. Müller, Frau Dr. Dominique Dumas, Frau Swantje Autrum-Mulzer, dem Pinguin-Verlag in Innsbruck, dem Umschau-Verlag in Frankfurt am Main und allen Mitarbeitern der beiden Institutionen aussprechen.

Magdalena Huber-Ruppel
Direktorin
Ausstellungsleitung
Haus der Kunst München e. V.

Dr. Walter Raunig
Leitender Museumsdirektor
Staatliches Museum für
Völkerkunde München

1

Die Museen in Ulanbator, die die Leihgaben zur Verfügung stellten, sind mit SCM (State Central Museum) und FAM (Fine Arts Museum) bezeichnet.

1. »Frühes Nomadenleben« *(Ertnij nüüdel),* Gemälde von Cerendorž, 1962, im Stile der realistischen, um die Wende des 19./20. Jh.s beginnenden UrgaSchule, Gouache, H. 80 cm, B. 130 cm. Das großflächige Bild stellt die zwischen den einzelnen Familienwohnsitzen weidenden Herden und die Tätigkeiten der Viehzüchter zur Sommerweidezeit dar. FAM 5647-57.

2

2. Fohlenaussonderung im Sommer, Gouache, H. 73 cm, B. 168 cm, von C. Dawaachüü, 1941. Der Maler stellt in retrospektiver Schau das Fest der Fohlenaussonderung *(güü barich)* dar, das mit der zeremoniellen Stutenmilch-Libation *(güünij sacal,* siehe Nr. 127—129) gefeiert wird. Das Einfangen der einjährigen Fohlen, das Spannen gesonderter Anbindeleinen *(zel)* für Stuten und Fohlen, die Reiter mit dem Kumissfaß auf einer Stange für die von Segenswünschen begleiteten Trankopfer sind im Detail geschildert. Auch hier folgt die Darstellung einem alten, überlieferten Kanon. SCM D-86-9-1.

11

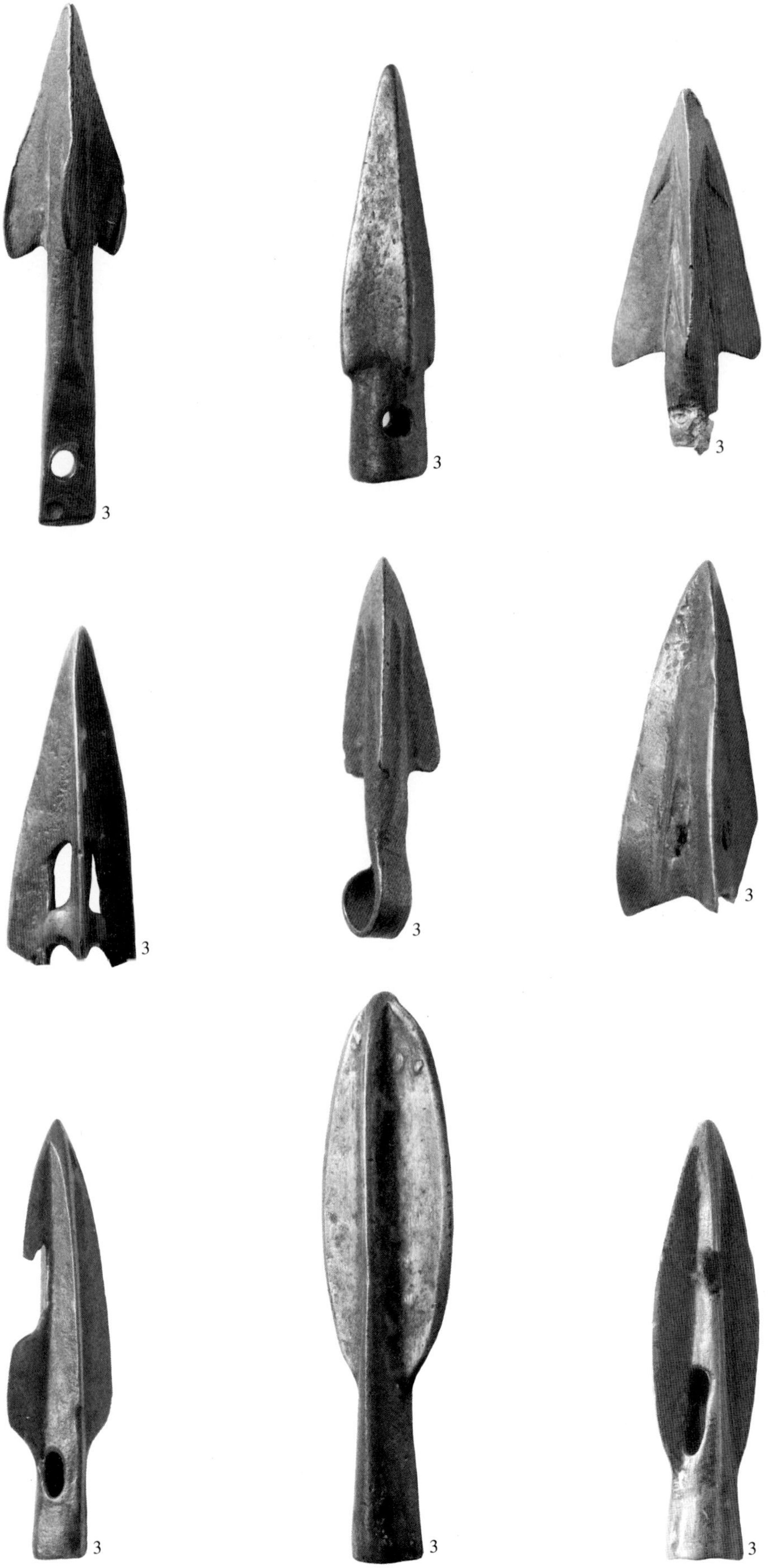

3. Neun Pfeilspitzen, Bronze, L. 3,8—6,4 cm, dreikantige Spitzen und flache Formen, zum Teil mit Widerhaken, sowie Pfeile mit Pfeifloch. Zufallsfunde aus den Provinzen *Ömnögov* (Süd-Gobi) und *Uvs*. SCM A-87 und A-88.

4. Schwert, Bronze, L. 43,8 cm, Zufallsfund aus *Chovd, Darvi sum*. Das geometrische Dekor am Stiel und die Gestaltung des Widderkopfes am Stielende zeichnen dieses Schwert als ein Produkt der sog. Karassuk-Epoche aus (13.—12. Jh. v. Chr.) und somit als ein Exemplar des sog. »Proto-Tierstils«. SCM D-84c-2-1.

12

4

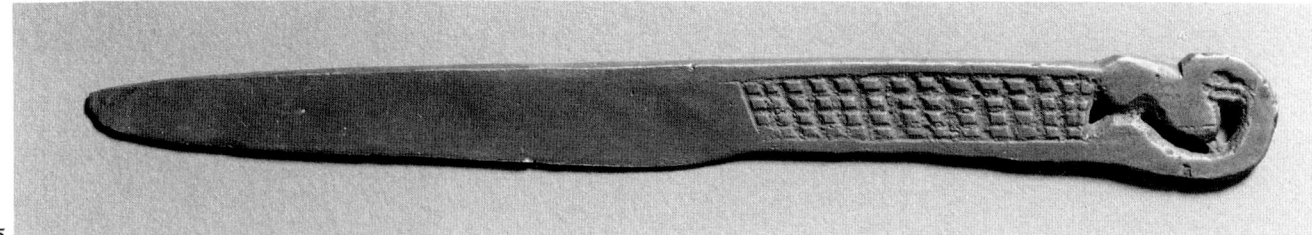

5

5. Messer, Bronze, L. 19 cm, Zufalls-
fund aus *Chövsgöl, Bajanzürch sum.*
Die Verzierung am Stielende stellt den
Kopf eines Ziegenbocks dar. Dieser
Messertyp ist sehr verbreitet und eben-
falls für die sog. Karassuk-Epoche
(13.—12. Jh. v. Chr.) typisch. SCM
D-86c-1-18.

6. Schwertförmiger Bronzestift mit
abgerundetem Kopf, L. 9,5 cm, B. 1,1
cm, T. 0,4 cm, Stielteil mit Öse zylin-
drisch, Längsteil vierkantig, spitzzulau-
fend. SCM D-89.

7. Beschlagsstück, Bronze, B. 5 cm, H.
5,5 cm, rhomboid, mit Befestigungsloch
im Oberteil, Dekor unter Verwendung
des Widdermotivs, Fundort *Uvs.* SCM
D-89.

6

7

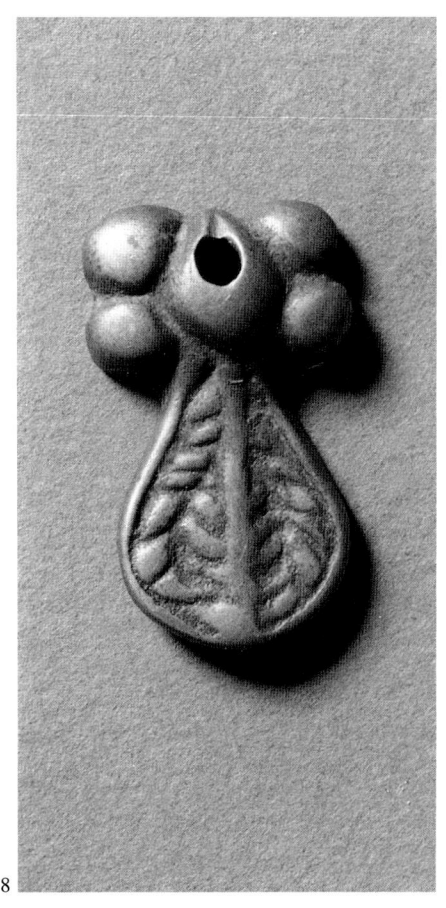

8

9

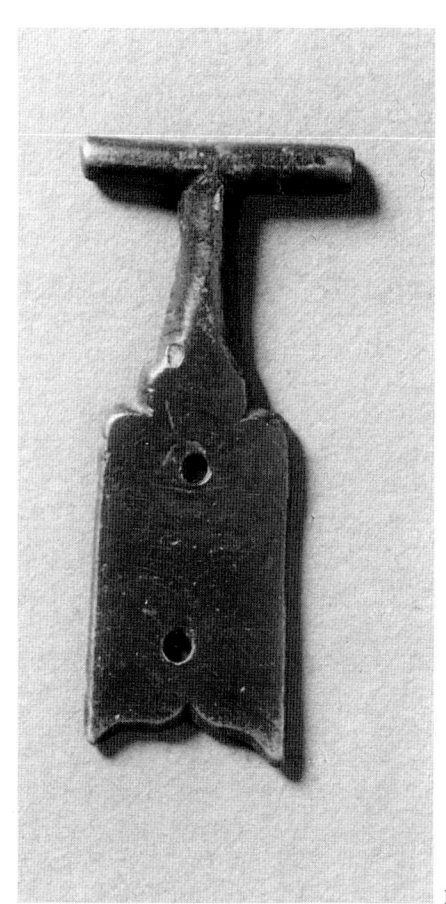

10

8. Bronze, insektenförmig, L. 2,7 cm, B. 1,6 cm, symmetrische Kugelverzierungen. SCM D-89.

9. Beschlagsstück, Bronze, ⌀ ca. 2,7 cm. Weit verbreitetes, meist auf steinzeitlichen Petroglyphen der Mongolei vertretenes Dekor, das als Nachbildung von Hufspuren erklärt wird, *Uvs*. SCM D-89.

10. Bronze, L. 4,1 cm, B. 1,9 cm. Spatenförmiges Stück mit zwei Bohrlöchern, Süd-Gobi, *Bajśint chijd*, Fund aus dem Jahr 1930. SCM D-89.

11. Bronzeglöckchen, H. 3 cm, ⌀ 1 cm, ringförmige Verzierung, Flechtdekor am unteren Rand, *Uvs, Ulaangom*. SCM D-89.

12. Beschlagsstück, Bronze, L. 5 cm, B. 3,2 cm, Blütendekor, *Uvs*. SCM D-89.

11

12

15

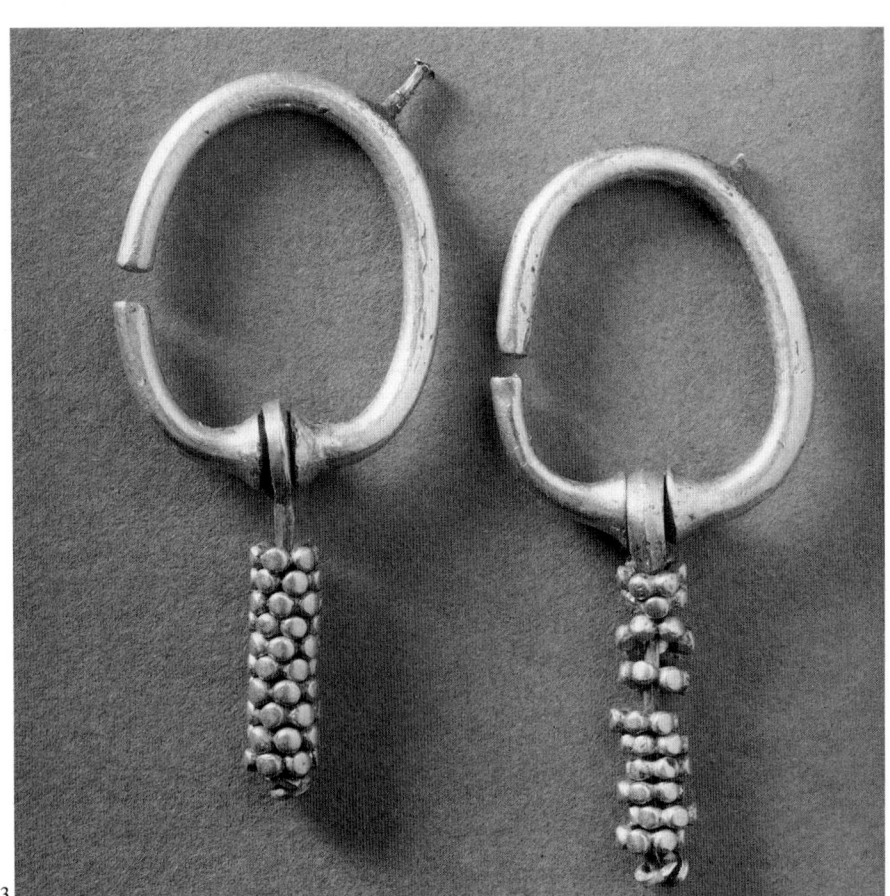

13. Zwei Ohrringe aus Gold mit mobilem Stift, der zehn kleine granulierte Ringe trägt, L. 2,7 cm, B. 2,2 cm. Aus einem türkischen Grab des 7.—8. nachchristlichen Jh.s. SCM D-16.

13

14. Goldfolie, vermutlich Stück eines Beschlages, L. 7,5 cm, *Noin Uula*. SCM D-2677.

14

16

Die unter Nr. 15—19 ausgestellten Textilien (Seidengewebe) und die Goldfolie stammen aus den Ausgrabungen hunnischer Schachtgräber, die ab 1924 von dem sowjetischen Archäologen Koslov in *Noin Uula* durchgeführt wurden. Der Ort im Nordwesten der Mongolei liegt 1500 Meter hoch; die Gräber befanden sich in Schächten, die bis zu zehn Meter tief waren. Sie lagen damit unter der das ganze Jahr über konstanten Frostgrenze und waren deshalb sehr gut erhalten. Die Textilien dienten als Bespannung der Grabwände aus behauenen Hölzern. Die Funde aus diesen Gräbern des 2. Jh.s vorchristlicher Zeit werden den Xiongnu, Vorläufern der späteren europäischen Hunnen, zugeschrieben und geben Zeugnis für stilistische Beeinflussungen und rege Handelsbeziehungen sowohl zum westlichen Mittelasien als auch zum hanzeitlichen China.

15. Seide, zwei zusammengenähte Bahnen, L. 58 cm, geometrische Motive in Rotbraun, Grün und Gelb auf dunklerem Grund, *Noin Uula*. Die Seide umrahmte den Filzteppich aus Kurgan Nr. 6 in *Noin Uula* (Eremitage Leningrad, Staatliches Zentralmuseum Ulanbator), der in Applikationsarbeit Tierkampfszenen darstellt. SCM A-7.

15

16

16. Seide, L. 75 cm, B. 38 cm, *Noin Uula*. Webmuster mit Hirschen. SCM A-32.

17

17. Seide, L. 81 cm, B. 33 cm, *Noin Uula*. Spuren ehemaliger Stickerei (Widderhörner). Webmuster mit Tieren, u. a. Hunden und Löwen. SCM A-40.

18

18. Seidenfragmente, ca. L. 25 cm, B. 23 cm und L. 23 cm, B. 21 cm, *Noin Uula*. Zwei Bahnen mit Stickerei (Widderhörner und Blattdekor) in hellerer und dunklerer Ausführung. SCM A-44.

19

19. Seidenfragmente, das größte L. 70 cm, B. 64 cm, *Noin Uula*. Grünlich-gelbes Dekor, dazwischen chinesische Zeichen, Hirsch und Reiter. SCM A-30.

20. Topf aus Leder *(chönög)*, vermutlich Rindsleder, ⌀ ca. 21,5 cm, aus *Savchan*. Kleiner Topf wie üblicherweise zum Melken benutzt. Der Öffnungsrand ist innen ohne Naht, der Topf wurde aus einem einzigen zylindrischen Stück Leder angefertigt, das zur Formgebung stellenweise angeschnitten und zurechtgenäht wurde. Der Boden ist angenäht. SCM D-86-5-3.

21. Birkenrindegefäß *(üjsen bortogo)* mit Boden und Deckel aus Holz, H. 27 cm, ⌀ 16 cm, aus *Bulgan*. Ein lederner Halteriemen ist durch den Deckel gezogen. SCM D-82c-1-3.

20

22

23

22

22. Teekanne aus Kupfer mit Beschlägen und schwenkbarem Griff aus Messing, H. 37,2 cm. Dekor am Ausguß: Symbol für Langlebigkeit umkreist von zwei Fledermäusen, daneben beidseitig floraler Rankendekor. SCM D-87š-1-109.

23. Teekanne aus Lärchenholz mit durch Kupferstifte festgehaltenen Beschlägen aus Messing, Griff aus Leder und Baumwolle, H. 50,5 cm. Dieser schlichte Gebrauchsgegenstand ist allein durch die Wölbung der Binder an Front des Gefäßkörpers geschmückt. SCM D-84c-2-50.

24. Kanne aus Kupfer, mit Henkel und Deckelknopf aus Messing, H. 30 cm. Der Deckel ist abnehmbar. SCM D-80-8-80 a.

25. Teekanne *(dombo)*, Paar, aus Silber mit Schmuckbeschlägen und schwenkbarem Griff aus Silber, Kupfer und Messing, H. 37 cm. Die getriebenen Beschläge aus Silber zeigen Drache und »Perle« als Dekor, die daran anschließenden Beschläge aus Kupfer und Messing sind mit den Motiven der Lotosblüte und der »Drei Juwelen« geschmückt; an Boden- und Ausgußrand Mäandermotiv.
SCM D-84-2-2 a, b.

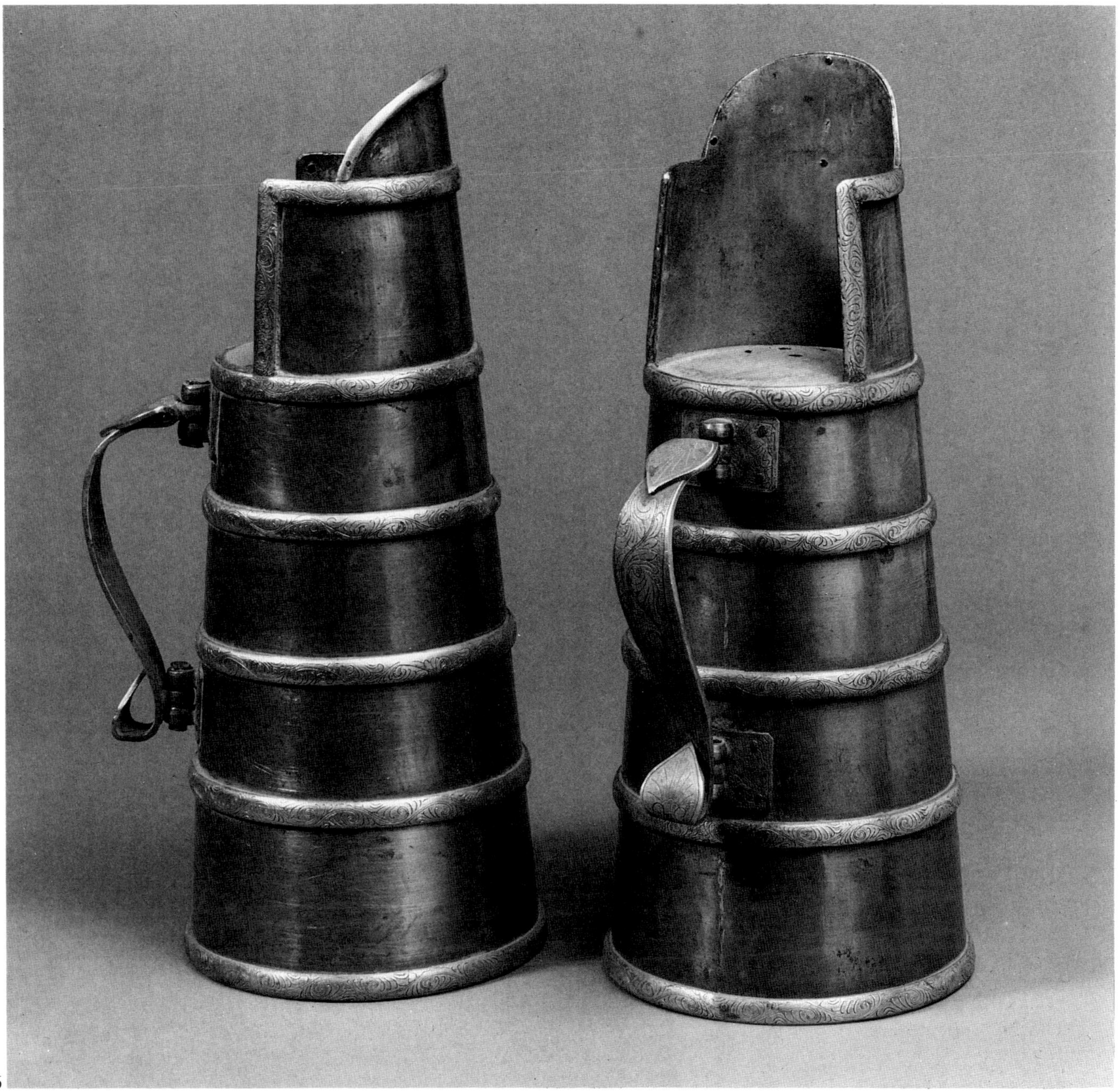
26

25

26. Teekanne, Paar, aus Kupfer mit Beschlägen und schwenkbarem Griff aus Messing, H. 38,2 cm, floraler Dekor an den Messingteilen. SCM D-85-11-12 a, b.

27

28

27. Kessel aus Messing mit Beschlägen aus Silber und Kupfer, Henkel z. T. aus Holz, H. 21 cm (o. Henkel). Ein Kupferbeschlag mit Mäandermotiv faßt den Fuß ein, weitere Silberbeschläge mit Widderhorn- und Lotosblütenmotiv und dem Symbol für Langlebigkeit schmükken den Gefäßkörper. Der Deckel trägt einen Silberbeschlag mit Lotosblüten und einen Löwen in seiner Mitte. Ansatz und Mund der Ausgußtülle sind mit ziselierten Silberbeschlägen mit floralem Dekor besetzt; eine kleine Kappe verschließt die Tülle. SCM D-321.

28. Kessel aus Kupfer mit Beschlägen aus Messing, H. 20 cm. Die ziselierten Beschläge am Tüllenansatz, Ausguß und Deckel sind mit Widderhornmuster geschmückt, der Deckelknopf mit Blumendekor. SCM D-84-5-6.

29. Kessel (danch) aus Kupfer, H. 17,5 cm, sechseckiges Gefäß mit viereckigem Ausguß und doppelbügeligem Henkel. SCM D-87š-1-lll.

29

25

29

Trinkschalen werden gewöhnlich aus Wurzelholz hergestellt und mit Silberblech so ausgeschlagen, daß der Silberbeschlag weit nach außen überragt und den Behälter umschließt. Den unteren Teil der Schale umschließt ebenfalls ein Fries aus Silberblech, während oberhalb davon der Holzkörper sichtbar bleibt. Der silbergetriebene Fuß zeigt meistens ebenfalls Ziermotive. Die Ausstattung der Schalen reicht von einfachster Art bis zu höchst künstlerischen Silbertreibarbeiten. Bei der Verzierung entfaltet sich die individuelle Kreativität der Silberschmiede besonders. Es existieren mehrere Schalenarten: Aus Schalen von einem Durchmesser von etwa 10—12 cm trinkt man Tee, Milch, gelegentlich Schnaps, oder auch mit fester Nahrung (z. B. Getreide) vermischten Tee, wobei dieser oft aus etwas größeren Schalen eingenommen wird (vgl. Nr. 39). Die vergorene Stutenmilch wird aus noch größeren Holzschalen getrunken, die selten beschlagen sind. In der Regel trinkt man den stärkeren *Archi* (Branntwein) aus besonders kleinen, speziellen Schalen (vgl. Nr. 40).

30	31	32

30. Schale aus Holz, mit Silber ausgeschlagen, ⌀ 11,2 cm. Dekor am Gefäßbauch und -fuß: Ewiger Knoten, Čintamani und Flechtmotiv. SCM D-463.

31. Schale aus Holz, mit Silber ausgeschlagen, ⌀ 12,4 cm, aus *Övörchangaj Ujanga sum*. Dekor am Gefäßbauch: Blumenmotive und Glückssymbole. SCM D-85c-3-40.

32. Schale aus Holz, mit Silber ausgeschlagen, ⌀ 12,2 cm. Silberfries am Gefäßfuß Lotosblüten und Widderhorn, der Beschlag am Gefäßboden zeigt zwei konzentrische Kreise aus jeweils geometrischem Widderhorn- und Blumenmuster um eine ineinander verschlungene rechtsdrehende Swastika und ein Fischmotiv, dessen Fische Seehundmäuler haben. SCM D-2972.

33. Schale mit Deckel *(bagvar)* aus Wurzelholz, mit Bemalung in Schwarz und Gold, lackiert, ⌀ 19 cm. Dekor am Deckel Drache, am Gefäßrand die acht Glückszeichen des Buddhismus. SCM D-87š-1-36.

33

34

34

35

3

36

3

34. Schalenbehälter aus Messing, H. 6,3 cm, Ø 15 cm, mit zwei Henkeln und einem Verschluß. Am Deckel Ranken- und Lotosblütendekor, taoistische Glückssymbole, in der Mitte Zweiheitssymbol yin-yang, am Gefäßkörper Blumendekor und am Fußrand Mäandermotiv; auf der Standfläche finden sich Lotosblüten und Zweiheitssymbol wieder. SCM D-1856.

35. Schalenbehälter *(ajgany ger)* aus Eisen, H. 7 cm, Ø 15 cm, mit Henkeln am Gefäßkörper und Ösen für Trageriemen. Am Gefäß- und Deckelrand Mäandermotiv, am Gefäßkörper durchbrochenes florales Dekor, ein Drache schmückt Deckel und Boden des Gefäßes. SCM D-516.

36. Schale aus Holz, mit Silber ausgeschlagen, Ø 12,2 cm. Dekor am Gefäßbauch Lotosblüte und Widderhorn, am Gefäßfuß Mäandermotiv. SCM D-86-6-11.

37. Schale *(mönggön ajaga)* aus Holz, mit Silber ausgeschlagen, Ø 10,8 cm, mit einfachem Widderhornmotiv am Gefäßbauch. SCM D-86-1-6.

38. Schale aus Holz, mit Silber ausgeschlagen, Ø 11,4 cm. SCM D-83-4-3.

39. Schale aus Holz, mit Silber ausgeschlagen, Ø 15 cm. Dekor durch Einkerbung des Gefäßrandes. Aus diesem größeren Schalentyp wird festere Nahrung eingenommen. SCM D-87š-1-13.

37

38

39

Siehe Seite 32.

Siehe Seite 31.

40

40. Schale aus Holz, mit Silber ausge-
schlagen, ∅ 9 cm; aus *Chentij, Batno-
rov sum.* Dekor mit floralem Muster und
Widderhornmotiv. Aus solchen kleinen
Tassen wird Schnaps getrunken. SCM
D-84c-1-44.

41. Flache Reiseflasche aus Leder *(dašmag)* mit Verschlußstöpsel aus Birkenholz, H. 27 cm (verschlossen), aus
Chovd, Zereg sum. Dekor Widderhorn,
Swastika, rechtsdrehender Haken *(zöv
degere).* An den Sattel gehängt dienen
diese Flaschen der Aufbewahrung von
Wasser und vor allem Branntwein
(archi). Als Zeichen der Würdigung des
Inhaltes ist diese Flasche mit Seidenstreifen behängt. Besondere Ehre erfährt
im allgemeinen der *Archi,* den man als
besonders wertvoll geschätzten Gästen
anbietet und den Göttern als Opfer dar-
bringt. SCM D-84c-2-33.

41

41

41

42. Flache Reiseflasche aus Leder mit Verschlußstöpsel aus Birkenholz, H. 35,2 cm (verschlossen), aus *Xovd, Zereg sum*. Dekor Widderhorn, Swastika, rechtsdrehender Haken *(zöv degere)*. SCM D-84c-2-35.

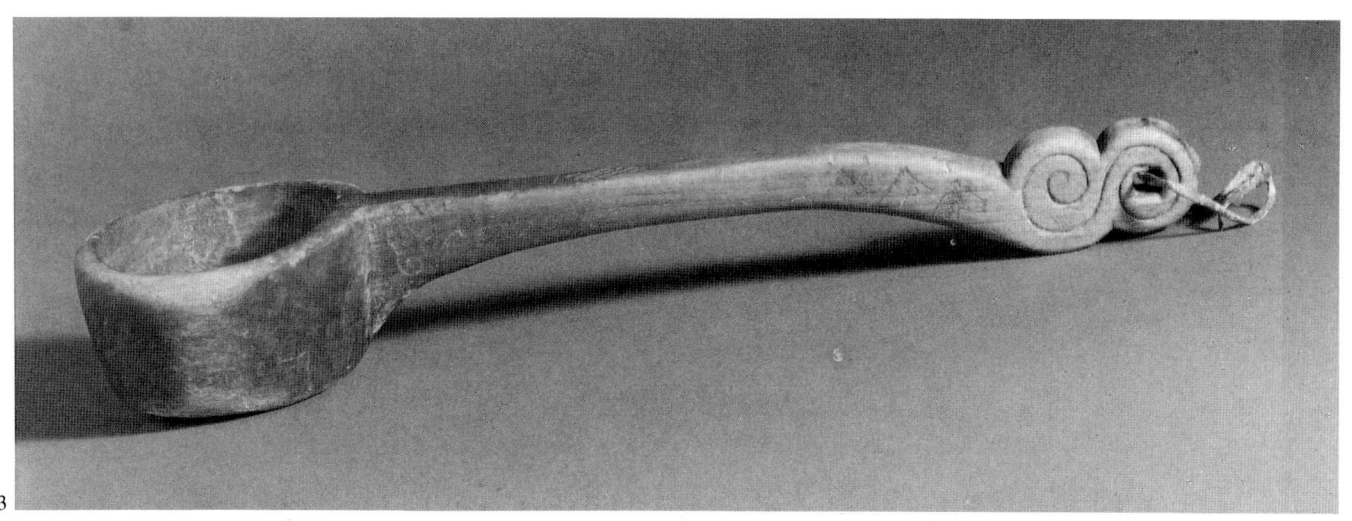

43

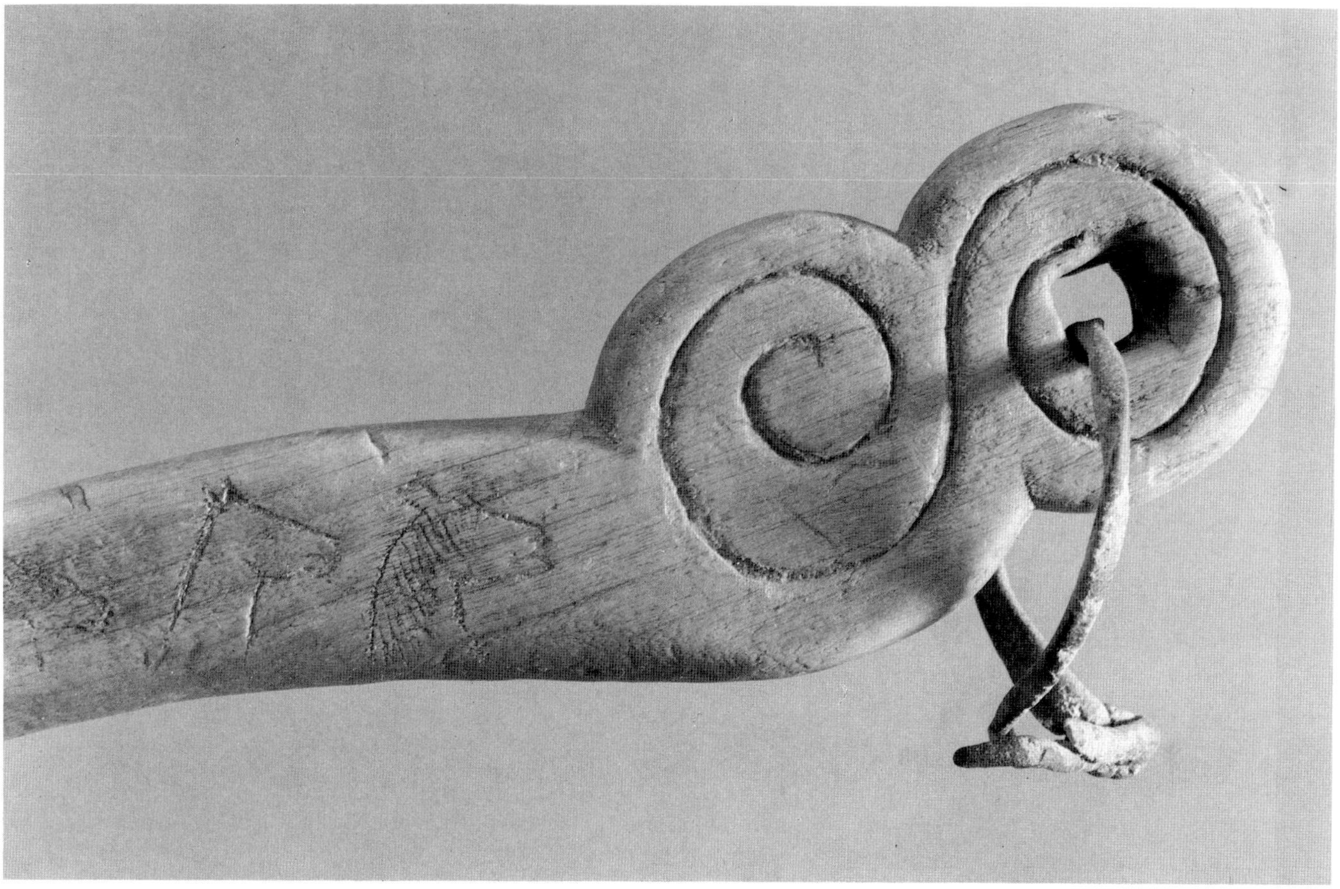

43. Schöpflöffel für Kumiss, Kiefern-holz, L. 52,5 cm, aus *Archangaj, Tariat sum*. Dekor am Stielende »falscher Haken«, d. h. linksdrehender Haken, Dekor (anscheinend unvollständig) am Vorderteil des Stiels Ewiger Knoten und zwei Dreiecke, an den Stielseiten Pferdeköpfe, am Löffelende beidseitig Widderhornmotive. SCM D-83c-l-166.

43

44

4

44. Fleischplatte *(tavag, car)* aus lackiertem Holz, mit Silber eingefaßt, ⌀ 37,5 cm, Silberbeschläge mit floralem Dekor. SCM D-85-3-2.

45. Schöpflöffel *(šanaga utguur)*, aus dem Horn eines männlichen Steinbocks (mong. *tech)* geschnitzt, L. 47 cm, aus *Archangaj, Tariat sum.* SCM D-83c-1-162.

46. Schöpflöffel für Kumiss *(utguur)* aus Birkenholz, L. 57,7 cm, aus *Archangaj.* Löffelstiel mit einem Pferdekopf verziert, dem üblichen Schmuck für diesen Haushaltsgegenstand. SCM D-83c-1-167.

47. Schöpflöffel für Kumiss, Kiefernholz, L. 46 cm, aus *Archangaj.* Pferdekopf am Stielende mit gestutzter Mähne. SCM D-83c-1-168.

48. Schöpflöffel *(šanaga)* für *Öröm* aus Messing, L. 57 cm, aus *Dornogov'* (Südgobi), *Sulin Cheer sum.* Dieser Schöpflöffel wird bei der Herstellung des Milchproduktes *öröm* benutzt. Dafür wird Milch mehrfach und dauerhaft erhitzt und mit einem solchen Löffel geschöpft. Im fertigen Zustand ist *öröm* eine kompakte, aber lockere Masse. SCM D-85-4-13.

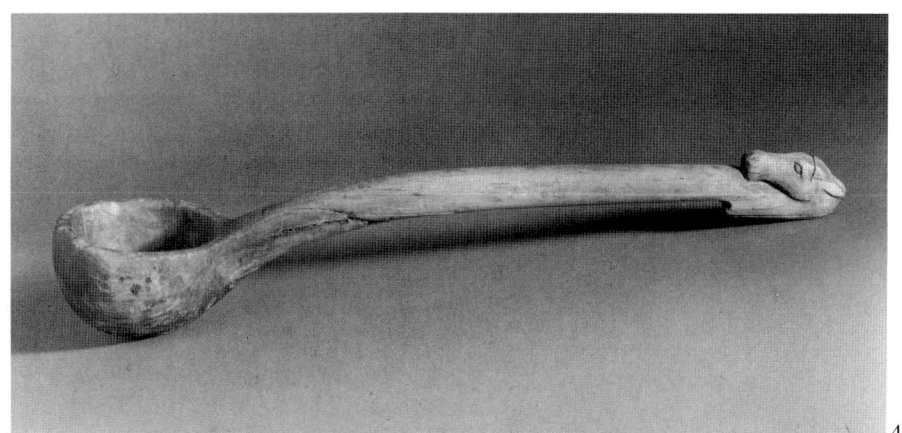

46

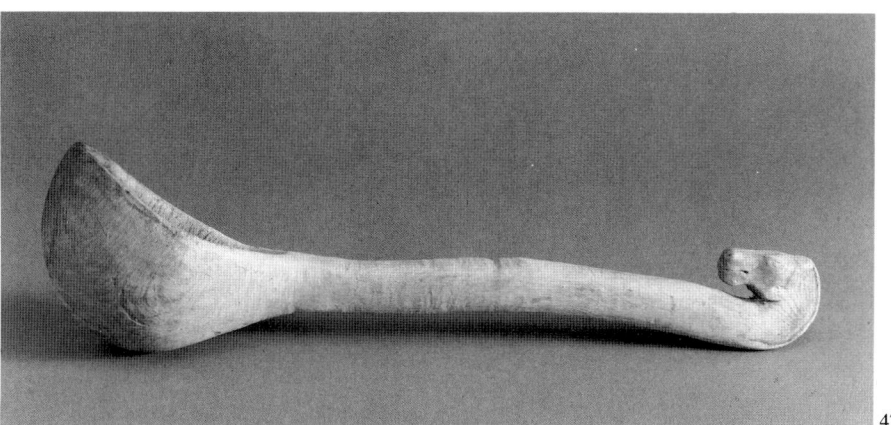

47

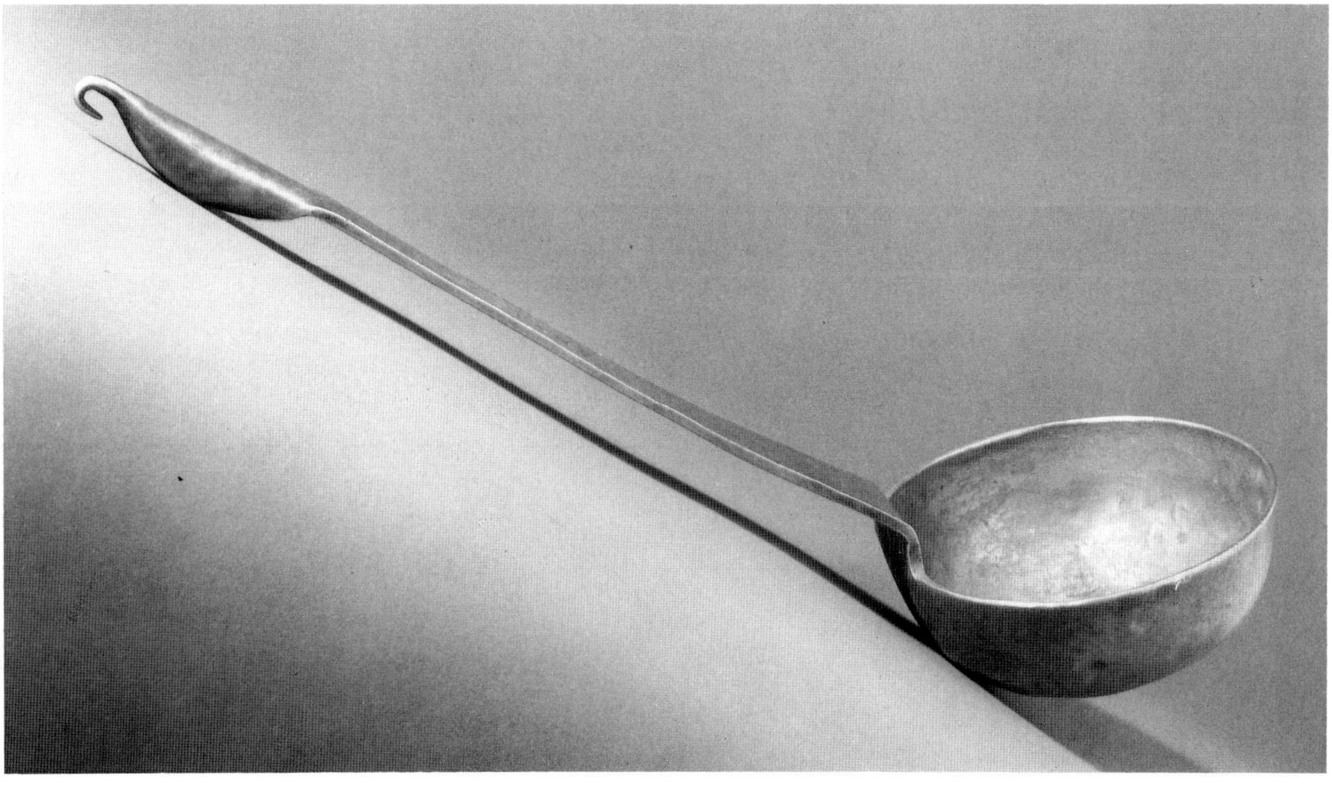

49

50

51

49. Kanne *(baur)* aus Kupfer, H. 37,3 cm, nach unten zu sich leicht verjüngender Körper mit weiter Öffnung (⌀ 24 cm). Drei Messingbinder, eckige Griffe, der Rand des überhöhten Ausgusses ist mit Messingband gefaßt. SCM D-87x-1-15.

50. Eimer mit Deckel *(savchan)* aus Kupfer mit Bindern, Henkel und Deckelknopf aus Messing, H. 23 cm. Henkel in Widderhornform. D-1863.

51. Eimer *(chuvin)* aus Zypressenholz, versilberte Beschläge, H. 35 cm, aus *Dornod, Chalchgol*. Seitliche Henkelplatte mit floralem Dekor. D-83c-2-22.

52. Eimer mit Deckel *(chuvin)*, Paar, aus Zypressenholz, mit Bindern und zwei Henkeln aus Kupfer, H. 36 cm. Henkel in Widderhornform. SCM D-84-7-2 a, b.

53. Eimer mit Deckel *(torch)* aus Lärchenholz mit Beschlägen aus Kupfer, H. 77 cm, aus *Töv, Delgerchangaj sum*. In solchen großen, für diesen Zweck in die Erde eingegrabenen Eimern kann der Kumiss *(ajrag)* für den Winter gelagert werden. SCM D-85c-1-60.

54. Eimer mit Deckel *(savchan)* aus Kupfer mit Bindern, Henkel und Deckelknopf aus Messing, H. 23 cm. Dekor auf den Beschlägen: diverse Ausprägungen des Widderhornmotivs. Am Deckel Lotosblüten und Blattmuster. SCM D-84-2-4.

53

54

55. Schöpftasse *(ajaga)* der Kasaken (mongolisierte Türken), Holz, H. 10,2 cm, aus *Bayan Ölgij, Tolbonuur sum.* Aus einem Stück geschnitzt, gleicher Typ auch bei den Urjanchaj im Gebrauch. SCM D-84c-2-45.

56. Teestampfer *(chöörcög)* aus Kupfer mit Messingbeschlägen am Deckel, H. 73 cm, ⌀ 8,5 cm. Der Stampfstock ist aus Holz, L. 26 cm. Der Gefäßkörper trägt vier Ösen, durch die eine in Wolltuch gehüllte Kordel als Trageriemen gezogen wird. Mit diesem Gerät wird der Milchtee emulgiert. SCM D-84-4-4.

57. Gefäß zum Wasserholen aus Messing, mit Gestell aus Holz und Trageriemen aus gesteppter Baumwolle, B. 38 cm, H. 52 cm, aus *Töv, Öndörśireet.* Das Gefäß trägt vier Ösen zum Durchzug des Trageriemens und war ursprünglich aus dem Gestell herausnehmbar. SCM D-85c-1-74.

58. Kessel *(togoo)*, Bronzeguß, ⌀ 75 cm, H. 33 cm. Großer Kessel für den Gebrauch in den Klosterküchen. Buddhistische Glückssymbole, Inschrift an der Kesselwand »Fertiggestellt an einem günstigen Tag des ersten Frühlingsmonats des 18. (Regierungs-)jahrs des Törü Gereltü (1838), vom Gelong Ĵayisang TaĴin«. SCM D-87x-2-4.

59. Kesselständer aus Eisen *(tulga)*, ⌀ 53 cm, H. 75 cm. Übergröße, die Normalgröße liegt bei ca. ⌀ 40 cm, H. 35 cm. SCM D-87x-2-6.

55

56

57

58

59

43

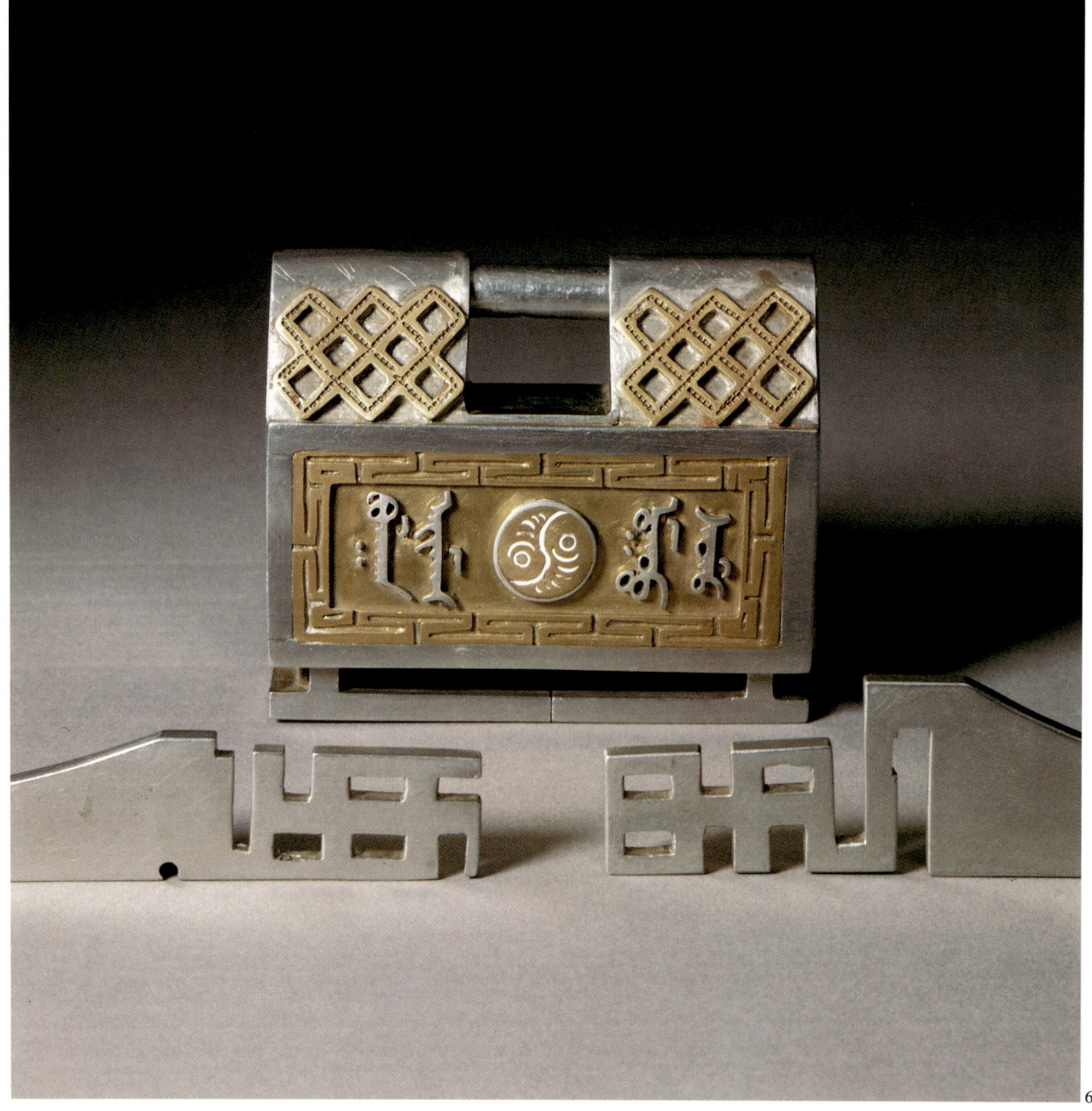

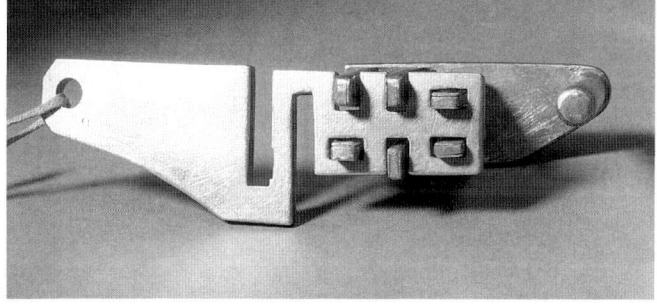

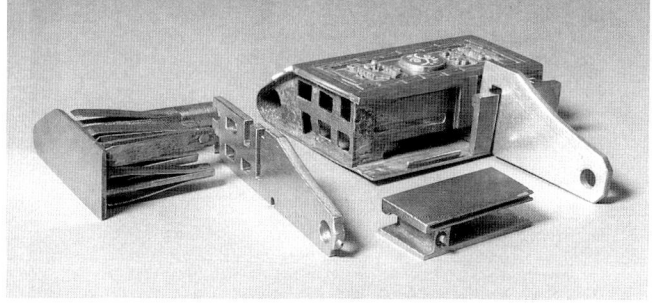

60. Schloß *(coož)* aus Eisen mit Auflagen aus Messing und Silber, B. 11,4 cm, H. 9,3 cm, aus *Bulgan, Mogot sum.* Verschlußsystem mit Geheimsperre und zwei Schlüsseln. Messingüberzogenes Reliefdekor: Ewiger Knoten, Mäandermotiv, Zweiheitssymbol yin-yang und Schriftzug *Bulγan ayimag moγotu sum* (»Provinz Bulgan, Distrikt Mogot«) aus Silber. SCM D-2998.

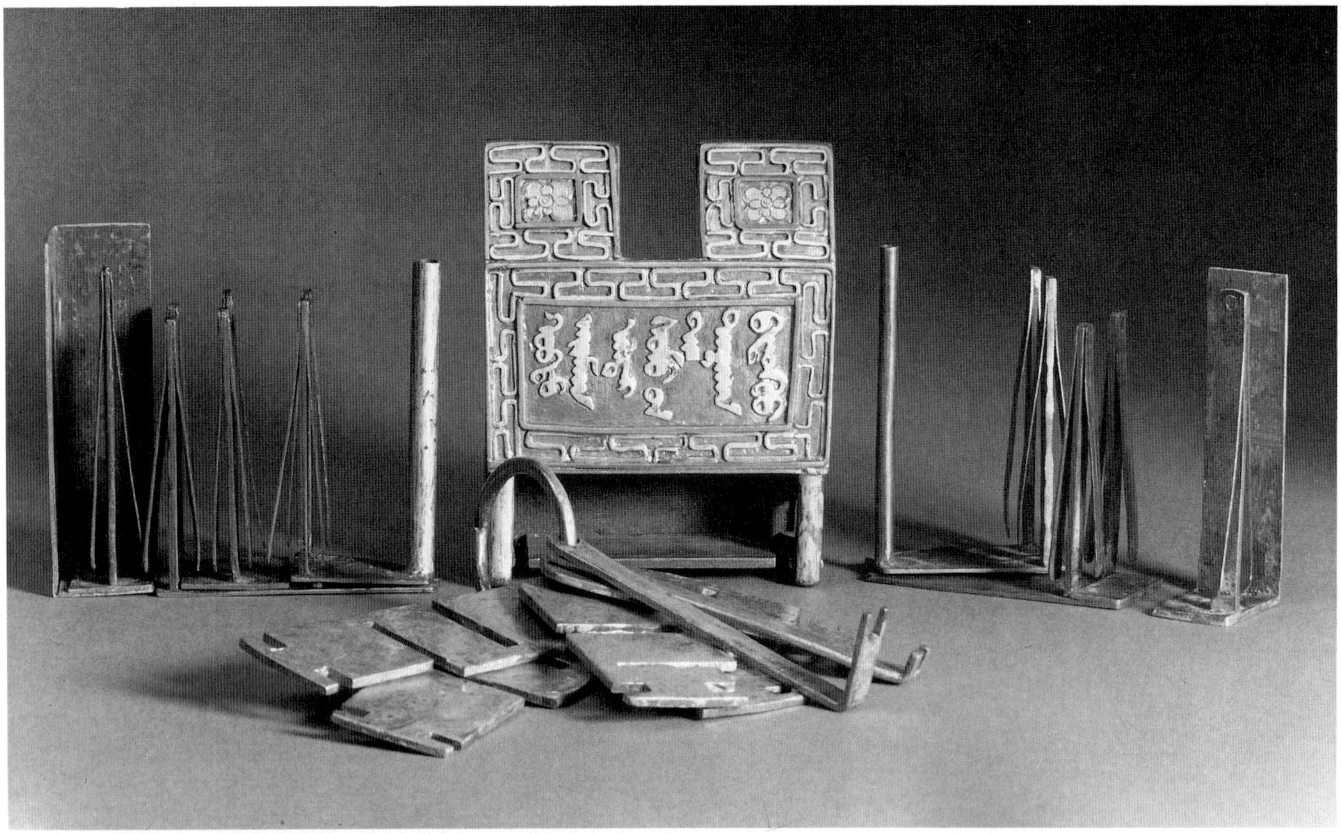

61

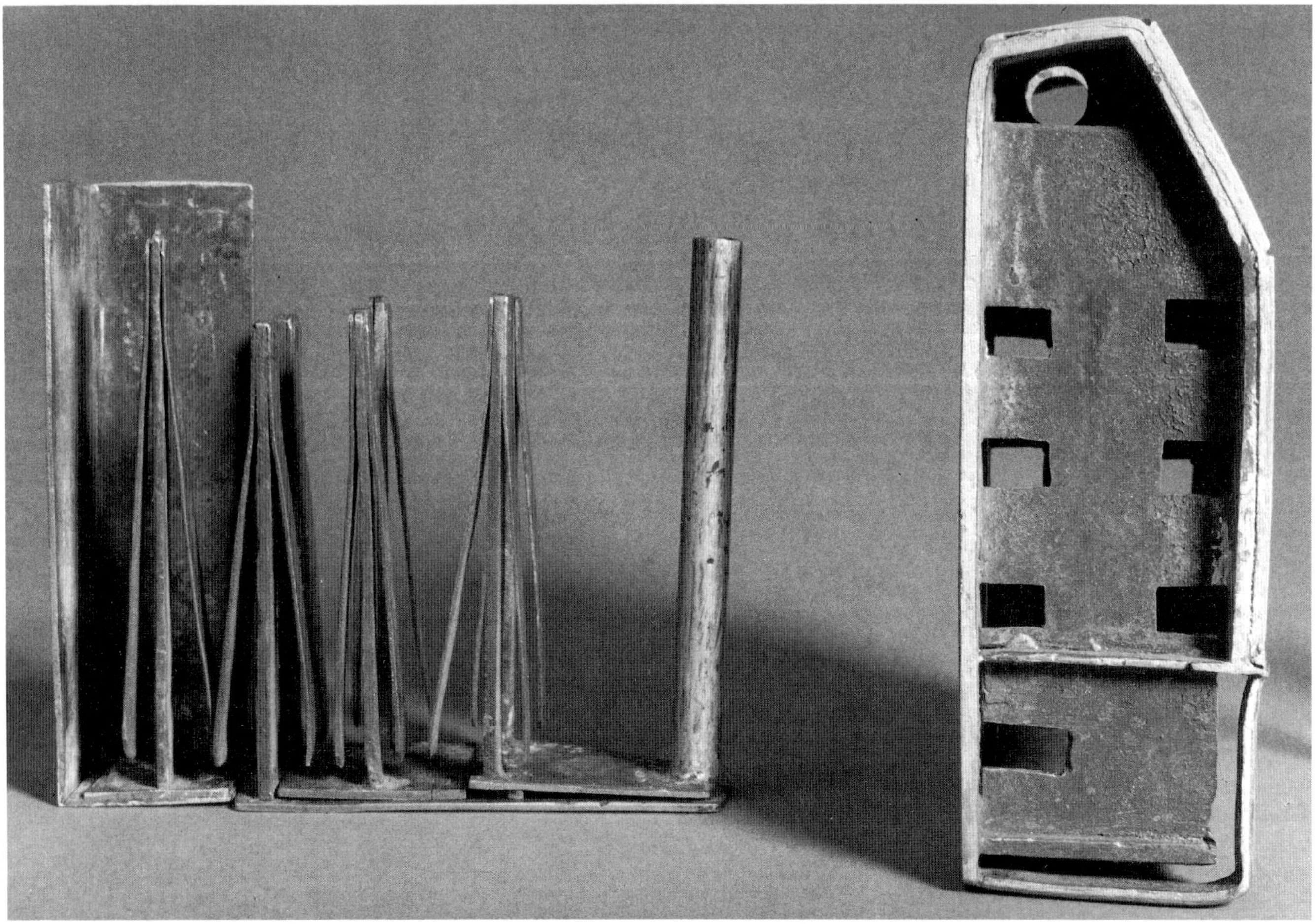

6

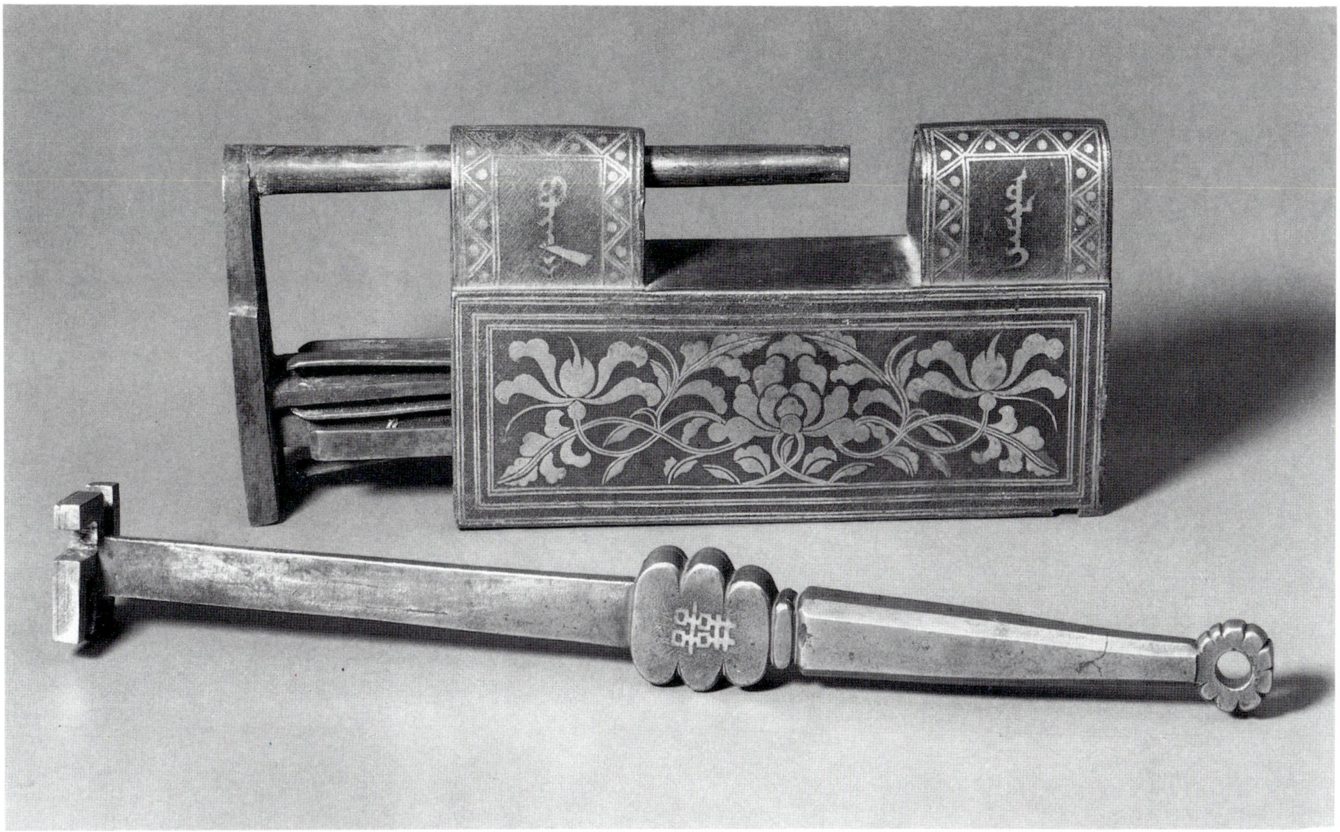

62

61. Schloß aus Eisen mit Messingbeschlag und Einlagen aus Kupfer und Silberdraht, H. 14,6 cm, B. 12,1 cm, aus *Chovd, Aldar sum*. Verschlußsystem mit sieben Schlüsseln, fünf der Schlüssel und herausnehmbare Teile sind durchnumeriert, Dekor: Hammermotiv, Blüten, an der Vorderfront Herstellungsvermerk »(Hergestellt vom) Großhandwerksmeister Batuküü vom Aldar-Distrikt in der Provinz Chovd«. SCM D-85-10-13.

62. Schloß, Eisen silbertauschiert, H. 11,6 cm, B. 19,1 cm, mit Steckschlüssel. Swastika als Schlüsselbart, Blüten, chinesisches Symbol für Eheglück *Xi* und mongolischer Schriftzug *buyan ölzei* (»Glück und Segen«). SCM D-1692.

63. Zwei Schränke *(šüügee)*, Jurteninventar, H. 70 cm, B. 67 cm. Im oberen Teil je zwei Schubladen, bemalt und gelackt, Messingbeschlag und Schloß. Die abnehmbaren Messingscheiben in der Mitte beider Schränke verhindern das Öffnen der Türen und Schubladen. Die ein- bzw. zweifederigen Schlösser werden mit eisernen Schlüsseln geöffnet bzw. geschlossen. SCM D-87x-4-4 a, b; SCM D-87x-4-6 a, b; SCM D-87x-4-7 a, b.

63

66. »Nadamfest« *(Nadam),* Gouache, H. 111,5 cm, B. 137 cm, Gemälde des Malers L. Dar'süren, von 1967. In analogem Aufbau zu dem Gemälde des C. Damdinsüren stellt das Bild die Ringkämpfe während des großen Nadamfestes in liebevollen Details dar, wobei die Ausführung einzelner Gestalten überlieferten, stereotyp immer wieder verwendeten Figuren folgt. SCM D-2728.

64. Filzteppich *(širdeg),* L. ca. 204 cm, B. ca. 95 cm, kasakisch, variiertes Widderhorndekor in Baumwollapplikation, zum Auslegen des Jurtenbodens. SCM D-85c-1-64.

65. Jurtentürvorhang *(üüd),* Filz und Baumwolltuch, H. 160 cm, Muster abgesteppt, in der Mitte rundes Symbol des langen Lebens *(tümen nasu)* und dreifache Umrahmung mit geometrischen Mustern. SCM D-85-7-7.

50

67. Kinderhut, H. 17 cm, Krempe aus Samtbesatz mit gelber Seide gefaßt. Hutwölbung grüne Seide mit eingewebten Blumen, sechs lanzettförmige Zungen mit Applikation. Hutknopf aus roter Seide. SCM D-2353.

67

68. Ringerjacke (zodog) und -hose (šudag). Bei ihren sportlichen Kämpfen tragen die mongolischen Ringer nur eine kurze, ungefähr 42 cm hohe, mit Seidenstickereien besetzte Jacke, die um den oberen Rücken die Schultern bedeckt. Sie ist mit Seidenbändern fest an den Leib geschnürt und an ihr und an der Hose halten sich die Gegner fest. Es gibt außerdem auch aus Leder gefertigte, mit metallenen Beschlagnägeln verzierte Ringerbekleidung wie auch solche aus Filz. So schildert sie auch die Volksdichtung. Der knappe Lendenschutz ist ebenfalls aus Seide mit Stickereien. SCM D-78-1-3.

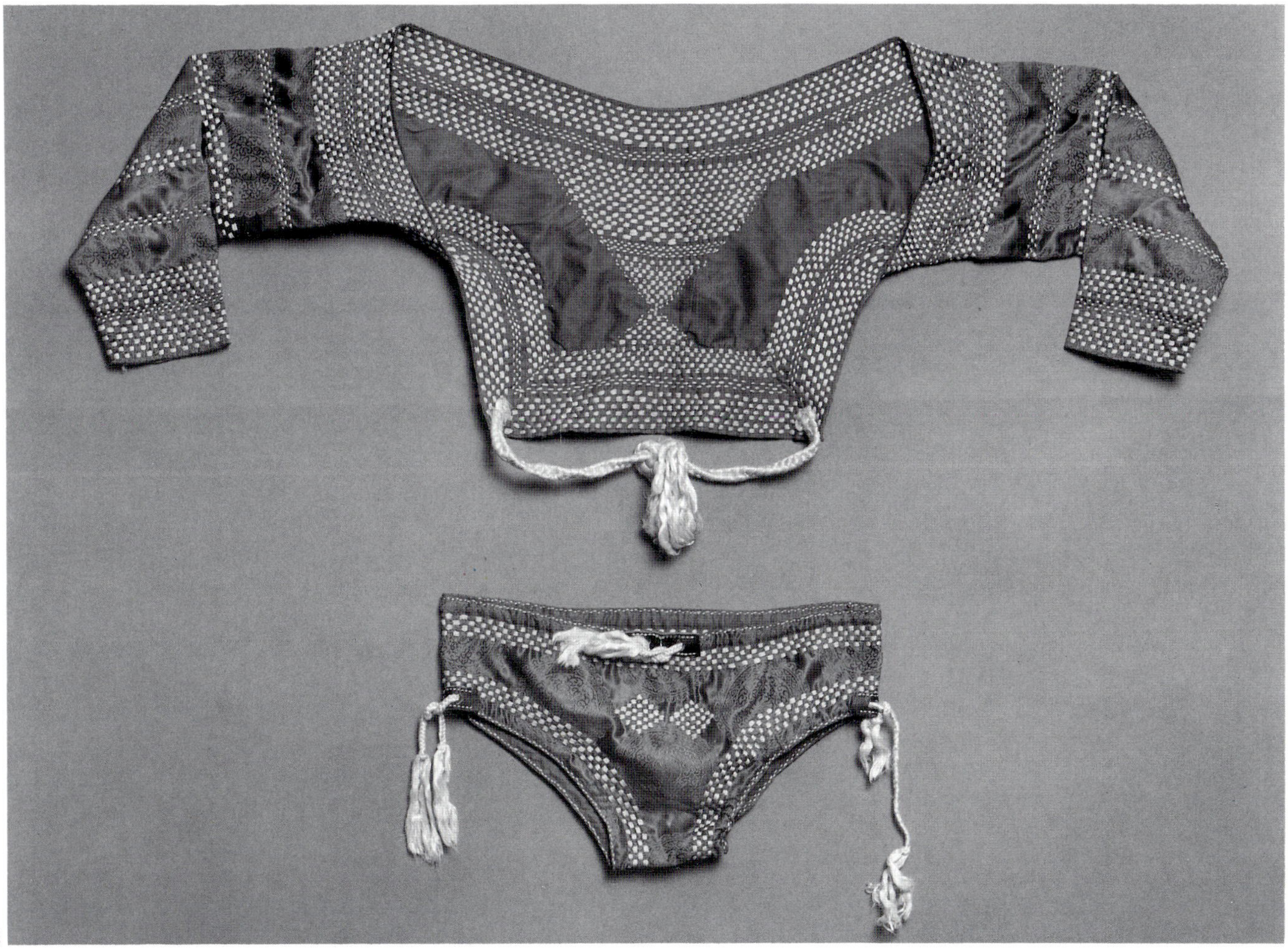

8

69. Kinderstiefel, Schaft H. 32,5 cm, Fuß L. 22,5 cm. Rotes Leder, runde, buntverzierte Kappe, appliziert mit grünem, schwarzem, gelbem und rotem Leder, Baumwollstoff-Futter, Socken (oims) aus abgesteppter gelber Seide mit Applikationen. SCM D-79-4-2.

69

70

70. Kinderstiefel für ein fünfjähriges Kind, Schaft H. 24,8 cm, Fuß L. 17,3 cm, gelbbraunes und dunkelbraunes Leder, Paspelierung, Applikation aus Seide, Rinde und schwarzem Leder. SCM D-1031.

71

71. Prunkstiefel aus braunem Leder, Schaft H. 38,5 cm, Fuß L. 30 cm, mit Soutache-Applikation in verschiedenen Mustern, vorwiegend Drachen und Wolkenmotiv. SCM D-86-8-3.

72. Prachtjacke mit Stehkragen, H. 66
cm, aus orangefarbigem Seidensatin,
bestickt mit Seiden-, Gold- und Silbergarn, Korallen und Perlen. Kreisdekor
mit Kreuzteilung, in den vier Kreisseg-
menten vier chinesische Zeichen in
linksläufiger Reihenfolge mit dem
Wunsch nach Langlebigkeit. Ärmel-
saum, Brustlatz, Mittel- und Seitenschlitze (H. 15,5 cm) mit goldgestickter
Bordüre verziert. SCM D-863.

72

73

73. Zeremonialkleid eines Fürsten, H. 148 cm. Vom Stil der am Mandju-Hof im 17. und 18. Jh. gebrauchten Hof- und Zeremonialkleidung beeinflußte Robe eines mongolischen Fürsten. Blauer Seidensatin, bestickt mit buntem Seiden- und Goldgarn. In der Mitte des Kleides erscheint frontal ein Drache mit einer Perle in den Wolken, dem Symbol für Donner, links und rechts darunter zwei einander zugewandte Drachen mit dem gleichen Symbol, umgeben von weiteren Zeichen für Glück und langes Leben: Fledermaus, Ewiger Knoten, Koralle, Fische, Wolken u. a. m. Ein Saum mit diagonal aufeinander zulaufenden Streifen in den Farben Rot, Blau, Gelb bildet den unteren Teil des Kleides, das vom Oberteil durch einen Fries von weiteren glückverheißenden Symbolen, Wasserwellen und Bergen abgeteilt ist. Überlange, bei den Chalcha übliche Ärmel mit hufförmigen, bestickten Stulpen mit Drachendekor. SCM D-897.

74. Zeremonialkleid eines Fürsten in ähnlicher Manier wie Nr. 73, H. 141 cm. Stickereien in Seidengarn, Gold, Perlen und Korallen auf hellbraunem Seidensatin, Drachendekor ganz in Perlen- und Korallenstickerei. Den unteren Teil des Kleides bildet ein breiter Fries mit Wasserwogen und Bergen und mit anderen glücksbringenden Symbolen (Fledermaus, Swastika, Koralle, Ewiger Knoten, u. a. m.), während die bunten, diagonal aufeinander zulaufenden Streifen nur kleine, abschließende Zwickel bilden. SCM D-945.

74

74

75

75. Jacke des 8. rJe btsun dam pa Khutukhtu (Bogdo Gegen, †1924). Kragen-
lose Jacke aus Goldlamé, H. 111 cm, mit
blauer Seide gefüttert, in der Mitte
geöffnet. Verschluß in der Form einer
Scheibe aus applizierter Seide mit dem
»Rad der Lehre«, umgeben von den
Symbolen »langes Leben«, Wolke, Dop-
pelraute, Buch, Juwel, Koralle, Geld,
Ohrringe, am unteren Rand Wasser- und
Berglandschaft. Die auf einer Jacken-
seite aufgenähte Scheibe dient als Ver-

schluß und ist auf der gegenüberliegenden Seite mit sechs Messinghaken und
Ösen zu befestigen. Auf beiden Schultern je eine weitere Scheibe in Applikationsarbeit verziert, rechts auf weißem
Untergrund in Silberstickerei die Silben
čan-dra (Sanskrit: »Mond«) in der im 17.
Jh. vom Öndör Gegen, dem als 1. rJe
btsun dam pa Khutukhtu höchsten
lamaistischen Kirchenfürsten der nördlichen Mongolei erfundenen Geheim-
schrift Soyombo, links auf rotem Unter-

grund in Goldfaden gestickt die Soyom-
bosilben su-rya (Sanskrit: »Sonne«).
Beide Scheiben mit gleichem Dekor von
Juwel in Flammen, Ewiger Knoten und
Swastika verziert. Die vierte Scheibe
auf dem Rücken der Jacke trägt das auf
einem Lotossockel ruhende Soyombo-
zeichen, das seit der Loslösung der
Mongolei vom chinesischen Staat 1911
als Nag-dbaṅ blo-bzaṅ chos-ldan unab-
hängiger Staat als Nationalsymbol
gebraucht wird. SCM D-946.

76. Kappe, H. 14 cm, Untergrund gelbe Glasperlen, Dekor aus weißen Naturperlen und Korallen: Swastika, Ewiger Knoten, geometrisches Widderhornmuster. Innenfutter roter Stoff. An der Spitze ein ebenfalls mit Perlen und Korallen besetzter Knoten. SCM D-1304.

77. Hut, Chalcha, ∅ ca. 25 cm, H. 20 cm. Flache Krempe, außen schwarzer Samt, Innenfläche und Oberteil mit Goldlamé bezogen. Dekor der Hutspitze Gold- und Silberfadenstickerei mit Perlenbesatz, darüber ebenfalls mit Goldlamé bezogener Knoten. Im Rücken zwei herunterhängende Goldlamé-Stoffstreifen, L. 66 cm. SCM D-949.

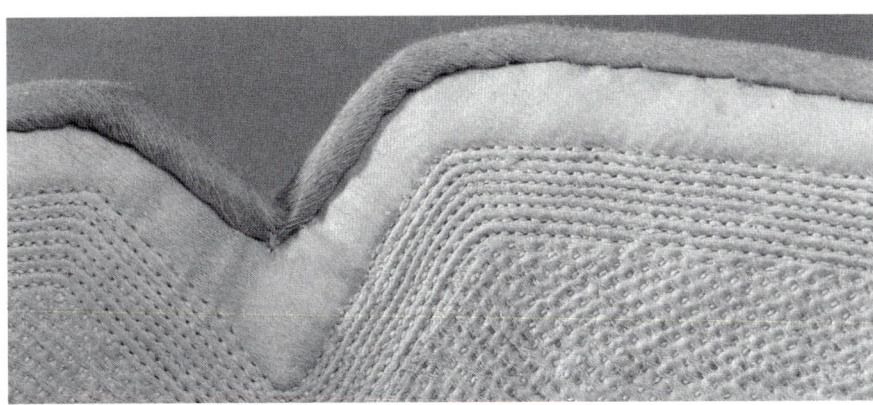

77

77

63

78

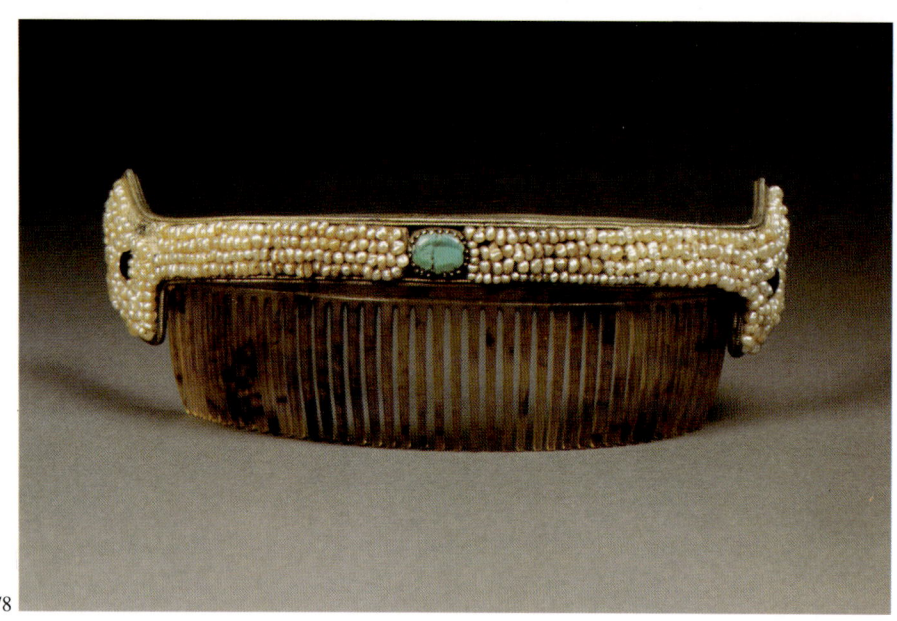

78. Kamm, H. 5 cm, B. 14,5 cm, Silber, besetzt mit Perlen, Türkisen und Holz vom Granatapfelbaum. SCM D-189.

79. Kamm, H. 3,5 cm, B. 16,5 cm, ganz aus Silber, besetzt mit Korallen, Glas und Halbedelsteinen. SCM D-84c-2-17.

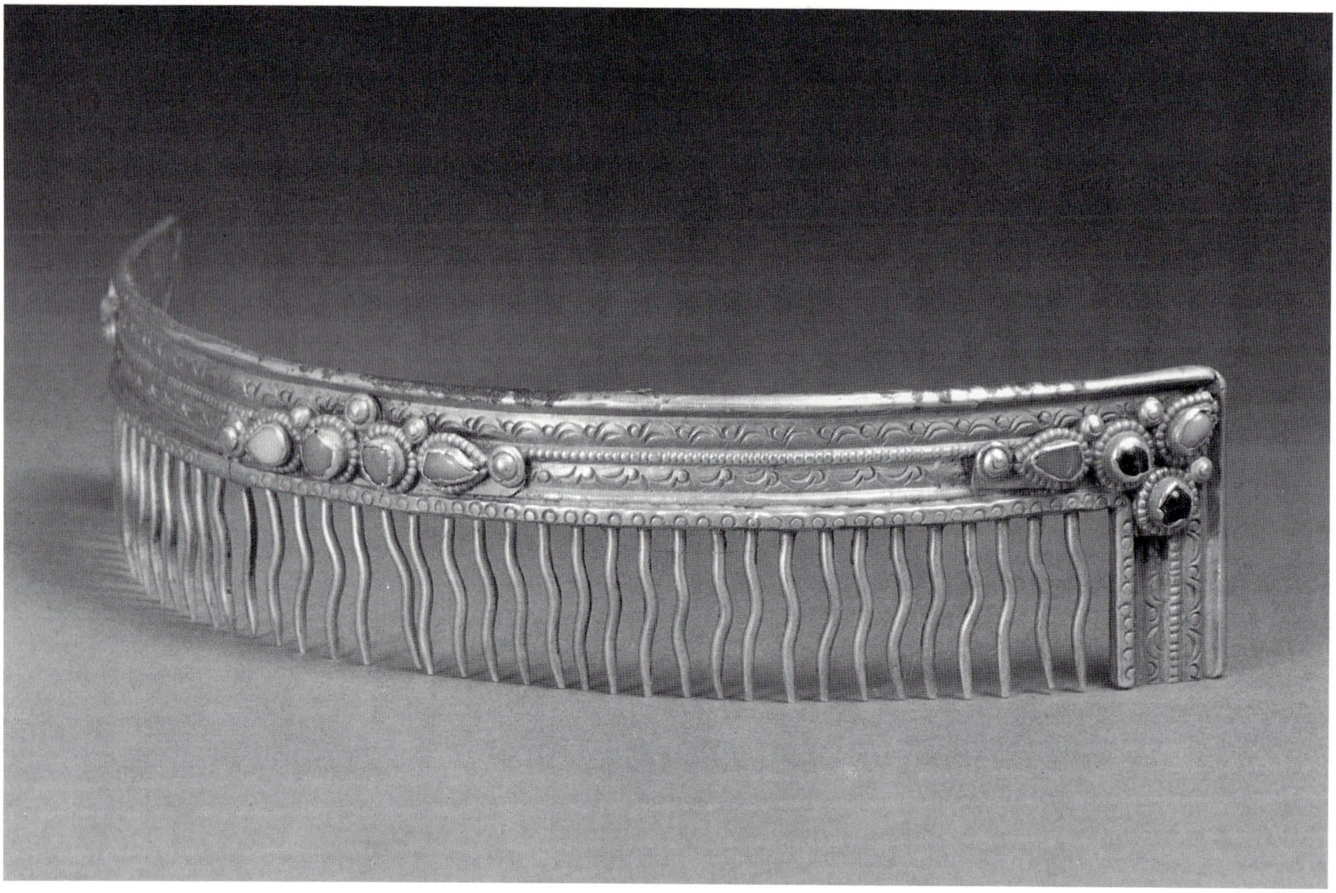

79

80. Zopfschmuck, dreiteilig, H. 6,1 cm, B. 9 cm; H. 4,2 cm, B. 6,8 cm; ∅ 3,2 cm. Silber und Korallen. SCM D-98.

81. Zopfschmuck, zweiteilig, H. 5,5 cm, B. 7,2 cm; H. 2,7 cm, B. 3,7 cm, Silber und Silberfiligran, besetzt mit Perlen (Flechtmotiv), Malachit und Glas. SCM D-194 a/b.

82. Zopfschmuck, zweiteilig, H. 6,8 cm, B. 9 cm; H. 4 cm, B. 4,2 cm. Silber mit Perlen, Korallen, Türkisen, Natursteinen und Holz vom Granatapfelbaum (Punica granatum) besetzt. SCM D-83-4-1 a/b.

80

81

82

83. Zopfschmuck, H. 6,6 cm, B. 8,3 cm. Silber vergoldet, besetzt mit Perlen und Türkisen, auf dem Medaillon zwei einander zugewandte Drachen. SCM D-84-7-1.

83

84. Zopfschmuck, H. 5 cm, B. 7 cm, Silber mit Perlen und Malachit besetzt. SCM D-79-2-4.

84

85. Dieser Kopfschmuck verheirateter Chalchafrauen imitiert Kuhhörner oder das Gehörn eines Wildschafes. Er ist in Silbertreibarbeit hergestellt und mit Korallen und Türkisen besetzt. Über die Entstehung dieses Haarschmucks berichten verschiedene Legenden der Chalcha. Die Frisur wird in zwei breite Flechten geteilt, aufgefächert und gehalten von Spangen, die mit Halbedelsteinen besetzt sind; sie endet in den reich verzierten Zopfetuis (siehe Nr. 92). Den Mittelteil des Kopfschmucks bildet eine runde Kappe aus Silber, an der zu beiden Seiten des Gesichts Perlenanhänger befestigt sind. Porträts mongolischer Kaiserinnen der Yuan-Zeit (1280—1368) zeigen, daß diese Form der Silberkappe ein Überbleibsel der schon für das 13. Jh. bekannten Frauenkappe *(bogtag)* darstellt. Zu diesem Haarschmuck wird ein Brustschmuck aus broschenähnlichen, ornamentierten vergoldeten Silberpektoralen getragen, die an mit verschiedenen Halbedelsteinen, Korallen und Perlen besetzten Ketten hängen. SCM D-2984, D-151, D-4019, D-196.

85

85

85a. Frauenkleid der Chalcha, gelber Seidenbrokat mit Goldfäden, Applikation in verschiedenen Brokaten mit wechselndem Dekor, rot-beige, violett dominierend. Ärmelstulpen mit blauer Seide besetzt. Chalcha-Haartracht: Zopfetuis aus goldschwarzem Brokat, im Oberteil mit reich verzierten, vergoldeten Silberfiligran-Beschlägen, die mit Korallen, Perlen und Halbedelsteinen besetzt sind. SCM D-858, D-230.

86. Frauentracht der Chalcha mit dem typischen, das Gehörn eines Wildschafes nachahmenden Haarschmuck, der in zwei reichverzierten Zopfetuis aus vergoldetem Silber und bestickten Stoffbändern ausläuft. Kleid aus roter Seide mit eingewebtem Blumenmuster, aufgenähten Stoffstreifen, hochgepolsterten Schulterteilen und Stehkragen. Ärmelstulpen türkisblau gefüttert. Darüber ärmelloser Mantel aus Brokat mit stilisiertem Blumenmuster. Über dem Kopfschmuck trägt die Frau die Chalchakopfbedeckung. Bestickte Frauenstiefel aus hellbraunem Leder. SCM D-859, D-843, D-83-6-5, D-1061.

85

86

86

85./86. Ornamentierter Brustschmuck mit auf Brokat aufgenähten, mit Halbedelsteinen besetzten vergoldeten Zieraten. SCM D-203, D-4019, D-123, D-230.

Hut zur Frauentracht der Chalcha (Beschreibung siehe Seite 69).

86

87. Kopfschmuckanhänger, L. ca. 20 cm, B. 4,7 cm, Silberfiligran z. T. vergoldet, Korallen, Malachit. Verbindungsteil zur Kette zoomorphe Gestalt. SCM D-219.

87

88. Männertracht der Chalcha. Kleid aus beiger Seide mit bei den Chalcha üblichen überlangen Ärmeln mit türkisfarbigen Stulpen, Kragen und Brustlatzrand mit schwarzem Samt und violetter Baumwolle abgesetzt. Jacke aus violettroter Seide mit Säumen aus beigen Brokatstreifen und Goldbändern. Am Gürtel Garnitur mit Feuerzeug und Besteck. Spitzer, für Chalcha typischer Hut aus dunkelblauer Seide, mit »Soutache«-Band-Applikation, roter baumwollbezogener Knoten, Außenbesatz Biberfell, von dem rückwärts bunte Stoffstreifen herabhängen. Stiefel aus dunkelbraunem Leder, mit grünen und schwarzen Lederapplikationen, Socke mit abgestepptem, rot und schwarz gesäumtem Stoffrand. SCM D-959, D-83c-2-59, D-2110, D-78-3-2.

88

75

88

88

88a. Feuerzeug und Messer, aus *Kentej*. Gürtelgehänge, mit geometrisch verzierten Aufhängern, die Kettenöse wird von zwei Drachenköpfen gehalten. Feuerzeugtasche, H. 7,5 cm, B. 12,3 cm, mit reichem Dekor und als Gürtelknopf vergoldetes Silberstück mit chinesischer Prägung. Messer mit Horngriff, L. 36 cm, nebst Eßstäbchen aus Bein, in hölzerner, silberbeschlagener Scheide, besonders reich verzierter Endbeschlag. SCM D-4310.

88a

88a

78

89

79

89. Winterbekleidung einer Chalcha-Frau. Lammfellgefütterter Mantel aus leicht orangefarbenem, mit glückbringenden Symbolen verziertem Brokat, hochgepolsterten Schulterteilen, Stehkragen, Plastronverzierung aus blauen bestickten Streifen. Ärmelstulpen mit Otterfellbesatz. Unter der linken Taille besticktes Täschchen an einer Seidenschnur. Pelzmütze mit Otterfellklappen, Kopfteil aus Seidenbrokat, Perlenknopf. Stiefel aus hellbraunem Leder mit weißblauen Soutache-Applikationen. SCM D-88x-4-2, D-87c-1-10.
Rückseite mit ovalem Zopfschmuck (siehe Nr. 89a). SCM D-194.

89

89a

90. Frauentracht der Burjaten. Kleid aus dunkelblauer Seide — eine Farbe, die die Burjaten häufig tragen — mit rotgrünem Dekor, Stehkragen, Ärmel mit seidenen Querbändern und Seidenbrokat mit chinesischem Muster besetzt, Stulpenumschlag grüner Seidensamt mit eingewebtem Dekor, auf beiden Schultern aufgenähte Silberamulettkästchen mit herabhängenden Ketten aus Korallen und Bernstein. Rechts und links an den Hüften runde Silberscheiben in durchbrochener Arbeit mit Anhängern, Eßbesteck, Nähbüchse, Feuerzeug und Toilettengegenständen. Über dem Kleid die für die burjatische Tracht typische kurze, ärmellose Weste aus grüngelber Seide. Zopfetuis aus schwarzer Baumwolle mit bunten Seidenquerstreifen und Steppnähten, aufgenähten Silberbeschlägen und Silbermünzen. Auf dem Kopfschmuck ein Hut aus Seide mit schwarzer Samtkrempe und einem mit roter Seide überzogenen Holzknopf, von dem eine rote Seidenkordelquaste herabhängt. Schwarze Lederstiefel mit grünen Lederpaspeln. SCM D-4343, D-87x-6-6, D-1375, D-83c-2-71, D-83c-2-73, D-83c-2-41.

90

90a. Ohrringe, Silber, L. 3 cm, B. 1,1
cm. Rundliches Plättchen mit Korallen-
imitation. Zur Burjattracht gehörend.
SCM D-2070.

90a

90

90

90b. Kopfschmuck einer Burjatenfrau.
Mit Korallen, Lapislazuli und Bernstein
dreizeilig besetztes Kopfband, das über
die Haarflechten gestülpt wird. Darunter über den Kopf gezogene Schläfenge-
hänge aus Silber und Bernstein mit Swastika und Glückssymbol verziert und
durch eine über die Brust laufende Silberkette miteinander verbunden. Dazwischen ein Amulettkästchen aus Silber
und Korallen. SCM D-83c-2-70,
D-83c-2-76, D-83c-2-67.

90b

87

91. Männertracht der Burjaten. Kleid aus dunkler violetter Seide, Stehkragen und Plastronrand mit hellem Brokat und schwarzem Samt abgesetzt. Ärmelstulpen aus blauer Seide. Gürtelgarnitur mit Feuerzeug und Besteck. Luchsfellmütze mit Kopfteil aus dunkelgrüner Seide, rote Kordelquaste vom Mützenknopf herabhängend. Stiefel aus schwarzem Leder mit geringem Schmuck aus roten und grünen Paspeln. SCM D-964, D-87x-6-1, D-1019.

91

92. Frauentracht der Dörböd. Kleid aus blauer Baumwolle mit Plastronbesatz aus roter Seide und bunten Bändern, Steh- und Schulterkragen, spitzzulaufende Ärmelstulpen, Silberknöpfe, darüber ärmelloser Überwurf in blauer Farbe mit dominierend rotem Besatz. Zopfetui aus schwarzem Samt mit Dekor aus rotgelbem Brokat und Goldbändchen, ziselierte, zylindrische Messinganhänger am unteren Teil über Quasten aus gedrehter schwarzer Kordel. Hut aus heller Seide mit vom Hutknopf herabfallender roter Quaste, Krempe außen mit schwarzem Samt überzogen, Rückband aus lila Seide herabhängend. Seitengehänge aus Silberblech stellen das Rad der Lehre dar und sind rechts und links mit Seidenstreifen geschmückt (siehe Nr. 92b). Schwarze Lederstiefel mit strukturunterstreichenden Applikationen. SCM D-2012, D-2011, D-2013, D-1374, D-1018.

91a

91a

91a. Feuerzeug und Messer aus *Öwör-hangaj*. Gürtelgehänge in üblicher An-ordnung (siehe Nr. 99). Silberne Auf-hänger mit chinesischen Zeichen *da* und *gu* verziert, silberne Kette. Feuerzeug, H. 6,3 cm, B. 10,3 cm. mit Gürtelknopf aus Silberbarren, Messer und Eßstäb-chen in lederbezogener Holzscheide, Silberbeschlag. SCM D-85c-3-37.

92a

92a. Ohrringe, Silber L. 16 cm, B. 4 cm. Getriebener Anhänger mit Glücks-symbolen, Korallen und Malachitbesatz, jeweils vier davon herabhängende Kett-chen. Zur Dörbödtracht gehörend. SCM D-83c-2-75.

92b

Detail zur Frauentracht der Bayad
(Beschreibung siehe Seite 92).   93

93. Frauentracht der westmongolischen Bayad. Kleid aus schwarzer Seide mit rotem und grünem Seidenstreifenbesatz, auch im Rücken verziert, weißer Schulterkragen, Ärmelstulpen in westmongolischer Façon spitzauslaufend. Zopfetuis aus schwarzer Baumwolle, in Rautenmuster abgesteppt, bunte Querstreifen, längliche, zylindrische Anhänger aus Silber mit floralem Dekor, in Anhänger auslaufend, die in durchbrochener Arbeit mit dem Wunschedelstein Čintamani spielende Drachen darstellen (siehe Seite 91). Daran jeweils drei mit bunter, gedrehter Kordel umwundene schwarze Seidenquasten. Mütze aus weinroter, bestickter Seide, mit Bisamfell besetzt. Schwarze Lederstiefel, bunte Applikation. SCM D-2701 a, b, D-1323, D-4482, D-2076, D-183. Ohrringe, Silber, L. 18 cm, B. 3 cm. Naturstein mit Korallen, in je fünf Kettchen mit Glocken auslaufend. SCM D-2085.

93

94. Frauentracht der südmongolischen Üzemčin. Kleid aus roter Seide mit schwarzgefaßten Saumbändern aus blaubeigem Seidenbrokat, ärmelloser Überwurf aus dunkelblauer Seide mit Bändern aus Seiden-, Gold- und Silbergarn gewebt, im Rücken Schmetterlingsmuster gestickt und appliziert, Silberknöpfe. Radförmige Silberscheiben mit Türkis(?)-Einlagen und jeweils drei Seidenstreifengehängen. Zopfetuis aus schwarzer Seide, Oberteil mit aufgenähten Silberplatten mit Drachen, Löwen, Krabbe, Wunschedelstein in Treibarbeit, mit roten Holzperlen verziert. Darunter aufgenähte Silberbeschläge mit emaillierten Einlagen. Über dem Kopfschmuck Hut aus gelber Seide mit dunklem Lammfellbesatz, Kopfstück mit Stickereien aus Goldgarn, roter Baumwollknoten. Schwarze Lederstiefel mit Wolkenmuster aus grünem Stoff, Leder und schwarzem Samt. SCM D-80-6-1, D-83c-1-156, D-1298, D-122, D-108, D-84-1-4.

94

94a. Kopfschmuck einer Üzemčinfrau. Stirnband aus Stoff mit Korallen besetzt und farbig inkrustierten Silberbeschlägen, an den Seiten und über der Stirn hängen Perlenkettchen verschiedener Länge. An den Schläfen plattenförmige Silberornamente, farbig inkrustiert und mit Korallen besetzt, die durch Ketten aus roten und weißen Korallen und Halbedelsteinkugeln verbunden sind. In der Mitte ein Amulettbehälter mit einer großen Koralle im Zentrum an einer Kugelkette. SCM D-101, D-102, D-103.

Ohrringe, Silber, L. 13,5 cm, B. 3 cm. Inkrustierter Anhänger mit Korallen besetzt, jeweils sieben Kettchen mit inkrustierten Enden herabhängend. SCM D-181.

Applikation an den Stiefeln, Detail.

94

95. Frauentracht der westmongolischen Urjanchaj. Kleid aus blauer Baumwolle mit rotfarbigem Plastronbesatz, als Knöpfe Silberfibeln mit Korallen und Glasperlen. Schulterkragen mit Stickereien. Ärmelstulpen mit für die westmongolische Bevölkerung der MVR typischem, spitz zulaufendem Oberteil. Ärmelloser Überwurf aus grauer Seide, Randverzierungen aus applizierten Seidenstreifen. Links und rechts Seitengehänge aus mit Korallen und Türkisen reichverzierten Silberscheiben *(toli)* mit Schmuck- und Quastengehänge. Zopfetuis aus schwarzer Seide mit glückbringenden Motiven bestickt, mit Silbermünzen und Agraffen geschmückt. Hutkappe *(toorcog)* mit Fellbesatz der Klappen und kurzem Schirm, Kopfteil reich appliziert und mit Silberbeschlägen, Mützenknopf mit Gehänge aus roter Seidenkordel. Stiefel mit schwarzen und grünen Lederapplikationen. SCM D-83c-2-72, D-972, D-83c-2-66, D-1625.

95a

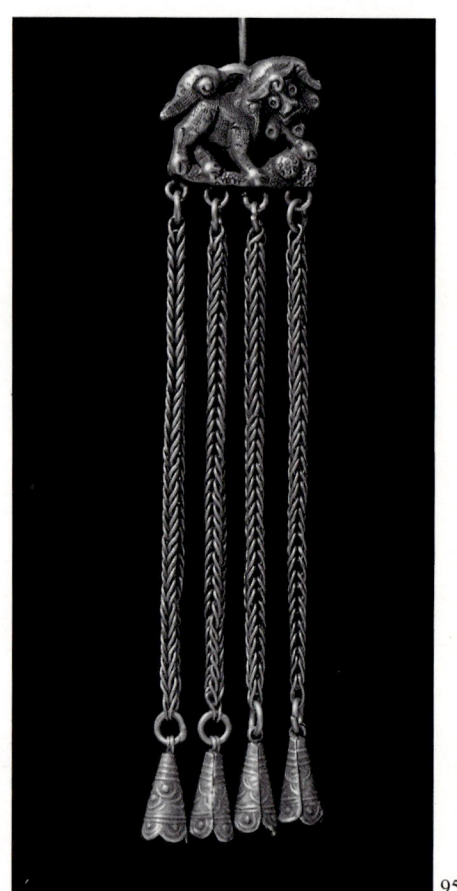

95

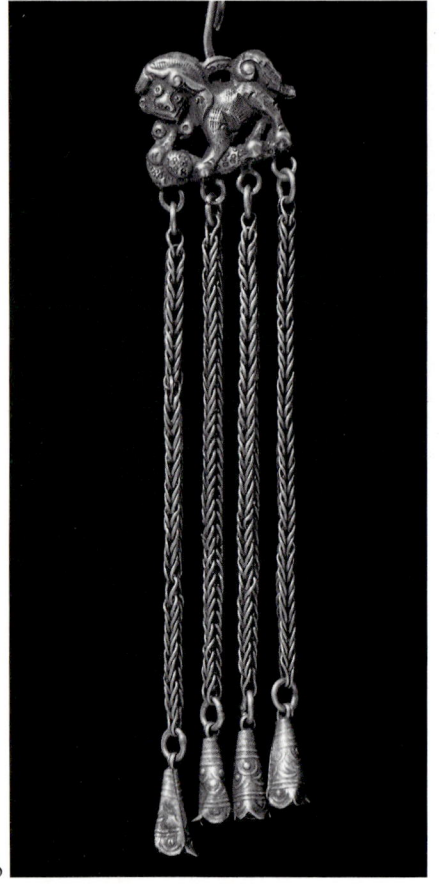

95b

95

Details zur Urjanchajtracht:
95a. Hut mit Ohrenklappen
95b. Ohrringe *(süjch)*, Silber, L. 15 cm,
     B. 2,2 cm. Von zwei gegenläufigen
     Löwendarstellungen hängen je vier
     Kettchen, die in kleine Glocken
     auslaufen
95c. Seitengehänge
95d. bestickter Schulterkragen und
     applizierter Besatz des Kleides
SCM D-84c-2-15.

95d

95d

96. Männertracht der Dariganga. Kleid aus grünem Baumwollstoff, Dekor am Stehkragen, Plastron- und Ärmelränder mit aufgenähten, weißen und rötlichen Bändern, Stickerei, Gürtelgarnitur. Kugeliger Hut aus schwarzem Filztuch mit Brokatapplikation, Klappen mit Zobelbesatz sowie Zobelschweif, auf dem Kopfteil aufgenäht. Schwarze Lederstiefel mit Lederapplikation in Grün, Hellbraun und Schwarz unter Verwendung von Rindenstücken und rotem Stoff. SCM D-890, D-2996, D-85-7-1.

Feuerzeug und Messer, Gürtelgehänge mit floralem Dekor der Silberarbeiten an den Aufhängern. Feuerzeug, H. 8 cm, B. 9,3 cm, und Messer, L. 33 cm, an Kette aus geflochtenem Silberdraht. Gürtelknopf des Feuerzeugs als Wildschafkopf in Silber plastisch ausgeformt. Messerscheide aus lederbezogenem Holz mit Silberbeschlägen, hölzerner Messergriff. SCM D-81-5-7.

97

97. Feuerzeug und Messer. Gürtelgehänge in üblicher Anordnung (siehe Nr.
98). Aufhänger mit Silberdekor Ewiger
Knoten, Widderhorn und drei ziselierte
Kugeln, reich verzierter Rahmen, Ketten
aus Silberdraht mit Ewigem Knoten als
Anhänger, Feuerzeug, H. 5,2 cm, B. 6,7
cm, Kugeldekor mit Aufhängern übereinstimmend, als Gürtelknopf Silberbarren. Messer, L. 39,5 cm, in lederbezogener Scheide mit Eßstäbchen, silber-
beschlagen. FAM 7877-2788.

97

98. Feuerzeug und Messer, *Töb aimakh,* ursprünglich Besitz des hochrangigen Lama Šanzaw Badamdorž. Gürtelgarnitur bestehend aus Feuerzeug *(chet)* und Messer *(chutga),* die mit Aufhängern aus getriebenem Gold *(teg)* an rotgenoppten Lederschlaufen und gelben Seidenschnüren am Gürtel *(büs)* befestigt sind. Das Feuerzeug *(chetevč),* H. 6,5 cm, B. 10,2 cm, besteht aus einem Ledertäschchen *(uulawč)* für Zunder und Feuerstein, das verziert ist mit auf Goldunterlagen befestigten Perlen und

dessen untere Kante mit dem zum Funkenschlagen benötigten Stahl *(chet)* besetzt ist. Ein besonderer Hängeknopf aus geschnitzter weißer Jade sichert das Feuerzeug am Gürtel. Messer, (L. 36 cm), zwei Eßstäbchen und ein Zahnstocher aus Bein hängen am Gürtel an einem gleichen Aufhänger aus getriebenem Gold in einer Scheide aus Sappanholz, die mit goldenen, perlenbesetzten Ringen verstärkt ist und in ein beinernes Endstück ausläuft.
SCM D-277.

99. Feuerzeug und Messer, *Barga,* Innere Mongolei. Gürtelanhänger gleicher Anordnung (siehe Nr. 98). Anhänger Silber vergoldet, reich verziert mit floralem Dekor und Juwel haltendem Drachen. Schnur und Quasten braune Seidenkordel, am Quastenbeginn Ewiger Knoten. Feuerzeugtasche, H. 10 cm, B. 15,5 cm, aus braunem Leder mit Löwen- und Tigerdekor aus Silber; Hängeknopf aus teilweise vergoldetem Silber mit schlangenfressendem Garudavogel verziert. Messer, L. 43 cm,

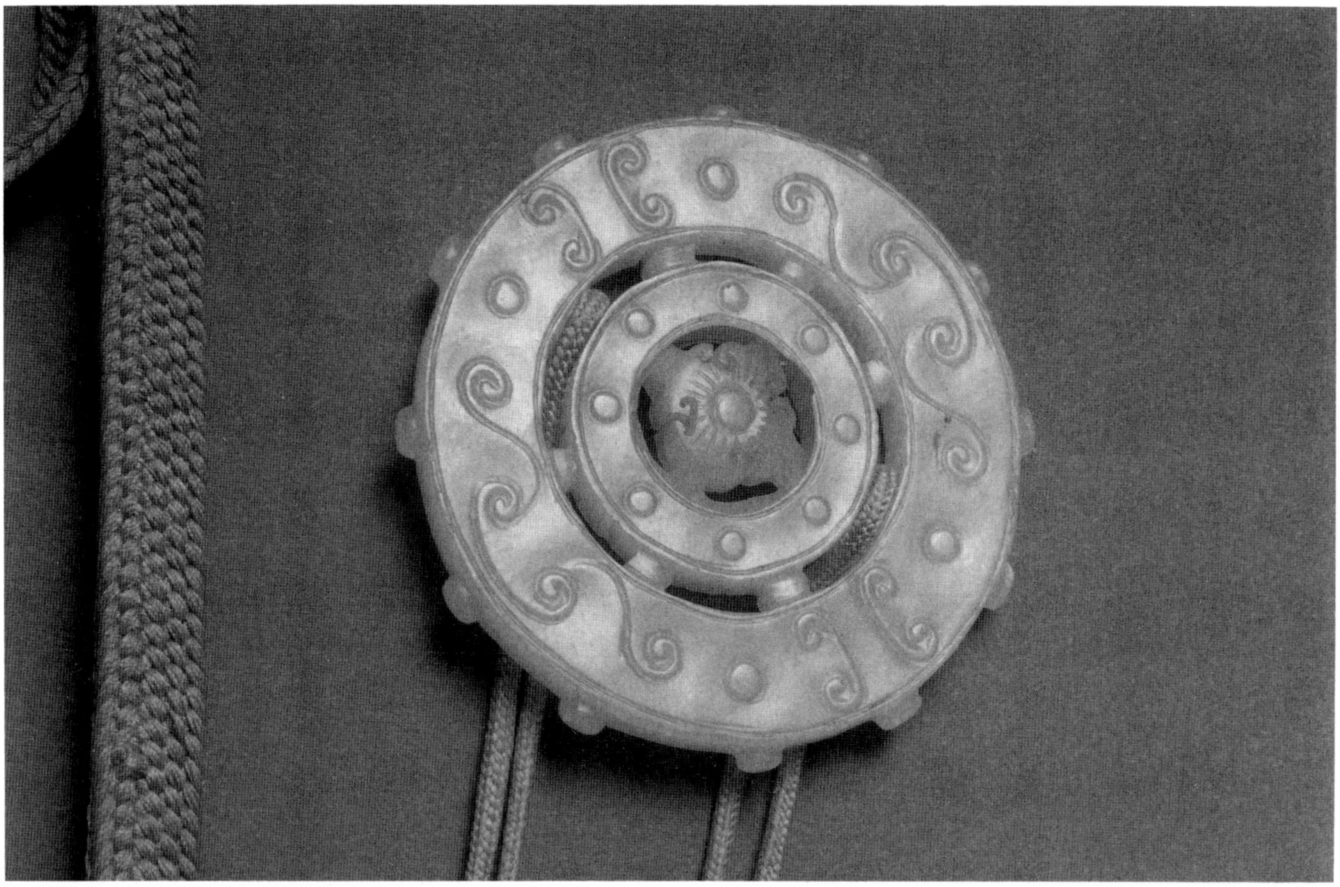

98

98

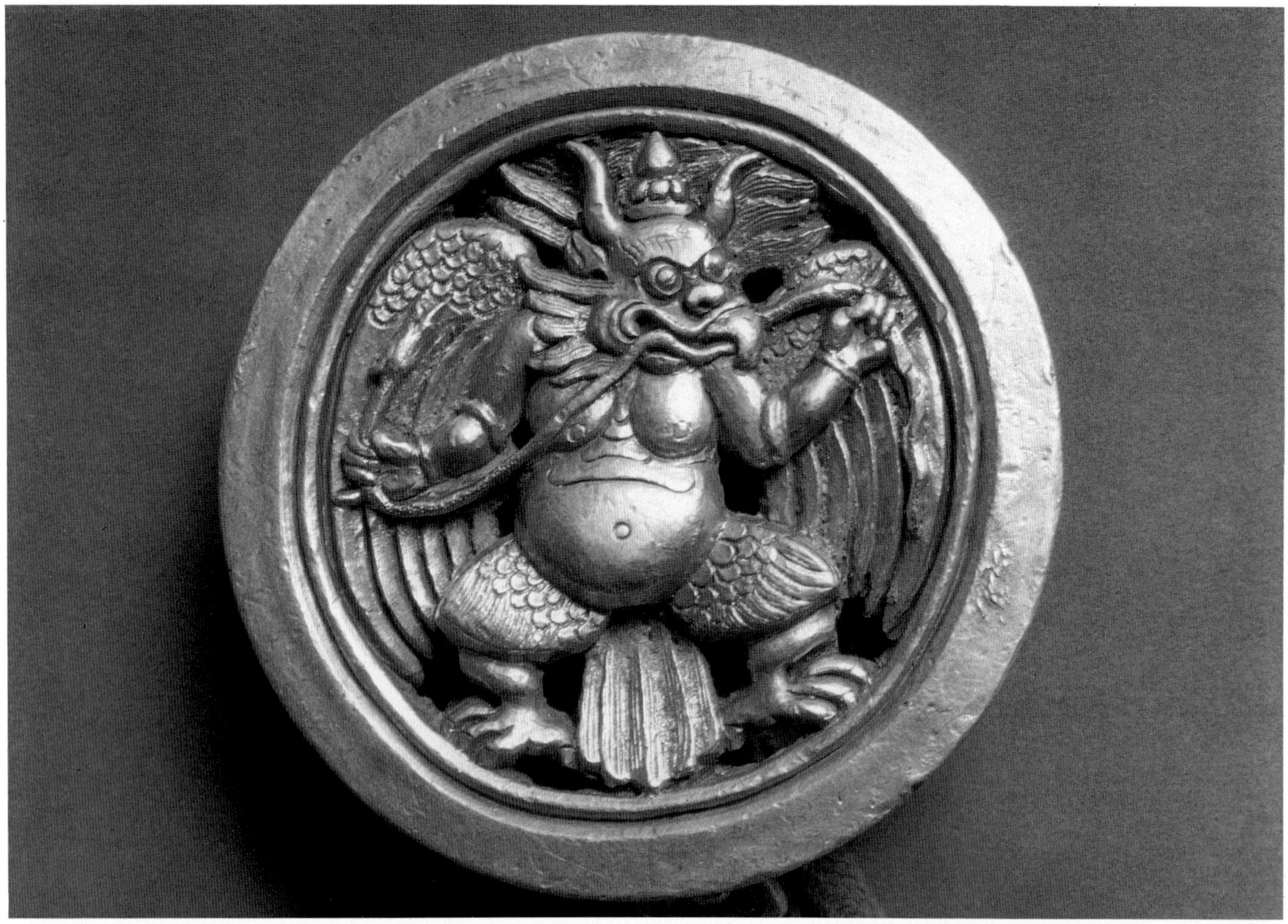

99

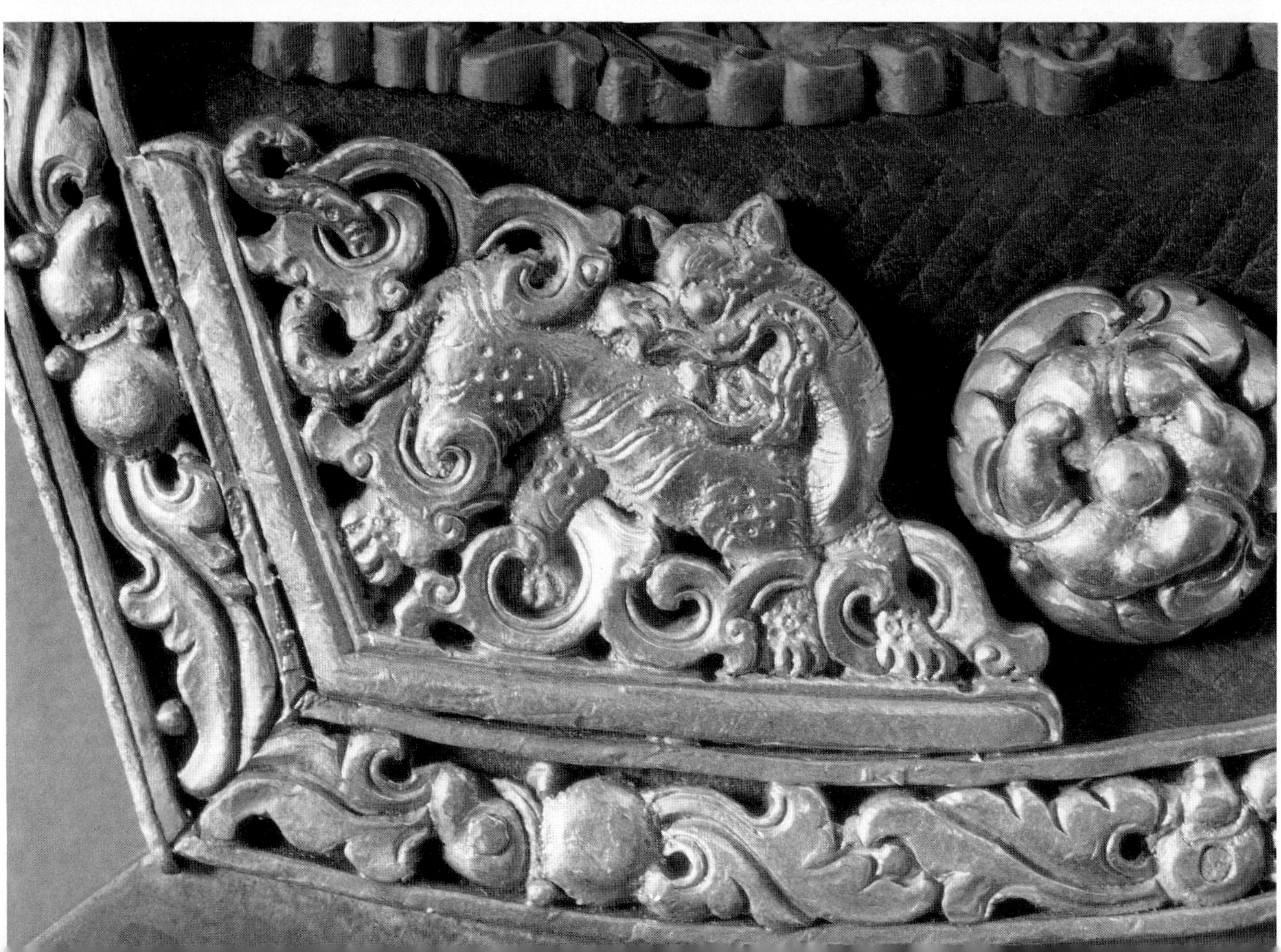

9

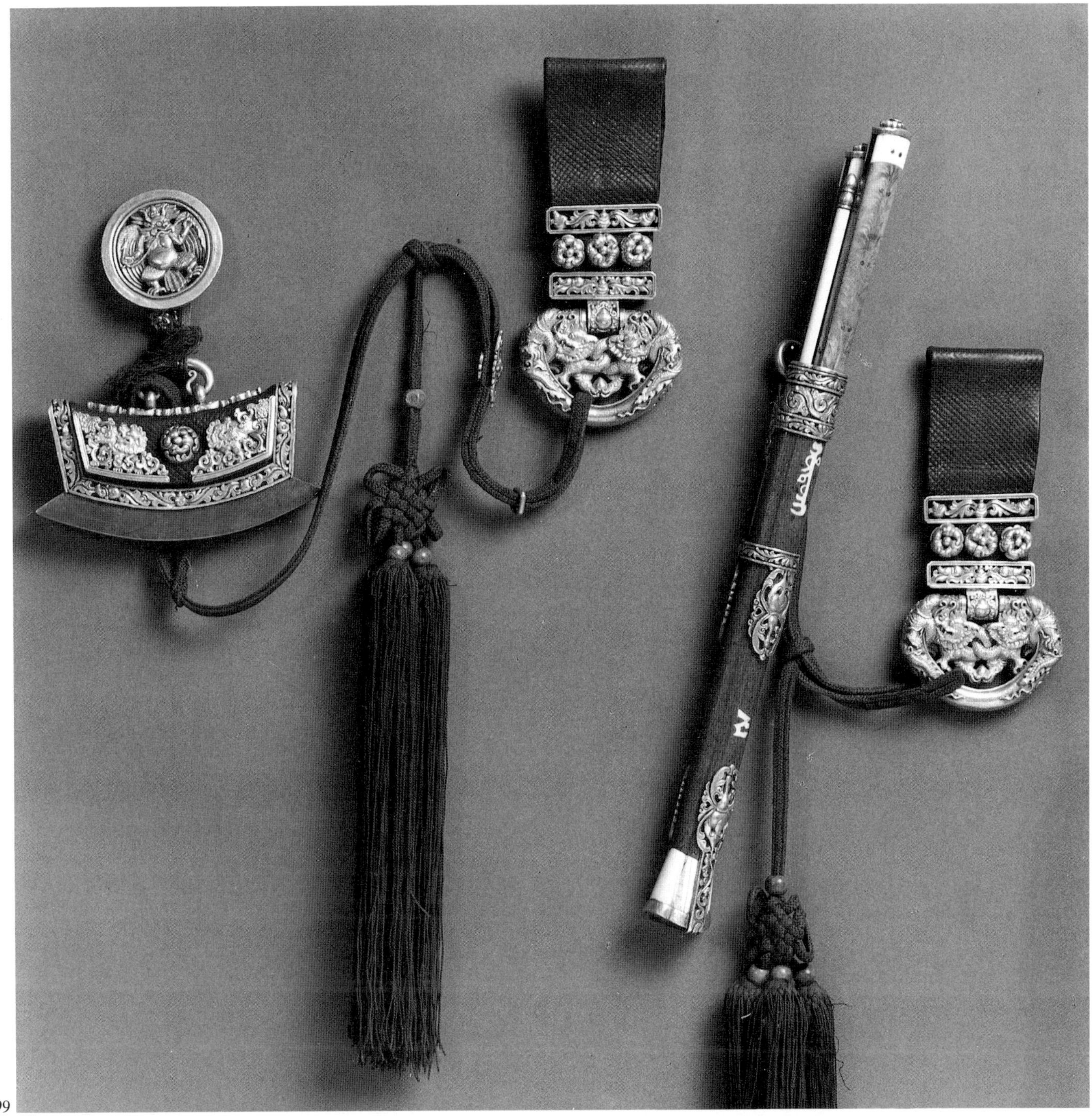

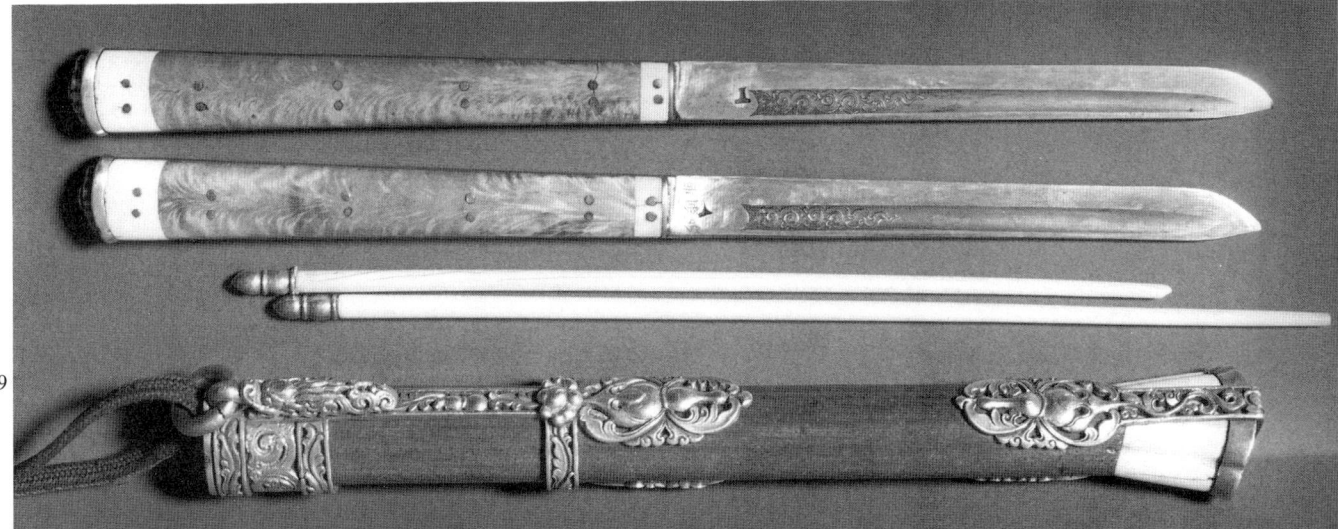

100

Scheide aus bemaltem Holz mit silbernen, getriebenen Ringen und Drachendekor und eingelegter, halbverdeckter Knocheninschrift, mandjurisch *huturi* ». . . Glück . . .«. SCM D-283.

100. Feuerzeug und Messer. Gürtelgehänge gleicher Anordnung (siehe Nr. 98), Süchbaatar-Provinz, Chalcha, 19. Jh. Silbergetriebener Aufhänger mit floralem Dekor und zwei Löwen mit aus Drachen gebildetem Rand, Korallen in der Mitte. Feuerzeug, H. 10 cm, B. 18 cm, an einer Kette aus geflochtenem Silberdraht, mit zwei nach außen blickenden Löwen. Messer, L. 44,2 cm, in silberbeschlagener, reichverzierter Holzscheide, florales Dekor mit fünf Drachen. Messer mit Horngriff und Beschlägen, Eßstäbchen. SCM D-280.

100

101. Feuerzeug und Messer. Gürtelgehänge gleicher Anordnung (siehe Nr. 98), Aufhänger aus Silber getrieben, mit Schlaufen aus braunem Leder; Feuerzeug und Messer an braunen Seidenkordeln, die in mit Schmetterlingsknoten beginnenden Quasten auslaufen. Feuerzeugtasche aus hellbraunem Leder, H. 9 cm, mit silbernen Voluten und ziselierter Randeinfassung, Stahlstück seitlich hochreichend. Messerscheide, L. 31,5 cm, aus Holz mit Knochenendstück, Silberringen und Beschlägen, zwei flachen Messerklingen mit Holzgriffen, die am Kopf mit Bein besetzt sind. SCM D-83-7-2.

100

102

102. Schnupftabakflasche, H. 7,5 cm, B. 4,7 cm, aus Bergkristall, »Zeebat«-Dekor an den Flaschenschultern, Verschlußknopf aus Koralle auf einer Messing- und Malachitunterlage, Löffel aus Eisen. Auf den meisten mongolischen Schnupftabakflaschen findet sich an den Schultern das sogenannte »Zeebat«-Dekor, ein Meeresungeheuer, dessen Kopf in einem Ring endet. Der Austausch von Schnupftabakflaschen, diese an die Nase halten und dann wieder zurückreichen, stellt traditionellerweise eine der wichtigsten Gesten der Begrüßungsformen dar. SCM D-667.

103. Schnupftabakflasche, H. 8,3 cm, B. 6,3 cm, aus geschnitzter Koralle, mit Wolken-, Fledermaus- und Münzenmotiven und an den Schultern das »Zeebat«-Dekor, Verschlußknopf aus Jadeit. SCM D-672.

103

10

104. Schnupftabakflasche, H. 4,6 cm, B.
3,7 cm, aus z. T. vergoldetem Silber.
Der Flaschenkörper bildet eine lederne
Reiseflasche *(dašmag)* nach (siehe Nr.
41 und Nr. 42), mit zwei Ösen und Ringen zur Aufhängung. Das Medaillon auf
dem Flaschenkörper zeigt auf einer
Seite die »Drei Alten« als Symbol für
langes Leben, Kinderreichtum und
Wohlhabenheit, auf der Gegenseite
ebenfalls antropomorphe Darstellung.
Verschlußknopf in Gestalt eines Löwen
mit beweglicher Zunge, um den Hals ein
Gehänge aus drei Menschenköpfen.
SCM D-2754.

104

03

104

105. Schnupftabakflasche, H. 7,5 cm, B. 5 cm, aus geschnitztem Lapislazuli, »Zeebat«-Dekor an den Schultern, sowie in abgewandelter Form auf dem Flaschenbauch. Verschlußknopf aus Koralle mit eingesetzter Perle, Löffel aus Knochen. SCM 3037.

106. Schnupftabakflasche, H. 10 cm, B. 6,6 cm, aus Wurzelholz mit Intarsien aus Knochen, Korallen und Silber — beschädigte Stellen wurden ausgebessert —, Dekor mit den buddhistischen Motiven Rad der Lehre und Kanne, an den Seiten fischähnliche Figuren. Flaschenhals mit Knochen eingelegt. Verschlußknopf aus Holz mit durchbrochener Knochenauflage. SCM D-589.

107. Schnupftabakflasche, H. 8,9 cm, B. 5,5 cm. Flaschenkörper in Silber gefaßt, mit floralem Dekor geschmückt und mit Korallen und Malachit besetzt. Verschlußknopf aus Silber mit eingefaßter Koralle, Löffel aus Messing. SCM D-590.

108. Schnupftabakflasche (xöörög), H. 9 cm, B. 6,8 cm. Flaschenkörper aus Chalzedon, mit an den Schultern eingraviertem »Zeebat«-Dekor, Verschlußknopf aus Messing mit eingefaßter Koralle, Löffel aus Knochen. SCM D-951.

109. Schnupftabakflasche, H. 9,5 cm, B. 5,5 cm, aus weißer Koralle mit »Zeebat«-Dekor an den Schultern, Verschlußknopf aus Koralle, Löffel aus Knochen. SCM D-655.

110. Tasche für Schnupftabakflasche *(chöörgönij saw)*, rechteckig, in der Mitte beidseitig geschlitzt, L. 41,5 cm, B. 16 cm, üblich für die Aufbewahrung der Schnupftabakflasche. Diese Taschen wurden meist am Gürtel eingesteckt getragen. Brokat mit eingewebtem Blumenmuster, an den Ecken Perlenstickerei auf schwarzer Seide, mit Bändern gesäumt. SCM D-677.

110

111

111. Schalentasche, braune Seide, L. 39 cm, B. 19 cm, bunte Seidengarn- und Goldfadenstickerei. SCM D-3002.

112. Frauenpfeife, L. 23,5 cm, H. 2,6 cm. Mundstück aus Jade, Kopfende aus Silber, Rand des Pfeifenkopfes vergoldet, Mittelstück aus Sappanholz. SCM D-3036.

113. Pfeife, L. 32,5 cm, H. 3,8 cm. Mundstück aus Jade, Kopfende aus Silber, zum Teil vergoldet, Mittelstück aus lackiertem Holz, zwei breite Ringe aus massivem Gold. SCM D-4345.

114. Pfeife des Bogdo Gegen, L. 65,5 cm, H. 9 cm. Mundstück aus Jade mit geschnitztem Schmuckband mit zwei einander zugewandten Eidechsen zwischen zwei Mäander- und Kugelbändern, Kopfende aus Silber mit selbem Dekor, Kupfereinlage im Pfeifenkopf, Mittelstück aus Sappanholz. SCM D-391.

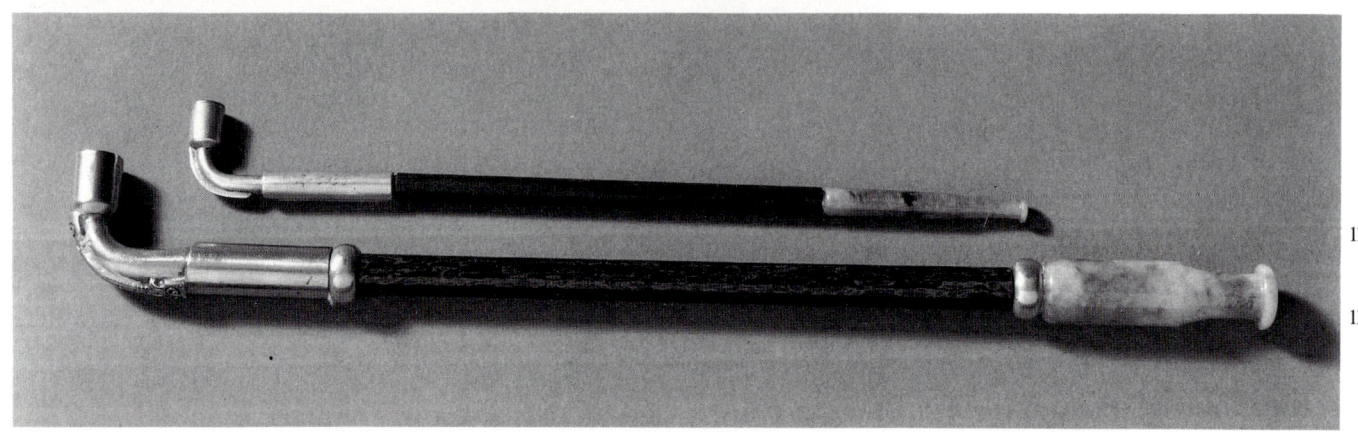

112

113

114

Zeichnung: Sh. Gandolgor

114

115. Frauentäschchen in Beutelform, H. 6,5 cm, B. 7,5 cm, rote Seide, bestickt mit Fledermaus- und Spiralmuster in Gold und bunten Farben. Trage- und Verschlußschnüre gelb, dünne Seidenkordel mit Ewigem Knoten und Quasten. Solche Täschchen dienten der Aufbewahrung kleiner Gegenstände, ein ähnliches gehört zum Chalcha-Winterkleid (siehe Nr. 89a). SCM D-699.

116. Tabaktasche, rote Seide, L. 26 cm, B. 13 cm, helle Seiden-Soutache-Applikation mit bunter Fassung, Säume aus weißblauem Baumwollband, Aufhängeschnur mit rötlichen und grünen Steinen mit floralem Dekor, Fledermaus und Wolke. SCM D-711.

117. Schalentasche, blaue Seide mit roten
Baumwollapplikationen, L. 71 cm, B. 37
cm, Mittelstück mit bunten, quer ver-
laufenden Leisten, Jadehängeknopf und
Verschlußring aus Jade. SCM D-689.

117

118. Tasche für Schnupftabakflasche, rosa Seide mit Soutache-Applikation, L. 55 cm, B. 20 cm, Schlitz gelb gesäumt, Bandmusterstreifen. SCM D-4313.

119. Tasche für Schnupftabakflasche, gelbe Seide, L. 38,5 cm, B. 15,5 cm, mit Applikationen und blauweißem Querband, rot gesäumter Schlitz. SCM D-685.

118

118

119

120. Tasche für die Schnupftabakflasche, braune Seide, L. 43 cm, B. 19 cm. Applikationen aus roter Seide und buntem Brokat, bunt bestickt in Rankendekor. SCM 85-1-1.

121. Tabaksbeutel *(tamchin saw)*, dunkelblaue Seide, L. 18,5 cm, B. 10,5 cm, mit Bordüren aus Brokat, gestickte Rosette in der Mitte, Aufhängeschlaufe aus blauer Seidenkordel. SCM D-85-1-3.

122. Schalentasche *(ajany saw; daalin)*, dunkelblaue Seide, L. 43 cm, B. 21 cm. Beutel für die Aufbewahrung und den Transport der Eßschale, buntgestickte Rosette, unterhalb davon Variation des Musters »Ewiger Knoten«. SCM D-85-1-2.

120
121
122

123

123. Tasche für Schnupftabakflasche und dazupassende Schalentasche. Gelbgrüne Seide, L. 52 cm, B. 18 cm, Brokatapplikation an Schlitz und Enden, silberfarbige Stickerei mit Symbolen für Eheglück und langes Leben, oberhalb und unterhalb des Schlitzes gemusterter Brokat. Gleichgemusterte Schalentasche, L. 50 cm, B. 14,5 cm, Unterteil rot-blaue Seidenfransen, Mittelrosette mit Swastika in Silberfadenstickerei. SCM D-708—709.

124

124. Tabaktasche, blaue Seide mit rot-
gelber Brokatbordüre, L. 20,5 cm, B.
11,5 cm, Silberkette mit Pfeifenreiniger
und -klopfer, silberner Schmetterling als
Aufhänger. SCM D-81-5-8.

125. Tabaktasche *(tamchin saw)*, dunkel-
braune Seide, L. 19,3 cm, B. 9 cm, an
Silberkette mit Pfeifenreiniger aus Sil-
ber und -klopfer aus Messing, gehörnter
Tierkopf aus Silber als Aufhänger. SCM
D-2062.

126. Pfeifenkopf, -kratzer und -klopfer
aus Silber und Messing, stellenweise mit
Goldbeschlag. Glockenförmiger Klop-
fer, H. 6,8 cm, Kratzer L. 13 cm, Pfeifenkopf L. 14 cm, mit vergoldetem
Dekor. SCM D-385.

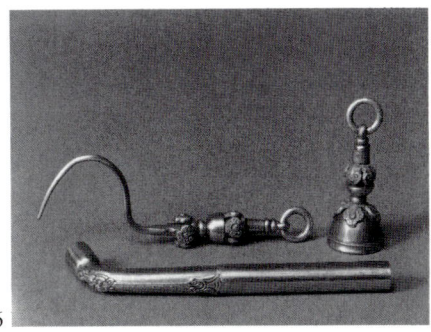

126

125

12

127. Opferlöffel für die Sacal-Zeremonie. Quadratischer Holz-löffel mit neun Mulden *(nüch)* und geschnitztem Griffstück für die Milchlibations-Zeremonie anläßlich der Trennung der ein-jährigen Fohlen von den Stuten im Sommer. Dunkelblau, dun-kelgrün, rot, gelb auf rotbraunem Untergrund bemaltes Holz, L. 39,5 cm. Löffelfläche 6 x 7 cm. Griffstück oben mit neun geschnitzten Pferdefiguren, Seitenfläche mit je sechs Tieren des Tierkreisjahreszyklus in Reliefschnitzerei. Griffkopf als Vajra ausgeformt, mit langen farbigen Seidenstreifen als Anhänger.

Mit dem mit Stutenmilch oder Kumiss gefüllten Opferlöffel werden eine, drei, sechs oder neun Ausschüttungen gemacht, von Dank- und Segenssprüchen für Tiere und ihre Fruchtbar-keit begleitet, was neun, siebenundzwanzig, 54 und 81 Libatio-nen entspricht. SCM D-87ś-1-187.

128. Opferlöffel für die Sacal-Zeremonie. Quadratischer Löffel aus Lärchenholz mit neun Lochmulden, auf den Seiten des Löffelteiles zwei mongolische Inschriften geschnitzt: der Wunsch *ölǰei qutuγ-i orosib* (!) *boltuγai* — »Mögen Glück und Segen walten!« und das zu buddhistischem Gedankengut gehö-rende *Arban čaγan buyan delgerekü boltuγai* — »Mögen sich die zehn weißen Tugenden mehren!«. Griffstück auf beiden Seitenflächen in durchbrochener, feiner Schnitzarbeit, mit flo-ralem Dekor verziert. Auf der Oberfläche des Griffs befand sich wie bei Nr. 129 eine geschnitzte Pferdeherde. SCM D-2903.

129. Opferlöffel für die Sacal-Zeremonie. Quadratischer Löffel aus Lärchenholz mit neun Lochmulden für die Stutenmilch-Libation, rot bemalt. L. 42,5 cm. Am Löffelansatz dreifach Juweldekor in Hellrot und Grün. Das Griffstück zeigt oben eine unvollständige Pferdeherde; von der ursprünglichen Herde von neun Stuten mit Fohlen sind nur drei erhalten. Der Griffkopf hat einen geschnitzten Pferdekopf aufgesetzt. SCM D-80-3-7.

129

29

121

130

131

13.

130. Pferdeschaber *(chusuur)* mit Bürste *(soiz)*, bemaltes Holz, reich verziert. Länglicher Holzschaber zum Abstreichen des Pferdeschweißes nach anstrengenden Ritten. Griffknopf mit Drache und Pferd übereinanderstehend, darunter ein mit Flechtband verziertes Griffstück, das in übereinander angeordneten Darstellungen eines Löwen und Tigers endet. In das Längsstück Bürste aus weißen und braunen Pferdehaaren eingelassen, Seitenflächen mit den zwölf Tieren des Jahreszyklus, von Mäandermotiv umrandet. SCM D-85c-2-21,3.

131. Pferdeschaber *(chusuur)*, bemaltes Birkenholz, L. 43,8 cm, B. 5,5 cm, Schnitzerei am Griff Ewiger Knoten, zwei Pferde mit unterschiedlich gestutzten Mähnen, darunter Stern. Auf dem Längsteil als Relief geschnitztes und buntbemaltes Pferderennen vor Bergen, am Ende Sojombozeichen, das ganze von Flechtbandmotiv umrahmt. SCM D-85c-3-16.

132. Pferdeschaber *(chusuur)*, Kiefernholz, L. 43 cm, B. 6,2 cm. Der Griff ist in Schnitzarbeit mit zwei einander gegenüberstehenden Pferdeköpfen und darunter einem Mäandermotiv verziert. Eine unfertige Schnitzarbeit auf der Rückseite des Griffes zeigt vermutlich einen Tigerkopf. SCM C-85c-2-29.

133. Pferdeschaber *(chusuur)*, Bambusholz, L. 30,3 cm, B. 4,1 cm, Griffkopf mit Ewigem Knoten, Längsteil des Schabers durchbrochen. SCM D-86c-1-63.

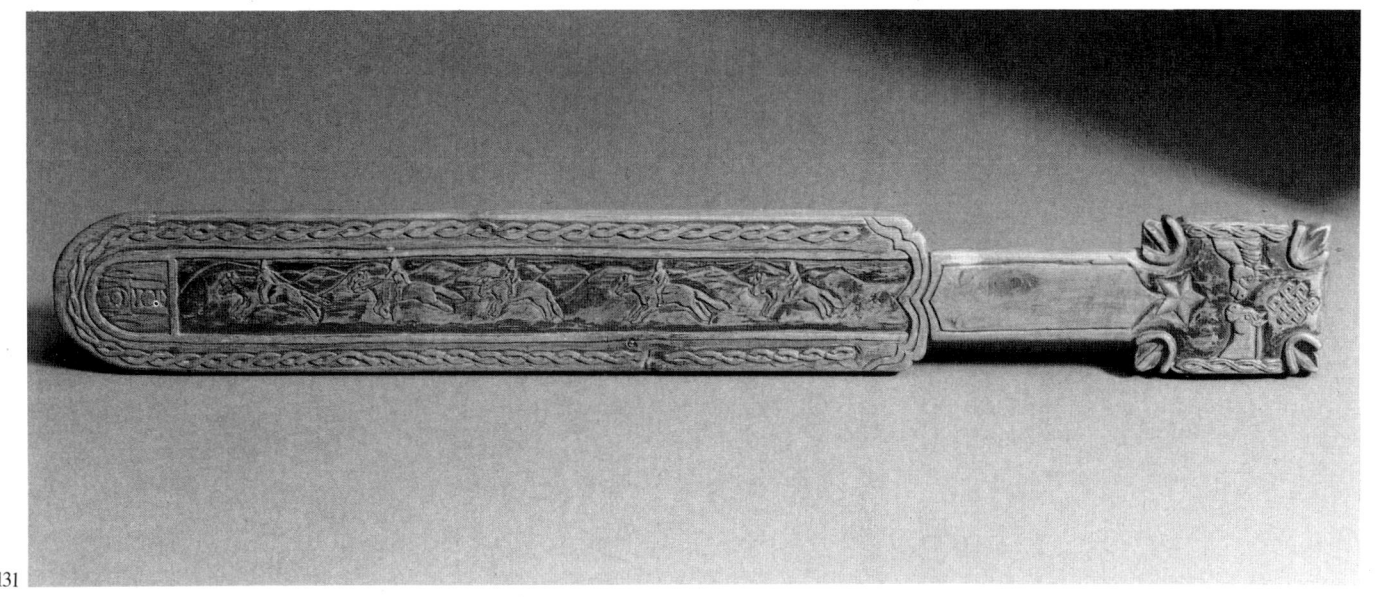

131

132

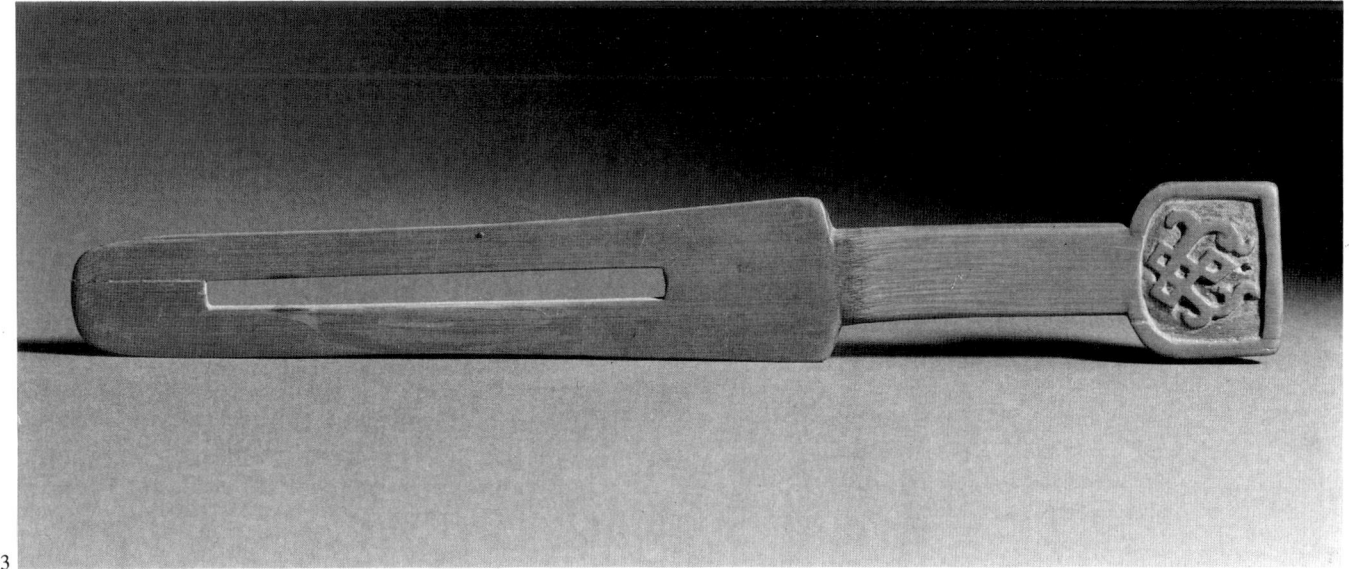

133

134. Brenneisen, L. 42 cm, aus *Chovd, Mjangad,* anthropomorphes Zeichen, das oft auch auf Petroglyphen auftritt. SCM D-84c-2-75.

135. Brenneisen, L. 39,5 cm, aus *Chovd, Manchan sum,* einhakiges Zeichen. SCM D-84c-2-76.

136. Brenneisen, L. 41,5 cm, aus *Chovd, Mjangad sum,* mit dem gegen den Sonnenlauf sich drehenden Zeichen »Falscher Haken«. SCM D-84c-2-74.

137. Brenneisen für Besitzzeichen *(tamga)* mit Holzgriff, L. 39,5 cm, aus *Chovd, Üjenč sum.* Das zur Kennzeichnung von Vieh gebrauchte Zeichen, H. 12 cm, B. 5 cm wird »Richtiger Haken« *(zöv degere)* genannt, da es sich dem Sonnenlauf nachfolgend nach rechts dreht. Alle richtigen Bewegungen wie auch rituelle Zircumambulationen verlaufen bei den Mongolen in diese Richtung. SCM D-84c-2-72.

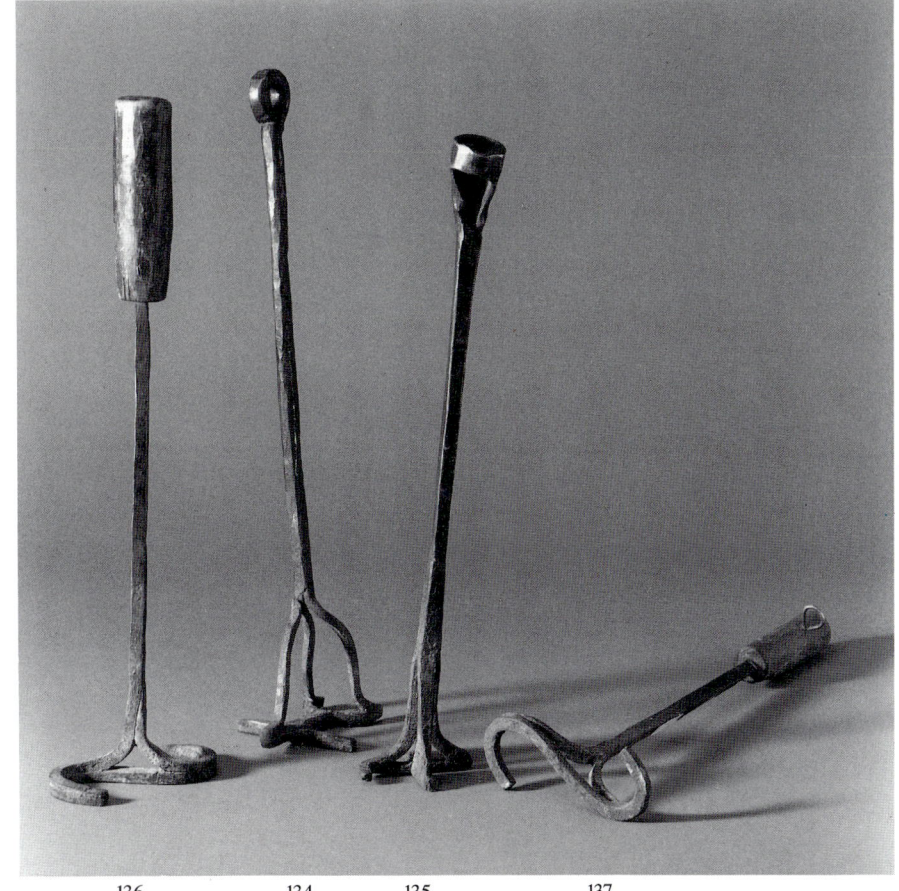

136   134   135   137

138. Pferdesattel, vermutlich eines Lama, aufwendige Applikationsarbeiten aus Seide und Filz an den Satteldecken, L. 171 cm. Links, rechts vorne und hinten Quasten an langen Schnüren an Stelle der sonst üblichen Lederriemchen *(ganzaga),* Sattelunterdecke rückwärts abgestuft, wie bis zum Ende des 19. Jh.s üblich, hinterer Sattelknauf (Zwiesel) abgesenkt. Sattelbretter rotlackiertes Holz, ornamentierte Metallstücke zum Festhalten der Überdecke *(oloncog),* auf dieser variiertes Symbol der Langlebigkeit, Steigbügel aus mit Messing überzogenem Eisen. SCM D-1086.

138

139. Pferdesattel für eine hochgestellte Person, Sattelunterdecke, L. 155 cm, mit über den Filz genähter Seide, Seidensamt und Goldgarnkordel-Applikation, Überdecke in gleicher Ausführung. Die Rückseite der Unterdecke ist ebenfalls abgestuft, die Beschläge an den Sattelknäufen (Zwiesel) tragen Drachen und das mit Halbedelsteinen besetzte buddhistische Symbol des »Juwels« als Ornamente, Bügel mit abgenutztem Messingüberzug. SCM D-1096.

140. Pferdesattel, übliche Ausführung, Lederunterdecke, L. 129 cm, und Sattelüberdecke mit Lederapplikation verziert, reichverzierte Beschlagnägel (daralga) zum Festhalten des Sattelkissens und der Binderiemchen (ganzaga), eiserne Bügel. SCM D-88x-4-9.

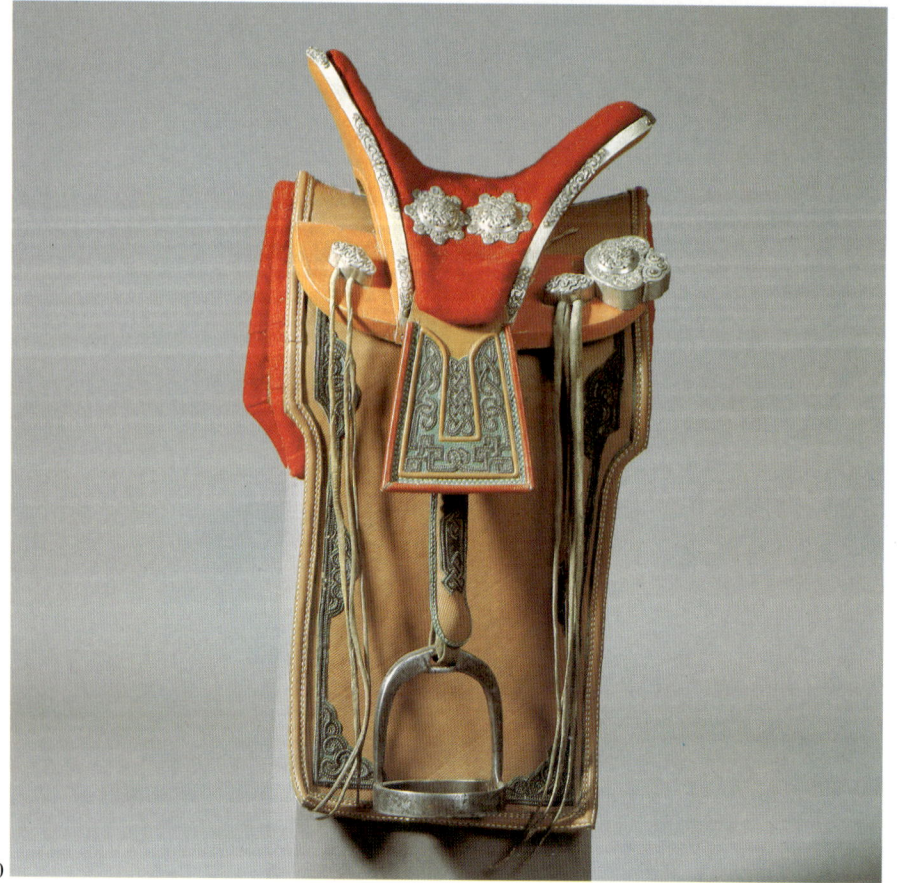

141. Pferdesattel (emeel) für einen Lama, Sattelunterdecke, L. 169 cm, mit gemustertem Brokatrand, Fransen in wechselnden Farben, Mittelstück aus gelblicher gemusterter Seide, Überdecke (oloncog) in gleicher Ausführung, Sattelkissen gelb, Steigbügel Messing, an beiden Sattelknäufen (Vorder- und Hinterzwiesel) Silberbeschlag mit buddhistischen Symbolen (Acht Glückszeichen, Opferschalen, usw.) ornamentiert. SCM D-1076.

39

138

140

42

142. Pferdesattel südmongolischer Provenienz *(Üzemčin)*, Sattelunterdecke aus Leder mit weichem Baumwollstoff gefüttert, abgerundete Kanten, Randverstärkungen aus Leder, Sattelgestell lackiertes Holz, Kanten mit Messingband und Kupfereinlagen verziert, Sattelunterdecke und Sattelsitz mit Beschlagnägeln mit Zweiheitssymbol yin-yang und Lotosblütendekor in getriebenen Kupfer-, Messing- und Silbereinlagen, Steigbügel aus Eisen mit drehbarer Verbindung zum Bügelriemen *(ergüülegtei döröö)*. SCM D-83c-2-58.

143

143. Kamelsattel *(tochoš)*, bestehend aus zwei gleich großen Teppichen, L. 153 cm, und einem kleineren Sattelkissen, Filz- und Knüpfteppiche mit mäanderartigem Muster *(alchan chee)* verziert, Ränder mit rotem Wolltuch gefaßt, Sattelkissen beidseitig mit je zwei runden Beschlagnägeln mit Blütenmuster, Kreuz und Mondsichel. Oberteil vorne: Schlaufe, L. 63 cm, mit appliziertem Flechtmotivdekor zum Befestigen des Sattels auf dem Vorderhöcker des Kamels. Steigbügelaufhängung in Lederhüllen, mit schwarzen Flechtmustern auf grünem Grund verziert. SCM D-83-2-9.

144. Pferdesattel der Kasaken aus *Bayan Ölgij, Tolbo Nuur sum;* Sattelunterdecke aus Leder, L. 137 cm, an den Kanten mit eisernen Eckbändern, Lederfläche mit mehreren parallellaufenden Reihen von geometrischen Beschlägen aus versilbertem Eisen, verziert mit Widderhorn- und Wolkenmotiven. Eckbeschläge mit geometrischem Dekor. Unter der Satteldecke Spuren von Filzfutter, Steigbügel aus Eisen, Sattelkissen mit breitem Mittelband und besonderem Riemenwerk am Sattel festgebunden, Vorder- und Hinterzwiesel mit Hirschen, Widderhörnern und Kreuzband aus Dreiecken geschmückt. SCM D-84c-2-11.

145

145

145. Steigbügel, versilbertes Eisen, H. 18,5 cm. Oberteil des Bügels in zwei Drachenköpfe auslaufend, Seitenteile und Bodenbordüre Flechtdekor. SCM D-1934.

146. Steigbügel *(döröö)*, versilbertes Eisen, H. 17,5 cm. Auf Bügel und Bodenfläche variiertes Rankendekor. SCM D-1929.

146

146

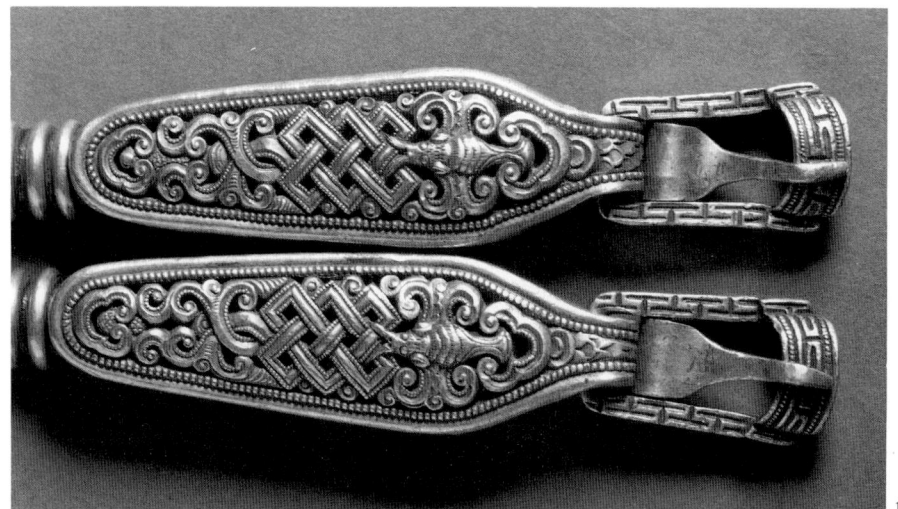

147. Zaumzeug mit Schwanzriemen *(chazaar, chudraga)* aus Leder, mit Silberringen gefaßt, Schwanzriemen mit Stoffwicklungen, Silberbeschläge mit Kreuz-, Fledermausdekor und Ewigem Knoten. SCM D-4030 und 4031.

147

147

147

148. Zaumzeug, Lederriemen mit Silberdraht umwickelt, Beschläge aus Silber und Kupfer, Ewiger Knoten, Widderhorn-, Blüten- und Pferdekopfdekor. SCM D-2956.

148

148

148

137

149. Zaumzeug, Lederteile mit Silberringen eingefaßt, Dekor Flechtmotiv, Ewiger Knoten, zwei stark stilisierte Köpfe eines langohrigen Vierbeiners (vermutlich Saiga-Antilope) an der Trense. SCM D-85c-3-49.

149

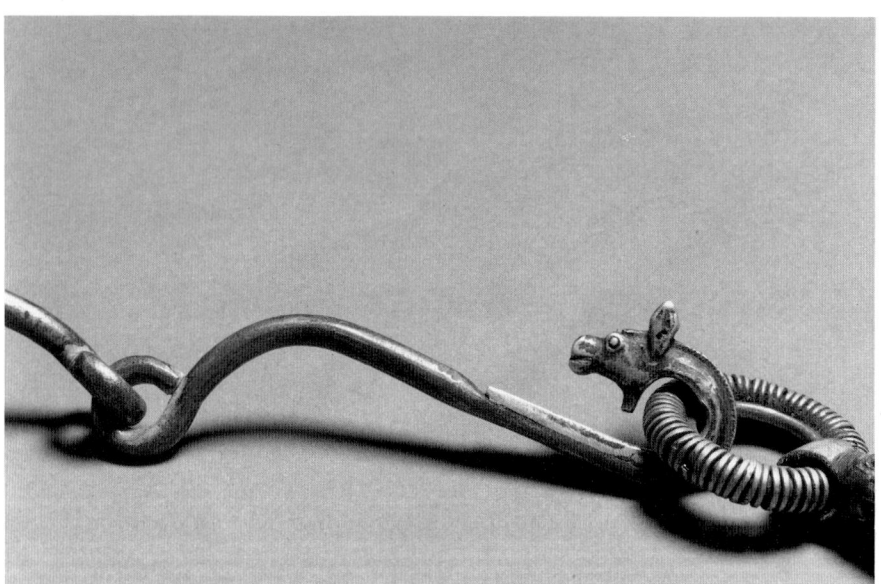

149

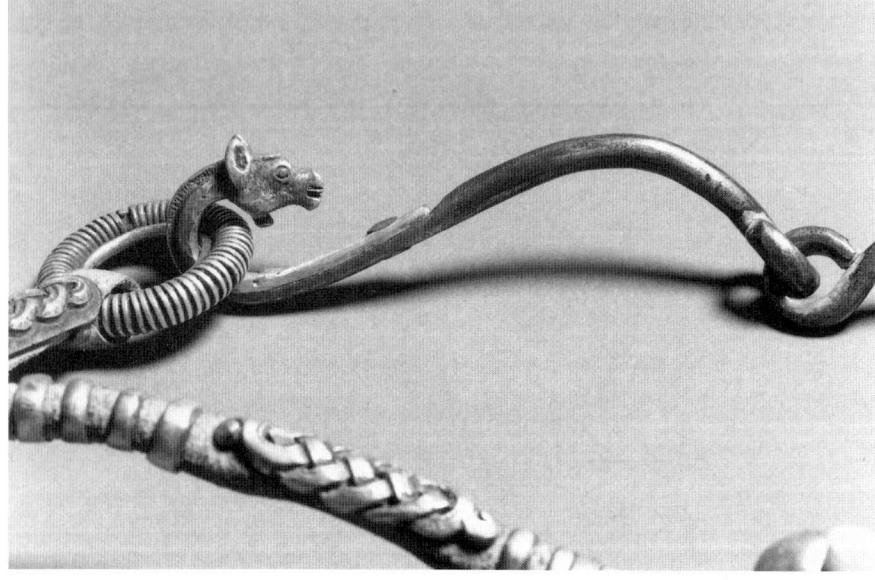

149

150. Zaumzeug, Schwanz- und Brustriemen, Eisenteile teils versilbert, dichter Schmuckbeschlag auf die Glattlederriemen aufgenietet, kasakisch. SCM D-1113.

150

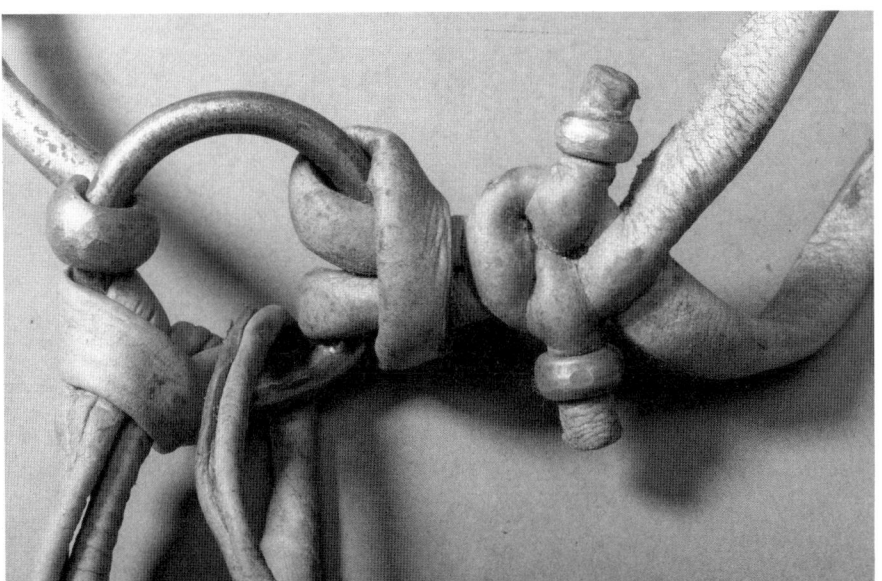

150

151. Zaumzeug, nur Leder ohne Beschläge, gut erkennbare Knüpf- und Flechtarbeiten (Knotenarten *tagnai sülžee, odon sülžee, atgaal ujaa* u. a. m.). SCM D-87x-1-22.

151

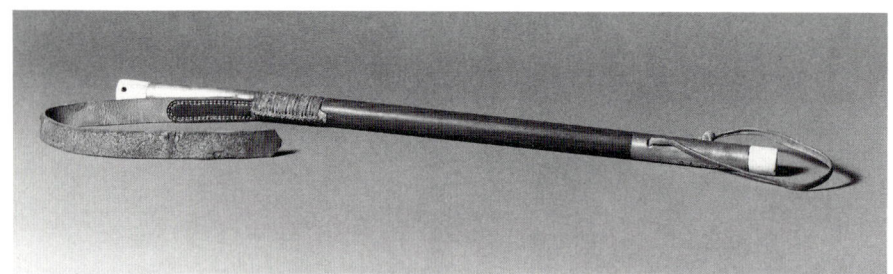

152. Peitsche, Stock-L. 64 cm, aus Sappanholz und Knochen, zum Teil mit Messing beschlagen, Peitschriemen durch Einkerbung im Holz und Flechtwerk befestigt. SCM D-85-7-6.

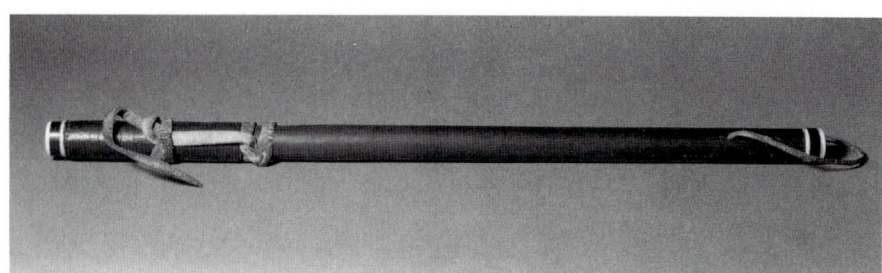

153. Prachtpeitsche, Stock-L. 82,4 cm, aus Sappanholz, Knochen und vermutlich Horn, an der Spitze mit Leder bezogen, mit kurzem Peitschriemen und Halteschlaufe. SCM D-86-6-4.

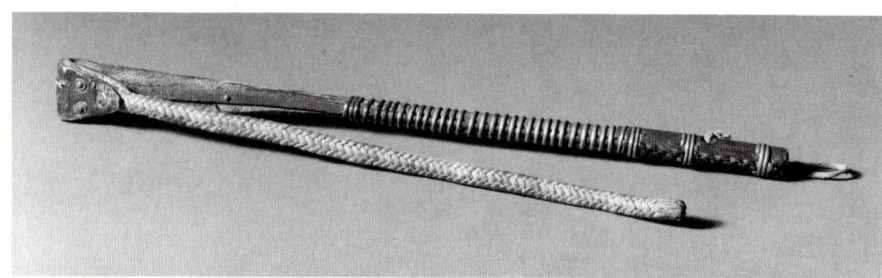

154. Kasakische Peitsche, Stock-L. 46,7 cm, aus Zedernholz, Griff mit Leder bezogen, Stab mit Messingdraht umwickelt, geflochtener Lederriemen, L. 41,5 cm. SCM D-4359.

155. Pfeilköcher *(choromsogo)*, über einen Holzrahmen gespannte größere Lederhülle, H. 44 cm, oben offen und mit ringförmigen gepolsterten Halterungen für die Aufnahme von Pfeilen. Auf der Vorderseite kleinere Tasche für Pfeilspitzen, usw., Metallbeschläge an den Rändern. Narbung und Färbung soll den Eindruck eines Tigerfellköchers hervorrufen, wie es in der alten mongolischen Heldendichtung oft beschrieben ist. SCM D-1265.

155a. Pfeile. Zehn Pfeile aus Holz, L. 110 cm, mit metallischen Spitzen, Fiederung am Pfeilschaft angeleimt und mit feinem gewickeltem Faden festgeschnürt. SCM 1241.

152

153

154

155
155a

156. Pfeilköcher aus braunem Pferdefell,
H. 34 cm, mit Knochenbeschlägen an
den Kanten, zwei gekreuzten Lederver-
spannungen mit grünen Lederpaspeln,
leicht beschädigt. SCM D-1257.

156

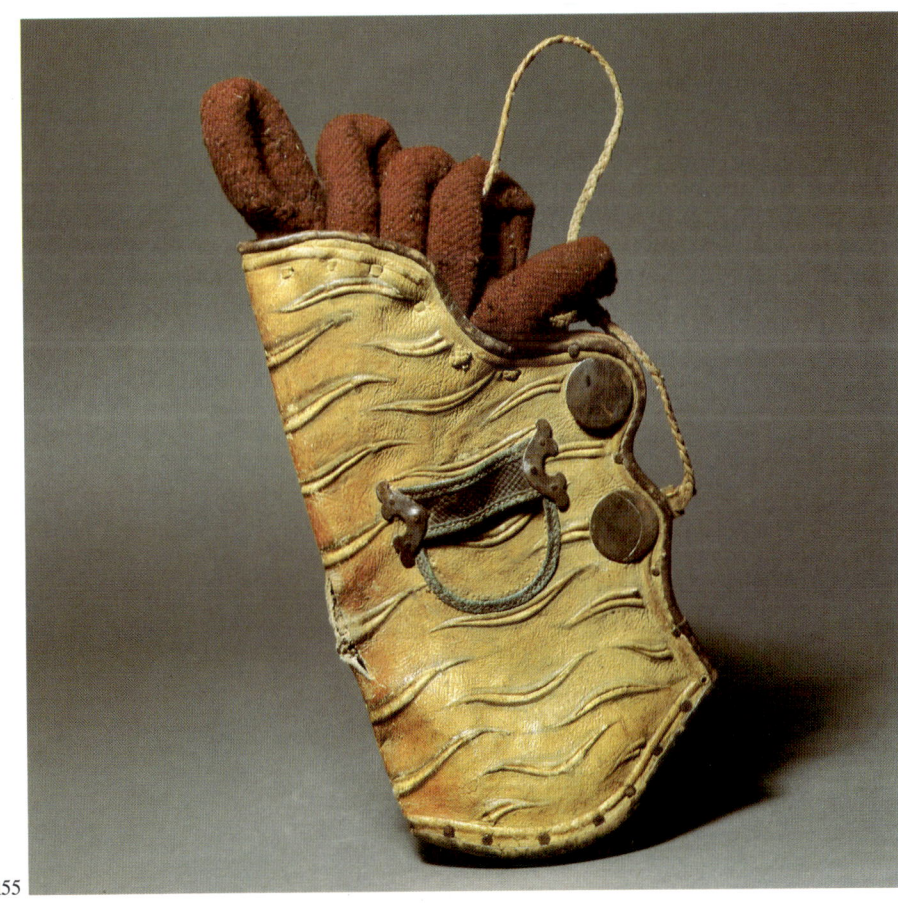

155

157. Pfeilköcher aus braunem geprägtem Leder, H. 37 cm. Vorderseite mit einer kleineren Tasche, drei Behälter nebeneinander genietet, zahlreiche Beschläge aus Eisen- und Messingblech mit Wolken- und Widderhornmotiven; Ränder der Taschenöffnungen mit rotem Filztuch eingefaßt, Pfeilhalterungen fehlen. Aufhängeriemen aus gerilltem braunem Leder, B. 3 cm, grün paspeliert; alter Armeeköcher. SCM D-1281.

157

157

157

142

158. Bogenköcher *(saadag)* mit Gürtel, Bogenetui, H. 93 cm, aus gerilltem Leder mit Applikationen aus Leder und rotem Filz. Ränder mit grünem Leder paspeliert, Beschläge mit floralem und Widderhornmotiv am Aufhänger; Gürtel, L. 93 cm, der dicht mit Metallbeschlägen, analog zu archäologischen Gürtelfunden, verziert ist. SCM D-1274.

59

158

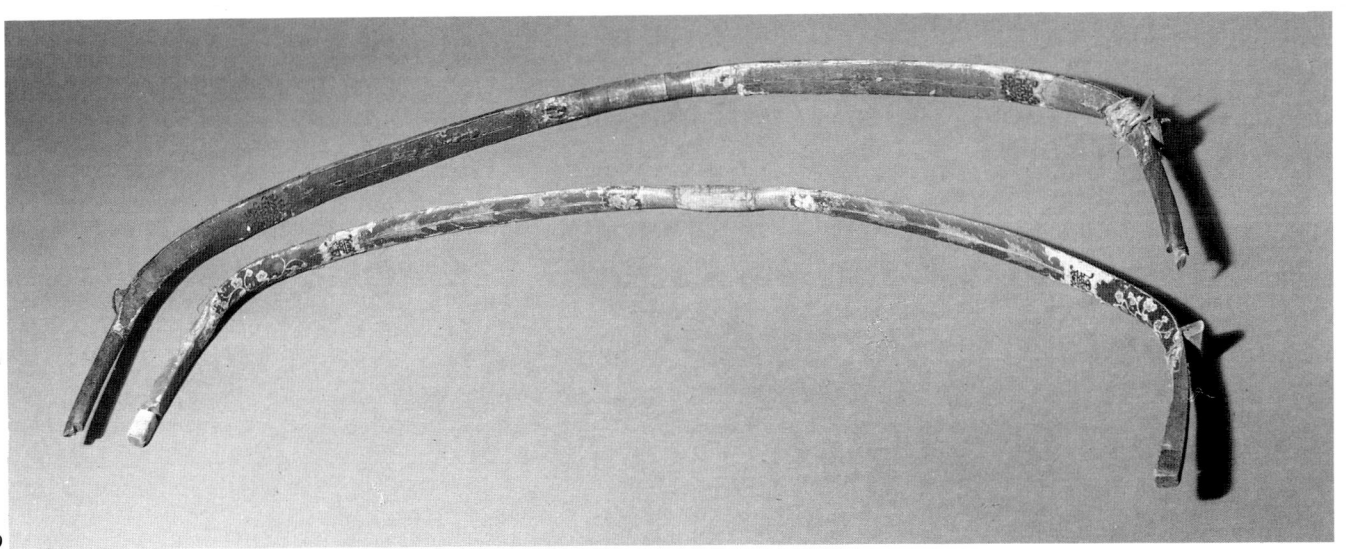

59

159. Bogen, entspannt L. 107 und 115,5 cm, schichtweise aus Holz, Knochen und Horn, den traditionellen Materialien der mongolischen Bogen, geklebt und mit Schlangenhaut überzogen. Der Überlieferung nach dient Fischleim als Klebstoff bei der Bogenherstellung. Schlangenlederüberzüge wurden erst ab Ende des 18. Jh.s verwendet. Bemalt mit floralem Muster, Baumrindeneinlagen. Sehnenrast aus Holz mit Lederpolsterung nur teilweise erhalten. SCM D-1236.

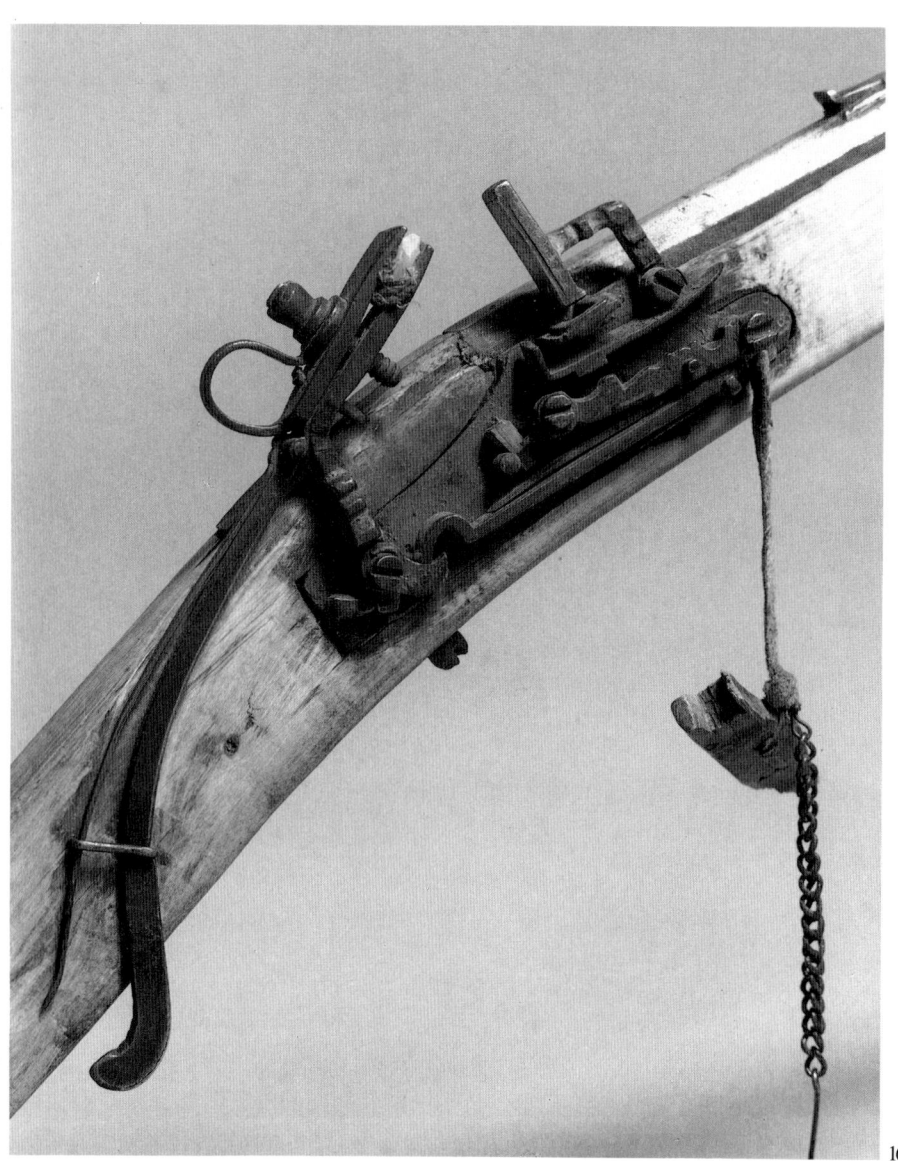

160. Steinschloßflinte *(sachiur buu)*, Birkenholz, geschäftete Waffe mit oktogonalem Lauf aus Stahl, L. 119 cm, der mit zwei Reihen von Querritzungen und versilberten Ringen verziert ist. Lauf und Schaft durch zwei Messingringe verbunden. Im Schaft Ladestock, L. 80 cm, eingelassen, Verdickung im Holz unterhalb der Laufmündung zum Anbringen von Zweibeinstütze, am Laufende Steinschloß mit Feuerstein und Hammer.

Zubehör: drei Gefäße für Pulver (Horn, Patronenhülse, Ledertasche), Kugeltasche, Form für Kugelgießen, Holzstäbchen mit Messingbeschlag, Schmierfettgefäß, Schraubschlüssel. SCM D-85-1-43.

160

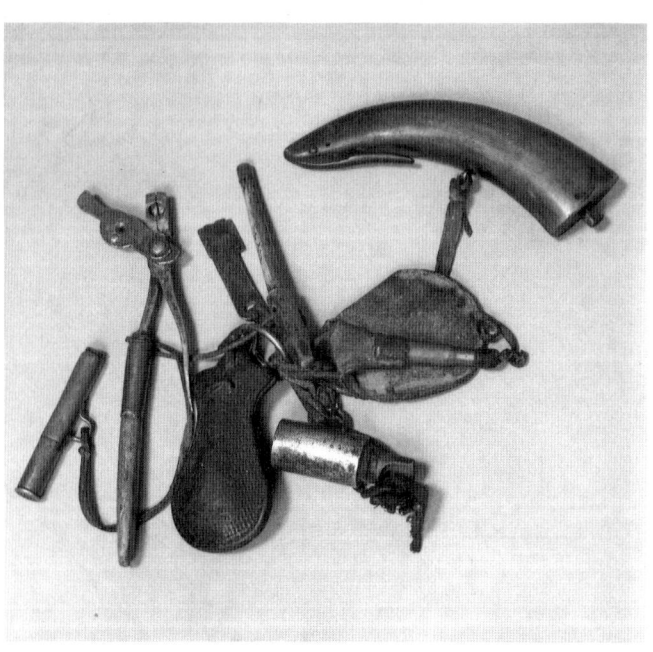

160

160

144

161

161

161

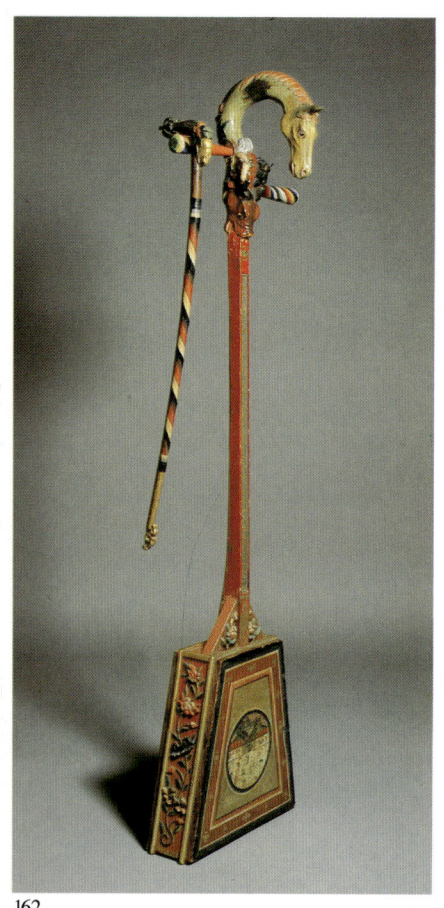

162

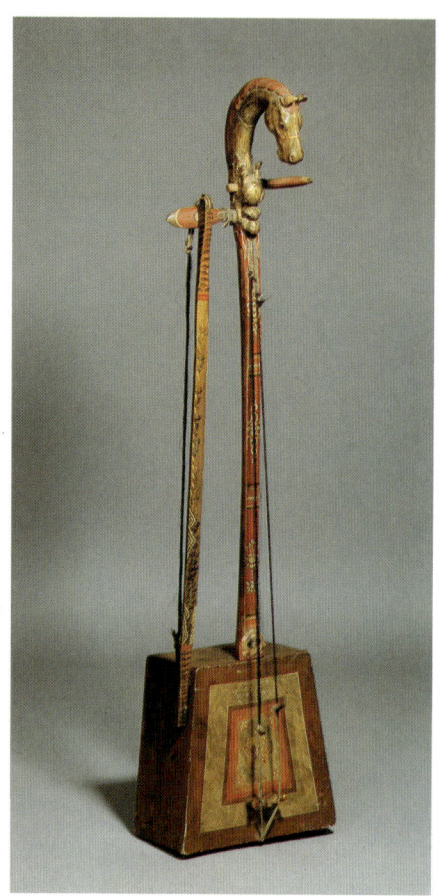

163

16

16

161. Pferdeköpfige Geige, zweisaitiges Streichinstrument, Holz, Resonanzkörper und Hals L. 143,5 cm. Hals rot bemalt, geschnitzter, grün bemalter Pferdekopf mit roter Mähne gekrönt, Saitenwirbel dunkelgrün. Zwischen Pferdekopf und Saitenwirbel Holztäfelchen mit Darstellung eines Nadamfestes mit Pferderennen und Zuschauern, darunter ziffernblattähnliche Scheibe. Trapezförmig sich verjüngender Resonanzkörper, an dessen Rand umlaufendes Mäanderband in roter Farbe auf grünem Untergrund. Darunter in Gelb Wunschformel für Herdenreichtum der Mongolischen Volksrepublik. Im Mittelfeld zwischen vier weißen vajraähnlichen Zacken auf Goldgrund Schafherde und Hirten, in der Mitte Kreis mit Landschaftsdarstellung mit Jurten und Herden. Auf der Oberkante des Resonanzkastens kleines Holzkästchen, ein aus Ziegelsteinen erbautes Haus darstellend mit zwei Wachen davor und mongolischer Inschrift »Stadtgeschäft«. Bogen, L. 81 cm, mit Pferdehaarbespannung. Beispiel eines zeitgenössischen Dekors dieses jahrhundertealten mongolischen Nationalinstrumentes. Seine Entstehung erklären zahlreiche Legenden mit der Geschichte eines jungen Hirten, der nach dem Verlust seines Lieblingspferdes aus dessen Gebein die erste Geige

mit Pferdekopf schnitzte. Es gibt jedoch auch Geigen ähnlicher Art mit Drachen- oder Meeresungeheuerköpfen. Mit diesem Schnitzdekor reiht sich die mongolische Geige in die Reihe zoomorpher Ausformungen des Geigenhalses ein, die bei einigen einstigen Hirtenvölkern üblich waren. SCM D-1753.

162. Pferdeköpfige Geige (morin chuur). Zweisaitiges Streichinstrument, Resonanzkörper und Hals L. 128 cm. Der rotbemalte Hals läuft in einen bemalten Pferdekopf mit gebeugtem Hals aus, der den Instrumenten dieser Art den Namen »pferdeköpfige« Geige gibt. Unter dem Pferdehals kleiner ausgeführte Köpfe eines Ziegenbocks, eines Schafbocks und eines Rindes, aus dessen Maul sich der Längsteil des Geigenhalses fortsetzt. Die zwei Wirbel sind streifig bemalt. Bogen, L. 77 cm, ebenfalls bemalt, mit Bespannung aus Pferdemähnen- oder Schweifhaaren. Der leicht trapezoide kastenförmige Resonanzkörper, H. 33 cm, T. 10 cm, weist Bemalung in Blau, Grün und Gold auf. In der Mitte, auf grünem Untergrund, Medaillon mit der Darstellung von Schmiede-, Wagner- und Stellmacher-Arbeitern. Längsteil des Geigenhalses bemalt, mit mongolischer Widmungsinschrift anläßlich der ersten Versammlung des Handwerks-

Kooperativs der Provinz Kentej, undatiert. SCM D-1752.

163. Pferdeköpfige Geige, zweisaitiges Streichinstrument, L. 113 cm, bemaltes Holz mit Blumendekor des Resonanzkastens. Hals oben mit Pferdekopf mit grüner und roter Mähne, Zaumzeug in Goldfarbe gemalt, bewegliche Holzzunge im Maul. Gehörnter Drache als Anfang des geraden Halsteiles. Saitenhalter in Gestalt eines zoomorphen Wesens mit Rinderhörnern, Katzenbart, menschlicher Nase und Augen. Beispiel der traditionellen Form des Instrumentes. Bogen, L. 77 cm, mit Tigerfellmuster an beiden Enden, dazwischen Pferderennen auf goldfarbigem Hintergrund dargestellt. SCM D-1743.

164. Wölbbrettzither (Jatga), zwölfsaitiger Resonanzkörper, L. 166 cm, der durch Knick vom Boden abgehoben ist. Sehr alte Instrumentenform, die in Zentralasien bereits im 14. Jh. bekannt war. Bemalung grün, rot und schwarz in floralem Dekor. SCM 1762.

164a. Ohne Abbildung: Flöte, Bambus, L. 68 cm, mit Lederstreifen umwickelt, Überzug aus Darm, Modulationslöcher. SCM 85-1-5.

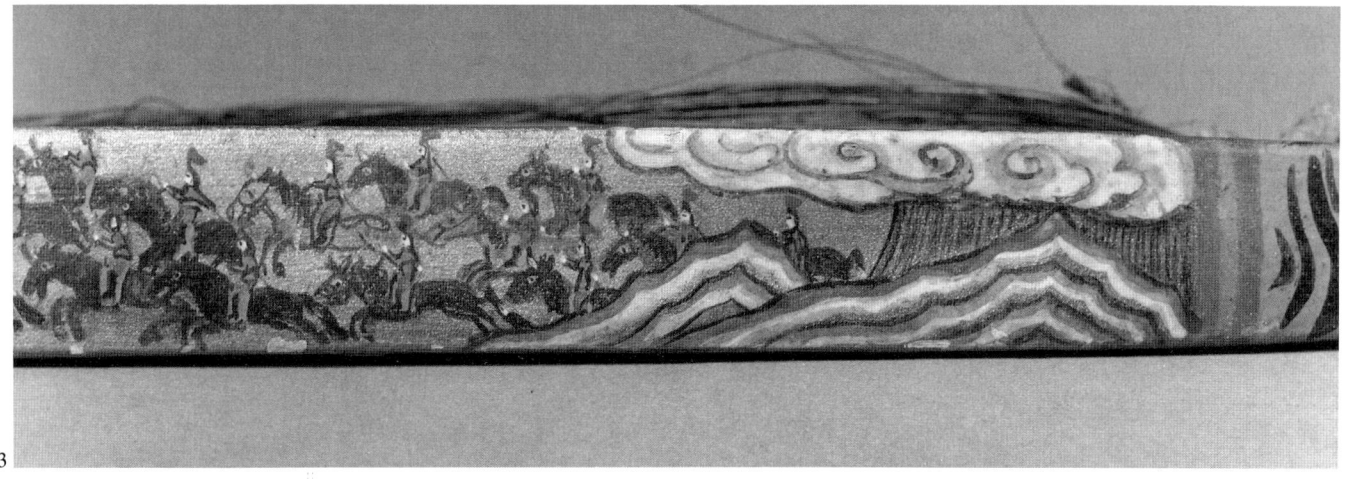

165. Schamanenkostüm eines Darchad-Oberschamanen *(Zajran),* Kaftan aus beigem Baumwollstoff mit eingewebtem geometrischem Muster, L. 130 cm, Ärmellänge 85 cm, Seitenschlitze, beige Fransen über dunkelblauem Stoffsaum. Ärmelmanschetten mit beigen Seitenstreifen, schwarzer Kragen. Blanker vernickelter Messingspiegel an Seidenband vor der Brust hängend. Im Rücken an den Schultern zwei Eulenfederbüsche, über den Stoff verteilt viele lange Glocken, breiter rotsilberner Brokat mit Stoffschlangen. An den Ärmelunterseiten zwei schwarze Stoffdreiecke. SCM D-1384.

165a. Schamanenkopfputz. Dicke, schwarze Stoffmütze, H. 30 cm, vorn mit rotem Querstreifen, auf dem ein Kupferbeschlag in Gestalt eines geflügelten Löwen mit zusätzlicher Kralle befestigt ist. Vor dem Gesicht Schleier aus schwarzen Seidenfransen. Rückwärts ebenfalls Schlangenstreifen mit Korallenaugen und 11 cm langen Glocken. Darüber zwei große Rasseln und ovaler Beschlag, Federkrone von Eulenfedern. SCM D-1384.

165b. Trommel und Trommelschlegel. Lederbespannte Rundtrommel aus zweifach gelegtem dünnem Birkenholz. Quergriff aus mit Seide und Stoff umwickelten Lederriemen, darüber Draht mit sieben Münzen chinesisch-mandjurischer Herkunft, Glöckchen, Seidenstreifen als Anhänger. Vorderteil des Trommelfells bemalt mit flammendem Sor auf Altartischchen, Wolkensymbolen, dazwischen Garuda, Drache, Tiger und Löwe. Diese Bemalung deutet auf eine von buddhistischen Vorstellungen stark überlagerte Form — den sogenannten gelben Schamanismus *(sar bögen mörgül)* — hin. Schlegel aus Holz, L. 26 cm, Schlegelkopf mit Fellbespannung und Metallstange mit acht Ringen. Griffende mit Stoffanhänger. SCM D-1384.

165c. Schamanenschwert, L. 36 cm, Griffstück aus Holz mit Kupferstreifen, Klinge aus Eisen mit geometrischem Muster am Klingenansatz. SCM D-1384.

165b

165b

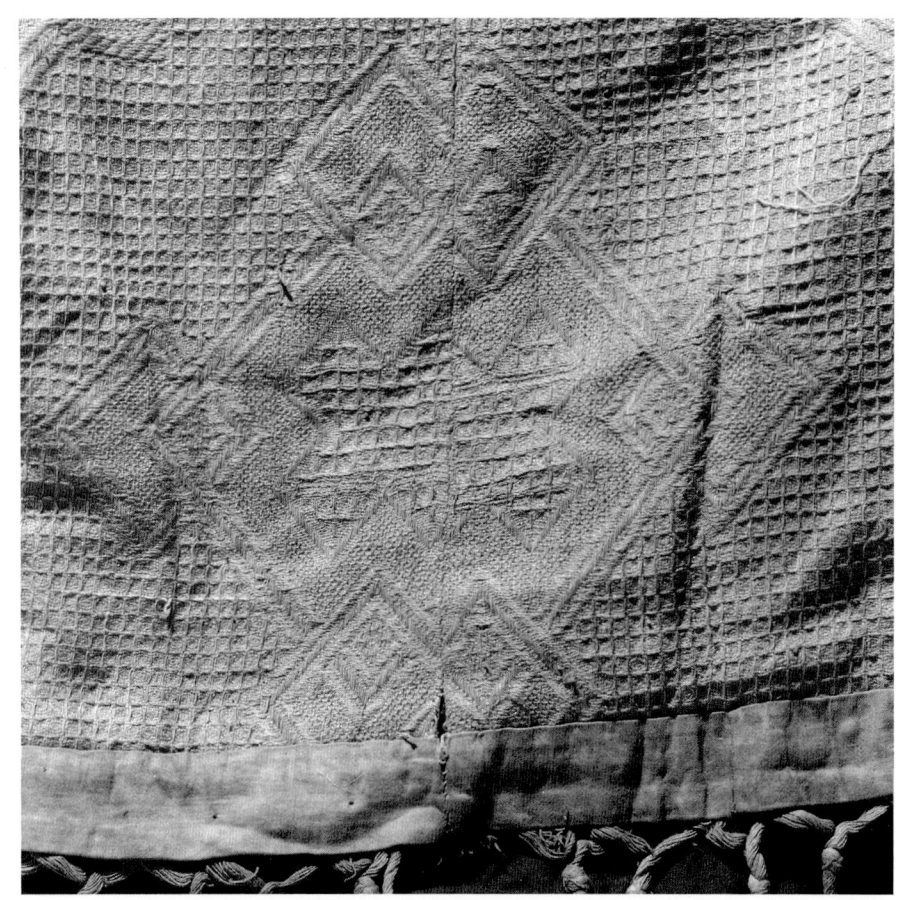

165

165a

166

166

166

166. Schamanenkostüm, burjatisch. Kragenloser weiter Kaftan aus rotem Baumwollstoff, L. 128 cm, Ärmellänge 66 cm, mit Glocken, Metallreifen, Ringen, Pfeil und Bogen aus Metall behängt. Schulterblätter und je zwölf Rippennachbildungen aus Metall beidseitig in Brustkorbhöhe, ebenso Ober- und Unterarmknochen-Nachbildungen aus Kupfer, die in ein Händchen enden, auf beiden Ärmeln. Darüber Frontlatz, L. 116 cm, B. 35 cm, aus gleichem rotem Stoff mit metallenen Nachbildungen von Schlüsselbeinen und Brustbein, unter dem ein Herzsymbol angebracht ist. Weiter nach unten zu Pfeil- und Bogenabbild aus Kupfer und silberner, verknoteter Pfeil. Der gesamte Frontlatz ist mit zahlreichen Rasselringen behängt. Am Hals ein blanker Messingspiegel, ⌀ 11,5 cm, mit Seidenbandanhänger. SCM D-83c-2-79.

166a. Schamanenkrone, Kupferring ⌀ 18 cm, mit drei Metallbogen, auf denen eine sechsendige Geweihstange und eine fünfendige Geweihstange aus Kupfer angebracht sind. Die Zahl der Enden weist auf einen sehr erfolgreichen Schamanen hin, da der junge Schamane mit einer Metallkrone mit nur wenigen Enden beginnt. Zwischen den Geweihstangen Büschel mit 24 seidenen Nachbildungen von Schlangenköpfen, von denen Stoffstreifen und Nachbildungen von Schlangenleibern über den Rücken herunterhängen. Unter der Krone wird eine mit drei Korallen besetzte Stoffmütze getragen, an der Kordelfransen befestigt sind. Von der Krone selbst hängt im Rücken ein dreiteiliges Metallsymbol herab, das Rückgrat und Beine darstellt. SCM D-83c-2-79.

166b. Schamanenmaske, getriebenes Kupfer, H. 21 cm, B. 17 cm. Augen, Nase und Mundöffnung, Barthaare aus Fell, Kopfhaare aus Kordel, links und rechts der Schläfengegend und an der Stirn Metallglöckchen. SCM D-83c-2-79.

166

166c

166d

166d

166e

166c. Schamanenpeitsche (Zepter), Holzstab, L. 34 cm, drei Kupfereinlagen über die ganze Länge, an denen neun Ösen mit Glocken hängen, vorne an der Spitze kleine Nachbildungen von Axt, Spieß, Hammer, Sichelmesser, Dolch mit Seidenstreifen. SCM D-83c-2-79.

166d. Schamanenstöcke, Eisen, L. 95 cm, oben auslaufend in Pferdekopf, Zaumzeug in Ritzzeichnung angedeutet, mit Glöckchen und Seidenstreifen, an einem Stock kleine Steigbügel, am zweiten Stock bootähnliche Schale mit Ruder. Diese pferdeköpfigen Stöcke dienen dem Schamanen zur mythischen Reise nach einem imaginären Ort. SCM D-83c-2-79.

166e. Trommel und Trommelschlegel. Lederbespannte Rundtrommel, ⌀ 47 cm, Randhöhe 4,5 cm, mit nicht antropomorphem Kreuzgriffstück aus gespannten Stoffkordeln mit kupfernem Spannstück in der Mitte, am Innenrand zweimal neun dünne Blechanhänger. Am Außenrand drei Ösen, zwei mit jeweils zwei Glöckchen, an der mittleren Öse drei Glocken und ein buntes Kordelbüschel. Schlegel aus gekrümmtem Holz mit leicht stufenförmig abgesetztem Griff, L. 40,5 cm, Griff in Schlangenkopfform mit je einem Kupfer- und Messingauge und Kiemen aus Metall im Unterkiefer. Loch für Hängeriemen, Öse mit zwei Glöckchen. Schlegelkopf mit Leder überzogen. SCM D-83c-2-79.

157

167. Onggonmaske aus Birkenholz, H. 47,7 cm. Darstellung eines täglich verehrten Ahnengeistes. Das Gesicht ist als Folge vieler Opferungen mit Speisen und Fett sehr verschmiert. An den Seiten bilden Fellstreifen die Haare, zu konischen Gebilden gebogene Metallplatten, wie sie auch an Schamanenkleidern zu finden sind, sind »Ohrringe«. Aufgeklebte Lederstreifen imitieren Augenbrauen, Bart und Kinnbart. SCM D-1392.

168. Onggonfigur, Holz, H. 43,7 cm. Darstellung eines Ahnengeistes, aus geschnitztem Birkenholz. Vom Kinn herabhängend ein Bart aus Pferdehaaren. Ein Fellstreifen, der um den Kopf herum von Ohr zu Ohr reicht, versinnbildlicht die Haare. An den Ohren hängen zwei Ohrringe, die dieselbe Form haben wie die metallischen Anhänger der Schamanentrommel und des Schamanenkleides. Im Rücken dient ein Lederriemen zum Aufhängen der Figur an der Jurtenwand. Der mittlere Vorderteil, Gesicht, Bart und Beine, sind mit Fett stark verschmiert, was darauf zurückzuführen ist, daß dem Ahnengeist täglich Nahrung geopfert, das heißt Fett auf das Gesicht geschmiert wurde. Solche Stücke sind außerordentlich selten, weil sehr viele zur Zeit der buddhistischen Bekehrung im 16./17. Jh. verbrannt und sie später, eben wegen ihrer Größe, nur selten hergestellt wurden. Kleinere Figuren waren vor den buddhistischen Missionaren leichter zu verstecken. SCM D-1393.

168

16

169. Kriegergottheiten, Bronzegruppe von neun auf Pferden berittenen geharnischten Kriegern, deren eine mit einer Höhe von 33,8 cm größer ist als die anderen acht mit etwa 15,2 cm bis 15,9 cm. Die ikonographische Ausgestaltung aller Figuren entspricht jener der als geharnischte Reiterkrieger mit einer Begleitung von acht gleich aussehenden Gefährten oder Brüdern dargestellten Schutz- und Kriegergottheiten, Sülde-Tngri und Dayičin-Tngri, die der Ikono-graphie der tibetischen Feindgötter *(dgra-lha)* entspricht, wie sie auch auf zahlreichen Thankas dargestellt ist. In den Anrufungen der Volksreligion wurden sie um Kriegsglück und Schutz vor Feinden gebeten. Die Ausrüstung der größeren Figur ist lose angebracht, die kleineren Begleitfiguren sind in einem Stück gegossen. Es fehlt die Helmzier. Nur bei fünf Statuetten ist ein Sockel erhalten.
SCM D-86-8-1.

160

170

170. Amboß für Feinschmiedearbeiten, Stahl mit Kupfer- und Goldummantelung, H. 11,8 cm, B. 19,5 cm. Massiver Stahlblock, Ummantelung mit Friesband im Widderhorndekor, darunter Lotosband und gröber ausgeführtes Flammenmuster. An beiden Seitenflächen je zwei herausragende, nicht ummantelte Stahlauflagen, deren eine abnehmbar ist. Der Stahlblock gehörte zum Werkzeug des als Feinschmied berühmten 1. rJe bcun dam pa Khutukhtu (Öndör Gegen), Zanabazar (1639—1723), des höchstrangigen Vertreters des Buddhismus bei den Chalchamongolen, der mit seinen Skulpturen lamaistischer Gottheiten eine eigene Schule in Urga begründete. Die Ummantelung wurde später hinzugefügt. SCM D-524.

171. Tsha-tsha-Model, H. 9 cm, B. 2,4 cm, *Dornot Ajmag,* Modelblock aus Messing, Holzgriff mit Ring aus Messing verstärkt. FCM D-83-c-2-64.

172. Tsha-tsha-Model, H. 8,2 cm, ⌀ 8,5 cm, aus *Archangaj.* Modelblock aus Messing mit Messinggriff, Stupa-Darstellung. SCM D-83c-1-22.

173. Tsha-tsha-Model, H. 13,5 cm, B. 7,8 cm. Modelblock aus Messing, für die Prägung einer Devotionalie mit den drei sogenannten »Buddhas des langen Lebens« Amitāyus, Vijaya und Weißer Tārā. Im Rücken Griff aus Holz, oben mit geflochtenem Leder verstärkt. SCM D-83-6-17.

163

174. Amulettkästchen aus Silber *(guu, tib. ga'u)*, Treibarbeit, H. 11,2 cm, B. 10,5 cm. In der Mitte des Sockels ein Dämonenhaupt, bogengekrönte Seitenornamente mit den acht Kleinodien, an der Spitze der Wunschedelstein Čintamani. An den Seiten je zwei Ösen zur Aufnahme eines Tragebandes. Rückseite mit Wolkenbandmotiv und mythischem Monogramm rNam bcu dbaṅ ldan, das die zehn mächtigen Formen des Kosmos bedeutet. Das Kästchen enthält eine aus Lehm, der mit der Asche einer geheiligten Person vermischt ist, gepreßte Devotionalie *(Tsha-tsha)*. Hier Yamāntaka-Relief (siehe Nr. 205). SCM D-4378.

174

174

174

175. Zeremonialdolch *(phur-bu)*, Holz, stellenweise mit Leder verbunden, L. 35,5 cm, B. 6 cm. Schnitzarbeit. Griffstück in Vajra auslaufender Kopf einer schrecklichen Gottheit mit Schädelkrone, aber unüblicherweise nur einem Gesicht. Klingenteil aus einem Makara-Kopf, mit schlangenlinienartiger Verzierung. SCM S-87ś-1-3.

176. Zeremonialdolch *(phur bu)*, Eisen, Griffstück vergoldet und teilweise bemalt, L. 33,2 cm, B. 5,5 cm. Griffkopf mit drei Gesichtern einer schrecklichen Gottheit, die durch den Pferdekopf in den flammenden Haaren als Hayagriva ausgewiesen ist. Am Querstrick Relief mit drei Meeresungeheuern, auf den sechs Schnittflächen je eine gewundene Schlange. Der Zeremonialdolch dient vorwiegend zur Bannung und Vernichtung des Bösen. FAM 1765-1271.

175

176

177. Schädelschale, Silber, zum Teil vergoldet. Schädelkalotten-Nachbildung mit gegossenem, reich verziertem Dekkel auf dreieckigem Sockel mit Flammendekor und drei Menschenköpfen mit zornigem, besorgtem und friedlichem Ausdruck. Deckel mit Juwel, Schwert, Rad der Lehre, Lotos und Vajra-Symbolen geschmückt, in einen Vajra-Knopf auslaufend. Die Schale dient als Opferbehälter bei verschiedenen Ritualen. SCM D-326.

177

177

177

177

178

178. Schädeltrommel *(damaru)*, H. 7,4
cm, B. 13,2 cm. Doppeltrommel aus
zwei am Scheitelpunkt aneinandergefügten Menschenschädelkalotten, auf dem
Verbindungsband fünf Totenköpfe in
Knochenschnitzerei und zwei Silberbeschläge, grüne Lederbespannung. Bandanhänger mit Vajra-, Juwel- und Berg-
motiven bestickt, nebst Glasperlen,
Porzellan, Bernstein und Korallen. SCM
D-83-6-20.

179. Doppeltrommel *(damaru)*, H. 19,6
cm, B. 23,4 cm. Klangkörper aus rotbemaltem Holz, mit Toten- und Dämonen-
köpfen in Gold, Silber, Rosarot und
Grün, grüne Lederbespannung, Verbindungsband mit Kaurimuscheln, mit den
acht Glückszeichen bestickte rote Bandanhänger, Holzschmuck in Form einer
Hand mit Dreieckzeichnung, Korallen,
Perlen und einem kleinen Metallspiegel
(toli). Die Tragetasche für die Trommel
ist aus gestepptem Filz. SCM D-80-
8-88.

179

167

180

181

181

182

183

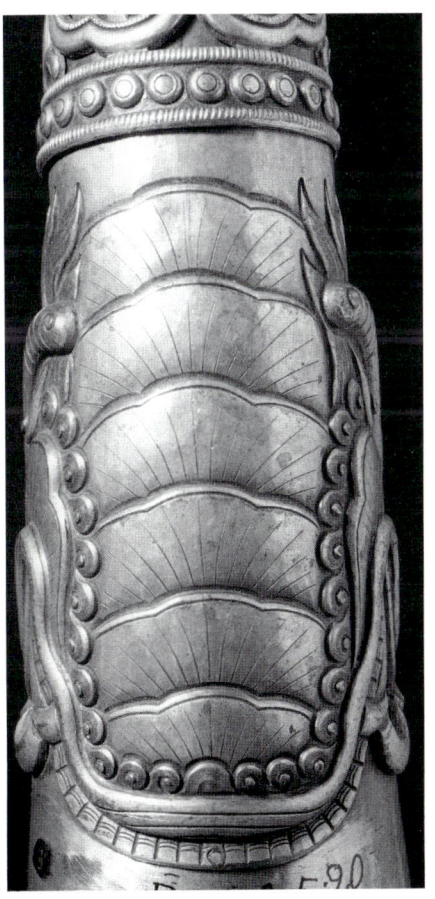

181

180. Doppeltrommel *(damaru)* H. 7,7 cm, ⌀ 10,4 cm. Doppeltrommel aus zwei sanduhrförmig aneinandergefügten Klangkörpern aus geschnitztem Sandelholz in Nachahmung einer aus zwei Schädelkalotten gefertigten Schädeltrommel. Beide Trommeln sind am Scheitelpunkt mit einem roten Band zusammengefügt, das in zwei Schlegelköpfen endet. Bespannung mit grüngefärbtem Leder. Dekor des Holzkörpers Lotosblüten und Mäanderband. Bandanhänger mit Symbolen für die fünf Dakini bestickt. SCM D-84c-1-49.

181. Ritual-Blasinstrument, L. 51,6 cm. Leicht gebogenes Kupferrohr mit erweiterter Mündung, Silberbandbeschläge an Mundstück, Mitte und Mündung, oberhalb der Mündung Kopf eines Meeresungeheuers, darunter Juwel. Rohrmündung seitlich tropfenförmig geöffnet. SCM D-79-5-20.

182. Knochentrompete, L. 20 cm. Aus dem Oberschenkel eines Menschen gefertigt, der eines unnatürlichen Todes gestorben ist. Durch Lederbänder segmentierter Silberbeschlag. Auf dem Gelenkknochen gefaßter Türkis. Als Anhänger rote und schwarze Seidenstreifen, aus Knochen geschnitzter Totenkopf und zwei in Eisenringen endende Lederkordeln. Mit der Knochentrompete werden Götter und Geister in Ritualen gerufen. SCM D-83-6-16.

183. Knochentrompete, L. 44 cm. Mundstück und Endstück mit zum Teil vergoldetem Silberbeschlag, Mittelstück mit Seidenschnur umwickelt. Dekor aus Vajra, Schwert, Juwel, Rad der Lehre, Hackmesser und Schädelschale, Gelenkteil ganz in Silber gefaßt. SCM D-87ś-1-179.

182

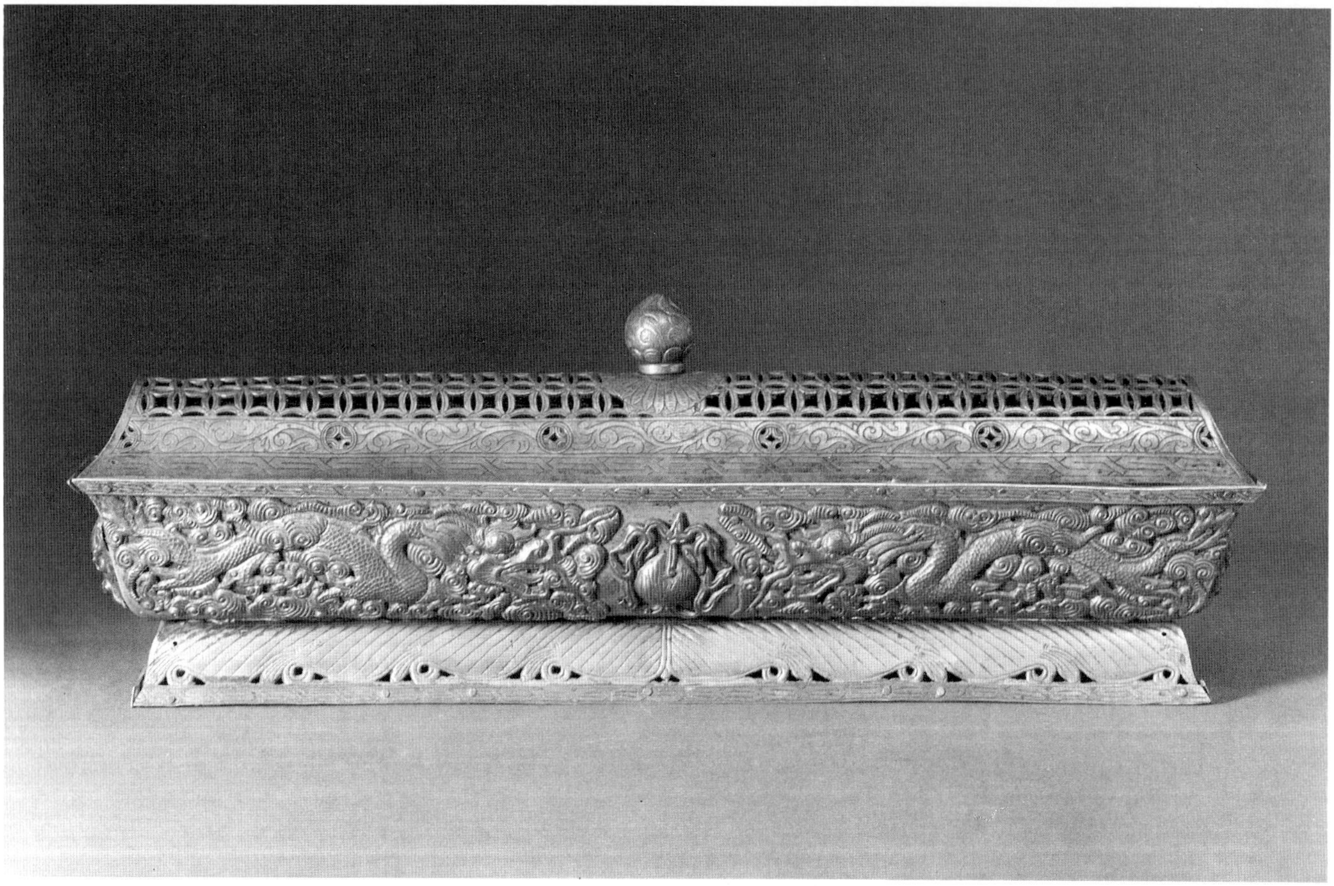

184

184. Weihrauchbrenner, längliches Gefäß mit durchbrochenem Deckel, L. 38,2 cm, H. 12,2 cm, B. 7,2 cm. Versilbertes und teilweise messingfarbenes Metall, Treibarbeit. Umlaufender Fries mit Drachen, die mit der Perle spielen, seitlich Meeresungeheuer. Versilberter Sockel mit Wellenband. SCM D-4449.

185. Amulettdose (guu) mit Kette. Dose ∅ 5,4 cm, mit Kette L. 28,5 cm. Silber, Filigranarbeit mit farbigen Inkrustierungen, in der Mitte gefaßte Koralle. Zwei Silberösen verbinden die Dose mit der Kette aus weißen und roten Korallen-, Bernstein-, Zierstein(undraga)- und Malachitkugeln. SCM D-83-c-2-57.

186. Altartischchen, L. 43 cm, B. 31 cm, H. 33,5 cm. Rotgelacktes Holz mit floralem und Mäandermotiv. Bemalung in Schwarz und Gold. SCM D-85-8-7 A/B.

185

186

187

188

187. Weihrauchbrenner, H. 20,2 cm, B. 15,3 cm, Messingguß mit Korallen und Türkisen besetzt, Deckel für den Rauchabzug in durchbrochenem floralem Dekor, am Deckelrand Mäanderband. Elefantenkopfdekor am Deckel und an den drei Füßen. Mongolische Inschrift: »Von Taqu Dorji im 11. Jahre *olan-a ergüdegsen* (1922) angefertigt«. SCM D-86-1-8.

188. Weihrauchbrenner, H. 25 cm, ⌀ 18 cm. Getriebenes Kupfer, durchbrochener Deckel und Gefäßwölbung mit Wolken- und Fledermausmotiv, Ränder von Deckel und Gefäß mit Mäanderband, Deckelaufsatz mit Elefantendarstellung, Henkel und die drei Füße als Elefantenköpfe ausgeformt. SCM D-340.

189. Weihrauchbrenner, H. 22 cm, ⌀ 13 cm. Getriebenes Silber, auf drei Elefantenrüsseln stehend, Deckelhaube durchbrochen, mit Wunschedelsteinknopf, Ewigem-Knoten- und Münzdekor, auf einem Fries mit Lotosmotiv. Gefäßwölbung mit vier Medaillons: Mönch mit Opferschale, Elefant, Opferschale und Kuh mit trinkendem Kalb. SCM D-329.

189

189

189

189

190

190. Opferschüssel, Kupfer versilbert, ∅ 32 cm, H. 11,5 cm, 20. Jh. Flache Schüssel auf einem geschwungenen Fuß, Schüsselrand ziseliert mit geometrischem Motiv *(chamar/ulaani)* und in der Mitte Meeresungeheuer. FAM 7813-2725.

190

191. Silberschale, H. 6,8 cm, ∅ 28,3 cm, teilweise vergoldet. Rosette aus gefaßten Korallen, Türkisen, Natursteinen und Perlen in der Mitte des Schalenbodens, Rand mit Lotosdekor. SCM D-309.

191

192. Mandala, Metallsockel, H. 5 cm, ⌀ 19 cm. Treibarbeit aus *Bajan chongor* mit den acht Kleinodien als Dekor, darüber drei mit Korallen, Muscheln, Glasperlen und Knochenkügelchen besetzte, sich nach oben verjüngende Ringe, die mit verschiedenen Getreidesorten, bunten Holzstücken und Muscheln als Opfergaben gefüllt sind. Als Bekrönung das aus Eisen gegossene Rad der Lehre, Sockel mit Lotosblüten geschmückt. (H. 8,9 cm, B. 6 cm). SCM D-85c-2-27, D-87x-3-8.

192

192

175

193. Stupa-Reliquiar, (tib. mCod-rten), vergoldete Bronze, H. 19,5 cm, Typ des »Erleuchtungs-Stupa«. Vorderes Sockeldekor mit zwei Löwen zu Seiten eines Elefanten, links zu Seiten eines Pferdes, rechts zu Seiten eines Garuda, auf der Rückseite zu Seiten eines Pfaues. In der Schreinöffnung Tsha-tsha-Lehmgebilde. SCM D-82-7-2.

194. Stupa-Reliquiar, vergoldete Bronze mit Silberteilen, H. 21 cm, B. 10,7 cm. Typ des »Erleuchtungs-Stupa«. Am Sockel Dekor von zwei Löwen zu Seiten des Juwels, in der Schreinöffnung unter einem Gewölbebogen bildliche Darstellung des Buddha. FAM 7880-2791.

195. »Tsam-Tanz in Urga« (Urgijn cam), Gouache, H. 78 cm, B. 117 cm, Kopie des von dem Maler D. Damdinsüren, in der Nachfolge des prominenten Vertreters der Urga-Schule, M. Šarab (1869 bis um 1939) geschaffenen Gemäldes, durch den Künstler 1966 selbst angefertigt. Es zeigt in der besonderen Art der Urga-Schule Details aus dem täglichen Leben und naturgetreue Darstellungen von Menschen mit ihren Tätigkeiten. Im Vordergrund eine Szene aus dem Tsam-Tanz vor dem Gelben Tempel (šar süm), der Residenz des Bogdo Gegen im Stadtviertel West-Damnuurčin. Nicht nur die einzelnen Figuren des Tsam-Tanzes sind in realistischer Weise dargestellt, wie zum Beispiel die Gestalt des »Raben« in der linken unteren Bildhälfte, sondern in der rechten unteren Ecke sogar Abbildungen von ausländischen Zuschauern (siehe Details). Die Draufsicht in der Konzeption des Bildes, typisch für die Urga-Schule, dürfte auch von der Darstellungsweise der alten mongolischen Landkarten beeinflußt sein. FAM 3984-28.

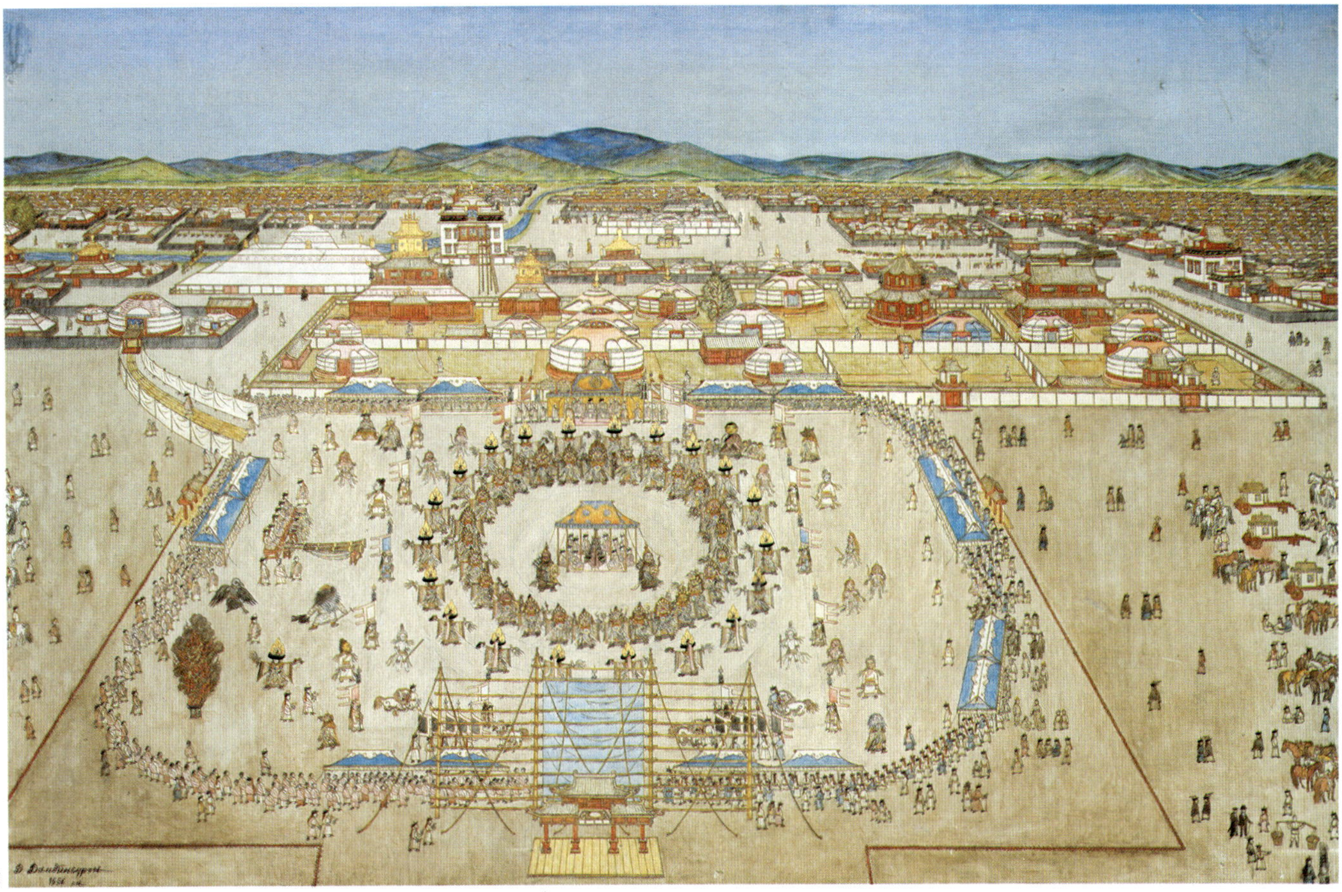

196

196. Tsam-Tanz-Maske, H. 50 cm, B. 47 cm. Papiermaché, bemalt und gelackt. Maske des Jinamitra, einem der vier Begleiter des Mahākāla im Tsam-Mysterientanz, in der er ein braunes Kleid trägt und in den Händen Schädelschale und Damaru-Doppeltrommel hält. FAM 138-6-21.

197. Viereckiger Halskragen für Tsam-Tanz-Kostüme.

198. Schürze, die unter einer Knochenschürze für Tsam-Tanz-Figuren getragen wird, H. 100 cm, B. 76 cm. Die Knochenschürze ist aus geschnitzten Kno-

chen, bunten Glas- und Holzperlen gefertigt, für Darsteller schrecklicher und zorniger Gestalten des Tsam-Tanzes. Die Knochengehänge symbolisieren Skeletteile. Der Stoffgürtel selbst ist mit Knochendarstellungen des »Rades der Lehre« verziert, in dem Schürzengehänge ebenfalls Medaillons mit Lotos-

197

198

blüte, Vajra, Juwel, Schwert, Ewiger
Knoten und Wolken. Am unteren Rand
Messingglocken und bunte Seidenquasten. FAM 3158-809 (Knochenschürze
ohne Abbildung).

199. Stiefel zum Tsam-Kostüm, H. 37
cm, L. 32 cm. Rotbrauner Seidenschaft,
Fuß bunte Einfassungen. Applikationen
und Stickereien, ein Meeresungeheuer
darstellend, untere Schafthälfte mit
Knochenschnitzereien und bunten Seidenquasten. Diese Stiefelform wird für
alle schrecklichen Masken des Tsam-
Tanzes gebraucht. FAM 3190-791.

199

200

200. Tsam-Tanz-Maske, H. 23,5 cm, B. 21 cm. Papiermaché, bemalt und gelackt. Maske eines Tänzers aus der Gruppe, die als »Acht Kinder eines Ming-Kaisers« auftritt. Die Kinder sind die Begleiter einer buddhistischen Mönchsgestalt, welcher der Legende zufolge die magische Heilung eines erkrankten Ming-Kaisers zugeschrieben wird. FAM 1960-1-34.

202. Amitābha, vergoldete Bronze, H. 13 cm, ∅ 10 cm, unbekannter Meister, Urga-Schule, 19. Jh. Der mythische Buddha des Westens sitzt im Vajrasitz auf einem Lotossockel, in den Händen eine Almosenschale. FAM 1845-735.

201. Schüler des Buddha, zwei gleich gestaltete vergoldete Bronzen, H. 17,2 cm, ∅ 6,5 cm, Urga-Schule, 18. Jh. Jede der beiden Figuren hält in der Rechten einen Bettelstab *(khakkara)*, dessen Glöckchen die Entgegenkommenden warnen sollen, in der Linken eine Almosenschale (siehe Nr. 213). FAM 7876-2787.

201

203

203

203

203

203. Śākyamuni, vergoldete Bronze, H. 37,7 cm (mit Krone), B. 22,7 cm, in *Archangaj* gesammelt. Figur des historischen Buddha in Sambhogakāya-Form seiner fortwirkenden Erscheinungskraft, mit auf die Erde deutender Geste und Lotosschale. Er ist mit einem über den Kopf gezogenen viereckigen Kragen und darüber geworfenem Mantel aus Brokat bekleidet, der mit Yin und Yang und Muscheldekor in Applikationsarbeit verziert ist. Die Krone auf seinem Haupt ist abnehmbar. SCM D-83c-1-1.

204. Amitāyus, getriebenes Messingblech, H. 40 cm, ⌀ 23,5 cm. Als Schutzgott verehrte Sonderform des Buddha Amitābha (siehe Nr. 202), gilt als Gottheit des langen Lebens. Er sitzt auf einem Lotossockel im Vajrasitz, beide Hände halten ein Gefäß mit Lebenselixier *(amṛta)*. FAM 7010-2386.

204

205. Yamāntaka, vergoldete Bronze,
stellenweise bemalt, H. 17,3 cm, B. 13
cm. Der Schutzgott Yamāntaka in der
schrecklichen Gestalt des Vajrabhairava
mit neun Köpfen, mit vierunddreißig
Armen, mit seiner Śakti in Yab-Yum-
Position. Er tritt mit den Füßen auf
Tiere und überwältigte Hindu-Gotthei-
ten (siehe Seite 186). Auf dem Rücken
trägt er eine Elefantenhaut. SCM
D-83c-1-8.

205

205

185

205

205

205

206. Beg-tse, versilberte und vergoldete Bronze, teilweise bemalt, H. 23 cm, B. ca. 20 cm (siehe Nr. 218). Der in Harnisch gekleidete Schutzgott, dessen Name Beg-tse »verborgenes Panzerhemd« bedeutet, schwingt in der Rechten ein Schwert, in der Linken hält er Bogen und Pfeil und eine Lanze mit rotem Dreieckswimpel. Er tritt in Ausfallstellung rechts auf ein Pferd und links auf einen Menschen. Seine Stiefel sind mongolische Stiefel mit nach oben laufender Spitze. Man vermutet unter ihm einen im Buddhismus systematisierten vorbuddhistischen Kriegsgott. SCM D-440.

207

207. dPal-ldan lHa-mo, mehrteiliger Bronzeguß, H. ca. 65 cm, B. 50 cm, unbekannter Künstler, 20. Jh. Darstellung der lHa-mo in üblicher Ikonographie (siehe Nr. 224), plump ausgeführt. Stab in ihrer Rechten ist reich ornamentiert. FAM 7010-2386.

208. Hayagriva, bemalter Ton, H. 19 cm, B. 16,9 cm, unbekannter Künstler aus *Archangaj,* aus dem Besitz des Zaja

Gegen. Geheime Form des Dharmapala Hayagriva (tib. rTa-mgrin), einer schrecklichen Erscheinung des Avalokiteśvara mit Śakti. Er gilt besonders als Schutzherr der Pferde, worauf auch der Pferdekopf auf seinem Scheitel hinweist. In den Händen Lotos, blutgefüllte Schale, Streitaxt, Fangschlinge, Schwert, Zepter. Die Śakti trägt eine mit Blut gefüllte Schale und ein Herz in den Händen. SCM D-83e-1-64.

209

209. Thanka, Applikationsarbeit mit Seide, Goldbrokat, Perlen, H. 45,5 cm, B. 43,2 cm, unbekannter Künstler, Urga-Schule, 19. Jh. Grundmandala des Kuṅ-rig rNam-par sNaṅ-mdzad (vgl. Nr. 215). Mandaladarstellungen dienen als Hilfsmittel bei bestimmten Meditationsformen. FAM 8020-2917.

210. Thanka, Farbe auf Stoff, H. 39,5 cm, B. 31 cm, unbekannter Künstler, 19. Jh. Buddha Śakyamuni im Mönchsgewand, linke Hand in der Geste des Gleichmutes mit der Almosenschale, rechte Hand Geste »Erde als Zeuge berufen«. FAM 2675-428.

211. Thanka, Farbe auf Stoff, H. 97,5 cm, B. 76,5 cm, 19. Jh., Jātaka-Illustration. Die Bildmitte zeigt Buddha Śākyamuni, umgeben von Szenen aus einem seiner Vorleben. Er sitzt im Vajra-Sitz mit der Geste des Gleichmutes. FAM 634-510.

212. Thanka, Applikation, H. 162,5 cm, B. 121,5 cm, unbekannter Künstler, 19. Jh., Urga-Schule. Grüne Tārā, rechte Hand Geste des Glaubens, linke Hand Geste der Furchtlosigkeit. FAM 2570-439.

213. Thanka, Farbe auf Stoff, unbekannter Maler des 20. Jh.s, H. 95 cm, B. 56 cm. Porträt des 1693 nach Peking berufenen 1. lČaṅ-skya Khutukhtu Ṅag-dbaṅ blo-bzaṅ chos-ldan (1642—1714), flankiert von zwei Lamas. Oben links Tsongkhapa mit zwei seiner Schüler,

Mitte Vajradhara, Naropa und Tilopa, rechts Śākyamuni mit seinen als »Vortreffliche« (siehe Nr. 201) bezeichneten Schülern, unter dem 1. lČaṅ-skya, bDemchog mit seiner Partnerin (śakti), von vier Dakinis (sni-po'i rnal-'byor-ma) umgeben, links davon die Weiße Tārā und darunter der Viergesichtige Mahākāla, rechts die Grüne Tārā und die zwei Friedhofsherren (citipati). Das Bild trägt auf der Rückseite die Inschrift: »lha-ma daṅ bde-mchog lha-lṅa'i brisku«, »Lama mit den fünf Samvara-Gottheiten«. FAM 650-1062.

214. Thanka, Farbe auf Stoff, H. 139 cm, B. 99 cm, unbekannter Künstler, Yeke Küriye (Urga)-Schule, 19. Jh. Zentralfigur, die »tausendköpfige und tausendarmige« Uṣṇīṣasitātapatrā (tib. gtsug-tor gdugs-dkar). Sie hält in den Händen: Rad, Schirm und Pfeil, Dop-

pelvajra und Haken, Lotosblüte und Fangschlinge, Juwel und Schwert, Vajra und Bogen, Rad und Pfeil. Über ihren vielen Köpfen bTsongkhapa mit zwei Schülern, rechts und links zwei Lamagestalten, vermutlich Spendeherren oder Vertreter ihrer Lehrtradition. Am Fuße des Bildes links der sechsarmige Mahākāla, in der Mitte drei Gestalten des sgon-po legs-ldan nag-po, rechts Yamāntaka. FAM 2575-449.

215. Thanka, Applikationsarbeit mit Seide, Goldbrokat, Perlen und Korallen, H. 43,5 cm, B. 36 cm, unbekannter Künstler, Urga-Schule, 19. Jh. Hauptschutzgottheit (yidam) der Yoga Tantra, Kuṅ-rig rNam-par sNaṅ-mdzad, viergesichtig, in Vajra-Sitz, seine Hände halten in der Geste des Gleichmutes das Rad der Lehre (cakra). FAM 8019-2916.

214

216

219

216. Thanka, Applikation, Seide und Seidenbrokat, H. 161 cm, B. 120 cm, Werk von Chasgombo, 19. Jh. Porträt des gCaṅ-smyon he-ru-ka, berühmter Vertreter einer Yogi-Tradition, Autor der Biographien des Marpa und Milaraspa und Kompilator der »Tausend Lieder« des Letzteren. Er hält in der Rechten eine Knochentrompete und in der Linken eine Schädelschale, an seiner Seite rechts die khatvāṅga-Keule, links der zamatog-Behälter. Er ist umgeben von: oben links Ma-cig lab-sgron (Haupt-Yidam der gCod-Tradition), rechts eine Emanation des bLa-ma-saraha, unten die Friedhofsherren Citipati (tib. Dur-khrod bdag-po). FAM 3311-676.

217. Thanka, Stoffapplikation, H. 144 cm, B. 107,5 cm, unbekannter Künstler, Yeke Küriye(= Urga)-Schule. Porträt des Parteigängers Tsongkhapas, Abt von gDan sa thel und Regent, 'Dul 'dzin Grags-pa rgyal-mtshan (geb. 1374), eine politische Persönlichkeit der frühen Ming-Zeit. FAM 629-910.

218. Thanka, Farbe auf Stoff, H. 82,1 cm, B. 26,1 cm (Bildfläche), unbekannter Maler, 19. Jh. Beg-tse lCam-Sriṅ. Emanation des Amitābha als Schutzgottheit mit Harnisch und Stiefeln, in den Händen Schwert und Herz, in der linken Armbeuge Lanze mit Schneidblättern und dreieckiger Flagge (siehe Nr. 206), links flankiert von Srid-pa'i lHa-mo, rechts gNod-sbyin bśan-pa dmar-po. Oberhalb seines Scheitels Amitābha, davon rechts und links die »Acht Schwertträger« (Gri thog brgyad). Um den Sitz der Gottheit ein Blutmeer, darinnen Emanationen der Hauptfigur, die »21 Henker«, deren Aufgabe die Beseitigung von Hindernissen ist. Zu Abbildung von Seite 202: Auf dem seidenen Vorhang, der zum Schutz des Gemäldes dient, ist als eingewebtes Dekor Amitāyusi auf einem Thron dargestellt. FAM 7800-2712.

218a. Gewebter Übervorhang zu Nr. 218.

219. Thanka, Farbe auf Stoff, H. 157 cm, B. 107,5 cm, Werk des Künstlers Zam'jan, 19. Jh. Yamāntaka Chos-rgyal Nam-sgrub, mit Schädelschale und Hackmesser in den Händen, von vier weiteren Erscheinungsformen des Yamāntaka als Verkörperungen der Macht, des Zorns, der Vermehrung und Befriedung umgeben. Am oberen Bildrand bogenförmige Darstellung von Persönlichkeiten der Lehrtradition. FAM 117-660.

220. Thanka, Farbe auf Stoff, H. 65 cm, B. 51 cm, unbekannter Künstler, Urga-Schule, 19. Jh. Sechsarmiger Mahākāla mit Gefolge. In seinen Händen hält er Hackmesser und Schädelschale, Rosenkranz und Dreizack, Schädeltrommel und Fangschlinge. Über seinem Kopf Vajradhara (A), darüber die zwei Mahāsiddha (B) Śavari und Maitripa, bTsonkhapa mit zwei seiner Schüler (C). Unter dem Sockel in der Mitte seine Partnerin (śakti), dPal-ldan lha-mo (D). Er ist flankiert von seinen vier persönlichen Begleitern (Kse-tra-pa-la, Dzi-na mi-tra, Ṭakki ra-dza, Ṭakśad nag-po) (E).
Sein Gefolge:
    10 Schützer der Weltgegenden (F)
    8 große Götter (G)
    8 große Nāgā (H)
    8 große Planetengötter (I)
    4 Welthüter (K)
    28 Sterngötter (L)
    9 Schreckliche (M)
FAM 644-875.

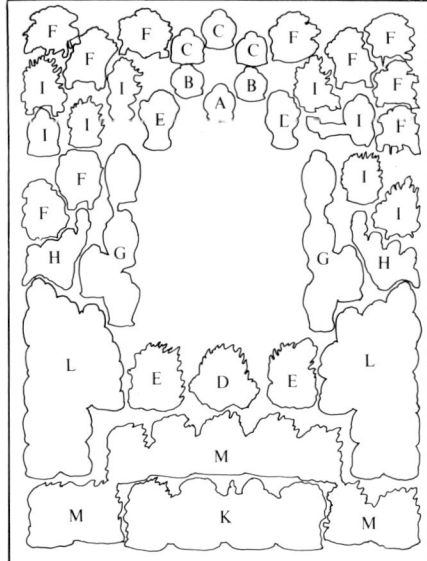

221. Thanka, Farbe auf Stoff, H. 70 cm, B. 44 cm, unbekannter Maler, 20. Jh. Sechsarmiger mGon-pa dKar-po. Oben in der Mitte Mañjusrī, zu dessen Seiten zwei Mahāsiddha. Hauptfigur von fünf Dakinis (siehe Nr. 225) umgeben. FAM 639-1742.

222. Thanka, Farbe auf Stoff, H. 63 cm, B. 49 cm, unbekannter Künstler, Urga-Schule, 19. Jh. Viergesichtiger Mahā-kāla (Caturmukha-Mahākāla, Tib.: mGon-po źal-bźi-pa), in seinen vier Händen rechts Schwert und Hackmesser, links Dreizack und Schädelschale. FAM 646-996.

223. Thanka, Farbe auf Stoff, H. 62,5 cm, B. 46,5 cm, unbekannter Maler, 19. Jh. Sechsarmiger Phyag-rdor 'khorchen mit Śakti. Zwei seiner Hände in der Haltung des Händeklatschens, im zweiten oberen Händepaar Vajra und Fangschlinge, im dritten Händepaar zwei Schlangen, deren Köpfe an seinen Mund geführt sind und auf deren Schwänze er tritt. Seine Partnerin lHa-mo mDzes-ldan-ma hält Hackmesser und mit Blut gefüllte Schädelschale. Oberhalb der Figur bTsongkhapa mit zwei Schülern, am unteren Bildrand Yamāntaka mit Śakti, sechsarmiger Mahākāla und dPal-ldan lHa-mo dMagzor-ma. Rechts und links der Zentralfigur Leichenäcker. FAM 2149-1745.

224. Thanka, Farbe auf Stoff, H. 54 cm, B. 36 cm, unbekannter Maler, 19. Jh. Dpāl-ldan lHa-mo, bei den Mongolen als ökin tngri besonders populäre Gottheit in ihrer schrecklichen Erscheinung, auf einem Maulesel in einem Blutmeer reitend, Pferdegeschirr aus Schlangen, Satteldecke aus abgezogener Menschenhaut, Menschenschädel als Verzierung des Sattels. Makaravaktrā und Simhavaktrā mit Meeresungeheuerkopf und Löwenkopf als Begleiterinnen, deren eine den Maulesel führt. Fünf Schwestern des langen Lebens und weitere Begleiterinnen umgeben die Hauptgestalt. FAM 2128-1066.

225. Thanka, Farbe und Gold auf schwarzem Untergrund, Werk des Malers Żam'jan, 20. Jh., H. 160 cm, B. 122 cm. m'Gon-po dkar-po, der Weiße Mahākāla, von den fünf Dakinis (padma dakini, ratna dakini, vajra dakini, buddha dakini und karma dakini) umgeben. In seinen Händen hält er: Schale (kapāla) (mit Juwel und Kanne) und Juwel, Hackmesser und Dreizack, Damaru und Haken. FAM 2581-451.

205

226. Thanka, Farbe auf Stoff, H. 170 cm, B. 130 cm, Werk des Malers Chasgombo, 19. Jh. Boddhisattva Vajrapani, in der schrecklichen Gestalt eines Schutzgottes *(yidam),* hält in der Rechten ein Vajra, mit der linken Hand vollführt er die Geste der Bedrohung; Schlangen- und Juwelenschmuck von Flammen umloht. FAM 6458-2934.

227
227a

227. Schreibset, bestehend aus Schreibunterlage, Papierbeschwerer, Tintenzeug, Löschwiege, Papiermesser.

227a. Schreibunterlage, L. 60,3 cm, B. 26,7 cm, aus bemaltem Holz, auf beiden Seiten Bilder mit plastisch bemaltem Mäanderband gerahmt, auf der einen Seite ein Mann im Kampf (?) mit einem Tiger. Er trägt mongolische Stiefel mit bunten Socken, ein Kleid mit den üblichen hufförmigen Stulpen an den Ärmeln, am Gürtel einen Beutel für die Schnupftabakflasche (siehe Nr. 110 ff.), und einen bei den Mongolen des letzten Jahrhunderts üblichen Hut. Auf der Rückseite spielt in den Wolken ein Drache mit dem Juwel, darunter Symbole aus der Gruppe der chinesischen »Kostbarkeiten«. SCM D-2993.

227b. Papierbeschwerer, L. 22 cm, B. 3,7 cm, aus Sappanholz mit Intarsien aus Gold und Silber mit feinem floralem Dekor. SCM D-2993.

227c. Tintenzeug, L. 23 cm, B. 10,7 cm, aus bemaltem Holz mit zwei eingelassenen Tintenfässern aus Messing, geschnitzten Holzfiguren als Faßverschlüssen. Eine fehlt, die andere stellt einen Büffel dar. Zwischen den Tintenfässern ein schlafender Hund. Kastenumrandung mit geschnitztem goldbemaltem Dekor mit Ewigem Knoten und Flechtband. SCM D-III-7.

227d. Löschwiege, L. 16 cm, B. 5,3 cm, aus bemaltem und geschnitztem Holz, als Griff eine sich windende Schlange. An den Seiten goldbemaltes Flechtbandmotiv, Stirnseiten mit Metallbeschlag. SCM D-III-7.

227e. Papiermesser, L. 25,7 cm, B. 2,5 cm, aus Holz, lederüberzogener Griff mit floralem Dekor, geprägt und bemalt. SCM D-2168.

228. Tintenzeug, L. 9,3 cm, B. 6,5 cm, mit Pinseletui, L. 8 cm, aus Kupfer, mit Silber beschlagen, geschmückt mit Rankendekor. Im Kästchen Tuschestein und Wassermulde. SCM D-525.

227c

227d

228

229

229

229

229. Schreibtafel für Notizen, *(sambar)*, L. 38 cm, B. 10 cm. Vier mit einem Lederstreifen zusammengehaltene Holzbrettchen, deren Flächen mit einer Wachsschicht zum Einkratzen von Notizen, Schreibübungen usw. überzogen sind. Außendeckel mit drei Vignetten: Tiger und Löwe mit Yin-yang-Zeichen spielend, in der Mitte ein Pferd mit Juwel auf dem Sattel, in Holzrahmen. Rückendeckel in gleicher Weise verziert mit einem schlangenfressenden Garudavogel und einem mit Perlen spielenden Drachen. Zur Schreibtafel gehört ein Kalamus (Schreibstift) zum Einkratzen von Worten oder Zahlen in dieses seit der Antike bekannte Schreibmaterial. SCM D-1926.

230

230. Amtssiegel, H. 11 cm, B. 10,7 cm, aus massivem Silber, mit einem Löwen als Griff. Siegel der Provinzregierung der West-Urganqaj. SCM D-60.

230

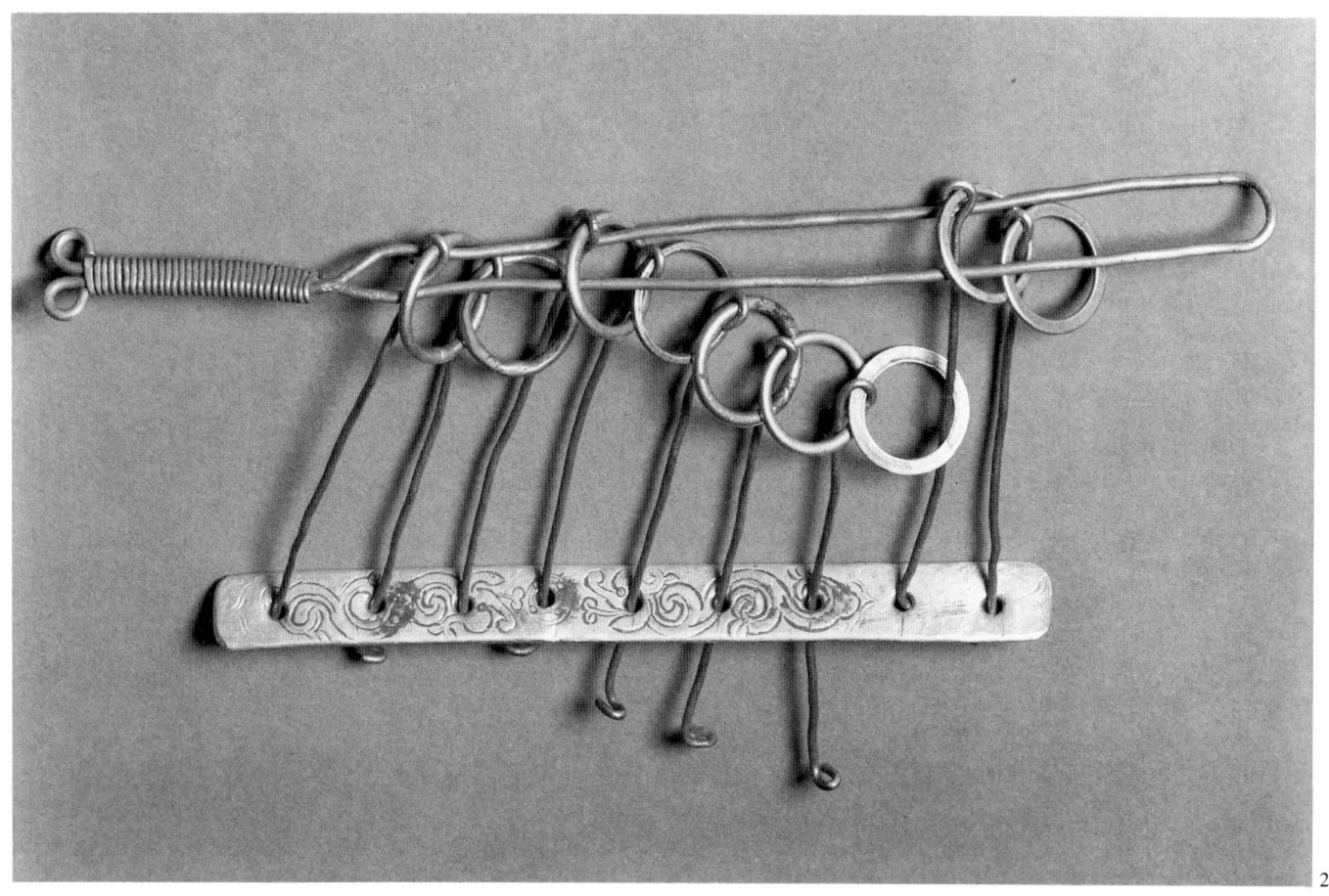

231

231. Geschicklichkeitsspiel *(ojuun tül-chüür* — »Klugheitsschlüssel« oder *mongol tülchüür* — »mongolischer Schlüssel«), H. 9 cm, B. 20,5 cm. Durch ein mit Rankendekor verziertes Metallplättchen sind neun Stifte gezogen, die je in einem Ring aus Eisen, Kupfer oder Messing enden, welche über eine Schlaufe aus Kupfer gestreift werden. Das Spiel besteht darin, die Ringe von der Schlaufe herunterzunehmen bzw. wieder aufzuziehen. Die Legende berichtet, daß dieses Metallgestell wegen seiner Kompliziertheit früher als Schlüssel benutzt wurde. SCM D-84c-1-19.

232. Requisiten zum Sagaj-Spiel *(sagaj* = »Knöchelknochen«). Das Sagaj-Schießen *(sagaj charwach),* das sich als eine winterliche, zu Hause ausgeübte Variante des Bogenschießens *(sur char-wach)* entwickelte, ist wie die weiteren wichtigen Spiele der Mongolen, Pferderennen, Ringen und Bogenschießen, stark ritualisiert. Es begegnen sich zwei Mannschaften von je vier bis sechs Männern, die mit einem in der Hand gehaltenen Wurfbrett *(chaslaga mod* = »Leitbrett«) bzw. mit einem armbrustähnlichen Instrument *(buu* = »Flinte«) (Nr. 232b), »Pfeile« *(sum)* auf Zielsteine *(xašaa)* schießen. Die Entfernung zwischen Schießendem und Ziel beträgt neun Ellen *(tochom)* (ca. 5 m), die mit einem ellenlangen Stock abgemessen werden, der zur Grundausstattung des Sagaj-Spieles gehört und auf dem die durch richtigen Schuß gewonnenen Steine aufgestellt werden.

232a. Leitbrett *(chaslaga mod)* aus Sappanholz, L. 18,8 cm, B. 4,2 cm, mit Einlagen aus Knochen und Horn verziert. Entlang der linken Seite des Brettes eine etwa 1 cm hohe Holzleiste zur Führung des aus Knochen geschnitzten Geschosses. L. 3,8 cm, B. 3 cm. SCM D-4318.

232b. Armbrust *(buu* = »Flinte«) mit zwei Geschossen. Armbrust, L. 51 cm, B. 30 cm, aus mehreren auseinanderzunehmenden Teilen bestehend. Kolbenteil aus Holz, verziert mit blütenförmigen, mit Kupfer- und Messingstiften ange-

brachten Silberbeschlägen. Daran angeschlossen ein Schaftteil mit einer mit Messing ausgelegten Bolzenrinne, an deren Ansatz ziselierte Messing- und Silberbeschläge. Unter dem oberen Ende des Schaftes ist der Bogen durch eine Öse geführt. Die Ledersehne wird von einem Holzwürfel gehalten, der von einem Drückerhebel gelöst, das Geschoß *(sum)* freigibt. SCM D-4017.

232c. Siebzehn Steine *(chašaa)* aus Knochen verschiedener Größe. Das besonders kleine Format der Steine weist auf die große Geschicklichkeit des Spielers. SCM D-4318.

232d. Sechzehn Zielsteine aus Knochen verschiedener Größe, mit rotem Kreuzdekor. Diese Steine sind ebenfalls ungewöhnlich klein. SCM D-4318.

232e. Ellenmeßstab *(tochom)* aus Sappanholz, L. 52,4 cm, B. 3,5 cm. An einem Ende ist ein Zählwerk mit siebzehn auf einer Metallstange laufenden Holzkugeln eingearbeitet. SCM D-1901.

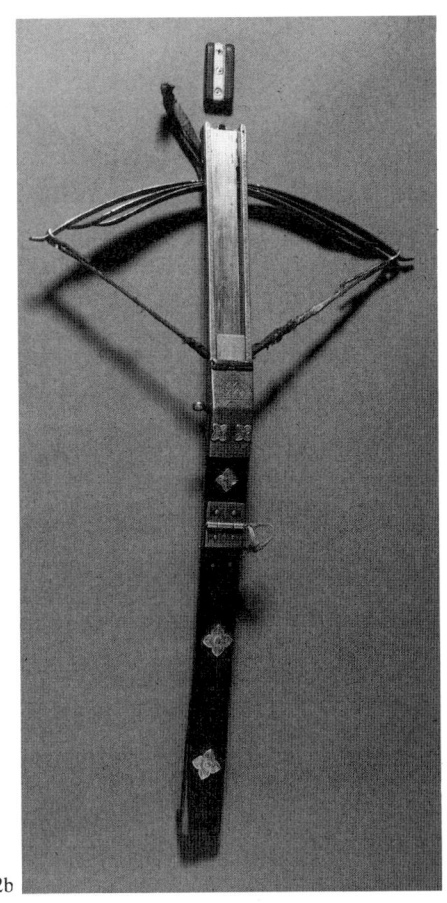

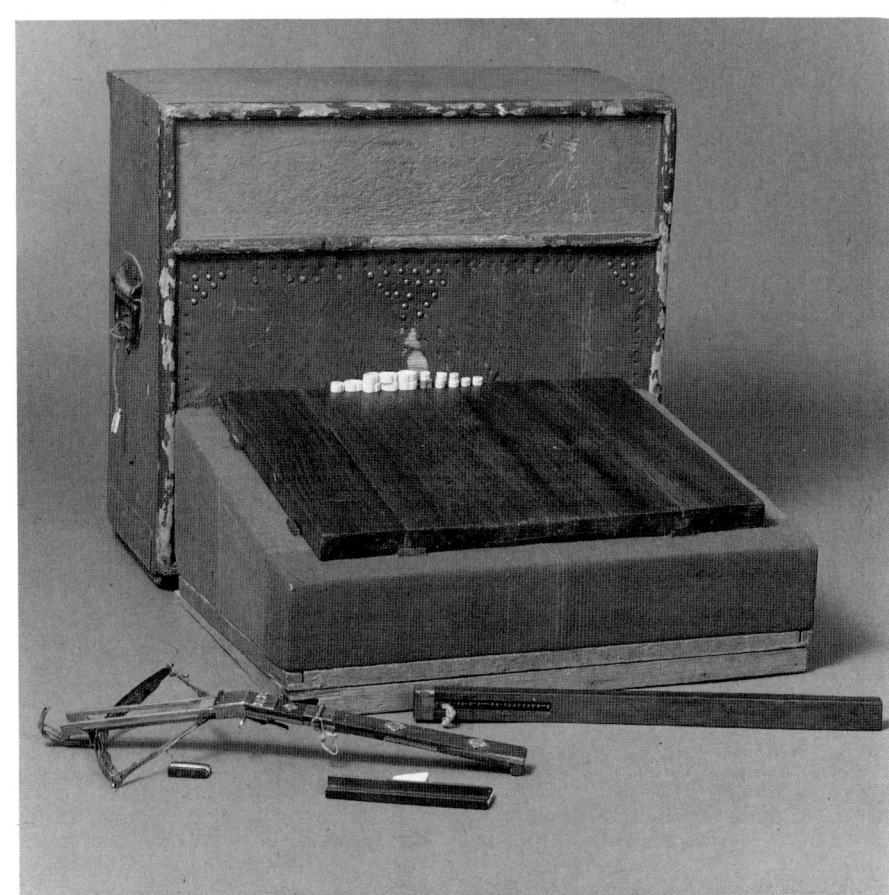

232b

232
232a-e

233

233

233

233. Schachspiel *(śatar)*, 32 Figuren
unterschiedlicher Größe aus geschnitztem bemaltem Birkenholz. Das mongolische Schachspiel besteht aus den Figuren: Fürst *(nojon)* = »König«, Tiger
(bars) = »Dame«, Kamel *(temee)* =
»Läufer«, Pferd *(mor')* = »Springer«,
Wagen *(tereg)* = »Turm«, und Kinder
(chüü) = »Bauern«. Die Mannschaften
unterscheiden sich dort weniger durch
die Farbe als vor allem durch das Aussehen der Figuren. Während ein »König«
mongolische Kleidung mit rechts ge-
knöpftem Kleid *(deel)* trägt, ähnelt das
Aussehen des gegnerischen Königs dem
eines Mandju-Prinzen. Die Bauern der
beiden Spielpartner sind in den Tätigkeiten der beliebten mongolischen Sportarten als Ringer und als Reiter beim Pferderennen dargestellt. Auch die Pferde-
darstellungen der »Springer« wie die der
»Läufer« als Kamele sind genaue Wie-
dergaben des mongolischen viehzüchterischen Alltags, wie auch die Ausformungen des »Turmes« detaillierte
Abbilder der Wagen und ihrer Insassen
sind, wobei sogar die rotgeschminkten
Wangen einer adeligen Dame erkennbar
sind. Die Vielfalt der mongolischen
Schachfiguren gibt Zeugnis für die
nahezu unerschöpfliche Gestaltungskraft
der mongolischen Volkskunst. SCM
D-87x-4-23.

233

233

234

234

234

234

235

234. Schachspiel aus Horn, 32 Figuren unterschiedlicher Größe, mit Brett aus bemaltem Holz und Aufbewahrungsbeutel aus Schafleder, Chövsgöl-Gebiet, vermutlich Beginn des 19. Jh.s. Identisch gestaltete Figuren, die sich nur durch die Farbe unterscheiden. Die weißen Figuren sind aus Elchgeweih, die schwarzen aus Khainuggehörn, einer Züchtung aus Yak und Rind. Beide Könige tragen den für die Mandju-Periode üblichen Zopf, der weiße König trägt das Kleid der Darchad, bei denen dieses Spiel gesammelt wurde und deren Kleidung sich besonders durch den Schnitt des Brustlatzes unterscheidet. SCM D-86c-1-19.

235. Schachspiel, 32 Figuren unterschiedlicher Größe aus Messing, ein »Bauer« fehlt. Die »Könige« unterscheiden sich nur durch einen Prinzenhut (tov' malgaj) und einen mongolischen, volkstümlichen Hut mit fellbesetzten Klappen (duulga malgaj bzw. dörwön taltai malgaj). Die »Bauern« sind als Löwen und Tiger ausgeführt wie auch die etwas größeren »Damen« (mong. »Tiger«). Die »Läufer« und »Springer«, hier als Kamele und Pferde, unterscheiden sich durch Kopfhaltung und Mähnenschnitt. Dieses Spiel zeigt bereits buddhistischen Einfluß, da die »Türme« mit den buddhistischen Symbolen des Rades der Lehre und des Juwels dargestellt wurden. SCM D-82-6-17.

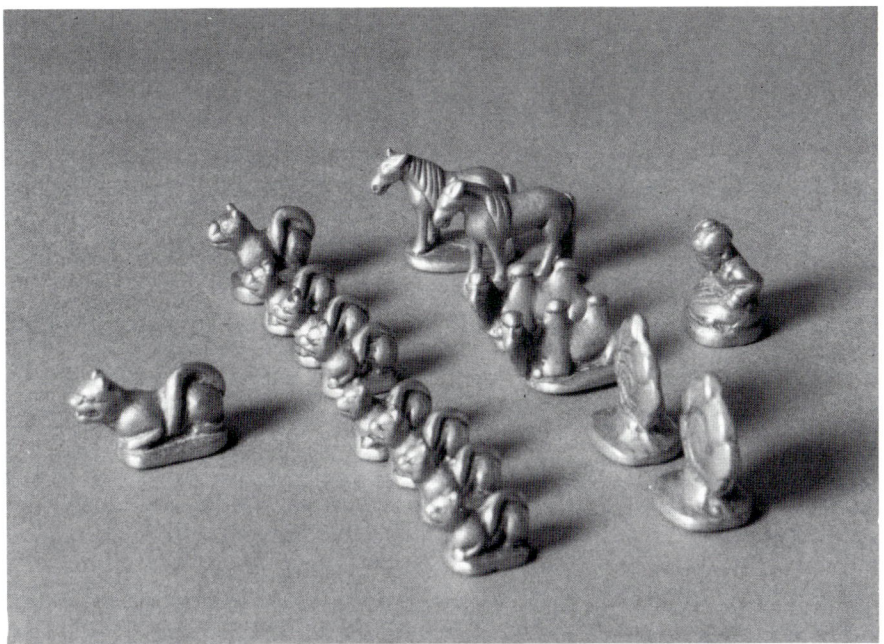

235

235

221

236. *Xoorol*-Spielsatz aus 60 geschnitzten, bemalten Holzscheibchen, H. ca. 4 cm, B. ca. 3,8 cm, in einem bemalten, quadratischen, 21,5 cm großen Holzkästchen. Die Spielart ähnelt derjenigen des Dominospiels. Je vier Scheibchen tragen das gleiche Motiv:

— drei Motive aus der Reihe der buddhistischen »Kleinodien«: Juwel, Ewiger Knoten, Rad der Lehre;
— zwei mythische Wesen: Löwe mit dem Ball spielend und Garudavogel;
— die zwölf Tiere des Jahreszyklus: Maus, Rind, Tiger, Hase, Drache, Schlange, Pferd, Schaf, Affe, Huhn, Hund, Schwein.

Es fehlen acht Scheiben: zwei mit einer Maus, zwei mit einem Drachen, zwei mit einem Affen und zwei mit einem Schwein. SCM D-83-1-7.

237. *Üjčüür*-Spielsatz, bestehend aus 136 unterschiedlich großen, geschnitzten Holzfiguren und sechs Würfeln. Es handelt sich hier um dasselbe Spiel wie Nr. 238, wobei allerdings zwei (Ersatz-?)Figuren, Falken, hier mehr sind. SCM D-84c-2-30.

238. *Üjčüür*-Spielsatz. 134 viereckige, bemalte Papierkarten, H. ca. 7,3 cm, B. ca. 9 cm. Der Spielsatz besteht aus einem Löwen, zwei Tigern, vier Leopar-

den, acht Hirschen, zwölf Moschustieren, zwei Hunden, einem Fuchs, sechs Falken, 32 Hasen und 64 »Vögelchen«. Jede Tierart stellt einen bestimmten Wert dar. Die Karten werden von den Spielern durch Würfeln gezogen. Die Karten sind ungleichmäßig in der Qualität der Zeichnung, da viele im Laufe der Zeit ersetzt werden mußten, wobei das Durchschnittsniveau ziemlich hoch blieb. Da dem Künstler allein die Darstellung, Auswahl und Fertigung frei überlassen sind, sind die Bildkarten nicht selten künstlerisch wertvoll und auch humorvolle Zeugnisse der mongolischen Volkskunst. SCM D-83c-3-3.

Glossar

Bogdo Gegen

Kirchliches und zuletzt auch politisches Oberhaupt der vorrevolutionären nördlichen Mongolei (bis 1924).

Čintamani

Buddhistischer Begriff: »Wunsch erfüllendes Juwel«.

Emanation

Die Gestaltwerdung, Vergegenwärtigung eines abstrakten, absoluten geistigen Prinzips.

Ewiger Knoten

Symbol für Unzerstörbarkeit, Festigkeit.

Garudavogel

Ursprünglich altindische, in der Mongolei mit lokalen Vorstellungen vermischte mythologische Vogelgestalt. Sie stellt in den Kulttänzen des mongolischen Buddhismus den Schutzgeist des Berges Bogdo Uul im Süden von Ulanbator dar.

Kumiss/Kumyss

Alkoholisches Getränk aus gegorener Stutenmilch.

Kurgan

Hügelgrab (speziell in bezug auf die Hügelgräber in Osteuropa und Westsibirien).

Petroglyphen

Felszeichnungen.

Stupa

Buddhistisches Reliquiar.

Thanka

(Buddhismus) Bild religiösen Inhalts auf Stoff gemalt bzw. appliziert.

Tsa-tsa

Devotionalie aus Lehm, der mit der Asche einer heiligen Person vermischt wurde.

Vajra

Altindischer und buddhistischer Begriff »Donnerkeil«, Symbol des Absoluten. Das rituelle Requisit Vajra bildet mit demjenigen der Glocke ein Paar. Beide zusammen symbolisieren die Erlangung der Erleuchtung; die als weiblich verstandene Glocke versinnbildlicht dabei die dazu notwendige Weisheit, der männliche Vajra das »Mittel«, die Fähigkeit, diese in Taten umzusetzen.

Zirkumambulation

Fachbegriff der Ethnologie, bezeichnet den rituellen »Rundgang«. Religiöse Geste der Verehrung, die darin besteht, daß man das geheiligte Objekt umschreitet. Dies geschieht in einer bestimmten Richtung, dem Sonnenlauf nach, wobei das Objekt immer rechts vom »zirkumambulierenden« Gläubigen bleiben muß.

Anmerkungen zur Symbolik/Ornamentik

Die bei den Mongolen verbreiteten Ornamente entspringen großenteils einer südsibirischen und zentralasiatischen Tradition, die durch archäologische Funde bis ins hohe Altertum bezeugt werden kann.

Chinesische und buddhistische Elemente sind vor allem in den letzten Jahrhunderten zunehmend der mongolischen Ornamentik beigefügt worden. Intensivere politische Kontakte zu China (Yuan-Dynastie in China bis 1368, Eingliederung der Mongolei ins Reich der mandschurischen Qing-Dynastie ab 1636) haben nicht nur kulturelle Verbindungen ganz allgemein begünstigt, sondern vor allem die Einwanderung von chinesischen Handwerkern in das mongolische Gebiet. Die buddhistische Mission ihrerseits verbreitete die Symbole und Ornamente ihrer ikonographischen Tradition.

Für die mongolischen Handwerker, die in den Klöstern tätig waren, war es Pflicht, die strikten Regeln der buddhistischen Ornamentik zu befolgen; sie übernahmen somit Ausdruckselemente in ihr Repertoire, die sie dann auch auf ihre profanen Kunstwerke übertrugen.

Wenn die Mongolen manche ornamentalen Motive aus dem kulturellen Kontakt mit ihren Nachbarn übernommen haben, so ist es wichtig, dabei festzustellen, daß sie diese ihrer eigenen ästhetischen Prägung entsprechend mit eigenständiger Kreativität verarbeitet und integriert haben. Das bezog sich nicht nur auf einzelne Motive, sondern auch auf ganze Kombinationen. Auf die Frage nach dem »Ursprung« kann darüber hinaus in vielen Fällen keine klare Antwort gegeben werden. Verwandte Formen, die man bei den Völkern des nordasiatischen Raumes, Tibet und Nordchina, feststellen kann, müssen nicht auf späterer gegenseitiger Beeinflussung beruhen, sondern dürften vielmehr mit ihrer ursprünglichen grundsätzlichen Verwandtschaft zu erklären sein.

»Soyombo«, Emblem der Mongolei

Ewiger Knoten in diversen Ausprägungen, rechts zu Swastika ausgeformt.

Die acht Glückszeichen des Buddhismus: Rad der Lehre, Muschel, Schirm, Banner, Lotosblüte, Vase, Fische, Ewiger Knoten (von oben, links nach rechts).

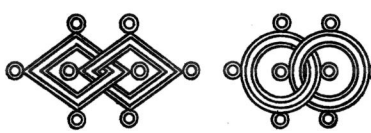

»Ohrring der Fürstin«, »Ring des Fürsten«

»Juwel«-Motiv — hier auf Lotosblütensockel und in Flammen.

Lotosblütenmotiv

Widderhornmotiv geometrischer Ausprägung und Mäanderband (»Hammermotiv«).

Widderhornmotiv einfacherer Ausführung

Fledermaus

Schmetterling

Widderhornmotiv floraler Ausprägung

Zeichen für langes Leben